高等学校教育技术学专业精品教材

丛书主编◎武法提

# SPSS数据分析及定量研究

DUANTITATIVE RESEARCH &
SPSS DATA ANALYSIS

马秀麟　邬彤◎编著

北京师范大学出版集团
BEIJING NORMAL UNIVERSITY PUBLISHING GROUP
北京师范大学出版社

**图书在版编目(CIP)数据**

SPSS 数据分析及定量研究/马秀麟，邬彤编著 .—北京：北京
师范大学出版社，2020.7(2024.11 重印)
高等学校教育技术学专业精品教材
ISBN 978-7-303-25547-4

Ⅰ. ①S… Ⅱ. ①马… ②邬… Ⅲ. ①统计分析—软件包—
高等学校—教材 Ⅳ. ①C819

中国版本图书馆 CIP 数据核字(2020)第 016803 号

**图书意见反馈**　　**gaozhifk@bnupg.com**　**010-58805079**
营销中心电话　010-58802755　58800035
编辑部电话　010-58807068

SPSS SHUJU FENXI JI DINGLIANG YANJIU
出版发行：北京师范大学出版社　www.bnupg.com
　　　　　北京市西城区新街口外大街 12-3 号
　　　　　邮政编码：100088
印　　刷：北京虎彩文化传播有限公司
经　　销：全国新华书店
开　　本：787 mm×1092 mm　1/16
印　　张：28.25
字　　数：552 千字
版　　次：2020 年 7 月第 1 版
印　　次：2024 年 11 月第 3 次印刷
定　　价：68.00 元

策划编辑：王剑虹　　　　　　责任编辑：梁宏宇　宋　星
美术编辑：李向昕　　　　　　装帧设计：李尘工作室
责任校对：康　悦　　　　　　责任印制：马　洁

# 丛书编委会

顾　问　何克抗
主　编　武法提
副主编　吴　娟
编委会（以姓氏笔画为序）

　　　　冯晓英　刘美凤　李　芒　李玉顺
　　　　李艳燕　杨开城　余胜泉　陈　丽
　　　　武法提　郑勤华　黄荣怀　董　艳

# 序　言

　　教育技术学作为兼具"教育"与"技术"基因的学科，经过几十年的发展已逐渐壮大，学科研究范畴不断拓宽，学科体系日益兼容扩展，学科实践开始引领与推动我国教育现代化进程。在教育系统结构性变革的大趋势之下，迎面而来的各类新技术、新观念、新手段承载着人们对智能教育、未来学校、教学方式与学习方式变革的思考，使我国教育技术学科呈现出令人鼓舞的愿景与良好的发展势头。

　　教育技术学是通过设计、开发、利用、管理、评价有合适技术支持的教育过程与教育资源，来促进学习并提高绩效的理论与实践。以教育信息化全面推动教育现代化是教育技术学专业的历史使命和时代担当。构建具有中国特色、国际领先水准的教育信息化理论体系，以信息技术融合各学科的教学过程，用大数据技术驱动教育科研精准化，用人工智能技术破解教育实践中的各种难题，是推动教育深化改革，创新传统教育生态，塑造信息时代全新教育系统，实现教育现代化的必由之路。当前，教育信息化已进入 2.0 时代，"互联网＋教育"和"人工智能＋教育"正在快速扩展，各个学科在人才培养、理论创新和实践引领上都需要更进一步，以便建成具有国际领先水平的一流学科，这既是我们一代代教育技术学人孜孜以求的目标，也对当前我国的教育技术学科赋予了全新使命和更高的要求。

　　学科概念体系的建立是教育技术学发展的命脉。"器而后有形，形而后有上。"长期以来，技术的工具理性同样制约着教育技术学的发展，体现在教育技术本身对"规律"的揭示不足，教育技术之"常"往往被人们忽略，新兴技术环境下的"信息化教学创新理论与实践"还未能充分体现，教育技术人才培养与就业趋势依然存在忧患。教育领域的"技术问题"不可能仅用技术手段或操作方式来解决。因而，教育技术的学科思维理应成为教育发展的关键点，这是学科发展之"道"的体现。

　　在新时代背景下，教育技术学亟须对本学科内涵的本质展开追问，从教育教学问题的解决中寻求建树。在确立学科内涵的同时，也应重视学科研究的跨领域视角，体现人才培养的多元特色与特征。"高等学校教育技术学专业精品教材"正是在这样的思想指导之下，立足于教育技术学专业开展人才培养的时代需求和北京师范大学教育技术学院人才培养实践的经验总结。这套教材以提升问题解决能力为导向，设计了面向教育产品研发、企业绩效培训、信息技术教育等不同领域，涵盖理论基础、基本原理和设计、技术、开发等多个层面的教材体系，从而实现"学与教、理论与技术并驾齐驱，寻求教育技术学科的内涵发展"。

本套教材共包括 29 本著作，整体上遵循历史与逻辑相结合、理论与实践相结合、问题与项目相结合的编写原则，在考察信息技术与教育深度融合实践中遇到的一系列重大理论问题的基础上，探讨在教育信息化理论创新方面的突破。本套教材由北京师范大学教育技术学院具有深厚研究基础和教学经验的中青年教师团队执笔，拥有高度的学术价值。本套教材的出版，对于我国教育技术学专业人才培养将具有重要的现实意义和深远影响。总体来看，本套教材具有以下四个方面的特色。

### 一、着眼基本原理问题，注重学科思维培养

以原理式思维深挖教育技术的学科特质，回归学科本体，是教育技术学发展的根基。在这方面，北京师范大学教育技术研究团队做出了卓越的贡献：经过 20 多年的实践探索自主创新而形成的"中国特色信息化教学创新理论"，由六大核心理论支撑，前四项是创造性思维理论、新型建构主义理论、深层次整合理论、新型学教并重教学设计。本套教材吸纳了上述研究成果，既有教育的理论，又有技术的理论，更有信息技术和课程深度融合的内涵梳理，力求将领域知识的发展历史、来龙去脉说清楚，并在历史叙述中深入分析、评述，将演变逻辑阐述清楚。

### 二、立足教育技术理论的实际应用，提升学习者设计能力

教育技术学作为信息技术课程人才培养的依托，应在实践中创造学科人才的新流向。在教育信息化 2.0 时代，"构建教育新生态"成为教育的核心目标。与之对应，本套教材将信息技术重塑教育生态的设计能力作为学科培养的重要内容。设计能力，包括技术支持的学与教的设计、以技术作为教学内容的设计，以及为重塑教育生态格局而进行的学与教设计等方面的能力，涵盖了以混合教学设计、数字教师、设计能力为核心的创新设计和开发能力的培养。本套教材借鉴了认知心理学领域的理论和实践，开发了合作性的课程项目，进行了数字环境下的学习体验设计，以便为学习者创造有意义、有价值的在线学习体验。

本套教材兼顾不同价值观的理论基础对实践进行具体指导，重点破解不同价值观的理论基础是如何指导"用技术的手段解决教育教学的问题"，较好地体现了知识体系中经典和前沿的结合，以及学生综合素质与创新型人才培养的结合。教材内容体现时代担当与社会责任，重视新知识的比例，案例丰富、新颖，覆盖不同的教育场景，力求以先进的教育观念为指导，科学地运用先进技术引领现代社会发展。

### 三、着眼课堂教学结构变革，拓展跨学科生长点

教育系统结构性变革要通过"课堂教学结构的变革"来落实。这套教材体现出了教育技术学科自身特色，配套了精品数字化教材，为重点内容提供了数字资源。教材设计之初考虑如何在混合学习环境下实施教学，考虑到对讲授教学、翻转课堂、自主学习的支持，提供了对应的场景化案例、相关工具与资源，以支撑学生的自主学习、协作探究、深层次意义建构和情感的体验与内化。

进入 21 世纪，跨学科已成为技术创新周期的组成部分，弥合了研究、工业和教育之间的差距。教育技术学的跨学科研究已经逐渐成为学术界的共识，也成为学科人才培养的未来趋势。教材内容强化了以脑科学、学习科学为理论框架的跨学科研究，以期从心理、生理及行为的综合视角对人类如何学习进行探索，从而寻找到促进和改善学习活动的方式与方法。当前，学习者的学习方式也正在逐渐适应智能时代发展的新诉求。虚拟现实教育应用、人工智能教育应用、教育数据挖掘与学习分析等内容充分体现了我们对学科跨界融合趋势的充分思考。

### 四、"知、行、创"合一，体现国际一流水准

教材体系体现了跨学科人才培养的多样性，并考虑到了学科教育、教育技术、心理学、计算机科学的协同项目设计，在原有人才培养目标的基础上，进一步提升可迁移能力与创造能力，从而实现"知、行、创"三者合一。教材内容将理论讲解与案例分析相结合，加大笔墨分析理论对案例设计、开发的具体指导。这体现在以下三个方面：一是能力指向，教材内容注重问题解决，培养学生识别问题、分析需求、设计方案、开发原型、形成产品的能力；二是项目承载，教材设计了不同教育实际场景的综合项目，力求利用协同式项目研究培养学生将理论知识综合应用于问题解决的能力；三是将工程系统思维与学科结合，引入"信息架构师"体系，探索基于实践场域的创新应用与服务。

未来的时代是新兴技术与教育教学深度融合创新的时代。以云计算、大数据、物联网、虚拟现实、人工智能为代表的新一代信息技术给教育信息化注入的新活力，正在深刻改变着教育服务模式和资源配置方式，"信息技术与学科教学深度融合"已成为当前教育技术学科内涵的基本特征。"高等学校教育技术学专业精品教材"从当前信息化教学模式层面的问题出发，寻求技术支撑教与学的关键要点。我们相信，这套教材有助于读者了解当前教育技术学的研究趋势，也有助于读者掌握教育技术学的研究方法与范式，帮助读者开阔视野，催生国内高水平教育技术研究与实践，在理论和实践两个层面肩负起时代重任。对于中国教育技术学科将能够立足本土需要，彰显后发优势，逐步成为中国特色、国际水准的学科体系，我们亦有充分的依据和信心。

　　"高等学校教育技术学专业精品教材"涵盖了教育技术学的热点领域，包括专业基础、原理性课程、设计类课程、开发类课程与应用类课程 5 个部分。教材体系完善、内容新颖、案例翔实，不仅适合教育技术学的本科生、研究生、研究者和教师阅读，也适合教育学、心理学、信息科学等的研究者与专业技术人员查阅与参考。

　　本套教材历时三年终于问世，北京师范大学教育技术学院的中青年专家团队付出了大量的时间与精力，教材主编武法提教授统筹了丛书的策划并对编写方案做了大量的论证，北京师范大学出版社王剑虹女士为教材的出版付出了大量心血，在此对这些贡献者致以深深的谢意！

何克抗
武法提
2020 年 5 月

# 前　言

党的十八大以来，以习近平同志为核心的党中央高度重视调查研究工作，结合新时代中国特色社会主义精神和实践要求，提出了"调查研究是谋事之基、成事之道，没有调查就没有发言权，没有调查就没有决策权；正确的决策离不开调查研究，正确的贯彻落实同样也离不开调查研究"。总书记的这些重要指示，深刻阐明了调查研究的重要性，为全党大兴调查研究、做好各项工作提供了根本遵循。2023 年 3 月，中共中央办公厅印发了《关于在全党大兴调查研究的工作方案》指出，"要大兴调查研究之风""一切为了群众，一切依靠群众，从群众中来，到群众中去，把党的正确主张变为群众的自觉行动"。党的二十大报告也对党员提出了要求：弘扬党的光荣传统和优良作风，促进党员干部特别是领导干部带头深入调查研究，扑下身子干实事、谋实招、求实效。

有效的调研建立在专业的调研方法和数据处理的基础之上，只有遵循科学严谨的调研规范，科学地组织调研活动并开展面向数据的科学分析，才能保证调研结论的严谨性、科学性、客观性和有效性。在大数据时代，科学而严谨的数据处理与分析方法是调查研究的重要组成部分，对学习者调研能力的提升也具有重要意义。随着面向社会调查和项目评价类研究的日益增加，基于统计的量化研究方法在教育学、经济学、社会学、法学等领域都有着非常重要的意义。

然而，不可否认的是：在众多调研项目中，存在着数据分析技术被误用或者滥用的问题。研究方法的错误，会直接导致研究结论的可信度不高，严重地影响了调研的质量。分析学生和研究者在量化分析中出现的问题，笔者认为，导致这一现象的原因主要包括以下三个方面：首先，部分研究者并不清楚掌握每个数据分析方法的约束条件，不知道该分析方法对原始数据有哪些要求，数据分析的输入数据应该满足什么规范？其次，部分研究者并不了解各数据分析方法的基本原理，没有掌握该分析方法是以什么样的计算方法来评价数据的；最后，部分研究者对各个分析方法的输出结果并不了解，只是简单地知道"检验概率"值以 0.05 为界，其他的信息就一无所知了。正是因为存在这些问题，在教学研究中以"配对样本 T 检验"验证"实验班－对照班"后测数据的差异性就不足为奇了，以"Pearson 相关"分析定类变量的相关性、把无效的线性回归模型作为最终研究成果放在研究报告中，诸如此类的谬误较多。

2011 年春季，笔者为北师大文科励耘班开设"社会科学统计软件及应用"课程，此课程是基于北京师范大学拔尖人才培养战略而专门面向文科拔尖学生开设的专业课程，重在从研究方法的视角培养学生的科学研究能力。2014 年，应研究生院要求，笔者面向全校硕士研究生开设校级研究方法课"SPSS 数据分析理论与实践"。在多年授课积累和课程建设过程中，本团队已经完成了"数据分析方法及应用(SPSS)"校级精品课建设，建构起了高质量的线上课程。目前，此课程已经获得北京师范大学校级示范课和研究生优质课的荣誉。2015 年，笔者在人民邮电出版社出版了高等教育规划教材《数据分析方法及应用——基于 SPSS 和 EXCEL 环境》。基于上述积累和数据分析技术的新发展，笔者决定重写教材，新教材将以 SPSS 24.0 为基准，并尽可能融入量化研究的新理念。

本书的出版得益于多方面的帮助。首先，2019 年，北京师范大学教育技术学院决定启动教育技术学专业系列精品教材建设，为本书的出版提供了充足的动力；其次，教育学、经济学、哲学、社会学和法学等专业的本科生和硕士生在开展实证性研究过程中对数据分析方法的热切需求，为我们助力加油；最后，北京师范大学计算机基础课团队从事一线教学的全体教师为本教材积累了素材和经验。

本书由马秀麟、邬彤主笔完成，硕士研究生苏幼园、梁静、刘静静参与了案例整理、文字校对、案例验证的工作。全书由衷克定、马秀麟、陈青负责统稿和审定。

自 2022 年春季开始，与本书配套的网络课程已经在"中国大学 MOOC"正式上线，并正式为广大读者服务。读者通过搜索"SPSS 数据分析及量化研究"或"马秀麟"，即可找到该课程，参与该课程的学习。

对于本书，编者尽了很大的努力，尽量避免出现问题，但是由于受诸多因素的制约，难免有疏漏之处，恳请各位老师和同学批评指正。编者的 E-mail：maxl@bnu.edu.cn。

马秀麟

# 本书使用指南

全书栏目

## 课程的特点及其使用方法

随着大数据时代的来临，基于社会调查和项目评价的定量研究在教育学、经济学、社会学、心理学和中文信息处理领域都有着非常重要的地位。"以数据说话"为基础的量化研究已经成为教育学、社会学、心理学等学科的主要研究方法。

然而，不可否认的是，众多研究项目中经常存在数据分析方法误用或者滥用的问题。因此面向教育类、社会学及心理学专业的在校大学生开设数据处理方法类课程是必要的。本书从量化研究规范和数据统计分析的视角，探索了基于 SPSS 的数据预处理和数据分析技术，主要包括数据的采集与预处理、数据的均值差异性与分布差异性分析、数据的相关性分析与回归分析、聚类与降维分析、数据的信度与效度分析等内容。

与同类教材相比，本书比较注重对各种统计分析方法适应范畴的讲解，以保证读者在面对具体研究项目时，能够正确地选择有效的方法；与此同时，本书还非常注重对各统计分析方法的输出结果的讲解，对输出表格内相关数据项之间的关系及其边界值做了重点说明，从而保证读者在获得数据的分析结果后能够准确地总结出有价值的研究结论。

## 课程的学习方法

对本课程的学习，应本着"理解为主、操作为辅"的理念进行。对于每一个章节，请学习者务必先认真思考该章节的体系结构，从总体上理解章节中的每种算法在未来量化研究中的作用。在学习数据分析算法时，①要注重对各种统计分析方法适用范畴的理解，以保证在面对具体研究项目时能够正确地选择有效的方法，避免误用数据分析方法；②要注重对各统计分析方法的输出结果的理解，从而保证在拿到数据分析结果之后能够准确地给出结论，努力避免错误地解读数据分析结果。

### 课程的学习建议

本课程是一门实践性较强的课程，"做中学""用中学"是其基本特点，希望每一个学习者都能把学习数据分析方法融入到具体的量化研究课题之中。

本课程在北京师范大学作为校级研究方法课同时面向本科拔尖人才培养班和硕士研究生开设，并在"中国大学 MOOC"上提供了实时更新的线上课程"SPSS 数据分析及量化研究"。另外，学生学习或教师授课所需的素材及 PPT 等资源，也可在"https：//cen. bnu. edu. cn/"平台的"教材配套资源"栏目下获取：选择教材名"SPSS 数据分析与量化研究"，以授权码"SPSS2020"和验证码"maxlbook"登入后即可获取相关的数字化配套资源。

除了使用教材中提供的案例之外，学习者应尽可能把"以数据说话"的理念融入到自己当前从事的研究课题之中，在研究课题中加入量化研究的灵魂，从而在课题推进过程中实现"用中学"的理念。

# 目　录

第 1 章

# 数据分析与量化研究

本章概述

　　本章简要地阐述了大数据时代数据处理的特点，分析了量化研究数据分析的层次及常见的问题，讨论了数据分析过程中的数据类型、统计描述形式和分布形态。从实用性的视角阐明了数据分析中的主流技术及数据分析软件和应用环境。

2

章结构图

数据分析软件简介
Excel的数据分析环境
SPSS的数据分析环境 ── 数据分析工作环境

数据分析与数据挖掘
数据分析的常见技术
数据挖掘技术及应用
数据分析的常见思路及评价策略 ── 数据分析及其技术

数据分析与量化研究

数据分析能力培养的时代背景与意义 ── 数据分析能力培养的时代背景 / 数据分析能力培养的意义

量化研究方法 ── 社会科学中的研究方法 / 教育科学中量化研究的常见模式 / 量化研究中数据分析的层次 / 量化研究应注意的问题 / 量化研究应避免的问题

数据分析的基础概念 ── 数据分析对数据的分类 / 数据描述的常见方法 / 数据描述的统计量 / 数据的分布形态

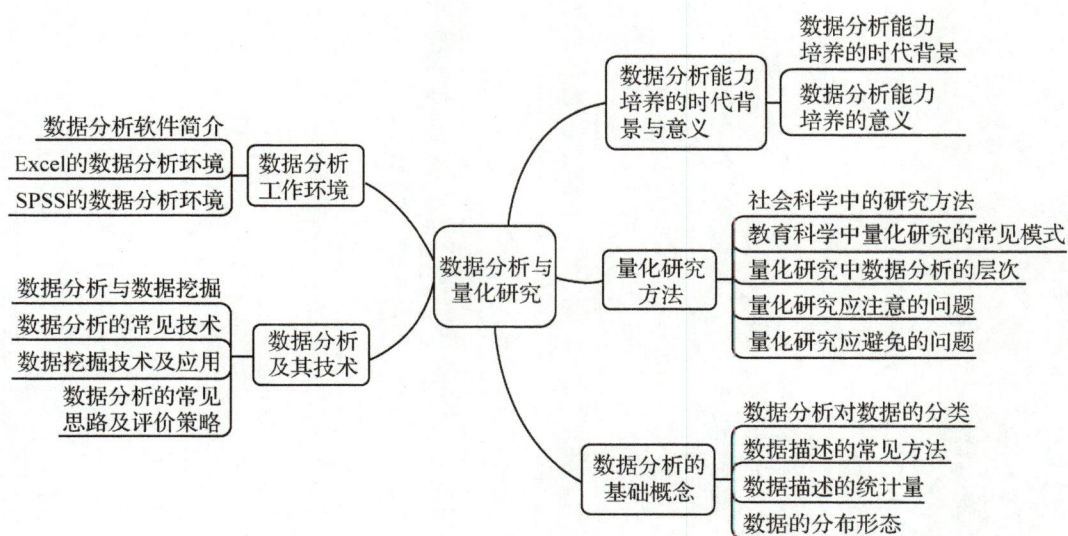

**本章学习目标**

掌握大数据时代数据分析的主要技术及其适应性，理解数据类型、统计描述方面的相关知识，掌握主流的数据分析软件及其特点。在此过程中，重点关注各个数据分析技术的适应性，促使自己能在必要的场合选用恰当的技术。

**读前深思**

为什么数据分析技术在现代社会中具有如此重要的地位？大数据时代对人才培养的要求有哪些？如果需要在工作或学习中开展量化研究，为保证研究的质量，应注意哪些问题？

# 1.1
# 数据分析能力培养的时代背景与意义

🎯 **本节学习目标**

在大数据时代，实证性研究、量化研究已经成为人才培养的重要内容。本节主要学习大数据时代的特点，了解数据分析能力在人才培养中的意义。

## 1.1.1　数据分析能力培养的时代背景

### （一）信息化环境催生的大数据产业

信息化的普及使各行各业促生了大量数据，诸如商业领域每日产生的销售数据和商品流向数据、生产领域每日产生的生产过程控制和原材料状态数据、教育领域每日产生的学生学习行为及状态数据。是把这些数据放在那里，还是把它们利用起来，从中找出商业销售、商品生产、学习与教学的规律呢？

答案是不言而喻的：用数据说话。定量研究已成为当今社会分析问题、处理问题的共识，数据分析能力、数据处理能力也已成为当代人才的核心竞争力。

随着数据规模的扩大和数据创造频率的加快，数据分析和数据处理不再是单纯的技术，它已经成为一种专业、一种产业。于是，"大数据"的概念应运而生。

### （二）大数据及其时代特征

"信息爆炸"和"大数据"是当今时代的重要特征。到底什么是"大数据"呢？大数据指的是"网络公司日常运营所生成的和积累用户网络行为所获得的海量数据"。"大数据"的出现不是偶然的，它是在信息化、网络化高度发达的今天，在这个数据满天飞的时代所必须经历的过程。"大数据"是一个术语，是一个带有文化基因和营销理念的词汇，同时也反映了科技领域发展的趋势。这种趋势为理解这个世界和做出决策开启了一扇新的大门。

当今社会被称为大数据时代，这包括 3 个层次的含义。其一，数据已经渗透到各行各业，人类无时无刻不在与数据打交道。其二，数据的体量巨大。在计算机技术和网络技术的支持下，人们要应对和处理的数据通常具有很大的规模，专业人员要能够从浩瀚如海的数据中挖掘出有价值的瑰宝。其三，对大数据的处理需要专业的技术、专门的算法。

4

大数据不仅仅是一种新技术，也不仅仅是一种新产品，更是一种新现象和新理念。大数据具有以下 4 个特点，简称 4V。①数据体量（volumes）巨大。大型数据集的数据量可以达到 TB 级别（$10^{12}$ 字节级别），甚至 PB 级别（$10^{15}$ 字节级别）。②数据类别（variety）繁多。数据来自多种数据源，数据种类和格式冲破了以前所限定的结构化数据范畴，囊括了半结构化和非结构化数据。③价值（value）密度低。以视频为例，在连续不间断的监控过程中，可能有用的数据仅占一两秒钟。④处理速度（velocity）快。大数据包含大量在线或实时数据分析处理的需求，遵循 1 秒定律。也就是说，即使是针对大量在线数据的处理，大数据也能在秒级的时间内给出回应。

### （三）日益普及的数据分析技术

随着大数据热的兴起，数据分析与数据挖掘的算法日益成熟，统计学、数据统计分析的技术手段在数据处理过程中起到了重要的作用。

首先，随着统计学的理论被引入数据处理领域，数据统计分析的算法已经变成了数据分析的常规手段。由于参与数据分析的数据规模通常比较大，经过数据清洗的有效数据能符合统计规律，因此信度检验、关联性分析、数据的离散度分析（方差、标准差）、聚类分析、主成分分析等技术被广泛地应用到大数据处理的过程中。目前，这些技术已经被集成到多种计算机信息系统中，并发挥着越来越重要的作用。

其次，除了传统的数据分析技术之外，遗传算法、神经网络、语义网络、分布式数据库管理等面向大数据的处理技术也已经成熟。

最后，专业的数据挖掘软件、数据推送技术快速发展。应大数据处理的要求，IBM 公司（International Business Machines Corporation）、微软公司（Microsoft）、甲骨文公司（Oracle）都在自己的大型数据库处理系统（Database Management System, DBMS）中集成了数据挖掘技术。支持数据挖掘技术的数据仓已经成为主流数据库系统的重要组件，为基于大数据的数据挖掘提供了强大的技术支撑。

### （四）大数据处理的核心内容——数据分析

大数据的处理流程是指在合适的工具辅助下，对广泛异构的数据源进行抽取和集成，对结果按照一定的标准统一存储。然后，利用合适的数据分析技术对存储的数据进行分析，从中提取有益的知识并利用恰当的方式将结果展现给终端用户。具体来说，大数据的处理流程可以分为数据获取与集成、数据分析以及数据解释。

大数据的一个重要特点就是数据类型的多样性，这就意味着数据来源极其广泛，数据类型极为繁杂，这种复杂的数据环境给大数据的处理带来极大的挑战。要想处理大数据，首先必须对数据源提供的数据进行筛选和集成，从中提取出关系和实体，经过关联和聚合，采用统一定义的结构来存储这些数据。在此过程中，应该注意对数据进行必要的清洗，清理掉垃圾数据和无效信息，保证数据质量及可信度，同时还要兼顾大数据的模式和数据内在的关系。

数据分析是整个大数据处理流程的核心，因为大数据的价值产生于分析过程。从异构数据源抽取和集成的数据构成了数据分析的原始数据，然后根据不同应用的需求可以从这些数据中选择全部或部分进行分析。鉴于大数据的特点，传统的分析技术如数据挖掘、机器学习、统计分析可以应用在大数据处理中，在特定情况下则根据大数据的时代需要做出调整。

尽管数据分析是大数据处理的核心，但普通用户往往更关心结果的展示。比较传统的就是以文本形式简要地陈述分析结论，也可以直接在电脑终端上显示结果。这种方法在面对小数据量时是一种很好的选择。但是，大数据时代的数据分析结果往往是海量的，同时结果之间的关联关系极其复杂，因此借助可视化的技术或者使用特定的数字指标来呈现数据分析结果是必要的。

## 1.1.2　数据分析能力培养的意义

### (一)数据分析能力培养是信息化时代学科发展的迫切要求

管理信息化、教育信息化、企业现代化的快速发展促使各行各业在近十年都出现了极大的、极快的数据积累。无论是商业贸易领域，还是经济建设领域、教育领域，都积累了海量数据。如何充分地利用这些数据，从中总结出规律，以便为下一步的决策提供依据，或者依据数据分析实现智能化的数据推送，已经成为社会科学的重要研究领域。分析这些数据内部所蕴含的规律，预测相关系统的运行趋势，已经成为当代信息处理的主要任务。基于这一需求快速发展起来的数据建模技术、数据挖掘技术已经成为计算机科学的重要应用领域，也是管理与决策的重要依据。

不同学科所形成的科学研究方法在学科自身发展的推动下迅速发展，在计算机科学与技术的支持下，自然科学研究的主流研究范式——面向实证研究的量化数据处理，发展出了一整套形式语言理论、编译理论、检验理论以及优化理论。而人文社会科学研究的主流研究范式——思辨研究质性分析，则受到了计算机科学和数据处理理论的冲击。从基本文本分析到语义分析、语料分析的处理，它们都能借助计算机将原本只有人工才能分析的复杂内容机器化、形式化和程序化，并借助数据处理的理论和方法获得可信度更高的研究结论。由于研究者群体开展研究活动时所遵从的一系列规范的结构性组合是针对"问题域"本身的，当数据分析方法作为工具和技术所承载的方法论属性渗透进来后，它将超越学科疆域的研究"规则和框架"，成为跨学科的研究范式。数据分析的理念和模式必将对相关学科的研究方法体系产生重要影响，甚至从根本上改变其原有的研究范式。

6

尽管与非计算机专业和非统计学专业学生直接讨论数据分析和数据挖掘技术的原理和算法会存在困难，但是，如果只是把数据建模和数据挖掘技术的概念、方法和工具介绍给学生，允许学生在借用数据建模和数据挖掘的现有工具时不必详细掌握其内部的算法结构，只需了解每个工具的输入、输出及其参数规范，让学生逐步具备准确地使用数据分析工具并解读数据分析结果的能力，还是完全可行的。如果做到了这一点，学生在参与社科类的科研活动时就能借助这些工具开展数据分析，并能根据分析结果获得比较准确的量化结论。与此同时，如果学生熟练掌握了这些工具的用法，他们的解题方法也一定能够得到拓展，研究的科学性、严谨性都能得到很大的提升，从而优化思维方式，提升科研能力。

### （二）发展数据分析能力已成为人才培养的重要战略目标

随着数据分析与数据挖掘技术的日益普及，建立在数据分析和计算科学基础上的研究方法也逐步向诸多学科渗透，已经有越来越多的学者认识到计算科学在基础理论研究、社会发展和人才培养中的价值，于是计算思维的概念与理论应运而生。

1. 计算思维的概念及其价值

计算机和网络技术日益普及，计算机的思维方式、解决问题的方法已经逐渐向其他领域渗透，并影响了其他学科，促进了相关学科的发展，甚至形成了一些交叉学科。因此，计算机技术已经不仅仅是一种工具，而是逐步演化成为一种思维习惯。也就是说，人们在学习和应用计算机的过程中，已经自觉或者不自觉地使用着计算机的思维方式、技术手段，计算机处理问题的过程蕴含着方法论。在此基础上，计算机逐步拓展了其他学科的研究方法和内容体系，丰富和深化了其他学科的研究范畴。李廉教授指出，自然问题和社会问题内部就蕴含着丰富的属于计算的演化规律，这些演化规律伴随着物质的变化、能量的变化和信息的变化而发展。因此正确地提取这些变化的信息，并通过恰当的方式表达出来，使之成为可以被计算机处理的形式，就是基于计算思维概念的基本原理和方法论进行的。

与其他学科相比，计算科学、数据处理科学的最大不同就是突破了学科范式的限制，渗透到了各个学科乃至推向其前沿，形成了一套有效的思维模式——计算思维，促使学科走向范式多元化，因此，没有哪个学科有如此广泛的研究领域和实践范畴。未来人才的计算思维能力、数据处理能力将对他们从事科研、适应社会产生重要影响。

在大数据时代，数据分析与处理的方法和策略是计算思维的重要组成部分，对学习者科研能力的提升具有重要意义。

2. 在大学计算机教育中加强计算思维能力培养的问题，已经引起了各方面的重视

计算机技术、网络技术、数据处理技术三者的快速发展，催生了计算思维的概念。当前，计算思维的重要作用已经引起了中国学者与美国学者的共同注意。2010

年 7 月 19 日至 20 日，国内 9 所知名高校在西安交通大学举办了"九校联盟计算机基础课程研讨会"，陈国良院士做了"计算思维能力研究培养"的报告，强调了"计算思维"能力培养在当前大学计算机基础课教学中的重要意义，强调了计算科学中的思维方式、操作方法对现代化人才培养的重要价值，为新时期大学计算机基础课教学指明了方向。

在教育部高等学校计算机课程教学指导委员会的推动下，教育部高等教育司于 2012 年启动了"以计算思维为导向的大学计算机基础课程"教改立项工作，共有 22 个项目同时获得教育部立项，这标志着以计算思维为导向的大学计算机类课程的培养模式正式启动。至此，计算思维能力的培养已经被正式列入国内高校计算机基础课教学计划，成为 21 世纪人才培养的核心内容。

3. 数据分析与处理技术是计算思维的核心内容，在人才培养中具有开展普遍教育的必要性和可能性

在计算思维的概念中，建立在计算机和网络技术基础上的"计算"是核心，其中起着引导作用的计算方法是计算思维的灵魂，而数据分析与数据挖掘的相关技术则起着骨架与支撑的作用，在诸多领域都发挥着重要影响，进而对相关领域的后备人才培养方案提出了相应的新要求。

从计算思维能力培养的内涵来看，计算思维的内容博大精深，针对不同层次、不同专业的人才，应该有不同的培养目标和培养模式。因此，在大学计算机教育中，应该分层、分类开展计算思维能力的培养。然而，作为计算思维核心内容的数据分析与处理技术，则随着大数据时代的来临而面临着普遍性的需求。这是由于在大数据时代的背景下，每一个科研工作者都不能回避大数据的冲击，他们在开展研究活动的过程中，都或多或少地需要借助数据分析与数据挖掘的相关技术。

从另一个视角来看，计算机科学的发展和大数据时代对数据分析的迫切需求，促生了许多数据分析软件，诸如 SPSS、SAS 等。正是诸多专业的数据分析软件的出现，使数据分析和数据挖掘技术的门槛进一步降低。诸如相关性分析、差异显著性检验（$T$ 检验与方差分析）、归因分析、聚类分析、信度效度检验等算法已经成为人文科学研究的基本方法。目前，专业化的数据分析不再是统计学专业人士的专利，教育学、经济学、心理学、社会学等人文学科专业的研究人员都应该能通过数据分析软件实现专业水准的定量分析。事实上，随着定量研究法的普及，许多定量分析算法已经被集成到了常规的办公软件中（如 Excel 就集成了大量的数据分析模块），使定量研究所需的数据分析算法不再神秘。

## (三)数据分析能力的提升能够改变科研人员的思维方式，促进学科融合

在人文科学的研究中，传统的研究以质性研究法为主。如果想基于数据开展量化

8

研究，则需要以统计学、数据分析的理论为基础，通过大量的数据计算，分析数据之间的相关性、差异性，甚至归因分析、聚类分析（降维分析）等，进而获得研究结论。在计算机科学和数据分析软件真正普及以前，基于大量的调查数据开展统计与分析是一项计算量很大的工作，而且要求研究人员全面地了解统计学的基本理论、掌握每个数据分析算法的机理和规范。因此，统计与分析工作对定量研究者的要求非常高。然而随着专业化数据分析软件的普及，借助数据分析工具开展定量研究已经成为很多文科科研人员的常规研究方法。目前，对多数文科科研人员来讲，SPSS 和 SAS 中的各类数据分析工具就像一个只有"输入"和"输出"的"黑匣子"。在开展定量研究的过程中，他们不需要了解黑匣子的内部结构，只需要精确地掌握其输入数据和各项参数，并解读其各类输出结果所代表的具体含义，就能够很好地使用它们。

　　尽管基于数据分析软件的定量研究过程并没有专门要求其用户在计算机操作和数据分析原理方面具有多高的水平，但是研究发现：很多文科科研人员在多次利用定量分析工具开展实证性研究后，其思维习惯和解决问题的方法都有了很大变化，在论证的严谨性、对数据的应用方法等层面，相比以前有了很大的提高，这反映了数据分析工具对人们思维方式产生的重要影响。与此同时，在基于数据分析工具开展研究的过程中，不同学科的科研人员使用了相同的研究工具，这使他们在一定程度上有了共同的研究语境，促进了学科间的融合和研究成果的分享。

# 1.2
# 量化研究方法

**本节学习目标**

　　了解量化研究的概念；掌握量化研究的模式、数据分析的层次；了解在量化研究应该注意的问题，如何在量化研究中规避谬误。

　　无论是在自然科学还是在社会科学中，量化研究的地位都是不言而喻的。自然科学中针对实验数据的归纳，社会科学中针对调查数据、评价数据的量化分析，对于形成科学严谨的研究结论至关重要。

## 1.2.1　社会科学中的研究方法

### （一）质性研究与量化研究

质性研究与量化研究是社会科学研究领域的两大范式。

质性研究是指研究者参与到自然情境之中（而非人工控制的实验环境），充分地收集资料，对社会现象进行整体性的探究，采用归纳而非演绎的思路来分析资料和形成理论，通过与研究对象的实际互动来理解他们的行为。

量化研究也叫定量研究，强调对研究对象中可以量化的特性进行测量和分析，以检验研究者的理论假设，并以数据论证研究结论。量化研究的关键操作包括量化标准与抽样方法、资料收集方法、数据统计与分析方法等。其基本过程为假设—抽样—资料收集—统计检验。

质性研究注重人与人之间的意义理解、交互影响、生活经历和现场情境，是在自然状态中获得整体理解的一种研究态度和方式。质性研究以描述的方式实现意义的理解、探究问题的根本。在近百年的历史发展中，质性研究已经形成了与思辨研究、量化研究不同的研究传统和体系，具有独特的研究风格和特色。量化研究依靠对事物的可量化部分以及相关关系进行测量、计算和分析以达到对事物本质的一定程度的把握；质性研究通过研究者和被研究者之间的互动对事物进行深入、细致、长期的体验，以期能对事物的本质达到一个较为全面的解释性理解。

在现代社会科学研究中，质性研究与量化研究可以互为补充，以数量证据补充质性分析，以质性研究为量化研究指明方向，从而保证研究结论的科学性和严谨性。

### （二）实证性研究

#### 1. 实证性研究的概念

实证性研究源于实证主义的思想。实证主义推崇的基本原则是科学结论的客观性和普遍性，强调知识必须建立在观察和实验的经验事实之上，通过经验观察的数据和实验研究的手段来揭示一般结论，并且要求这种结论在同一条件下具有可证性。

根据以上原则，实证性研究主要通过对研究对象大量的观察、调查和实验，获取客观材料，从个别到一般，从而归纳出事物的本质属性和发展规律。实证性研究强调从个别到一般、从个案到整体的归纳及分析过程，是与规范性研究反向的一种研究方法。

规范性研究就是从理论出发认为一个事物应该怎么样、将会如何发展的研究方法。它是基于理论对发展趋向预测和约束的一种方法，强调用理论指导实践，并基于规范对实践行为进行约束与匡正。

2. 实证性研究的关键方法

实证性研究主要借助以下研究方法：观察法、访谈法、测验法、个案法和实验法。

(1)观察法

研究者直接观察他人的行为，并把观察结果按时间顺序系统地记录下来，这种研究方法就叫观察法。主要包括自然观察与实验室观察、参与观察与非参与观察等。

(2)访谈法

访谈法是研究者通过与研究对象面对面的交谈，在口头信息沟通的过程中了解研究对象心理状态的方法。可分为有组织访谈与无组织访谈两种。在访谈过程中，研究者应该注意以下四点：一是目标明确；二是讲究方式；三是注意利用"居家优势"；四是尽量言简意赅。

(3)测验法

测验法是通过各种标准化的心理测量量表对被试进行测验，以评定和了解被试心理特点的方法。主要包括问卷测验、操作测验和投射测验三种。

(4)个案法

个案法是对某一个体、群体或组织在较长时间里连续进行调查、了解，收集全面的资料，从而研究其心理发展变化的全过程的方法。基于个案的研究方法也被称为个案研究法。

(5)实验法

研究者在严密控制的环境条件下有目的地给被试一定的刺激以引发其某种心理反应，并对其加以研究的方法称为实验法。可以分为实验室实验和现场实验两种。

## (三)数据分析在科学研究中的作用

在科学研究中，无论是基于测验法、社会调查法，还是基于实验法开展研究，都会获取与研究对象相关的大量数据。对于这些数据，研究者应该借助统计学的手段对其进行分析，找出数据内部隐藏的规律，进而在海量数据的基础上得出研究结论。

随着大数据时代的来临，基于数据分析的量化研究在科学研究中发挥着越来越重要的作用。"用数据论证""量化研究""尊重数据反映出的规律"已经成为当前科学研究的重要思想。

因此，量化研究在当代各类科学研究中占据主要地位。

## 1.2.2　教育科学中量化研究的常见模式

量化研究已经成为教育科学研究的主要形式，基于测量和调查数据得出研究结论是教育科学领域学术研究的主要模式。为了保证研究的科学性和严谨性，教育科学中的量化研究已经形成了一些较为稳定的模式。

### (一)针对状态开展调查的实证性研究

在教育科学中，最基本的一类研究是以获得状态为目的的调查，并在调查数据基础上实现基于数据分析的量化研究。这类研究将以反映某一状态的海量数据为基础，通过对海量数据的量化分析，获取研究对象的本质属性。这类研究在当前教育科学中占据着重要地位。

在面向状态或调查数据的定量研究中，数据的来源通常较为单一，但数据规模较大。为了能够获得较客观的研究结论并提升研究结论的学术性，人们通常先借助大样本数据开展整体性分析，然后再按照特定的分类依据进行分类跟踪，探索不同类别的样本在目标变量维度上是否存在显著差异，从而提升研究的深度，达到"归因"的目的。

学生评教有效性的论证、教学改革是否成效显著、高考命题科学性分析、免费师范生 TPACK 能力发展状况等类型的研究均属于这一领域的研究问题。

### (二)面向教学改革成效的研究——基于"实验班—对照班"的模式

为了论证某一教学策略的有效性或存在的问题，人们常常采用"实验班—对照班"的模式组织实证性研究。

首先选择 2～3 个具有相同知识基础、在研究问题上具有相同表现的教学班，从中任意选择一个作为实验班(采用新教学策略)，其他班作为对照班(采用传统教学策略)开展准实验研究。

在实验过程中，通过对比实验班和对照班在研究问题维度上所呈现出的差异性来论证教学改革策略的有效性。

1. 前测—后测的模式

在教学实践开始前，研究者要采集实验班、对照班的前测数据并进行数据分析，以便论证实验班与对照班在开展教学实践前不存在显著差异。在教学实践结束后，研究者要采集实验班与对照班的后测数据，检验实验班与对照班的后测数据之间是否存在显著差异。

对于前测无显著差异的两个教学班，若其后测数据存在显著差异，则说明在研究问题所聚焦的点上，新教学策略发挥了作用。

2．基于时间序列的模式

仅有后测数据和前测数据的准实验研究稍显单薄，有时并不足以论证研究结论。为了能够充分地论证研究结论，研究者可以在研究过程中组织多轮教学实践活动，并在每轮教学实践活动末期均采集实验数据，从而形成与时间相关的数据序列。

借助前测数据、研究过程中的多轮实验数据，研究者可以分析教学实践过程中学习者的变化情况，从而更准确地了解新教学策略对学习者所产生的影响，形成更可靠的研究结论。

### （三）面向教学改革成效的研究——基于单一实验班的模式

在实证性研究中，有时会因为研究条件的限制无法形成"实验班—对照班"的模式，可能仅有单一的班级开展教学实践活动。对于这种情况，通常有以下两种策略。其一，组织分组协作学习，以不同的教学策略支持不同协作小组的学习活动，从而采集实验数据。这一模式的本质仍然是"实验班—对照班"的模式，只不过把相互对照的对象变成了多个协作小组，以协作小组的体验数据作为量化研究的原始数据。其二，开展多轮教学实践，从不同时段的教学实践中采集研究所需的实证性数据，进而开展数据分析，以论证研究结论。

## 1. 2. 3　量化研究中数据分析的层次

在基于数据的量化研究中，与数据分析方法和数据分析技术所使用的层级相匹配，量化研究也可以分为不同的层次。

### （一）基于频数与百分比的简单对比

在初等的量化研究中，为了表示不同类别间的关系，很多研究者对原始数据分类统计个数，并在统计出的频数的基础上绘制出圆饼图、直方图和折线图。利用这些图像或基于每类数据的频数或百分比来论证不同类别的被试所呈现出的特质。

基于频数与百分比论证研究结论，是最简单的数据分析技术。这种技术在教育科学的学术研究中虽然仍在被大量使用，但学术性不强。

### （二）基于差异显著性检验的数据分析

差异显著性检验是教育科学中定量研究的核心内容。在教学管理中，差异显著性检验被广泛地应用。例如，在两个教学班期末考试完成之后，研究者可以比较他们的考试成绩是否存在显著差异，还可以分析班级内男生与女生的成绩是否存在显著差异，或者比较不同生源的学生的成绩是否存在显著差异，也可以比较学生的期末成绩与期中成绩是否存在显著差异。在教学改革研究中，人们经常采用"实验班—对照班"的模式组织教学活动，以比较教学改革策略实施的有效性。在此类研究中，实验班与对照班之间前测数据的差异显著性检验、后测数据的差异显著性检验，实验班前后测数据的差异显著性检验，以及针对群体中某一特殊小群体的跟踪和差异显著性检验，这些检验均属于教学改革研究常用的策略。

利用差异显著性检验，通常能够解决两个方面的问题。其一，直观地论证某一类群体优于或弱于另一类群体。例如，在教学改革研究中，通过数据论证实验班与对照班的后测数据有显著差异，且实验班数据均值高于对照班。这种技术能论证新教学策略的有效性。其二，基于差异显著性进行归因。例如，在教学改革研究中，如果发现"在教学改革前男、女生的成绩无显著差异，但经过教学改革，男生的成绩明显高于女生"，则可以得出结论，新教学策略对男生的影响比较显著，或者说新教学策略与性别相关。

差异显著性检验已是具有相当水平的数据分析技术，在教育科学、医学、社会学、心理学等学科的学术研究中被广泛地应用，并具备较好的学术性。

### （三）基于回归分析、聚类与降维分析的数据分析

在教育科学研究中，出于归因和归纳的需要，人们常常借助回归分析技术把若干基本因素变量和被解释问题组合起来实施分析，以探索因素变量与被解释问题之间的关系。例如，要分析影响物理课程学习成绩的因素，如性别、爱好、认知风格等，就可以使用多元线性回归分析。

在理想的情况下，利用回归分析能够获取表达因素变量与被解释变量之间逻辑关系的回归方程式。利用回归方程式，不但能够发现影响被解释变量的若干因素及其影响力水平，还可以进行预测。

聚类与降维分析可以减少变量的个数，从而降低研究问题的维度，归纳出影响研究结论的关键因素。

回归分析、聚类与降维分析在教育科学的量化研究中具有较高的学术地位。在教育科学的实证性研究中，穿插使用回归分析、聚类与降维分析，能够实现对研究问题的深层次挖掘，常常能够获得有价值的研究结论。

### （四）结构方程模型

结构方程模型是一种建立、估计和检验因果关系模型的方法。模型既包含可观测的显变量，也包含无法直接观测的潜变量。结构方程模型可以替代多重回归、通径分析、因子分析、协方差分析等方法，清晰地分析单项指标对总体的作用和单项指标之间的相互关系。

简单来说，与传统的回归分析不同，结构方程模型能同时处理多个因变量及其相互关系，并可比较及评价不同的理论模型。与传统的探索性因子分析不同，结构方程模型通过提出一个特定的因子结构，检验它是否与数据吻合。利用结构方程模型，我们可以了解不同组别内各变量的关系是否保持不变，各因子的均值是否有显著差异。

在教育科学研究中，利用结构方程模型，我们可以针对若干因素变量和多个因变量建立起比较贴合实际的逻辑结构，真正地反映教学过程中多个变量之间相互依存、相互影响的逻辑关系。目前，结构方程模型在教育科学的研究中具有很高的学术地位，它能够有力地提升教育科学研究的学术水准。

## 1.2.4  量化研究应注意的问题

量化研究是基于数据的研究，其核心是数据。在教育科学的量化研究中，应从测量依据的科学性和有效性、测量过程的严谨性、数据分析方法的正确性以及分类跟踪的适时性几个方面保证研究的有效性。

### (一)测量依据的科学性和有效性

在量化研究中，对被试进行测量以获得数据是量化研究的起点。在此过程中，测量依据的科学性和有效性是研究成败的关键因素。

在社会科学的量化研究中，人们通常借助调查问卷或考试试卷对被试实施测量。其中，调查问卷的来源有两个。其一是直接选用已经成形且被学术界认可的调查问卷。由于这类问卷已经被学术界认可并且有良好的信度和效度，它们通常被称为量表。其二是根据研究目标自行设计调查问卷。由于这类调查问卷是由当前研究者根据研究目标自行设计的，在调查指标维度、调查问题设计的严谨性和代表性等方面均有可能存在较严重的问题。因此，为保证这类调查问卷的科学性和有效性，通常需要对这类调查问卷做信度、效度检验。只有信度、效度均达到标准和规范，才能使用这类调查问卷开展大范围的测量。

另外，即使是借用权威的量表开展研究，仍要注意量表的适用范围、量表的常模参数，要避免量表的超范围使用和滥用。

### (二)测量过程的严谨性

在社会科学中，基于调查问卷的数据采集经常会受被试态度、情感、团体状态等因素的影响，另外部分被试因匆匆填写问卷而未能正确地理解每个题干，也会导致测量数据出现较大的偏差。

为保证调查数据的有效性和客观性，在测量过程中要注意做好以下几点：①测量过程应是有组织、有计划的，整个测量应在有限时间内完成；②被试应具有代表性，对当前测量的态度是积极的、欢迎的；③对于测量过程，研究者应适当控制测量进度，尽力避免少量被试匆匆填写的情况；④对于面向小学生的调查，研究者应向学生解读每一个调查问题，以帮助被试更好地理解题干，避免因误解题干而导致数据错误。

### （三）数据分析方法的正确性

在量化研究中，数据分析是其关键步骤。选用正确的数据分析方法、正确地解读分析结论是量化研究的基本要求。

对于已经获得的测量数据，根据研究目标选择数据分析类型。在明确了数据分析类型之后，还需根据数据自身的特点确立具体的分析方法。例如，在"实验班—对照班"模式的教学改革研究中，研究者分别对两个班进行了测量，现在需要检验两个班的后测数据是否存在显著差异，以便论证教学改革的成效。对于来自实验班和对照班的后测数据，要检验其差异显著性，现在有配对样本 $T$ 检验、独立样本 $T$ 检验、独立样本的非参数检验、方差分析等多种差异显著性分析方法，到底应该采用哪种分析方法呢？

如果选用了错误的数据分析方法，将导致研究结论直接被否定，整个研究就失去了价值。另外，在完成数据分析之后，要想正确地解读分析结论，就要对分析结果表格中的每一项指标值做出正确的解读。

### （四）分类跟踪的适时性

在量化研究中，多数情况下的数据分析结论与研究假设一致，数据分析结论能够论证研究假设。但这种量化研究并不是很优质的研究范式。

在量化研究中，也经常发生分析结论与研究假设不一致的现象。对于这种现象，研究者无须烦恼，因为这有可能是发现重要创新点的契机。

在发生此现象之后，研究者应静下心来，对原始数据做分类跟踪，或者依据调查数据的结果值分类并反向逆推，从中找出问题的根源。在多数情况下，通过针对数据分析中发现的不正常现象所做的跟踪，通常能够发现亮点（不被人们注意但非常重要的结论），从而在一定程度上提升研究的深度。

总之，量化研究也需要"跌宕起伏"的情节，请关注量化研究中的异常数据、异常现象，它们往往是创新点的源泉。

## 1.2.5 量化研究应避免的问题

在量化研究中，没有来源可靠、信度高的数据，就无法保障量化研究结论的准确

16

性，而数据分析方法的正确性和严谨性同样重要。错误的研究方法将导致研究结论被"一票否决"。因此，在教育科学的量化研究中，应该注意避免以下几类问题。

## （一）调查指标不能真正地覆盖研究问题

在教育科学的量化研究中，最可怕的现象就是，调查指标或调查问卷不能真正地覆盖研究问题，或者调查指标与研究问题是"两张皮"，两者严重地不一致，导致研究结论极为不可靠。

笔者曾经评审过这样一个研究课题"从 TPACK 视角探索免费师范生的技术能力"。研究者主要以调查问卷的方式对被试展开调查，并基于采集到的 800 多份数据做了各层次的数据分析，最终获得了研究结论。其研究结论极为可疑：对学生们的技术能力按专业排序为"思想政治教育＜教育技术＜哲学＜中文＜俄语＜历史＜生物＜化学＜物理……"

从其研究结论可以看出，教育技术专业学生的技术能力仅高于思想政治教育专业，在全校各个专业中，位于倒数第二。而从免费师范生参与学校各类活动的实际情况来看，教育技术专业的技术能力一直很强，仅弱于学校的计算机专业。因此，此课题的研究结论存在较为严重的问题。

仔细查看该研究问题的研究过程，发现课题研究者设计的调查问卷存在较大的问题：问卷中的绝大多数题干的主观性都很强，仅关注被试的个人感受，几乎没有一道题目能真正地从技术使用视角测量被试的技术应用能力。因此，此研究的主题更像是在探究免费师范生对学校在技术能力培养方面的满意度，而不是学生的实际技术应用能力。

总之，任何一个面向教育科学问题的研究，其调查指标的设计一定要慎重，一定要切实注意"调查指标的结构务必适应研究问题，其指标项要能够全面地覆盖研究问题"，务必要避免调查问卷与研究问题"两张皮"的现象。

## （二）孤证难立，研究风险较大

很多教育科学的研究都存在由研究者自设调查问卷，并且一张问卷"包打天下"的情况。而在实际的教育科学研究中，导致教育教学发生改变的原因通常是多方面的，而且被试在填写调查问卷的过程中还容易受到情感、态度、学习工作状态等诸多方面的影响。因此，在教育科学的量化研究中，要务必注意"孤证难立"，切实注意研究中的风险。

基于上述思路，在教育科学研究中，研究者通常需要在问卷调查的基础上，适当配套访谈、教师评价、学生成绩、学生课堂表现等不同维度的数据，形成比较完整的评价体系。通过多视角的数据，相互佐证并修正，减少教研中的孤证现象，以保证科学研究的严谨性和客观性。

多视角地采集数据，能够全方位地反映研究问题，特别是在发现现象异常或分析结论异常时能够从其他维度修正数据，使分类跟踪、分类做数据分析更加合理。

### （三）错误应用研究方法，研究结论存疑

数据分析在教育科学量化研究中的地位是毋庸置疑的，错误应用研究方法是很多初级研究者常犯的错误。笔者在担任学生科研项目的评委时，每年都会发现多份基于定量分析的科研项目误用了不恰当的数据分析方法。研究方法的错误直接导致研究结论的可信度不高，严重影响了研究的质量。诸如，对教学改革研究中的实验班和对照班后测数据之间的差异显著性检验采用了配对样本 $T$ 检验，对定类变量与定类变量之间的相关性分析采用了皮尔逊相关，这些错误所导致的后果是非常严重的，轻则使研究结论存疑，重则把研究直接引入歧途。

因此，参与量化研究活动的每一个研究者都应该掌握每一种数据分析算法，把握其在输入方面的约束条件，并能正确地解读数据分析的输出表格，从而能正确地应用数据分析方法，获取可靠、准确并客观的研究结论。

# 1.3
# 数据分析的基础概念

## 🎯 本节学习目标

了解数据的分类；掌握定类数据、定序数据和定距数据的概念，数据描述的常见方法，数据描述的统计量，数据的分布形态等知识。

## 1.3.1　数据分析对数据的分类

在大数据时代，数据的来源方式多样，数据的类型也比较复杂。从不同的视角来看，数据有不同的类型。数据分析策略的选用，必须充分考虑数据的类型和数据分析的研究目标。

### （一）总体数据与样本数据

在基于数据分析的各类科学研究中，针对数据的分析分为两种情形。其一，直接获取全部待研究对象的全体数据，研究者针对整体数据开展研究。其二，由于各种客

观原因，研究者无法或不便于获取全体研究对象的整体数据，因此将基于某一规则抽取具有代表性的一些数据作为研究样本，并基于样本开展研究。

1. 总体数据

总体数据，简称总体，是指客观存在的、在同一性质基础上结合起来的、包含全体研究对象的整体性数据，即研究对象的某项指标的取值的集合或全体。它是根据一定的目的和要求所确定的研究事物的全体，是由客观存在的、具有某种共同性质的许多个别事物构成的整体。

2. 样本数据

样本数据，简称样本、抽样数据，是总体数据中具有代表性的个案的子集。

在数据考察与分析中，由于总体数据不容易获得，通常以抽样数据代表总体数据参与数据分析。由于总体是全体待研究对象的整体，通常包含较多的记录规模，因此研究结果通常比较准确、固定。样本是对总体的抽取，通常包含较少的记录规模，较易于得到并便于展开数据分析。另外，基于样本开展数据分析，由于待研究对象仅仅是对总体的抽取，不是全体待研究对象，因此常常具有估算的性质，在某些情况下还需要借助特殊的数据处理手段。

## (二)定类数据、定序数据和定距数据

图 1-1 所示的数据表存在多种不同类型的数据。例如，“姓名”“性别”和“单位”是字符型数据，而“语文”“数学”等成绩则是数值型数据。在数据分析软件中，要求待处理的数据最好为数值型数据。为此，人们常常需要对字符型数据进行数值化编码，而且预先分析各列数值型数据的特点，以便根据其特点采取有效的数据分析策略。数值型数据主要分为三种不同的类型。

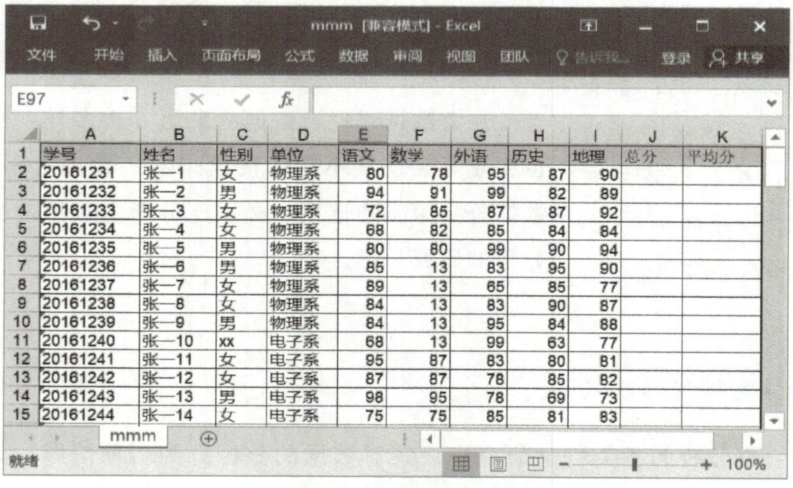


| | A | B | C | D | E | F | G | H | I | J | K |
|---|---|---|---|---|---|---|---|---|---|---|---|
| 1 | 学号 | 姓名 | 性别 | 单位 | 语文 | 数学 | 外语 | 历史 | 地理 | 总分 | 平均分 |
| 2 | 20161231 | 张—1 | 女 | 物理系 | 80 | 78 | 95 | 87 | 90 | | |
| 3 | 20161232 | 张—2 | 男 | 物理系 | 94 | 91 | 99 | 82 | 89 | | |
| 4 | 20161233 | 张—3 | 女 | 物理系 | 72 | 85 | 87 | 87 | 92 | | |
| 5 | 20161234 | 张—4 | 女 | 物理系 | 68 | 82 | 85 | 84 | 84 | | |
| 6 | 20161235 | 张—5 | 男 | 物理系 | 80 | 80 | 99 | 90 | 94 | | |
| 7 | 20161236 | 张—6 | 男 | 物理系 | 85 | 13 | 83 | 95 | 90 | | |
| 8 | 20161237 | 张—7 | 女 | 物理系 | 89 | 13 | 65 | 85 | 77 | | |
| 9 | 20161238 | 张—8 | 女 | 物理系 | 84 | 13 | 83 | 90 | 87 | | |
| 10 | 20161239 | 张—9 | 男 | 物理系 | 84 | 13 | 95 | 84 | 88 | | |
| 11 | 20161240 | 张—10 | xx | 电子系 | 68 | 13 | 99 | 63 | 77 | | |
| 12 | 20161241 | 张—11 | 女 | 电子系 | 95 | 87 | 83 | 80 | 81 | | |
| 13 | 20161242 | 张—12 | 女 | 电子系 | 87 | 87 | 78 | 85 | 82 | | |
| 14 | 20161243 | 张—13 | 男 | 电子系 | 98 | 95 | 78 | 69 | 73 | | |
| 15 | 20161244 | 张—14 | 女 | 电子系 | 75 | 75 | 85 | 81 | 83 | | |

图 1-1　学生基本信息表

1. 定类数据

定类数据，是指负责对个案实施分类的数值型数据。这类数据只能取整数型数值，而且其取值的大小没有实际意义，也不能进行取均值、计算方差等运算。例如，现在对"性别"列进行数值化转码，用数值 1 代表男生，用数值 2 代表女生。这里数值化的"性别"列就是定类数据。同理，如果对学生表中的"民族"列进行数值化编码，用数值 1 代表汉族，用数值 2 代表回族，用数值 3 代表蒙古族。这里的数值都没有大小的区别，其取值只能是有限范围内的整数值。

在有些软件中，定类数据也被称为名义型数据、标志型数据。

2. 定序数据

定序数据，是指依据某个属性对个案进行分级标记的数值型数据。例如，在常见的调查问卷中，人们经常用 1 代表"很不满意"，2 代表"不满意"，3 代表"一般"，4 代表"满意"，5 代表"很满意"。这里的数值 1～5 代表 5 个等级。另外，对于学生成绩的优秀、良好、合格与不合格，也可以分别数值化为 4、3、2、1。定序数据应该是数值型的，其大小具有表示程度的语义功能，其取值也只能是整数值。

3. 定距数据

定距数据，是指取值范围为连续取值的数值型数据，通常为某一种测量结果。例如，考试成绩、桌面的长度都是连续的数值。定距数据的取值既可以是整数，也可以是实数。

定类数据和定序数据的取值是不连续的，只能取整数值，因此是离散型数据。而定距数据的取值是连续的，被称为连续型数据。在这三种数据中，定类数据的层次最低，只有类别属性之分，没有大小程度之别；定序数据的层次略高于定类数据，定序数据也是离散型数据，但有大小程度之别；定距数据的层次最高，除了具有大小程度的区别之外，还是能够精确度量的数值，属于连续型数据。

在 SPSS 等数据分析软件中，定类数据又被称为名义型数据，定序数据又被称为序号型数据，定距数据又被称为度量型数据。另外，在定距数据中，如果数据的取值还具有真正意义的绝对零点，这类数据还被称为定比数据。

### (三)高测度数据与低测度数据

1. 高测度数据

在统计分析中，对值域范围比较大且数值大小在统计中具有内在含义的数据，可以被称为高测度数据。

事实上，定距变量、值域范围在 5 级以上的定序变量，都可以被看作高测度数据。

2. 低测度数据

在统计分析中，对值域范围比较小的定序数据或数值大小没有内在含义的定类数

20

据，被为低测度数据。

定类变量、值域范围较小的定序变量，都可以称看作低测度数据。

---

注意：所有带有连续取值的定距变量，都是高测度数据。所有定类变量，无论有多少类别，均可被看作低测度数据。定序变量可根据研究问题及实际值域范围被纳入高测度或低测度的范围之中。

---

## 1.3.2　数据描述的常见方法

在数据分析中，人们获得的通常是来自一组样本或者多组样本的调查数据，或者一个数据序列，也可能是多个数据序列。在对数据序列进行复杂的数据分析前，掌握每个数据序列的基本特征是非常必要的。

### （一）对数据序列集中性的描述

在数据分析中，人们通常需要了解数据序列集中于哪一个数据点周围，即集中性描述。衡量数据序列集中性的描述量主要有均值、众数和中位数。

均值（mean），即平均值，是对整个序列求和后再除以数据个数所得到的结果。

众数（mode），即个数最多的数，是在整个序列中，那个出现次数最多的数值。简单来说，就是一组数据中占比最大的那个数。它是在统计分布上具有明显集中趋势点的数值，代表数据的一般水平（众数可以不存在或多于一个）。

中位数（median），是对数据序列排序后位于正中间的那个数值。它可将数值集合划分为相等的上、下两部分。需要注意的是，如果原序列中数据的个数为偶数，则中位数为正中间的那两个数值的平均值。

### （二）对数据序列离散性的描述

在数据分析中，人们通常需要了解数据序列的波动情况，即数据的离散性。对于数据序列来讲，数据在均值附近的波动性大小是序列的重要属性之一，对于未来的统计分析有重要价值。衡量数据序列离散性的描述量主要有方差和标准差。

方差（variance），即数据序列中 $n$ 个离差（当前数值与均值的差）的平方和与数据个数 $n$ 的比值。在概率论和数理统计中，方差用来度量随机变量和其数学期望（均值）之间的偏离程度。

标准差（standard deviation）是方差的平方根，也是描述数据离散性的量，又称为均方差。

### (三)对数据序列分布形态的描述

对于待分析的数据序列，数据的分布形态对分析方法的选择具有重要影响。因此，在数据描述中，了解数据序列的分布形态非常重要。在统计学中，数据的分布形态主要有正态分布、均匀分布、指数分布、泊松分布等。另外，偏度和峰度是描述数据分布形态的重要指标。

## 1.3.3　数据描述的统计量

在图 1-1 所示的数据表中，变量"语文"列中的全体数据是一个数据序列，变量"数学"列中的全体数据也是数据序列。数据分析就是针对单个数据序列进行分析，或者分析若干个数据序列之间相互关系的操作。

为了更好地描述数据分析中的概念，人们用 $X_1$，$X_2$，$X_3$，$X_4\cdots$来代表一个待分析的数据序列，其中 $X_1$，$X_2$，$X_3$ 等都是数据序列中的具体数据。另外，人们通常用 $X_i$ 代表数据序列中具有一般意义的某个数据。

### (一)数据描述中的基本统计量

1. 均值

均值是指数据序列的平均值。其含义是针对数据序列中的全体数据求取平均值，即用全体数据的和除以数据个数。常用的计算公式如公式(1-1)所示。

$$\overline{X} = (X_1 + X_2 + X_3 \cdots + X_n)/n \qquad\qquad 公式(1\text{-}1)$$

对此，公式(1-1)可以简写为公式(1-2)。

$$\overline{X} = \frac{1}{n}(\sum_{i=1}^{n} X_i) \qquad\qquad 公式(1\text{-}2)$$

此处，以 $\overline{X}$ 代表数据序列的平均值。

2. 离差与残差

离差是指数据序列中每个数据与平均值的差。针对一个数据序列，若有 $n$ 个数据，就应该有 $n$ 个离差值。第 $i$ 个数据的离差值 $\Delta_i$ 应该满足公式(1-3)。

$$\Delta_i = X_i - \overline{X} \qquad\qquad 公式(1\text{-}3)$$

针对整个数据序列，其所有离差的和一定是 0，即 $\sum \Delta_i = 0$。

残差是指数据序列中每个数据与其期望值的差。在数据分析中，人们通常会创建一个数学模型来帮助人们实施数据分析、预测数据的未来发展方向。基于数学模型，人们把原来数据序列中的数据称为观测值，把根据数据模型所计算出的数值称为期望值。

22

如果用 $X_i$ 代表第 $i$ 个观测值，用 $P_i$ 代表第 $i$ 观测值对应的期望值，那么第 $i$ 个数据的残差应该满足公式（1-4）。

$$\xi_i = X_i - P_i \qquad\qquad 公式（1-4）$$

针对某个具有 $n$ 个数据值的数据序列，应该具有 $n$ 个残差值。在优质的回归模型中，所有个案的残差之和为 0，而且满足正态分布。

3. 方差

在针对数据序列的描述中，若要反映数据序列的离散程度（数据围绕均值的波动程度），直接利用"离差"或"离差之和"是不可以的。为此，人们专门提出了能够真正反映数据离散程度的指标——方差。

方差（variance）是指所有数据离差之平方和的平均值，有的文献称之为均方差。在统计学中，人们用 $S^2$ 代表方差，如公式（1-5）和公式（1-6）所示。

$$S^2 = \frac{1}{n}\sum_{i=1}^{n}\Delta_i{}^2 \qquad\qquad 公式（1-5）$$

$$S^2 = \frac{1}{n}\sum_{i=1}^{n}(X_i - \bar{X})^2 \qquad\qquad 公式（1-6）$$

从方差的定义和公式来看，其值是离差平方和的平均值，直接反映了整个序列偏离均值的程度。

4. 标准差

标准差（standard deviation）是评价数据序列围绕均值产生的波动程度的又一个指标，等于方差的算术平方根。在统计学中，人们用 $S$ 代表标准差。标准差的计算公式如公式（1-7）所示。

$$S = \sqrt{\frac{1}{n}\sum_{i=1}^{n}(X_i - \bar{X})^2} \qquad\qquad 公式（1-7）$$

5. 众数

在待处理的数据序列中，出现次数最多数的数据被称为众数。众数反映了数据序列中多数数据的趋同之处。对测度较低的定类数据和定序数据，通常借助众数来表示数据序列的集中化趋势。

6. 中位数

在待处理的数据序列中，若按照取值的大小对数据进行排序，出现在排序序列正中间位置的那个数值就是中位数。

若待处理序列中数据的个数为奇数，则中位数是位于正中间的那个数值；若待处理序列中数据的个数为偶数，则中位数是位于正中间的那两个数值的平均值。

## （二）面向样本数据的数据描述

在数据分析中，多数分析过程不都是面向总体数据的。大量的研究只是针对抽样样本的，其操作过程是基于样本进行估算的。因此，其处理过程应具有特定的操作规程和运算公式。

### 1. 自由度的概念

所谓自由度，是指针对具有 $n$ 个样本的序列，允许自由取值的样本的个数。例如，在具有 50 名学生的语文成绩表中，若已经知道了这 50 名学生的语文平均成绩，那么语文成绩可以自由取值的学生就只有 49 名。随着已知变量个数的增加，能够自由取值的个案数量会依次减少。

由于在数据分析中，很多数据处理方法都建立在均值已知的情况下，因此，对于具有 $n$ 个个案的序列，基于均值已知情况的各个操作，其自由度为 $n-1$，这就是统计学中常见的 $n-1$ 方法。同理，在开展数据分析时，如果除了均值之外，还掌握了 $k$ 个其他变量，那么该操作的自由度就变成了 $n-k-1$。

### 2. 面向样本数据的方差

基于样本数据估算总体方差，需要用离差平方和除以自由度。这就是统计学中常见的样本方差的概念。

由于方差的计算需要以均值为起点，在计算方差时，其自由度为 $n-1$，因此样本方差的计算公式如公式(1-8)所示。

$$S^2 = \frac{1}{n-1} \sum_{i=1}^{n} (X_i - \bar{X})^2 \qquad 公式(1-8)$$

### 3. 面向样本数据的标准差

由于标准差是方差的平方根，依据这一规则，基于样本数据的标准差的计算公式如公式(1-9)所示。

$$S = \sqrt{\frac{1}{n-1} \sum_{i=1}^{n} (X_i - \bar{X})^2} \qquad 公式(1-9)$$

### 4. 补充说明

随着在统计学中引入样本估算和总体的概念，人们对两种不同类型的方差和标准差采取了不同的标记符号，对样本标准差以符号 $S$ 标记，对总体标准差则以符号 $\sigma$ 标记。相应的样本方差记作 $S^2$，总体方差记作 $\sigma^2$。在 Excel 等软件中，两种不同类型的计算分别对应不同的函数。

在多数数据分析过程中，人们都是用样本估算总体的。因此，在具体计算中，常常用 $S$ 充当 $\sigma$。

## (三)对数据描述概念的补充

对数据序列的描述，除了前述的传统意义上的概念，还常常有以下补充概念。

24

1. 标准误差

人们常常使用标准差来衡量数据序列围绕均值波动的程度。如果对样本做多次抽样，或者对客观对象采用不同精度的量具做多组测量；每次抽样（或每组测量）均可得到一组数据，该组数据的均值称为本次抽样（本组测量）的均值。对多次抽样所获得的若干个均值，求取其标准差，此值被称为标准误差，它是用于衡量测量精度或抽样偏差程度的量。

标准误差即若干个均值的标准差，是反映测量精度或抽样偏差程度的数据。在统计学中，标准误差通常简称标准误，用 $SE$ 标记。

在总体数据已知的情况下，$SE$ 的计算常常使用如公式（1-10）所示的计算式。

$$SE = \frac{1}{n}\sqrt{\sum_{i=1}^{n}(X_i - \bar{X})^2} \qquad\qquad 公式（1-10）$$

通过公式（1-10）分析标准误差与标准差公式之间的关系，可以看出，总体数据的标准差 $\sigma$ 在数学运算上与 $SE$ 相差 $\sqrt{\dfrac{1}{n}}$ 倍。即 $SE=\dfrac{\sigma}{\sqrt{n}}$。

在实际应用中，经常需要根据数据序列的已知描述统计量，选用不同的公式计算其 $SE$。

2. 差异系数

尽管样本的标准差能够从一定程度上反映数据序列的离散程度，但是仔细思考标准差的概念，研究者就会发现：均值相差很大（基数相差很大）的两个序列，即使标准差的值相同，其波动程度并不相同。例如，采用五分制和采用百分制的两个数据序列，如果它们的标准差相同，那么它们的真正波动水平肯定是相差巨大的。为此，人们引入了差异系数的概念。

差异系数，也叫变异系数，是标准差与均值的比值，可以直接比较两个均值差异巨大的序列的波动性程度。具体算法如公式（1-11）所示。在公式中，$S$ 代表样本的标准差，$\bar{X}$ 代表数据序列的均值。

$$CV=\frac{S}{\bar{X}}\times 100\% \qquad\qquad 公式（1-11）$$

另外，在数据描述中，人们也经常使用 $\bar{X}/S$ 的值来衡量数据的稳定性水平。利用均值与标准差的比值，可以较有效地判定数据序列的稳定性水平。

若把这个概念推而广之，当人们计算出两个序列的均值之差与其标准差（或标准误）的比值以后，就能看出这两个序列的均值差异程度是否大于序列内的正常波动（其标准差或标准误），进而可以判定这两个序列之间是否存在明显的均值差别。这就是 $T$ 检验的原理。

3．异众比率

异众比率（variation ratio）是统计学名词，是统计学中研究离散趋势的指标之一。异众比率指的是总体中非众数次数与总体全部次数之比，即非众数组的频数占总频数的比例。

异众比率主要适合测量分类数据的离散程度，用于衡量众数对一组数据的代表程度。异众比率越大，说明非众数据的频数占总频数的比重越大，众数的代表性就越差。

4．四分位数

在统计学中，人们常常把所有数值由小到大排列并分成四等份，然后提取出处于 3 个分割点位置的数据，这 3 个数据起到了关键的标记性作用，它们就是四分位数（quartile）。其中，3 个分割点的数值依次为 25％、50％和 75％之处的个案观测值，常被标注为 Q1、Q2、Q3。

四分位数在定距数据和定序数据的描述中起着重要的作用，其对应的图示化表示就是著名的箱体图。

除了四分位数，人们还常常根据自己的需要任意设置百分位点，构造其他分级的分位数。

### （四）对数据描述中相关概念的总结

在数据分析中，研究者经常面临定类数据、定序数据和定距数据，而前述的各种数据描述方法也有其适应范围。例如，均值和方差的概念就不适合定类数据，反映定类数据趋势的最佳概念是众数，中位数则适合定距数据和定序数据。

对不同类型的数值型数据，其适应的描述方法参见表 1-1。

表 1-1　不同类型的数据适应的描述方法

| 数值类型 | 基本描述 | 集中趋势 | 离散趋势 |
| --- | --- | --- | --- |
| 定类数据 | 频数、比例、比率、表格、图示 | 众数 | 异众比率 |
| 定序数据 | 频数、比例、比率、表格、图示、累计频数、累计百分比 | 中位数、众数 | 四分位数 |
| 定距数据 | 频数、比例、比率、表格、图示、累计次数、累计百分比、分组 | 均值、中位数 | 方差、标准差、标准误 |

## 1.3.4　数据的分布形态

所谓数据的分布形态，是指待分析的数据满足的分布形式，是在均值附近的数据个数最多，还是在两端的数据个数最多的情形。例如，考察上千人的考试成绩，研究者就会发现数据的分布呈现为一种均值附近人数很高、两端人数较少的"大钟"形分布形态。

在数据分析中，数据的分布形态对分析方法、分析结果的衡量都具有重要意义。常见的数据分布形态有正态分布、泊松分布、均匀分布，而在数据分析中价值最大的分布形态就是正态分布。

### (一)正态分布

#### 1. 正态分布的概念

正态分布是一种理想化的分布形态，其分布形态为钟形，围绕均值两侧的区域数据密度较高，远离均值的区域数据密度较低，如图 1-2 所示。正态分布也叫高斯分布。

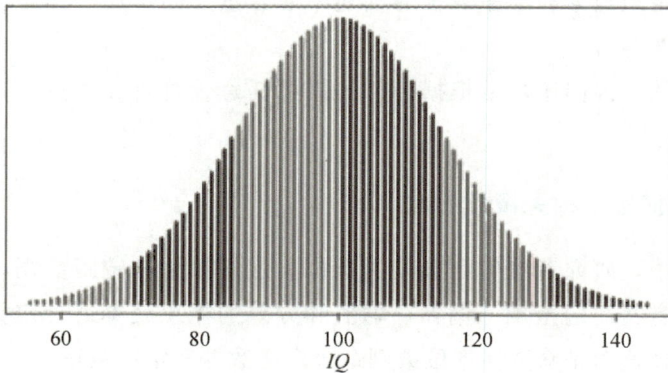

**图 1-2　正态分布的示意图**

对于正态分布的函数曲线，若指定其位置参数为 $\mu$，尺度参数为 $\sigma$，那么相应随机变量的概率密度的函数应该满足公式(1-12)。

$$f(x) = \frac{1}{\sqrt{2\pi}\sigma} e^{-\frac{(x-\mu)^2}{2\sigma^2}}$$
　　　　公式(1-12)

我们把满足公式(1-12)的随机变量称为正态随机变量，正态随机变量服从的分布称为正态分布。

在数据分析中，若大规模的样本的分布形态符合正态分布，那么全部样本的均值就是随机函数的 $\mu$ 值(即钟形图片的对称轴与水平坐标轴的交点横坐标)，而样本的标准差就是公式(1-12)中的 $\sigma$ 值，它反映了钟形图形的高度。

正态分布通常被记作：$N(\mu, \sigma^2)$，其中 $N$ 代表 Normal(正态)。

#### 2. 理想化的标准正态分布

对于公式(1-12)中所示的正态分布函数，如果其分布形态满足 $\mu=0$，$\sigma=1$，则整个公式可以简化为如公式(1-13)所示的形态。这种正态分布是以坐标系的垂直坐标轴为对称轴，尺寸大小为 1 的完全对称的钟形图形。

$$f(x) = \frac{1}{\sqrt{2\pi}}\, e^{-\frac{x^2}{2}}，也可以写作：f(x) = \frac{1}{\sqrt{2\pi}}\exp\left(-\frac{x^2}{2}\right) \qquad 公式(1\text{-}13)$$

### 3. 偏正态分布

在具体的数据分析中，人们经常会遇到非标准的正态分布。例如，在期末考试中，由于大家普遍考得较好，导致数据的分布形态向右偏，形成右偏的正态分布。同理，也有很多向左偏的正态分布。这种分布称为偏正态分布，或简称为偏态分布。

### 4. 评价正态分布形态的两个指标

偏斜度(skewness)，用于描述数据分布偏离正态分布的程度，即整个钟形图形偏离对称的程度。若 skewness$>0$，则均值大于众数，正态分布呈现正偏离(向左偏离)；若 skewness$<0$，则正态分布呈现负偏离(向右偏离)。

峰度(kurtosis)，也叫峭度，用于描述单峰频度曲线峰形的尖平程度。若 kurtosis$>0$，则分布的集中趋势较强；若 kurtosis$<0$，则分布的离心趋势较强。

### (二)泊松分布

#### 1. 泊松分布的概念

泊松分布是一种针对离散取值的概率分布形态。其准确定义为，若随机变量 $X$ 只取非负整数值 0，1，2，…，且其概率分布服从公式(1-14)，则随机变量 $X$ 的分布称为泊松分布。

$$P(X = i) = \frac{e^{-\lambda}\lambda^i}{i!} \qquad 公式(1\text{-}14)$$

#### 2. 泊松分布的形态与用途

泊松分布适用于发生概率满足二元规则的小概率的随机事件，通常用于描述单位时间内某罕见事件发生次数的分布规律。

当一个小概率随机事件，如某电话交换台收到呼叫、单位体积内的水中细菌的分布、某放射性物质随机发射粒子、显微镜下某区域中的白细胞等，都会以固定的平均瞬时速率 $\lambda$(或称密度)随机且独立地出现，那么这个事件在单位时间(面积或体积)内出现的次数或个数就近似地服从泊松分布。

### (三)均匀分布

所谓均匀分布，是指数据在给定区间内任意位置出现的概率相等，即变量取值 $X$ 落在$[a,b]$的子区间内的概率只与子区间长度有关，而与子区间位置无关，因此 $X$ 落在$[a,b]$内任意子区间内的可能性是相等的。均匀分布是数据处理中最简单的一种分布形态。

在实际问题中，当人们无法区分在区间 $[a,b]$ 内取值的随机变量 $X$ 取不同值的可能性有何不同时，就可以假定 $X$ 服从 $[a,b]$ 上的均匀分布。

# 1.4
# 数据分析及其技术

🎯 **本节学习目标**

了解数据分析和数据挖掘的基本概念、数据分析的常见技术；掌握数据分析的常见思路及评价策略。

## 1.4.1　数据分析与数据挖掘

数据分析的发展过程始终伴随着两条思路。其一是面向静态数据的数据分析；其二是面向动态数据的实时数据挖掘(data mining，DM)。

面向静态数据的数据分析，是指把通过社会调查、科学实验获得的数据，或者从信息系统导出的针对某一时间段的数据，借助数据分析专业软件进行分析。这种分析没有考虑数据的动态性、变化性，往往是针对某一时间段的数据分析。

面向动态数据的实时数据挖掘，是指在信息系统中集成数据挖掘算法，以便信息系统能够随时针对动态数据开展分析。这种技术强化时间序列特点、依托支持动态数据采集和集成的数据仓技术，开展实时的数据分析。它对用户具有很高的要求，已经成为主流数据库系统的重要组件。

## 1.4.2　数据分析的常见技术

随着计算机科学的发展，定量研究与数据分析的方法日益普及，目前用得最多的数据分析技术主要有相关性分析、差异显著性检验、降维分析、聚类分析几种。

计算机科学的发展催生了许多数据统计分析软件，诸如 SPSS、SAS、R 语言等，就连最简单的 Excel 也提供了数据分析功能。而且，随着定量研究法的普及，许多定量分析算法已经被集成到了常规的办公软件中，使定量研究中所需的数据分析算法不再神秘，诸如相关性分析、差异显著性检验等算法已经成为人文科学研究的基本方法。

### (一)相关性分析

相关性分析是指对两个或多个具有相关性的变量元素进行分析，从而衡量两个变量的相关密切程度。相关性的变量之间需要存在一定的联系或者概率才可以进行相关性分析。

在统计分析学中，对两个数据序列相关性的分析主要通过相关系数和相关性检验概率两个指标来体现。相关系数的绝对值为 0～1，反映两列数据的关联性程度；相关性检验概率用于反映两列数据不存在相关性的概率值。

### (二)差异显著性检验

差异显著性检验，简称差异性检验，用于判断两个数据序列是否存在显著差别。数据序列的差异显著性检验分为均值差异性和分布差异性两种形式。对于正态分布的两列连续型数据，通常可检验其均值差异性，而对不明形态或非正态分布的数据，则常常检验其分布差异性。

差异显著性检验是一种推断检验。通常首先假设两列数据没有显著差异，通过计算相应的统计量判断无显著差异的概率值(检验概率 $p$)。在统计学中，通常以 0.05 为标准，若两列数据的差异显著性检验概率值大于 0.05，则认为两列数据没有显著差异；若两列数据的差异显著性检验概率值小于 0.05，则认为两列数据具有显著差异。

### (三)降维分析

在数据统计分析过程中，常常从多个视角指定调查或评价指标，从而能够全面地反映调查对象的属性和特点。然而，在调查完成后，人们常常发现因多个指标项的语义存在严重重叠，或者指标项过于琐细，需要基于数据进一步凝练指标项，以获得维度少、语义清晰的研究结论。

为此，需要对调研指标进行凝练，减少评价指标的维度，使结论变得更加易于表述和理解，这就是降维分析。

### (四)聚类分析

在数据统计分析过程中，常常需要把成千上万的个案分成若干类，方便操作。例如，可以把学生分为男生、女生。这种依据某些因素对个案分类的过程就是聚类分析，也叫分类。所以，聚类分析就是对收集到的数据分析其内在规律和特点，把相似的数据归结为一类的过程。

在数据统计分析过程中，聚类分析可以分为针对个案(记录)的分类和针对变量(字段)的分类。针对变量的聚类过程实际上也是一种降维过程。

30

### 1.4.3　数据挖掘技术及应用

#### (一)什么是数据挖掘

数据挖掘通常建立在数据仓的基础上，数据仓通常集成于数据库管理系统之内，由传统的数据库为数据仓提供海量的原始数据，并把与原始数据相关的时间序列特征添加到数据仓之中，以便数据挖掘系统能够根据原始数据及其时间戳进行各种等级的数据分析。

从狭义上讲，数据挖掘针对的是动态数据的动态分析与规律发现过程，强调针对实时变化的数据实时地分析与归纳，以便及时反馈。因此，数据挖掘通常建构于管理信息系统平台之上，与信息系统平台集成在一起。

#### (二)数据挖掘的分类

在基于计算机和网络系统的数据挖掘中，根据被挖掘数据的特点，数据挖掘技术分为两大类。

其一，针对结构化数据的挖掘。

针对结构化数据的挖掘是目前数据应用的最重要、最广泛的技术。其特点是被挖掘的数据都已经被存储在已经有了明确字段定义的后台数据库里，人们可以基于动态产生的数据编制数据挖掘算法并利用算法实时地分析这些动态数据，它主要被用来进行预测、聚类分析、关联分析、时间序列分析以及统计分析等。

目前，各类信息系统平台所提供的"猜你喜欢""向您推荐"等智能化推送功能，基本都建立在这些技术之上。

其二，针对文本的数据挖掘。

针对文本的数据挖掘被用来从非结构化的文档中提取有价值的信息，这些信息都隐藏在文档里并且没有清晰的字段定义。针对文本的数据挖掘主要应用在市场调研报告中、网站的搜索引擎中，或者自动呼叫中心的客户定级、对专利文本的分类、对网页的分类以及电子邮件分类等领域中。

#### (三)数据挖掘技术及产品

目前，数据挖掘技术已经被广泛地应用在各种大型信息系统之中，各类网站提供的"猜你喜欢""向您推荐"等智能化推送功能就是这方面的典范。各大搜索引擎的"网络爬虫"模块也大量借助了文本分析和数据挖掘的技术。

微软公司在其 SQL Server 数据库管理系统提供的 Business Intelligence Development Studio 模块中，就向用户提供了利用 Analysis Services 工具开展的不同种类的数据挖掘功能。

在这一领域，IBM 也有一些非常成熟的产品。另外，Python、Java 等程序设计语言也预置了专业的数据挖掘类库或框架，以支持各类业务处理中的数据挖掘工作。

## 1.4.4 数据分析的常见思路及评价策略

数据分析的常见技术主要包括统计描述、差异显著性检验、相关性分析、回归分析、聚类分析、降维分析等。这些操作可以分为两种不同的类别，其一是对数据的描述与检验，其二是基于数据建模并依据模型对未来数据实施判定或评价。在上述数据处理过程中，主要有以下两种思路。

### (一)统计推断——预设假设并检验假设

1. 统计推断的基本思路

在数据检验前，首先预设一种假设，其次按照特定的算法对假设进行检验，最后根据检验概率判定假设成立的可能性。

在实证性研究中，人们通常先假设"不显著"，即实验班与对照班没有显著差异，或学生性别对物理成绩没有显著的影响。这个假设被称为零假设，简记为 $H_0$。然后再利用已有的数据进行计算归纳，根据统计规律分析"零假设"成立的可能性。

例如，在数据的差异显著性检验过程中，人们通常预先假设两列数据不存在显著差异，然后依据 SPSS 或 Excel 内置的算法判定假设成立的概率值(假设成功的可能性)。若假设成立的概率值大于 0.05，则表示原假设是成立的，即两列数据是不存在显著差异的；若假设成立的概率值小于 0.05，则表示原假设是很难成立的，即两列数据无显著差异的可能性很低，两列数据之间是存在显著差异的。

同理，针对两列数据的相关性分析，也借助了这一思路。

2. 统计推断中常见的两种错误

在统计推断中，"显著性"是研究者期望发生的事情。例如，经过教学改革，实验班与对照班的学生有显著差异；在医药领域，服用新药的病人与服用安慰剂的病人有显著差异；在归因分析中，新媒体技术的应用对学生的物理成绩产生了显著影响。

对于"显著性"的统计推断，容易发生两类错误：其一，错误地拒绝了零假设，把不该显著的事情判定为"显著"。这类错误也被称为 α 错误或 I 类错误。其二，错误地接受了零假设，把本该"显著"的事情判定为不显著。这类错误也被称为 β 错误或 II 类错误。

从科学研究来看，I 类错误的危害较大，相当于把"无差异"判定为"有差异"、把

"无效"判定为"有效"。由于报告了本来不显著的现象，则可能会因此现象而衍生出系列的后续研究、应用，其危害将是不可估量的。相对而言，Ⅱ类错误的危害则相对较小，研究者如果对自己的假设很有信心，可能会重新设计实验，再次来过，从而规避Ⅱ类错误的发生。

从统计规律来看，除了样本自身和计算精度的影响之外，拒绝零假设的标准对于减少两类错误非常重要。标准定得过宽，容易犯Ⅰ类错误；标准定得过严，则容易犯Ⅱ类错误。

因此，在科学研究中，人们通常指定检验概率基于 0.05 作为判断是否接受零假设的标准（置信度 95%），当检验概率大于或等于 0.05 时，就接受零假设，认为研究对象的表现不显著。只有当检验概率小于 0.05 时，才拒绝零假设，认为被研究对象的表现显著。在特定情况下，为了提升研究的规格，进一步控制"显著性"，人们也常常把检验概率等于 0.01 作为拒绝零假设的标准值（置信度为 99%）。

### （二）基于"关注值/偏差值"比值的评价策略

在数据分析中，人们通常利用"关注值/偏差值"的比值来判定数据的稳定性或有效程度，这一思路贯穿了数据分析的各个过程，并在不同的模块中呈现为不同的具体形态。

在数据描述模块中，数据序列的均值 $\bar{X}$ 通常是人们的关注值，而数据序列的标准误 $SE$ 反映了多次测量或抽样的精度。这里的比值 $\bar{X}/SE$ 直接反映了数据的稳定性水平。若这个比值很大，则表示数据序列比较稳定，波动程度较小。对应的计算公式如公式(1-15)所示。

$$W = \frac{\bar{X}}{SE} \text{ 或 } W = \frac{\bar{X}}{S/\sqrt{n}} \qquad \text{公式}(1\text{-}15)$$

在针对两列数据的差异显著性检验模块中，人们常常使用两个均值的差与 $SE$ 的比值来判定两个数据序列是否存在显著差异。事实上，若两个序列的均值之差远远大于标准误 $SE$，则表示两个序列之间的差距远远大于各个组的组内自然波动，即组间的差距值不是由组内波动引起的，而是由分组导致的。这就是非常重要的 $T$ 检验和方差分析的核心思想。对应的计算公式如公式(1-16)所示（注意：公式中的 $X_a$ 和 $X_b$ 分别表示两个序列的均值）。

$$F = \left| \frac{X_a - X_b}{SE} \right| \qquad \text{公式}(1\text{-}16)$$

在线形回归分析的处理中，通常需要根据已有数据创建回归方程（或判别函数式），即基于已有数据建构模型。在完成建模后，根据模型计算出的数值被称为回归值(期望值),而原始数据(观测值)与回归值的差被称为残差。在此过程中,回归值是根据回归方程所计算出的数值,是人们的期望值,越接近对应的观测值越好。因此人们用回归值的均方和与残差值的均方和的比值($F$ 值或 $T$ 值)来评价回归方程的质量。这个比值越大,表示回归方程的影响力越大,回归效果越好。对应的计算公式如公式(1-17)所示。

$$F = \left| \frac{\text{回归值的均方和}}{\text{残差值的均方和}} \right| \hspace{3cm} \text{公式(1-17)}$$

同理,在判别分析中,也借助了与此相似的评价方式,通过残差与有效数据的比值来反映判别效果,这个比值(Wilks Lamda 值,即威尔克斯 λ 值)越小,表示判定效果越有效。

# 1.5
# 数据分析工作环境

**本节学习目标**

了解常见数据分析软件的特点和定位;掌握 Excel 和 SPSS 的数据分析环境的工作界面、内部结构、工作模式;能够以 Excel 和 SPSS 进行简单的数据处理。

## 1.5.1 数据分析软件简介

大数据时代的数据分析技术可分为两种不同的类型,一种是针对某一时间点的静态数据的数据分析,另一种是针对动态变化的数据的实时数据挖掘技术。

尽管专业的数据分析工具有很多,但在社会科学研究领域,人们使用较多的数据分析工具仍然是 SPSS 和 Excel。在基于社会调查和评价分析等研究中,人们常常用普及量较大的 Excel 完成数据采集、预处理和简单的数据分析工作,而用专业化的 SPSS 完成比较复杂的数据分析工作。

### (一)专业化的数据分析软件

1. SPSS

SPSS 是 IBM 公司推出的一系列用于统计学分析运算、数据挖掘、预测分析和决策支持的软件产品及相关服务的总称,被广泛地应用于教育、心理、经济以及生物、地理、医学等学科领域,是世界上著名的统计分析软件之一。

34

SPSS 软件最初全称为 Statistical Package for Social Science，即社会科学统计软件包，但是随着 SPSS 产品服务领域的扩大和服务深度的增加，SPSS 公司已于 2000 年正式将英文全称更改为 Solutions Statistical Package for the Social Sciences，即统计产品与服务解决方案，标志着 SPSS 公司的战略方向正在做出重大调整。

SPSS for Windows 是一个组合式软件包，它集数据录入、整理、分析功能于一身。用户可以根据实际需要和计算机的功能选择相应模块。SPSS 的基本功能包括数据管理、统计分析、图表分析、输出管理等。SPSS 统计分析过程包括描述性统计、均值比较、一般线性模型、相关分析、回归分析、对数线性模型、聚类分析、数据简化、生存分析、时间序列分析、多重响应等几大类。SPSS 也有专门的绘图系统，可以根据数据绘制各种图形。

2. SAS

SAS 是一款广泛地应用于化学、生物、心理、农医等领域的统计分析软件。SAS 系统全称为 Statistics Analysis System，即数据统计分析系统，它最早是由北卡罗来纳州立大学的两位生物统计学研究生编制并研发的，并于 1976 年正式推出。SAS 是用于决策支持的大型集成信息系统，但该软件系统最早的功能仅限于统计分析。至今，统计分析功能也仍是它的重要组成部分和核心功能。

SAS 是由大型机系统发展而来的，其核心操作方式就是程序驱动，经过多年的发展，现在已经成为商业分析软件与服务领域的领跑者。

3. Systat

Systat 的含义是 System Statistical，这是一款强大的分析软件，拥有高效的数据分析和各种统计功能。它能够为用户提供从基础的描述性统计到基于高端算法的高级统计方法。

与 SPSS 等软件相似，它也提供了回归分析、变异数分析、表格分析、多变量分析、可靠度分析、时间序列分析、仿真与分配等功能，而且还提供了功能强大的宏语言，以便用户便捷地控制统计过程，开展统计流程代码设计。

### (二)非专业化的数据分析软件

除了专业化的数据分析软件外，随着大数据时代的来临，在一些办公软件内部也集成了数据分析模块，以供普通用户在自己的工作中完成一些简单的数据分析任务。

Excel 2010 及其以后的版本已经把数据的统计与分析功能内置于系统中，使数据分析能力成为 Excel 的基本功能。在 Excel 中，有两种方法可供人们实施数据分析。其一是普通的统计分析函数，其二是比较专业的"分析工具库"。

1. 普通的统计分析函数

Excel 系统提供了一组专业的统计函数，以便帮助人们直接完成统计与分析。常见的函数有：①普通的统计函数：Sum、Count、Average、Max、Min 等；②条件统计函数：SumIF、CountIF、AverageIF 等；③转码函数：IF、Text、Value 等；④数据分析函数：VAR、STDEV、TTEST、FTEST、CORREL 等。

2. 比较专业的"分析工具库"

分析工具库是 Excel 的重要组件，它提供了 $T$ 检验、方差分析、$Z$ 检验、$F$ 检验等常用的数据分析功能，而且能够提供远比统计函数详细的统计分析结果，有利于用户进行比较专业的数据分析研究。

"分析工具库"已经成为微软 Office 系统的默认安装组件。但是，在用户启动 Excel 时不会默认加载"分析工具库"，只需在用户需要时人工加载。

### (三)结构方程建模软件

常用的结构方程建模软件包括 Mplus、Lisrel、AMOS、EQS、R 语言等。其中前面 4 种是专门的结构方程建模软件，R 语言是一种多元化的开源的统计软件，里面有做结构方程的包，但它并不是专门的结构方程软件，从功能上讲，R 的功能最丰富但操作难度最大。

在前述 4 种专门的结构方程建模软件中，Mplus 的功能最多，操作也比较便捷，并且更新周期短，是当前较为流行也较有潜力的结构方程建模软件。AMOS 操作比较简便，易学，也是 IBM 的产品，与 SPSS 配合较好。

相对而言，虽然 AMOS 的功能比其他软件少一些，但重要功能还是比较完整的。因此，笔者推荐大家在学习 SPSS 之后顺便学习一下 AMOS。

## 1.5.2　Excel 的数据分析环境

双击任务栏中已经固定的 Excel 图标或者桌面上的 Excel 2010 图标，就能启动 Excel 2010 系统。

### (一)Excel 的主工作界面

启动后的 Excel 主界面如图 1-3 所示。

1. Excel 工作表的结构

Excel 2010 及其以后的版本采用了"选项卡—功能区"管理模式，其主窗口的顶部是 Excel 的"选项卡—功能区"，中部区域则显示了当前工作表 sheet1 的内容。

由图 1-3 可知，中部的区域是一个划分了行与列的大型二维表格，顶部的一行用于标记各列的编号，以字母标记；最左侧的一列用于标记各行的编号，以数字标记。这个大型的二维表格被称为 Excel 的工作表。

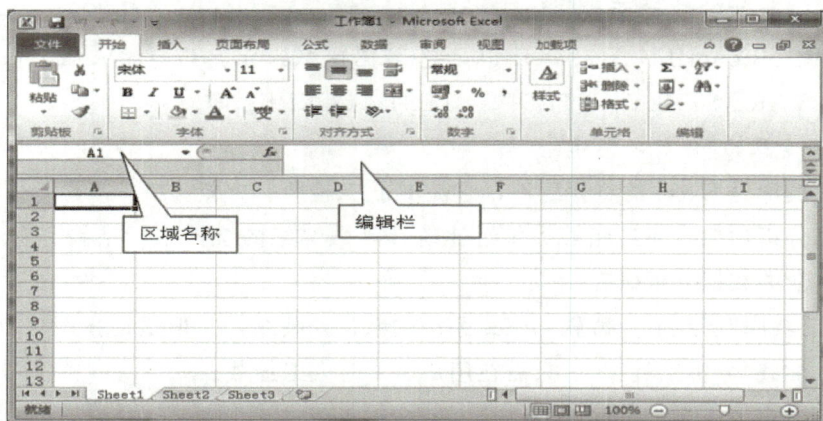

图 1-3  Excel 的主工作界面

在 Excel 中，每页工作表都是一个巨大的二维表格，这个二维表格包括很多个能够存储信息的单元格，这些单元格用其所在的列号和行号来标记。在 Excel 2010 中，每张工作表可以包含 16384 列、1048576 行，即共有 16384×1048576 个单元格。

Excel 文档被称为工作簿，其中的每个工作簿都是一个独立文档，扩展名为 xls。每个工作簿都可由多页工作表组成，如 Sheet1、Sheet2、Sheet3 等。这与生活中人们所用的记事簿相似，每个记事簿都包括多页纸张，在每张纸上都被画上了若干竖线和若干横线，从而形成了由很多行和很多列单元格构成的工作表。

2. Excel 的单元格及其表示

电子表格中的单元格将按照一定的行和列排列形成一张二维表格，而若干张二维表格叠放在一起就形成了一个三维结构。

在 Excel 中，使用字母标记列号，而且组合使用字母表，列号依次为 A，B，C，…，Z，AA，AB，AC，…，AZ，BA，BB，BC，…，BZ，CA，…，行号则使用数字标记。因此要描述当前工作表中的某个单元格，一定是以字母开头、数字结尾标记一个，如 AB18 表示第 AB 列第 18 行的那个单元格。

如果要描述其他工作表中的单元格，则需要使用以地址表示的三维结构，即在单元格的"列""行"标志前加上工作表的名称，而且两者之间以"!"分隔开，如 Sheet4!AB18 表示引用工作表 Sheet4 中第 AB 列第 18 行的那个单元格。

## (二)Excel 实施数据分析的方法

Excel 提供了两种形态的数据分析技术：其一是基于统计分析函数的简单数据分析；其二是利用其内置的"分析工具库"开展专业化的数据分析。

1. 以 Excel 函数实施数据分析

Excel 内置了一组函数，用于对数据实施各类分析。常见的数据统计分析函数如

表 1-2 所示。

表 1-2　在 Excel 中常见的统计分析函数

| 类别 | 功能 | 函数格式 |
|---|---|---|
| 常规统计 | 求和 | Sum(区域) |
| | 求个数 | Count(区域)/CountA(区域) |
| | 求平均 | Average(区域) |
| | 求最大 | Max(区域) |
| | 求最小 | Min(区域) |
| 条件统计 | 按条件求个数 | CountIF(条件区域，"条件式") |
| | 按条件求和 | SumIF(条件区域，"条件式"，求和区域) |
| | 按条件求平均 | AverageIF(条件区域，"条件式"，求均值区域) |
| 数据描述 | 求方差 | VAR(区域)/VARP(区域) |
| | 求标准差 | STDEV(区域)/STDEVP(区域) |
| | 频度分析 | Frequency(数据序列区域，分段区域) |
| 数据分析 | 判断方差是否齐性 | FTEST(序列 1 区域，序列 2 区域) |
| | 判断差异显著性 | TTEST(序列 1 区域，序列 2 区域，单侧/双侧，类型) |
| | 判断相关性水平 | CORREL(序列 1 区域，序列 2 区域) |

Excel 的内置函数很多，表 1-2 仅仅列出了比较常用的几个函数。对于各个统计分析函数的使用，将在后续章节中逐步介绍。

在 Excel 的空闲单元格中直接输入带有统计函数的公式，就能立即在此单元格中计算出统计分析结果。

> 注意：利用统计分析函数可以完成简单的统计分析，但其输出结果通常为单一的数值，如 FTEST 和 TTEST 都仅仅输出其检验概率值，并不能同时输出相关数据列的方差和 $F$ 值等信息，导致研究者获得的信息比较单薄。因此，这种分析模式仅仅适用于非专业化的研究领域。

2. 利用 Excel 的内置分析工具库实施 $T$ 检验

(1)Excel 分析工具库的作用和功能

高版本的 Excel(Excel 2010 及其以后的版本)内置了"分析工具库"，用于进行比较专业的数据分析。由于基于分析工具库的数据分析不再仅仅输出单一的结果值，还可以包含相关数据列的 $T$ 值、均值、方差以及相关系数等信息，因此，利用分析工具库，能够得到更加专业的分析结果。

(2)检查"分析工具库"是否已经启用

尽管 Excel 内置了"分析工具库"，但其默认状态并不是直接启用这个"分析工具库"。因此，如果想以"分析工具库"开展数据分析，需要先检查"分析工具库"是否已经启用。其具体方法如下。

首先，打开【Excel】的顶级选项卡【数据】，检查其中是否存在【数据分析】按钮。

其次，若【数据】选项卡中没有【数据分析】按钮，则表示 Excel 的内置"分析工具库"尚未启动，需要手工启用"分析工具库"。

(3)启用"分析工具库"的方法

第一，选择顶级选项卡【文件】，然后从右下角单击按钮【选项】，以便打开"Excel选项"面板。

第二，在【Excel 选项】面板左侧选择【加载项】，进入"加载项"管理面板，如图 1-4 所示。

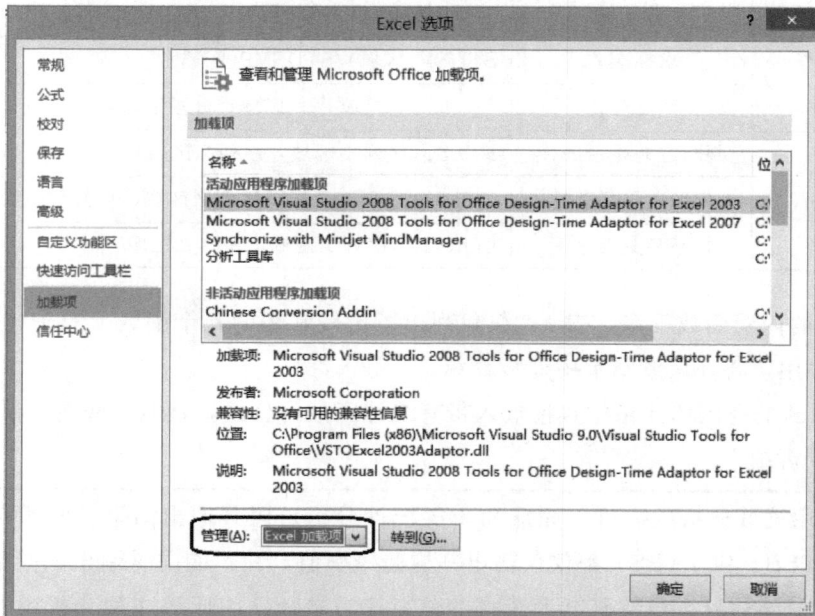

图 1-4 "Excel 选项"界面

第三，在面板底部找到【转到】标记，单击【转到】按钮，打开【加载宏】对话框，如图 1-5 所示。

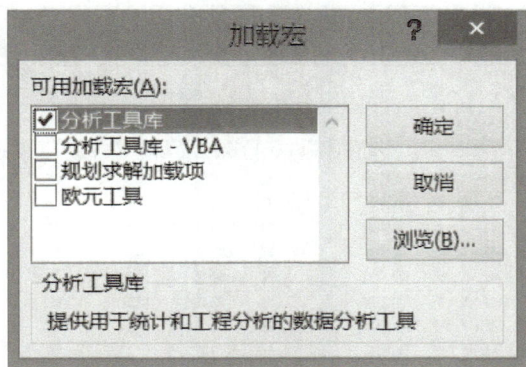

**图 1-5　启用"分析工具库"界面**

第四，在，【加载宏】对话框中，把【分析工具库】复选框设置为有效。

第五，单击【确定】按钮即可。

在"分析工具库"被启用之后，就能利用【数据】选项卡中的【数据分析】按钮启动 Excel 的专业化数据分析操作了。

## 1.5.3　SPSS 的数据分析环境

双击任务栏中的 SPSS 图标或者桌面上的 SPSS 快捷方式，可以直接启动 SPSS 系统。

### (一)SPSS 的主工作界面

1. SPSS 的"数据视图"

在启动 SPSS 并打开数据文件 yyyy. sav 后，可以获得如图 1-6 所示的"数据视图"。

从图 1-6 所示的 SPSS "数据视图"可以看出，SPSS 的数据集也是一个二维表结构，其每一行描述一个学生的信息，被称为一条记录，或者一个个案。其每一列称为一个数据项，也叫一个字段，或者一个变量，用于描述全体个案在某个属性上的取值。

与 Excel 数据表不同的是：图 1-6 中的数据表的标题直接出现在数据表的顶部，与普通个案不相同。以这种方式管理数据表显得更加专业。

2. SPSS 的"变量视图"

单击图 1-6 左下角的【变量视图】选项卡，则进入变量视图状态。在 SPSS 的变量视图状态下，系统会以列表方式显示出当前数据集内各个变量的类型、宽度等属性，如图 1-7 所示。

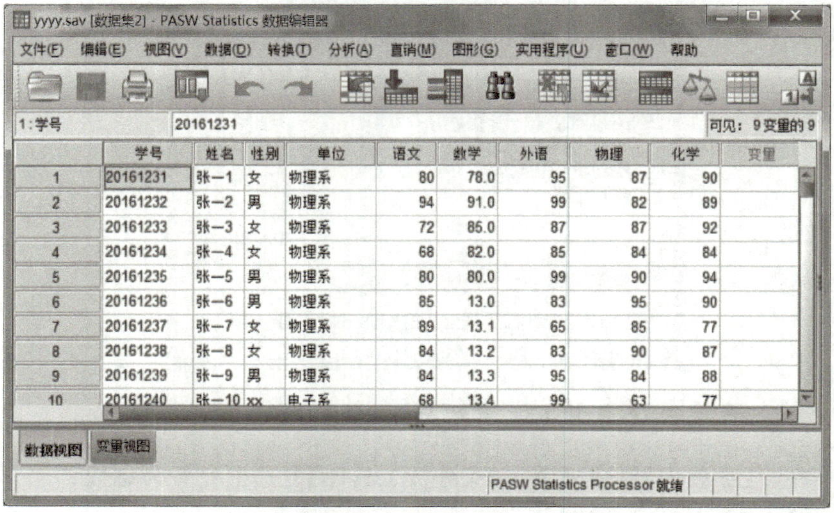

图 1-6　SPSS 的"数据视图"

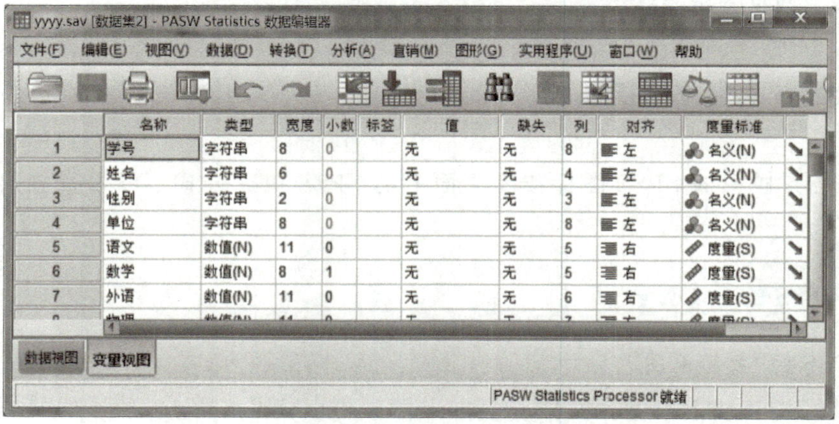

图 1-7　SPSS 的"变量视图"

利用"变量视图"可以重新定义当前数据集内各个变量的属性，可以重新设置其数据类型、宽度、小数位数以及度量类型等属性。

### (二)SPSS 提供的数据分析环境

在 SPSS 中，也提供了两种形态的数据分析技术：其一是基于系统菜单和对话框配置的数据分析技术；其二是基于 SPSS 命令语句的数据分析技术。

1. 基于系统菜单的数据分析

在 SPSS 中，如果数据集已经准备好，对绝大多数初学者来讲，可以依据研究问题的要求，借助 SPSS 的系统菜单【分析】之下的相应子菜单项，直接启动数据分析过程。

例如，基于数据文件 yyyy.sav 中的内容，要分析男生和女生的语文成绩是否存在显著差异，可以按照以下步骤完成数据分析。

第一，打开已经准备好的数据集，使之处于数据视图状态。

第二，思考研究问题的数据分析要求，就是一个针对两组的独立样本 $T$ 检验。

第三，选择系统菜单【分析】—【比较均值】—【独立样本 $T$ 检验】，如图 1-8 所示。

图 1-8　SPSS 的 $T$ 检验菜单项

第四，系统将弹出【独立样本 $T$ 检验】对话框。在此对话框中，依据研究目标和数据集的内容，正确选择参与 $T$ 检验的变量，适当地进行参数配置，如图 1-9 所示。

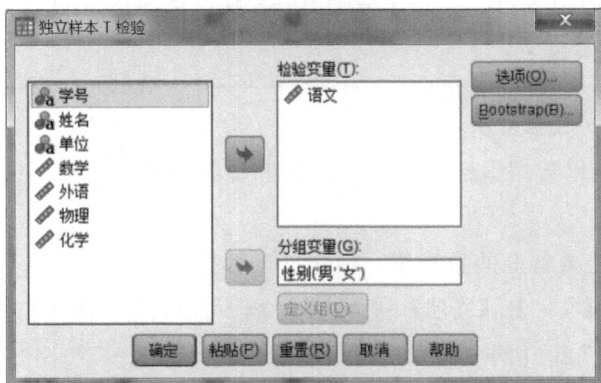

图 1-9　SPSS 的 $T$ 检验的配置对话框

第五，单击【确定】按钮，启动 $T$ 检验过程，系统将新弹出一个"输出"窗口，这个输出窗口会显示出 $T$ 检验的计算结果，如图 1-10 所示。

在图 1-10 所示的"输出"窗口中，首先输出了实现 $T$ 检验的 SPSS 命令语句，其次输出了"组统计"表格，最后输出了"独立样本检验"的检验结果表格。

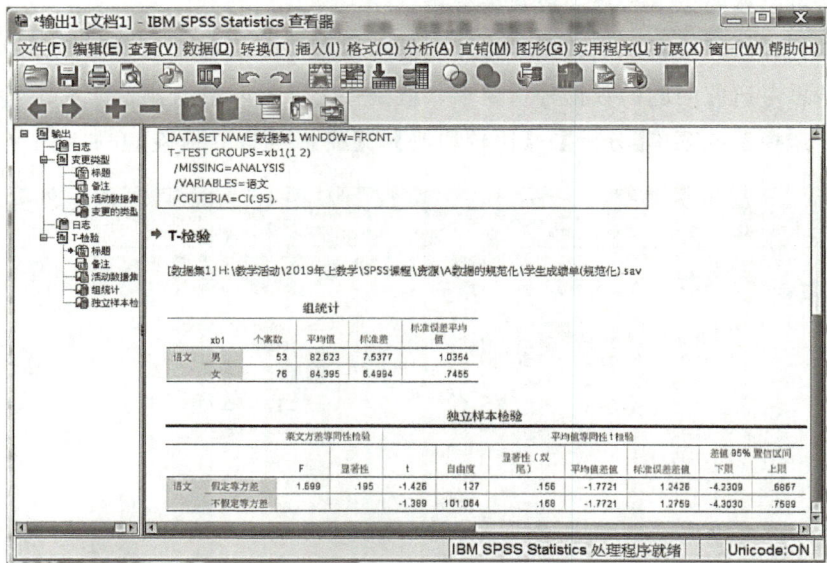

**图 1-10　SPSS 的 T 检验的输出结果**

"独立样本检验"表格包括 F 检验的检验概率值、T 检验的 t 值和 T 检验的检验概率值。综合这些结果数据，可以得出"男生和女生的语文成绩不存在显著差异"的研究结论。

注意：在以菜单项模式启动数据分析功能后，系统会在"输出"窗口中输出与此分析功能相对应的 SPSS 命令行。有志于成为 SPSS 高级用户的人员，可以有意识地研读这些命令行，从而掌握它们。

2. 基于命令行的数据分析

在 SPSS 中，如果数据集已经准备好，对于前面的案例，也可以借助 SPSS 命令行实现数据分析过程。

第一，打开已经准备好的数据集，使之处于数据视图状态。

第二，利用菜单【文件】—【新建】—【语法】命令，可以打开如图 1-11 所示的"语法"窗口。

第三，在"语法"窗口的右侧主工作区中，直接键入一个 SPSS 的命令语句，如图 1-12 所示的语句，表示要对当前数据集中的全体数据做"男女生的语文成绩是否存在显著差异的 T 检验，检验时的置信区间为 95%"。

第四，单击图 1-12 工具栏中的 ▶ 按钮（工具栏中被圈起来的三角形图标），启动数据分析过程。

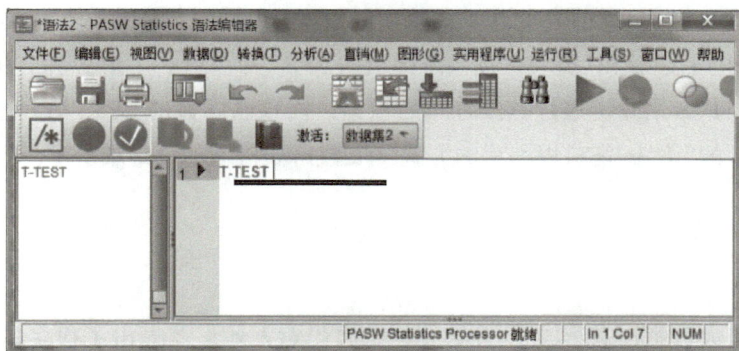

**图 1-11　SPSS 的"语法"窗口**

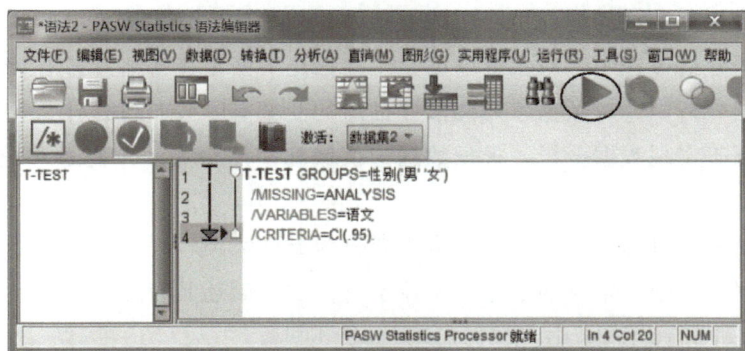

**图 1-12　对当前数据集实施 T 检验的命令语句**

### （三）对 SPSS 的两种数据分析环境的评价

SPSS 提供了两种数据分析环境，它们各有特色并适用于不同的用户群。分析这两种数据分析环境时，需要注意以下 3 点。

基于菜单项的数据分析方法，以菜单项启动数据分析命令，以对话框提供人机交互界面，允许用户借助对话框设置详细的配置参数，能够准确、有效、便捷地完成数据分析任务。它适用于 SPSS 的初学者或者对 SPSS 命令行不熟悉的用户。其唯一的缺点是，在需要重复性地处理大量相似的分析任务时，需要用户机械地、重复地调用系统菜单并配置分析参数，导致系统的分析效率不高。

基于命令行的数据分析方法，它运行在"语法"窗口中，允许用户直接撰写 SPSS 的命令行实施数据操作。由于运行在"语法"窗口中的命令语句可以被复制，也可以作为语法文件被保存起来，以供下次使用。因此，它具有执行效率高，便于批量处理等优点。但是，这种方式要求用户掌握 SPSS 的命令行，并能准确地使用 SPSS 命令语句的参数配置，对用户有较高的要求。

在当前的计算机技术学习中，很多学习者都是先学习界面操作，然后逐步过渡到使用计算机语言编程阶段的，对 Flash 和 SPSS 的学习都遵循这一规律。因此，在 SPSS 的学习过程中，初学者可以先借助"基于菜单项的数据分析方法"完成初步的数据分析任务，并在这一过程中通过"输出"窗口研读系统弹出的 SPSS 命令行，了解各种分析工具及其配置参数对应的 SPSS 语句。通过一段时间的积累，当自己掌握的 SPSS 语句达到一定的规模时，在 SPSS 的"语法"窗口以编程的方式开展数据分析就不再是难事了。

## 思考与上机实践

1. 思考题

(1)什么是大数据时代？为什么说大数据时代对人才培养提出了很多新的要求？

(2)在量化研究中，数据分析可以分为哪四个层次？

(3)在量化研究的设计过程中，应该注意哪些问题？要尽量避免哪些问题？

(4)在数据分析过程中，对数据序列集中性描述的变量有哪些？各有什么特点？

(5)在数据分析中，对数据序列离散性描述的变量有哪些？各有什么特点？

(6)为了便于实现数据分析，根据数据的值域和使用特点，人们通常把数据分为哪些类别？

(7)在数据分析过程中，常见的技术主要分为哪两大类？

(8)在数据分析中，常见的数据分析技术有什么？简述其特点。

(9)在 Excel 2010/2013 中，如何启动"分析工具库"？

(10)在 SPSS 中，有哪种类型的数据分析方式？各有什么特点？

2. 上机实践：数据分析初入门径

(1)在 Excel 2010/2013 中，检查"分析工具库"是否被启用。如果没有被启用，请启用"分析工具库"。

(2)在 Excel 2010/2013 中，启动【数据分析】对话框，观察【数据分析】对话框中主要包括哪些功能。

(3)在 SPSS 中，打开"作业素材"文件夹中的 zysc01.rar 文档，解压缩后获得 SPSS 数据文件 yyyy.sav，仿照例题的操作步骤，利用"菜单＋对话框"的方式分析男生和女生的语文成绩是否存在显著差异。

(4)在 SPSS 中，练习打开"语法"窗口，并尝试把第(3)题生成的 SPSS 命令行粘贴的"语法"窗口中，并执行这个命令行。

(5)在 SPSS 中，练习保存和打开 SPSS 语法文件。

教学资源二维码

# 第 2 章

# 数据预处理与统计描述

本章概述

　　本章简要地阐述了数据描述中的关键概念，并讲解了数据分析前期的数据规范化及预处理技术。主要包括数据变量定义、变量重编码、数据排序、秩分与正态得分的生成、分类汇总和变量间的计算等内容。最后，详细讲解了数据分布形态判断、频度分析和箱体图绘制等统计描述技术。

**章结构图**

基本统计量
数据频度分析
数据的分类汇总 ── 数据的统计描述
数据分布形态的判定
箱体图与茎叶图
低测度数据的描述

数据规范化简介 ── 数据表与数据的组织结构 / 数据的规范化要求

利用Excel实现数据预处理 ── Excel的数据编辑功能 / 数据类型转化与格式标准化 / 数据的重编码 / 数据表的拼接

数据预处理与统计描述

变量重编码技术
秩分
标准分 ── 重编码与变形处理
正态得分

SPSS的数据预处理 ── SPSS的数据编辑功能 / 数据文件的打开与拼合 / 数据表内部显示格式的优化 / 对缺失值的标记与处理 / 数据列之间的计算与计数 / 数据排序及检索与抽样 / 数据的加权处理

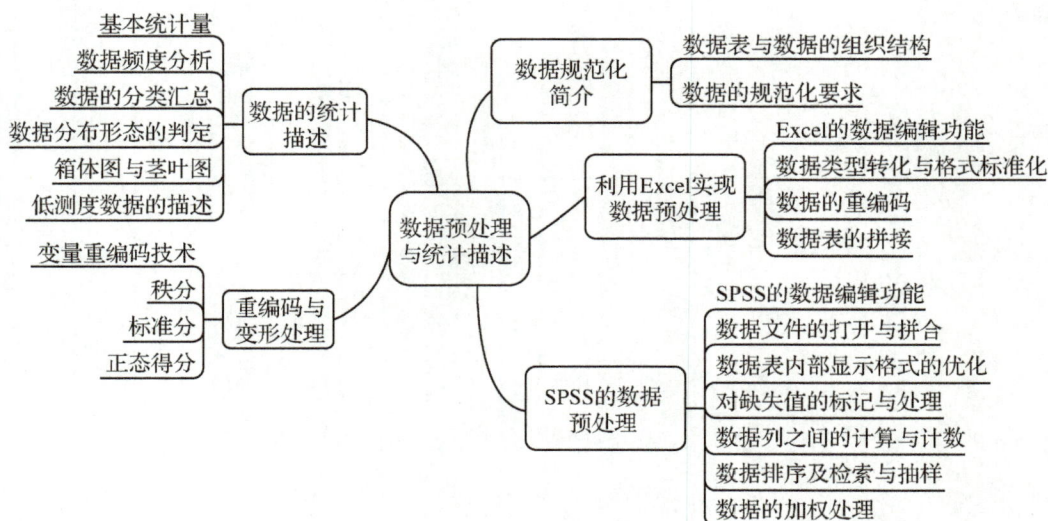

**本章学习目标**

　　掌握数据分析中的关键概念和分析评价思想，掌握 SPSS 下的变量定义、多文件组合、数据排序、重编码、数据分布形态判断等操作技能及注意事项。在学习本章的过程中，要注意对各个概念的准确把握，能够正确地判定序列的分布形态和数据特征，并具备对各类不达标的数据进行修正或重编码的能力。

**读前深思**

　　以 SPSS 软件开展数据分析对数据格式有哪些要求？为了实现数据的规范化，SPSS 和 Excel 提供了哪些技术手段？各有什么特点？

# 2.1 数据规范化简介

### 本节学习目标

了解规范的数据表的一般结构；掌握在数据统计分析中对数据格式和规范化的要求。

## 2.1.1 数据表与数据的组织结构

人们通常以二维表的形式实施数据管理，如图 2-1 所示。在图 2-1 中，每行描述一个学生的各项信息，每列存储全体学生在某个属性上的全部取值。这种表在数据库管理系统中被称为关系表，在日常应用中通常被称为数据表。

基于这种关系表的数据结构被称为关系数据库结构，每个关系数据库通常由若干个相关的关系表构成。关系表的首行被称为标题行或者字段名行，通常用于标记每列的含义。这种以关系表存在的数据形式常常被用来存储大量的信息，如学生信息、课程信息、教师信息等。

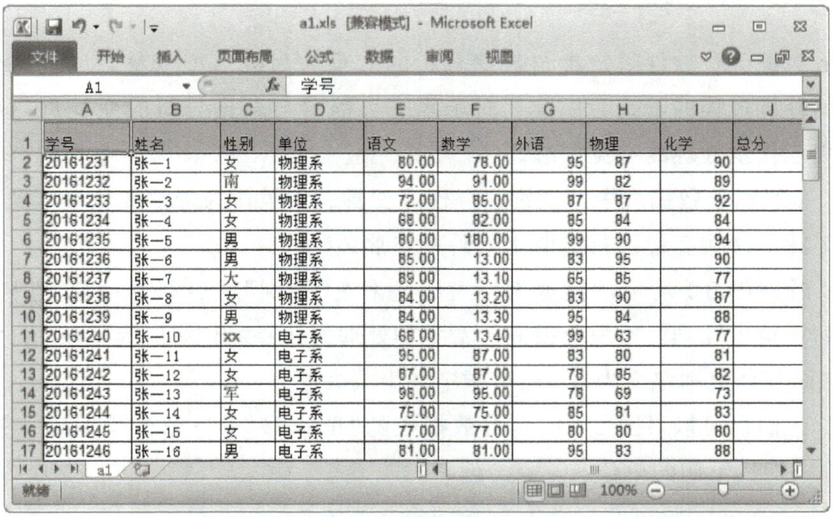


| | A | B | C | D | E | F | G | H | I | J |
|---|---|---|---|---|---|---|---|---|---|---|
| 1 | 学号 | 姓名 | 性别 | 单位 | 语文 | 数学 | 外语 | 物理 | 化学 | 总分 |
| 2 | 20161231 | 张—1 | 女 | 物理系 | 80.00 | 78.00 | 95 | 87 | 90 | |
| 3 | 20161232 | 张—2 | 南 | 物理系 | 94.00 | 91.00 | 99 | 82 | 89 | |
| 4 | 20161233 | 张—3 | 女 | 物理系 | 72.00 | 85.00 | 87 | 87 | 92 | |
| 5 | 20161234 | 张—4 | 女 | 物理系 | 68.00 | 82.00 | 85 | 84 | 84 | |
| 6 | 20161235 | 张—5 | 男 | 物理系 | 80.00 | 180.00 | 99 | 90 | 94 | |
| 7 | 20161236 | 张—6 | 男 | 物理系 | 85.00 | 13.00 | 83 | 95 | 90 | |
| 8 | 20161237 | 张—7 | 大 | 物理系 | 89.00 | 13.10 | 65 | 85 | 77 | |
| 9 | 20161238 | 张—8 | 女 | 物理系 | 84.00 | 13.20 | 83 | 90 | 87 | |
| 10 | 20161239 | 张—9 | 男 | 物理系 | 84.00 | 13.30 | 95 | 84 | 88 | |
| 11 | 20161240 | 张—10 | xx | 电子系 | 68.00 | 13.40 | 99 | 63 | 77 | |
| 12 | 20161241 | 张—11 | 女 | 电子系 | 95.00 | 87.00 | 83 | 80 | 81 | |
| 13 | 20161242 | 张—12 | 女 | 电子系 | 87.00 | 87.00 | 78 | 85 | 82 | |
| 14 | 20161243 | 张—13 | 军 | 电子系 | 98.00 | 95.00 | 78 | 69 | 73 | |
| 15 | 20161244 | 张—14 | 女 | 电子系 | 75.00 | 75.00 | 85 | 81 | 83 | |
| 16 | 20161245 | 张—15 | 女 | 电子系 | 77.00 | 77.00 | 80 | 80 | 80 | |
| 17 | 20161246 | 张—16 | 男 | 电子系 | 81.00 | 81.00 | 95 | 83 | 88 | |

**图 2-1　数据表及其结构**

在数据表中，每行信息被称为一条记录，也叫作个案；每列存储全体数据的一个属性，常常被称作字段，也叫数据项或者变量。由图 2-1 可知，“学号”“姓名”“性别”

"单位"等列都是变量，其中"学号""姓名""性别""单位"用于说明每列的含义，被称为字段名或者变量名。"张—1""张—2"等行都是记录（或者个案）。

在各类数据处理中，人们对数据的管理和分析都是基于这种二维数据表的。

## 2.1.2　数据的规范化要求

在如图 2-1 所示的数据表结构中，尽管数据表的内容已经比较规范、合理，但在真正地实施数据分析之前，尚需对数据进行必要的规范化处理。

### （一）对表中明显错误的数据进行标记

在数据分析之前，必须对明显错误的数据进行标记或剔除，以免因个别极端值的问题而严重影响数据分析结论。

在图 2-1 中的"性别"列，出现的字符串"xx""南""大""军"等字符就是明显的输入错误，因为人的性别只能为"男"或"女"。另外，在"数学"列中，也出现了若干个超过 100 分的数值，同样是输入错误引发的问题。

对于上述情况，应根据研究问题的需要和数据语义进行预处理。比如，对于性别列中的"南"可以直接修正为"男"，而对于其他字符诸如"xx""大""军"等则应标记为缺失值，在进行与性别相关的数据分析时，性别非法的个案将不参与数据分析过程。

### （二）对文本型变量进行数值化编码

大多数数据分析软件限定参与数据分析的变量应为数值型变量，尽量避免文本型变量对数据分析过程的干扰。因此，对未来有可能参与数据分析的变量进行数值化编码是数据规范化预处理的常见方法。

在图 2-1 所示的数据表中，性别、单位等变量经常被作为分组变量参与到数据分析过程中，为此把这些变量进行数值化编码是非常必要的。

例如，针对图 2-1 所示的数据表，人们经常在"性别"之后新增一列"性别码"，在"性别码"列中给出性别的对应数值码。常见的处理方式是"男"对应为数值 1，"女"对应为数值 2，而其他值则定义为 0，而且指定 0 为缺失值。

同理，人们也可以对图 2-1 所示的数据表的"单位"列进行数值化编码，分别为 1、2、3、4 等来指代不同的单位。

> 注意：在对分类型变量进行数值化编码过程中，如果随意指定文本值与数码之间的对应关系，则得到的新变量为定类变量。如果按照某一规则对文本值实施编码，则得到的新变量为定序变量。

在对分类型变量做数值化编码时，应尽力把变量转化为定序变量，以提升量化分析的准确性。

### (三)对非正态分布的变量进行转码处理

在数据分析过程中，大多数数据分析算法要求参与分析的变量满足正态分布。然而，在实际的研究过程中，经常会碰到一些变量不满足正态分布的情况，直接影响了数据分析算法的选用。为此，就需要对非正态分布的变量进行转码处理。

在 SPSS 等专业化数据分析软件中，人们可以借助秩分、Z 分数、正态得分等对原始数据进行转码处理，以减少极端值对分析结果的影响，从而使面向正态分布的专业算法可以被正常应用。

# 2.2
# 利用 Excel 实现数据预处理

🎯 **本节学习目标**

掌握以 Excel 进行数据预处理的关键技术，包括数据的常规编辑、数据类型转化、数据格式标准化、数据的重编码和数据表的拼接等。

## 2.2.1　Excel 的数据编辑功能

### (一)Excel 的主工作界面

双击任务栏中已经固定的 Excel 图标或者桌面上的 Excel 2010 图标，就能启动 Excel 2010 系统。启动后的主界面如图 2-2 所示。

1. Excel 的选项卡—功能区

Excel 2010 采用了新型的"选项卡—功能区"管理模式，其主窗口的顶部是"选项卡—功能区"，中部区域则显示了当前工作表的内容，如图 2-2 所示。

Excel 的选项卡提供了比较强的数据编辑功能，借助【开始】选项卡中的"字体""对齐方式""单元格"等功能，能够完成大量的格式设置与文字编辑工作。借助【数据】选项卡，则能够进行"排序""筛选""分类汇总"等常规的数据统计与简单的分类处理任务，其右上角的"数据分析"则提供了专业的数据分析功能。

2. Excel 的工作表

Excel 的工作表是一个巨大的二维表格，以字母作为列号标记，以数字作为行号标

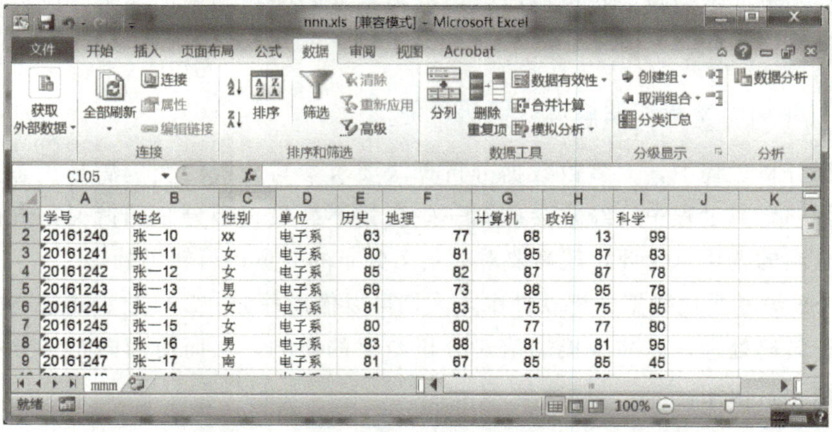

**图 2-2　Excel 的主工作界面**

记。在图 2-2 中，"学号"所在的单元格的位置就是 A1。

　　尽管 Excel 支持用户在任意单元格中随意地输入数据，然而，在具体的应用中，人们仍然比较习惯于制作成如图 2-2 所示的数据表的形式。在这种形态中，数据表中的每一行为一条记录，每一列为一个字段（数据项）。

　　与普通的数据库管理系统不同，Excel 没有提供对数据表列格式进行预定义的功能。因此，对于规范的数据表，通常把数据表的第一行作为标题行（或者称为字段名行），用于说明每一列的含义。

　　Excel 的数据分析是基于区域的，在执行数据分析的过程中，需要准确地指明哪个区域的数据参与数据分析过程。例如，函数 FTEST(E2:E100，F2:F100) 就是要对区域 E2:E100 和区域 F2:F100 进行方差齐性检验，即查看历史成绩和地理成绩的波动幅度是否存在显著不同。在这个公式中，参与数据分析的就是两个区域 E2:E100 和 F2:F100。

## (二)数据输入与编辑

### 1. 输入字符串型数据

　　要在单元格中输入字符串型数据，只需用鼠标单击该单元格，确定被输入数据的位置，然后直接输入以字母开头的字符串。

　　在输入字符串的过程中，输入的内容同时显示在编辑栏和单元格内部，如图 2-3 所示。如果输入的字符串比较长，希望字符串能在它的中部换行，则可以选中【开始】选项卡中的【自动换行】按钮，或者把插入点放在编辑栏文字中的需要换行之处，直接键入〈Alt〉+〈Enter〉。

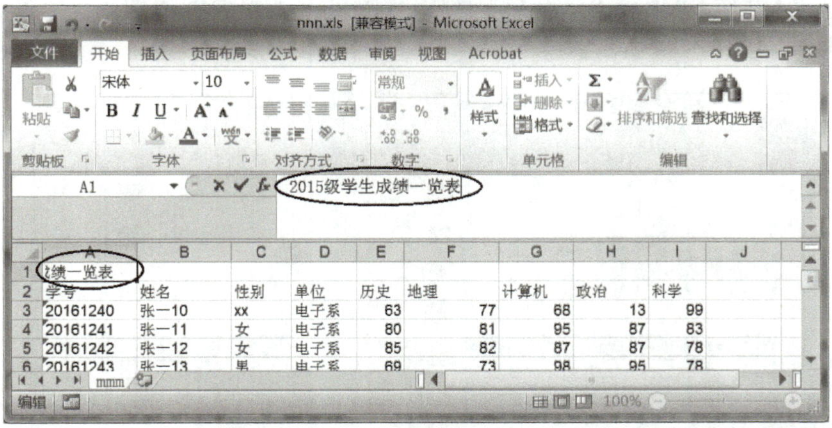

**图 2-3　输入字符串型数据**

对于学号、电话号码(特别是以 0 起始的学号或电话号码)等类似数值型数据的数码形态的字符串，为了保证输入单元格内的数据符合要求，不把输入的内容当作数值型数据处理，通常有两种处理技术。①在开始输入正式内容前先输入一个前导符号"'"。前导符号"'"代表即将输入的内容是字符串，而且左对齐。②找到【开始】选项卡中的"数字"区块，先设置相关单元格的数据格式为"文本"类型，然后再输入数码形态的字符串。

2．输入数值型数据

对于普通的数值型数据，应在选定单元格后，直接输入一串英文半角方式的数码，如 10000、1598 等。

> 注意：在输入数值型数据的过程中，小数点必须使用英文半角的圆点。数值型数据必须以数码开头，而且要符合数值的书写格式。否则，会被系统理解为字符串。

对于需要输入的日期，则选定单元格，直接输入符合日期格式的日期即可，如 2011-11-12 或者 2011/10/08。日期格式以数码开头，可以使用短线或者斜线作为分隔符。但是，需要注意：诸如"2001-2-29""1234ABC"这样的貌似数值但不符合数值格式的数据，Excel 会将其全部作为字符串处理。

## (三)数值型数据的显示格式

Excel 单元格中的数值型数据可以以多种形态出现(数值、日期、时间、货币、百分比等)。因此，在 Excel 表格中，根据语义需要，设置数据的显示格式是非常重要的。

1．设置数据显示格式的基本方法

首先，以鼠标拖动，选择需要重设格式的区域。

其次，在【开始】选项卡下，在【数字】区块中单击其顶部的大列表框，从中选择一种合适的格式，如图 2-4 所示。

图 2-4　对选定的数据设置显示格式

2. 设置显示格式的精确方法

如果需要比较精细的格式设置，则可以利用【数字格式】对话框实现。

首先，在【开始】选项项卡下，单击【数字】区块右下角的斜箭头，或者选择图 2-4 中的菜单项【其他数字格式】，就会打开【设置单元格格式】对话框，并自动停留在【数字】选项卡中，如图 2-5 所示。

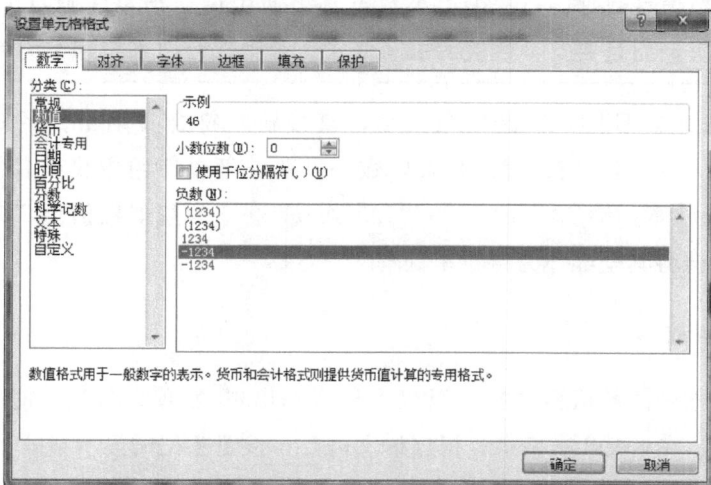

图 2-5　对数值型数据显示格式的详细设置对话框

其次，在此对话框中，直接从左侧选择一种格式类型，然后在右侧区域设置小数位数、负数的格式。

最后，单击【确定】按钮，完成数据格式设置。

### （四）Excel 中的公式与计算

利用公式进行计算，是 Excel 的重要特点之一。特别是其存储计算公式、显示计算结果、随时自动计算等功能，深受用户的喜爱。另外，公式的复制与填充功能是其另一特色。

Excel 提供了诸如 Sum、Count、Average、CountIF、IF、TTEST 等大量函数供我们使用，借助这些函数，人们可以完成很多比较复杂的数据管理与数据分析任务。

#### 1. 公式的输入方法

首先，单击需要输入公式的单元格（往往选择一个具有代表性的单元格），使之成为当前位置。

其次，切换到英文输入状态，直接输入一个以"＝"开头的公式。在此过程中，可以借助 Excel 的提示，直接选择函数名称，并输入相应的参数。

最后，以〈Enter〉键确认输入，系统将自动计算，在单元格中显示出计算结果。

#### 2. 公式的复制与填充

方法一：以复制的方法复制公式。

首先，鼠标右击已经正确输入公式的单元格，在弹出的快捷菜单中选择【复制】。

其次，以鼠标拖动选择目标区域，然后右击，在弹出的快捷菜单中选择【粘贴】。

或者，以单击选定含有公式的单元格，键入〈Ctrl〉＋C；然后，以鼠标拖动选定目标区域，执行〈Ctrl〉＋V。

方法二：以填充的方法复制公式。

鼠标指向含有公式的单元格右下角的小矩形块（称为填充柄），此时鼠标指针变成实心的小十字。向下或向右拖动鼠标，凡是被鼠标指针覆盖的区域都会被公式填充，相当于初始单元格中的公式被复制到这些单元格中。

### （五）对 Excel 数据编辑的补充说明

尽管 Excel 系统允许用户在任意位置、任意单元格中随意地输入数据，而且不要求数据区域连续，但是，对用于数据分析的数据，仍要求制作出比较规范的数据表的格式。通常数据表第一行是标题行，用于说明数据表内相关列的语义，然后在标题行以下的各行内逐行输入数据，每行是一个个案的信息，每列数据具有相同的数据类型，如图 2-6 所示。

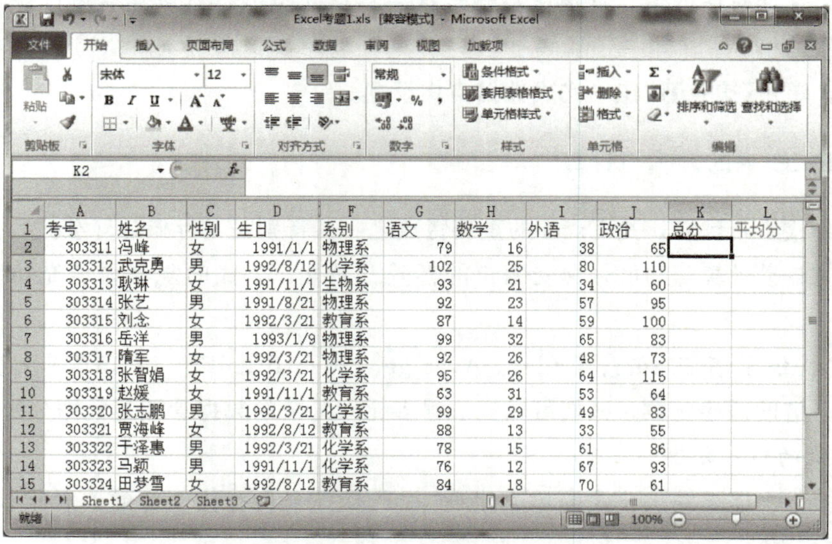

| | 考号 | 姓名 | 性别 | 生日 | 系别 | 语文 | 数学 | 外语 | 政治 | 总分 | 平均分 |
|---|---|---|---|---|---|---|---|---|---|---|---|
| 2 | 303311 | 冯峰 | 女 | 1991/1/1 | 物理系 | 79 | 16 | 38 | 65 | | |
| 3 | 303312 | 武克勇 | 男 | 1992/8/12 | 化学系 | 102 | 25 | 80 | 110 | | |
| 4 | 303313 | 耿琳 | 女 | 1991/11/1 | 生物系 | 93 | 21 | 34 | 60 | | |
| 5 | 303314 | 张艺 | 男 | 1991/8/21 | 物理系 | 92 | 23 | 57 | 95 | | |
| 6 | 303315 | 刘念 | 女 | 1992/3/21 | 教育系 | 87 | 14 | 59 | 100 | | |
| 7 | 303316 | 岳洋 | 男 | 1993/1/9 | 物理系 | 99 | 32 | 65 | 83 | | |
| 8 | 303317 | 隋军 | 女 | 1992/3/21 | 物理系 | 92 | 26 | 48 | 73 | | |
| 9 | 303318 | 张智娟 | 女 | 1992/3/21 | 化学系 | 95 | 26 | 64 | 115 | | |
| 10 | 303319 | 赵媛 | 女 | 1991/11/1 | 教育系 | 63 | 31 | 53 | 64 | | |
| 11 | 303320 | 张志鹏 | 男 | 1992/3/21 | 化学系 | 99 | 29 | 49 | 83 | | |
| 12 | 303321 | 贾海峰 | 女 | 1992/8/12 | 教育系 | 88 | 13 | 33 | 55 | | |
| 13 | 303322 | 于泽惠 | 男 | 1992/3/21 | 化学系 | 78 | 15 | 61 | 86 | | |
| 14 | 303323 | 马颖 | 男 | 1991/11/1 | 化学系 | 76 | 12 | 67 | 93 | | |
| 15 | 303324 | 田梦雪 | 女 | 1992/8/12 | 教育系 | 84 | 18 | 70 | 61 | | |

图 2-6　Excel 中的数据表

## 2.2.2　数据类型转化与格式标准化

### (一)案例要求

张利老师为了分析学生的学习成绩与生源、性别和专业之间的关系，他采集了大量数据。数据内容及状态如图 2-7 所示。

请分析数据表中数据的规范化情况，然后对表内的数据进行必要的预处理。

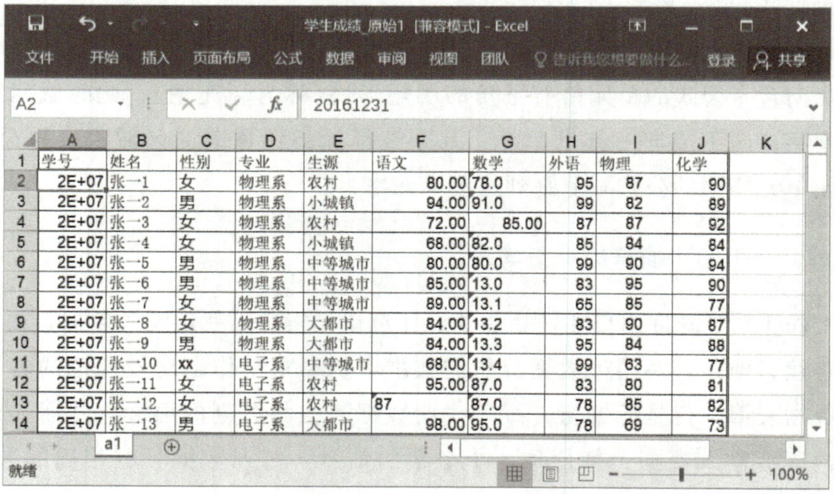

| | 学号 | 姓名 | 性别 | 专业 | 生源 | 语文 | 数学 | 外语 | 物理 | 化学 |
|---|---|---|---|---|---|---|---|---|---|---|
| 2 | 2E+07 | 张一1 | 女 | 物理系 | 农村 | 80.00 | 78.0 | 95 | 87 | 90 |
| 3 | 2E+07 | 张一2 | 男 | 物理系 | 小城镇 | 94.00 | 91.0 | 99 | 82 | 89 |
| 4 | 2E+07 | 张一3 | 女 | 物理系 | 农村 | 72.00 | 85.00 | 87 | 87 | 92 |
| 5 | 2E+07 | 张一4 | 女 | 物理系 | 小城镇 | 68.00 | 82.0 | 85 | 84 | 84 |
| 6 | 2E+07 | 张一5 | 男 | 物理系 | 中等城市 | 80.00 | 80.0 | 99 | 90 | 94 |
| 7 | 2E+07 | 张一6 | 男 | 物理系 | 中等城市 | 85.00 | 13.0 | 83 | 95 | 90 |
| 8 | 2E+07 | 张一7 | 女 | 物理系 | 中等城市 | 89.00 | 13.1 | 65 | 85 | 77 |
| 9 | 2E+07 | 张一8 | 女 | 物理系 | 大都市 | 84.00 | 13.2 | 83 | 90 | 87 |
| 10 | 2E+07 | 张一9 | 男 | 物理系 | 大都市 | 84.00 | 13.3 | 95 | 84 | 88 |
| 11 | 2E+07 | 张一10 | xx | 电子系 | 中等城市 | 68.00 | 13.4 | 99 | 63 | 77 |
| 12 | 2E+07 | 张一11 | 女 | 电子系 | 农村 | 95.00 | 87.0 | 83 | 80 | 81 |
| 13 | 2E+07 | 张一12 | 女 | 电子系 | 农村 | 87 | 87.0 | 78 | 85 | 82 |
| 14 | 2E+07 | 张一13 | 男 | 电子系 | 大都市 | 98.00 | 95.0 | 78 | 69 | 73 |

图 2-7　不规范的原始数据

## （二）案例分析

从图 2-7 可以看出，数据的不规范性主要体现在以下三处。①学号列的显示存在问题，学号应该是字符串型数据，不应该显示为科学计数法模式。②右侧的学生考试成绩的输入极不规范，有些成绩值变成了字符串格式，这会导致后续的求和、求均值等数据分析结果错误。③在性别列中有不规范的学生性别存在。

在 Excel 中，数据类型之间的转化可以借助 Text 函数和 Value 函数。

## （三）关键操作

### 1. 对学号的处理

从图 2-7 可以看出，学号是由 8 位数码构成的字符串。因此可以借助字符串转换函数 Text 实现数据类型转换。

首先，在单元格 K2 中输入公式 [＝Text(A2，"00000000")]，表示把 A2 中的数值转化为 8 位数码的方式，存储到单元格 K2 中。

其次，以鼠标拖动单元格 K2 右侧的填充柄，向下填充区域 K2：K100，以便把所有学生的学号均转化为字符串型。

再次，键入〈Ctrl〉＋C，把区域 K2：K100 复制。

最后，以鼠标单击单元格 A2，使之成为当前单元格，然后单击【开始】功能区中【粘贴】按钮底部的小三角，在打开的下拉菜单中选择【粘贴值】按钮，以便把 K2：K100 区域的值粘贴到 A2：A100 区域中，如图 2-8 所示。

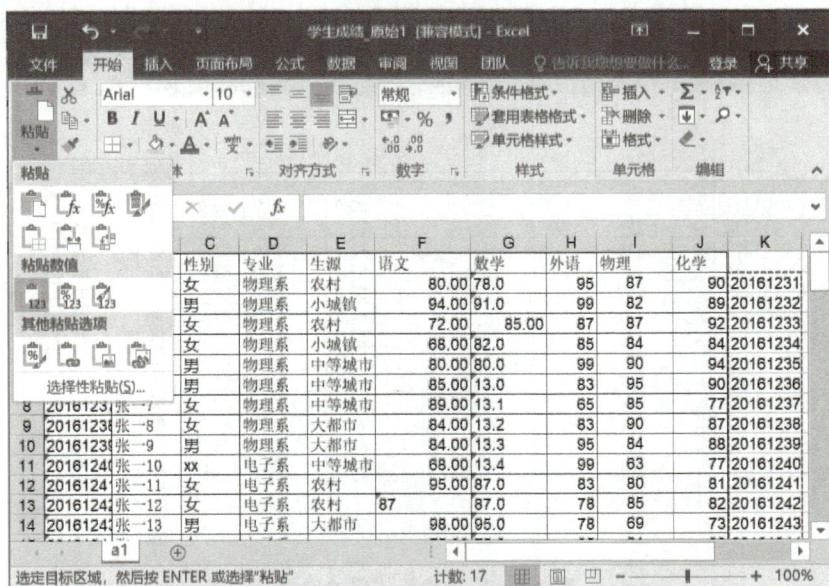

**图 2-8　以"粘贴值"方式处理"学号"数据**

2. 对“语文”列成绩的处理

从图 2-7 可以看出，“语文”列存在以字符串形式表示的成绩，这将严重地影响针对“语文”列的正常统计与分析。

首先，在单元格 K2 中输入公式[=value(F2)]，表示把 F2 中的数据强行转化为数值型，并存储到单元格 K2 中。

其次，以鼠标拖动单元格 K2 右侧的填充柄，向下填充区域 K2:K100，以便把所有学生的语文分均转化为数值型。

再次，键入〈Ctrl〉+C，把区域 K2:K100 复制。

最后，以鼠标单击单元格 F2，使之成为当前单元格，然后单击【开始】功能区中【粘贴】按钮底部的小三角，在打开的下拉菜单中选择【粘贴值】按钮，以便把 K2:K100 区域的值粘贴到 F2:F100 区域中。

3. 对其他列数据的处理

按照上述对“语文”列的操作方式，分别对“数学”“外语”“物理”“化学”等列进行数据类型转化，使之都变成规范的数值型。

## 2.2.3 数据的重编码

### (一)案例要求

张利老师为了分析学生的学习成绩与生源、性别和专业之间的关系，采集了大量数据。数据内容及状态如图 2-9 所示。

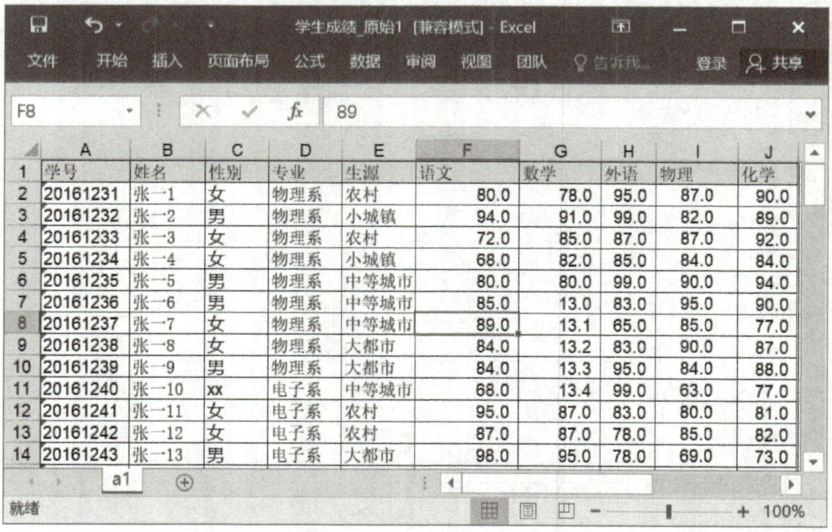


| | A | B | C | D | E | F | G | H | I | J |
|---|---|---|---|---|---|---|---|---|---|---|
| 1 | 学号 | 姓名 | 性别 | 专业 | 生源 | 语文 | 数学 | 外语 | 物理 | 化学 |
| 2 | 20161231 | 张一1 | 女 | 物理系 | 农村 | 80.0 | 78.0 | 95.0 | 87.0 | 90.0 |
| 3 | 20161232 | 张一2 | 男 | 物理系 | 小城镇 | 94.0 | 91.0 | 99.0 | 82.0 | 89.0 |
| 4 | 20161233 | 张一3 | 女 | 物理系 | 农村 | 72.0 | 85.0 | 87.0 | 87.0 | 92.0 |
| 5 | 20161234 | 张一4 | 女 | 物理系 | 小城镇 | 68.0 | 82.0 | 85.0 | 84.0 | 84.0 |
| 6 | 20161235 | 张一5 | 男 | 物理系 | 中等城市 | 80.0 | 80.0 | 99.0 | 90.0 | 94.0 |
| 7 | 20161236 | 张一6 | 男 | 物理系 | 中等城市 | 85.0 | 13.0 | 83.0 | 95.0 | 90.0 |
| 8 | 20161237 | 张一7 | 女 | 物理系 | 中等城市 | 89.0 | 13.1 | 65.0 | 85.0 | 77.0 |
| 9 | 20161238 | 张一8 | 女 | 物理系 | 大都市 | 84.0 | 13.2 | 83.0 | 90.0 | 87.0 |
| 10 | 20161239 | 张一9 | 男 | 物理系 | 大都市 | 84.0 | 13.3 | 95.0 | 84.0 | 88.0 |
| 11 | 20161240 | 张一10 | xx | 电子系 | 中等城市 | 68.0 | 13.4 | 99.0 | 63.0 | 77.0 |
| 12 | 20161241 | 张一11 | 女 | 电子系 | 农村 | 95.0 | 87.0 | 83.0 | 80.0 | 81.0 |
| 13 | 20161242 | 张一12 | 女 | 电子系 | 农村 | 87.0 | 87.0 | 78.0 | 85.0 | 82.0 |
| 14 | 20161243 | 张一13 | 男 | 电子系 | 大都市 | 98.0 | 95.0 | 78.0 | 69.0 | 73.0 |

**图 2-9　待重编码的原始数据**

为了能在未来便捷地进行各种数据分析，请对数据表中的"性别"列、"专业"列和"生源"列进行数值化编码。

另外，由于数学成绩不满足正态分布，请计算出数学成绩的秩分，并放在"数学"列后面。

### (二)案例分析

在 Excel 中，要实现某些列的数据重编码，可以借助 Excel 的内部函数 IF 函数。IF 函数的命令格式为[=IF(条件式，满足时的取值，不满足时的取值)]。

根据图 2-9 中的数据情况，对性别可以依据规则"男生为 1、女生为 2，其他值为 9"进行编码，对生源可以依据规则"农村为 1、小城镇为 2、中等城市为 3、大都市为 4"进行编码。

对于学生的专业，则尽量按照艺术—文科—理工科的顺序赋予编码值。

> 注意：对文本型变量的数值化编码，尽量根据研究问题的特点选定某一顺序码，以保证该变量的编码值为定序变量。

### (三)关键操作

1. 对性别进行数值化编码

首先，单击单元格 D1，以便选中此单元格。

其次，利用【开始】选项卡，选择操作命令【插入】—【插入工作表列】，以便在"性别"列之后新插入一列。然后，在 D1 中输入内容"XBM"。

再次，在 D2 中输入公式[=IF(C2="男"，1，IF(C2="女"，2，9))]。

最后，以鼠标拖动单元格 D2 右侧的填充柄，向下填充区域 D2:D100，以便把所有学生的性别进行数值化编码。

同理，新增"生源码"列、"专业码"列，并分别完成针对生源和专业的数值化编码。

> 注意：如果希望直接在 C 列(性别)内对性别做数值化编码，还可在选中区域 C2:C100 的情况下，使用【开始】选项卡中的"替换"命令，把"男"直接替换为 1，把"女"直接替换为 2。

2. 对"数学"列求取秩分

首先，单击"数学"列之后的单元格，以便选中此单元格。

其次，利用【开始】选项卡，选择操作命令【插入】—【插入工作表列】，以便在"数学"列之后新插入一列。在 K1 中输入内容"数学 M"，如图 2-10 所示。

再次，在 K2 中输入求取秩分的函数[=RANK(J2，$J$2:$J$93)]。其含义是计算 J2 单元格中的值在区域$J$2:$J$93 内部的名次(秩分值)。

> 注意：为了能够对单元格 K2 实施填充，在 K2 中的公式内，秩分公式内的参考区域 J2:J93 必须使用绝对坐标。

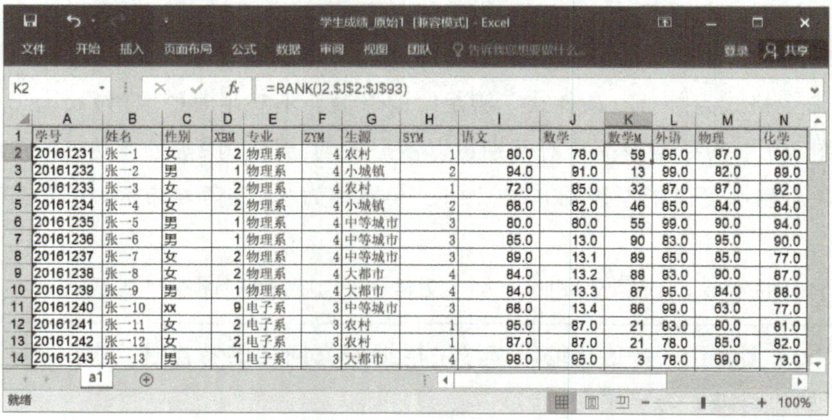


| | A | B | C | D | E | F | G | H | I | J | K | L | M | N |
|---|---|---|---|---|---|---|---|---|---|---|---|---|---|---|
| 1 | 学号 | 姓名 | 性别 | XBM | 专业 | ZYM | 生源 | SYM | 语文 | 数学 | 数学M | 外语 | 物理 | 化学 |
| 2 | 20161231 | 张一1 | 女 | 2 | 物理系 | 4 | 农村 | 1 | 80.0 | 78.0 | 59 | 95.0 | 87.0 | 90.0 |
| 3 | 20161232 | 张一2 | 男 | 1 | 物理系 | 4 | 小城镇 | 2 | 94.0 | 91.0 | 13 | 99.0 | 82.0 | 89.0 |
| 4 | 20161233 | 张一3 | 女 | 2 | 物理系 | 4 | 农村 | 1 | 72.0 | 85.0 | 32 | 87.0 | 87.0 | 92.0 |
| 5 | 20161234 | 张一4 | 女 | 2 | 物理系 | 4 | 小城镇 | 2 | 68.0 | 82.0 | 46 | 85.0 | 84.0 | 84.0 |
| 6 | 20161235 | 张一5 | 男 | 1 | 物理系 | 4 | 中等城市 | 3 | 80.0 | 80.0 | 55 | 99.0 | 90.0 | 94.0 |
| 7 | 20161236 | 张一6 | 男 | 1 | 物理系 | 4 | 中等城市 | 3 | 85.0 | 13.0 | 90 | 83.0 | 95.0 | 90.0 |
| 8 | 20161237 | 张一7 | 女 | 2 | 物理系 | 4 | 中等城市 | 3 | 89.0 | 13.1 | 89 | 65.0 | 85.0 | 77.0 |
| 9 | 20161238 | 张一8 | 女 | 2 | 物理系 | 4 | 大都市 | 4 | 84.0 | 13.2 | 88 | 83.0 | 90.0 | 87.0 |
| 10 | 20161239 | 张一9 | 男 | 1 | 物理系 | 4 | 大都市 | 4 | 84.0 | 13.3 | 87 | 95.0 | 84.0 | 88.0 |
| 11 | 20161240 | 张一10 | xx | 9 | 电子系 | 3 | 中等城市 | 3 | 68.0 | 13.4 | 86 | 99.0 | 63.0 | 77.0 |
| 12 | 20161241 | 张一11 | 女 | 2 | 电子系 | 3 | 农村 | 1 | 95.0 | 87.0 | 21 | 83.0 | 80.0 | 81.0 |
| 13 | 20161242 | 张一12 | 女 | 2 | 电子系 | 3 | 农村 | 1 | 87.0 | 87.0 | 21 | 78.0 | 85.0 | 82.0 |
| 14 | 20161243 | 张一13 | 男 | 1 | 电子系 | 3 | 大都市 | 4 | 98.0 | 95.0 | 3 | 78.0 | 69.0 | 73.0 |

**图 2-10　对数学成绩求取秩分**

最后，以鼠标拖动单元格 K2 右侧的填充柄，向下填充区域 K2:K100，以便对所有学生求取数学秩分。

> 注意：利用 IF 语句除了能把文本型变量的值重编码为数值型数值之外，还能把语文成绩、数学成绩等度量型数值编码为“不及格(1)、及格(2)、良好(3)、优秀(4)”等离散型数值(标记为不同等级的定序变量)。

### 2.2.4　数据表的拼接

在数据预处理阶段，经常发生来源不同的数据被分别输入了不同的数据表中的情况。为了能够实现统一的数据分析，常常需要做数据表之间的拼接工作。

#### (一)案例要求

张利老师为了分析学生的学习成绩与生源、性别和专业之间的关系，采集了大量数据。数据内容及状态如图 2-11 所示。

从图 2-11 可以看出，同一组学生的考试成绩被分别放置于两个数据表中。请把右侧子表中的历史成绩和生物成绩数据拼接到左侧数据表的 L 列和 M 列之中。

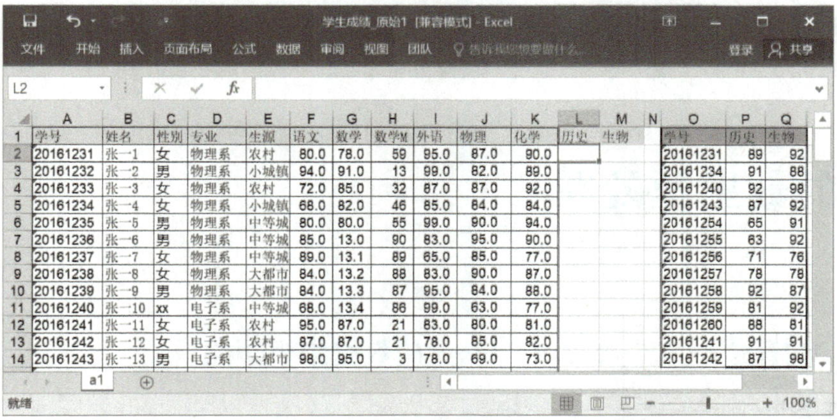

| | A | B | C | D | E | F | G | H | I | J | K | L | M | N | O | P | Q |
|---|---|---|---|---|---|---|---|---|---|---|---|---|---|---|---|---|---|
| 1 | 学号 | 姓名 | 性别 | 专业 | 生源 | 语文 | 数学 | 数学M | 外语 | 物理 | 化学 | 历史 | 生物 | | 学号 | 历史 | 生物 |
| 2 | 20161231 | 张一1 | 女 | 物理系 | 农村 | 80.0 | 78.0 | 59 | 95.0 | 87.0 | 90.0 | | | | 20161231 | 89 | 92 |
| 3 | 20161232 | 张一2 | 男 | 物理系 | 小城镇 | 94.0 | 91.0 | 13 | 99.0 | 82.0 | 89.0 | | | | 20161234 | 91 | 88 |
| 4 | 20161233 | 张一3 | 女 | 物理系 | 农村 | 72.0 | 85.0 | 32 | 87.0 | 87.0 | 92.0 | | | | 20161240 | 92 | 98 |
| 5 | 20161234 | 张一4 | 女 | 物理系 | 小城镇 | 68.0 | 82.0 | 46 | 85.0 | 84.0 | 84.0 | | | | 20161243 | 87 | 92 |
| 6 | 20161235 | 张一5 | 男 | 物理系 | 中等城 | 80.0 | 80.0 | 55 | 99.0 | 90.0 | 94.0 | | | | 20161254 | 65 | 91 |
| 7 | 20161236 | 张一6 | 男 | 物理系 | 中等城 | 85.0 | 13.0 | 90 | 83.0 | 95.0 | 90.0 | | | | 20161255 | 63 | 92 |
| 8 | 20161237 | 张一7 | 女 | 物理系 | 中等城 | 89.0 | 13.1 | 89 | 65.0 | 85.0 | 77.0 | | | | 20161256 | 71 | 76 |
| 9 | 20161238 | 张一8 | 女 | 物理系 | 大都市 | 84.0 | 13.2 | 88 | 83.0 | 90.0 | 87.0 | | | | 20161257 | 78 | 78 |
| 10 | 20161239 | 张一9 | 男 | 物理系 | 大都市 | 84.0 | 13.3 | 87 | 95.0 | 84.0 | 88.0 | | | | 20161258 | 92 | 87 |
| 11 | 20161240 | 张一10 | xx | 电子系 | 中等城 | 68.0 | 13.4 | 86 | 99.0 | 63.0 | 77.0 | | | | 20161259 | 81 | 92 |
| 12 | 20161241 | 张一11 | 女 | 电子系 | 农村 | 95.0 | 87.0 | 21 | 83.0 | 80.0 | 81.0 | | | | 20161260 | 88 | 81 |
| 13 | 20161242 | 张一12 | 女 | 电子系 | 农村 | 87.0 | 87.0 | 21 | 78.0 | 85.0 | 82.0 | | | | 20161241 | 91 | 91 |
| 14 | 20161243 | 张一13 | 男 | 电子系 | 大都市 | 98.0 | 95.0 | 3 | 78.0 | 69.0 | 73.0 | | | | 20161242 | 87 | 98 |

**图 2-11　待拼接的两张数据表**

## (二)案例分析

在 Excel 中，对数据表的内容拼接可借助 VLookup 的数据填充功能实现。

VLookup 函数的一般格式为[=VLookup(关键词，数据来源区，列序号，类型)]，其基本含义为在“数据来源区”的第一列查找“关键词”，当找到了关键词对应的记录之后，把该记录中“列序号”所指向的列值取出来，作为整个函数的取值。

对函数相关项的解释：

①关键词：被查找记录的标记，应该为子表中当前记录的关键词，用于标明要以哪个数值作为查找依据。

②数据来源区：表示从哪里找所需的信息，大表中从关键词所在列开始的大区域，通常用绝对地址来表示。

③列序号：被查找内容在大表中的列序号。在图 2-11 中，若数据来源区为 A1:I200，那么“物理列”的序号就是 10。

④类型：通常用 False 表示精确查找，用 True 表示模糊查找。

## (三)关键操作

首先，打开图 2-11 所示的数据表。

其次，在 L2 中输入公式[=VLookup(A2，$O$2:$Q$100，2，False)]，其含义是在$O$2:$Q$100 所在的区域的第一列中查找单元格 A2 的值，若能找到相应的记录，则把该记录的第二列数据(本例中为历史成绩)存放在 L2 单元格中。

最后，以鼠标指向 L2 右下角的填充柄并向下拖动鼠标，填充 L3:L100 区域。

同理，在 M2 中输入公式[=VLookup(A2，$O$2:$Q$100，3，False)]，以便在 M2 中填充 A2 单元格中的那名学生在生物课程中取得的成绩，然后填充区域 M2:M100。

60

## 2.3
# SPSS 的数据预处理

**本节学习目标**

掌握在 SPSS 软件中进行的变量格式编辑、数据格式设置、数据规范化处理、缺失值处理、数据排序、抽样与加权等重要操作。

### 2.3.1　SPSS 的数据编辑功能

SPSS 是专业的数据分析软件，它对数据的管理具有较高的要求，不允许用户在二维表中随意输入信息。SPSS 的数据编辑要求用户事先指定数据表中的列（变量），然后逐行输入数据。而且，SPSS 还允许用户以命令行方式输

入操作语句，以便控制数据分析的具体参数。因此，SPSS 的操作界面比较复杂，主要包括数据编辑器窗口（含数据视图和变量视图两个状态）、输出窗口、语句窗口等不同类型的界面。

#### (一)SPSS 的主界面

启动已经安装在 Windows 系统中的 SPSS，进入 SPSS 的主界面，即数据编辑器窗口，如图 2-12 所示。

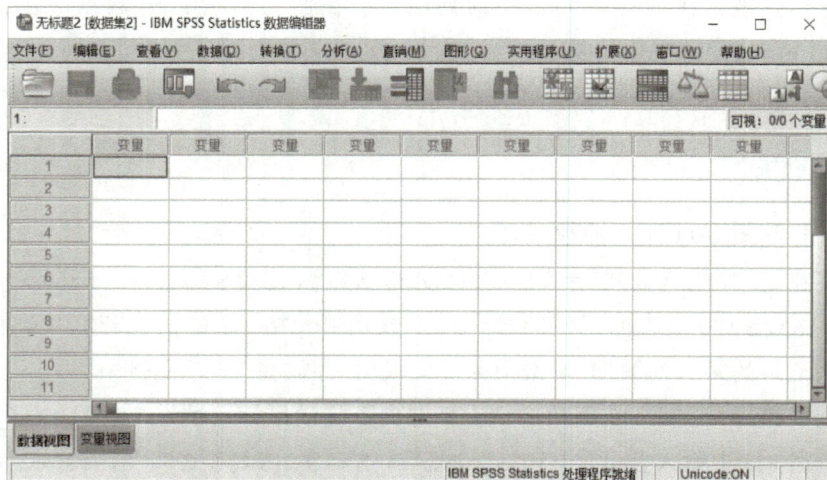

图 2-12　SPSS 的主界面

启动 SPSS 之后，系统默认停靠在数据视图界面，即数据编辑主界面。这是一个与 Excel 工作表相似的界面。

在图 2-12 所示的主界面中，单击任意单元格以便选定它，然后就可以直接输入字符串或者数值型的数据。需要注意的是：①一旦某单元格内被输入数据，如果该单元格所在的列尚未被定义为变量，那么该列将自动按照单元格内的数据类型被定义为新变量，顶部的变量标记会被自动定义为 VAR000X（这里的 X 是自然顺序号，如 VAR0009）；②一旦某列被设定了数据类型，则只能输入该类型的数据，不再允许输入其他类型的数据。

对于已经输入数据的数据表，可以直接使用【文件】—【另存为】命令启动【保存文件】对话框，以便把当前数据表保存为独立的数据文件（数据文件的默认扩展名为 sav）。

尽管 SPSS 支持在未做任何预定义变量的数据视图中直接输入数据，并在事后重新修改针对变量的定义。但是，为了做到数据的规范化管理，人们通常先在变量视图中对未来的数据表应包含的每列的变量名称、变量类型等约束条件进行设置。

### (二)定义数据表的变量(列)

在图 2-12 所示的 SPSS 数据编辑主界面中，单击左下角的标签【变量视图】，可以切换到变量视图状态，如图 2-13 所示。在此状态下可以完成对数据表内各变量（数据列）的约束和说明。

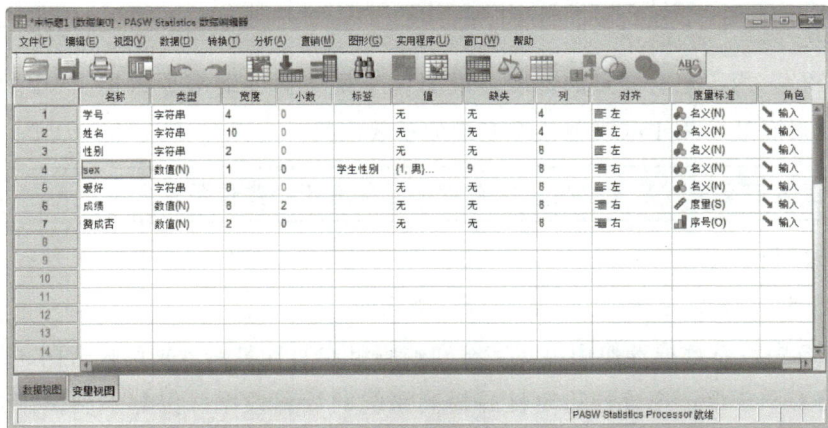

**图 2-13　变量视图**

1. 修改对变量的定义

在图 2-13 所示的变量视图中，可以便捷地定义数据表的各个变量。在此视图下，每个变量的信息占据一行，依次为变量名称、变量类型、变量宽度、小数位数（仅对数值型变量有意义）、标签、值、缺失值等项目。

并不是每个变量都需要定义所有的属性，对于大部分的变量来讲，只需要说明变量名称、变量类型和变量宽度，对于数值型的变量，还需要声明度量标准。

在变量视图状态下，直接上下拖动变量前面的行标记（最左侧的、蓝色带数字编号的标记），可以改变该变量行在本视图中的位置，从而调整变量在数据表中的位置。

在完成对数据表内所需变量的定义后，可以单击【数据视图】标签，以便回到数据编辑状态，在数据表中输入数据。

在数据编辑过程中，随时可以切换到【变量视图】，以便重新修改变量的各项定义。

2. "名称"项

名称，即变量名称，是 SPSS 数据表中针对当前列的唯一标记。SPSS 规定，变量名称最好由英文字母和数字组成，而且数字符号不可作为变量名称的第一个字符。

尽管在高版本的汉化 SPSS 中，变量名称也可以使用汉字，但为了保证系统的稳定性和较高的运行效率，通常变量名称的字符数不超过 10 个，且尽量不使用汉字。

3. "类型"项

"类型项"，是对变量类型的限制。SPSS 支持多种数据类型。但从数据分析的视角来看，常见的类型只有字符串型和数值型两种。其中数值型变量在数据分析中起着决定性的作用。

单击变量行中的第二列（"类型"列）右侧的小按钮，可以弹出对话框，改变当前行的数据类型。

4. "宽度"项与"小数"项

"宽度项"，用于定义变量的宽度，说明该变量能够容纳多少数据。"小数"项，仅对数值型变量有效，用于限制数值型变量的小数位数。

注意：在变量定义中，数值型变量的宽度值必须大于小数位数。

5. "标签"项

SPSS 变量视图中的"标签"项即变量说明标签。

在 SPSS 中，系统推荐使用英文字符和数码组成变量名称。采用较短的、缩略形式的变量名称有利于保证系统的稳定性并提高系统的计算效率，但却不利于用户准确地理解变量的真正含义。

"标签"项能够对变量名称进行补充说明。在"标签"项中，可以使用带有汉字的长字符串，完整地描述变量的含义。

标签的内容主要用在显示统计分析结果时。在 SPSS 中显示数据的分析结果时，如果被统计的变量带有标签，则会在图表的关键位置显示出标签内容，有助于用户阅读输出结果。

6. "值"项

SPSS 变量视图中的"值"项即"值标签"，用于说明该变量的各个取值所代表的含义。

由于 SPSS 的很多分析算法都要求参与运算的变量为数值型，因此，性别、单位、专业、民族等信息常常被数值化编码。然而，在完成数值化编码之后，人们发现尽管已经可以正常地进行数据分析运算，但对于完全数值化的输出结果往往难以理解。为此，人们希望能够在统计分析结果中仍以文字化的形式说明统计结论。于是，SPSS 提供了对数值化编码后的每一取值进行文字说明的辅助功能。

例如，在图 2-13 所示的变量视图中，Sex 行是人们针对"性别"列的数值化编码，男生被转化为数值 1，女生被转化为数值 2，其他信息被转化为数值 9。现在需要对 Sex 列的取值进行文字说明。

首先，单击"Sex 行、值列"之处，系统将在右侧出现【编辑】按钮。单击此【编辑】按钮，则弹出编辑对话框，如图 2-14 所示。

图 2-14　编辑变量的"值"属性

其次，先在图 2-14 的【值】文本框中输入"1"，在【标签】文本框中输入"男"，然后单击左侧的【添加】按钮，把这一对应关系添加到中部的文本区域中。同理，把"2"等价于"女"也添加进来。

最后，单击【确定】按钮，完成对"性别"的"值"属性的设置。

7. "缺失"项

在 SPSS 的数据表中，因为某些原因可能出现不合理的数据，如被访者拒绝回答某个问题、数据输入错误等，导致性别一列中出现非"男"且非"女"的信息，在 100 分值的考试中出现高于 100 分的成绩。从数据管理的原则上来看，这些数据肯定是不合理数据，是不能够参与分析运算的。否则，将有可能导致错误的分析结果。

为了避免不合理数据参与数据分析，通常需要在 SPSS 的变量定义中规定哪些值是缺失值。对于被规定为缺失值的数据，通常不参与未来的大多数数据分析运算，但可以在特定情况下特殊处理。

例如，在图 2-13 所示的变量视图中，Sex 行是人们针对性别列的数值化编码，男生被转化为数值 1，女生被转化为数值 2，其他信息被转化为数值 9。现在需要规定数值 9 为缺失值，即凡是性别码的值是 9 的个案，一概不参与与性别相关的数据分析。

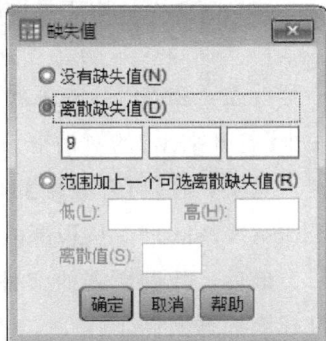

图 2-15　说明性别码的"缺失值"

首先，单击"Sex 行、缺失列"之处，系统将在右侧出现【编辑】按钮。单击此【编辑】按钮，则弹出编辑对话框，如图 2-15 所示。

其次，在图 2-15 的离散缺失值中输入数码"9"，表示"9"是性别码的缺失值。

最后，单击【确定】按钮即可。

---

注意：图 2-15 所示的对话框用于设定哪些值为缺失值。如果选择【离散缺失值】单选框，则可以把不多于 3 个的整数设置为缺失值。如果作为缺失值的数据是一个数据范围，则可以选择【范围加上一个可选离散缺失值】单选框，然后在相应的文本框中输入数值。例如，要设置 0 至 50 分的成绩为缺失值，则只需先选定【范围加上一个可选离散缺失值】单选框，然后在【低】文本框中输入"0"，在【高】文本框中输入"50"。

---

8. 指定数值型变量的度量类别

为了适应不同的分析算法，在统计分析过程中，数值型变量具有更加精准的应用。人们通常把数值型变量标记为"度量型"（定距型）、"序号型"（定序型）和"名义型"（定类型）。正确地划分数值型变量的子类型，对于统计分析的正确运行非常重要。

在图 2-13 所示的变量视图中，针对某个数值型变量，单击其右侧的【度量标准】列，系统立即给出一个下拉列表。在这个下拉列表中单击正确的类型标准，就把此变量的度量标准设为了相应的类型。

## 2.3.2  数据文件的打开与拼合

作为一款专业化的数据分析软件，SPSS 不仅能够支持自己的数据文件（扩展名为 sav 的数据文件），而且能够与 Excel 文档、小型数据库文档进行数据互换。

### （一）SPSS 打开与保存 sav 文件

在 SPSS 中，用于存储原始数据的文件被称为数据文件，它以 sav 为扩展名。

1. 打开 sav 文档

首先，在 SPSS 的主界面工作状态下，选择菜单【文件】—【打开】—【数据】，则打开一个【打开数据】的对话框。

其次，在【打开数据】的对话框中，从底部的【文件类型】列表框中选择"PASW Statistics（＊.sav）"，从顶部的【查找范围】列表框中选择 sav 文件的存储位置。

最后，找到所需的文件后，以鼠标单击选定文档，单击底部的【打开】按钮，就能打开该数据文件了。

2. 保存 sav 文件

在 SPSS 的数据编辑界面下，在完成了数据编辑工作后，进行如下操作。

首先，选择菜单【文件】—【保存】或者【另存为】，则打开一个【将数据保存为】的对话框。

其次，在【将数据保存为】的对话框中，从底部的【文件类型】列表框中选择"PASW Statistics(＊.sav)"，从顶部的【查找范围】列表框中选择 sav 文件的存储位置。

最后，在【文件名】文本框中输入新的文件名，然后单击底部的【保存】按钮，就能把当前数据保存到该数据文件中了。

### (二)SPSS 打开与保存其他类型的数据文件

SPSS 除了支持自己的 sav 格式的数据文件外，还可支持常见的 Excel 文件、SAS 的数据文件、SysStat 的数据文件、桌面数据库系统的 dbase 文件，以便对这些数据文件内的数据实施分析。

1.打开其他格式的数据文件

第一，在 SPSS 的主界面工作状态，选择菜单【文件】—【打开】—【数据】，则打开一个【打开数据】的对话框。

第二，在【打开数据】的对话框中，从底部的【文件类型】列表框中选择相应的文件类型。例如，选择"Excel(＊.xls，＊.xlsx)"。

第三，从顶部的【查找范围】列表框中选择所需文件的存储位置。

第四，从【查找范围】内找到所需的文件后，以鼠标单击选定该文件，然后单击底部的【打开】按钮。

第五，如果被打开的文件为 Excel 工作文件，系统会打开新对话框，如图 2-16 所示。

第六，如果 Excel 表的第一行包含字段名，则选中【从第一行数据读取变量名】复选框，并正确地选择工作表名称。

第七，单击【确定】按钮，就能在 SPSS 主界面打开该数据文件了。

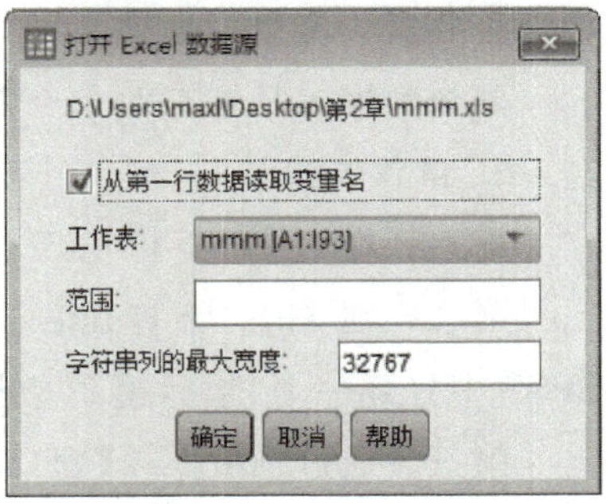

**图 2-16　打开 Excel 数据表**

注意：如果 Excel 数据文件的版本很新，SPSS 有可能无法打开它。如果碰到这种情况，可先在 Excel 中把文件转存为较低版本。例如，先保存为 Excel 1997—2003 的格式，然后用 SPSS 系统打开。另外，作为为 SPSS 提供原始数据的 Excel 工作表，最好在其第一行提供规范的变量名称(字段名)。

2.把 SPSS 的数据文件保存为 Excel 文件

在 SPSS 的数据编辑界面下，在完成了数据编辑工作后，进行如下操作。

首先，选择菜单【文件】—【保存】或者【另存为】，则打开一个【将数据保存为】的对话框。

其次，在【将数据保存为】的对话框中，从底部的【文件类型】列表框中选择"Excel 1997—2003(＊.xls)"，从顶部的【查找范围】列表框中选择该文件的预期存储位置。

最后，在【文件名】文本框中输入新的文件名，然后单击底部的【保存】按钮，就能把当前数据保存到该数据文件中了。

### (三)两数据文件的个案拼合——多行拼合

SPSS 允许用户把几个数据文件的个案拼合起来，这种操作被称为个案拼合。所谓个案拼合，就是把两个数据文件的记录累加在一起，使新数据文件中个案的数目是两个表记录的总和。

在个案拼合中，如果两个表的变量个数与变量名称一致，则可非常容易地拼合起来。如果两个表的变量个数或变量名称不一致，则需要进行匹配性设置。

1. 案例要求

已知有两个数据文件，其一为 SPSS 数据文件 stuInfo.sav，其二为 Excel 文件 www.xls。其中 stuInfo.sav 文档的变量列表为学号、姓名、性别、单位、语文、数学、外语、物理、化学；www.xls 文档的变量列表为学号、姓名、性别、单位、语文、数学、外语、历史、地理。

两个数据表是针对两个班学生的测试成绩，请把这两个表的个案拼合起来。

2. 操作流程

第一，在 SPSS 下打开 SPSS 数据文件 stuInfo.sav，使之显示在主界面中。

第二，在 SPSS 下打开 Excel 数据文件 www.xls，使之显示在主界面中。此时，在 SPSS 中打开一个"未标题 2(数据集 3)"的窗口。

第三，通过顶级菜单【窗口】回到 stuInfo 文件窗口中，然后选择顶级菜单【数据】—【合并文件】—【添加个案】，则打开一个【将个案添加到 stuInfo 数据集】的对话框。

第四，在此对话框中，从【打开的数据集】列表框内选中要添加的数据集"未标题 2(数据集 3)"。此数据集就是原来 www.xls 文件的内容。然后，单击【继续】按钮，继续以后的操作。

第五，由于两个表的字段名称并不完全相同，因此系统给出了如图 2-17 所示的对话框，以便用户决定对不一致的变量如何进行控制。

第六，图 2-17 的右侧是两个表能够吻合的变量列表，图的左侧是尚不能吻合的变量列表。其中变量"化学"与"物理"属于目标表，变量"历史"和"地理"属于提供数据的表。此时，可以把需要显示在目标表中的变量从左侧添加到右侧。

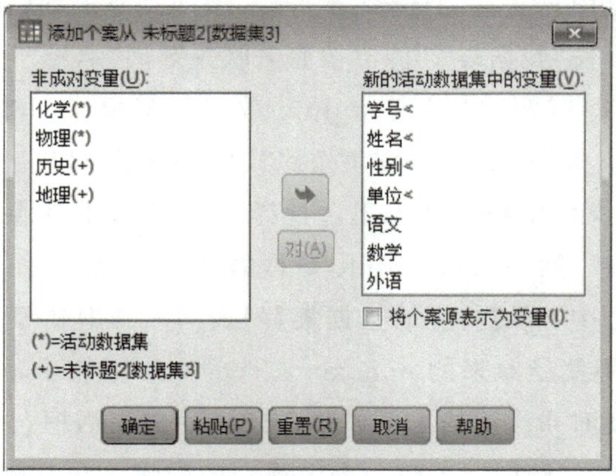

图 2-17　【添加个案】的对话框

第七，单击【确定】按钮，以便完成操作。

### （四）两数据文件的变量拼合——多列拼合

在数据处理中，经常发生针对同一组样本的不同侧面的数据被存储在不同的数据表内的情况。由于数据处理的要求，人们常常需要把这些数据按照个案关键词拼接起来。SPSS 也提供了这方面的操作，这种操作通常不会增加个案的数量。

在变量拼合中，需要关注的核心点是如何才能保证数据的拼接不出现张冠李戴的情况，保证变量的拼接是按照关键词实现的。

在 SPSS 的变量拼合中，需要注意两个核心操作。①两个数据集必须先按照关联关键词排序。②必须正确地指定两个表建立关联的依据——关联的关键字段。

1. 案例要求

已知有两个数据文件，其一为 SPSS 数据文件 stuInfo. sav，其二为 Excel 文件 nnn. xls。其中 stuInfo. sav 文件的变量列表为学号、姓名、性别、单位、语文、数学、外语、物理、化学；nnn. xls 文件的变量列表为学号、姓名、性别、单位、历史、地理、计算机、政治、科学。

这两个数据表中的数据是针对同一班级学生的两次测试成绩，请把这两个表依据学号拼接起来。

2. 操作流程

第一，在 SPSS 下打开 SPSS 数据文件 stuInfo. sav，使之显示在主界面中。

第二，在 SPSS 下打开 Excel 数据文件 nnn. xls，使之显示在主界面中。此时，在 SPSS 中打开一个"未标题 2（数据集 2）"的窗口。

第三，在"未标题 2（数据集 2）"的窗口中，选择顶级菜单【数据】—【排序个案】，接着在【排序个案】对话框中，从左侧选择"学号"，添加到右侧的【排序依据】列表中。最后，单击【确定】按钮，使"数据集 2"能够按照关联关键词"学号"升序排序。

第四，通过顶级菜单【窗口】回到 stuInfo 数据集窗口中，然后利用顶级菜单【数据】—【排序个案】命令，对 stuInfo 数据集按照"学号"升序排列。

第五，在 stuInfo 文件的编辑状态下，选择顶级菜单【数据】—【合并文件】—【添加变量】，则打开一个"将个案添加到 stuInfo 数据集"的对话框。

第六，在此对话框中，从【打开的数据集】列表框内选中要添加的数据集"未标题 2（数据集 2）"。此数据集就是原来的 nnn. xls 文件的内容。然后，单击【继续】按钮，以便继续以后的操作。此时系统就给出了如图 2-18 所示的对话框。

第七，在图 2-18 的左侧列出了两个表中重合的变量，在右侧的列表内列出了拼合后的数据集所要包含的变量。此时，把左表下的【按照排序文件中的关键变量匹配个案】复选框选中，并把变量"学号"添加到"关键变量"中，表示这两个表的拼接以"学号"作为关联关键词。

第八，在图 2-18 的左下侧可选中【两个文件都提供个案】单选框，表示新数据集中应包括两个表的所有个案。

第九，单击底部的按钮【确定】，执行数据拼合工作。

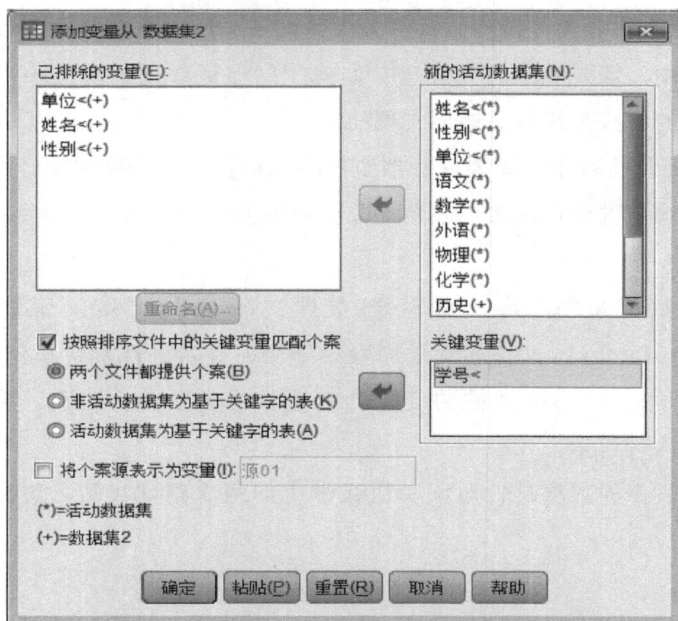

**图 2-18 【添加变量】的对话框**

## 2.3.3　数据表内部显示格式的优化

Excel 中的数据采用弱类型，而 SPSS 出于精准分析的目的，对数据的管理采用了强类型，而且还对数值型数据做了更精细的划分：定类变量、定序变量和定距变量。

为了达到较为准确的数据分析效果，对于以 SPSS 打开 Excel 格式的数据文件，需要做进一步的格式优化。

### (一)案例要求

在 SPSS 中打开 Excel 文件(stuScore.xls)之后，在变量视图下可看到如图 2-19 所示的界面。

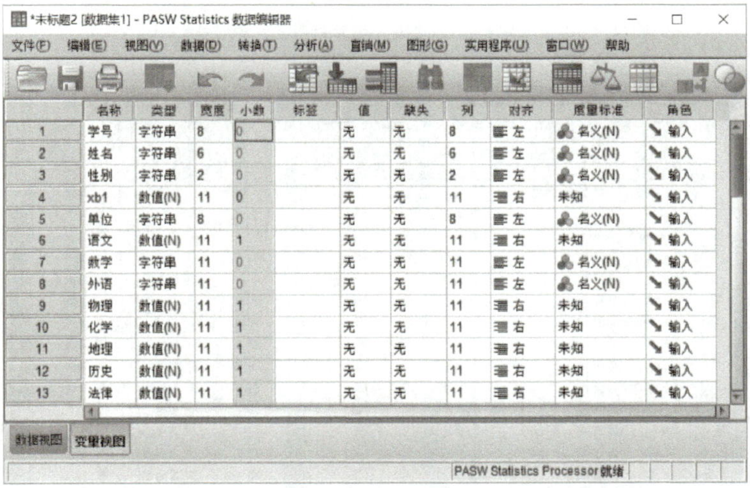


| | 名称 | 类型 | 宽度 | 小数 | 标签 | 值 | 缺失 | 列 | 对齐 | 度量标准 | 角色 |
|---|---|---|---|---|---|---|---|---|---|---|---|
| 1 | 学号 | 字符串 | 8 | 0 | | 无 | 无 | 8 | 左 | 名义(N) | 输入 |
| 2 | 姓名 | 字符串 | 6 | 0 | | 无 | 无 | 6 | 左 | 名义(N) | 输入 |
| 3 | 性别 | 字符串 | 2 | 0 | | 无 | 无 | 2 | 左 | 名义(N) | 输入 |
| 4 | xb1 | 数值(N) | 11 | 0 | | 无 | 无 | 11 | 右 | 未知 | 输入 |
| 5 | 单位 | 字符串 | 8 | 0 | | 无 | 无 | 8 | 左 | 名义(N) | 输入 |
| 6 | 语文 | 数值(N) | 11 | 1 | | 无 | 无 | 11 | 右 | 未知 | 输入 |
| 7 | 数学 | 字符串 | 11 | 0 | | 无 | 无 | 11 | 左 | 名义(N) | 输入 |
| 8 | 外语 | 字符串 | 11 | 0 | | 无 | 无 | 11 | 左 | 名义(N) | 输入 |
| 9 | 物理 | 数值(N) | 11 | 1 | | 无 | 无 | 11 | 右 | 未知 | 输入 |
| 10 | 化学 | 数值(N) | 11 | 1 | | 无 | 无 | 11 | 右 | 未知 | 输入 |
| 11 | 地理 | 数值(N) | 11 | 1 | | 无 | 无 | 11 | 右 | 未知 | 输入 |
| 12 | 历史 | 数值(N) | 11 | 1 | | 无 | 无 | 11 | 右 | 未知 | 输入 |
| 13 | 法律 | 数值(N) | 11 | 1 | | 无 | 无 | 11 | 右 | 未知 | 输入 |

**图 2-19　新打开的 Excel 文件——变量视图**

此数据表的内部格式比较混乱，达不到 SPSS 数据表的规范标准，请进行内部格式的优化。

### (二)操作步骤

第一，在 SPSS 中，变量名称尽量使用英文或拼音字母，把变量的中文说明尽量放到“标签”列，如图 2-20 所示。

第二，在变量视图下，在“类型”列重新设置各个变量的类型，在“数学分”行和“英语分”行，设置其类型为“数值(N)”，设置其宽度为 8，小数位数为 1。

第三，在变量视图下，在“度量标准”列重新设置每个变量的类型。例如，将“姓名”设置为“名义型”，“语文分”和“数学分”等设置为“度量型”，将“性别码”设置为“序

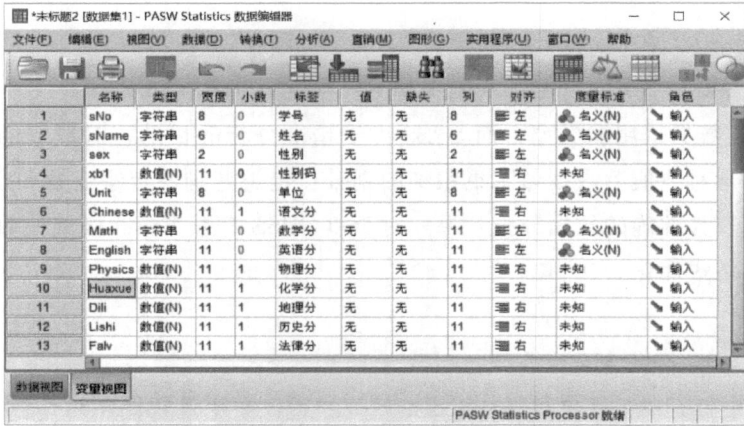

图 2-20　变量名称的规范化

号型"，如图 2-21 所示。

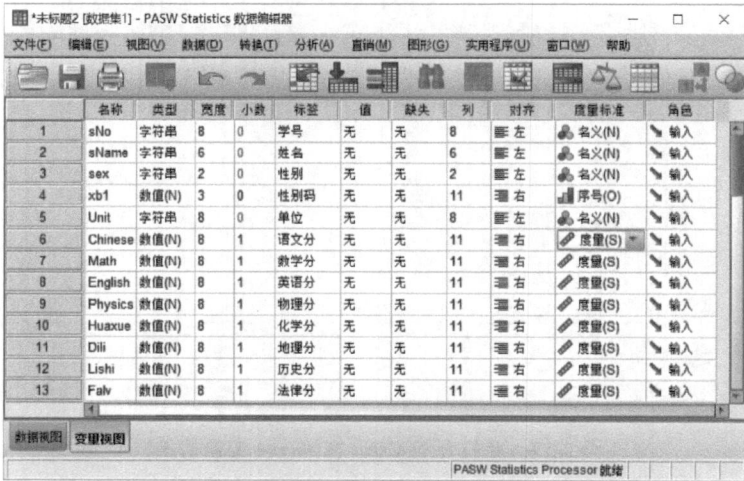

图 2-21　对变量类型、变量宽度、度量标准的规范化

　　第四，在变量视图下的"性别码"行，在"值"列定义两个数码（1 和 2）所对应的含义为"男"和"女"。这种定义之后，在数据分析过程中，当以"性别码"参与分析时，系统将以"值"中设置的内容显示在分析结果表格中，以提高分析结果的可读性。

　　第五，在变量视图的"性别码"行，在"缺失"列定义"性别码"的缺失值 9，表示所有性别项非法的行的"性别码"均使用缺失值 9。在"语文分"行的"缺失"列设置"－1"为缺失值，同理再设置其他成绩行的缺失值。完成设置之后的效果如图 2-22 所示。

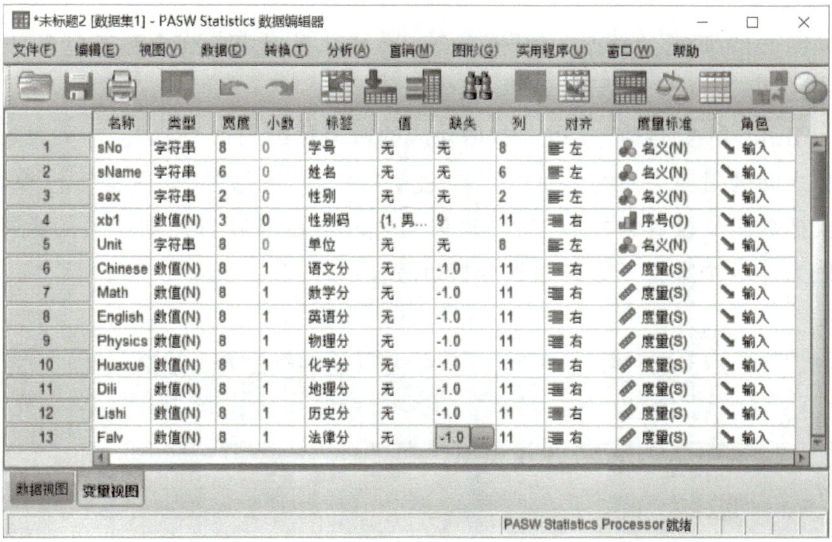

图 2-22　正确设置缺失值和对应值的变量视图

第六，单击菜单【文件】—【保存】，把修正之后的数据表保存为新的 SPSS 数据文件。

## 2.3.4　对缺失值的标记与处理

在 SPSS 的数据表中，不可避免地会出现一些不合理的数据，如性别一列中出现的非"男"且非"女"的信息，在 100 分值的考试中出现的高于 100 分的学生成绩。从原则上来看，这些数据属于非法数据，是不应该参与到常规的分析运算过程中的。

### (一)缺失值的含义及其影响

为了避免非法数据参与数据分析，人们通常会在 SPSS 的变量定义中规定哪些值是无效值，被规定为无效的值在数据分析过程中被称为缺失值。

在以 SPSS 开展数据分析的过程中，如果不对缺失值进行约束或者预处理，非法数据就会参与到数据分析过程中。由于这些数据往往过大或者过小，是数据序列中的极端值，可能会对数据分析结果造成严重的影响，甚至导致分析结果错误。

### (二)把非法数据标记为缺失值，以免影响分析结果

在 SPSS 中，人们通常把数据表内的某些数值依据条件设定为缺失值，使凡是包含缺失值的个案不再参与数据分析过程。这就是缺失值标记技术。

1. 案例要求

对于如图 2-23 所示的数据文件 stuInfo. sav 内，其“性别”列中除了包含“男”“女”等正常信息外，还有“xx”“大”“军”等非法字符。

对于 stuInfo 中的“性别”字段，新增对应的数值化编码列“Sex”。在列“Sex”中，其值与“性别”之间的对应关系为：把“男”转化为 1，“女”转化为 2，其他字符都转化为 9。因此，需要把数码 9 设置为“Sex”列的缺失值，表示在以后与性别相关的数据分析中，凡是 Sex 值为 9 的个案将不参与数据分析过程。

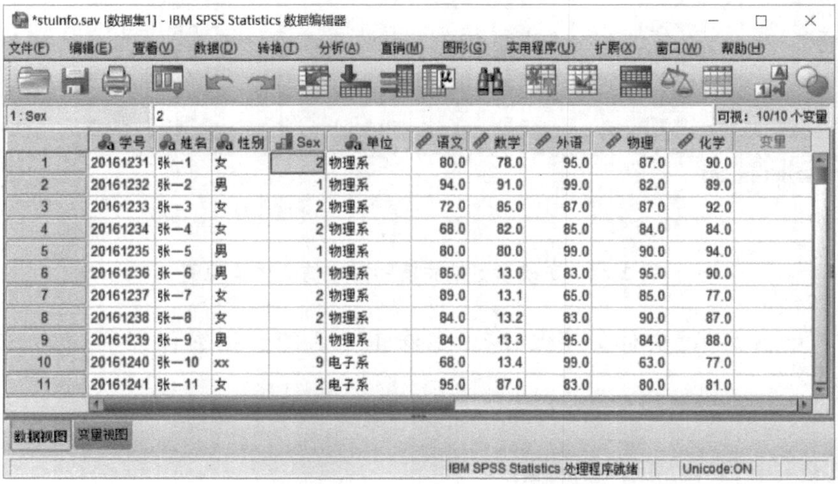


| | 学号 | 姓名 | 性别 | Sex | 单位 | 语文 | 数学 | 外语 | 物理 | 化学 | 变量 |
|---|---|---|---|---|---|---|---|---|---|---|---|
| 1 | 20161231 | 张—1 | 女 | 2 | 物理系 | 80.0 | 78.0 | 95.0 | 87.0 | 90.0 | |
| 2 | 20161232 | 张—2 | 男 | 1 | 物理系 | 94.0 | 91.0 | 99.0 | 82.0 | 89.0 | |
| 3 | 20161233 | 张—3 | 女 | 2 | 物理系 | 72.0 | 85.0 | 87.0 | 87.0 | 92.0 | |
| 4 | 20161234 | 张—4 | 女 | 2 | 物理系 | 68.0 | 82.0 | 85.0 | 84.0 | 84.0 | |
| 5 | 20161235 | 张—5 | 男 | 1 | 物理系 | 80.0 | 80.0 | 99.0 | 90.0 | 94.0 | |
| 6 | 20161236 | 张—6 | 男 | 1 | 物理系 | 85.0 | 13.0 | 83.0 | 95.0 | 90.0 | |
| 7 | 20161237 | 张—7 | 女 | 2 | 物理系 | 89.0 | 13.1 | 65.0 | 85.0 | 77.0 | |
| 8 | 20161238 | 张—8 | 女 | 2 | 物理系 | 84.0 | 13.2 | 83.0 | 90.0 | 87.0 | |
| 9 | 20161239 | 张—9 | 男 | 1 | 物理系 | 84.0 | 13.3 | 95.0 | 84.0 | 88.0 | |
| 10 | 20161240 | 张—10 | xx | 9 | 电子系 | 68.0 | 13.4 | 99.0 | 63.0 | 77.0 | |
| 11 | 20161241 | 张—11 | 女 | 2 | 电子系 | 95.0 | 87.0 | 83.0 | 80.0 | 81.0 | |

**图 2-23　待处理缺失值的数据表**

2. 操作过程

第一，在 SPSS 中打开数据文件 stuInfo. sav，进入数据视图状态，如图 2-23 所示。

第二，单击左下角的【变量视图】，切换到变量视图状态，如图 2-24 所示。

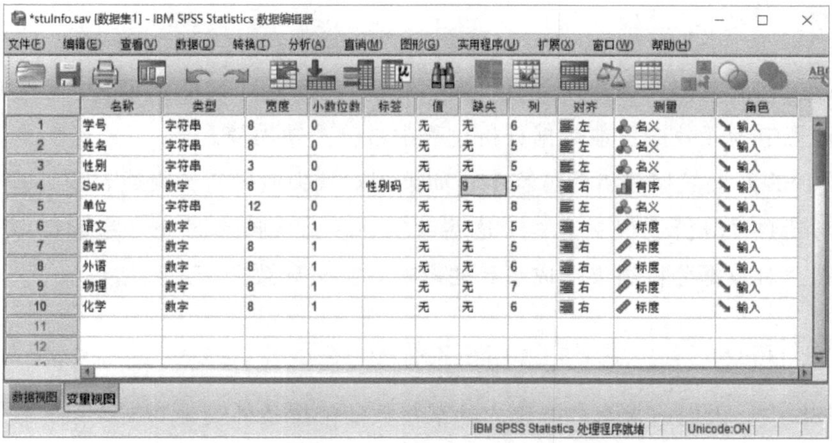


| | 名称 | 类型 | 宽度 | 小数位数 | 标签 | 值 | 缺失 | 列 | 对齐 | 测量 | 角色 |
|---|---|---|---|---|---|---|---|---|---|---|---|
| 1 | 学号 | 字符串 | 8 | 0 | | 无 | 无 | 6 | 左 | 名义 | 输入 |
| 2 | 姓名 | 字符串 | 8 | 0 | | 无 | 无 | 5 | 左 | 名义 | 输入 |
| 3 | 性别 | 字符串 | 3 | 0 | | 无 | 无 | 5 | 左 | 名义 | 输入 |
| 4 | Sex | 数字 | 8 | 0 | 性别码 | 无 | 9 | 5 | 右 | 有序 | 输入 |
| 5 | 单位 | 字符串 | 12 | 0 | | 无 | 无 | 8 | 左 | 名义 | 输入 |
| 6 | 语文 | 数字 | 8 | 1 | | 无 | 无 | 5 | 右 | 标度 | 输入 |
| 7 | 数学 | 数字 | 8 | 1 | | 无 | 无 | 5 | 右 | 标度 | 输入 |
| 8 | 外语 | 数字 | 8 | 1 | | 无 | 无 | 6 | 右 | 标度 | 输入 |
| 9 | 物理 | 数字 | 8 | 1 | | 无 | 无 | 7 | 右 | 标度 | 输入 |
| 10 | 化学 | 数字 | 8 | 1 | | 无 | 无 | 6 | 右 | 标度 | 输入 |
| 11 | | | | | | | | | | | |
| 12 | | | | | | | | | | | |

**图 2-24　将 Sex 变量设置为“9”作为其缺失值**

第三，单击"Sex"行的"缺失"列，弹出一个【缺失值】对话框，在其中选定【离散缺失值】单选框，并输入离散值 9。

第四，单击【确定】返回到变量视图下，完成对性别缺失值的设置。这一设置表示性别值为"9"的个案为缺失值个案，将不参与与性别相关的全部分析操作。

同理，可以根据数据的语义，设置其他字段的缺失值。

### (三)对非法数据预处理，消除缺失值

在 SPSS 中，如果个案的数量不多，在剔除了全部不规范的个案后，可能会影响数据的分析结果。为此，人们还经常借助预定的非法数据预处理规则，把带有不规范数据的个案变成规范个案。

在 SPSS 中，通常通过【转换】—【替换缺失值】来实现。

1. 案例要求

对于如图 2-23 所示的数据文件 stuInfo.sav 中，其变量"外语"列出现了几个超过 100 分的成绩，这些成绩肯定是误输入的错误数据。请利用缺失值处理技术对外语成绩中的错误数据进行预处理。

2. 操作过程

第一，在 SPSS 中打开数据文件 stuInfo.sav，进入数据视图状态；然后，单击左下角的【变量视图】，切换到变量视图状态，如图 2-24 所示。

第二，单击"外语"行的"缺失"列，弹出一个【缺失值】对话框。在其中选定【范围加上一个可选离散缺失值】单选框，并在其中的单选框中输入"100.1"和"1000"，表示外语成绩为 100.1 至 1000 的数值为缺失值。

第三，单击【确定】返回到变量视图下，然后单击左下角的【数据视图】选项卡返回到数据视图状态。

第四，选择顶级菜单【转换】—【替换缺失值】，以便打开【替换缺失值】对话框，如图 2-25 所示。

第五，在【替换缺失值】对话框中，首先，单击右下角的【方法】列表框，得到替换缺失值的方法列表。这里可以选择整个"序列均值""临近点的均值""临近点的中位数""线性插值法"等方法。例如，首先，选择【临近点的均值】。其次，在右下角的【附(邻)点的跨度】文本框中输入 4。再次，从左上角的列表中选择"外语"并单击 ➡ 按钮把外语添加到"新变量"列表中。此时，在新变量列表中显示为"外语 _ 1＝MEAN(外语 4)"。最后，单击底部的【确定】按钮，完成针对缺失值的处理。

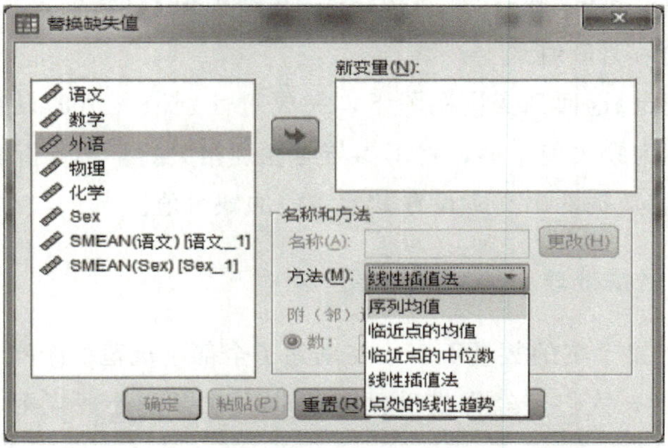

图 2-25 【替换缺失值】对话框

注意：本案例表示用缺失值附近的 4 个合法个案的均值来替代缺失值数据。当然，也可以使用整个序列的均值替代缺失值。对于定类或定序变量，则常用"众数"或"临近点的中位数"来完善缺失值。

### 2.3.5 数据列之间的计算与计数

对于收集到的原始数据，经常需要进行各种层次的运算，如基于各科成绩计算每个学生的总分、平均分，针对某个科目计算其均值、方差等。从二维表的视角来看，这种计算既有水平方向的(单行多变量之间的计算)，也有垂直方向的(多个案的同一变量之间的计算)。Excel 和 SPSS 都提供了若干种数据计算功能。

#### (一)SPSS 中对数据的列间计算

在 SPSS 中，对数据表内部的列间计算是通过【转换】—【计算变量】来实现的，而针对指定列的列内各类统计，则属于统计描述部分的内容，本书将在后面进行详细的阐述。

1. 案例要求

对于如图 2-26 所示的 SPSS 数据表(stuInfo.sav)，请在 SPSS 中计算出每个学生的总分和平均分。

2. 操作流程

第一，以 SPSS 打开数据表(stuInfo.sav)，进入操作主界面。

第二，在 SPSS 的数据视图中，选择菜单【转换】—【计算变量】，以便打开【计算变量】对话框，如图 2-27 所示。

**图 2-26　待处理的原始数据**

　　第三，在如图 2-27 所示的对话框中，首先在左上角的【目标变量】中输入文字"总分"；其次借助鼠标单击的方式，从左侧列表框选择变量名，以便在右上角的【数字表达式】文本框中输入公式[语文＋数学＋外语＋历史＋地理]；最后单击【确定】按钮，完成计算。

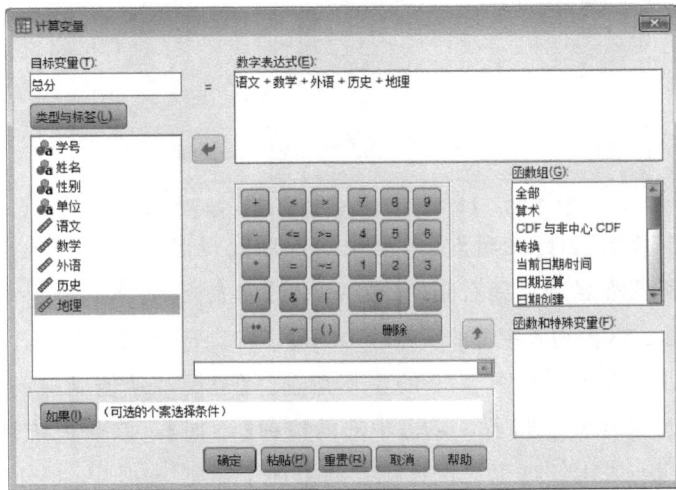

**图 2-27　计算变量的公式**

　　第四，再次利用【转换】—【计算变量】启动【计算变量】对话框。然后，在左上角的【目标变量】中输入文字"平均分"；接着，借助鼠标单击的方式，从右侧的【函数组】选择"全部"，以便列出可用的函数名。

　　第五，首先从右下角的函数列表中选择并单击函数名"mean"，以便把"MEAN(　　)"输入右上部的【数字表达式】文本框中，其次在此文本框中完善公式［MEAN(语文，数学，外语，历史，地理)］，最后单击【确定】按钮，完成平均分的计算。

### (二)SPSS 中对数据的水平计数

在 SPSS 中，对数据表内部的列间计数是通过【转换】—【对个案内的值计数】来实现的。

1. 案例要求

对于如图 2-26 所示的 SPSS 数据表(stuInfo. sav)，请在 SPSS 中计算出每个学生成绩在 85 分以上的科目的数量。

2. 操作流程

第一，以 SPSS 打开 SPSS 数据表(stuInfo. sav)，进入操作主界面。

第二，在 SPSS 的数据视图中，选择菜单【转换】—【对个案内的值计数】，以便打开【计算个案内值的出现次数】对话框，如图 2-28 所示。

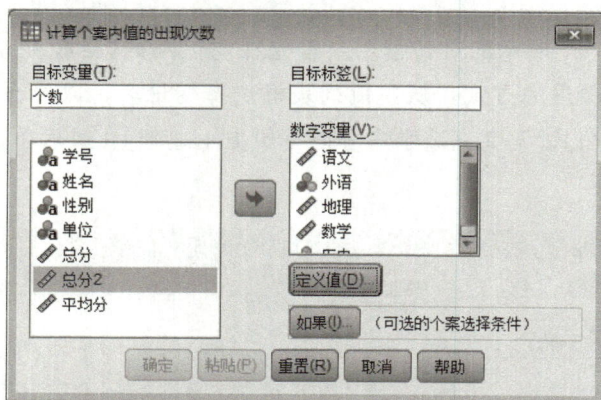

**图 2-28 【计算个案内值的出现次数】对话框**

第三，在左上角的【目标变量】文本框中输入新变量名"个数"，从左侧的列表框中把参与统计的各科课程名选择到右侧的【数字变量】列表框内。

第四，单击图 2-28 内右侧中部的按钮【定义值】，启动统计值的对话框，如图 2-29 所示。

第五，根据题目要求，在图 2-29 的左下角选择【范围，从值到最高】单选框，然后在其文本框中输入数值 85。接着，单击中部的按钮【添加】，以便把统计条件添加到右侧的【要统计的值】列表内。这里，计算机自动添加了规则"85 thru highest"，表示在前面选出的各列变量内统计出高于 85 分的科目数量。

第六，在完成设置后，单击【继续】按钮，回到如图 2-28 所示的对话框。

第七，单击【确定】按钮，执行设定的操作，系统将新增一列，其名称为"个数"，而且在各记录的对应位置显示出该学生成绩在 85 分以上的科目的数量。

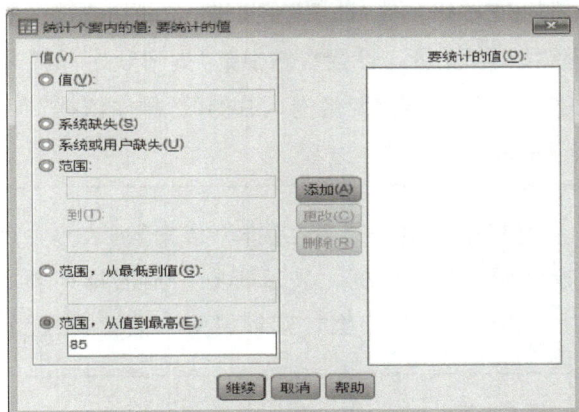

图 2-29　【统计个案内的值：要统计的值】对话框

### 2.3.6　数据排序及检索与抽样

#### (一)数据排序

数据排序是数据处理中最常见的工作，其目标是使数据记录(个案)按照某一关键词排序。

在排序过程中，为了解决多个主排序关键字相同的个案的顺序问题，人们还经常设置第二关键字、第三关键字。在这种情况下，如果两个个案的主关键字相同，系统就会按照第二关键字、第三关键字排列其先后顺序。

在 SPSS 的数据编辑状态下，执行顶级菜单【数据】—【排序个案】，就可以打开【排序个案】对话框。在【排序个案】对话框中，把排序关键词移到右侧的列表框中。最后，单击【确定】按钮，就能完成个案的排序了。

1. 案例要求

对于如图 2-26 所示的 SPSS 数据集(数据文件 stuInfo.sav 已经被打开)，请对个案按照性别排序，对于性别相同的个案，则以姓名为标准升序排列。

2. 操作流程

第一，在图 2-26 所示的编辑状态下，选择顶级菜单【数据】—【排序个案】，以便打开【排序个案】对话框。

第二，在图 2-30 的对话框中，从左侧选择

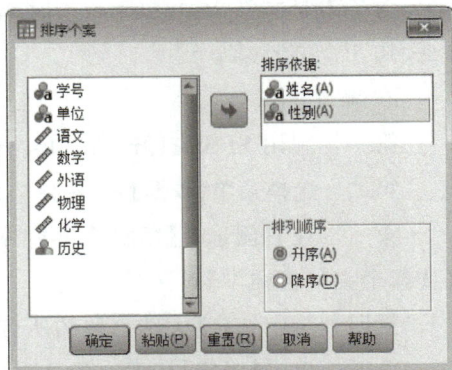

图 2-30　【排序个案】对话框

78

"性别"变量，单击中部的 ➡ 按钮，使"性别"变量进入右侧的"排序依据"列表中。

第三，从左侧选择"姓名"变量，设置右侧中部"排列顺序"的【升序】单选框为有效；然后，单击中部的 ➡ 按钮，使"姓名"变量进入右侧的"排序依据"列表中。

第四，单击【确定】按钮，完成排序过程。

注意：在 SPSS 的排序过程中，多个变量在【排序依据】列表框中的排列顺序表达了排序的优先级。图 2-30 所示的对话框，表示所有个案的排列顺序优先按照【性别】升序排列，对于"性别"相同的多个个案，则依据第二关键字"姓名"升序排列。

### (二)数据检索与抽样

在数据个案数量很多的情况下，针对大数据集的数据处理，数据检索与抽样就显得比较重要了。

在 Excel 中，数据的检索与抽样主要是通过数据筛选实现的，而 SPSS 则提供了专门的数据检索与抽样功能。利用这一功能，可以对数据集中的个案进行检索，并把不在检索范围内的个案筛掉，被筛掉的个案将不再参与未来的各种分析工作。

在 SPSS 的编辑状态下，利用菜单【数据】—【选择个案】，就可以打开【选择个案】对话框，利用这个对话框，可以从多个视角完成针对个案的抽样。

完成个案选择之后，凡是没有被选中的个案，将会在个案前面的行标记处显示一条斜线标记，表示此个案已经被剔除。

如果需要撤销"选择个案"状态，只需在图 2-31 所示的对话框中，选择【全部个案】单选框，然后单击【确定】按钮。

1. 案例要求

对于素材文件 stuInfo. sav 所存储的数据集（见图 2-26），请从整体数据中随机抽取出大约 30% 的个案。

2. 操作流程

第一，利用 SPSS 打开 stuInfo. sav 文件，进入数据视图。

第二，选择菜单【数据】—【选择个案】，以便打开【选择个案】对话框，如图 2-31 所示。

第三，在右侧选择【随机个案样本】单选框，然后单击其下部的【样本】按钮，启动【选择个案随机样本】对话框。

第四，从中选定【大约　%的所有个案】单选框，再在其文本框中输入数字 30。

第五，单击【确定】按钮，确认设置。

完成个案抽样之后的结果如图 2-32 所示。在图 2-32 中，序号为 2、3、6、7、8 的个案左侧带有删除标记，表示这些个案已经被剔除，未来将不参与各种分析操作。

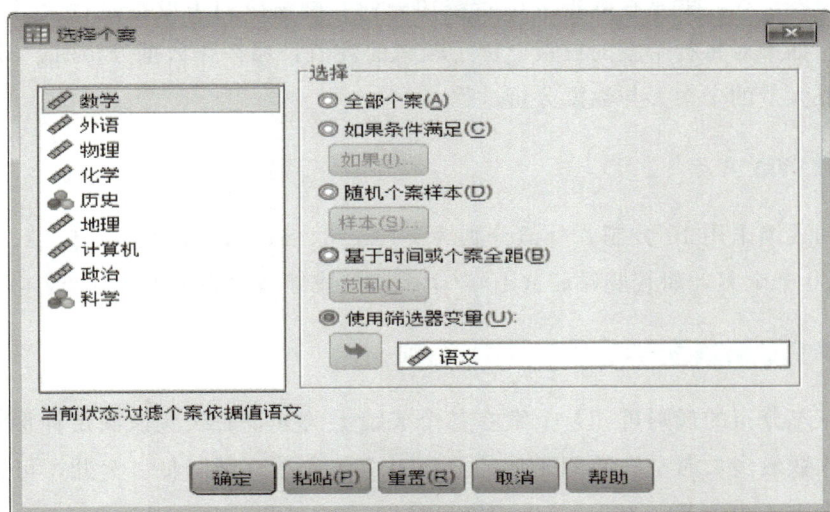

图 2-31　【选择个案】对话框

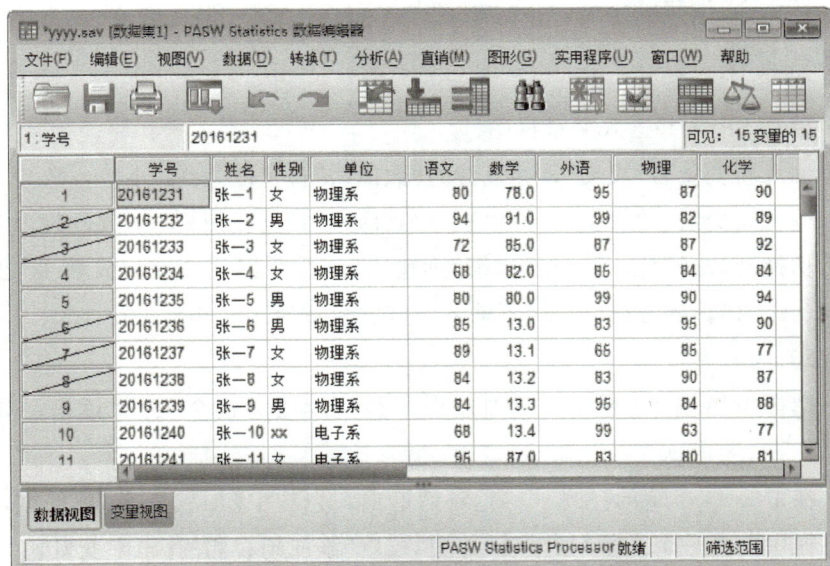

图 2-32　完成个案抽样之后的编辑界面

## 2.3.7　数据的加权处理

在以 SPSS 进行数据处理的过程中，有时需要快速地生成规模比较大的一批数据，一个一个地输入个案是相当麻烦的。为此，人们经常借助"个案加权"的方法快速地产生大批量数据。

所谓个案加权，就是在数据表中新添加一列，可在该列中设定每行个案的重复次数（权重）。如果对每行个案的权重设置了较大的数值，那么在数据分析时，SPSS 系统就会认为有大量的个案参与数据分析过程。

### （一）案例要求

学生的成绩采用 10 分制，分值分别为 1、2、3、4、5、6、7、8、9、10，现在需要输入 1000 个个案，而且要保证这 1000 个个案的成绩基本满足正态分布。

### （二）案例的解决方案

根据正态分布的规则可知，个案在各个成绩上的分布曲线应该满足钟形结构，位于 6 分的人数最多，向左右两侧延伸的分值对应的人数逐渐降低。为此，可以依次设计其人数为 10、40、80、100、180、190、180、100、80、40。

在 SPSS 的编辑状态，先输入 10 个成绩作为原始个案，然后输入权重数值，并把权重列设置为个案的权重。

### （三）操作过程

第一，启动 SPSS 并进入变量视图。

第二，输入新变量名"成绩"，并设置为"数值型"且宽度为 3，小数位数为 0。

第三，输入新变量名"权重"，并设置为"数值型"且宽度为 4，小数位数为 0。

第四，切换到数据视图下，在"成绩"列输入 10 个个案，依次为成绩 1、2、3、4、5、6、7、8、9、10。接着在"权重"列输入对应的权重值 10、40、80、100、180、190、180、100、80、40。

第五，选择顶级菜单【数据】—【加权个案】，启动【加权个案】对话框，如图 2-33 所示。

第六，在图 2-33 所示的【加权个案】对话框中，先选中【加权个案】单选框，然后从左侧的列表框中选择一个变量"权重"，并把"权重"添加到右侧的【频率变量】文本框中。

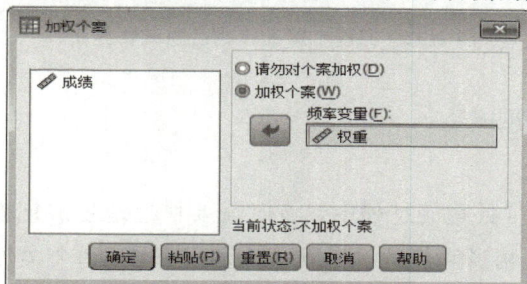

图 2-33　【加权个案】对话框

第七，单击【确定】按钮，把"权重"列设置为本数据表内个案的频率权重，从而大幅度地增加个案数量。

> 注意：一旦为数据表的个案加权，在未来的数据分析中，SPSS 就会按照权重的值来统计每种个案的个案数量。本方法对快速地产生大规模样本并开展数据分析是非常有效的。

# 2.4
# 重编码与变形处理

🎯 **本节学习目标**

掌握字符型变量的数值化编码技术、定距变量的离散化技术；掌握把普通变量转化为秩分、Z 分数、正态得分的方法，以便提升原始数据的可用性。

## 2.4.1　变量重编码技术

### （一）对字符型变量的数值化编码

由于多数数据分析软件都以处理数值型变量为主，因此正式开始数据分析工作前，通常需要先对字符型变量进行必要的数值化编码。常见的编码包括对性别的编码、对

学生爱好的编码、对专业的编码、对民族的编码、对学习者认知风格的编码。由于定序变量的区分度和可分析性要高于定类变量，因此需要将字符型变量尽可能地转化为定序变量。

在 SPSS 中，对字符型变量的重编码是通过【转换】—【重新编码为不同变量】来实现的。

1. 案例要求

对于如图 2-32 所示的学生信息表，现在需要在 SPSS 中对性别和单位进行数值化编码，以便在未来的数据分析中能够按照性别和单位进行分组处理。

2. 分析解决方案

从图 2-32 可以看出，性别列中除了"男""女"之外，还有其他信息（应该是非法数据），在单位列出现的单位名称也较多，包括"物理系""电子系"等院系。为此，需要先对编码方案进行设计：对于性别，可以把"男"编码为 1，把"女"编码为 2，把其他编码

为 9；对于单位，按照从理科到文科的顺序，依次规划为"物理系"编码为 1，"电子系"编码为 2，"教育系"编码为 3，"中文系"编码为 4。

3. 操作过程

第一，以 SPSS 打开数据文件 stuInfo.xls，进入数据视图状态。

第二，选择菜单【转换】—【重新编码为不同变量】，则打开【重新编码为不同变量】对话框，如图 2-34 所示。

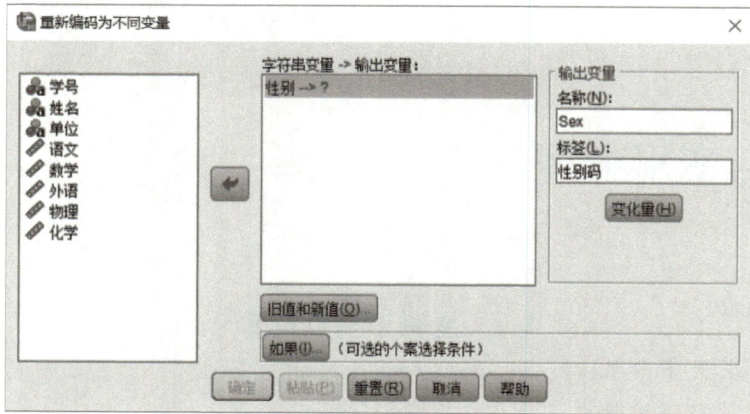

**图 2-34　【重新编码为不同变量】对话框**

第三，从左侧的列表中选择"性别"变量并单击 ➡ 按钮，把性别添加到中部的列表中，显示为"性别→?"，如图 2-34 所示。

第四，在对话框的右侧"输出变量"区内输入名称为 Sex、标签为"性别码"，然后单击底部的【变化量】按钮，使之生效。此时中部列表中的"性别→?"变成了"性别→Sex"。

第五，单击对话框中部的按钮【旧值和新值】，启动【旧值和新值】对话框。

第六，在对话框左上角的【旧值】文本框中输入"男"，在右上角的【新值】文本框中输入 1，然后单击对话框中部的【添加】按钮，把"'男'→1"添加到右侧的转化列表中。同理，把"'女'→2"和"所有其他值"转为 9 也添加到转化列表中，如图 2-35 所示。

> 注意：如果希望新值为数值型编码，在输入"新值"时，一定要把计算机的输入法设置为英文输入状态，而且是半角字符，否则可能无法在"新值"文本框中输入内容。

第七，单击对话框底部的按钮【继续】，启动转码过程，就把字符型的性别转化为了数值型的 Sex 变量。

第八，以同样的方法，对单位进行数值化转码。

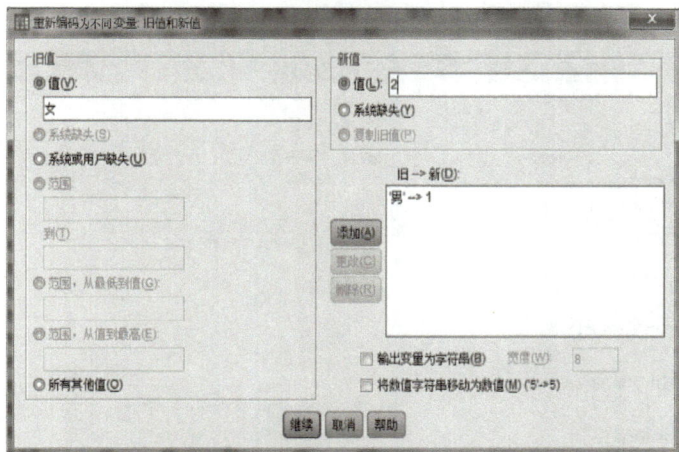

图 2-35　【旧值和新值】对话框

### (二)对定距变量的离散性编码

尽管定距变量的精确度高于定序变量和定类变量,但在进行方差分析或者各类均值比较分析的时候,如果以定距变量作为因素变量(或者分组变量),就会出现分组过细的弊端,甚至导致无法获得分析结果。因此,对作为因素变量的定距变量进行离散化编码也是数据分析前的常见准备工作。

在 SPSS 中,对数据表内定距变量的离散化编码也可以通过【转换】—【重新编码为不同变量】来实现。

1. 案例要求

对于如图 2-26 所示的学生信息表(stuInfo. sav),现在需要在 SPSS 中对语文成绩进行离散化编码,要求将成绩在 90 分(含)以上的编码为 5,80～90 分的编码为 4,65～80 分的编码为 3,60～65 分的编码为 2,60 分以下的编码为 1。

2. 操作过程

第一,以 SPSS 打开数据文件 stuInfo. sav,进入数据视图状态。

第二,选择菜单【转换】—【重新编码为不同变量】,则打开【重新编码为不同变量】对话框,如图 2-34 所示。

第三,在图 2-34 所示的对话框中,从左侧的列表中选择"语文"变量并单击 ➡ 按钮,把"语文"添加到中部的列表中,显示为"语文→?"。

第四,在对话框的右侧"输出变量"区内输入名称为 YGrade、标签为"语文等级",然后单击底部的【变化量】按钮,使之生效。此时中部列表中的"语文→?"变成了"语文→YGrade"。

第五,单击对话框中部的按钮【旧值和新值】,启动【旧值和新值】对话框,如

图 2-36 所示。

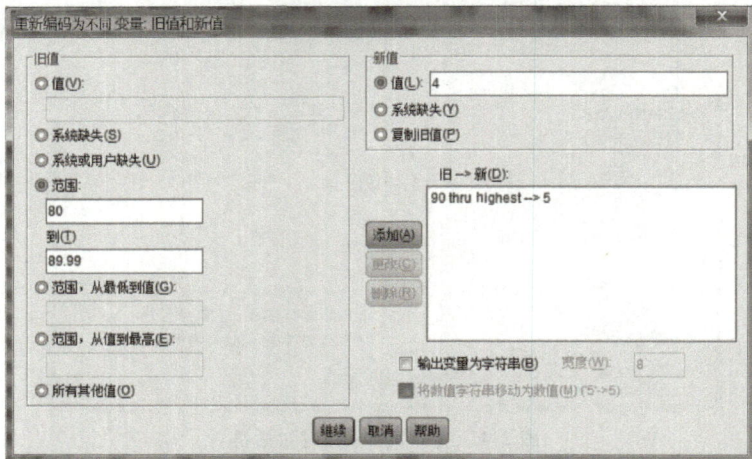

图 2-36 【旧值和新值】对话框

第六，在对话框左下角选择【范围，从值到最高】单选框，并输入数值 90，然后在右上角的"新值"文本框中输入 5，接着，单击对话框中部的【添加】按钮，把"90 thru highest→5"添加到右侧的转化列表中。

第七，在对话框左下角选择【范围】单选框，并在前一个文本框中输入 80，在后一个文本框中输入 89.99，然后在右上角的【新值】文本框中输入 4；接着，单击对话框中部的【添加】按钮，把"80～90→4"添加到右侧的转化列表中。

同理，把其他转化规则添加到转化列表之中。

第八，单击对话框底部的【继续】按钮，启动转码过程，这样就对语文变量进行了离散化编码，在 YGrade 中得到了离散化后的数值。

### (三)基于可视离散化的重编码方法

除了基于数据重编码的方式实现定距数据的离散化之外，SPSS 还提供了"可视离散化"的方式对定距数据(连续变量)进行离散化编码。

1. 案例要求

对于如图 2-26 所示的学生信息表(stuInfo.sav)，现在需要在 SPSS 中对语文成绩进行离散化编码，要求将成绩在 90 分(不含)以上的编码为 5，80～90 分的编码为 4，65～80 分的编码为 3，60～65 分的编码为 2，60 分(含)以下的编码为 1。

2. 操作过程

第一，以 SPSS 打开数据文件 stuInfo.sav，进入数据视图状态。

第二，选择菜单【转换】—【可视离散化】，则打开【可视化封装】对话框，如图 2-37 所示。

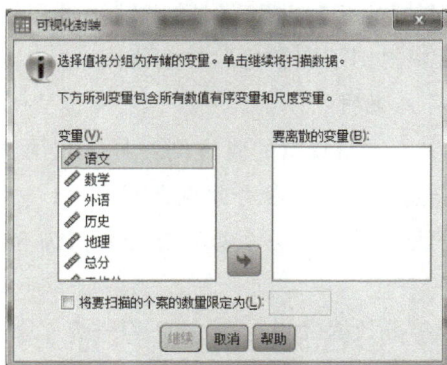

**图 2-37　【可视化封装】对话框之一**

第三，在图 2-37 所示的对话框中，从左侧的列表中选择"语文"变量并单击  按钮，把"语文"添加到右侧的列表中，显示为"语文"；然后单击【继续】按钮。此时系统弹出如图 2-38 所示的对话框。

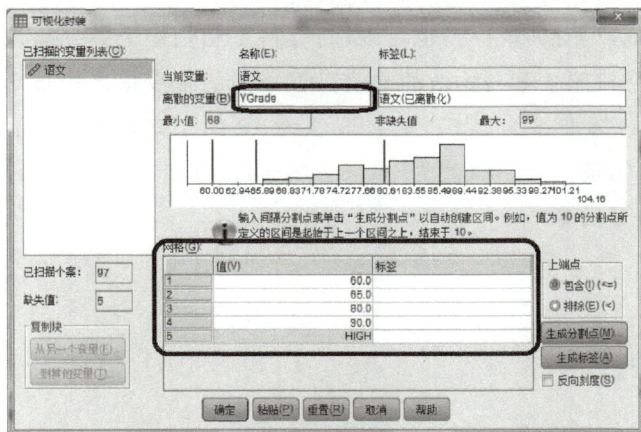

**图 2-38　【可视化封装】对话框之二**

第四，在对话框的左上角【离散的变量】文本框内输入新变量的名称"YGrade"、标签为默认值"语文（已离散化）"。

第五，在对话框中下部的网格中输入分隔值，每行输入一个数值，如图 2-38 所示，依次输入 60、65、80、90，以便构造出离散化的分割标准。

注意：在图 2-38 中，最初底部的"分段"网格中只有第 1 行有一个"HIGH"标记。可先单击底部的"HIGH"行，然后删除字符串"HIGH"，接着输入数字"60"并键入回车。此时，系统把首行变成数字"60.0"，并自动把第 2 行变成带"HIGH"标记的行。同理，可继续插入数字 65、80 和 90，"HIGH"标记始终位于分段的最末行内。

第六，单击对话框底部的【确定】按钮，启动离散化过程，这样就对语文变量进行了离散化编码，在 YGrade 中得到了离散化后的数值。

3. 对"可视离散化"的补充说明

①在图 2-38 的中部给出了原始数据的直方图，显示出语文成绩在各个分数段的分布情况。在设置离散化分隔点时，可以参考此直方图。

②分割点对原始数据的划分为上包含关系，在分割点为 60 时，60 分的成绩被划分为 60 分及以下的区域中。

③如果希望分段标准为等分数据（如 60～100 分等分为 6 个分数段，每个 10 分），或者按照百分比等分个案，那么除了在网格中直接输入分段标准数据 60、70、80、90、100 外，还可以单击右下角的【生成分割点】按钮，启动【生成分割点】对话框，选择【等宽度间隔】单选框，并设定"第一个分割点的位置"为 60，"分割点数量"为 5，"宽度"为 10。

④在【生成分割点】对话框中，还可以选择【基于已扫描个案的等百分比】，表示按照个案的百分数离散化个案。若在【分割点数量】中填入 4，则表示被分为 5 块，离散化序号值为 1～5 的数值，每块的个案数占总量的 20%。

⑤在【生成分割点】对话框中，也可以选择【基于已扫描个案平均值和选定标准差设分割点】，其思路是按照个案与均值的差值是标准差的多少倍来构造离散化编码。假设某序列的均值为 5，标准差为 2.5。那么取值为 10 的个案，其离散化码值为 2，因为 $(10-5)/2.5=2$；同理，对于取值为 $-2.5$ 的个案，其离散化码值为 $-3$。这种码值就相当于后面所述的 $Z$ 分数。

## 2.4.2 秩分

### (一)秩分的概念

1. 秩分的概念及其价值

所谓秩分，就是依据某种排序规则，把当前个案在整个数据序列中的名次简称为秩。

在 SPSS 的数据分析中，绝大多数的操作都是面向满足正态分布的数据的。然而，在实际工作中，也有一些数据是不满足正态分布的。对于不满足正态分布的数据，通常不能直接使用传统的均值分析的方法，而是通过比较序列中个案的秩分和数据分布形态来判定。

2. 秩分的类型

在 SPSS 中，秩分有多种类型。首先，可分为基于升序序列的秩分或者基于降序序列的秩分；其次，在一个排序后的数据序列中，不可避免地会出现若干个观测值相同的个案。对这些个案，又有几种不同的处理方式。①所有观测值相同的个案，其秩分取最小值。例如，在日常生活中，2 人并列第 2 名，但没有第 3 名。②所有观测值相同的个案，其秩分取最大值。例如，在考试后，教师发现，紧跟在第 1 名之后的 3 名学生成绩相同。于是没有第 2 名和第 3 名，这 3 人的名次均为并列第 4 名。③所有观测值相同的个案，其秩分取平均值。即对观测值相同的若干个个案，其秩分取其最小值和最大值的平均值。

除了以传统的秩分方式对数据序列变形外，SPSS 还经常对数据进行诸如求 $Z$ 分数、求取正态得分等复杂变形，从而满足一些特殊的需要。

3．秩分的作用

对于非正态分布的定距变量来讲，秩分在数据分析中具有重要价值。首先，多数非正态分布的定距变量，其秩分都满足或接近正态分布，秩分成为很多数据分析算法的数据基础；其次，在比较关注个案秩（个案名次）的研究中，秩分的重要性更是不言而喻的。

### (二)SPSS 中的个案排秩

在 SPSS 中，对数据序列的个案排秩是通过【转换】—【个案排秩】来实现的。通过对【个案排秩】对话框的设置，可以得到各种不同类型的秩分。

1．案例要求

对于如前页图 2-26 所示的学生信息表（stuInfo. sav），现在需要在 SPSS 中对语文成绩按照降序求取秩分。对观测值相同的个案，其秩分取最小值。

2．操作过程

第一，以 SPSS 打开学生信息表 stuInfo. sav，使之处于数据视图状态。

第二，选择顶级菜单【转换】—【个案排秩】，以便打开【个案排秩】对话框。

第三，从左侧选择变量"语文"并单击 按钮，使之添加到【变量】列表框中。在左下角选择【最大值】单选框，以便按照降序方式赋予秩分，如图 2-39 所示。

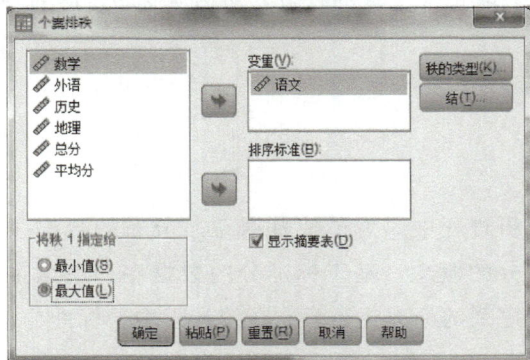

**图 2-39　【个案排秩】对话框**

88

第四，单击右上方的【结】按钮，启动【个案排秩：结】对话框。在此对话框中选择【最小值】单选框，表示对观测值相同的个案，其秩分取最小值。

第五，单击【继续】按钮返回上一对话框，再单击【确定】按钮启动排秩过程。

排秩完成后，将在 SPSS 的数据表增加一列，其名称为"R 语文"，表示语文的排秩结果。

### （三）对 SPSS 个案排秩的补充说明

#### 1. 设置秩分结的类型

单击图 2-39 的【结】按钮，启动【个案排秩：结】对话框。此对话框主要用于确定观测值相同个案的排秩规则。"均值"表示对所有观测值相同的个案，其秩分取平均值；"最小值"表示对所有观测值相同的个案，其秩分取最小值；"最大值"表示对所有观测值相同的个案，其秩分取最大值。

#### 2. 设置秩分的类型

单击图 2-39 的【秩的类型】按钮，启动【个案排秩：类型】对话框。在此对话框中提供了多种不同类型的秩分形式，用户可根据自己的需要选择其中的复选框，以便由 SPSS 生成相应类型的秩分。常见的秩分类型主要有以下几种类型，如图 2-40 所示。

①秩，代表普通意义上的秩分，即名次。

②Savage 得分，代表求取每个个案的秩在其 Savage 序列中的得分，其结果为一个接近标准正态分布的数据序列。

图 2-40 【个案排秩：类型】对话框

③分数秩，代表求取每个个案的秩在整个序列中的分位数，其实质是对秩分做归一化处理。基本策略是先求取每个个案的秩分，然后除以 $n$，得到一个值为[0～1]的数值序列。

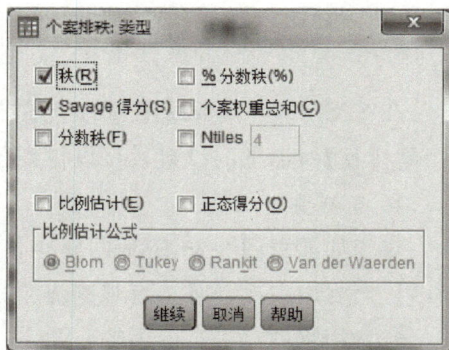

## 2.4.3 标准分

在对数据序列的分析过程中，为了使普通正态分布的数据序列能够满足标准正态分布，人们引入了标准分的概念。基于标准分的数据序列应满足标准正态分布，标准分可以看作对原始数据序列的标准化表示。在统计学中，标准分也叫 $Z$ 分数。

### (一)Z 分数的概念

对于基本符合正态分布的数据序列来讲，其分布曲线呈钟形，以垂线($x=\mu$)作为对称轴，以 $\sigma$ 作为钟形的高度，即序列 $X$ 满足 $N(\mu,\sigma)$。这里的 $\mu$ 为数据序列的均值，$\sigma$ 为数据序列的标准差。标准正态分布应满足 $\mu=0$ 且 $\sigma=1$，保证钟形分布曲线对称于 $y$ 坐标轴且高度为 1 个单位。

1. Z 分数的定义

对于基本满足正态分布的数据序列，假设其均值为 $\mu$，第 $i$ 个个案的取值为 $X_i$，由公式 $Z_i=\dfrac{X_i-\mu}{\sigma}$ 得到的序列就被称为 $Z$ 分布，其中的每个数值就是针对相应原始数据的标准分，也叫 $Z$ 分数。

从公式可以看出，第 $i$ 个个案的标准分等于其个案值减去均值之后，其差与标准差的比值。即个案值与均值之差等于多少倍的标准差。

由 $Z$ 分数构成的数据序列被称为 $Z$ 分布，由基本满足正态分布的序列所生成的 $Z$ 分布是标准正态分布。

2. Z 分数的特点

对于小于均值的个案，其 $Z$ 分数肯定小于 0，对于大于均值的个案，其 $Z$ 分数肯定大于 0，全体 $Z$ 分数的总和为 0，均值为 0。

全体个案构成的 $Z$ 分数的标准差应该为 1，由 $Z$ 分数构成的序列应该接近标准正态分布。

3. 补充说明

①尽管 $Z$ 分数的概念从正态分布而来，但求取 $Z$ 分数的操作并不局限于满足正态分布的定距变量。对于其他分布形态的定距变量也可以求取其 $Z$ 分数。另外，把原始数据转化为 $Z$ 分数，并不能把非正态分布序列变成正态分布。

②利用 $Z$ 分数，可以把基本满足普通正态分布的数据序列转化为标准正态分布形态。

③利用 $Z$ 分数，可以把全距值相差很大的两个数据序列转化为同一量级水平。

### (二)在 SPSS 中求数据序列的 Z 分数

在 SPSS 中，获取数据序列的 $Z$ 分数是 SPSS 中"数据描述"过程的附带产品。借助菜单【分析】—【描述统计】—【描述】，可以把一列定距变量的取值转化为 $Z$ 分数。

1. 案例要求

对于如图 2-41 所示的学生信息表，现在需要在 SPSS 中计算出语文成绩的 $Z$ 分数，或者说把语文成绩转化为标准分。

2. 操作过程

第一，以 SPSS 打开学生信息表，使之处于数据视图状态。

第二，选择顶级菜单【分析】—【描述统计】—【描述】，以便打开【描述性】对话框。

图 2-41　待求取 Z 分数的原始数据表

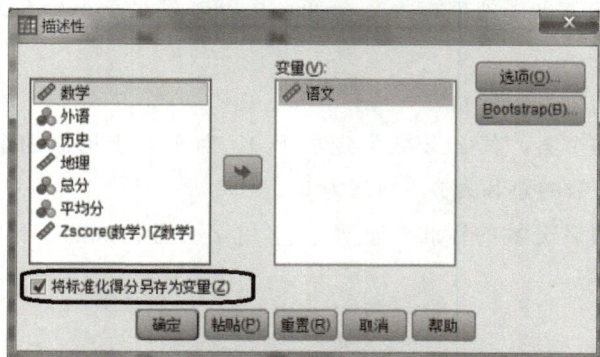

图 2-42　【描述性】对话框

第三，从左侧选择变量"语文"并单击 按钮，使之添加到【变量】列表框中，如图 2-42 所示。

第四，单击右下角的【将标准化得分另存为变量】复选框，使之处于选中状态。

第五，单击【确定】按钮，启动计算过程。

计算完成后，将在 SPSS 的数据表增加一列，其名称为"Z 语文"，表示该列数据是语文成绩的标准化结果。

## 2.4.4　正态得分

### (一)SPSS 中的正态得分及其求取方法

1. 正态得分的含义及其价值

多数数据分析软件都希望原始数据是满足正态分布的定距变量。然而，在各种研究中，常常面对的是非正态分布的定距变量。为了解决数据的正态性问题，SPSS 提供了秩分、正态得分等必要的转化手段。

正态得分是把非正态分布的定距变量转化为接近正态分布数据的一种常见手段。

2．在 SPSS 中求取正态得分的方法

在 SPSS 中，获取数据序列的正态得分是"个案排秩"过程的附带产品。

借助菜单【转换】—【个案排秩】，在【秩的类型】对话框中选中【正态得分】复选框，可以把一列定距变量的取值转化为正态得分值。

### (二)在 SPSS 中求取正态得分的实际案例

1．案例要求

对于如图 2-41 所示的学生信息表，现在需要在 SPSS 中把不满足正态分布的语文成绩转化为正态得分。

2．操作过程

第一，以 SPSS 打开学生信息表，使之处于数据视图状态，如图 2-41 所示。

第二，选择顶级菜单【转换】—【个案排秩】，以便打开【个案排秩】对话框，如图 2-39 所示。

第三，在【个案排秩】对话框中，从左侧选择变量"语文"并单击 ➡ 按钮，使之添加到【变量】列表框中。

第四，在【个案排秩】对话框的左下角选中【最小值】单选框，以便按照升序方式赋予秩分。

第五，单击右侧的【秩的类型】按钮，以便打开【个案排秩：类型】对话框，如图 2-43 所示。

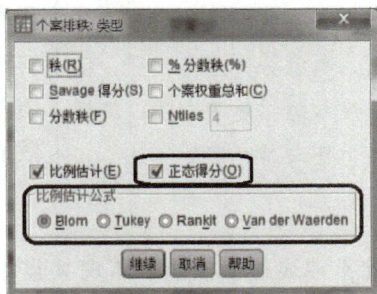

图 2-43　【个案排秩：类型】对话框

第六，在此对话框中部，选中【正态得分】复选框，并从底部的 4 种比例估计公式中选择一种算法。然后单击【继续】按钮，以便返回到上一级对话框。

第七，单击【确定】按钮，启动计算过程。

### (三)对正态得分计算方法的补充说明

①基于上面的算法，在计算完成后，将在 SPSS 的数据表增加一列，其名称为"N语文"，其标签为"Normal Score of 语文 using Blom's Formula"，表示该列数据是语文成绩正态化的结果，而且借助的算法为"Blom"。

②不是任何分布形态的变量都可以直接转换为正态得分的。对于"双峰"或"多峰"分布的数据序列，除了使用秩分，没有任何公式可以将此类数据直接转换成单峰的正态分布。

③在图 2-43 所示的【个案排秩：类型】对话框中，对于正态得分的计算方法提供了 4 种类型的公式，每种方法都具有其适应性，其中 Blom 是默认的算法，Tukey 算法适用于负偏态比较严重的变量。在实际操作中，可以先根据原始数据的直方图预判数据的分布形态，然后尝试合适的方法。

## 2.5
# 数据的统计描述

### 本节学习目标

了解变量的各类描述方法及其特点；掌握集中性描述、离散性描述、频度分析、数据分布形态判别，低测度数据描述等方法；掌握箱体图与茎叶图的画法。

### 2.5.1　基本统计量

在数据分析中，对于数据数列的描述主要包括集中性和离散性统计量的获取。一般来说，对于具有连续值形态的定距变量，描述其集中性的统计量主要是均值，描述其离散性的统计量则包括了标准差、方差或标准误。对于离散值形态的定序变量，由于其大小仅仅反映等级关系，因此常常通过中位数来体现其集中性水平，通过四分位差体现其离散性水平。不过，对于取值范围比较大、区分度比较高（简称高测度）的部分定序变量，有时也借助均值和标准差的概念分析其集中性和离散性水平。

本节主要通过均值、方差、标准差等概念来描述数据序列的基本统计量，其操作主要针对定距变量和高测度的定序变量。

#### （一）Excel 中的基本统计函数

1. Excel 的数据描述性函数

Excel 除了提供了基本的统计函数 Sum、Count、Max、Min、Average 等，还专门提供了一组数据描述性函数。主要包括以下函数，如表 2-1 所示。

表 2-1　Excel 的数据描述性函数

| 作用 | 函数格式 | 说明 |
|---|---|---|
| 求方差 | VAR(区域)<br>VAR. S(区域) | 基于样本估算总体数据的方差，不考虑样本中的字符型量和逻辑型量（基于自由度 $n-1$ 求方差） |
| | VARA(区域) | 基于样本估算总体数据的方差，考虑样本中的字符型量和逻辑型量（基于自由度 $n-1$ 求方差） |
| | VARP(区域)<br>VAR. P(区域) | 基于总体数据直接求其方差，不考虑个案中的字符型量和逻辑型量（基于总体数 $n$ 求方差） |
| | VARPA(区域) | 基于总体数据求其方差，考虑个案中的字符型量和逻辑型量（基于总体数 $n$ 求方差） |
| 求标准差 | STDEV(区域)<br>STDEV. S(区域) | 基于样本估算总体数据的标准差，不考虑个案中的字符型量和逻辑型量（基于自由度 $n-1$ 求标准差） |
| | STDEVA(区域) | 基于样本估算总体数据的标准差，考虑个案中的字符型量和逻辑型量（基于自由度 $n-1$ 求标准差） |
| | STDEVP(区域)<br>STDEV. P(区域) | 基于总体数据求其标准差，不考虑个案中的字符型量和逻辑型量（基于总体数 $n$ 求标准差） |
| | STDEVPA(区域) | 基于总体数据求其标准差，考虑个案中的字符型量和逻辑型量（基于总体数 $n$ 求标准差） |
| 求均值 | Average(区域) | 基于数据序列求取其均值，不考虑个案中的字符型量和逻辑型量 |
| | AverageA(区域) | 基于数据序列求取其均值，考虑个案中的字符型量和逻辑型量 |

**2. 案例要求**

对于如图 2-44 所示的学生信息表（mmm. xls），其中共有 92 条记录，是高三年级部分学生的成绩单。现在需要在第 95 行估算全体学生各科成绩的方差，在第 96 行估算各科成绩的标准差，在第 97 行估算各科成绩的均值。

**3. 分析解决方案**

在 Excel 中，计算成绩的方差、标准差和均值等信息，直接使用函数即可。本案例基于样本估算总体方差和标准差，因此直接使用 VAR 和 STDEV 函数。

**4. 操作过程**

第一，在 Excel 中打开 mmm. xls 文档，使之处于编辑状态。

第二，在 E95 中输入公式［＝VAR(E2:E93)］，然后以鼠标指向 E95 的填充柄并向

94

右拖动鼠标，填充区域 E95:I95。

**图 2-44  待计算方差、标准差的 Excel 文档**

第三，在 E96 中输入公式［＝STDEV(E2:E93)］，然后以鼠标指向 E96 的填充柄并向右拖动鼠标，填充区域 E96:I96。

第四，在 E97 中输入公式［＝AVERAGE(E2:E93)］，然后以鼠标指向 E97 的填充柄并向右拖动鼠标，填充区域 E97:I97。

### (二)在 SPSS 中描述数据信息的基本统计量

在 SPSS 中，对定距变量的基本统计量的计算，有很多种计算方法。常见的方法包括利用菜单【分析】—【描述统计】—【频率】命令，调用【频率】下【统计量】对话框，或者利用菜单【分析】—【描述统计】—【描述】命令，调用【描述性】下的【选项】对话框。

1. 案例要求

对于如图 2-44 所示的学生信息表(mmm.xls)，其中共有 92 条记录，是高三年级部分学生的成绩单。现在需要在 SPSS 中估算全体学生语文成绩的方差、标准差、均值、最小值、最大值。

2. 操作流程

第一，在 SPSS 中打开 mmm.xls 文档，使之处于数据视图状态。

第二，利用菜单【分析】—【描述统计】—【描述】命令，启动【描述性】对话框。

第三，在【描述性】对话框中，从左侧的列表中选择"语文"，并单击 按钮，使之进入右侧的"变量"列表中。

第四，单击右上角的【选项】按钮，启动【描述：选项】对话框，如图 2-45 所示。

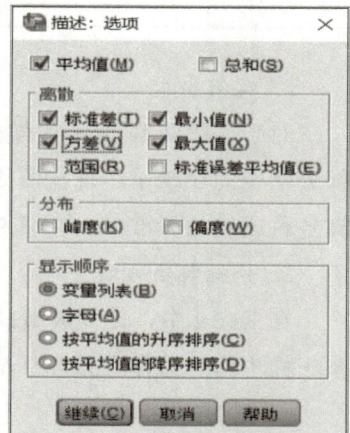

**图 2-45  【描述：选项】对话框**

第五，根据案例要求，把复选框【最小值】【最大值】【标准差】【方差】和【平均值】设置为有效状态。然后，单击【继续】返回到上一级对话框。

第六，在【频率】对话框下，单击【确定】按钮，执行计算操作。

计算完成后，将会新生成一个名称为"输出 1"的输出视图，如图 2-46 所示。

### 3. 补充说明

在图 2-45 中，还可根据需要选择"偏度""峰度""范围"等信息。

除了使用【描述】对话框中的"选项"功能之外，还可以借助【频率】对话框中的【统计量】对话框进行常规统计量的计算。

### 4. 解读输出结果

从图 2-46 可以看出，全部个案共有 92 个数据，这些数据的方差为 50.200，标准差为 7.085，平均值为 83.77。

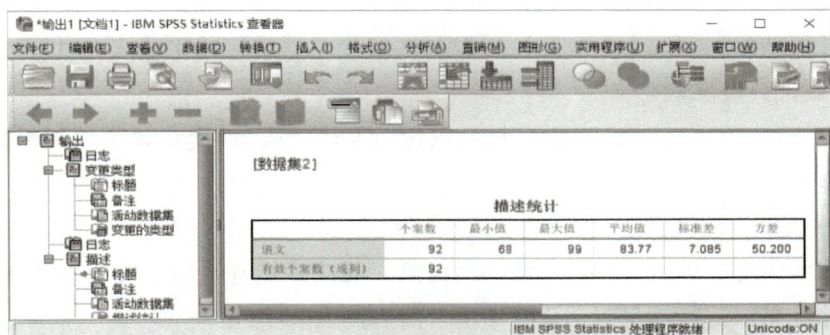

图 2-46　"描述统计量"的运算结果

## 2.5.2　数据频度分析

所谓频度分析，就是把数轴划分为若干段，统计落在每个段内样本（数据记录）的个数。比如，利用 60、80、90 三个数就可以把实数集划分为四段，然后对一组数据执行频度分析，获得四个数值，这四个数值是全体待分析样本落在每个分段中的个数（频数）。

频度分析是数据管理中常用的概念，就是统计出符合某一区段的样本的个数。在 Excel 中，实现频度分析使用 Frequency 函数，这是一个集合函数。在 SPSS 中，则有专门的命令序列。

### （一）在 Excel 中频度分析的概念

#### 1. 集合函数的概念

在频度分析指令中，执行一次函数能够获得多个数据。这是一类特殊的函数，人们称之为集合函数。由于集合函数的输出结果为多个数据，因此在制作集合函数时必须预先设置输出区域，并利用〈Ctrl〉+〈Shift〉+〈Enter〉键执行函数，才能获取正确的计算结果。

对于集合函数产生的数据，Excel 认为是一个整体，不允许只修改其中的一部分。也就是说，要么不动这个数据集合，要么就把这个数据集合全部删除。如果因不小心修改了集合中的某个数据而导致系统无法继续操作，可以利用〈Esc〉键退出修改状态。

2. 频度分析命令的执行过程

首先，要规划出分段区域，输入作为分段标准的数据。需要强调的是，频度分析时，对分段标准遵循上包含关系。例如，以 60、80 和 90 作为分段标准，则统计结果是落在 60 以下(含)的样本个数，大于 60 且小于等于 80 的样本个数，大于 90 的样本个数。如果需要实现下包含关系，就要对分段数据精心设计。例如，人们常常用 59.99、79.99 和 89.99 对学生成绩进行频度分析，以保证把 60 分的成绩划归到及格的范围内。

其次，拖动鼠标，选定生成结果所需的区域，在结果区域中输入公式[=Frequency(数据区域，分段区域)]。

最后，按住〈Ctrl〉+〈Shift〉键，然后敲击〈Enter〉键，就会在预定的结果区域输出一个数组型的统计结果。

3. 注意事项

由于数据频度分析结果是一个数组型结果，因此不能进行单个数据的修改或删除。要清除统计结果，必须选定整个分析结果，然后键入〈Del〉键。

频度分析的分段过程是"上包含"，如把成绩分成 60、70、90 的话，得到的结果是成绩≤60 的人数、60<成绩≤70 的人数、70<成绩≤90 的人数、成绩>90 的人数。这种统计方式不太符合人们对成绩统计的习惯，因此在成绩的统计中，常常用 59.99、69.99 和 89.99 分段，统计不合格、合格、良好和优秀的人数。

### (二)Excel 频度分析案例——对学生成绩实现频度分析

1. 案例要求

对于图 2-47 所示的原始数据文件 mmm.xls，在 Excel 中分段统计语文成绩、数学成绩的优秀(≥90)、良好(80~90)、及格(60~80)和不及格(<60)的人数。

2. 操作过程

第一，在 K1:K3 中分别输入数据 59.9、79.9、89.9，充当分段的标准。

第二，在 K8:L8 中输入标记"语文""数学"。

第三，选择区域 K9:K12，然后输入公式[=Frequency(E2:E93，K1:K3)]；键入〈Ctrl〉+〈Shift〉+〈Enter〉键。

第四，选择区域 L9:L12，然后输入公式[=Frequency(F2:F93，K1:K3)]；键入

〈Ctrl〉＋〈Shift〉＋〈Enter〉键。

第五，获得的数据分析结果如图 2-47 右侧小表格所示。

**图 2-47　执行数据频度分析的结果**

由图 2-47 的编辑栏可知，公式［＝Frequency(E2：E93，K1：K3)］的两端用"{}"括了起来，表示这是一个集合函数，其运算结果为一个数组。

## (三)在 SPSS 中对定距变量实施频度分析

### 1．案例要求

对于如图 2-47 所示的原始数据文件 mmm. xls，请在 SPSS 中分 8 段统计语文成绩、数学成绩，并绘制出直方图及其拟合的正态曲线。

### 2．操作流程

第一，在 SPSS 中打开 mmm. xls 文档，使之处于数据视图状态。

第二，利用菜单【分析】—【描述统计】—【频率】命令，启动【频率】对话框。

第三，在【频率】对话框中，从左侧的列表中选择"语文"，并单击 ➡ 按钮，使之进入右侧的"变量"列表中。同理，把变量"数学"从左侧添加到右侧的"变量"列表中。

第四，单击右上角的【统计量】按钮，启动【频率：统计量】对话框，如图 2-48 所示。

第五，单击左上角的【割点】复选框，并输入数值

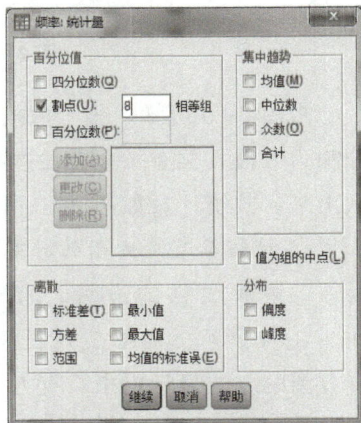

**图 2-48　【频度：统计量】
对话框**

8，表示把数据分为 8 段。如果还关注"均值""标准差""最小值"等统计量，那么也可以在这里选中相应的复选框。然后单击【继续】按钮，返回到【频率】对话框。

第六，在【频率】对话框中，单击右侧的【图表】按钮，启动如图 2-49 所示的【频率：图表】对话框，在其中选中【直方图】单选框，同时把【在直方图上显示正态曲线】复选框选中。然后单击【继续】按钮，返回到【频率】对话框。

第七，在【频率】对话框中，单击【确定】按钮，启动数据处理过程。

3. 解读输出结果

在频率分析完成后，将会得到如图 2-50 和图 2-51 所示的运算结果。此结果显示在 SPSS 新创建的"输出 1"之中。

**图 2-49　【频率：图表】对话框**

➡ **频率**

统计

| | | 语文 | 数学 |
|---|---|---|---|
| 个案数 | 有效 | 92 | 92 |
| | 缺失 | 5 | 5 |
| 百分位数 | 12.5 | 75.00 | 22.263 |
| | 25 | 78.50 | 75.250 |
| | 37.5 | 82.00 | 79.750 |
| | 50 | 84.50 | 82.000 |
| | 62.5 | 87.00 | 85.000 |
| | 75 | 89.00 | 87.000 |
| | 87.5 | 92.00 | 92.000 |

**图 2-50　关于语文和数学的"统计量"结果**

由图 2-50 可知，整个数据表有 92 个个案，其中缺失值有 5 个。数据按照百分位被分割为 8 段，共有 7 个分段数据。每段的标记性分数分别在"语文"列和"数学"列中显示出来。其统计量如图 2-50 所示，而相应的直方图如图 2-51 所示。

4. 对频率及直方图的补充说明

①根据题目的设置，SPSS 自动生成了语文成绩和数学成绩分布的直方图，如图 2-51 所示。由图 2-51 的两个图可知，语文成绩和数学成绩在各个分数段的频数以直方图的方式显示出来，直方柱的高度直接反映了该成绩段上的人数。

②在图形上，还显示出了与当前数据序列最接近的正态曲线。由图 2-51 的左图可知，语文成绩的分布与正态曲线比较接近，而数学成绩的分布则与正态曲线相差甚远。基于直方图及其相近的正态曲线的拟合程度，人们可以判定数据序列是否符合正态分布。

③除了基于"频率"功能绘制直方图，人们还经常使用【分析】—【描述统计】—【探

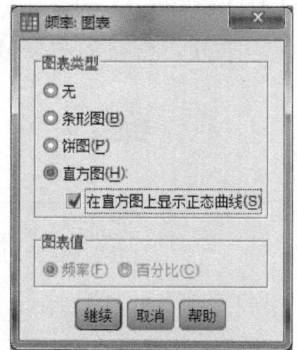

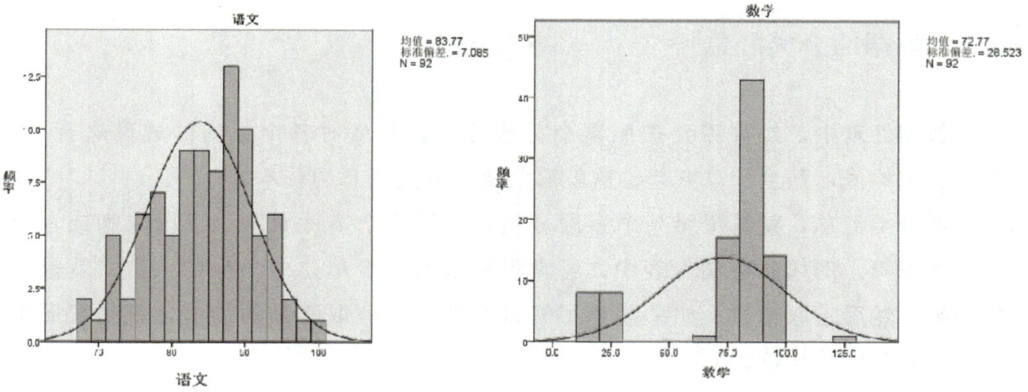

**图 2-51　依据频率绘制直方图及其正态曲线**

索】功能中的"绘制"命令来绘制已知数据序列的直方图。

### （四）在 SPSS 中对定类或定序数据实施频度分析

#### 1. 案例要求

对于图 2-47 所示的学生信息表 mmm.xls，请在 SPSS 中按照"单位"统计个案的数量。

#### 2. 操作流程

第一，在 SPSS 中打开 mmm.xls 文档，使之处于数据视图状态。

第二，利用菜单【分析】—【描述统计】—【频率】命令，启动【频率】对话框。

第三，在【频率】对话框中，从左侧的列表中选择"单位"，并单击 → 按钮，使之进入右侧的"变量"列表中。然后，在此对话框的左下角选定【显示频率表格】复选框。

第四，单击【确定】按钮，以便启动计算频数的操作。

最终的计算结果如图 2-52 所示。

| | | 频率 | 百分比 | 有效百分比 | 累计百分比 |
|---|---|---|---|---|---|
| 有效 | | 5 | 5.2 | 5.2 | 5.2 |
| | 电子系 | 33 | 34.0 | 34.0 | 39.2 |
| | 计算机系 | 32 | 33.0 | 33.0 | 72.2 |
| | 物理系 | 27 | 27.8 | 27.8 | 100.0 |
| | 总计 | 97 | 100.0 | 100.0 | |

**图 2-52　依据"单位"进行频数分析**

### 2.5.3 数据的分类汇总

在数据处理中，经常需要按照某个标准分组，然后对各个组内的成员进行求和、求个数、求均值，甚至计算方差。这就需要使用分类汇总的技术。

所谓分类汇总，就是按照某个字段分组，对每组个案针对某个字段求和或者求个数、求均值等。例如，在学生表中，经常需要求取每个单位中学生的人数，就是按照单位分类，然后求取个数。如果需要了解每个单位中获取奖励的均值，就是按照单位分类，针对奖励求均值。

#### （一）Excel 下的数据分类汇总

**1. 分类汇总的基本思路**

分类汇总的基本思路是对个案分组后再计算，因此能够按照某一字段对数据实施分组是完成分类汇总的关键。为此，在实施分类汇总前，必须先保证个案按照分类关键字排序。如果在执行分类汇总前，个案是无序的，那么就必须先执行一个按照分类字段排序的命令，然后才能执行分类汇总命令。

**2. 执行分类汇总的方法**

第一，选取整个数据表区域，要求包括数据表的字段名行（标题行）和全部个案。

第二，检查数据表中的个案是否已经按照分类字段排序；如果还处于无序状态，请先执行排序命令，按照分类字段排序。

第三，在【数据】功能卡中找到【分级显示】组块，单击其中的【分类汇总】按钮，弹出【分类汇总】对话框，如图 2-53 所示。

第四，按照提示，设置【分类字段】【汇总方式】，并选择要汇总的字段名。

第五，单击【确定】按钮，确认执行分类汇总。

**3. 删除分类汇总结果**

如果已经不需要分类汇总结果，就可以直接删除分类汇总。

首先，在【数据】功能卡中找到【分级显示】组块，单击其中的【分类汇总】按钮，弹出【分类汇总】对话框，如图 2-53 所示。

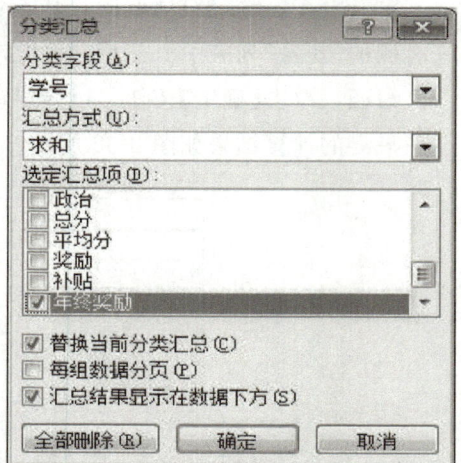

图 2-53　对数据表执行分类汇总

然后，单击【全部删除】按钮，即可删除分类汇总结果。

### (二)SPSS 下的数据分类汇总

**1. 案例要求**

对于如图 2-47 所示的学生信息表(mmm. xls),现在需要在 SPSS 中按照单位计算各个单位的语文平均分、语文分的总和、数学平均分、外语平均分。

**2. 操作流程**

第一,以 SPSS 打开学生信息表 mmm. xls,使之处于数据视图状态,如图 2-47所示。

第二,选择顶级菜单【数据】—【分类汇总】,以便打开【汇总数据】对话框,如图 2-54 所示。

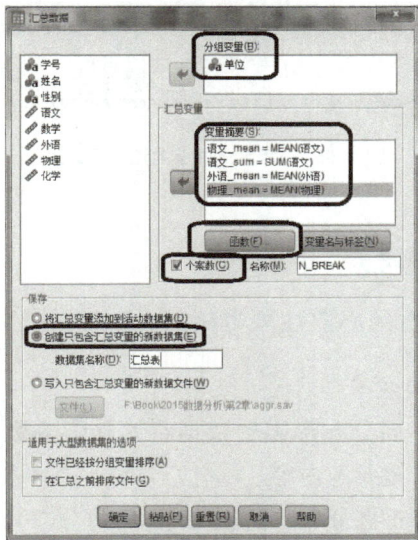

**图 2-54　【汇总数据】对话框**

第三,在【汇总数据】对话框中,从左侧选择变量"单位",并单击【分组变量】左侧的 ➡ 按钮,使之添加到【分组变量】列表框中,表示要以"单位"作为分组依据。

第四,从左侧选择变量"语文",并单击【汇总变量】左侧的 ➡ 按钮,使之添加到【汇总变量】列表框中,自动添加一行"语文 _ mean＝MEAN(语文)",表示对语文成绩求其平均值。同理,再次在【汇总变量】列表框中新插入一行"数学 _ mean＝MEAN(数学)"。其余项同理操作。

第五,在【汇总变量】列表框中选中第二行"语文 _ mean＝MEAN(语文)",然后单击底部的【函数】按钮,然后从中选择【总和】单选框,以便修正为"分单位求取每个单位内全体学生语文成绩的总和"。

第六，选中位于【汇总变量】列表框下的【个案数】复选框，就能在输出结果中同时计算出每个单位的个案数目。

第七，在图 2-54 的左下部选中【创建只包含汇总变量的新数据集】单选框，并输入新数据集名称"汇总表"。

第八，单击【确定】按钮，启动分类汇总过程，最终得到一个如图 2-55 所示的数据集。

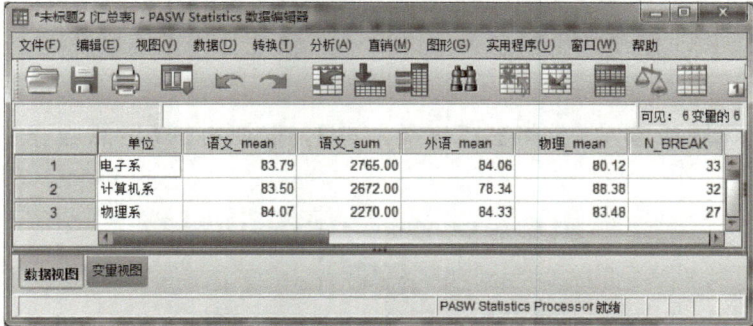

图 2-55　SPSS 的"分类汇总"结果

## 2.5.4　数据分布形态的判定

### (一)判断数据分布形态的必要性与策略

1. 判断数据分布形态的必要性

在数据分析过程中，不同分布形态的数据将直接影响数据分析的策略。因此，对数据分布形态的判定是非常重要的内容。

常见的数据分布形态有正态分布、随机分布(均匀分布)、泊松分布、指数分布等，但在数据分析中，最重要的分布形态是正态分布，很多数据分析操作都是面向正态分布的定距变量或者正态分布的高测度定序变量的。

2. 判断数据分布形态的策略

在 SPSS 中，判定数据分布形态的方法有多种，常见的策略有：①绘制带正态曲线的直方图，通过对比直方图与正态曲线的拟合程度，判定数据序列的分布形态是否接近正态分布。②利用 SPSS 的"描述统计"中的 Q-Q 图或 P-P 图判断数据序列是否接近正态分布。③利用 SPSS 的单变量 K-S 检验判断数据序列是否接近正态分布。

Excel 没有直接判定数据分布形态的功能。

### (二)以频数直方图判断数据分布形态

1. 案例要求

对于图 2-56 所示的原始数据文件 stuInfo.sav，请在 SPSS 中利用频数直方图判定语文成绩和数学成绩的分布是否符合正态分布。

**图 2-56　待判定分布特性的数据表**

2. 操作流程

第一，在 SPSS 中打开 stuInfo.sav 文档，使之处于数据视图状态。

第二，利用菜单【分析】—【描述统计】—【频率】命令，启动【频率】对话框，如图 2-57 所示。

第三，在图 2-57 所示的界面中，单击【图表】按钮，启动【频率：图表】对话框，如图 2-58 所示。

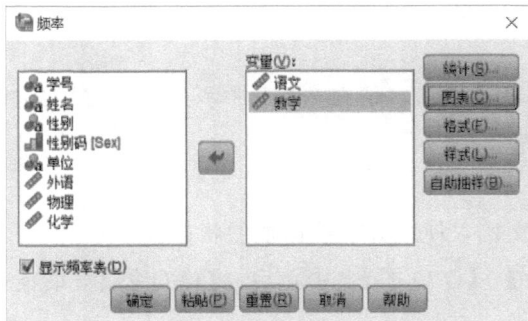

**图 2-57　【频率】对话框**

**图 2-58　【频率：图表】对话框**

第四，设置"直方图"和"在直方图中显示正态曲线"为有效之后，单击【继续】按钮，返回到如图 2-57 所示的对话框。

第五，单击【确定】按钮，启动运算过程。

3. 解读输出结果

在完成"探索"设置之后，获得如图 2-59 所示的直方图，图中还包含了理想化的正态曲线。

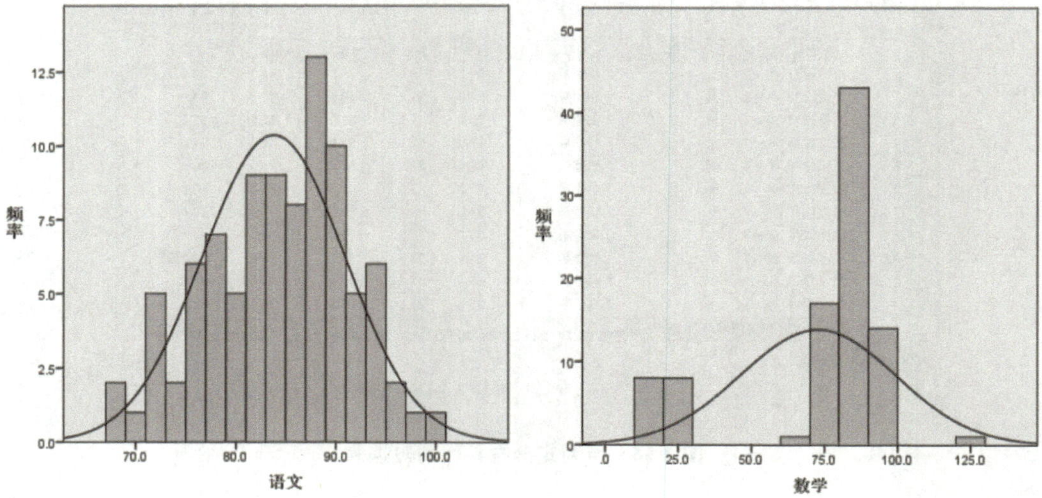

**图 2-59　语文成绩与数学成绩的直方图**

从图 2-59 可以看出，【语文】分的直方图类似于钟形，与图中的正态曲线较匹配，可以认为语文成绩基本符合正态分布形态。而数学成绩为双峰状态，与图中的正态曲线差别较大，可以认为不符合正态分布形态。

### （三）以 Q-Q 图判断数据是否符合正态分布

1. 案例要求

对于图 2-56 所示的原始数据文件 stuInfo. sav，请在 SPSS 中利用 Q-Q 图判定语文成绩和数学成绩的分布是否符合正态分布。

2. 操作流程

第一，在 SPSS 中打开 stuInfo. sav 文档，使之处于数据视图状态。

第二，利用菜单【分析】—【描述统计】—【Q-Q 图】命令，启动【Q-Q 图】对话框，如图 2-60 所示。

第三，在【Q-Q 图】对话框中，从左侧的列表中选择"语文"，并单击➡按钮，使之进入右侧的"变量"列表中。同理，把"数学"也添加到右侧的"变量"列表中。

第四，利用右上角的【检验分布】列表框，选定检验方式为"正态"。

第五，单击【确定】按钮，以便启动 Q-Q 图制作操作。

最终的输出结果如图 2-61 和图 2-62 所示。

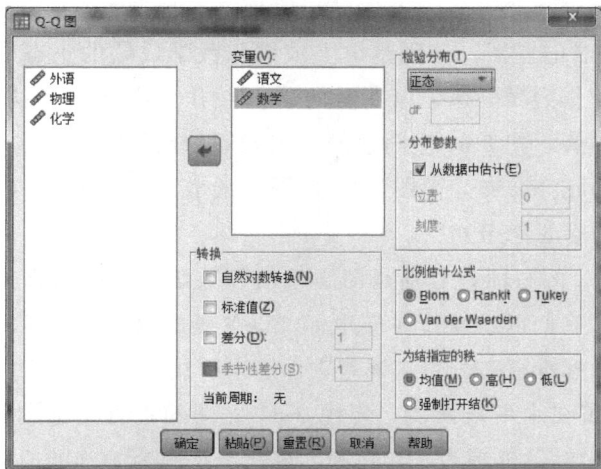

图 2-60　启动 Q-Q 图判定数据分布性

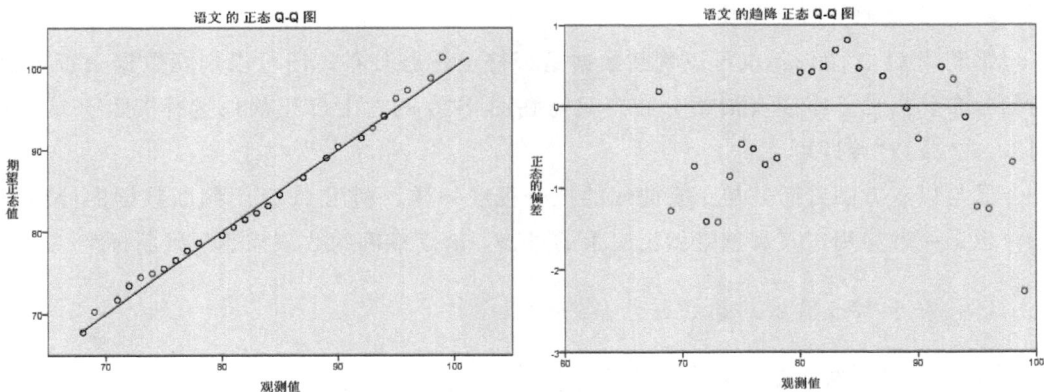

图 2-61　语文成绩的正态 Q-Q 图和趋降正态 Q-Q 图

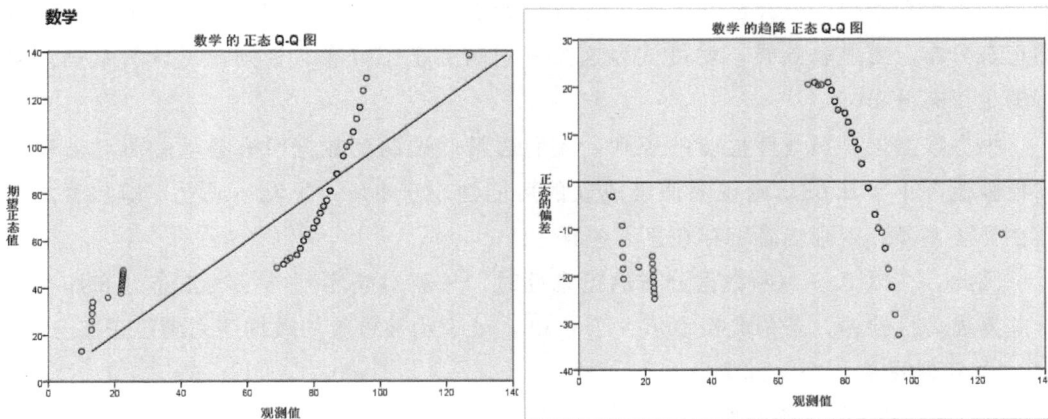

图 2-62　数学成绩的正态 Q-Q 图和趋降正态 Q-Q 图

3. 解读输出结果

图 2-61 和图 2-62 的左图，分别是语文成绩和数学成绩的正态 Q-Q 图，也叫正态概率图。它们以成绩作为横坐标，以变量的 $Z$ 分数作为纵坐标。以标准正态分布的 $Z$ 分数值作为图中的斜线。图 2-61 左图中的散点能够与斜线很好地吻合，则说明该数据序列(语文成绩)符合正态分布。而图 2-62 左图中的散点严重偏离斜线，则说明该数据序列(数学成绩)不符合正态分布。

图 2-61 和图 2-62 的右图，分别是语文成绩和数学成绩的趋降正态 Q-Q 图，也叫反趋势正态概率图。它们以成绩作为横坐标，以变量的 $Z$ 分数与标准正态分布的偏差作为纵坐标。因此，标准正态分布应该是中部的水平线。尽管在图 2-61 和图 2-62 的右图都有很多散点分布在水平线两侧，但图 2-61 右图的垂直坐标轴范围为 $-3\sim1$，而图 2-62 右图的垂直坐标轴范围为 $-40\sim30$。相比于范围为 100 的成绩值域，$-3\sim1$ 的值域范围已经很小，因此可认为在图 2-61 的右图中，偏离正态的散点与标准线的距离并不大。因此语文成绩基本符合正态分布。

4. 补充说明

①利用 Q-Q 图，不仅可以判断数据是否符合正态分布，还可以判断数据是否符合均匀分布、指数分布或者泊松分布。只需在图 2-60 的右上部正确地选择"正态"或"均匀"，或"指数"等即可。

②与以直方图判断其与正态曲线的拟合程度一样，利用 Q-Q 图判断数据的分布形态，也是一种凭用户直观感受做出决策的过程，缺乏准确的数值描述与判断标准。

## (四)基于 K-S 检验判断数据分布的正态性

1. 以 K-S 判断正态性分布的原理

在 SPSS 中，要判断数据的正态性分布，除了以 Q-Q 图或者直方图进行人工比较外，还可借助数据的差异性判定规则进行数据正态性的检验。如果一个数据序列与标准正态分布没有显著差异，就可认为这个序列满足正态分布。否则，可认为数据序列不满足正态分布。

根据数据差异显著性检验的规则，人们通常假设两列数据没有显著差异，若获得的检验概率小于 0.05，则说明假设成立的可能性小于 5%，假设不成立，即二者之间存在显著差异；否则二者不存在显著差异。

因此，在以 K-S 判断数据分布的正态性时，只需对新序列与标准正态分布序列进行差异显著性检验，若检验概率值大于 0.05，就表示被检验的数据序列满足正态分布。

2. 案例要求

对于图 2-56 所示的原始数据文件 stuInfo.sav，请在 SPSS 中利用 K-S 的差异显著性检验判定语文成绩和数学成绩的分布是否符合正态分布。

3. 操作流程

第一，在 SPSS 中打开 stuInfo.sav 文档，使之处于数据视图状态。

第二，利用菜单【分析】—【非参数检验】—【旧对话框】—【单样本 K-S 检验】命令，启动【单样本 K-S 检验】对话框，其中 K-S 检验即柯尔莫戈洛夫-斯米诺夫检验，如图 2-63 所示。

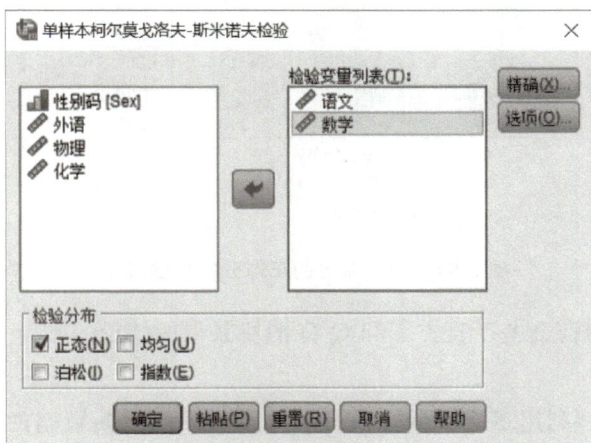

**图 2-63　设置【单样本 K-S 检验】对话框**

第三，在【单样本 K-S 检验】对话框中，从左侧的列表中选择"语文"，并单击 ➡ 按钮，使之进入右侧的"变量"列表中。同理，把"数学"也添加到右侧的"变量"列表中。

第四，把左下角的【正态】复选框选中，表示要进行正态性检验。

第五，单击对话框右侧的【精确】按钮，在弹出的【精确检验】对话框中选择【精确】单选框，表示以"精确"方式实施检验。

第六，单击【确定】按钮，以便启动 K-S 检验，获得最终的检验结论。最终的计算结果如图 2-64 所示。

> 注意：如果待检验变量中的个案数较少（不大于 1000），建议在【精确检验】对话框中使用"精确"判断方式，在个案量较大的情况下，可使用默认值"仅渐进法"。

4. 解读输出结果

对于图 2-64 所示的统计结果，在"精确显著性（双侧）"行中得知，语文成绩正态性的检验概率为 0.439＞0.05，所以假设成立，语文成绩的分布与正态分布标准没有显著差异，语文成绩的分布形态符合正态分布。而数学成绩正态性的检验概率为 0.000＜0.05，所以假设不成立，数学成绩的分布与正态分布标准有显著差异，数学成绩的分布形态不符合正态分布。

**单样本柯尔莫戈洛夫-斯米诺夫检验**

| | | 语文 | 数学 |
|---|---|---|---|
| 个案数 | | 92 | 92 |
| 正态参数[a,b] | 平均值 | 83.772 | 72.770 |
| | 标准差 | 7.0852 | 26.5227 |
| 最极端差值 | 绝对 | .089 | .305 |
| | 正 | .053 | .180 |
| | 负 | -.089 | -.305 |
| 检验统计 | | .089 | .305 |
| 渐近显著性（双侧） | | .071[c] | .000[e] |
| 精确显著性（双侧） | | .439 | .000 |
| 点概率 | | .000 | .000 |

a. 检验分布为正态分布。

b. 根据数据计算。

c. 里利氏显著性修正。

**图 2-64　基于 K-S 的正态分布检验结论**

这一检验结论与前面基于直方图和 Q-Q 图所获得的结论一致。

5. 补充说明

由图 2-63 可知，利用 K-S 差异显著性检验，除了能判断数据的正态性分布外，还可以帮助人们判断数据的分布是否符合均匀分布（相等分布）、指数分布、泊松分布，只需在该对话框的左下角选定相应的复选框即可。

### （五）以描述性中的"探索"功能判断数据的正态性

对数据序列分布正态性的判定，既可以基于 Q-Q 图、直方图，还可以基于 K-S 的差异显著性检验，这些命令分散出现在 SPSS 的【分析】—【描述统计】的【频率】【Q-Q 图】等模块中。另外，这些命令还在【分析】—【描述统计】—【探索】的模块中。

1. 案例要求

对于图 2-56 所示的原始数据文件 stuInfo. sav，请在 SPSS 中利用其"探索"功能判定语文成绩和数学成绩的分布是否符合正态分布。

2. 操作流程

第一，在 SPSS 中打开 stuInfo. sav 文档，使之处于数据视图状态。

第二，利用菜单【分析】—【描述统计】—【探索】命令，以便打开【探索】对话框。

第三，在【探索】对话框中，从左侧的列表中选择"语文"，并单击 按钮，使之进入右侧的"因变量列表"之中。同理，把"数学"也添加到右侧的"因变量列表"中。然后，把底部的单选框【两者都】选中，表示要同时输出统计量和统计图，如图 2-65 所示。

第四，单击右侧的【绘制】按钮，启动【探索：图】对话框，如图 2-66 所示。

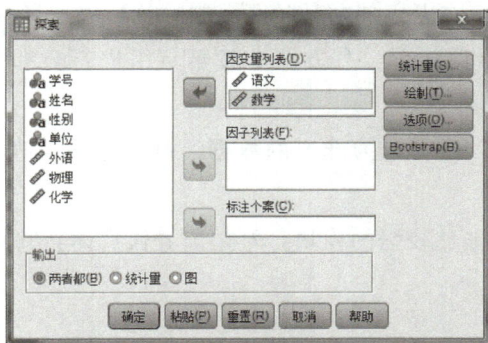

图 2-65　利用【探索】对话框判定数据分布形态　　图 2-66　绘制各类统计图

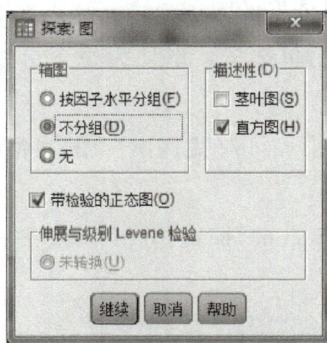

第五，把图 2-66 中部的【带检验的正态图】复选框选中，表示要进行数据序列的正态性检验。

第六，单击【继续】按钮返回到【探索】对话框中，然后再单击【确定】按钮，开始执行必要的检验。

3．解读输出结果

执行本例的"探索"功能，获得如图 2-67 所示的结果。

**正态性检验**

|  | 柯尔莫戈洛夫-斯米诺夫[a] | | | 夏皮洛-威尔克 | | |
|---|---|---|---|---|---|---|
|  | 统计 | 自由度 | 显著性 | 统计 | 自由度 | 显著性 |
| 语文 | .089 | 92 | .071 | .983 | 92 | .263 |
| 数学 | .305 | 92 | .000 | .715 | 92 | .000 |

a. 里利氏显著性修正

图 2-67　正态性检验概率

图 2-67 呈现了对语文成绩和数学成绩实施正态性检验的检验概率值。在假设语文成绩和数学成绩均为正态分布的情况下，K-S 检验的显著性概率分别为 0.071 和 0.000，S-W 检验（夏皮洛—威尔克检验）的显著性概率分别为 0.263 和 0.000。这说明语文成绩符合正态分布，而数学成绩不符合正态分布。

> 注意：在 K-S 检验和 S-W 检验中，通常以 0.05 为基准（置信度 95%），若检验概率值大于 0.05，则认为原假设成立，被检验变量的分布基本符合正态分布；否则，原假设失败，被检验变量的分布不符合正态分布。
> 在样本量较小的情况下，数据分布的正态性检验策略应优先考虑 S-W 检验。

4．补充说明

①在以 SPSS 实施"探索"分析的过程中，若在图 2-65 的"因子列表"中加入一个可

作为分组依据的因子变量，那么在图 2-66 左上角的"箱图"区域中，就可以选择【按因子水平分组】单选框，以便为每个分组绘制箱体图、直方图，甚至分组进行分布形态的分析。

②在图 2-66 的【探索：图】对话框下，还可以为选定的数据绘制箱体图、直方图和茎叶图。

③SPSS 的"探索"分析模块是一个功能比较强的模块，希望读者认真体会其功能。

## 2.5.5　箱体图与茎叶图

除了以直方图、Q-Q 图（或 P-P 图）对变量进行描述外，SPSS 还常常借助箱体图或者茎叶图来描述数据形态。

### （一）箱体图与茎叶图简介

**1. 箱体图**

箱体图，简称箱图，即用一个箱状矩形来描述变量分布形态的图形。它以一个内部带有一条横线的矩形代表箱体，在箱体两端有伸出的一段触手，在部分图形触手之外的区域还有一些散点。距离箱体较远的被标记为"★"号，距离箱体较近的被标记为"o"号，如图 2-68 所示。

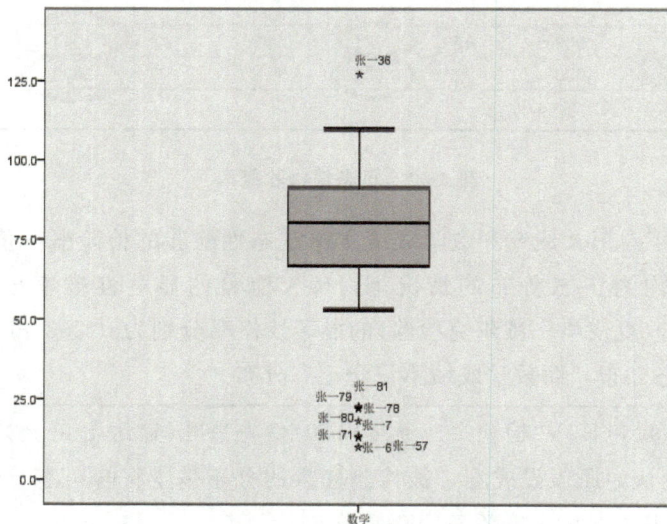

图 2-68　箱体图

在图 2-68 所示的箱体图中，矩形中部的横线实际上是整个数据序列的中位数的取值，箱体上下边缘是以中位线为基准上下延伸 25%的个案后所构成的区域（箱体部分包括了数据序列中 50% 的个案）。另外，再以上下边缘为基准向外延伸箱体的 1.5 倍作为其触手。

> 注意：在绘制箱体图时，触手的长度并不真正地延伸到箱体长度的 1.5 倍，而是以 1.5 倍区域内距离中位线最远的那个样本值作为触手的终点。

凡是观测值位于触手之外但 3 倍箱体之内的个案，被称为奇异值，以"o"作为标记；凡是观测值位于 3 倍箱体之外的个案，被称为极端值，以"＊"作为标记。在图 2-68 中，"张—81""张—79"等人都是极端值，其名字前有"＊"标记。

箱体图是对数据序列的四分位数的直观描述。其箱体部分即四分位的 Q3 和 Q1。因此，四分位间距即 Q3－Q1 的值，也就是箱体图中的箱体部分。

利用箱体图能直观明了地识别数据序列中的异常值；还可以判断数据序列的集中或离散性水平，评价数据的偏态和尾重。

> 注意：利用箱体图，能够发现数据序列中的奇异值和极端值。在未来的数据分析中，无论是相关性分析，还是差异显著性检验，奇异值和极端值都会对分析结果造成严重影响。因此，基于数据序列绘制出的箱体图在未来数据分析中作用很大。

2. 茎叶图

茎叶图，也被称为枝叶图。它的思路是将序列中的数按数位（个位、十位、百位……）进行比较，将大小基本不变或变化不大的位的数作为一个主干（茎），将变化大的位的数作为分枝（叶），列在主干的后面，这样就可以清楚地看到每个主干后面有几个数，每个数具体是多少，如图 2-69 所示。

```
数学 Stem-and-Leaf Plot

Frequency     Stem &  Leaf

   16.00 Extremes     (=<23)
    1.00        6 .  9
    4.00        7 .  1123
   13.00        7 .  5566667777888
   20.00        8 .  00001111222223334444
   23.00        8 .  55555557777777777799999
   12.00        9 .  001222223444
    2.00        9 .  56
    1.00 Extremes     (>=127)

Stem width:        10.0
Each leaf:         1 case(s)
```

图 2-69　数学成绩的"茎叶图"

从图 2-69 可以看出，最左边一列数据为"Frequency"，即频数；中间一列为"Stem"，即茎（或主干），最后一列为"Leaf"，即叶子。茎叶图底部的"Stem width"取值为 10，表示主干值应为标记值乘 10。

以图 2-69 中的第 5 行为例"4.00  7.  1123"，它表示频数为 4、主干为 7；由于茎宽为 10，所以实际主干值为 70，即位于 70～74 分区域的个案有 4 个。叶子部分的值为1123，表示 4 个个案的叶子分别为 1、1、2、3，即个案的原来观测值是 71、71、72 和73。同理，可以对第 6 行信息"13.00  7  .5566667777888"进行解释。

茎叶图的作用与直方图类似，能够直观地看出数据在每个区段的频数，还可以从整体上看出其分布形态。

### （二）在 SPSS 中绘制箱体图与茎叶图的实践案例

1. 案例要求

对于图 2-56 所示的原始数据文件 stuInfo. sav，请在 SPSS 中绘制数学成绩的箱体图和茎叶图。

2. 操作流程

第一，在 SPSS 中打开 stuInfo. sav 文档，使之处于数据视图状态。

第二，利用菜单【分析】—【描述统计】—【探索】命令，以便打开【探索】对话框。

第三，在【探索】对话框中，把变量"数学"从左侧列表移到右侧的"因变量列表"中。

第四，在【探索】对话框中，把变量"姓名"从左侧列表移到右侧的"标注个案"列表中。

第五，在【探索】对话框中，单击右侧的【绘制】按钮，启动【探索：图】对话框，如图 2-66 所示。

第六，在【探索：图】对话框中，从左上角的"箱体"区域选中【不分组】单选框，从右上角的"描述性"区域中选中【茎叶图】复选框，表示绘制箱体图和茎叶图。

第七，单击【继续】按钮返回到【探索】对话框中，然后单击【确定】按钮，开始执行绘图过程。系统制作的图形将显示在新的输出界面中。

最终得到的箱体图和茎叶图如图 2-68 和图 2-69 所示。

3. 补充说明

①在以"探索"模块绘制箱体图和茎叶图的过程中，为了能在箱体图上清晰地标记出奇异值和极端值个案，专门选择了"姓名"列作为标注个案。这样，在箱体图中会显示出奇异值和极端值对应的个案的姓名。如果没有提供标注个案的变量，则在箱体图的奇异值和极端值位置显示若干数码，这些数码是个案在数据表中的自然序号。

②在【探索】对话框中，人们可以把某个定类变量或定序变量添加到"因子列表"之中。比如，若把"性别"添加到因子列表中，则表示把待分析变量按照性别分组后再进行分析，将会分别得到男生、女生的箱体图和茎叶图。

③在 SPSS 中，还可以借助菜单【图形】—【旧对话框】—【箱图】/【直方图】/【散点图】命令来绘制各类统计图。

## 2.5.6　低测度数据的描述

### (一)交叉表的概念

在数据分析中，并不是所有数据都是诸如成绩之类的高测度的定距变量，也经常有关注性别、专业、爱好等低测度的数据。特别是在社会调查过程中，人们经常利用调查问卷对被试进行测量，调查问卷的问题通常为 3 级量表、4 级量表或 5 级量表。对这些定类数据或者测量度比较低(低于 4 级量表)的定序数据，直接使用均值判断、$Z$ 分数处理等方法是不合适的，人们通常借助“分类计算频数并分析不同类别个案数是否均匀分布，能否从频数分布的角度发现其内在的关联关系”的方法开展研究，这就是基于交叉表的研究方法。

交叉表，是基于“分类计算频数并分析不同类别个案数是否均匀分布”的思路而构造的二维频数表。它的基本方法是：先选择一个变量作为行变量，再选择另外一个变量作为列变量，由行变量的各个取值和列变量的各个取值构成二维的交叉表格，然后分别计算处于交叉维度的个案数目。

### (二)基于学生信息的交叉表的生成

1. 案例要求

对于如图 2-70 所示的原始数据表 ZZZ. sav，请分析性别、专业、生源、爱好的分类频数并观察它们之间有无一定的关联性。

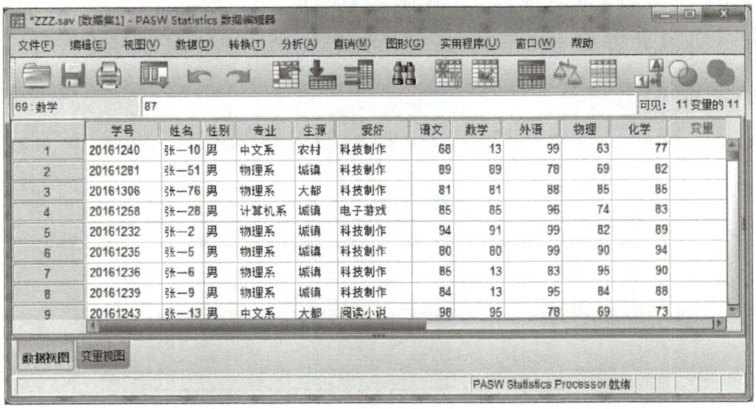


| | 学号 | 姓名 | 性别 | 专业 | 生源 | 爱好 | 语文 | 数学 | 外语 | 物理 | 化学 | 变量 |
|---|---|---|---|---|---|---|---|---|---|---|---|---|
| 1 | 20161240 | 张一10 | 男 | 中文系 | 农村 | 科技制作 | 68 | 13 | 99 | 63 | 77 | |
| 2 | 20161281 | 张一51 | 男 | 物理系 | 城镇 | 科技制作 | 89 | 89 | 78 | 69 | 82 | |
| 3 | 20161306 | 张一76 | 男 | 物理系 | 大都 | 科技制作 | 81 | 81 | 88 | 85 | 85 | |
| 4 | 20161258 | 张一28 | 男 | 计算机系 | 城镇 | 电子游戏 | 85 | 85 | 96 | 74 | 83 | |
| 5 | 20161232 | 张一2 | 男 | 物理系 | 城镇 | 科技制作 | 94 | 91 | 99 | 82 | 89 | |
| 6 | 20161235 | 张一5 | 男 | 物理系 | 城镇 | 科技制作 | 80 | 80 | 99 | 90 | 94 | |
| 7 | 20161236 | 张一6 | 男 | 物理系 | 城镇 | 科技制作 | 86 | 13 | 83 | 95 | 90 | |
| 8 | 20161239 | 张一9 | 男 | 物理系 | 城镇 | 科技制作 | 84 | 13 | 95 | 84 | 88 | |
| 9 | 20161243 | 张一13 | 男 | 中文系 | 大都 | 阅读小说 | 98 | 95 | 78 | 69 | 73 | |

图 2-70　待分析的原始数据表

2. 分析解决方案

要观察基于某两个变量在不同类别下的频数及其有无关联性，人们通常需要借助交叉表。只需把其中一个变量作为交叉表的行，另一个变量作为交叉表的列。然后，获得每个行列交叉之处的频数，即可观察它们之间有无相互关系。

3. 操作流程

第一，以 SPSS 打开数据文件 ZZZ. sav，并切换到数据视图之下。

第二，选择顶级菜单【分析】—【描述统计】—【交叉表】，则能打开如图 2-71 所示的【交叉表】对话框。

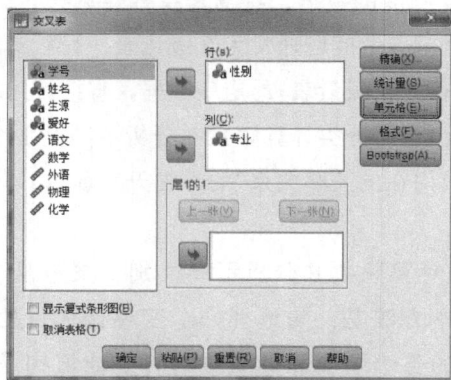

**图 2-71　【交叉表】对话框**

第三，在【交叉表】对话框中，从左侧列表中把"性别"添加到右上角的【行】列表中，把"专业"添加到右侧的【列】列表中，表示以性别作为行、专业作为列构造交叉表。

第四，单击右侧的【单元格】按钮，在新弹出的对话框中把"计数"区块的【实测】复选框选中。然后，单击【继续】按钮，返回到【交叉表】对话框。

第五，单击【交叉表】对话框底部的【确定】按钮，启动运算过程。

同理，可以完成爱好与专业、生源与爱好等其他组合的交叉表。

4. 解读输出结果

经过前述的操作，将会得到如图 2-72 所示的运算结果。

**性别 * 专业 交叉表**

计数

| | | 专业 | | | |
|---|---|---|---|---|---|
| | | 计算机系 | 物理系 | 中文系 | 总计 |
| 性别 | 男 | 12 | 13 | 14 | 39 |
| | 女 | 20 | 14 | 19 | 53 |
| 总计 | | 32 | 27 | 33 | 92 |

**图 2-72　性别与专业交叉表**

由图 2-72 可以看出，性别分为"男""女"两类，专业分为 3 个专业，由此而构成的交叉表（2×3），反映了不同专业中男女生的构成情况。

由图 2-72 可知，对于不同的专业，从男女生的频数上看，没有明显的倾向性。

## (三)对交叉表概念的补充说明

基于分类交叉计数思想的交叉表是数据分析中处理低测度数据的重要手段,在数据分析中具有重要作用。对于交叉表的内容和应用,特做如下补充。

1. 分析交叉表中的频数,从中获得规律

①对于爱好与专业的交叉分析如图 2-73 所示。

**爱好 * 专业 交叉表**

计数

| | | 专业 | | | |
|---|---|---|---|---|---|
| | | 计算机系 | 物理系 | 中文系 | 总计 |
| 爱好 | 电子游戏 | 21 | 1 | 8 | 30 |
| | 科技制作 | 4 | 26 | 2 | 32 |
| | 阅读小说 | 7 | 0 | 23 | 30 |
| 总计 | | 32 | 27 | 33 | 92 |

**图 2-73　爱好与专业交叉表**

从图 2-73 可以看出,计算机系的学生比较偏爱电子游戏,物理系的学生比较偏爱科技制作,而中文系的学生则在阅读小说中占较大比例。在图 2-73 中,除了能够获得分类频数外,还可以获得一个比较朴素的结论:学生的专业与其爱好有一定的关联度。

②本节主要从频数分布的视角阐述交叉表的用法。实际上,在后面的数据差异显著性检验和相关性分析中,对于低测度数据的处理,也是借助交叉表来完成的。在如图 2-71 所示的【交叉表】对话框中,单击右上角的【统计量】按钮,可以打开一个很复杂的【交叉表:统计量】对话框,通过此对话框可以完成相关性分析、差异显著性检验和卡方检验等专业操作。

**图 2-74　对交叉表的"精确检验"设置**

2. 在交叉表中设置"精确检验"的类型

在【交叉表】对话框中,单击右上角的【精确】按钮,则能打开如图 2-74 所示的对话框,可对交叉表的分析过程进行约束。

在【精确检验】对话中,主要有以下几个方面的配置信息。

①【仅渐进法】单选框,这是缺省选项,适用于个案数在 500 以上的大样本数据或者渐进分布方式的数据。

②【Monte Carlo】单选框,本选项适用于只对指定数量的样本实施检验,还允许非渐进分布方式的检验。在这种状态下,可以设置样本的数目和测量的置信度水平。

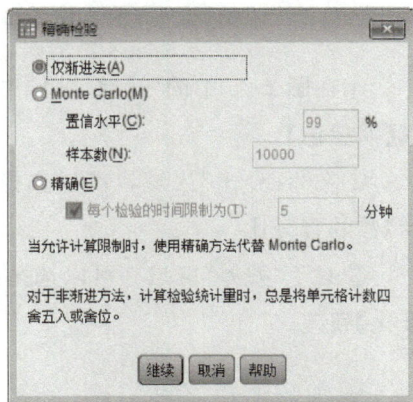

③【精确】单选框，本选项为精确计算，适用于样本量较少的情况。

当显著性检验概率小于或等于 0.05 时，可以认为行、列变量之间存在一定的相关性。

3. 在交叉表中设置"单元显示"的类型

在【交叉表】对话框中，单击右上角的【单元格】按钮，则能打开如图 2-75 所示的对话框，可对交叉表的单元格输出进行约束。

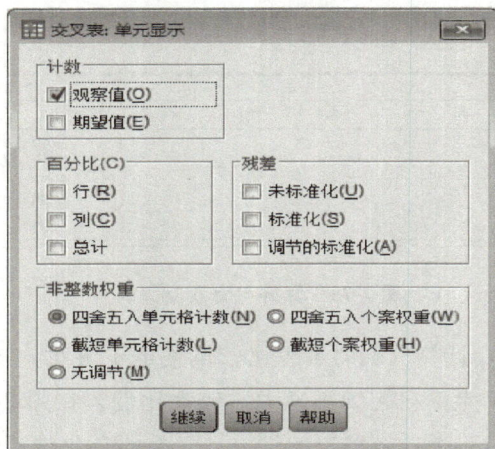

**图 2-75 【交叉表：单元显示】对话框**

①在图 2-75 中的"计数"区域中，默认设置为显示【观测值】，也可以设置同时显示其【期望值】。

②在"百分比"区域，可以选择设置【行】频数的百分比、【列】频数的百分比、【总计】数的百分比。

③对于"残差"区域，可以选择设置【未标准化】残差、已【标准化】残差、【调节的标准化】残差。

## 思考与上机实践

1. 思考题

(1)SPSS 的数据编辑界面有什么特点？"变量视图"界面中的"标签""值"和"度量"项的设置各有什么作用？

(2)在数据分析中，针对总体数据的方差与针对样本数据的方差，在数据描述方面有哪些不同？

(3)常见的数据分布形态有哪些？有什么特点？

(4)什么是正态分布？正态分布数据有哪些特殊性？什么是标准正态分布？

(5)在 SPSS 中，如何判定一个数据序列的分布形态？

(6)在 SPSS 中，要实现对字符型变量的数值化编码，通常采用什么方法？

(7)在 SPSS 中，要实现对定距型变量的离散化编码，通常采用什么方法？

(8)在 Excel 中，要实现对字符型变量的数值化编码，通常采用什么方法？

(9)什么是秩分？主要有哪些类型？在数据分析中有什么价值？

(10)什么是 $Z$ 分数？什么是正态得分？在数据处理中有什么价值？

(11)什么是箱体图？在箱体图中是如何标记出奇异值和极端值的？

(12)什么是交叉表？在数据描述中，交叉表用于主要解决哪种数据的描述问题？

2. 上机实践：数据规范化与预处理

请从"作业素材"文件夹中找到素材文件 zysc02. rar，把它解压缩后存储在 D 盘上，然后完成以下操作。

(1)请利用百度搜索并下载 SPSS 系统(版本在 18.0 以上的中文版)，练习在自己的电脑上安装这个系统，并在新 Word 文档 ans1 文档中简要说明你的安装过程。

(2)在 Excel 下打开文件 a0. xls。这是一个来自教学平台的文档，其格式不太符合 Excel 的格式。请完成以下操作：①删除多余的空闲行，使表格比较和谐；②把学号转化为字符串格式，使之正常显示。③把行政班级名称补充完整；④在单元格 E1 输入文字"性别 1"，并在 E 列以数值 1(男)和 2(女)表示学生的性别。

(3)在 Excel 下打开文件 a1. xls。完成以下操作：①检查语文、数学、外语、物理、化学科目的成绩，如果发现某一列为字符串型，请转化为数值型；②对 C 列的性别进行检查，把"南"修改为"男"；对语文、数学、外语、物理、化学科目的成绩进行检查，对于成绩超过 100 分的值，修改为缺失值 0；③在 C 列之后插入新的 D 列，输入字段名"性别 1"，在新 D 列中按照(1＝男，2＝女，其他为缺失值 9)的规则对性别重新编码。

(4)启动 SPSS 系统，新建一个数据文件，保存为 zy01. sav，定义其变量为：学号、姓名、性别、生日和针对 10 个单选题的答案 Q1、Q2、Q3、Q4、Q5、Q6、Q7、Q8、Q9、QA。要求：①学号、姓名为字符串型、生日为日期型，性别为和 Q1～QA 为数值型，其中性别为定类变量(1＝男，2＝女)，Q1～QA 定序变量，性别的缺失值为 9，Q1～QA 的缺失值为 7。②变量名称必须为英文或拼音字符，但变量的标记为汉字；③请为此数据表输入 10 条记录。

(5)在 SPSS 中打开文件 a1. xls 并立即另存为 myzy. sav 文件，然后把 a2. xls 文件合并进来。要求：①注意切勿使学生的成绩张冠李戴；②注意数据类型的合理性；③请在 ans1 文档中简要说明你的合并过程。

(6)针对文件 myzy. sav，完成以下操作：①设置性别、各科成绩的缺失值。②把文件 myzy. sav 导出为 myzy. xls 文档；③查找姓名为"张—37"的个案，查找语文成绩在 85 分以上的个案，在 ans1 中说明操作过程。

(7)针对文件 myzy. sav，完成以下操作：①分别针对语文、数学、外语、物理、化学进行四分位数百分比，求取其均值、方差、标准差；把最终结果贴图到 ans1 中；②针对语文、数学、外语、物理、化学、地理、历史，检查哪些列的数据符合正态分布，哪些列的数据符合均匀分布。把符合正态分布的图形粘贴到 ans1 中；③按照单位和性别，对语文、数学、外语、物理、化学、地理、历史等科目求取平均值，在 ans1 中说明操作过程。

(8)针对文件 myzy. sav，完成以下操作：①分别针对语文、数学、外语、物理、化学等变量求取秩分、$Z$ 分数、正态得分。②对于新得到的秩分、$Z$ 分数和正态得分，请分别判断是否满足正态分布。

(9)针对文件 myzy. sav，完成以下操作：①分别针对语文、数学、外语、物理、化学等变量绘制箱体图，仔细观察箱体图的形状，说明其中是否存在奇异值或极端值。②分别绘制语文、数学、外语、物理、化学等变量的茎叶图，体会茎叶图的结构。

(10)针对文件 myzy. sav，完成以下操作：①利用性别和单位制作交叉表，并检查交叉表中的频数是否分布均匀。②对数学成绩进行离散化编码，划分为 4 级，构成数学等级变量；然后利用单位和数学等级制作交叉表，并检查交叉表中频数的分布情况，说明数学成绩是否受所在单位的影响。

教学资源二维码

# 第 3 章

# 差异显著性检验

本章概述

　　本章详细地阐述了数据分析中非常重要的差异显著性检验的技术、方案和各种方法的适用性，主要探讨了 $T$ 检验、方差分析、非参数检验及针对低测度数据的"交叉表＋卡方检验"等关键技术。

120

章结构图

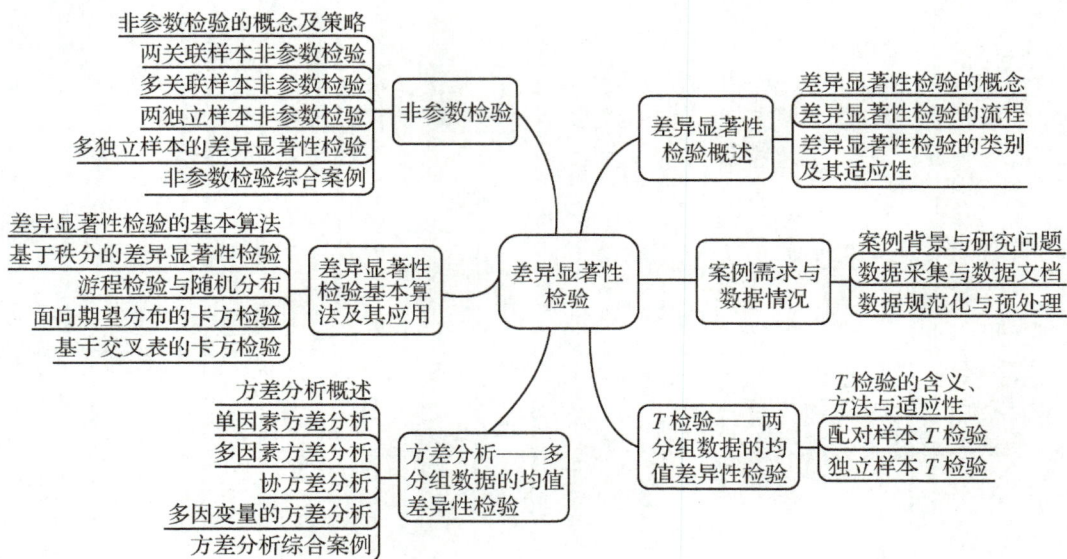

掌握 $T$ 检验、方差分析的原理及适用范围，重点理解多因素方差分析之中交互因素的识别与结果的解读；掌握各种非参数检验技术的适应范围、操作参数和输出结果，全面理解卡方检验的原理并能使用基于交叉表的卡方检验解决低测度变量之间的独立性检验。

本章学习目标

在量化研究中，为什么要做差异显著性检验？基于差异显著性检验的研究结论可提供哪些服务？SPSS 实现差异显著性检验的技术有哪些？独立样本 $T$ 检验和配对样本 $T$ 检验有哪些区别？对于正态分布的高测度数据，可否使用非参数检验方法做差异显著性检验？

读前深思

# 3.1
# 差异显著性检验概述

## 3.1.1　差异显著性检验的概念

### (一)什么是差异显著性检验

　　在各类科学研究中，由于个案千差万别，仅仅基于个案的采样数据是没有很强说服力的。一种新药，不能因为一个人用过后有效就大面积推广；一种新的教学方法，也不能因为一个学生的赞赏就在全校推广、应用。在很多科学研究中，研究者通常需要对大量样本进行采样，并基于大规模样本判定某种新方法的有效性，这就需要论证在大规模样本中实验组数据优于对照组数据，两者存在显著性的差别。差异显著性(significance of difference)检验的理论就是在这种具体需求下提出来的。

　　所谓差异显著性检验，是面向两组或多组数据的一种数据分析方式，其目的是对两组数据之间是否存在显著差异进行判断。

　　一般来说，两组待处理的观测数据不可能完全相同，肯定存在或多或少的差异。在数据分析中，相对于两组数据在数量上的差距，研究者通常更加关心的是定性地判定两列数据的差异是否显著。如果两个或多个数据序列之间的差异显著，就可以说它们之间存在显著差异；如果两个或多个数据序列之间的差异不显著，则可以说它们之间不存在显著差异。

### (二)差异显著性检验的用途

　　在各类科学研究中，数据的差异显著性检验具有广泛应用。例如，在教学研究中，研究者经常对两个班的学习者采样，然后对其进行差异显著性检验。如果两个班的学习者前测数据不存在显著差异，则可对两个班级采用不同的教学方法开展教学。经过一段时间的教学实践后，研究者可再次对两个班级的学习者采样。由于此时研究者获得了四组数据，既可以进行相同班级的前后测数据的差异显著性检验，又可以对两个班级的后测数据进行差异显著性检验。在此研究中，如果发现两个班级的后测数据存在显著差异，而且实验班优于对照班，就可以认为实验班所采用的新教学方法是有效的。

同样，差异显著性检验也被广泛地应用在医学领域。一种新药的问世、一种新的诊疗技术的研发，都需要预先选择两组不存在显著差异的被试，一组采用新药治疗（或采用新的诊疗技术），另一组则采用安慰剂。由于被试不知道自己处于哪一组，避免了心理因素对被试造成的影响。在整个研究过程中要尽可能地降低其他因素对被试治疗效果的影响。经过一段时间的治疗后，对所有被试按照科学的指标采样，并进行差异显著性检验，如果实验组和对照组之间存在显著差异，而且实验组的情况好于对照组，则说明这种新药（或新的诊疗技术）是有效的。

### （三）被检验数据的类别

在待分析差异显著性的数据序列中，数据的类型和来源不同，采取的分析方法也不同。从数据分析中常见的数据来看，参与差异显著性检验的数据主要有以下几种类型。

#### 1. 定距变量或高测度定序变量

在数据分析过程中，从参与分析的变量特点来看，最常见的、区分度较高的变量为定距变量高测度定序变量。利用这两类变量可以求取均值、方差、标准差和标准误等描述性信息。这两类变量属于数据分析中的高测度变量。

定距变量或高测度定序变量又可以分为符合正态分布的变量和不符合正态分布的变量。

#### 2. 定类变量或低测度定序变量

除了定距变量和高测度定序变量外，在数据分析中也经常需要对定类变量或低测度定序变量进行分析。由于定类变量或低测度定序变量的均值是没有多大意义的，也无法求取其方差和标准差。因此，对于定类变量或低测度定序变量，需要采用与定距变量不同的分析技术。

### （四）被检验数据的来源

在进行差异显著性检验过程中，除了要考虑数据的类型，还要考虑被检验数据的来源。差异显著性检验要求参与对比的两个（或多个）数据序列具有相同的值域、属于相同的类型。从参与对比的数据来看，被检验数据的来源主要有以下三种。

#### 1. 配对样本

针对同一组被试所做的多次测量而获得的数据，就是配对样本。通常来讲，作为配对样本的数据序列，应该个数相同，而且具有一一对应的关系。

在如图 3-1 所示的数据集中，性别列与语文列、数学列、单位列的数据均为配对样本。

2. 由分组构成的独立样本

在数据集中，针对某个变量，可以依据另外的定类变量或定序变量把个案值划分为多组。由这种方式构成的多组数据序列就是最常见的独立样本。

作为独立样本的两个数据序列，不要求其数据个数相同，也不要求其数据之间有对应关系。

在如图 3-1 所示的数据集中，男生的语文成绩、女生的语文成绩，就是两个独立样本。另外，依据“单位”变量，也可以把数学成绩划分为多组独立样本。

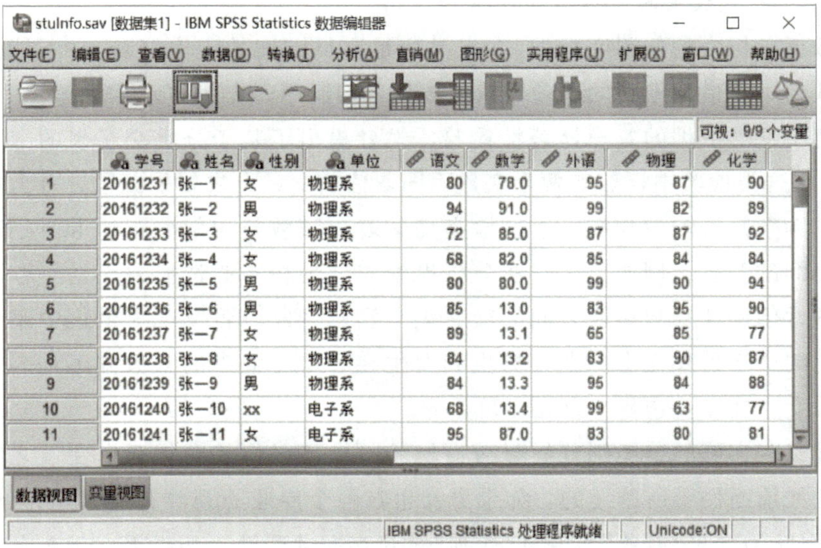

| | 学号 | 姓名 | 性别 | 单位 | 语文 | 数学 | 外语 | 物理 | 化学 |
|---|---|---|---|---|---|---|---|---|---|
| 1 | 20161231 | 张一1 | 女 | 物理系 | 80 | 78.0 | 95 | 87 | 90 |
| 2 | 20161232 | 张一2 | 男 | 物理系 | 94 | 91.0 | 99 | 82 | 89 |
| 3 | 20161233 | 张一3 | 女 | 物理系 | 72 | 85.0 | 87 | 87 | 92 |
| 4 | 20161234 | 张一4 | 女 | 物理系 | 68 | 82.0 | 85 | 84 | 84 |
| 5 | 20161235 | 张一5 | 男 | 物理系 | 80 | 80.0 | 99 | 90 | 94 |
| 6 | 20161236 | 张一6 | 男 | 物理系 | 85 | 13.0 | 83 | 95 | 90 |
| 7 | 20161237 | 张一7 | 女 | 物理系 | 89 | 13.1 | 65 | 85 | 77 |
| 8 | 20161238 | 张一8 | 女 | 物理系 | 84 | 13.2 | 83 | 90 | 87 |
| 9 | 20161239 | 张一9 | 男 | 物理系 | 84 | 13.3 | 95 | 84 | 88 |
| 10 | 20161240 | 张一10 | xx | 电子系 | 68 | 13.4 | 99 | 63 | 77 |
| 11 | 20161241 | 张一11 | 女 | 电子系 | 95 | 87.0 | 83 | 80 | 81 |



**图 3-1　待分析数据的基本结构**

3. 完全无关的独立样本

在数据分析中，也经常出现两个完全无关的数据序列。例如，物理系学生的数学成绩和女生的外语成绩，就是两个完全无关的数据序列。

## (五)差异显著性检验的常见方法

数据的差异显著性检验常见的方法主要有以下几种。

1. 基于均值的差异显著性检验

在数据分析领域，基于均值的差异显著性检验分为 $T$ 检验和方差分析两类。这两类检验都建立在均值和方差的基础上，对极端值和数据的分布形态较为敏感。因此，

124

此类方法要求数据的分布形态接近正态分布。

由于基于均值的差异显著性检验要求数据的分布形态接近正态分布，实质上是对已经明确分布形态（接近正态分布）的高测度数据的检验形式，因此被称作参数检验（即掌握了数据序列分布参数的统计检验技术）。

2. 基于秩分或分布均匀性的差异显著性检验

对不满足正态分布形态的高测度数据序列，不能使用均值差异性的检验方法。为了对这类数据做差异显著性检验，研究者通常使用分布均匀性或者秩分的差异性来判断两个数据序列之间是否存在显著差异。

由于这种检验模式允许对不明形态的数据序列进行检验，因此，也被称为针对参数不明的数据序列的检验即非参数检验。

3. 基于低测度数据的差异显著性检验

对于数据分析中的低测度数据（含定类变量和低测度的定序变量），不能借助均值检验的方式，只能借助专门的非参数检验技术来判断序列之间的差异性。

为了解决这类数据的差异显著性检验，学者提出了基于分类交叉表的卡方检验和 Phi 检验。在这类检验中，获取两个变量不同取值的交叉点之处的频数，并分析不同类别的个案其频数是否均匀分布，通过检查交叉表中频数与均匀分布的卡方距离来判断两个变量之间的关系。例如，人们在分析男生与女生在专业选择方面是否存在显著差异时，就常常借助性别和专业之间的交叉表来实施判断。若发现男生集中于某几个专业，而女生集中于另外几个专业，男生和女生在各个专业中的人数并不均匀，那么就可以认为男女生在专业选择上存在显著差异。

基于交叉表实施的分类别差异显著性检验，也可以将其看作两个变量之间的关联性分析。正如前面例子所阐述的：如果男女生在各个专业的频数有较大差异（分布不均匀），则可以认为变量"专业"与变量"性别"之间存在关联性。如果男女生在各个专业分布非常均匀，则可以认为变量"专业"与变量"性别"不相关。在统计学领域，人们通常把分类变量之间的这种数据分析称为独立性检验。

## 3.1.2　差异显著性检验的流程

### （一）统计推断与差异显著性检验

数据的差异显著性检验，是统计推断中的重要内容。所谓统计推断，就是基于对原始数据的计算判断假设是否成立的一种分析方法，其基本流程是：先对分析结果进行假设，然后对统计量进行计算，从而获取假设成立的可能性（即概率值），并基于概率值判断假设是否成立。

由于数据的差异显著性检验属于统计推断的内容，因此其操作流程遵循统计推断的基本过程。

### (二)实施差异显著性检验的基本流程

在数据分析过程中，要对研究对象实施差异显著性检验，需要遵循以下流程。

1. 确立可行的分析方法

首先，仔细分析研究问题，确定研究目标的关注点。在做数据分析过程中，要明确自己是关注数据序列的均值，关注数据序列的秩分，还是关注序列的分布特性。

其次，要判断变量的特点，是定距变量还是定类变量，是低测度定序变量还是高测度定序变量，数据序列是否满足正态分布。从数据本身来看，思考有哪些分析方法是可用的。

对于关注均值的差异显著性检验，应该选择 $T$ 检验或方差分析；对于关注秩分和分布特性的差异显著性检验，则选择非参数检验；对于低测度数据序列的差异显著性检验，则只能选用基于交叉表的卡方检验。

2. 借助 SPSS 或 Excel 启动数据分析过程

在拿到了完整的数据序列，并确定了分析方法后，就可以打开数据表文件并启动数据分析过程了。经过必要的参数配置和一个完整的分析过程之后，得到最终的结果数据。

3. 解读结果数据，得出检验结论

在差异显著性检验过程中，通常假设两组数据之间没有显著差异。经过针对原始数据序列的计算之后，可以得到假设成立的检验概率。

在统计学中，人们通常规定置信区间为 95%，即若检验概率小于 0.05，则假设不成立，表示数据序列之间存在显著差异；若检验概率大于 0.05，则假设成立，表示数据序列之间不存在显著差异。

### (三)差异显著性检验应注意的问题

在差异显著性检验过程中，应该注意两个问题。

第一，避免分析方法的滥用。对于不满足分析条件的数据，如果滥用分析方法，可能会导致错误的分析结论。

例如，在以"实验班—对照班"模式进行教改的研究中，对实验班和对照班的后测成绩使用了配对样本 $T$ 检验，就是错误使用了分析方法；若学生的数学成绩严重偏离正态分布，仍使用独立样本 $T$ 检验来判断男女生的数学成绩是否存在显著差异，也属于分析方法的误用。另外，对值域不同的两个数据序列直接采用 $T$ 检验，更是不可容忍的严重错误。

第二，在差异显著性检验中，除了要尊重原始数据的规律和特点，还要考虑研究问题所关注的研究目标。

例如，在实际工作中，经常出现多名专家对多个待评价项目分别打分的情况（如多名裁判对运动员的场上比赛情况评分，多名教师对多篇参与竞赛的作文评分）。对于这种情形，主办方通常要在项目结束之后对专家（或裁判）的工作情况进行评价，判断所有评判专家的打分是否都合理。

针对这一研究问题，由于主办方的关注点是各专家的评分是否具有名次的一致性，因此使用基于秩分的非参数检验比均值差异显著性检验更有效。因此，在这类研究中，检查各专家（或裁判）评分情况的秩分比直接检查原分值更有效，进而找出评分与大多数专家（裁判）有较大差别的个别专家（裁判），从而发现评价过程中存在的问题。

### 3.1.3 差异显著性检验的类别及其适应性

#### (一)差异显著性检验的基本方法

在统计分析中，差异显著性检验的常见方法分为两大类：参数检验和非参数检验。

参数检验是面向正态分布的高测度数据的差异显著性检验方法，它主要借助均值之间的差异性判断数据序列之间是否存在显著差异。常见的算法有 $T$ 检验和方差分析。

非参数检验泛指参数检验以外的差异显著性检验方法，其涵盖范围较广，既包含针对非正态分布的高测度数据的差异性检验，也包括针对低测度数据的差异性检验。对于非正态分布的高测度数据，通常可借助基于秩分的参数检验或游程检验达到判断差异性的目的；对于低测度数据，通常可借助基于交叉表的卡方检验达到判断差异性的目的。

从数据来源的视角来看，对于配对样本数据，有配对样本 $T$ 检验和配对样本非参数检验；对基于分组样本的数据，则有独立样本 $T$ 检验、方差分析和独立样本非参数检验。

差异显著性检验的算法及其适用性如图 3-2 所示。

#### (二)差异显著性检验算法的类别及其适应性

基于前述分析，笔者对差异显著性检验的类别及其适应性进行了总结，获得如表 3-1 所示的表格。

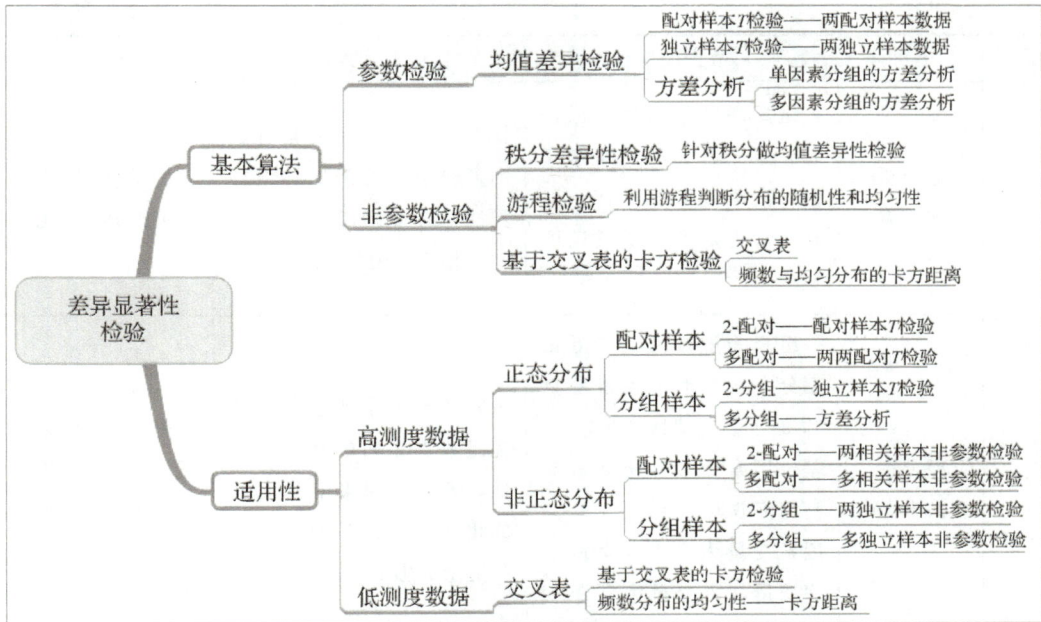

**图 3-2　差异显著性检验的算法及其适用性**

**表 3-1　差异显著性检验的类别及其适应性**

| 类别 | 名称 | 对数据的要求 | 研究聚焦点 | 特点 |
|---|---|---|---|---|
| 均值的差异显著性检验 | T 检验——配对样本 | 两组高测度数据，接近正态分布，数据有一一对应关系<br>针对同一组被试的多次测量 | 两组一一对应的数据之间的均值差异性 | 两个配对变量的均值差异性检验 |
| | T 检验——独立样本 | 两组高测度数据，接近正态分布，无一一对应关系<br>针对某一测量的两个分组 | 两组无一一对应关系的数据之间的均值差异性 | 单因素双水平的均值差异性检验 |
| | 方差分析——单因素 | 一组高测度数据且接近正态分布（因变量），基于单个因素变量对高测度数据分组，因素变量须为定类变量或定序变量 | 基于因素变量分成多组数据，检查各组数据之间的均值差异性 | 单因素多水平的均值差异性检验 |

续表

| 类别 | 名称 | 对数据的要求 | 研究聚焦点 | 特点 |
|---|---|---|---|---|
| 差异性检验基本算法 | 方差分析—多因素 | 一组高测度数据且接近正态分布，基于多个因素变量对高测度数据分组，因素变量为定类变量或定序变量 | 检查基于多因素变量分成的多组数据之间的均值差异性，需考察因素变量之间的相互作用(交互因素) | 多因素多水平的均值差异性检验 |
| | 方差分析—协方差 | 一组高测度数据且接近正态分布，若干个因素变量和协变量(被剔除变量)基于因素变量和协变量对高测度数据分组因素变量为定类变量或定序变量，协变量为定距变量或定序变量 | 考察基于因素变量分成的多组数据之间的均值差异性，需考察因素变量之间的相互作用，并剔除不可控变量的影响 | 剔除不可控变量影响的多分组数据的均值差异性检验 |
| | 面向秩分的方差分析 | 一组高测度数据且非正态分布(因变量)，基于单个因素变量对高测度数据分组，因素变量须为定类变量或定序变量 | 对因变量利用秩分或正态得分变形，然后做方差分析 | 单因素多水平的差异显著性检验 |
| | 游程检验 | 对于数据序列 B，在依据某一基准划分为两类之后，检查其类别号是否随机出现 | 基于 A 序列做排序后，判断在 B 序列的分布是否随机 | 数据分布的随机性检验 |
| | 卡方检验($\chi^2$) | 至少 A、B 两个数据序列，A 序列作为期望序列，B 序列作为被分析变量 | 基于卡方距离分析待解释变量与期望序列的拟合程度 | 与期望序列的拟合优度检验 |
| | 二项分布检验 | 以二分变量作为因变量，或者以切割为二分变量的定序变量、定类变量或定距变量作为因变量 | 判断出现某一个二分值的概率 | 被解释变量为二分变量的拟合优度检验 |

续表

| 类别 | 名称 | 对数据的要求 | 研究聚焦点 | 特点 |
|------|------|------------|----------|------|
| 交叉表检验 | 基于交叉表的卡方检验 | 定类变量或两个低测度的定序变量，基于变量分组实现交叉并计算频数，然后进行卡方检验 | 两个处于交叉关系的变量，利用其取值实现分组，并借助各组频数间的分布差异性判断关联性或差异性 | 基于低测度分组数据的频数做差异性检验 |
| 非参数检验 | 两关联样本非参数检验 | 两组高测度数据且不符合正态分布，两组数据间有一一对应关系 | 两组一一对应的数据之间是否存在分布差异性或者秩分不一致性 | 两个配对变量的分布差异性检验 |
| | K 个关联样本非参数检验 | 多组高测度数据且不符合正态分布，多组数据间有一一对应关系 | 多组一一对应的数据之间是否存在分布差异性或者秩分不一致性 | 多个相关变量的分布差异性检验 |
| | 两独立样本非参数检验 | 两组高测度数据且不符合正态分布，或以二分值因素变量把单个因变量分为两组，两组数据间没有一一对应关系 | 两组数据之间是否存在分布差异性或者秩分不一致性 | 单因素双水平的分布差异性检验 |
| | K 个独立样本非参数检验 | 一个高测度变量且数据不符合正态分布，另一个定类或定序型的因素变量，因素变量负责对高测度变量实施分组 | 依据因素变量分组后的各组数据之间是否存在分布差异性或者秩分不一致性 | 单因素多水平的分布差异性检验 |
| 拟合优度检验 | 单样本 K-S 检验 | 单组高测度数据 | 与正态分布进行差异显著性检验，判断此数据序列是否符合正态分布 | 单样本数据的拟合优度检验 |

130

# 3. 2
# 案例需求与数据情况

了解案例数据结构；
掌握数值化编码及数据规
范化操作技术。

## 3. 2. 1　案例背景与研究问题

### (一) 案例背景

某高中为了全面地了解高二学生的学习状况，分别于学期初和学期末采集了全体学生四科课程的考核成绩，学期初的课程名称依次为"语文 1""数学 1""外语 1""历史 1"，学期末的课程名称依次为"语文 2""数学 2""外语 2""历史 2"。另外，学校采集了学生的"籍贯"和"爱好"方面的数据，同时要求每一位学生填写自己倾向的大学专业（未来进入大学后想攻读哪个专业），以变量"目标专业"保存相关数据。

目前，在数据表中已经收集了 139 名学生的相关数据。在数据表中，每一行数据是一位学生的全部信息，称为一个个案。

### (二) 研究问题

①学生的学期末与学期初语文成绩有无显著差异？
②学生的学期末与学期初数学成绩有无显著差异？
③学生的语文成绩与性别、爱好有无关系？是否受性别和爱好的影响？
④学生的目标专业与爱好有无关系？目标专业是否受爱好的影响？
⑤不同爱好的学生，其学期末数学成绩是否存在显著差异？

## 3. 2. 2　数据采集与数据文档

对于上述研究问题，笔者已经获得了如图 3-3 所示的数据，整个数据集被存储在"mydataA. sav"数据文件中。

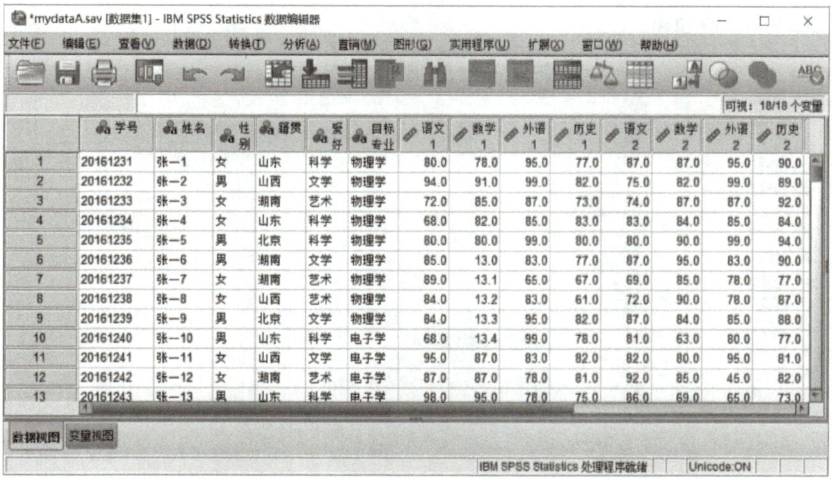

*mydataA.sav [数据集1] - IBM SPSS Statistics 数据编辑器

文件(F)　编辑(E)　查看(V)　数据(D)　转换(T)　分析(A)　直销(M)　图形(G)　实用程序(U)　扩展(X)　窗口(W)　帮助(H)

可视：18/18 个变量

| | 学号 | 姓名 | 性别 | 籍贯 | 爱好 | 目标专业 | 语文1 | 数学1 | 外语1 | 历史1 | 语文2 | 数学2 | 外语2 | 历史2 |
|---|---|---|---|---|---|---|---|---|---|---|---|---|---|---|
| 1 | 20161231 | 张—1 | 女 | 山东 | 科学 | 物理学 | 80.0 | 78.0 | 95.0 | 77.0 | 87.0 | 87.0 | 95.0 | 90.0 |
| 2 | 20161232 | 张—2 | 男 | 山西 | 文学 | 物理学 | 94.0 | 91.0 | 99.0 | 82.0 | 75.0 | 82.0 | 99.0 | 89.0 |
| 3 | 20161233 | 张—3 | 女 | 湖南 | 艺术 | 物理学 | 72.0 | 85.0 | 87.0 | 73.0 | 74.0 | 87.0 | 87.0 | 92.0 |
| 4 | 20161234 | 张—4 | 女 | 山东 | 科学 | 物理学 | 68.0 | 82.0 | 85.0 | 83.0 | 83.0 | 84.0 | 85.0 | 84.0 |
| 5 | 20161235 | 张—5 | 男 | 北京 | 科学 | 物理学 | 80.0 | 80.0 | 99.0 | 80.0 | 80.0 | 90.0 | 99.0 | 94.0 |
| 6 | 20161236 | 张—6 | 男 | 湖南 | 文学 | 物理学 | 85.0 | 13.0 | 83.0 | 77.0 | 87.0 | 95.0 | 83.0 | 90.0 |
| 7 | 20161237 | 张—7 | 女 | 湖南 | 艺术 | 物理学 | 89.0 | 13.1 | 65.0 | 67.0 | 69.0 | 85.0 | 78.0 | 77.0 |
| 8 | 20161238 | 张—8 | 女 | 山西 | 艺术 | 物理学 | 84.0 | 13.2 | 83.0 | 61.0 | 72.0 | 90.0 | 78.0 | 87.0 |
| 9 | 20161239 | 张—9 | 男 | 北京 | 文学 | 物理学 | 84.0 | 13.3 | 95.0 | 82.0 | 87.0 | 84.0 | 85.0 | 88.0 |
| 10 | 20161240 | 张—10 | 男 | 山东 | 科学 | 电子学 | 68.0 | 13.4 | 99.0 | 78.0 | 81.0 | 63.0 | 80.0 | 77.0 |
| 11 | 20161241 | 张—11 | 女 | 山西 | 文学 | 电子学 | 95.0 | 87.0 | 83.0 | 82.0 | 82.0 | 80.0 | 95.0 | 81.0 |
| 12 | 20161242 | 张—12 | 女 | 湖南 | 艺术 | 电子学 | 87.0 | 87.0 | 78.0 | 81.0 | 92.0 | 85.0 | 45.0 | 82.0 |
| 13 | 20161243 | 张—13 | 男 | 山东 | 科学 | 电子学 | 98.0 | 95.0 | 78.0 | 75.0 | 86.0 | 69.0 | 65.0 | 73.0 |

数据视图　变量视图

IBM SPSS Statistics 处理程序就绪　Unicode:ON

**图 3-3　学生学习成绩数据集**

“mydataA”数据集的结构如图 3-3 所示，请大家全面理解此数据表的结构及每个字段的含义。

## 3.2.3　数据规范化与预处理

### （一）数据预处理——对“mydataA”数据集的数值化编码

在“mydataA”数据集中，数据表中的变量“性别”“籍贯”“爱好”和“目标专业”属于字符型变量，不适合常规数据分析对数据的要求，因此需要对它们先做数值化编码处理。

第一，以 SPSS 打开数据文件“mydataA.sav”，使之处于数据视图状态，如图 3-3 所示。

第二，利用系统菜单【转换】—【重新编码为不同变量】命令，打开如图 3-4 所示的【重新编码为不同变量】对话框。然后，输入新变量名称“like”和新标签“S 爱好”。

第三，单击图 3-4 底部的【旧值和新值】按钮，启动【旧值和新值】对话框，如图 3-5 所示。

第四，在图 3-5 左上角的“旧值”区块的【值】文本框中输入“艺术”，在右侧的“新值”区块的【值】文本框中输入对应值 1，然后单击中部的【添加】按钮，把“‘艺术’→1”添加到右侧的列表框中。同理，把“‘文学’→2”和“‘科学’→3”添加到右侧的列表框中。

第五，单击【继续】按钮，返回到如图 3-4 所示的主对话框中。

第六，单击【确定】按钮，系统将在“mydataA”数据集中新增一个变量“like”，并自动在该变量中给出对应数值。

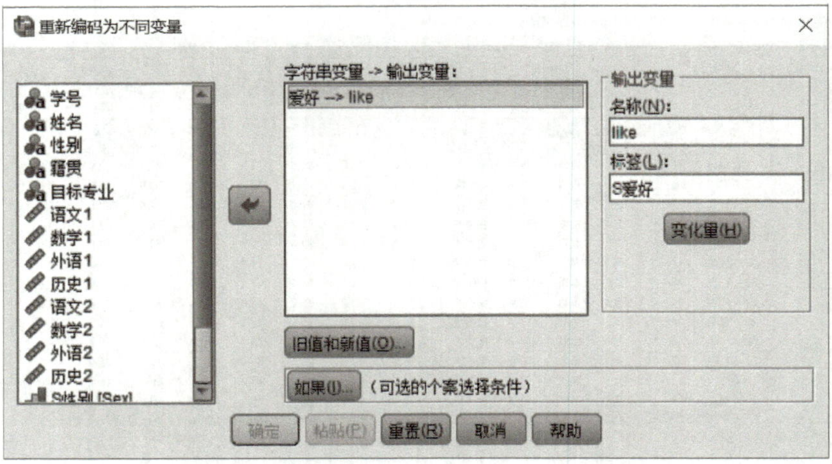

**图 3-4　对"爱好"进行数值化编码**

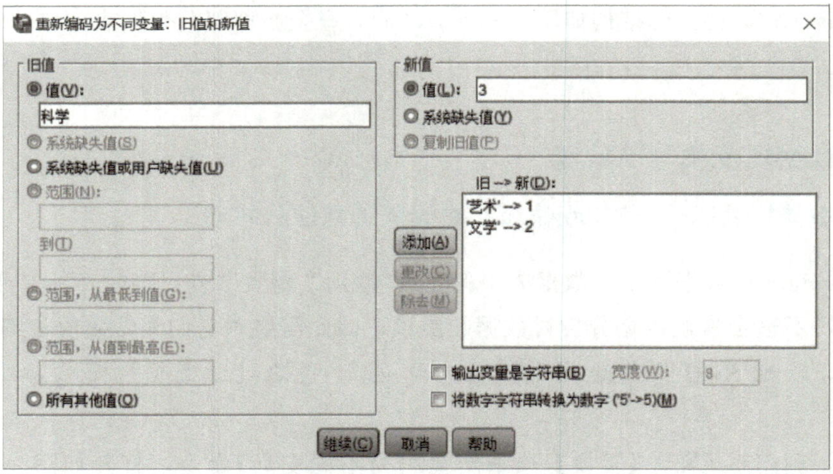

**图 3-5　对"旧值和新值"进行设置**

　　同理，把变量"性别"转化为新变量"Sex"，新变量的标签为"S 性别"；转化规则为："男生"—1，"女生"—2。把变量"籍贯"转化为新变量"jg"，新变量的标签为"S 籍贯"；转化规则为："北京"—1，"山东"—2，"山西"—3，"湖南"—4。把变量"目标专业"转化为新变量"zy"，新变量的标签为"S 专业"，转化规则为："哲学"—1，"社会学"—2，"电子学"—3，"物理学"—4。

### (二)数据特征分析

　　在针对数据序列的关联性分析中，需要关注高测度数据是否满足正态分布。若数据序列满足正态分布，则可直接使用参数检验技术实现差异显著性检验，否则就需要使用非参数检验技术做差异显著性检验。

1. 操作步骤

第一，启动 SPSS 并打开数据文件"mydataA. sav"，进入数据视图状态。

第二，利用【分析】—【非参数检验】—【旧对话框】—【单样本 K-S】命令启动单样本的分布形态检验，把变量"语文 1""语文 2""数学 1""数学 2""历史 1""历史 2""外语 1"和"外语 2"送入【检验变量列表】列表框，如图 3-6 所示。

第三，单击【精确】按钮，在其对话框中选择【精确】单选框，表示以"精确"方式检验其正态性。

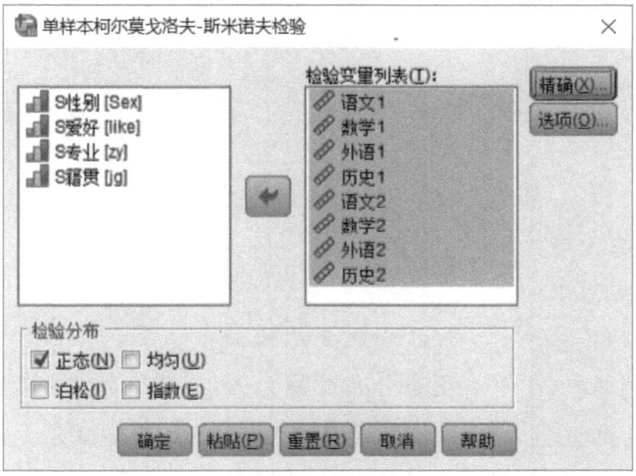

**图 3-6　判断"mydataA"中变量的正态性**

第四，单击【确定】按钮，执行计算，得到如图 3-7 所示的检验结果。

**单样本柯尔莫戈洛夫-斯米诺夫检验**

| | | 语文1 | 数学1 | 外语1 | 历史1 | 语文2 | 数学2 | 外语2 | 历史2 |
|---|---|---|---|---|---|---|---|---|---|
| 个案数 | | 139 | 139 | 139 | 139 | 139 | 139 | 139 | 139 |
| 正态参数[a,b] | 平均值 | 83.755 | 72.155 | 83.273 | 82.755 | 83.568 | 84.237 | 82.576 | 83.194 |
| | 标准差 | 6.9874 | 25.8043 | 13.5282 | 6.0263 | 6.9752 | 8.8486 | 16.2034 | 11.0780 |
| 最极端差值 | 绝对 | .082 | .306 | .154 | .090 | .081 | .165 | .180 | .157 |
| | 正 | .062 | .178 | .123 | .046 | .081 | .092 | .155 | .127 |
| | 负 | -.082 | -.306 | -.154 | -.090 | -.079 | -.165 | -.180 | -.157 |
| 检验统计 | | .082 | .306 | .154 | .090 | .081 | .165 | .180 | .157 |
| 渐近显著性（双侧） | | .024[c] | .000[c] | .000[c] | .007[c] | .026[c] | .000[c] | .000[c] | .000[c] |
| 精确显著性（双侧） | | .296 | .000 | .002 | .195 | .303 | .001 | .000 | .002 |
| 点概率 | | .000 | .000 | .000 | .000 | .000 | .000 | .000 | .000 |

a. 检验分布为正态分布。

b. 根据数据计算。

c. 里利氏显著性修正。

**图 3-7　检验数据序列的正态性——"mydataA"数据集**

2. 解读输出表格

由"精确显著性(双侧)"的检验结果可知，"语文 1""历史 1""语文 2"成绩的"精确显著性(双侧)"检验概率 $p>0.05$，所以满足正态分布。

"数学 1""外语 1""数学 2""外语 2""历史 2"成绩的"精确显著性(双侧)"检验概率 $p<0.05$，所以这 5 个变量不满足正态分布。

# 3.3
# $T$ 检验——两分组数据的均值差异性检验

**本节学习目标**

$T$ 检验是针对基本满足正态分布的两组高测度数据所采取的均值差异显著性检验方法；通过学习，准确掌握 $T$ 检验的类型、操作技术，并能正确地解读 $T$ 检验的分析结果。

## 3.3.1 $T$ 检验的含义、方法与适应性

### (一)$T$ 分布与 $T$ 检验

1. $Z$ 分数与 $Z$ 检验

正态分布简写为 $N(\mu, \sigma^2)$，它主要包含两个参数($\mu$ 和 $\sigma$)，分别指总体数据的均值和标准差。对于面向总体数据的正态分布，有时简称为 $\mu$ 分布。

$Z$ 分数的计算公式是：$Z_i = \frac{X_i - u}{\sigma}$。基于数据序列中第 $i$ 个数据 $X_i$ 所获得的 $Z_i$ 值就是 $X_i$ 所对应的 $Z$ 分数，由 $i$ 个 $Z$ 值得到的序列就被称为 $Z$ 分布。从公式可以看出，第 $i$ 个数据的标准分数 $Z_i$ 等于其个案值 $X_i$ 减均值 $\mu$ 之后，其差与标准差 $\sigma$ 的比值。即个案值 $X_i$ 与均值 $\mu$ 之差等于 $Z_i$ 倍的标准差。

对于样本量比较大(100 个以上)的数据序列，如果其基本满足正态分布，那么可以根据 $Z$ 分数的计算公式求出序列中每个数值的 $Z$ 分数，由 $Z$ 分数构成一个新的序列，这个序列就是 $Z$ 分布序列。

根据 $Z$ 分数的定义，$Z$ 分布是针对总体数据的标准化处理，如果总体数据满足正态分布，则 $Z$ 分布就是一个均值为 0、标准差为 1 的标准化正态分布。因此，在数据分析中，人们经常借助 $Z$ 分布的概念对接近正态分布的数据进行优化处理。也有学者干脆就把标准正态分布称为 $Z$ 分布，而把普通的正态分布称为 $u$ 分布。

　　$Z$ 分数的计算理论不仅被用于总体数据的转化，而且还被用于两个大规模总体数据序列之间的差异显著性检验，这种检验被称为 $Z$ 检验。$Z$ 检验用标准正态分布的理论来推断显著差异发生的概率，从而比较两个序列的均值是否存在显著差异。这种检验在国内也被称为 $u$ 检验。

　　2. $T$ 分布

　　$Z$ 分布和 $Z$ 检验的理论很好地解决了正态分布的总体数据序列的标准化及其均值差异显著性检验的问题。然而，在实际工作中，直接获取全部的总体数据是有困难的，通常是基于总体的抽样开展研究。由于此时总体的 $\sigma$ 是未知的，而且样本量比较少（经常会少于 30）。因此，对于接近正态分布的样本来讲，常用样本标准差 $S$ 作为总体标准差 $\sigma$ 的估计值，以便借助正态分布的理论进行数据处理。也就是说，对总体数据满足正态分布的情形，可以从中抽取小规模的样本，并以小样本数据的均值 $\bar{X}$ 和标准差 $S$ 代替总体数据的 $\mu$ 和 $\sigma$，然后借助 $T$ 值的计算公式 $t_i = \dfrac{X_i - \bar{X}}{S}$，对小规模样本进行 $T$ 变换，从而获得面向小规模样本的新型序列 $t_i$。这种新的数据形态就是 $T$ 分布。

　　从 $t$ 值的运算公式和 $T$ 分布的概念来看，$T$ 分布与 $Z$ 分布很相似，只不过 $T$ 分布是面向小规模抽样样本的，而 $Z$ 分布是面向总体数据的。在 $T$ 分布中，直接借用样本的标准差 $S$ 和均值 $\bar{X}$ 估算总体数据的标准差 $\sigma$ 和均值 $\mu$，解决了不易找出总体均值和标准差的烦恼。

　　对于符合 $T$ 分布的数据序列，SPSS 等数据分析软件都提供了专门的数据处理策略。

　　3. $T$ 分布的特点

　　由于 $T$ 分布是基于正态分布的总体数据的抽样，因此，对于任意一个总体，都可抽取出若干个规模不同的 $T$ 分布数据序列。由于 $T$ 分布是基于总体数据进行抽样和 $T$ 转换而得到的数据序列，因此，如果总体数据满足正态分布，那么 $T$ 分布数据序列也会接近正态分布。

　　人们经常把 $T$ 分布看作小样本量下针对正态分布的一种简化描述。由于 $T$ 分布建立在总体数据基本满足正态分布的基础上，$T$ 分布曲线的组成与样本的规模相关，也与模型中已知变量的个数相关。由于在基于样本估算的数据分析中，自由度 $\mathrm{d}f = n - k - 1$（这里 $n$ 是样本的规模，$k$ 是模型中除均值外已知变量的个数）。因此，可以说 $T$ 分布的曲线是接近正态分布的，与自由度密切相关。

　　对基于同一个总体数据但不同自由度的 $T$ 分布来讲，$T$ 分布是一簇曲线，其形态变化与自由度 $\mathrm{d}f$ 的大小有关。自由度 $\mathrm{d}f$ 越小，$T$ 分布曲线越低平；自由度 $\mathrm{d}f$ 越大，$T$ 分布曲线越接近正态分布（$\mu$ 分布）曲线。

### (二)$T$检验的概念及其类别

1. $T$检验概念的提出

$T$检验是针对两列接近正态分布的高测度数据(定距变量或高测度的定序变量)所采取的一种均值差异显著性检验。其核心是比较两个数据序列的均值,通过均值的差与两个序列的综合标准误之间的比值,来判定两个数据序列之间的差别是明显的差异还是数据序列内部之间的正常波动。假设两个数据序列 $A$ 和 $B$,其均值分别为 $X_A$ 和 $X_B$,这两个序列的综合标准误是 $SE_{综合}$。那么其基本公式如公式(3-1)所示。

$$t = \frac{X_A - X_B}{SE_{综合}} \qquad\qquad 公式(3\text{-}1)$$

在通常情况下,若 $|t| > 1.96$,即两个序列的均值之差远大于整体数据的标准误,则表示两个序列之间的均值之差不是正常的组内数据波动,两列数据的均值之间应该存在显著差异。

2. $T$检验的类别

$T$检验是针对两列数据的差异显著性检验,根据数据序列的特点,可以分为配对样本 $T$ 检验、独立样本等方差 $T$ 检验和独立样本异方差 $T$ 检验三种。在具体应用中,应根据数据序列的特点选择相应的检验方法。

3. $T$检验时应该注意的问题

在以 $T$ 检验判断两列数据的差异显著性时,应该从以下两个方面考虑算法的选择。

①待检验的数据序列满足什么特性?

如果两列数据之间具有一一对应关系,这种数据被称为配对样本。就像图 3-1 中的语文列和数学列,它们分别是针对同一年级学生的两次考试,每一行内的两个数据都是一一对应的。对于接近正态分布的两列配对数据,可以直接使用配对样本 $T$ 检验,以判断两列数据之间是否存在显著差异。

如果两列数据各自为一个集合,两个集合内的数据没有对应关系,甚至个数都不相等,这种数据称为独立样本。在差异显著性检验中,独立样本通常为单个变量(数据序列)被按照某一分组标准划分成的两个或多个数据序列。作为独立样本的几个数据序列应来源相同、值域相同,但各序列内部的数据之间没有一一对应关系,甚至数据的个数都未必相同。例如,图 3-1 中男生的语文成绩和女生的语文成绩、电子系学生的外语成绩和物理学系学生的外语成绩,它们都属于独立样本。

对于独立样本,则需要先检查两列数据的方差是否齐性,如果方差齐性,则使用独立样本等方差 $T$ 检验,否则使用独立样本异方差 $T$ 检验。

②研究目标要求"单侧检验"还是"双侧检验"?

双侧检验,又被称为双尾检验;单侧检验,又被称为单尾检验。在使用 $T$ 检验时,应该根据研究目标，先确定使用单侧检验还是双侧检验。

如果以检验两列数据是否完全没有差异为目的，则使用双侧检验。

如果以检测两列数据中是否第一列优于第二列，或者第一列弱于第二列为目的，则使用单侧检验。

在日常的差异显著性检验中，多数检验直接采用双侧检验。

### (三)$T$ 检验的计算公式

在 $T$ 检验中，主要依据 $t$ 值和无显著差异的检验概率值来判定检验结果。在理想化模型中，对于计算出的 $t$ 值，若 $|t|=1.96$，则无显著差异的概率值为 5%，随着 $|t|$ 的增大，无显著差异的概率值会逐渐减小。当 $|t|=2.58$ 时，无显著差异的概率值将降为 1%。

三种类型的 $T$ 检验，其根本差别在于：针对不同类别的数据序列，要依据抽样数据的特点选用不同的算法计算出其标准误 $SE$。

1. 配对样本 $T$ 检验的计算公式

对于配对样本，其综合标准误的计算如公式(3-2)所示。

$$SE_{综合}=\sqrt{\frac{\sigma_A^2+\sigma_B^2-2\gamma\sigma_A\sigma_B}{n}} \qquad 公式(3-2)$$

所以其 $t$ 值的计算公式变成了如公式(3-3)所示的形式。

$$t=\frac{X_A-X_B}{\sqrt{\dfrac{\sigma_A^2+\sigma_B^2-2\gamma\sigma_A\sigma_B}{n}}} \qquad 公式(3-3)$$

其中，$X_A$ 和 $X_B$ 分别是数据序列 $A$ 和数据序列 $B$ 的均值，$\sigma_A$ 和 $\sigma_B$ 分别是两个数据序列的标准差，而 $\gamma$ 是两个数据序列的相关系数。

2. 独立样本等方差 $T$ 检验的计算公式

对于方差齐性的情况，其综合标准误的计算如公式(3-4)所示。

$$SE_{综合}=\sqrt{\left(\frac{(n_A-1)\sigma_A^2+(n_B-1)\sigma_B^2}{n_A+n_B-2}\right)\left(\frac{1}{n_A}+\frac{1}{n_B}\right)} \qquad 公式(3-4)$$

所以其 $t$ 值计算公式变成了如公式(3-5)所示的形式。

$$t=\frac{X_A-X_B}{\sqrt{\left(\dfrac{(n_A-1)\sigma_A^2+(n_B-1)\sigma_B^2}{n_A+n_B-2}\right)\left(\dfrac{1}{n_A}+\dfrac{1}{n_B}\right)}} \qquad 公式(3-5)$$

其中，$X_A$ 和 $X_B$ 分别是数据序列 $A$ 和数据序列 $B$ 的均值，$\sigma_A$ 和 $\sigma_B$ 分别是两个数据序列的标准差，$n_A$ 和 $n_B$ 分别是两个数据序列的样本个数。此时整体自由度为 $n_A-n_B-2$。

(3)独立样本异方差 $T$ 检验的计算公式

对于方差非齐性的情况，其综合标准误的计算如公式(3-6)所示。

$$SE_{综合} = \sqrt{\frac{\sigma_A^2}{n_A} + \frac{\sigma_B^2}{n_B}} \qquad 公式(3\text{-}6)$$

所以其 $t$ 值的计算公式变成了如公式(3-7)所示的形式。

$$t = \frac{X_A - X_B}{\sqrt{\frac{\sigma_A^2}{n_A} + \frac{\sigma_B^2}{n_B}}} \qquad 公式(3\text{-}7)$$

其中，$X_A$ 和 $X_B$ 分别是数据序列 $A$ 和数据序列 $B$ 的均值，$\sigma_A$ 和 $\sigma_B$ 分别是两个数据序列的标准差，$n_A$ 和 $n_B$ 分别是两个数据序列的样本个数。

### (四)$T$ 检验的原假设与结果解读

#### 1. $T$ 检验的原假设

$T$ 检验过程是一种基于原假设的统计推断过程。参与 $T$ 检验的一定是两个数据序列，$T$ 检验先假设两个数据序列的均值没有显著差异，然后开始计算，对比两个数据序列的均值之差与序列标准误之间的大小，以"均值之差/序列标准误"作为 $t$ 值。

因此，$T$ 检验的原假设是：两个数据序列的均值没有显著差异。$T$ 检验的目标就是通过数据计算判断这个假设成立的可能性(检验概率值)到底有多大。

#### 2. 对 $T$ 检验结果的解读

对于 $T$ 检验结果的解读，主要查看原假设成立的检验概率值 $p$。在置信度 95% 的情况下，若 $p < 0.05$(即 $|t| > 1.96$)，则说明被检验的两个数据序列之间存在显著差异。在置信度 99% 的情况下，只有 $p < 0.01$(即 $|t| > 2.58$)，才能说明被检验的两个数据序列之间存在显著差异。

在大多数研究中，通常设置置信度为 95%。即若 $p > 0.05$，则说明原假设成立，两个数据序列之间没有显著差异。否则，则说明原假设成立的概率 $p < 0.05$，即原假设不成立，可以认为两个数据序列的均值存在显著差异。

在 $T$ 检验的输出结果中，$t$ 值是需要重点关注的另一个指标，它反映了"两序列的均值之差/序列标准误"之值，即序列之间的均值之差是否远大于序列内部的正常波动。若 $T$ 的绝对值很大，则两序列的均值之差远大于序列内部的正常波动(标准误的范围)，就表示两列数据之间具有较大的差别。

在 $T$ 检验中，由 $t$ 值与检验概率 $p$ 值所获得结论肯定是一致的。

### (五)实施 $T$ 检验的主要技术手段

对于待分析均值差异性的两组数据，主要借助 $T$ 检验技术。目前，绝大多数的数据分析软件都提供了 $T$ 检验的功能。在 Excel 中，提供了两种形态的 $T$ 检验技术；其一是基于函数 TTEST 的 $T$ 检验；其二是利用其内置的"分析工具库"开展 $T$ 检验。在

SPSS 中，则可以直接借助菜单项或者命令执行实现 $T$ 检验。

1. 以 Excel 函数 TTEST 实施 $T$ 检验

函数"TTEST(序列 1，序列 2，单尾或双尾，检验类型)"用于两列数据的差异显著性检验，它有四个参数。

①第一和第二个参数指出参与检验的两个数据区域，用于标记待参与检测的两列数据。

②第三个参数值为 1 或 2，参数值为 1 时表示采用单尾检验，参数值为 2 时表示采用双尾检验。

③第四个参数表示检验类型，取值为 1，2 或 3。检验类型为 1 时，代表配对 $T$ 检验；检验类型为 2 时，代表独立样本等方差 $T$ 检验；检验类型为 3 时，代表独立样本异方差 $T$ 检验。

函数 TTEST 的输出结果是单一的数值，其值代表 $T$ 检验的检验概率。若其值大于 0.05，则表示原假设成立，被检测的两组数据之间没有显著差异。若其值小于 0.05，则表示原假设不成立，被检测的两列数据之间存在显著差异。

2. 利用 Excel 的内置分析工具库实施 $T$ 检验

在高版本的 Excel 中（Excel 2010 及以后的版本），内置了"分析工具库"，用于进行比较专业的数据分析。由于分析工具库不再仅仅输出单一的检验概率值，还可以包含相关数据列的 $t$ 值、均值、方差等相关信息，因此，利用分析工具库，能够得到非常专业的分析结果。

首先，打开 Excel 的顶级选项卡【数据】，检查其中是否存在【数据分析】按钮。

其次，单击【数据分析】按钮，启动【数据分析】对话框，如图 3-8 所示。

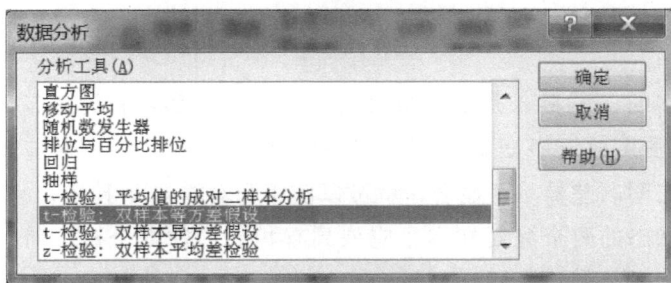

图 3-8 【数据分析】对话框

从如图 3-8 所示的【数据分析】对话框中，可以看出 Excel 提供了 4 种类型的 $T$ 检验。如果原始数据已经准备好，则按照研究项目的要求，可以直接从【数据分析】对话框中选用相应类型的 $T$ 检验，直接完成数据分析工作。

140

> 注意：若【数据】选项卡中没有【数据分析】按钮，则表示 Excel 的内置"分析工具库"尚未启动。此时，需要借助前面所讲述的方法手工启用"分析工具库"。

3. 以 SPSS 专业软件实施 T 检验

在 SPSS 中，对于已经准备好的数据列，可以借助菜单【分析】—【比较均值】项完成【单样本 T 检验】【独立样本 T 检验】和【配对样本 T 检验】等不同类型的 T 检验功能，如图 3-9 所示。

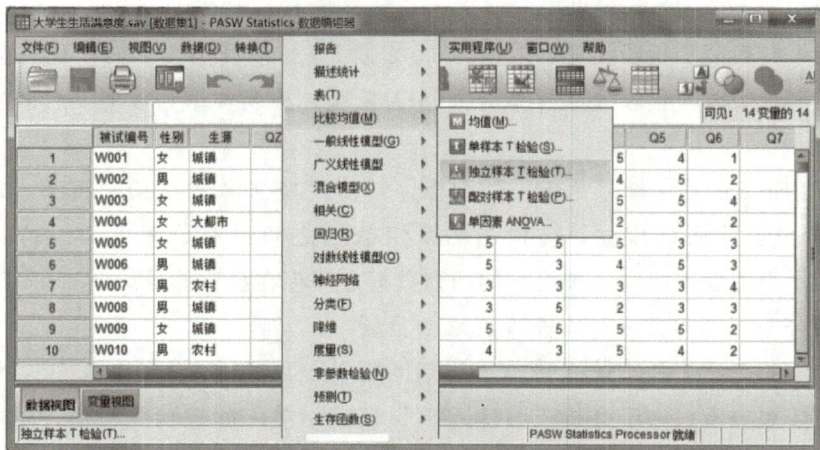

**图 3-9  SPSS 的 T 检验菜单项**

### 3.3.2  配对样本 T 检验

#### (一)配对样本 T 检验的概念

所谓配对样本的 T 检验，是指参与对比的两列数据都是满足正态分布的高测度数据(定距变量或高测度的定序变量)，而且两列数据之间存在一一对应的关系。要想判断这种数据序列之间的差异是否显著，就可以使用配对样本 T 检验。

处于待检验状态的两个配对样本，应该具有相同的数据个数，而且两列数据在语义上有一一对应关系。例如，同一个教学班的两次考试成绩都按照学号顺序存放，具有明确的对应关系。

#### (二)基于 Excel 函数的配对样本 T 检验实践案例

1. 案例要求

对于如图 3-10 所示的 Excel 数据表文件 mydataA.xls，现在需要判断两次语文考试成绩之间是否存在显著差异。请利用 Excel 的内置函数进行判定。

2. 分析解决方案

针对题目要求的差异显著性检验，两次考试的语文成绩个数相同，存在一一对应关系，而且这两列数据都满足正态分布，所以可以采用配对样本 $T$ 检验，而且采用双侧检验。

在 Excel 中函数“TTEST(序列 1，序列 2，单尾或双尾，检验类型)”用于两列数据的差异显著性检验。在本例中，因为参与检验的两列数据为配对样本，所以第四个参数的值应为 1。

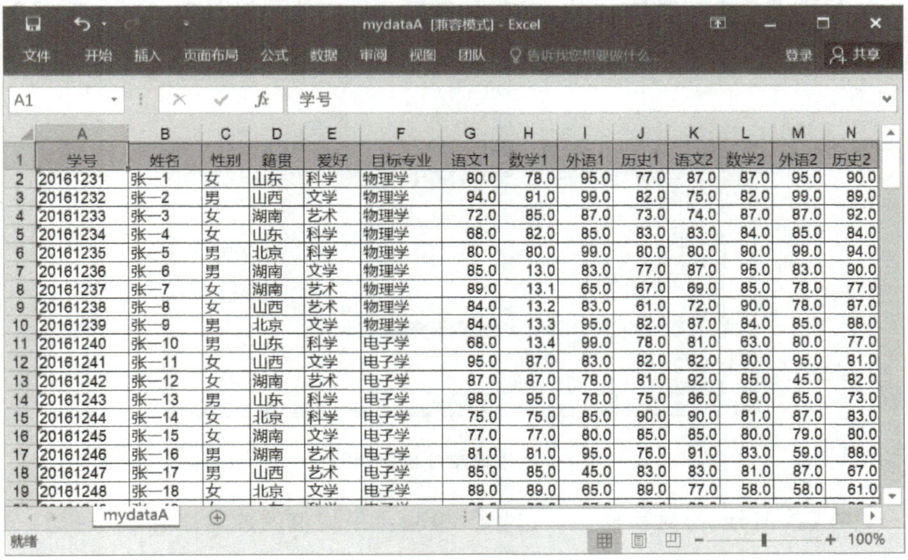


| | A | B | C | D | E | F | G | H | I | J | K | L | M | N |
|---|---|---|---|---|---|---|---|---|---|---|---|---|---|---|
| 1 | 学号 | 姓名 | 性别 | 籍贯 | 爱好 | 目标专业 | 语文1 | 数学1 | 外语1 | 历史1 | 语文2 | 数学2 | 外语2 | 历史2 |
| 2 | 20161231 | 张—1 | 女 | 山东 | 科学 | 物理学 | 80.0 | 78.0 | 95.0 | 77.0 | 87.0 | 87.0 | 95.0 | 90.0 |
| 3 | 20161232 | 张—2 | 男 | 山西 | 文学 | 物理学 | 94.0 | 91.0 | 99.0 | 82.0 | 75.0 | 82.0 | 99.0 | 89.0 |
| 4 | 20161233 | 张—3 | 女 | 湖南 | 艺术 | 物理学 | 72.0 | 85.0 | 87.0 | 73.0 | 74.0 | 87.0 | 87.0 | 92.0 |
| 5 | 20161234 | 张—4 | 女 | 山东 | 科学 | 物理学 | 68.0 | 82.0 | 85.0 | 83.0 | 83.0 | 84.0 | 85.0 | 84.0 |
| 6 | 20161235 | 张—5 | 男 | 北京 | 科学 | 物理学 | 80.0 | 80.0 | 99.0 | 80.0 | 80.0 | 90.0 | 99.0 | 94.0 |
| 7 | 20161236 | 张—6 | 男 | 湖南 | 文学 | 物理学 | 85.0 | 13.0 | 83.0 | 77.0 | 87.0 | 95.0 | 83.0 | 90.0 |
| 8 | 20161237 | 张—7 | 女 | 湖南 | 艺术 | 物理学 | 89.0 | 13.1 | 65.0 | 67.0 | 69.0 | 85.0 | 78.0 | 77.0 |
| 9 | 20161238 | 张—8 | 女 | 山西 | 艺术 | 物理学 | 84.0 | 13.2 | 83.0 | 61.0 | 72.0 | 90.0 | 78.0 | 87.0 |
| 10 | 20161239 | 张—9 | 男 | 北京 | 文学 | 物理学 | 84.0 | 13.3 | 95.0 | 82.0 | 87.0 | 84.0 | 85.0 | 88.0 |
| 11 | 20161240 | 张—10 | 男 | 山东 | 科学 | 电子学 | 68.0 | 13.4 | 99.0 | 78.0 | 81.0 | 63.0 | 80.0 | 77.0 |
| 12 | 20161241 | 张—11 | 女 | 山西 | 文学 | 电子学 | 95.0 | 87.0 | 83.0 | 82.0 | 82.0 | 80.0 | 95.0 | 81.0 |
| 13 | 20161242 | 张—12 | 女 | 湖南 | 艺术 | 电子学 | 87.0 | 87.0 | 78.0 | 81.0 | 92.0 | 85.0 | 45.0 | 82.0 |
| 14 | 20161243 | 张—13 | 男 | 山东 | 科学 | 电子学 | 98.0 | 95.0 | 78.0 | 75.0 | 86.0 | 69.0 | 65.0 | 73.0 |
| 15 | 20161244 | 张—14 | 女 | 北京 | 科学 | 电子学 | 75.0 | 75.0 | 85.0 | 90.0 | 90.0 | 81.0 | 87.0 | 83.0 |
| 16 | 20161245 | 张—15 | 女 | 湖南 | 文学 | 电子学 | 77.0 | 77.0 | 80.0 | 85.0 | 85.0 | 80.0 | 79.0 | 80.0 |
| 17 | 20161246 | 张—16 | 男 | 湖南 | 艺术 | 电子学 | 81.0 | 81.0 | 95.0 | 76.0 | 91.0 | 83.0 | 59.0 | 88.0 |
| 18 | 20161247 | 张—17 | 男 | 山西 | 艺术 | 电子学 | 85.0 | 85.0 | 45.0 | 83.0 | 83.0 | 81.0 | 87.0 | 67.0 |
| 19 | 20161248 | 张—18 | 女 | 北京 | 文学 | 电子学 | 89.0 | 89.0 | 65.0 | 89.0 | 77.0 | 58.0 | 58.0 | 61.0 |

**图 3-10 待开展 *T* 检验的原始数据**

3. 操作流程

首先，启动 Excel 并打开 mydataA. xls 文档，使之处于如图 3-10 所示的状态。

其次，在 P2 单元格中输入公式[=TTEST(G2:G140，K2:K140，2，1)]。

4. 解读分析结果

在 P2 中输入公式[=TTEST(G2:G140，K2:K140，2，1)]后，立即得到运算结果“0.83361407”，这就是 $T$ 检验的检验概率。由于检验概率值大于 0.05，说明应该接受“没有显著差异”的假设，即两次语文考试的成绩之间没有显著差异。

## (三)基于 Excel 分析工具库实施配对样本 *T* 检验的案例

1. 案例要求

对于如图 3-10 所示的 Excel 数据表文件 mydataA. xls，现在需要判断两次语文考试成绩之间是否存在显著差异。请利用 Excel 的分析工具库进行判定。

2. 分析解决方案

针对题目要求的差异显著性检验，两次考试的语文成绩个数相同，存在一一对应关系，而且这两列数据都满足正态分布，所以可以采用配对样本 $T$ 检验，而且采用双尾检验。

在 Excel 中，除了利用 Excel 内置函数 TTEST 之外，还可以借助其内置的"分析工具库"功能进行比较专业的配对样本 $T$ 检验。

3. 操作流程

第一，启动 Excel 并打开 mydataA. xls 文档，使之处于如图 3-10 所示的状态。

第二，选择顶级选项卡【数据】—【数据分析】命令，立即启动【数据分析】对话框，如图 3-11 所示。

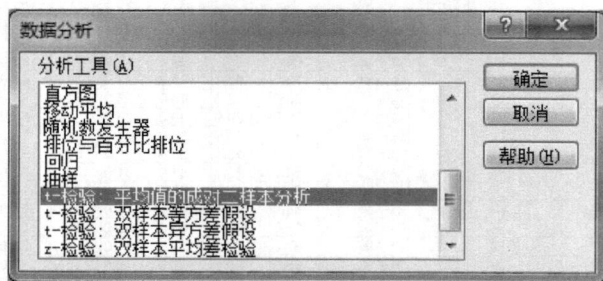

**图 3-11 【数据分析】对话框**

第三，在【数据分析】对话框中，选择【$t$ 检验：平均值的成对二样本分析】，然后单击【确定】按钮。立即启动【配对样本 $t$ 检验】对话框，如图 3-12 所示。

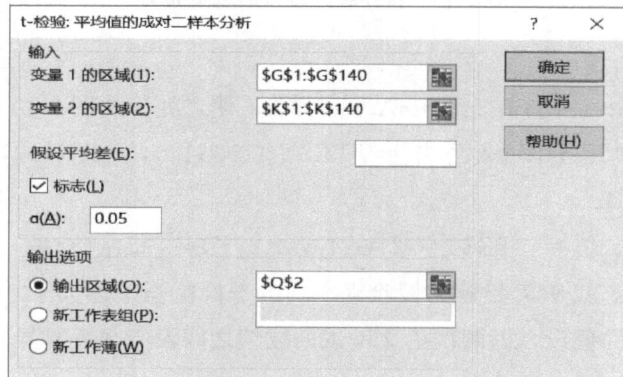

**图 3-12 【配对样本 $t$ 检验】对话框**

第四，在图 3-12 的界面中，对【变量 1 的区域】设置为"\$ G \$ 1:\$ G \$ 140"，对【变量 2 的区域】设置为"\$ K \$ 1:\$ K \$ 140"，对【输出区域】设置为"\$ Q \$ 2"。另外，由于"\$ G \$ 1:

$G\$140"和"\$K\$1:\$K\$140"中包含了字段名行，因此要把【标志】复选框设置为有效。

第五，在图 3-12 的界面中，选择【输出区域】单选框，然后设置输出位置为"\$Q\$2"。

第六，在对图 3-12 的区域设置完毕，单击右上角的【确定】按钮，以便确定已有的设置，并开始执行判断操作。

4. 解读分析结果

基于图 3-12 的设置，立即在当前工作表中的 Q2 开始的区域中获得最终的分析结果，如图 3-13 所示。

①从图 3-13 中可以看出"语文 1"和"语文 2"成绩的平均值和方差值。

②从图 3-13 的倒数第二行可以获得本次检验的双尾检验值，其值为 0.83361407，此数据大于 0.05，所以应该接受原假设，认为"语文 1"和"语文 2"之间不存在显著差异。

③在图 3-12 中设置待分析数据的区域时，有意识地包含了数据区的字段名行（即单元格 G1 和单元格 K1），并在图 3-12 中把【标志】复选框选中，从而保证了在输出结果图表时，能够正确地

| t-检验：成对双样本均值分析 | | |
|---|---|---|
| | 语文1 | 语文2 |
| 平均 | 83.7553957 | 83.56834532 |
| 方差 | 48.8237931 | 48.65290376 |
| 观测值 | 139 | 139 |
| 泊松相关系数 | -0.1263293 | |
| 假设平均差 | 0 | |
| df | 138 | |
| t Stat | 0.21046645 | |
| P(T<=t) 单侧 | 0.41680704 | |
| t 单侧临界 | 1.65597038 | |
| P(T<=t) 双侧 | 0.83361407 | |
| t 双侧临界 | 1.97730354 | |

图 3-13　成对样本 $t$ 检验的分析结果

输出变量标记"语文 1"和"语文 2"，从而使输出结果的可读性更强。

## (四)SPSS 所支持的配对样本 $T$ 检验

对于配对样本，SPSS 提供了专业化的 $T$ 检验。其基本流程是先对待检验的配对样本实施分布形态检验，若两个序列均满足正态分布，就可以直接使用配对样本 $T$ 检验。否则，则需要使用"两关联样本的非参数检验"。

1. 案例要求

对于如图 3-14 所示的 SPSS 数据文件 mydataA.sav，请利用 SPSS 判断两次语文考试成绩是否存在显著差异。

2. 操作流程

第一，在 SPSS 下打开数据文件 mydataA.sav，并使之处于数据视图状态。

第二，基于前面对 mydataA 做"数据规范化与预处理"的结论，得知"语文 1"和"语文 2"均满足正态分布。所以，可以直接使用配对样本 $T$ 检验。

第三，在文档 mydataA.sav 的数据视图状态，执行【分析】—【比较均值】—【成对样本 $T$ 检验】命令，以便打开【成对样本 $T$ 检验】对话框，如图 3-15 所示。

图 3-14　待进行配对样本 $T$ 检验的原始数据

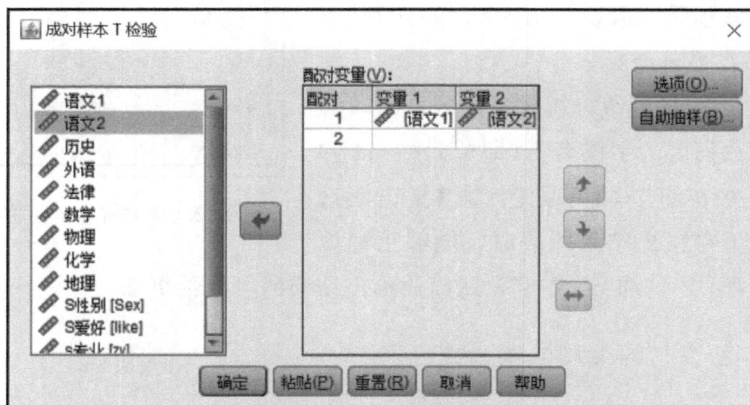

图 3-15　【成对样本的 $T$ 检验】对话框

第四，在【成对样本 $T$ 检验】对话框中，从左侧把"语文 1"添加到右侧"配对变量"列表中的"变量 1"之下，再把"语文 2"添加到"变量 2"之下，使这两个变量成为一对。

第五，单击此对话框底部的【确定】按钮，以便进行差异显著性检验。

3. 解读输出结果

针对本案例的操作，将会得到如图 3-16 所示的对话框。

| | | 配对差值 | | | | | | 显著性（双侧） |
|---|---|---|---|---|---|---|---|---|
| **配对样本检验** | | | | | | | | |
| | | 平均值 | 标准差 | 标准误差平均值 | 差值 95% 置信区间 | | t | 自由度 |
| | | | | | 下限 | 上限 | | |
| 配对 1　语文1 - 语文2 | | .1871 | 10.4781 | .8887 | -1.5703 | 1.9444 | .210 | 138 | .834 |

图 3-16　成对样本 $T$ 检验的输出结果

从图 3-16 所示的结果可以看出，本案例的检验显著性为 0.834，此值大于 0.05，表示原假设成立，两次语文成绩之间不存在显著差异。其实，两次成绩之间实施对比的最终 $t$ 值为 0.210，也远小于 1.96，这也证明了两次成绩之间的均值差异小于正常的数据波动，不能说明两次成绩的均值之间存在显著差异。

---

注意：在本例中，若检验"语文 1"和"数学"成绩之间是否存在显著差异，尽管两者是配对样本，但由于"数学"成绩不满足正态分布，因此不能使用配对样本 $T$ 检验进行判断，只能使用后续章节讲述的"两关联样本的非参数检验"来实现。

---

### 3.3.3　独立样本 $T$ 检验

#### (一)独立样本 $T$ 检验的概念

1. 独立样本 $T$ 检验的含义

所谓独立样本 $T$ 检验，要求参与对比的两组数据来自满足正态分布的同一个总体序列，而且其数据为高测度数据(定距变量或高测度的定序变量)。在这种数据序列中，通常以一个二分变量作为标志把待检验序列划分为两组数据，或者借助一个分割点标记把待检验序列划分为两组数据。

处于待检验状态的两个独立样本，可以有不同的数据个数，而且应是两个没有对应关系的独立数据集合。例如，对同一学校的某次考试，在总体成绩满足正态分布的情况下，如果需要检验男生和女生的成绩之间有无显著差异，或者一班和二班的成绩之间有无显著差异，则都可以使用独立样本 $T$ 检验。

2. 独立样本 $T$ 检验的应用

对于独立样本 $T$ 检验，在真正实施前，需要先明确两个序列的方差是否齐性，然后才能根据方差齐性与否选择相应的计算方法。

若两独立样本的方差是齐性(即等方差)的，则使用独立样本等方差 $T$ 检验，否则使用独立样本异方差 $T$ 检验。

#### (二)基于 Excel 函数的独立样本 $T$ 检验

1. 案例要求

对于如图 3-17 所示的 Excel 数据表文件 mydataA.xls，现在需要判断男生和女生的"语文 1"考试成绩之间是否存在显著差异。请利用 Excel 的内置函数进行判定。

2. 分析解决方案

针对题目要求的差异显著性检验，由于已知"语文 1"考试成绩满足正态分布，针对来自同一序列的男生与女生的成绩，属于来自同一总体的两个独立序列。因此，可以采用独立样本 $T$ 检验，而且采用双侧检验。

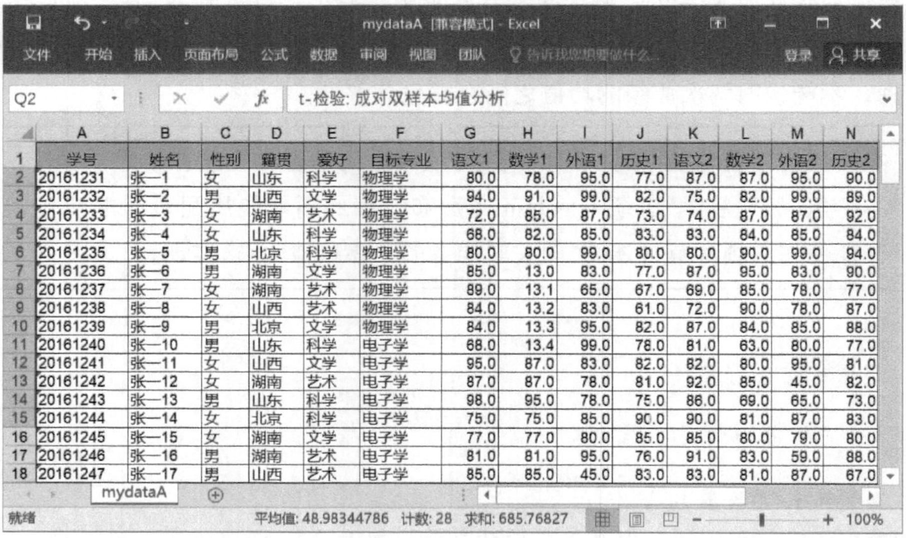

| | A | B | C | D | E | F | G | H | I | J | K | L | M | N |
|---|---|---|---|---|---|---|---|---|---|---|---|---|---|---|
| 1 | 学号 | 姓名 | 性别 | 籍贯 | 爱好 | 目标专业 | 语文1 | 数学1 | 外语1 | 历史1 | 语文2 | 数学2 | 外语2 | 历史2 |
| 2 | 20161231 | 张—1 | 女 | 山东 | 科学 | 物理学 | 80.0 | 78.0 | 95.0 | 77.0 | 87.0 | 87.0 | 95.0 | 90.0 |
| 3 | 20161232 | 张—2 | 男 | 山西 | 文学 | 物理学 | 94.0 | 91.0 | 99.0 | 82.0 | 75.0 | 82.0 | 99.0 | 89.0 |
| 4 | 20161233 | 张—3 | 女 | 湖南 | 艺术 | 物理学 | 72.0 | 85.0 | 87.0 | 73.0 | 74.0 | 87.0 | 87.0 | 92.0 |
| 5 | 20161234 | 张—4 | 女 | 山东 | 科学 | 物理学 | 68.0 | 82.0 | 85.0 | 83.0 | 83.0 | 84.0 | 85.0 | 84.0 |
| 6 | 20161235 | 张—5 | 男 | 北京 | 科学 | 物理学 | 80.0 | 80.0 | 99.0 | 80.0 | 80.0 | 90.0 | 99.0 | 94.0 |
| 7 | 20161236 | 张—6 | 男 | 湖南 | 文学 | 物理学 | 85.0 | 13.0 | 83.0 | 77.0 | 87.0 | 95.0 | 83.0 | 90.0 |
| 8 | 20161237 | 张—7 | 女 | 湖南 | 艺术 | 物理学 | 89.0 | 13.1 | 65.0 | 67.0 | 69.0 | 85.0 | 78.0 | 77.0 |
| 9 | 20161238 | 张—8 | 女 | 山西 | 艺术 | 物理学 | 84.0 | 13.2 | 83.0 | 61.0 | 72.0 | 90.0 | 78.0 | 87.0 |
| 10 | 20161239 | 张—9 | 男 | 北京 | 文学 | 物理学 | 84.0 | 13.3 | 95.0 | 82.0 | 87.0 | 84.0 | 85.0 | 88.0 |
| 11 | 20161240 | 张—10 | 男 | 山东 | 科学 | 电子学 | 68.0 | 13.4 | 99.0 | 78.0 | 81.0 | 63.0 | 80.0 | 77.0 |
| 12 | 20161241 | 张—11 | 女 | 山西 | 文学 | 电子学 | 95.0 | 87.0 | 83.0 | 82.0 | 82.0 | 80.0 | 95.0 | 81.0 |
| 13 | 20161242 | 张—12 | 女 | 湖南 | 艺术 | 电子学 | 87.0 | 87.0 | 78.0 | 81.0 | 92.0 | 85.0 | 45.0 | 82.0 |
| 14 | 20161243 | 张—13 | 男 | 山东 | 科学 | 电子学 | 98.0 | 95.0 | 78.0 | 75.0 | 86.0 | 69.0 | 65.0 | 73.0 |
| 15 | 20161244 | 张—14 | 女 | 北京 | 科学 | 电子学 | 75.0 | 75.0 | 85.0 | 90.0 | 90.0 | 81.0 | 87.0 | 83.0 |
| 16 | 20161245 | 张—15 | 女 | 湖南 | 文学 | 电子学 | 77.0 | 77.0 | 80.0 | 85.0 | 85.0 | 80.0 | 79.0 | 80.0 |
| 17 | 20161246 | 张—16 | 男 | 湖南 | 艺术 | 电子学 | 81.0 | 81.0 | 95.0 | 76.0 | 91.0 | 83.0 | 59.0 | 88.0 |
| 18 | 20161247 | 张—17 | 男 | 山西 | 艺术 | 电子学 | 85.0 | 85.0 | 45.0 | 83.0 | 83.0 | 81.0 | 87.0 | 67.0 |



**图 3-17　待开展 $T$ 检验的原始数据**

在 Excel 中函数“TTEST(序列 1，序列 2，单侧或双侧，检验类型)”用于两列数据的差异显著性检验。

第四个参数表示检验的类型，取值为 1，2 或 3。检验类型为 1 时，代表配对 $T$ 检验。检验类型为 2 时，代表独立样本等方差 $T$ 检验；检验类型取 3 时，代表独立样本异方差 $T$ 检验。因此本题在进行独立样本 $T$ 检验之前，必须先利用 FTEST 函数判断两个数据序列的方差是否齐性，以便决定最后一个参数的取值(是 2 还是 3)。

3. 操作流程

第一，启动 Excel 并打开 mydataA. xls 文档，使之处于如图 3-17 所示的状态。

第二，选定工作表区域 A1:N140，执行【数据】—【排序】命令，以便对原数据表按照“性别”升序排序。排序后发现，男生的“语文 1”信息集中存储在 G2：G61 的区域中，女生的“语文 1”信息集中存储在 G62:G140 的区域中。

第三，在 P2 单元格中输入公式[＝FTEST(G2:G61，G62:G140)]，立即得到运算结果 0.304167574；这个数值就是 $F$ 检验的检验概率值，其值大于 0.05，表示两序列的方差是齐性的，所以 TTEST 的第四个参数应该为 2。

第四，在 P3 单元格中输入公式[＝TTEST(G2:G61，G62:G140，2，2)]，立即得到运算结果。

4. 解读分析结果

在 P3 单元格中输入公式[＝TTEST(G2:G61，G62:G140，2，2)]，立即得到运算结果 0.084812，这就是 $T$ 检验的检验概率值。由于 $p$ 值大于 0.05，说明应该接受“没有显著差异"的假设，即男生和女生在"语文 1"考试成绩上没有显著差异。

### （三）基于 Excel 分析工具库的独立样本 *T* 检验

#### 1. 案例要求

对于如图 3-17 所示的 Excel 数据表文件 mydataA.xls，现在需要检验男生和女生的"语文 1"考试成绩是否存在显著差异。请利用 Excel 的分析工具库进行判定。

#### 2. 分析解决方案

针对题目要求的差异显著性检验，由于已知"语文 1"考试成绩满足正态分布，来自同一序列的男生与女生的成绩，属于来自同一总体的两个独立序列。因此，可以采用独立样本 *T* 检验，而且应采用双尾检验。

在 Excel 中，可以借助【数据】选项卡之下的【数据分析】功能完成比较专业的数据分析。

在基于"分析工具库"做独立样本 *T* 检验前，需要对待分析数据进行整理，使之位于两个相邻的列内，并具有相应的字段名，而且做好方差齐性检验。

> 注意：若【数据】选项卡之内没有【数据分析】按钮，则表示尚未启动 Excel 的"分析工具库"。此时需要人工启动"分析工具库"。

#### 3. 操作流程

第一，启动 Excel 并打开 mydataA.xls 文档，使之处于如图 3-17 所示的状态。

第二，选定工作表区域 A1：N140，执行【数据】—【排序】命令，以便对原数据表按照"性别"升序排序。排序后发现，男生的"语文 1"信息集中存储在 G2：G61 的区域中，女生的"语文 1"信息集中存储在 G62：G140 的区域中。

第三，新建一个工作表"数据分析表"，在 A1 单元格输入"男生语文分"，在 B1 单元格输入"女生语文分"。把原工作表 G2：G61 中的男生成绩复制到"数据分析表"的以 A2 单元格为起点的区域中。把原工作表 G62：G140 的女生成绩复制到"数据分析表"的以 B2 单元格为起点的区域中。

第四，在"数据分析表"的 C2 单元格中输入公式［＝FTEST（A2：A61，B2：B80）］，立即得到两列数据方差齐性的检验概率值 0.304167574＞0.05，由此得知两列数据的方差齐性，应该采用双样本等方差的 *T* 检验。

第五，选择顶级选项卡【数据】—【数据分析】命令，立即启动【数据分析】对话框，如图 3-18 所示。

第六，在【数据分析】对话框中，选择【*t*-检验：双样本等方差假设】，然后单击【确定】按钮。立即启动【*t*-检验：双样本等方差假设】对话框，如图 3-19 所示。

第七，在图 3-19 的界面中，对【变量 1 的区域】设置为"＄A＄1：＄A＄61"，对【变量 2

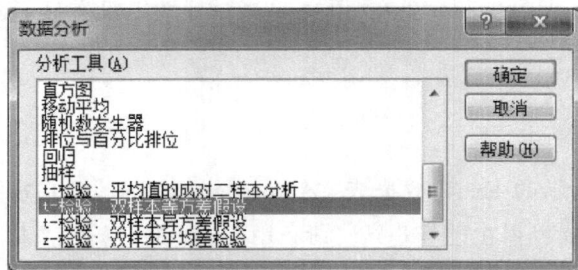

图 3-18 【数据分析】对话框

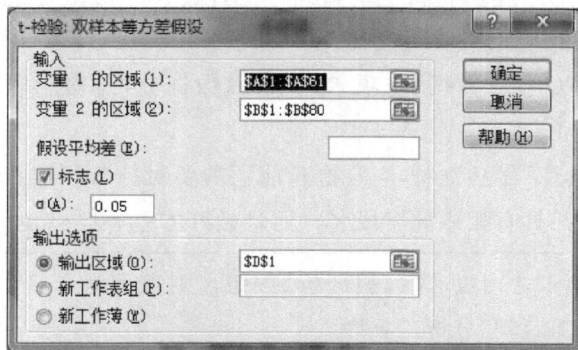

图 3-19 【*t*-检验：双样本等方差假设】对话框

的区域】设置为"＄B＄1:＄B＄80"，对【输出区域】设置为"＄D＄1"。另外，由于"＄A＄1：＄A＄61"和"＄B＄1:＄B:80"中包含了字段名行，因此要把【标志】复选框设置为有效。

第八，在图 3-19 的界面中，选择【输出区域】单选框，然后设置结果的输出位置为＄D＄1。

第九，在对图 3-19 的所有区域设置完毕，单击右上角的【确定】按钮，以便确认已有的设置，并开始执行判断运算。

4．解读分析结果

基于图 3-19 的设置，立即在当前工作表中 D1 开始的区域中获得最终的分析结果，如图 3-20 所示。

从图 3-20 所示的结果中，可以获得以下研究结论。

①在图 3-20 中，可以看出男生和女生"语文"成绩的平均值和方差值。

②在图 3-20 的倒数第二行（坐标为 E13）中，可以获得本次检验的双侧检验概率 *p* 值，其值为 0.084811741，此数据大于 0.05，所以应该接受原假设，认为"男生"和"女生"的语文成绩之间不存在显著差异。

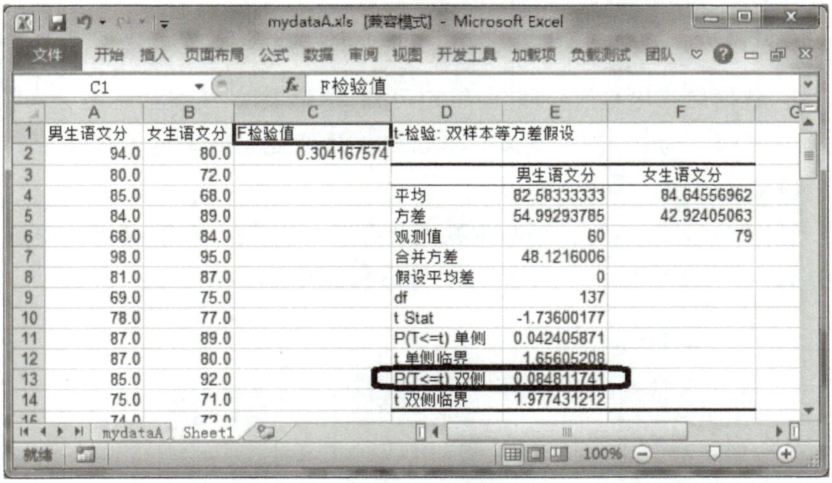

**图 3-20　独立样本 $T$ 检验的分析结果**

### （四）基于 SPSS 环境的独立样本 $T$ 检验

对于两独立样本的均值检验，SPSS 提供了专业化的 $T$ 检验策略。其基本流程是先对待检验的样本实施分布形态检验，若待检验序列满足正态分布，而且分组变量可以转化为二分变量，就可以直接使用独立样本 $T$ 检验。否则，则需要使用两独立样本的非参数检验进行差异显著性检验。

1. 案例要求

对于如图 3-21 所示的 SPSS 数据文件 mydataA.sav，请利用 SPSS 判断男生和女生的"语文 1"成绩是否存在显著差异。

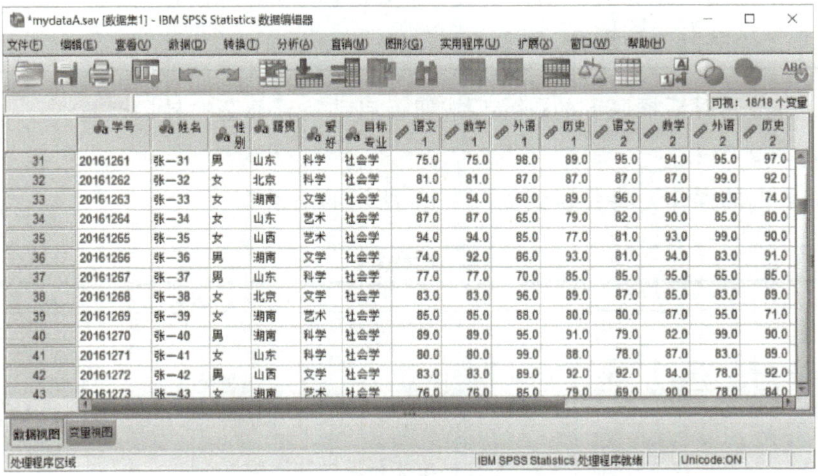

**图 3-21　待进行差异显著性检验的原始数据**

150

2. 操作流程

第一，在 SPSS 下打开数据文件 mydataA.sav，并使之处于数据视图状态。

第二，由"数据规范化与预处理"的结论可知，"语文 1"成绩的正态分布检验的"精确显著性（双尾）"概率为 0.312，其值大于 0.05，说明此序列满足正态分布，可以使用独立样本 $T$ 检验。

第三，在文档 mydataA.sav 的数据视图状态下，执行【分析】—【比较均值】—【独立样本 $T$ 检验】命令，以便打开【独立样本 $T$ 检验】对话框，如图 3-22 所示。

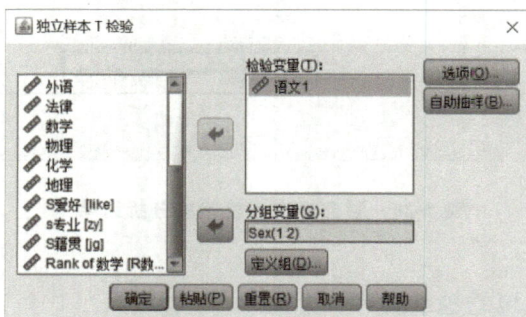

图 3-22　【独立样本 $T$ 检验】对话框

第四，在【独立样本 $T$ 检验】对话框中，从左侧把"语文 1"添加到右侧"检验变量"列表中；再把"性别"的数值化变量"Sex"添加到"分组变量"列表中，然后单击其下面的【定义组】按钮，启动【定义组】对话框，将两个组分别标记为 1 和 2。

注意：在独立样本 $T$ 检验中，分组变量也可以是字符型变量或者定距变量。如果使用字符型变量，则需在【定义组】对话框中设置两个组的标记字符。例如，输入"男"或"女"。如果使用定距变量，则需要在【定义组】对话框中设置"割点"值，以便以割点值为界，把个案分为两部分。

第五，单击此对话框底部的【确定】按钮，启动差异显著性检验运算。

3. 解读输出结果

针对本案例的操作，将会得到如图 3-23 所示的对话框。

| | | 莱文方差等同性检验 | | 平均值等同性 t 检验 | | | | | | |
|---|---|---|---|---|---|---|---|---|---|---|
| | | F | 显著性 | t | 自由度 | 显著性（双侧） | 平均值差值 | 标准误差差值 | 差值 95% 置信区间 下限 | 上限 |
| 语文1 | 假定等方差 | 1.126 | .290 | -1.736 | 137 | .085 | -2.0622 | 1.1879 | -4.4113 | .2868 |
| | 不假定等方差 | | | -1.707 | 118.252 | .090 | -2.0622 | 1.2083 | -4.4549 | .3304 |

独立样本检验

图 3-23　独立样本 $T$ 检验的输出结果

从图 3-23 所示结果可以看出，本案例的"莱文方差等同性检验"的显著性为 0.290，表示方差齐性的检验概率值为 0.290，此值大于 0.05，表示两个序列的方差是齐性的。由于方差齐性，因此需要在"平均值等同值 $t$ 检验"区块的"显著性（双侧）"列中取第一行值 0.085，其值也大于 0.05，说明原假设成立，男女生的"语文 1"成绩没有显著差异。

图 3-23 中的 $t$ 值为 $-1.736$，其绝对值小于 1.96，也说明两组数据之间的均值差异在正常的波动范围之内。此处，$t$ 值＝均值差值/标准误差值，就是图中的 $-2.0622$ 除以 1.1879 之后的商。

> 注意：在图 3-23 中，如果左侧 $F$ 检验的概率值小于 0.05，则表示方差非齐性，就应选择 $T$ 检验区域中"显著性（双侧）"列的第二行数值（图中为 0.090）作为最终的检验概率值，以此数充当是否存在显著差异的判定标准。

### （五）单样本 $T$ 检验

除了针对两列高测度正态分布数据的差异显著性检验，有时人们还希望判断单列正态数据是否与某一给定值有显著差异，或判断单列正态数据是否来自均值为某一特定数值的总体。这就是著名的 SPSS 的单样本 $T$ 检验。

1. 案例要求

对于如图 3-21 所示的 SPSS 数据文件 mydataA.sav，请利用 SPSS 判断"语文 1"成绩是否可被认为来自均值为 80 分的总体。

2. 确定解决方案

本案例的目标是判断当前样本数据是否来自均值为 80 分的总体，也就是需要判断当前样本的均值是否与 80 分存在显著差异。

这是一个典型的单样本 $T$ 检验，可以借助 SPSS 的单样本 $T$ 检验完成。

3. 操作流程

第一，在 SPSS 下打开数据文件 mydataA.sav，并使之处于数据视图状态。

第二，需要对序列"语文 1"进行正态性判定。即①利用【分析】—【描述统计】—【探索】命令，打开【探索】的对话框。②在此对话框中，选择"语文 1"变量并在【图】对话框中选中【直方图】和【含检验的正态图】复选框。③单击【确定】按钮，以启动运算过程。④通过上述操作，得知"语文 1"成绩的正态分布的 S-W 检验概率为 0.093，其值大于 0.05，说明此序列满足正态分布，可以使用单样本 $T$ 检验。

第三，假设全体样本数据"语文 1"成绩与均值为 80 分的总体没有显著差异，现在利用 SPSS 启动单样本 $T$ 检验过程。

第四，返回到文档 mydataA.sav 的数据视图状态，先执行【分析】—【比较均值】—【单样本 $T$ 检验】命令，以便打开【单样本 $T$ 检验】对话框，如图 3-24 所示。

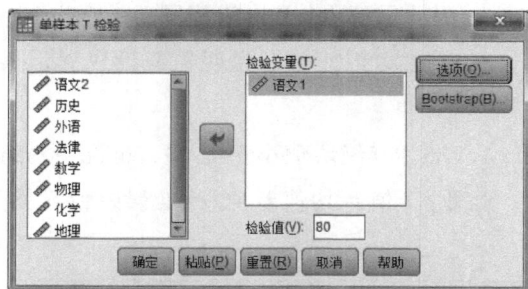

**图 3-24 【单样本 $T$ 检验】对话框**

第五，在【单样本 $T$ 检验】对话框中，从左侧把"语文 1"添加到右侧"检验变量"列表框中；再在"检验值"文本框中输入数值 80。

第六，单击此对话框底部的【确定】按钮，启动差异显著性检验运算。

4．解读输出结果

针对本案例的操作，将会得到如图 3-25 所示的对话框。

**单样本统计**

| | 个案数 | 平均值 | 标准差 | 标准误差平均值 |
|---|---|---|---|---|
| 语文1 | 139 | 83.755 | 6.9874 | .5927 |

**单样本检验**

| | 检验值 = 80 | | | | | |
|---|---|---|---|---|---|---|
| | t | 自由度 | 显著性（双侧） | 平均值差值 | 差值 95% 置信区间 | |
| | | | | | 下限 | 上限 |
| 语文1 | 6.336 | 138 | .000 | 3.7554 | 2.584 | 4.927 |

**图 3-25 单样本 $T$ 检验的输出结果**

从图 3-25 所示的结果可以看出，"语文 1"的均值为 83.755，检验值为 80，其检验概率值图中的"显著性（双侧）"为 0.000，其值小于 0.05，说明原假设不成立。即"语文 1"的平均成绩与 80 分有显著差异，明显高于 80 分，即当前样本不是来自均值为 80 分的总体。

# 3.4
# 方差分析——多分组数据的均值差异性检验

🎯 **本节学习目标**

　　了解方差分析的适用性及其常见类型；全面掌握单因素方差分析、多因素方差分析和协方差分析的用法、适用性，并能正确地解读方差分析的结果。

　　在数据分析中，除了针对单变量双水平的均值差异显著性检验（独立样本 $T$ 检验）外，更多的情况下是针对多分组数据的均值差异显著性检验。为了解决基于某一规则对个案分组，并分析各个分组在被解释变量（因变量）上是否存在均值差异性的问题，人们提出了方差分析的概念。

## 3.4.1　方差分析概述

### （一）方差分析的含义

#### 1. 方差分析的本质

　　方差分析（Variance Analysis），是针对满足正态分布的高测度变量按照某种规则分组，并针对各个分组比较其在某个高测度属性上的取值是否存在均值差异性的一种分析策略。在方差分析中，除了要考虑各分组在整体性上是否存在显著差异，还需要考虑各分组被两两组合之后是否有显著差异。

　　方差分析的目标是：检验针对源于同一总体的多个分组在被解释变量（接近正态分布的高测度变量）上是否有均值差异性。所以，从本质上讲，方差分析仍是均值差异显著性检验。

　　在方差分析中，被解释变量通常为满足正态分布的高测度变量，充当分组依据的变量则被称为因素变量，主要由定类变量或低测度的定序变量承担。

#### 2. 方差分析的价值

　　在数据分析中，方差分析的价值主要体现在两个方面。①检验针对源于同一总体的多个分组在被解释变量上的均值是否有显著差异。②探索因素变量能否对被解释变量产生显著影响，即被解释变量与因素变量之间是否存在一定的关联性。

　　在具体的应用中，如果研究者发现基于某一因素分组后，各分组在被解释变量上的均值具有显著差异，则可以认为这个因素对被解释变量有一定程度的影响力。例如，

154

如果按照"爱好"分组后发现不同小组的物理成绩存在显著差异，则说明"爱好"与"物理"成绩之间存在一定的关联性，即"爱好"会对"物理"成绩产生影响。因此，方差分析是探索变量之间内在关联性的重要方法，也是科学研究中实现归因分析的手段之一。

### （二）方差分析中的相关概念

方差分析的目标就是分析分组变量与被解释变量之间是否存在关联性，或者说分析分组变量的不同水平，是否会导致被解释变量值的显著不同。在方差分析过程中，主要涉及以下几个重要概念。

被解释变量，即结果变量，也叫因变量。在方差分析中，因变量应该是满足正态分布的定距变量或高测度定序变量，也常常被简称为变量。

分组变量，也叫因素变量、自变量或因子，即研究者怀疑能够影响实验结果的变量。它通常由定类变量或者区分度不太高的定序变量承担。在方差分析中，因素变量作为分组标准出现，用于把个案划分为若干个分组，以便分析软件能依据分组变量进行均值比较。因此，因素变量也被简称为因素或因子，其取值必须为整数。

分组，从本质上来看，方差分析检验各分组数据之间的均值是否存在显著差异，其分组就是基于因素变量的不同水平产生的。例如，若以性别作为因素变量，则个案自然被划分为"男"或者"女"两组。在实际研究中，分组可以基于多个因素的不同水平而产生，甚至需要结合不同因素的交叉作用实施更加复杂的分组。

水平，即分组变量的取值范围，也叫因素的水平。例如，如果以性别作为因素变量，那么"男""女"两个取值就是它的两个不同水平。当然，在方差分析中，通常不以字符型变量作为因素变量。因此，如果需要以字符型变量充当因素变量，就必须先对字符型变量进行字符串的数值化编码。

随机变量，是能够影响实验结果，但难以直接充当分组依据的变量，通常是定距变量或者高区分度的定序变量。在方差分析过程中，为了便于分析随机变量的影响力，减少因分组过多所导致的误差，常常借助技术手段对随机变量离散化，以便把它作为普通的因素变量使用。

控制变量，是在研究中需要被排除的变量。在研究过程中，有时为了观察 A 因素的影响作用，但怀疑 B 因素也会影响结果并且 B 因素对结果的影响是不易控制的。这时就要把 B 因素作为控制变量，尽可能排除 B 因素的影响，以便检验 A 因素到底有没有产生影响。

### （三）方差分析的类别

方差分析就是分析在不同的因素水平下，结果变量的均值差异性，即检验各因素各水平分组下样本均值的差异性。前面学习的独立样本 $T$ 检验是关于单因素二分组的均值差异显著性检验，方差分析是关于多分组的均值差异性的检验。

基于因素水平的均值差异显著性检验的主要类别如表 3-2 所示。

表 3-2　基于因素水平的均值差异显著性检验的主要类别

| 类型 | 技术 | 特点 |
|---|---|---|
| 单因素双水平的均值差异显著性检验 | 独立样本 $T$ 检验 | 因变量符合正态分布且为高测度数据；单因素变量，此因素变量只有二水平 |
| 单因素多水平的均值差异显著性检验 | 单因素方差分析 | 因变量符合正态分布且为高测度数据；单因素变量，此因素变量有多个水平 |
| 多因素多水平的均值差异显著性检验 | 多因素方差分析 | 因变量符合正态分布且为高测度数据；<br>多因素变量，每个因素变量有多个水平；<br>考察多因素的交互作用 |
| 多因素多水平且排除某些变量影响的差异显著性检验 | 协方差分析 | 因变量符合正态分布且为高测度数据；<br>多因素变量，每个因素变量有多个水平；<br>考察多因素交互作用，并要排除特定变量对因变量的影响 |

### (四)方差分析中针对数据处理的思路

从本质上讲，方差分析是一种基于因素水平进行分组而开展的均值差异显著性检验。方差分析的内部机制比较复杂，本教材不做特别详细的分析。但其基本思路仍然遵循前面所阐述的数据分析的基本规则，借助" $F = \dfrac{\text{组间均方}}{\text{组内均方}}$ "的处理思路。

对于一个观测变量来讲，如果基于因素水平分组后，若组间的均方值远大于组内的均方值（即 $F$ 值远大于1），则表示不同因素水平的个案组，其均值具有显著差异。否则，若组间的均方值等于或者小于组内的均方值（即 $F$ 值 $\leqslant 1$），则表示处于不同因素水平的个案组，其均值没有显著差异。

如果处于不同因素水平的个案组，其均值具有显著差异，则说明此因素变量对因变量具有显著影响，即因素变量与因变量之间存在一定的内在关联性。

### (五)方差分析中的假设与分析结论

在方差分析中，通常假设在不同因素水平下，各个分组在观测变量上的均值不存在显著差异，即该因素对因变量没有显著影响。通过数据分析软件计算后，将会获得方差分析的检验概率值。若检验概率值大于 0.05，则表示原假设成立，被测试的因素变量对因变量无显著影响。若检验概率值大于 0.05，则表示在因素的不同水平下，至

156

少有一组个案在因变量上的均值与其他组存在显著差异。也就是说，即原假设不成立，因素变量对因变量有显著影响。

### 3.4.2 单因素方差分析

#### (一)单因素方差分析的概念

1. 单因素方差分析的定义

单因素方差分析(One-Way ANOVA)是研究在单一因素的影响过程中，因变量(被解释变量)在该因素的各级水平下的均值是否存在显著差异。在此过程中，影响检验结果显著程度的要素不仅仅包含各组均值之间的差异(组间方差值)，还包含各个水平内观测变量取值与均值之间的差异(组内方差值)。前者越大，影响越显著；后者越大，影响越不显著。

单因素方差分析的目标就是找到 $F$ 值(组间均方值与组内均方值之比)比较大的"因素与因变量"的组合，从而发现因素变量与因变量之间的关联关系。

2. 单因素方差分析的假设与前提条件

在单因素方差分析中，假设在因素变量的各个水平下，样本在因变量上的均值没有显著差异。如果检验概率小于 0.05，则原假设不成立，表示在因素变量的不同水平下，各分组在因变量上的均值有显著差异，即因素变量对因变量有显著影响；否则，原假设成立，因素变量对因变量没有显著影响。

单因素方差分析的前提条件是：①因变量为满足正态分布的定距或高测度定序数据；②基于因素水平的各个分组，其在因变量上的值应满足方差齐性。

#### (二)单因素方差分析实践案例——基于 Excel 环境

1. 案例要求

对于如图 3-26 所示的 Excel 数据表文件 mydataA. xls，已知"语文 2"成绩符合正态分布。现在需要了解不同爱好的学生的"语文 2"成绩是否存在显著差异。请利用 Excel 的分析工具库进行判定。

2. 分析解决方案

由于已知"语文 2"成绩满足正态分布，针对来自同一序列的"语文 2"成绩，要基于"爱好"分组分析其均值差异性，可以使用单因素方差分析技术。

在 Excel 中，可以借助其内置"分析工具库"实现单因素方差分析。此功能位于【数据】选项卡中的【数据分析】功能区中。

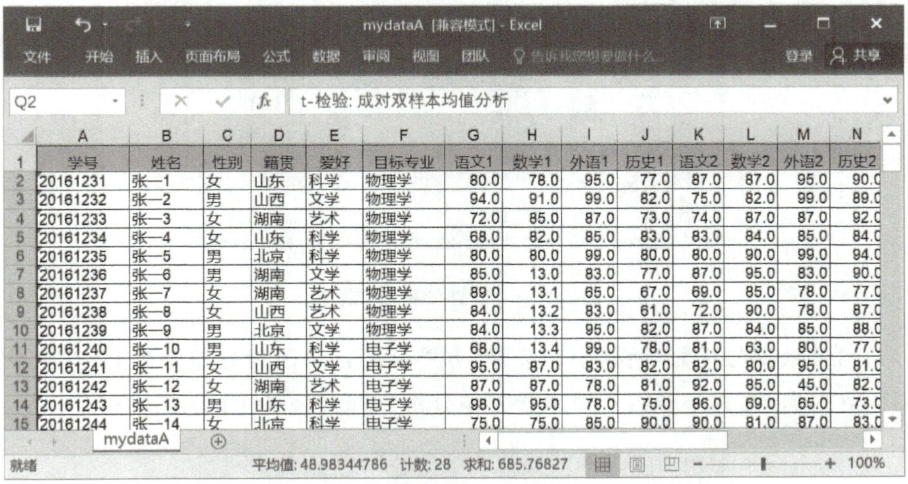

| 学号 | 姓名 | 性别 | 籍贯 | 爱好 | 目标专业 | 语文1 | 数学1 | 外语1 | 历史1 | 语文2 | 数学2 | 外语2 | 历史2 |
|---|---|---|---|---|---|---|---|---|---|---|---|---|---|
| 20161231 | 张—1 | 女 | 山东 | 科学 | 物理学 | 80.0 | 78.0 | 95.0 | 77.0 | 87.0 | 87.0 | 95.0 | 90.0 |
| 20161232 | 张—2 | 男 | 山西 | 文学 | 物理学 | 94.0 | 91.0 | 99.0 | 82.0 | 75.0 | 82.0 | 99.0 | 89.0 |
| 20161233 | 张—3 | 女 | 湖南 | 艺术 | 物理学 | 72.0 | 85.0 | 87.0 | 73.0 | 74.0 | 87.0 | 87.0 | 92.0 |
| 20161234 | 张—4 | 女 | 山东 | 科学 | 物理学 | 68.0 | 82.0 | 85.0 | 83.0 | 83.0 | 84.0 | 85.0 | 84.0 |
| 20161235 | 张—5 | 男 | 北京 | 科学 | 物理学 | 80.0 | 80.0 | 99.0 | 80.0 | 80.0 | 90.0 | 99.0 | 94.0 |
| 20161236 | 张—6 | 男 | 湖南 | 文学 | 物理学 | 85.0 | 13.0 | 83.0 | 77.0 | 87.0 | 95.0 | 83.0 | 90.0 |
| 20161237 | 张—7 | 女 | 湖南 | 艺术 | 物理学 | 89.0 | 13.1 | 65.0 | 67.0 | 69.0 | 85.0 | 78.0 | 77.0 |
| 20161238 | 张—8 | 女 | 山西 | 艺术 | 物理学 | 84.0 | 13.2 | 83.0 | 61.0 | 72.0 | 90.0 | 78.0 | 87.0 |
| 20161239 | 张—9 | 男 | 北京 | 文学 | 物理学 | 84.0 | 13.3 | 95.0 | 82.0 | 87.0 | 84.0 | 85.0 | 88.0 |
| 20161240 | 张—10 | 男 | 山东 | 科学 | 电子学 | 68.0 | 13.4 | 99.0 | 78.0 | 81.0 | 63.0 | 80.0 | 77.0 |
| 20161241 | 张—11 | 女 | 山西 | 文学 | 电子学 | 95.0 | 87.0 | 83.0 | 82.0 | 82.0 | 80.0 | 95.0 | 81.0 |
| 20161242 | 张—12 | 女 | 湖南 | 艺术 | 电子学 | 87.0 | 87.0 | 78.0 | 81.0 | 92.0 | 85.0 | 45.0 | 82.0 |
| 20161243 | 张—13 | 男 | 山东 | 科学 | 电子学 | 98.0 | 95.0 | 78.0 | 75.0 | 86.0 | 69.0 | 65.0 | 73.0 |
| 20161244 | 张—14 | 女 | 北京 | 科学 | 电子学 | 75.0 | 75.0 | 85.0 | 90.0 | 90.0 | 81.0 | 87.0 | 83.0 |

**图 3-26　待进行方差分析的原始数据**

在基于"分析工具库"实施单因素方差分析前，需要先对即将分析的数据进行整理，使每个分组位于一个独立的列内，所有分组位于相邻的区域内，并具有字段名行。

> 注意：若【数据】选项卡中没有【数据分析】按钮，则可以借助 Excel 的【选项】功能在【加载宏】对话框中，把【分析工具库】复选框设置为有效。

3. 操作流程

第一，启动 Excel 并打开 mydataA. xls 文档，使之处于如图 3-26 所示的状态。

第二，选定工作表区域 A1:N140，执行【数据】—【排序】命令，以便对原数据表按照"爱好"升序排序。排序后发现，本案例中的"爱好"共有三类，分别是"科学""文学"和"艺术"。

第三，新建一个工作表"数据分析表"，在 A1 单元格输入"科学"，在 B1 单元格输入"文学"，在 C1 单元格输入"艺术"。

第四，从原工作表中把 H2:H44(爱好"科学"的个案)中的"语文 2"成绩复制到以 A2 单元格为起点的"数据分析表"区域中；把原工作表 H45:H92(爱好"文学"的个案)的"语文 2"成绩复制到以 B2 单元格为起点的"数据分析表"区域中；把原工作表 H93:H140(爱好"艺术"的个案)的"语文 2"成绩复制到以 C2 单元格为起点的"数据分析表"区域中。

第五，选择顶级选项卡【数据】—【数据分析】命令，立即启动【数据分析】对话框，如图 3-27 所示。

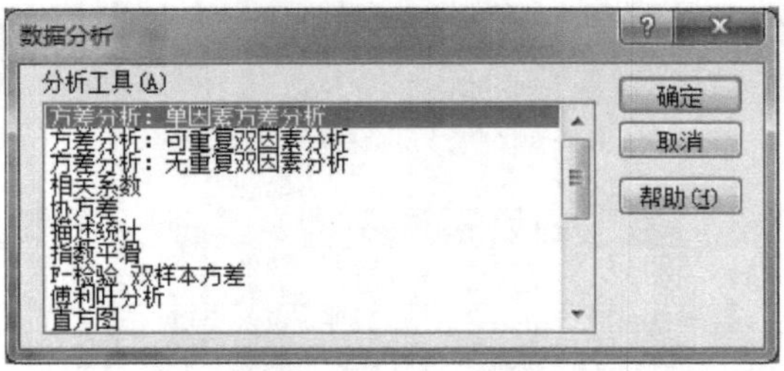

图 3-27　【数据分析】对话框

第六，在【数据分析】对话框中，选择【方差分析：单因素方差分析】，然后单击【确定】按钮。立即启动【方差分析：单因素方差分析】对话框，如图 3-28 所示。

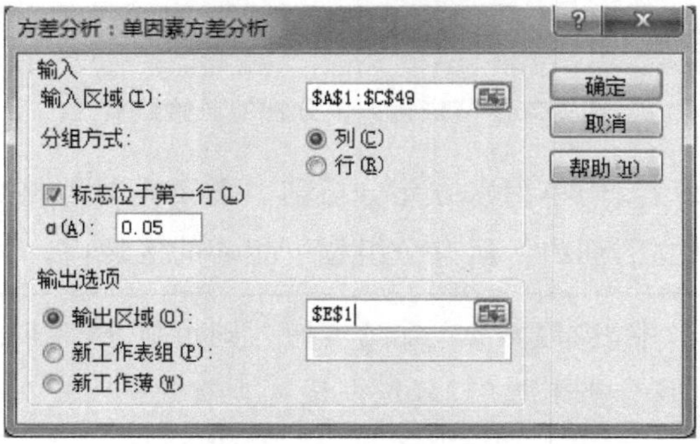

图 3-28　【方差分析：单因素方差分析】对话框

第七，在图 3-28 的界面中，对【输入区域】设置为"$A$1:$C$49"，设置【分组方式】中的【列】复选框为有效状态。另外，由于"$A$1:$C$49"中包含了字段名行，因此要把【标志位于第一行】复选框设置为有效。

第八，在图 3-28 的界面中，选择【输出区域】单选框，然后设置输出位置为$E$1。

第九，在对图 3-28 的区域设置完毕后，单击右上角的【确定】按钮，以便确定已有的设置，并开始执行判断操作。

4. 解读分析结果

基于图 3-28 的设置，立即在当前工作表中的 E1 开始的区域中获得最终的分析结果，如图 3-29 所示。从图 3-29 所示的结果数据中，可以获得以下研究结论。

①在图 3-29 中，可以清晰地看到三个分组的名称、平均值和方差值。

②从图 3-29 的"$P$-value"值可以获得本次检验的概率值，其值为 0.905854，此数据大于 0.05，所以应该接受原假设，认为不同爱好的学生在"语文 2"成绩上不存在显著差异。即学生的"爱好"与"语文 2"成绩之间不存在关联性。

③图 3-29 中 MS 列的值就是组间和组内的均方值（即 4.877879 和 49.29665），它们

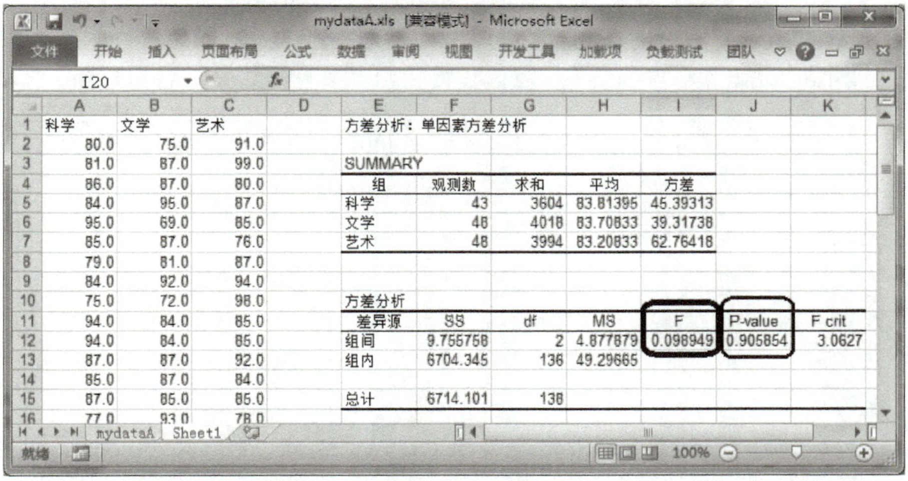

图 3-29　单因素方差分析的运算结果

之间的比值就是 F 值(即 0.098949)。这里的 F 值很小,表示组间的均值差小于组内的正常波动水平。因此基于因素水平的不同分组,其"语文 2"成绩不存在显著差异。这一结论与检验概率值远大于 0.05 是一致的。

### (三)单因素方差分析实践案例——基于 SPSS 环境

对于单因素方差分析,SPSS 也提供了专业化的检验策略。其基本流程是先对待检验的样本实施分布形态检验,若待研究的序列满足正态分布,而且因素变量只有一个,是低测度的定序变量或定类变量,就可以直接使用单因素方差分析。

在以 SPSS 实施单因素方差分析时,应该启用【方差同质性检验】复选框。如果对于不同水平的分组,能满足因变量方差齐性,则可以直接使用方差分析的检验概率作为分析结论。否则,方差分析的检验概率不可信,建议做"两两比较"或"多独立样本的非参数检验"。

#### 1. 案例要求

对于如图 3-30 所示的 SPSS 数据文件 mydataA.sav,请利用 SPSS 判断不同爱好的学生在"语文 1"成绩上是否存在显著差异。

#### 2. 分析解决方案

针对来自同一序列的"语文 1"成绩,要基于"爱好"分组之后分析其均值差异性,可以使用单因素方差分析的技术。

在 SPSS 的单因素方差分析中,系统要求结果变量为正态分布的高测度数据,因此在实施检验前,需要先检验"语文 1"成绩的正态性;另外,系统要求作为因素的变量必须为数值离散型变量(即整数),所以在实施检验前,还需要对字符型的变量"爱好"进

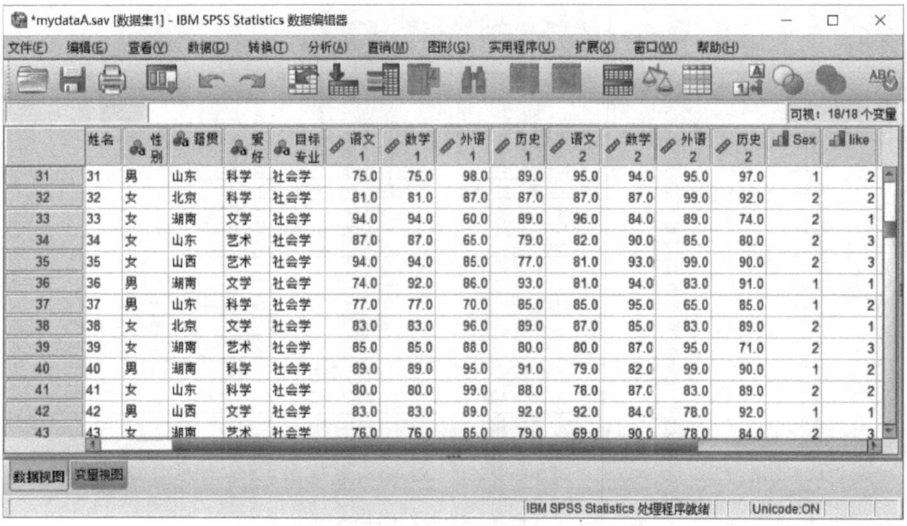

图 3-30　待进行差异显著性检验的原始数据

行数值化编码。

在完成数据规范化处理后，再启用单因素方差分析，并注意在分析过程中同时做方差同质性检验。

3. 操作流程

第一，在 SPSS 下打开数据文件 mydataA.sav，并使之处于数据视图状态。

第二，基于前面 3.2.3 中"数据规范化与预处理"的结论，已经证实"语文 1"成绩满足正态分布，可以使用单因素方差分析。

第三，基于前面"数据规范化与预处理"的操作，已经完成了针对变量"爱好"的数值化编码，其对应新变量为"like"，且"艺术"编码为 1，"文学"编码为 2，"科学"编码为 3。

第四，返回到文档 mydataA.sav 的数据视图状态，然后执行【分析】—【比较均值】—【单因素 ANOVA】命令，以便打开【单因素 ANOVA 检验】对话框，如图 3-31所示。

第五，在【单因素 ANOVA 检验】对话框中，从左侧把"语文 1"添加到右侧"因变量列表"列表中；再把"爱好"的数值化变量"like"添加到"因子"列表中。

第六，在图 3-31 所示的对话框中，单击右上角的【选项】按钮，启动如图 3-32 所示的【选项】对话框。在此对话框中把【方差齐性检验】复选框选中。然后，单击【继续】按钮，返回到图 3-31 对话框。

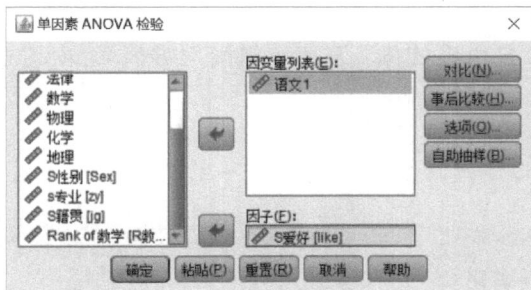

图 3-31　【单因素 ANOVA 检验】对话框　　图 3-32　【单因素方差分析—选项】对话框

第七，单击此对话框底部的【确定】按钮，启动差异显著性检验运算。

4. 解读输出结果

针对本案例的操作，将会得到如图 3-33 所示的对话框。

分析这个结果表格，可以获得以下结论。

①在本案例中，由于在第六步勾选了【方差齐性检验】复选框，获得了图 3-33 中的上表"方差齐性检验"表格。从这个表格的"显著性"列获得的数据 0.587，说明方差齐性的检验概率为 0.587，此值大于 0.05，表示原假设"方差齐性"是成立的。由于在本案例中，在不同的"爱好"水平下，其语文成绩方差齐性，所以满足单因素方差分析的前提条件。

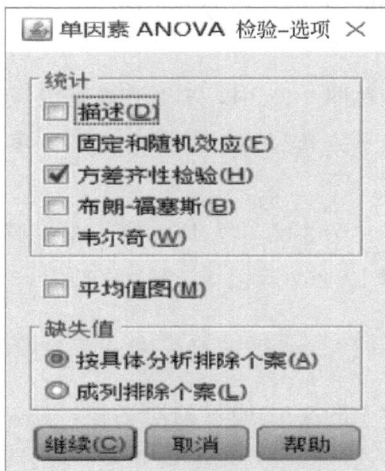

方差齐性检验

语文1

| 莱文统计 | 自由度 1 | 自由度 2 | 显著性 |
|---|---|---|---|
| .535 | 2 | 136 | .587 |

ANOVA

语文1

| | 平方和 | 自由度 | 均方 | F | 显著性 |
|---|---|---|---|---|---|
| 组间 | 38.734 | 2 | 19.367 | .393 | .676 |
| 组内 | 6698.950 | 136 | 49.257 | | |
| 总计 | 6737.683 | 138 | | | |

图 3-33　单因素方差分析的输出结果

②图 3-33 中最右列的"显著性"值为 0.676，表示本案例的最终显著性检验概率值为 0.676，其值大于 0.05，说明原假设成立，不同爱好的学生，其"语文 1"成绩没有显著差异。

③图中的 $F$ 值为 0.393，小于 1.96，也说明组间的均值差异在正常的波动范围之内。

④在图 3-33 中，第 2 列数据为"平方和"，其值分别是"组间的离差平方和"和"组内的离差平方和"。$df$ 为自由度，本案例中共有 3 组，组间自由度为 2，组内自由度为 136。

⑤在图 3-33 中，均方值＝离差平方和/自由度的值。$F$ 值＝组间均方值/组内均方值，即 19.367 除以 49.257 的商。

### （四）对 SPSS 中单因素方差分析命令的补充说明

对于图 3-31 所示的对话框，还有一些参数项可以设置。这些参数对单因素方差分析过程有重要影响。

1. 右上角的【对比】按钮

单击图 3-31 右上角的【对比】按钮，启动如图 3-34 所示的对话框，可以对多项式对照方式进行设置。

①在单因素方差分析中，【多项式】项的默认值为无效状态，表示在方差分析过程中其均值的对比采用默认的线性齐次双向比较。即在方差齐次的情况下，对均值两两组对做直接比较。

②在选定了【多项式】复选框之后，可以设置均值比较的方式。此时，可以选用"线性""二次项""立方""四次项""五次项"等多种比较方式。

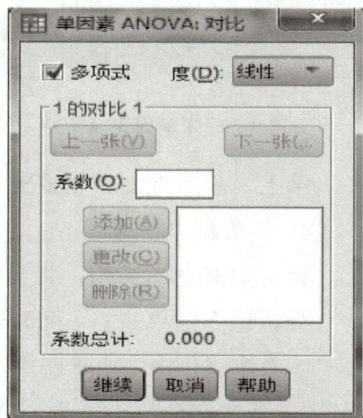

图 3-34　多项式对照方式

③在比较过程中，还可以为各组均值各添加一个系数，采取带有系数的多项式比较。添加系数的操作应在图 3-34 的中部实施，先在【系数（O）】文本框中输入系数值，然后单击【添加】按钮把系数添加进底部的列表中即可。

2. 右上角的【事后比较】按钮

单击图 3-31 右上角的【事后比较】按钮，能够启动针对不同分组的"两两比较"对照分析，打开如图 3-35 所示的对话框，以便进行具体设置。

①如果已知方差齐性，可以设置为图 3-35 上部的 14 种多重检验方法。此处主要介绍前 9 种。

LSD，即最小显著差异检验，采取各组配对比较，不调整误差率的对比方式。

Bonferroni，即修正的 LSD 检验，通过设置检验误差率来控制误差。

Sidak，即基于 $T$ 统计量的多重配对比较，可以调整其显著性水平。

Scheffe，即同步进入的配对比较检验，不要求 $n$ 相等，可以对各个均值的差异显著性检验结果进行对比。

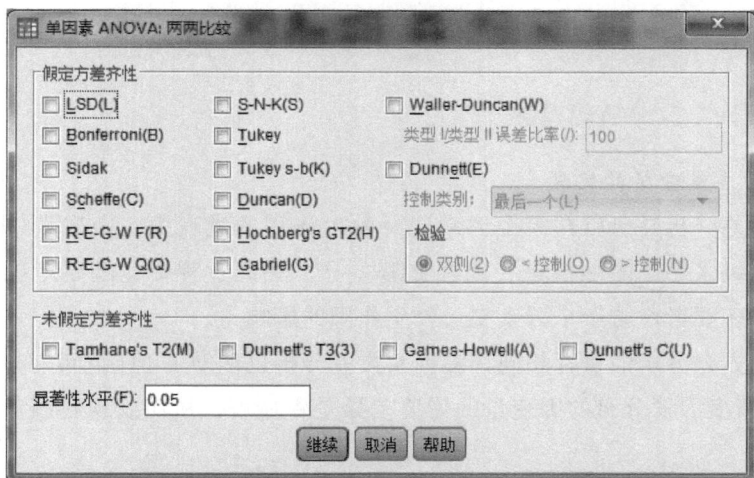

**图 3-35　【单因素 ANOVA：两两比较】对话框**

R-E-G-W F，即借助 $F$ 检验进行多重比较检验。

R-E-G-W Q，即在正态分布的范围内进行多重配对比较检验。

S-N-K，即用 Student Range 分布进行各个组间的均值配对比较。

Tukey，即真实显著差异检验，用 Student Range 分布进行各个组间配对比较，用所有配对比较误差率作为实验误差率。

Tukey s-b，即用 Student Range 分布进行各个组间配对比较，其精确度是前两者的均值。

②如果已知方差非齐性，则可借助图 3-35 底部的 4 种多重检验方法。

Tamhane's T2 检验，即借助 $T$ 检验进行组对比较检验。

Dunnett's T3 检验，即正态分布下的组对检验。

Games-Howell 检验，对应方差非齐性检验。

Dunnett's C 检验，即正态分布下的组对比较检验。

3．右上角的【选项】按钮

单击图 3-31 右上角的【选项】按钮，启动如图 3-32 所示的【选项】对话框，以便进行具体设置。

在如图 3-32 所示的对话框中，可以把【方差齐性检验】复选框选中，以便在方差分析结束后能输出"方差齐性检验"的表格，掌握数据序列的不同分组的方差的齐性情况。也可以把【平均值图】复选框选中，以便在方差分析结束后能输出各个分组的均值折线图。

### 3.4.3　多因素方差分析

#### (一)多因素方差分析的概念

1. 多因素方差分析的定义

多因素方差分析是研究在多个因素同时发生作用的过程中，因变量(即结果变量)在多因素的各级水平下的均值是否存在显著差异。在此过程中，既要考虑单个因素对方差的影响，还要考虑若干个因素交叉发生作用的影响力。

与单因素方差分析的目标相同，多因素方差分析也借助 $F$ 值(组间均方值与组内均方值之比)判断多因素分组的因变量的均值差异是否显著，从而发现各因素变量对因变量的影响力。

2. 多因素方差分析的关键流程

对于多因素方差分析，要求因变量满足正态分布且为高测度数据，各分组在因变量上的取值满足方差齐性，而且允许多个因素变量同时参与检验过程。基于这一特性，多因素方差分析的基本流程是：①对即将被检验的因变量实施分布形态检验，希望待研究的因变量满足正态分布；②检查因素变量，要求因素变量是低测度的定序变量或定类变量，以减少分组的数量，使每个分组有较多的个案；③各分组在因变量上的取值满足方差齐性；④启用多因素方差分析命令。

在多因素方差分析中，如果因素变量是定距变量或高测度的定序变量，则可以把这种变量作为随机因子使用，或者采用定距变量的"可视离散化"技术进行离散化编码，以减少其因素水平，然后再作为固定因子添加到多因素方差分析的"固定因子"列表中。

#### (二)基于 SPSS 的多因素方差分析实践案例

1. 案例要求

对于如图 3-36 所示的 SPSS 数据文件 mydataA. sav，请利用 SPSS 判断性别、专业、爱好、籍贯是否会对"历史 1"成绩产生影响，了解哪些因素对"历史 1"成绩的影响是显著的，哪些影响是不显著的。

2. 分析解决方案

本题的数据分析目标符合多因素方差分析的特点，可以借助多因素方差分析来实施。

在 SPSS 的多因素方差分析中，系统要求结果变量为正态分布的高测度数据，因此在实施检验前，需要先检验"历史 1"成绩的正态性；另外，系统要求作为因素变量的取值必须为离散型数值。所以，在实施检验前，还需要对字符型变量"爱好""籍贯""性别""专业"进行数值化编码。

图 3-36　待进行多因素方差分析的原始数据

3. 操作流程

第一，在 SPSS 下打开数据文件 mydataA.sav，并使之处于数据视图状态。

第二，根据前面 3.2.3 中"数据规范化与预处理"的研究结论，已证明"历史 1"成绩满足正态分布，可以使用多因素方差分析。

第三，在前面"数据规范化与预处理"中，已经把变量"爱好""籍贯""性别"和"目标专业"进行了数值化编码。其中，把变量"爱好"数值化编码为新变量"like"，且"艺术"编码为 1、"文学"编码为 2、"科学"编码为 3。把变量"籍贯"数值化编码为新变量"jg"，把变量"性别"数值化编码为新变量 Sex。最后，把变量"目标专业"数值化编码为新变量"zy"，且"哲学"专业编码为 1、"社会学"编码为 2、"电子学"编码为 3、"物理学"编码为 4。

第四，在文档 mydataA.sav 的数据视图状态，执行【分析】—【一般线性模型】—【单变量】命令，以便打开【单变量】对话框，如图 3-37 所示。

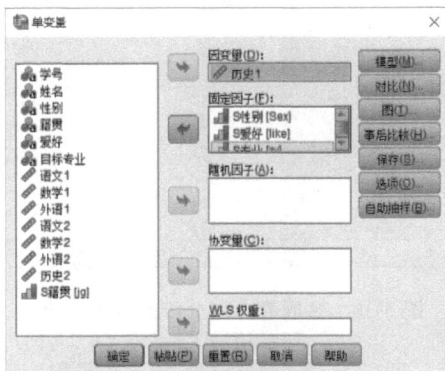

图 3-37　【单变量】对话框

166

第五，在【单变量】对话框中，从左侧把"历史 1"添加到右侧"因变量"列表中；再把新创建的数值化变量"like""Sex""jg"和"zy"添加到"固定因子"列表中。

第六，单击此对话框底部的【确定】按钮，启动多因素方差分析运算。

4. 解读输出结果

针对本案例的操作，将会得到如图 3-38 所示的输出结果。分析这个输出结果，可以获得以下结论。

①图 3-38 左侧的图形显示了各个因素及其水平的分布情况。由左图可知，性别分为两类，取值为 1 的个案有 60 个，取值为 2 的个案有 79 个。爱好被分为 3 类，第 1 类有 48 个，第 2 类有 43 个，第 3 类也有 48 个。其他不再一一赘述。

> 注意：若在 SPSS 的"变量视图"声明了 Sex 等变量的"值标签"，即说明了各个值编码与其含义的对应关系，在此表中就会显示出"男""女""艺术""文学""科学"等文字信息，使表格的可读性更强。

②图 3-38 的右图显示了主体间效应的检验。其中前两行为"修正模型"和"截距"，其最右侧对应的显著性均为 0.000，其值小于 0.05，表示模型中自变量值的改变会引起结果变量值的改变，说明此模型为有效模型。

**主体间因子**

| | | 个案数 |
|---|---|---|
| S性别 | 1.00 | 60 |
| | 2.00 | 79 |
| S爱好 | 1.00 | 48 |
| | 2.00 | 43 |
| | 3.00 | 48 |
| s专业 | 1.00 | 28 |
| | 2.00 | 32 |
| | 3.00 | 43 |
| | 4.00 | 36 |
| S籍贯 | 1.00 | 50 |
| | 2.00 | 35 |
| | 3.00 | 29 |
| | 4.00 | 25 |

**主体间效应检验**

因变量：历史

| 源 | III 类平方和 | 自由度 | 均方 | F | 显著性 |
|---|---|---|---|---|---|
| 修正模型 | 3656.350ᵃ | 71 | 51.498 | 2.546 | .000 |
| 截距 | 685384.875 | 1 | 685384.875 | 33881.544 | .000 |
| Sex | .233 | 1 | .233 | .012 | .915 |
| like | 651.081 | 2 | 325.540 | 16.093 | .000 |
| zy | 724.852 | 3 | 241.617 | 11.944 | .000 |
| jg | 40.648 | 3 | 13.549 | .670 | .574 |
| Sex * like | 36.691 | 2 | 18.345 | .907 | .409 |
| Sex * zy | 69.256 | 3 | 23.085 | 1.141 | .339 |
| Sex * jg | 54.569 | 3 | 18.190 | .899 | .446 |
| like * zy | 61.816 | 6 | 10.303 | .509 | .799 |
| like * jg | 89.193 | 6 | 14.865 | .735 | .623 |
| zy * jg | 76.685 | 9 | 8.521 | .421 | .919 |
| Sex * like * zy | 33.939 | 4 | 8.485 | .419 | .794 |
| Sex * like * jg | 15.566 | 4 | 3.891 | .192 | .942 |
| Sex * zy * jg | 9.212 | 5 | 1.842 | .091 | .993 |
| like * zy * jg | 84.893 | 12 | 7.074 | .350 | .976 |
| Sex * like * zy * jg | 8.722 | 1 | 8.722 | .431 | .514 |
| 误差 | 1355.333 | 67 | 20.229 | | |
| 总计 | 956947.000 | 139 | | | |
| 修正后总计 | 5011.683 | 138 | | | |

a. R 方 = .730（调整后 R 方 = .443）

**图 3-38　多因素方差分析的输出结果**

③检查图 3-38 右图最右列的显著性，发现"like"行和"zy"行的显著性小于 0.05，

表示这两个自变量取不同的值会引起结果变量的均值出现显著差异，即这两个因素能够对结果变量产生显著影响。在表格中，它们的 $F$ 值均大于 1.96，也证实了这一点。由此可知，"爱好"和"专业"是影响学生历史成绩的重要因素。

④除了"like"和"zy"外，没有其他自变量的显著性小于 0.05，甚至连"like"与"zy"的交互影响"like * zy"的对应显著性也为 0.799。由于此值大于 0.05，说明"专业"和"爱好"的交互作用力不能对历史成绩产生显著影响。

⑤图 3-38 底部显示"$R$ 方 = 0.730"，其值比较大，说明本模型的判定系数比较大，对因变量的影响比较大，具有较好地反映观测值的能力。

## （三）对多因素方差分析命令的补充说明

对于图 3-37 所示的对话框，还有一些参数项可以设置。这些参数对多因素方差分析过程有重要作用。

### 1. 设置分析【模型】

如果仅按照前面案例的操作流程直接完成方差分析，则整个分析过程都将按照默认的设置值来实施。在默认方式下，SPSS 对所有自变量、自变量之间的全部交叉组合都实施检验，并且采用默认的 Type Ⅲ 检验类型实施检验。如果希望修改分析模型，则可单击图 3-37 所示对话框右上角的【模型】按钮，启动【模型】对话框，以便完成以下配置，如图 3-39 所示。

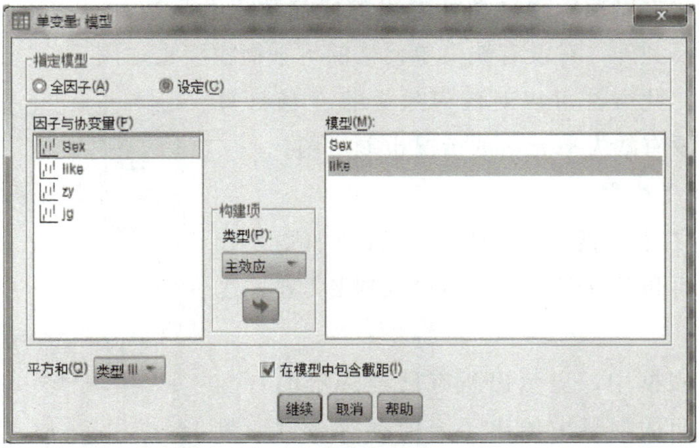

**图 3-39　设置"多因素方差分析"的运算模型**

（1）改变参与检验的自变量及其组合因子

系统默认为以"全因子"方式开展检验，即每个自变量（因子或协变量）及其任何一种组合方式都作为因素水平参与到检验过程中，在图 3-38 的列表中会呈现出所有自变量、自变量的所有组合及其所对应的检验概率，每个占据 1 行。

如果不需要检验全部因子及其组合，则可先在顶部选择【设定】单选框，把对模型的设置变成人工处理状态。在此状态中，如果希望关注单个自变量的影响力，则在中部的【构建项】区块中选择【主效应】，并把所需的单个自变量添加到右侧的【模型】列表中；如果需要关注多个自变量的交叉影响力，则在中部的【构建项】区块中选择【交互】，然后利用"〈Ctrl〉＋鼠标单击"的方式同时选中几个自变量，然后单击中部的 按钮，把这几个变量的交互效应标记添加到右侧的【模型】列表中。交互效应标记显示为"变量名 1＊变量名 2＊变量名 3"的形式，如"like＊zy"，表示研究者关注"爱好"与"专业"的交互效应。

（2）改变离差平方和的处理类型

方差分析的核心是基于"离差平方和"计算"均方和"，进而比较各分组的均值，求取表示组间与组内比值关系的 $F$ 值。因此，"离差平方和"的计算类型就非常重要。在图 3-39 的左下角，单击【平方和】右侧的下拉列表框，可以直接选择所需的计算类型。

【类型Ⅰ】型。即分层处理平方和法，它先仅对模型主效应之前的每项进行调整，然后在二阶效应前指定主效应，在三阶效应前指定二阶交互效应，其他依次类推。它是一种适应于平衡的方差分析模型。

【类型Ⅱ】型。除主效应外，它对所有其他预计分析的交叉效应都同时进行调整。它适用于平衡的方差分析模型、主因子效应模型、回归模型和嵌套设计。

【类型Ⅲ】型。这是系统默认的处理方法，它对所有预计分析的效应都进行调整，在运算过程中，它可以把依据模型计算出的残差带入其频数计算中。此模型除了处理平衡的方差分析模型外，对没有缺失单元格的不平衡模型也适用。

【类型Ⅳ】型。此方法可以对任何效应的 $F$ 值计算其平方和。它对没有缺失单元格的情况也能适用。

2. 设置【对比】方式

单击图 3-37 右上角的【对比】按钮，启动如图 3-40 所示的对话框，可以对单变量的"多项式对比"方式进行设置。

在【因子】列表框中，显示出所有已经选定的自变量名称，并在后面的括号中给出了当前针对该自变量已定义的特殊对比方法。如果希望改变某一变量与其他变量的对比方法，只需先选定此变量，然后从中部

图 3-40 "单变量：对比"分析

的【对比】列表框中选择一种新的对比方式，然后单击右侧的【更改】按钮即可。目前，可用的对比方法主要有以下几种。

【无】选项。不进行不同分组（即依据不同因素变量和不同水平所做的分组）之间的

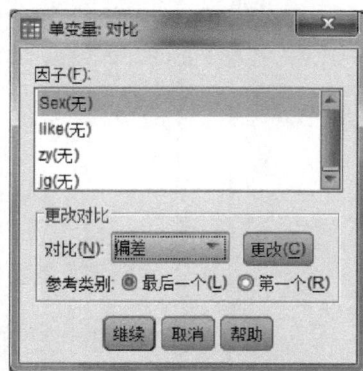

平均值的比较。

【偏差】选项。对各个因素的每个水平的均值都进行比较，在比较过程中需要指定以"第一个"还是"最后一个"数据作为参考水平。

【简单】选项。各个因素变量的每个水平都与指定的参考水平进行比较，在比较过程中通常使用"第一个"或"最后一个"数据作为参考水平。

【差值】选项。除因素变量的第一个水平外，将其他每个水平的平均值都与前面每个水平的均值进行比较。

【Helmet】选项。除因素变量的最后一个水平外，将其他每个水平的平均值都与后面每个水平的均值进行比较。

【重复】选项。只对相邻水平的均值进行比较。

【多项式】选项。即按照多项式方式实施比较，它用于比较不同分组下均值的线性、二次项、三次项及高次项的差异显著性。

3. 设置并绘制估算边际图形

在如图 3-37 所示的对话框中，单击【图】按钮，则启动如图 3-41 所示的对话框，可以设置估算边际图的绘制方法。

第一，选择作为水平轴的自变量项，本例中从左侧选择"zy"送到右侧的【水平轴】文本框中。

第二，选择作为单图标记的自变量项，本例中从左侧选择"like"送到右侧的【单图】文本框中。

第三，单击【添加】按钮，此时在底部的列表框中出现"zy * like"标记，表示要制作以因变量为纵轴，以"zy"为横轴并以"like"变量作为图形区分的估算边际图。

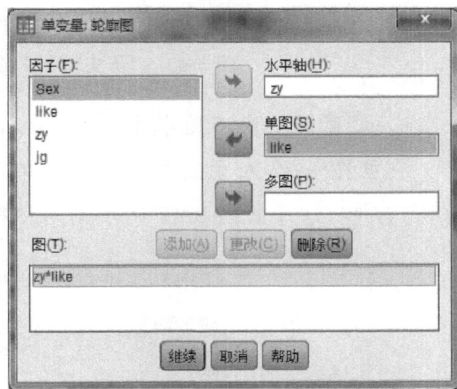

图 3-41　【单变量：轮廓图】对话框

第四，单击【继续】按钮返回到如图 3-37 所示的对话框。在启动"单变量多因素方差分析"命令后，随同运算结果就会出现如图 3-42 所示的估算边际图形。

图 3-42 就是针对本节的案例"爱好、专业两变量是否对历史成绩有显著影响"所做的边际估算图。

从图 3-42 可以看出，随着专业编号的增加，历史成绩明显下降，这说明历史成绩与学生专业有一定的关联性。另外，三条折线分别代表三种爱好的学生在历史成绩上的均值情况，由于三条折线基本相离，而且间隔较大，也可以认为爱好也会影响历史成绩。

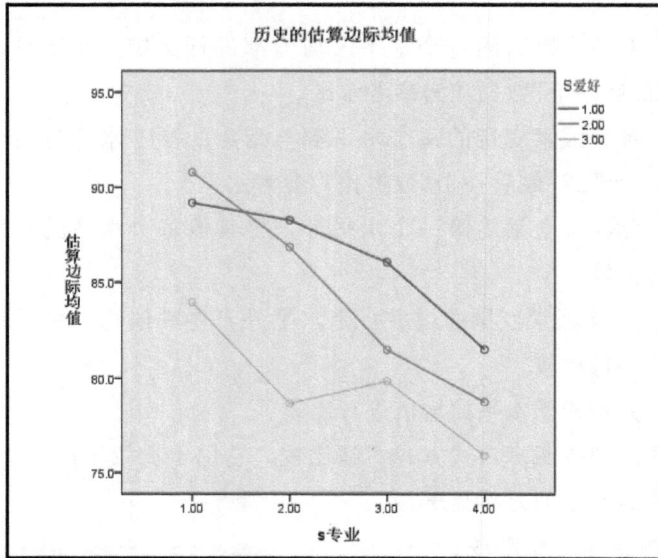

**图 3-42 "历史"成绩在"专业"与"爱好"之上的边际估算图**

4. 设置因素内不同水平的"两两比较"方式

在如图 3-37 所示的对话框中，单击【事后比较】按钮，启动不同分组间的多重对照分析选项，打开如图 3-43 所示的对话框，以便进行具体设置。

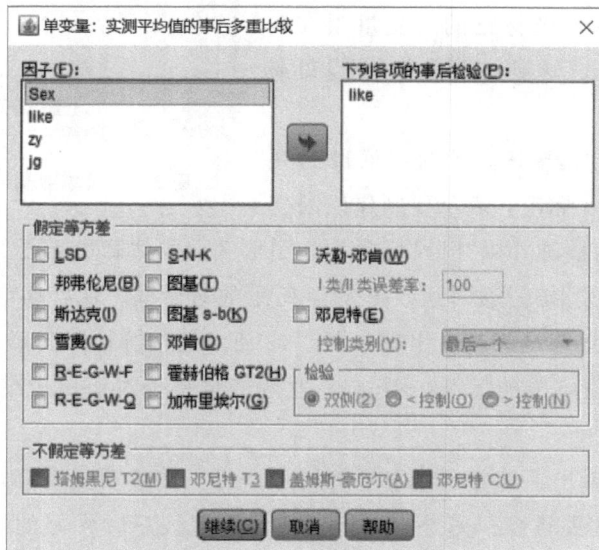

**图 3-43 【单变量：实测平均值的事后多重比较】对话框**

在图 3-43 所示的对话框中，可把需要进行内部分组比较的因子（即因素变量或自变

量)从左侧的列表添加到右侧的【下列各项的事后检
验】列表框中，然后从中部的"假定等方差"的区域中
选用一种或多种比较方法。

对于"假定等方差"区块中各个算法的含义，请参
阅本教材单因素方差分析的相关内容。

5. 设置需要【保存】的项

在如图 3-37 所示的对话框中，单击【保存】按钮，
会启动【单变量：保存】对话框，以便设置一些可以存
储在原始数据表中的数据项，为未来其他的统计分析
提供数据支持，如图 3-44 所示。

在图 3-44 所示的对话框中，可以在"预测值"区块
选择【未标准化】和【标准误】复选框。若这两项被选

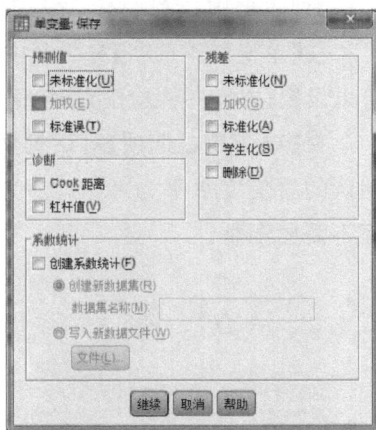

图 3-44 【单变量：保存】对话框

中，则在方差分析完成后，会自动在原始数据表中添加两个变量，分别给出每个个案
的未标准化预测值（PRE_1）和标准误的预测值（SEP_1）。同理，若选择其他复选框，
也能把其他的计算值保存到原始的数据表中。

6. 配置必要的【选项】

在如图 3-37 所示的对话框中，单击【选项】按钮，会启动【单变量：选项】对话框，
如图 3-45 所示，以便针对整体性的分析操作设置一些可配置的选项。

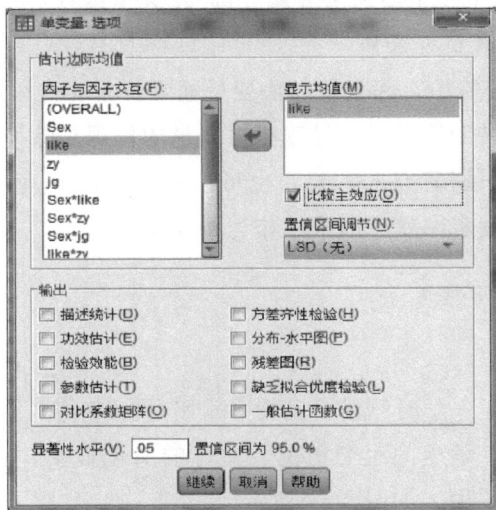

图 3-45 【单变量：选项】对话框

在【单变量：选项】对话框中，上部区域可设置"估算边际均值"的情况。例如，把
需要显示均值的因素项（包括主成分因素和交互因素项）从左侧列表添加到右侧的【显示

172

均值】列表框中。图 3-45 就是把因素变量"like"添加到"显示均值"列表框之后的情况。

在【单变量：选项】对话框中，底部区域可通过复选框设置所需的输出信息。例如，可以设置【方差齐性检验】复选框为有效状态，也可以设置【分布-水平图】复选框有效。

在【单变量：选项】对话框的最底行，还可以设置方差分析的【显著性水平】。系统默认的置信度水平为 95%，则差异显著性水平为 5%。在一般的研究中，这两个数值都不需要调整。

## 3.4.4　协方差分析

### (一)协方差分析的概念

#### 1. 协方差分析的定义与作用

在多因素方差分析中，影响结果的因素可能非常多。在这些因素中，有的因素是我们关注的区分度较高的可控因素，有的因素是我们不关注的，还有的因素是随机变量，对结果的影响不便于控制。

为了分析出被关注因素的作用程度，需要在方差分析过程中，屏蔽掉那些不受关注且影响力高的因素对因变量的影响。人们把这种不可控的、需要被屏蔽的因素称为协变量。

基于协变量所开展的方差分析被称为协方差分析(Covariable Analysis)。在 SPSS 中，协方差分析仍借用"单变量多因素方差分析"的操作界面完成。

#### 2. 实施协方差分析的前提条件

在 SPSS 的协方差分析中，因变量和协变量通常都是能连续取值的定距变量，而且两者线性相关，以便能借助线性回归过程把协变量的作用剔除掉。

在具体的应用中，根据研究的需要，也可以把某些高测度定序变量作为协变量使用。但定类变量和低测度定序变量通常不作为协变量使用。

### (二)协方差分析的实践案例

#### 1. 案例要求

某小学在一年级新生入学时测量了其智力水平(即 *IQ* 值)，并调查了学生参加学前教育并获取知识的情况、学生的生源情况、父母的文化程度。获得的数据信息被存储在数据文件 mydataB. sav 中，如图 3-46 所示。

现在需要了解父母文化程度和生源是否对学生的智力水平(*IQ* 值)产生了影响。在此过程中，需要屏蔽学前辅导时长对学生智力水平所产生的影响。

#### 2. 分析解决方案

本案例是要分析在排除了学前辅导时长的影响下，父母不同文化程度和不同生源

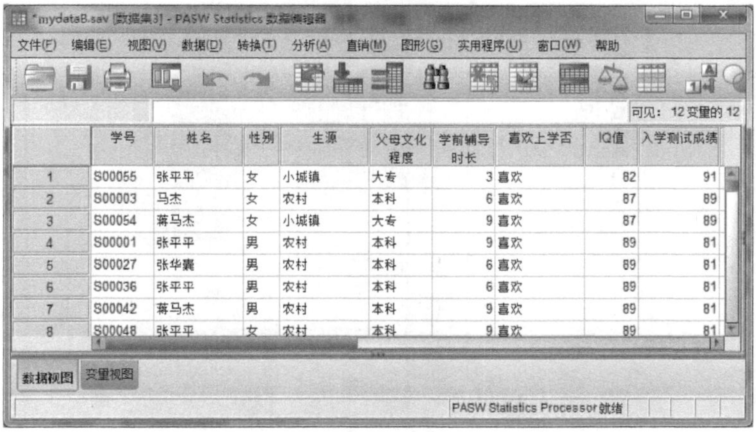


| | 学号 | 姓名 | 性别 | 生源 | 父母文化程度 | 学前辅导时长 | 喜欢上学否 | IQ值 | 入学测试成绩 |
|---|---|---|---|---|---|---|---|---|---|
| 1 | S00055 | 张平平 | 女 | 小城镇 | 大专 | 3 | 喜欢 | 82 | 91 |
| 2 | S00003 | 马杰 | 女 | 农村 | 本科 | 6 | 喜欢 | 87 | 89 |
| 3 | S00054 | 蒋马杰 | 女 | 小城镇 | 大专 | 9 | 喜欢 | 87 | 89 |
| 4 | S00001 | 张平平 | 男 | 农村 | 本科 | 9 | 喜欢 | 89 | 81 |
| 5 | S00027 | 张华襄 | 男 | 农村 | 本科 | 6 | 喜欢 | 89 | 81 |
| 6 | S00036 | 张平平 | 男 | 农村 | 本科 | 6 | 喜欢 | 89 | 81 |
| 7 | S00042 | 蒋马杰 | 男 | 农村 | 本科 | 9 | 喜欢 | 89 | 81 |
| 8 | S00048 | 张平平 | 女 | 农村 | 本科 | 9 | 喜欢 | 89 | 81 |

**图 3-46　待方差分析的原始数据**

的小学生的智力水平是否存在显著差异。由于本例中的原始数据 *IQ* 值符合正态分布，因此，本例是一个典型的带协变量的多因素方差分析操作。在操作中，智力水平为因变量(结果变量)、父母文化程度和生源为自变量(因素变量)，而学前教育时长为需要屏蔽影响的自变量(即协变量)。

3. 操作过程

第一，在 SPSS 下打开数据文件 mydataB. sav，并使之处于数据视图状态。

第二，选择【分析】—【非参数检验】—【旧对话框】—【单样本 K-S】命令，打开【单样本 K-S 检验】对话框。利用此对话框检验“*IQ* 值”的分布形态，发现其满足正态分布。

第三，返回到文档 mydataB. sav 的数据视图状态，利用【转换】—【重新编码为不同变量】命令，把“生源”变量数值化为新定序变量“sy”。接着再利用【转换】—【重新编码为不同变量】命令，把“父母文化程度”变量数值化为新的定序变量“wh”，其中大专为 1，本科为 2，硕士为 3，博士为 4。

第四，返回到文档 mydataB. sav 的数据视图状态，然后执行【分析】—【一般线性模型】—【单变量】命令，以便打开【单变量】对话框，如图 3-47 所示。

第五，在【单变量】对话框中，从左侧把“*IQ* 值”添加到右侧“因变量”列表框中；再把新创建的数值化变量“wh”“sy”添加到“固定因子”列表中。

第六，把作为协变量的“学前辅导时长”添加到“协变量”列表框中，表示“学前辅导时长”是分析过程中需被排除的协变量。

第七，单击此对话框底部的【确定】按钮，启动协方差分析运算。

4. 解读输出结果

针对本案例的操作，将会得到如图 3-48 所示的输出结果。分析这个输出结果，可以获得以下结论。

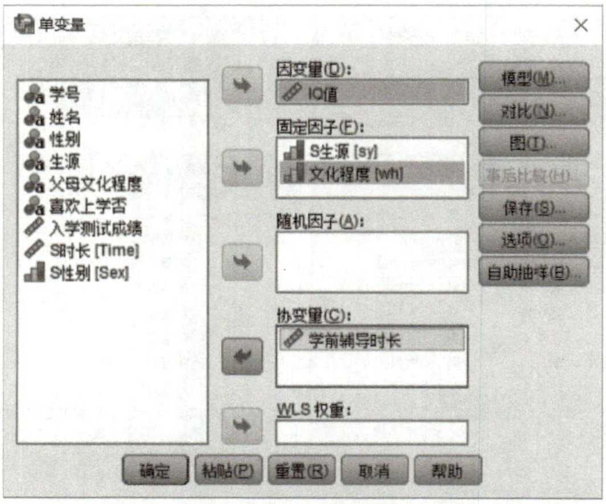

图 3-47 【单变量】对话框

主体间因子

| | | 个案数 |
|---|---|---|
| S生源 | 1.00 | 13 |
| | 2.00 | 29 |
| | 3.00 | 19 |
| 文化程度 | 1.00 | 11 |
| | 2.00 | 29 |
| | 3.00 | 10 |
| | 4.00 | 11 |

主体间效应检验

因变量: IQ值

| 源 | III 类平方和 | 自由度 | 均方 | F | 显著性 |
|---|---|---|---|---|---|
| 修正模型 | 1414.233ª | 11 | 128.567 | 13.205 | .000 |
| 截距 | 57885.691 | 1 | 57885.691 | 5945.355 | .000 |
| 学前辅导时长 | 91.977 | 1 | 91.977 | 9.447 | .003 |
| sy | 83.054 | 2 | 41.527 | 4.265 | .020 |
| wh | 324.648 | 3 | 108.216 | 11.115 | .000 |
| sy * wh | 84.883 | 5 | 16.977 | 1.744 | .142 |
| 误差 | 477.078 | 49 | 9.736 | | |
| 总计 | 566951.000 | 61 | | | |
| 修正后总计 | 1891.311 | 60 | | | |

a. R 方 = .748（调整后 R 方 = .691）

图 3-48 "协方差"的数据分析结论

①从图 3-48 的左图可以看出，两个因素变量"生源"和"父母文化程度"的因素水平及其个案分布情况。

②从图 3-48 右图"主体间效应的检验"的底部可以看出，本次方差分析模型"R 方"的值为 0.748，表示此模型的影响力比较强。由右图的显著性列可以看出，整个"校正模型"的显著性为 0.000，表示整个分析模型是有效的。

③由主体间效应的检验显著性可知，在"学前辅导时长""生源"和"父母文化程度"三个因素中，如果排除学前辅导时长对幼儿 IQ 值的影响，则"生源"和"父母文化程度"因素对应的显著性均小于 0.05，表示父母文化程度和生源情况均会影响幼儿的 IQ 水平。

注意：如果需要以"学前辅导时长"作为固定因子进行方差分析，为减少分组的数量（使每个分组中有较多的个案），需要对值域范围较大的"学前辅导时长"做离散化处理，使"学前辅导时长"的值域范围小于 6。

在本案例中，可以利用【转换】—【计算变量】命令把"学前辅导时长"除以 6，得到新的离散化变量"Time"。

## 3.4.5　多因变量的方差分析

在前面的章节中，重点讲述了单因素方差分析、多因素方差分析和协方差分析的概念，这些方差分析都有一个共同点：只有一个观测量（因变量）被处理。除了上述方差分析外，人们还经常需要同时面对多个观测量（多个因变量）的方差分析，这就是多变量多因素方差分析和带有重复测量的方差分析。

### （一）多变量多因素方差分析

#### 1. 多变量方差分析的概念

在数据分析中，如果需要分析某些因素对多个因变量的影响，就需要认真分析研究问题，思考多个因变量之间是否存在较强的关联性。

如果待分析的多个因变量之间没有关联性，那么这种多因变量的方差分析可以直接转化为多个单因变量的方差分析。

如果待分析的多个因变量之间存在关联性，那么在数据分析过程中不仅要考虑多因素的不同水平对因变量的影响，还要考虑因变量之间的关联性。对于这种问题，就不能简单地转化多个单变量多因素方差分析了，而是需要直接使用多变量多因素方差分析技术。

在 SPSS 的"一般线性模型"中提供了"多变量"（即多因变量）分析模型。在这种模型中，不仅可以直接把多个因变量添加到分析模型中，还可以在其选项中设置输出项，以便反映多个因变量之间的交互关系。

#### 2. SPSS 中多变量多因素方差分析的操作过程

第一，在 SPSS 中，选择【分析】—【一般线性模型】—【多变量】，即可打开如图 3-49 所示的设置界面。

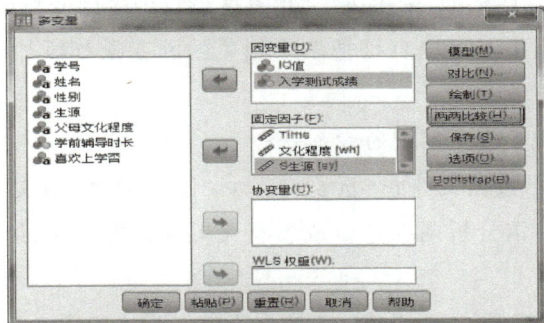

图 3-49　【多变量】对话框

第二，在【多变量】对话框中，正确地选择"因变量""固定因子""协变量"。

第三，单击【选项】按钮，启动【多变量：选项】对话框，如图 3-50 所示。

第四，在此对话框左下角的"输出"区块中，提供了多个与"多因变量"有关的输出选项，主要有【SSCP 矩阵】和【残差 SSCP 矩阵】复选框可供选择。设置完毕，单击【继续】返回主对话框。

第五，单击【确定】按钮，启动计算过程，最后得到输出结果。

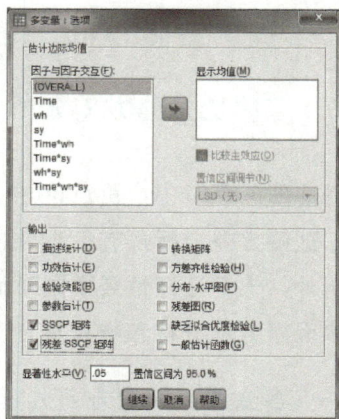

图 3-50 【多变量：选项】对话框

> 注意：多变量多因素的方差分析界面与单变量多因素的方差分析界面基本相同，其【模型】【对比】【两两比较】【绘制】【保存】等按钮的设置项也完全相同，其语义也没有区别。

### （二）带重复测量的方差分析

#### 1. 带重复测量的方差分析的概念

在数据分析中，为了保证样本数据的客观性，经常对同一组样本实施多次测量，获得针对这组样本的多个序列。例如，要研究"性别""专业""爱好"对语文学习成绩的影响，人们常常希望在分析模型中把多次语文考试成绩作为因变量，以"性别""专业""爱好"作为因素变量开展方差分析。这种分析就是带有重复测量的多因素方差分析。

对于带重复测量的方差分析，尽管其因变量为多个，但由于多个因变量的取值来自同一测试样本，因此其因变量的取值具有严格的对应关系，相当于 $T$ 检验中的配对样本。因此，对这些变量的处理有特定的技术和要求。

在 SPSS 的"一般线性模型"中提供了"重复度量"（即多因变量属于重复测量的变量）分析模型。在这种模型中，可以直接把多个相关的因变量都添加到分析模型中，然后开展基于因素变量的方差分析。

#### 2. 在 SPSS 中实现带重复测量的方差分析

对于如图 3-51 所示数据文件 mydataA. sav，"语文 1"和"语文 2"是针对同一批学生的两次语文考试成绩，请分析两次考试成绩有无差异，并分析性别和专业是否影响了语文考试成绩。

第一，在 SPSS 下打开 mydataA. sav 数据文件，进入如图 3-51 所示的数据视图。

**图 3-51　学生考试成绩数据集**

第二，选择【分析】—【一般线性模型】—【重复度量】命令，启动【重复度量定义因子】对话框，如图 3-52 所示。

第三，由于本案例是以两次语文成绩作为重复变量进行分析，因此在【重复度量定义因子】对话框中，先在左上角的文本框中输入"语文"，把【级别数】设置为 2，然后单击【添加】按钮，把"语文(2)"添加到上部的列表框中。

第四，在完成了"语文(2)"的添加后，左下角的【定义】按钮变成有效状态。此时单击【定义】按钮，启动【重复度量】配置对话框，如图 3-53 所示。

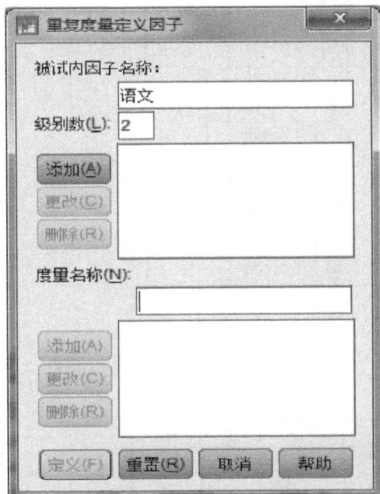

**图 3-52　【重复度量定义因子】对话框**

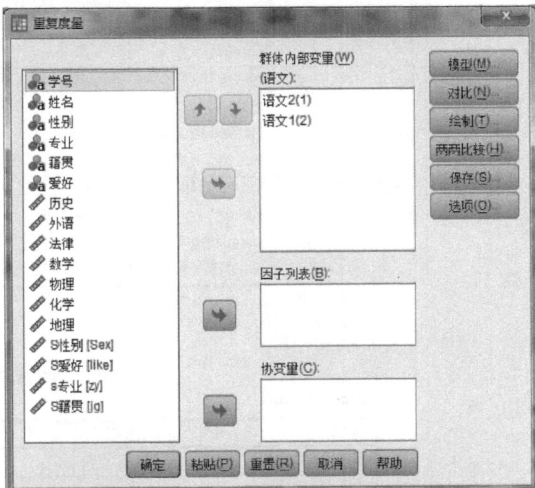

**图 3-53　【重复度量】配置对话框**

第五，在【重复度量】配置对话框中，从左侧列表中把变量"语文 1"和"语文 2"添加到右侧的【群体内部变量】列表框中。

178

第六，在【重复度量】配置对话框中，从左侧选择针对性别和专业的数值化的编码变量"Sex"和"like"，将其添加到右侧的【因子列表】中。

> 注意：如果没有在【因子列表】中添加因素变量，则本分析就变成了针对多个关联数据序列的均值差异显著性检验，相当于配对样本 T 检验的推广应用。如果【因子列表】中有了因素变量，则在做多组关联数据序列均值差异显著性检验的基础上，还要执行面向多因素多水平的方差分析。

第七，单击【确定】按钮，启动方差分析过程，获得分析结论。

3. 带重复测量的方差分析的输出结果与解读

执行前述带重复测量的方差分析，获得如图 3-54 所示的输出结果。

从图 3-54 最右侧的显著性可以看出，两次语文成绩差异性的检验概率值为 0.854，表示两次语文成绩没有显著差异。另外，Sex 变量对应的差异显著性检验概率值为 0.012，其值小于 0.05，表示性别（即 Sex 变量）对语文成绩有一定的影响。而"爱好"和"性别 * 爱好"对语文成绩的影响不显著。

**多变量检验[b]**

| 效应 | | 值 | F | 假设 df | 误差 df | Sig. |
|---|---|---|---|---|---|---|
| 语文 | Pillai 的跟踪 | .000 | .034[a] | 1.000 | 133.000 | .854 |
| | Wilks 的 Lambda | 1.000 | .034[a] | 1.000 | 133.000 | .854 |
| | Hotelling 的跟踪 | .000 | .034[a] | 1.000 | 133.000 | .854 |
| | Roy 的最大根 | .000 | .034[a] | 1.000 | 133.000 | .854 |
| 语文 * like | Pillai 的跟踪 | .002 | .165[a] | 2.000 | 133.000 | .848 |
| | Wilks 的 Lambda | .998 | .165[a] | 2.000 | 133.000 | .848 |
| | Hotelling 的跟踪 | .002 | .165[a] | 2.000 | 133.000 | .848 |
| | Roy 的最大根 | .002 | .165[a] | 2.000 | 133.000 | .848 |
| 语文 * Sex | Pillai 的跟踪 | .047 | 6.509[a] | 1.000 | 133.000 | .012 |
| | Wilks 的 Lambda | .953 | 6.509[a] | 1.000 | 133.000 | .012 |
| | Hotelling 的跟踪 | .049 | 6.509[a] | 1.000 | 133.000 | .012 |
| | Roy 的最大根 | .049 | 6.509[a] | 1.000 | 133.000 | .012 |
| 语文 * like * Sex | Pillai 的跟踪 | .007 | .449[a] | 2.000 | 133.000 | .639 |
| | Wilks 的 Lambda | .993 | .449[a] | 2.000 | 133.000 | .639 |
| | Hotelling 的跟踪 | .007 | .449[a] | 2.000 | 133.000 | .639 |
| | Roy 的最大根 | .007 | .449[a] | 2.000 | 133.000 | .639 |

a. 精确统计量
b. 设计：截距 + like + Sex + like * Sex
主体内设计：语文

**主体内对比的检验**

度量：MEASURE_1

| 源 | 语文 | III 型平方和 | df | 均方 | F | Sig. |
|---|---|---|---|---|---|---|
| 语文 | 线性 | 1.809 | 1 | 1.809 | .034 | .854 |
| 语文 * like | 线性 | 17.691 | 2 | 8.845 | .165 | .848 |
| 语文 * Sex | 线性 | 348.613 | 1 | 348.613 | 6.509 | .012 |
| 语文 * like * Sex | 线性 | 48.058 | 2 | 24.029 | .449 | .639 |
| 误差 (语文) | 线性 | 7123.452 | 133 | 53.560 | | |

图 3-54　带重复测量的方差分析结果

## 3.4.6　方差分析综合案例

### (一)案例要求

某小学在一年级新生入学时测量了其智力水平(即 *IQ* 值),并调查了学生参加学前教育并获取知识的情况、学生的生源情况、父母的文化程度。获得的数据信息存储在文件 mydataB. sav 中,如图 3-55 所示。现在需要了解哪些因素对学生的智力水平产生了较大的影响。

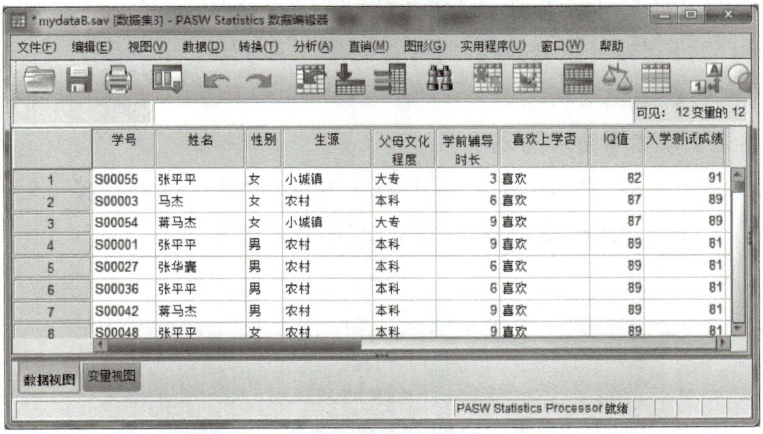

**图 3-55　待方差分析的原始数据**

### (二)分析解决方案

本例是基于已有的统计数据,分析性别、生源、父母文化程度、学前辅导时长的不同取值是否会引起学生 *IQ* 均值的显著变化,即上述哪些因素对学生的 *IQ* 值产生了显著影响。

基于案例要求和给予的数据形态,本案例需要先做一个基于单变量的多因素方差分析,找出能够对学生的 *IQ* 值产生影响的因素变量。即在这些因素的不同水平下,*IQ* 值会具有显著差异。

为了避免因素变量内部的关联作用所产生的不利影响,还需要针对各个因素变量做必要的协方差分析。

### (三)操作过程——单变量多因素方差分析

1. 数据预处理与准备

第一,在 SPSS 下打开数据文件 mydataB. sav,并使之处于数据视图状态,如

180

图 3-55 所示。

第二，选择【分析】—【非参数检验】—【旧对话框】—【单样本 K-S】命令，打开【单样本 K-S 检验】对话框。利用此对话框检验 $IQ$ 值的分布形态，发现其满足正态分布。

第三，返回到文档 mydataB.sav 的数据视图状态，利用【转换】—【重新编码为不同变量】命令，把变量"性别"和"生源"数值化为新定序变量"Sex""sy"。

第四，返回到文档 mydataB.sav 的数据视图状态，利用【转换】—【重新编码为不同变量】命令，把变量"父母文化程度"数值化为新定序变量"wh"。新变量"wh"的值为 1～4，依次代表大专、本科、硕士和博士，能够用数值的大小直观地反映出父母受教育的程度。

第五，利用【转换】—【计算变量】命令把"学前辅导时长"除以 5[即公式：Time＝Trunc(学前辅导时长/5)]，得到新的离散化变量"Time"。

第六，返回到数据视图状态。

2. 进行单变量多因素方差分析

首先，在文档 mydataB.sav 的数据视图状态下，执行【分析】—【一般线性模型】—【单变量】命令，以便打开【单变量】对话框，如图 3-56 所示。

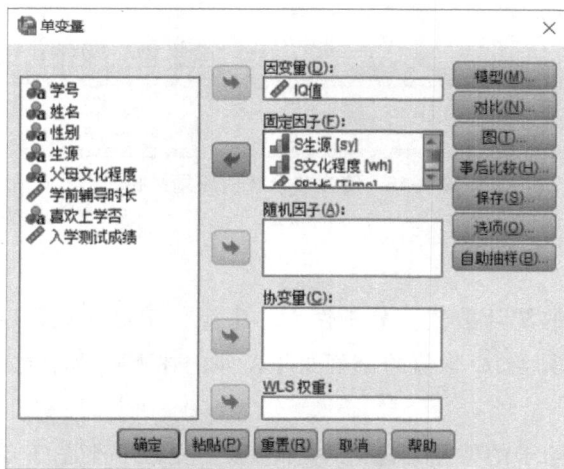

**图 3-56  设置单变量多因素方差分析参数**

其次，按照图 3-56 所示的信息，设置多因素方差分析的各项参数。即把变量"$IQ$ 值"送到"因变量"列表中，把变量"Time""sy""wh""Sex"添加到"固定因子"列表框中。

最后，单击【确定】按钮后，启动多因素方差分析过程，获得如图 3-57 所示的结果。

3. 解读数据分析结果

从图 3-57 的右侧显著性可以看出，修正模型的显著性为 0.000，表示整个模型是有效的。

自变量 sy、wh、Time 对应的显著性分别为 0.000、0.001 和 0.002，其值小于 0.05，表示这 3 个变量的不同水平会导致 $IQ$ 值的显著差异。即生源、父母文化程度和学前辅导时长会对幼儿的 $IQ$ 值产生显著影响。而 Sex 对应的显著性为 0.188，其值大于 0.05，表示性别不会影响幼儿的 $IQ$ 值。

在图 3-57 底部的交互因素中，出现了多个无值的空白单元格，没能正确地输出其检验概率值，难以说明其影响是否显著。因此，本模型还存在一些瑕疵。

**主体间效应检验**

因变量：IQ值

| 源 | III 类平方和 | 自由度 | 均方 | F | 显著性 |
|---|---|---|---|---|---|
| 修正模型 | 1767.978ª | 38 | 46.526 | 8.299 | .000 |
| 截距 | 255123.302 | 1 | 255123.302 | 45508.481 | .000 |
| sy | 235.167 | 2 | 117.584 | 20.974 | .000 |
| wh | 127.668 | 3 | 42.556 | 7.591 | .001 |
| Time | 137.265 | 4 | 34.316 | 6.121 | .002 |
| Sex | 10.327 | 1 | 10.327 | 1.842 | .188 |
| sy * wh | 3.361 | 3 | 1.120 | .200 | .895 |
| sy * Time | 5.797 | 5 | 1.159 | .207 | .956 |
| sy * Sex | 1.787 | 2 | .893 | .159 | .854 |
| wh * Time | 61.070 | 6 | 10.178 | 1.816 | .142 |
| wh * Sex | .667 | 1 | .667 | .119 | .733 |
| Time * Sex | 28.100 | 2 | 14.050 | 2.506 | .105 |
| sy * wh * Time | .000 | 0 | . | . | |
| sy * wh * Sex | 2.667 | 1 | 2.667 | .476 | .498 |
| sy * Time * Sex | .000 | 0 | | | |
| wh * Time * Sex | .000 | 0 | | | |
| sy * wh * Time * Sex | .000 | 0 | | | |
| 误差 | 123.333 | 22 | 5.606 | | |
| 总计 | 566951.000 | 61 | | | |
| 修正后总计 | 1891.311 | 60 | | | |

a. R 方 = .935（调整后 R 方 = .822）

图 3-57　主体间效应的全因子检验

### (四)操作过程——带协变量的多因素方差分析

1. 以"父母文化程度"作为协变量做多因素方差分析

通过前面的单变量多因素方差分析已经知道，学前辅导时长、生源、父母文化程度会对幼儿的 $IQ$ 值产生显著影响。那么，这 3 个因素的作用是否相同呢？是否存在因为因素内部的关联性而导致的计算失误呢？这里，我们可以尝试以带协变量的多因素方差分析解决数据分析任务。

第一，在文档 mydataB.sav 的数据视图状态，执行【分析】—【一般线性模型】—【单变量】命令，以便打开【单变量】方差分析对话框，如图 3-56 所示。

第二，在【单变量】对话框中，从左侧把"IQ 值"添加到右侧"因变量"列表框中；再把新创建的数值化变量"Time""sy"添加到"固定因子"列表中。

第三，在【单变量】对话框中，把"wh"添加到【协变量】列表框中，表示把"父母文化程度"作为被排除的协变量参与方差分析。

第四，单击此对话框底部的【确定】按钮，启动方差分析检验运算。

针对本案例的操作，将会得到如图 3-58 所示的输出结果。

**主体间因子**

| | | 个案数 |
|---|---|---|
| S生源 | 1.00 | 13 |
| | 2.00 | 29 |
| | 3.00 | 19 |
| S时长 | .00 | 4 |
| | 1.00 | 26 |
| | 2.00 | 11 |
| | 3.00 | 15 |
| | 4.00 | 5 |

**主体间效应检验**

因变量：IQ值

| 源 | III 类平方和 | 自由度 | 均方 | F | 显著性 |
|---|---|---|---|---|---|
| 修正模型 | 1408.370ª | 13 | 108.336 | 10.543 | .000 |
| 截距 | 47711.629 | 1 | 47711.629 | 4643.310 | .000 |
| wh | 337.181 | 1 | 337.181 | 32.815 | .000 |
| sy | 153.514 | 2 | 76.757 | 7.470 | .002 |
| Time | 93.575 | 4 | 23.394 | 2.277 | .075 |
| sy * Time | 72.885 | 6 | 12.148 | 1.182 | .332 |
| 误差 | 482.941 | 47 | 10.275 | | |
| 总计 | 566951.000 | 61 | | | |
| 修正后总计 | 1891.311 | 60 | | | |

a. R 方 = .745（调整后 R 方 = .674）

**图 3-58　【协方差】分析结论——以父母文化程度作为协变量**

分析这个输出结果表格，可以获得以下结论。

①从图 3-58 的左图可以看出，两个因素变量"学前辅导时长""生源"的不同因素水平及其个案分布情况。

②从图 3-58 右图"主体间效应检验"的底部可以看出，本次方差分析模型"R 方"的值为 0.745，表示此模型的影响力比较强。从右图的显著性列可以看出，整个"校正模型"的显著性为 0.000，表示整个分析模型是有效的。

③由主体间效应检验显著性可知，在"学前辅导时长""生源类型"和"父母文化程度"三个因素中，如果排除父母文化程度对幼儿 IQ 值的影响，则只有"生源类型"对应的显著性均小于 0.05，表示生源情况会影响幼儿的 IQ 值水平。但学前辅导时长的对应显著性大于 0.05，说明学前参加短期的学习辅导，并不能改变幼儿的 IQ 值水平。

2. 以"学前辅导时长"作为协变量做多因素方差分析

在前一操作的基础上，再以"学前辅导时长"作为协变量，重新做一次多因素方差分析。为此得到如图 3-59 所示的"协方差分析结论——以学前辅导时长作为协变量"。

从图 3-59 可以看出，在以"学前辅导时长"作为协变量的情况下，生源类型和父母文化程度对应的显著性仍然远小于 0.05，这说明对小学生来讲，生源类型和父母文化程度对学生的 IQ 值具有显著影响。

**主体间因子**

| | | 个案数 |
|---|---|---|
| S生源 | 1.00 | 13 |
| | 2.00 | 29 |
| | 3.00 | 19 |
| S文化程度 | 1.00 | 11 |
| | 2.00 | 29 |
| | 3.00 | 10 |
| | 4.00 | 11 |

**主体间效应检验**

因变量：IQ值

| 源 | III 类平方和 | 自由度 | 均方 | F | 显著性 |
|---|---|---|---|---|---|
| 修正模型 | 1414.233ᵃ | 11 | 128.567 | 13.205 | .000 |
| 截距 | 57885.691 | 1 | 57885.691 | 5945.355 | .000 |
| 学前辅导时长 | 91.977 | 1 | 91.977 | 9.447 | .003 |
| sy | 83.054 | 2 | 41.527 | 4.265 | .020 |
| wh | 324.648 | 3 | 108.216 | 11.115 | .000 |
| sy * wh | 84.883 | 5 | 16.977 | 1.744 | .142 |
| 误差 | 477.078 | 49 | 9.736 | | |
| 总计 | 566951.000 | 61 | | | |
| 修正后总计 | 1891.311 | 60 | | | |

a. R 方 = .748（调整后 R 方 = .691）

**图 3-59　协方差分析结论——以学前辅导时长作为协变量**

### （五）本案例的最终研究结论

基于上述原始数据和方差分析结论，我们认为在幼儿的发育中，"生源"和"父母文化"程度是影响幼儿智商水平的重要因素。虽然基于多因素方差分析证实学前辅导时长也能对幼儿的 *IQ* 产生影响，但协方差分析证实这种影响力是受父母文化程度和生源因素影响的结果。

在本研究进行过程中，囿于篇幅，只以"父母文化程度"或"学前辅导时长"作为协变量进行了协方差分析，没有依次对性别、生源、父母文化程度、学前辅导时长进行更加完备的协方差分析，使结论的得出显得比较仓促。要想使本案例更加完善，应该从不同的视角开展协方差分析，从而找出能够对 *IQ* 值产生重要影响的真正因素。

### （六）对多因素方差分析的补充说明

在多因素方差分析中，人们还可以借助 SPSS 的【单变量多因素方差分析】对话框的"选项"功能，启动面向"因素变量"的"参数估计"功能，以便得到一个回归方程式。

在图 3-56 所示的【单变量】对话框中，单击右侧的【选项】按钮，则启动【单变量：选项】对话框，进入如图 3-60 所示的界面。

在【单变量：选项】对话框中，把【参数估计】复选框设置为有效。

**图 3-60　设置"协方差"的参数估计**

在设置完成后，单击【继续】按钮回到【单变量】对话框。然后单击【确定】按钮后启动协方差分析过程。

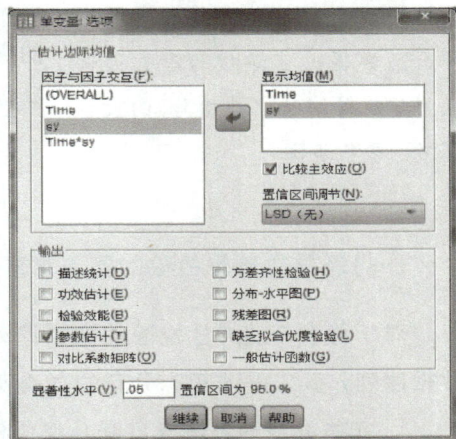

注意：严格地讲，在进行多因素方差分析的过程中，也应该同时检验不同分组样本的方差齐性检验概率，以便决定对分析结果的取舍。为此，只需在图 3-60 所示的【单变量：选项】对话框中选择【方差齐性检验】复选框，以便在系统输出检验结果时，同时输出方差齐性的检验概率。

由于在图 3-60 右上角设置了要【显示均值】的变量列表，并选中了【参数估计】复选框，因此将会在输出方差分析的"主体间效应的检验"表格之后，输出"参数估计"表格。基于此参数估计表格，可以从中提取参数 B，以便组成回归方程式。

对于回归分析的问题，将会在第 4 章专门讲授，这里先不展开赘述。

# 3.5
# 差异显著性检验基本算法及其应用

🎯 **本节学习目标**

掌握差异显著性检验中三种基本算法(面向高测度正态分布数据的均值参数检验、面向高测度非正态数据的非参数检验、面向低测度数据的独立性检验)的设计思路、操作步骤。

## 3.5.1　差异显著性检验的基本算法

方差分析和 $T$ 检验解决的是正态分布的高测度数据的均值差异性问题。对于与正态分布相距甚远的数据，则不能使用 $T$ 检验或方差分析的方法，而是需要做数据格式转化或使用特殊的检验技术。

### (一)差异显著性检验的基本算法

对于待参与差异性检验的数据序列，无非有 3 种类型：其一为正态分布的高测度数据序列；其二是非正态分布的高测度数据序列；其三为低测度数据序列。

1. 正态分布的高测度数据序列的检验思路

对于正态分布的高测度数据序列，可以直接使用均值的差异显著性检验(即参数检验)算法评判其差异显著性。常见的算法有 $T$ 检验和方差分析。

2. 非正态分布的高测度数据序列的检验思路

对于非正态分布的高测度数据序列，要判断数据序列之间的差异显著性，不可以直接使用参数检验的方法实施检验。由于数据序列为高测度且非正态分布，其中可能存在若干极端值或双峰分布。个别极端值和双峰分布的存在，会对均值产生极大的影响，将直接导致均值差异性检验的判断结果错误。

为解决这一问题，常见的技术有两种。①变形后使用参数检验。对非正态分布的高测度数据进行变形，使之成为接近正态分布的数据序列，以便采用参数检验（即 $T$ 检验或方差分析）的技术对此类数据实施判断。②游程检验。把待检验的全部数据（多个序列）打乱，按照某一规则混合在一起排秩，然后通过游程来检查每一类数据是否都均匀地出现在整体序列中。如果每一类数据都能均匀地出现在整体序列中，则说明不同类别的数据序列之间没有显著差异。

3. 低测度数据序列的检验思路

对于低测度的变量（含定类变量或低测度的定序变量）的差异性检验，不可以直接使用均值差异性检验算法，也不可以直接借助秩分来做参数检验。

为解决这一问题，人们通常依据低测度变量的取值，统计出每一个取值对应的频数。通过对比两个变量的分类频数及其交叉分布情况，进而发现两分类变量的不同取值之间是否存在显著差异。

在此过程中，面向两低测度变量分类统计出的频数及交叉分布情况，会构成一个交叉表。在交叉表中，若各频数均匀分布，则说明根据 $A$ 变量做的分类，在 $B$ 变量上没有显著差异。否则，若各频数分布不均匀，则说明根据 $A$ 变量做的分类，在 $B$ 变量上存在显著差异。为了实现这一判断过程，通常会把交叉表与卡方检验有机地结合起来。

### （二）差异显著性检验算法小结

基于上述分析，我们发现差异显著性检验算法主要有以下几种：$T$ 检验、方差分析、基于秩分的参数检验、游程检验和基于交叉表的卡方检验。

其中，$T$ 检验和方差分析属于参数检验，主要服务于正态分布的高测度数据序列；而基于秩分的参数检验和游程检验，主是服务于非正态分布的高测度数据序列；基于交叉表的卡方检验，主要服务于低测度数据序列。

## 3.5.2　基于秩分的差异显著性检验

### （一）基于秩分实施差异显著性检验的思路

对于非正态分布的高测度数据，是不可以直接使用参数检验算法进行差异显著性检验的。由于在数据序列中可能存在较多极端值或者分布形态为双峰，不符合 $T$ 检验或方差分析的工作原理，将会对均值产生较大的影响，进而导致判断结论错误。

186

对于已经明确不是正态分布的高测度数据序列，可通过技术手段先把它转化为接近正态分布形态的序列，以便使用参数检验（$T$ 检验或方差分析）的方法实施差异显著性检验。

在数据分析过程中，人们常常对定距变量求取秩分，借助秩分把非正态分布的高测度数据转化为接近正态分布的形态；或者借助 $Z$ 分数和正态得分对高测度数据序列进行预处理，然后借助针对正态分布数据的差异性分析技术实现差异显著性检验。

在此预处理过程中，秩分能够消除个别极端值对均值造成的严重影响，而 $Z$ 分数和正态得分能够把原始数据序列转化为接近标准正态分布的形态。这些技术性的处理，使数据序列满足了参数检验的必要条件。

在 SPSS 中，面向非正态分布高测度数据序列的非参数检验，基本都是这一思路的具体实践。例如，两关联样本中的 Wilcoxon 检验、多关联样本中的 Friedman 检验和两独立样本的 Mann-Whitney 检验、K-S 检验。

### （二）具体应用——K-S 检验及数据分布形态判断

#### 1. K-S 检验的原理

两独立样本的 K-S 检验，是基于秩分累计频数的检验方式。即通过对全体样本混合求取秩分，然后针对秩分的累计频数或累计频率进行独立样本 $T$ 检验或方差分析。

借助面向秩分的差异显著性检验，就能判断出两个非正态分布的高测度数据序列是否存在显著差异。

本算法适用于定距数据和定序数据，是两独立样本差异显著性检验的重要方法，也是非参数检验的主要方法。

#### 2. 以 K-S 检验判断数据分布形态的思路

作为差异显著性检验的重要应用，分布形态检验在数据分析中具有重要的价值。由于多数数据分析算法都要求数据满足一定分布形态，因此分布形态判断是很多数据分析的前提。

所谓数据分布形态检验，其实质是对两个数据序列的分布做差异显著性检验。如果以一个具备标准分布形态的序列为依据，让待分析的数据序列与标准序列做两独立样本的差异显著性检验，就能帮助人们判断待分析序列是否满足这种分布形态。

#### 3. 操作步骤

在 SPSS 中，人们通常使用 K-S 算法进行单样本分布形态的判断，其具体的操作方法主要包括以下步骤。

第一，在 SPSS 中打开数据文件 mydataB. sav。

第二，利用菜单【分析】—【非参数检验】—【旧对话框】—【单样本 K-S】，启动【单样本 K-S 检验】对话框，如图 3-61 所示。

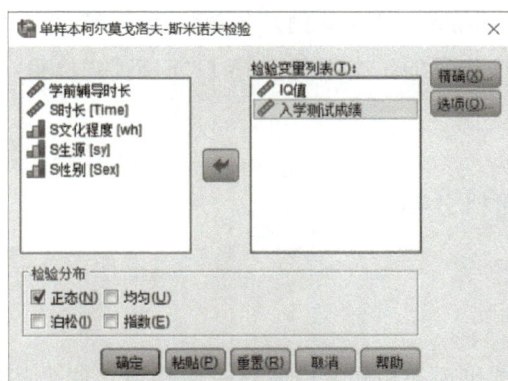

**图 3-61　判断分布形态的主对话框**

第三，在【单样本 K-S 检验】对话框中，可在左下角选择【正态】【均匀】【泊松】【指数】复选框，表示要对选定序列是否满足正态分布、均匀分布（即相等分布）、泊松分数、指数分布进行判定。

第四，若数据序列中样本总量小于 1000，建议单击右侧的【精确】按钮，打开【精确检验】对话框，在其中选择【精确】单选框，表示以"精确"方式进行分布形态检验，如图3-62 所示。

第五，单击图 3-61 底部的【确定】按钮，启动运算过程。

**图 3-62　设置检验方式为"精确"检验**

注意：在如图 3-62 所示的界面中，SPSS 系统默认使用"仅渐进法"作为正态性判断的算法，这一算法是面向大规模样本数据的。对于样本量在 1000 个以下的数据序列，建议以"精确"方式进行正态性判定。

在 SPSS 的高版本中，系统对"仅渐进法"自动增加了"里利氏修正"，对正态性的检验概率值进行了修正，进一步提高了发生"显著差异"的可能性（检验概率值降低），会把较多的小规模样本判断为不符合正态分布。因此，对小规模样本，建议使用"精确"方式做正态性检验。

对于输出结果，若"精确显著性（双侧）"的值大于 0.05，则认为原假设正确，被检验变量的分布形态满足检验目的。本案例选择了"正态性"检验，则可认为原序列满足正态分布。

### 3.5.3　游程检验与随机分布

#### （一）游程的概念

**1. 什么是游程**

在变量序列中，连续出现的相同值被看作一个整体，这个整体被称为游程。例如，对于序列"111222223331123333"可以认为其中有 6 个游程，依次为"111""22222""333""11""2"和"3333"。

**2. 游程检验的思路与用途**

所谓游程检验，是指依据某种规则对数据序列中的个案分组，并记录每个个案的组号；然后，对数据序列按照某一规则升序排序，把得到的组号排列起来就构成一个游程序列。对于这个数据序列，如果游程个数能达到一定的规模，就可认为组号在该序列中的分布是均匀的。即在此规则控制下，组号被随机均匀地分布到整个游程序列中。否则，若游程个数很少，则认为组号在游程序列中的分布是不均匀的，不是随机的。

游程检验的目标是检验两个样本的分布是否具有随机性，最终目的是检查分布规律的随机程度。

例如，在学生成绩管理过程中，如果先按照数学成绩升序排列个案，然后顺序记下每个个案的性别，就能构建出性别游程序列。在此游程序列中，若游程个数接近于个案总数，则说明男生、女生随机均匀地出现在游程序列中，即男生和女生的数学成绩没有显著差别；若游程个数远小于个案数，则说明在游程序列中有很多个连续出现的"男"或"女"字，导致游程个数较少，那么男生和女生的数学成绩应该存在显著差异。

**3. SPSS 中的游程检验**

在 SPSS 的单样本变量值的随机测验中，可利用游程数构造检验统计量，分析这个统计量的分布情况，从而反映样本所代表的总体的分布是否满足随机性。在 SPSS 单样本变量值的随机性检验中，SPSS 将利用游程构造统计量，并依据正态分布表给出对应的相伴概率值。如果相伴概率小于或等于用户的显著性水平，则应拒绝零假设，认为样本值的出现不是随机的；如果相伴概率值大于用户的显著性水平，则不能拒绝零假设，认为变量值的出现是随机的。

在 SPSS 中，允许研究者按照自己的需要以均值、中位数或者众数作为分组割点，构造游程序列。在游程检验中，所分析的变量通常为定序变量或者定距变量。

借助游程检验，可以对非正态分布的多组高测度数据检验它们之间是否存在显著差异。在 SPSS 的双独立样本的非参数检验中，“瓦尔德—沃尔福威茨游程”就是游程检验算法在高测度数据差异性检验中的实际应用。

## (二)游程检验实践案例

1. 案例要求

对于如图 3-63 所示的数据文件 mydataA. sav，分析不同爱好、目标专业的学生其“数学 1”成绩是否存在显著差异，或者说“数学 1”成绩是否会影响学生的目标专业、爱好。

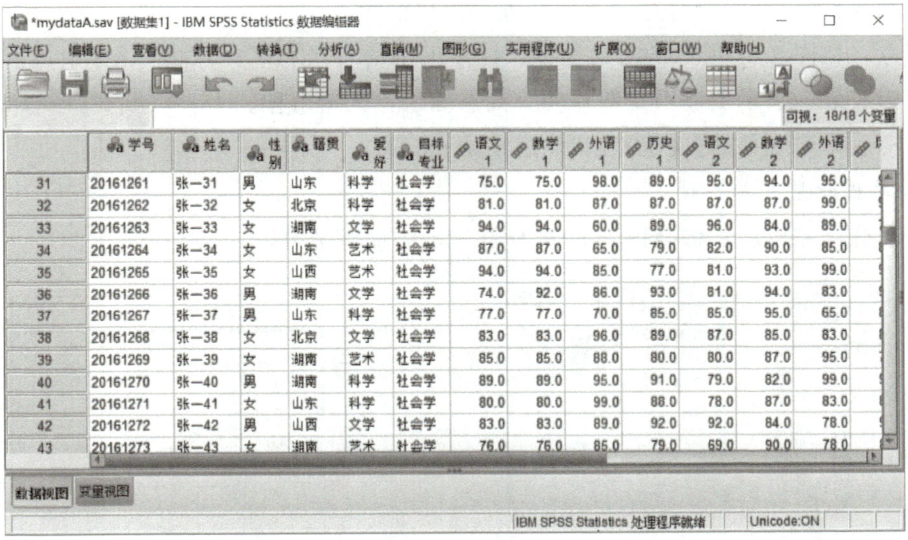


| | 学号 | 姓名 | 性别 | 籍贯 | 爱好 | 目标专业 | 语文1 | 数学1 | 外语1 | 历史1 | 语文2 | 数学2 | 外语2 |
|---|---|---|---|---|---|---|---|---|---|---|---|---|---|
| 31 | 20161261 | 张—31 | 男 | 山东 | 科学 | 社会学 | 75.0 | 75.0 | 98.0 | 89.0 | 95.0 | 94.0 | 95.0 |
| 32 | 20161262 | 张—32 | 女 | 北京 | 科学 | 社会学 | 81.0 | 81.0 | 87.0 | 87.0 | 87.0 | 87.0 | 99.0 |
| 33 | 20161263 | 张—33 | 女 | 湖南 | 文学 | 社会学 | 94.0 | 94.0 | 60.0 | 89.0 | 96.0 | 84.0 | 89.0 |
| 34 | 20161264 | 张—34 | 女 | 山东 | 艺术 | 社会学 | 87.0 | 87.0 | 65.0 | 79.0 | 82.0 | 90.0 | 85.0 |
| 35 | 20161265 | 张—35 | 女 | 山西 | 艺术 | 社会学 | 94.0 | 94.0 | 85.0 | 77.0 | 81.0 | 93.0 | 99.0 |
| 36 | 20161266 | 张—36 | 男 | 湖南 | 文学 | 社会学 | 74.0 | 92.0 | 86.0 | 93.0 | 81.0 | 94.0 | 83.0 |
| 37 | 20161267 | 张—37 | 男 | 山东 | 科学 | 社会学 | 77.0 | 77.0 | 70.0 | 85.0 | 85.0 | 95.0 | 65.0 |
| 38 | 20161268 | 张—38 | 女 | 北京 | 文学 | 社会学 | 83.0 | 83.0 | 96.0 | 89.0 | 87.0 | 85.0 | 83.0 |
| 39 | 20161269 | 张—39 | 女 | 湖南 | 艺术 | 社会学 | 85.0 | 85.0 | 88.0 | 80.0 | 80.0 | 87.0 | 95.0 |
| 40 | 20161270 | 张—40 | 男 | 湖南 | 科学 | 社会学 | 89.0 | 89.0 | 95.0 | 91.0 | 79.0 | 82.0 | 99.0 |
| 41 | 20161271 | 张—41 | 女 | 山东 | 科学 | 社会学 | 80.0 | 80.0 | 99.0 | 88.0 | 78.0 | 87.0 | 83.0 |
| 42 | 20161272 | 张—42 | 男 | 山西 | 文学 | 社会学 | 83.0 | 83.0 | 89.0 | 92.0 | 92.0 | 84.0 | 78.0 |
| 43 | 20161273 | 张—43 | 女 | 湖南 | 艺术 | 社会学 | 76.0 | 76.0 | 85.0 | 79.0 | 69.0 | 90.0 | 78.0 |

**图 3-63　待分析差异性的原始数据**

2. 案例分析

从本案例的需求来看，需要对单因素分组的“数学 1”成绩做差异显著性检验。但是，由于“数学 1”成绩不满足正态分布，不可以使用方差分析。

基于本案例的需求，可以借助“游程检验”技术分析不同目标专业或不同爱好的学生在“数学 1”成绩上是否存在显著差异。其思路为：先将“数学 1”成绩升序排序，检查“目标专业”游程和“爱好”游程是否随机分布。若“爱好”游程具有随机性，则爱好不同的学生在“数学 1”成绩上没有显著差异。“目标专业”游程亦然。

3. 操作过程

第一，在 SPSS 中打开数据文件 mydataA. sav，进入数据视图状态。

第二，基于前面 3. 2. 3 中“数据规范化与预处理”的操作，已经利用【转换】—【重新编码为不同变量】，把“目标专业”数值化为新变量“S 专业”，并依次编码为：“哲学”—1，“社会学”—2，“电子学”—3，“物理学”—4；把“爱好”数值化为新变量“like”，并依

190

次编码为："艺术"—1，"文学"—2，"科学"—3。

第三，利用【数据】—【排序个案】命令，打开【排序个案】对话框。在此对话框中，设置【排序依据】为"数学1"，【排序顺序】为"升序"。最后，单击【确定】按钮，执行排序操作，使个案按照"数学1"成绩升序排列。

第四，利用【分析】—【非参数检验】—【旧对话框】—【游程】命令，打开【游程检验】对话框，如图3-64所示。

第五，在图3-64所示的对话框中，从左侧选择变量"like"和"zy"添加到右侧的【检测变量列表】中，表示要对这两个变量进行游程检验。

第六，在图3-64所示的对话框中，在左下角的"分割点"区域内，把【中位数】复选框设置为有效，表示要以中位数作为分割点编组，构造游程。

第七，单击底部的【确定】按钮，启动游程分析。

4. 输出结果及其解读

游程分析完成后，将会得到如图3-65所示的输出结果。

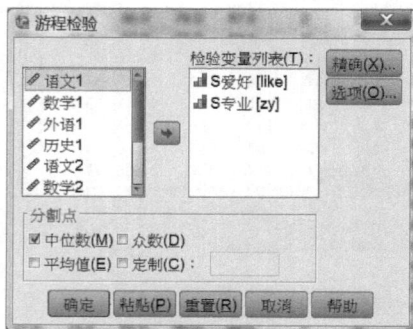

图 3-64 【游程检验】对话框

图 3-65 游程检验的输出界面

在游程检验完成后，输出如图3-65所示的界面。其最后一行"渐进显著性（双尾）"反映了检验的概率值。

①变量"S爱好"的检验概率值为0.246＞0.05，表示原假设成立，认为变量"S爱好"的分布形态与随机分布无显著差异，即按照"数学1"成绩排序后，变量"S爱好"的分布满足随机分布。

②变量"S专业"的检验概率值为0.000＜0.05，表示原假设不成立，认为变量"S专业"的分布形态与随机分布存在显著差异，即按照"数学1"成绩排序后，变量"S专业"不满足随机分布形态。

由此可以得出结论，在mydataA所提供的样本中，以"数学1"成绩为基准排序之后，变量"S爱好"的值是随机分布的，而变量"S专业"的值不是随机分布的。即不同爱好的学生，其"数学1"成绩没有显著差异，但目标专业不同的学生，其"数学1"成绩存在显著差异，也可以说"数学 1"的成绩会影响学生的目标专业。

> 注意：在游程检验中，若检验变量取值的种类超过两个，则需要使用"分割点"分隔检验变量，使之成为二分值变量，从而更有利于创造游程。此时的检验变量应为定序或定距变量。

## 3.5.4 面向期望分布的卡方检验

### (一)卡方检验的概念

对于低测度变量，如果从总体中抽取若干样本，依据给定的低测度变量值可构成 $k$ 个互不相交的子集。这 $k$ 个子集的观察频数应该服从一个多项分布。当 $k$ 趋向于无穷时，这个分布应该接近总体的分布规律。

因此，对于变量 $X$ 的总体分布情况，可以从观察样本在各个频段的频数入手。通过观察样本在各个频段的频数分布，可以掌握样本的分布形态。另外，对比它们与预期值的差距，可以掌握变量 $X$ 是否与预期分布存在显著差异。

对于检验观测值与期望值在频数上拟合程度的检验，常常被称为卡方拟合优度检验，简称卡方检验。

例如，现在已经统计出了 2013 年的招生情况，掌握了 2013 年学校在各个省份的招生人数。2015 年的招生工作刚刚完成，拿到了全体新生的基本信息后，现在需要分析 2015 年招生情况是否与 2013 年的各省招生情况有显著差异。为此，需要由计算机自动计算出 2015 年各省招生个案数，并借助卡方公式计算出 2015 年的各省学生数与 2013 年的各省学生数的卡方距离值，从而判定两者是否存在显著差异。

### (二)卡方检验与卡方距离的概念

1. 卡方检验的基本要求

卡方检验的目标就是检查实际频数与期望频数之间的差异显著性。由于卡方检验要求对个案进行分类并计算频数。因此，卡方检验通常基于定类数据或低测度定序数据，并基于其分类计算出个案的实际频数，然后通过实际频数与期望频数之间的距离来判定两者是否存在差异。

2. 卡方距离

由于卡方检验的目标是检查实际频数与期望频数之间的差异性水平，因此卡方检验的核心内容就是计算出实际频数与期望频数的总体距离。

在统计学中，反映实际频数与期望频数之间总体差距的统计量，就是卡方距离。这个距离可通过"实际频数与期望频数差值的平方和与期望频率之比"来体现，即公式

(3-8)。这个值就是卡方值。在公式(3-8)中，$f_o$ 代表实际频数，$f_e$代表期望频数。

$$\chi^2 = \sum \frac{(f_o - f_e)^2}{f_e} \qquad \text{公式(3-8)}$$

卡方值越大，表示距离越大，差异性越强。在 SPSS 中，计算机可以根据卡方值查表推导出卡方检验的概率值，然后根据概率值判定卡方检验的判断结论。

3. 卡方检验的两种应用

在 SPSS 中，卡方检验有两种基本应用。其一，检验期望分布与实际分布的差异性。其二，基于交叉表检验两个低测度变量在各自不同因素水平上的卡方距离，从而实现两个低测度变量的独立性检验。

## (三)面向期望分布的卡方检验的实用案例

1. 案例要求

对于如图 3-66 所示的学生信息表，其文件名称为 mydataA. sav。校长希望来自各个省的学生人数基本持平，爱好“科学”“文学”和“艺术”的学生人数的比例为 2∶2∶1。

请基于图 3-66 的数据进行差异显著性检验，评判实际情况与校长的期望是否一致。

2. 分析解决方案

对于本案例提出的分析要求，可以借助卡方检验的技术。在本例中，可把校长提出的比例要求作为期望值，把原始数据表的分类计算结果作为实际值，然后进行实际频数与期望频数之间的卡方检验。

观察图 3-66 所提供的数据集，可以得知学生的籍贯共有湖南、山东、山西和北京

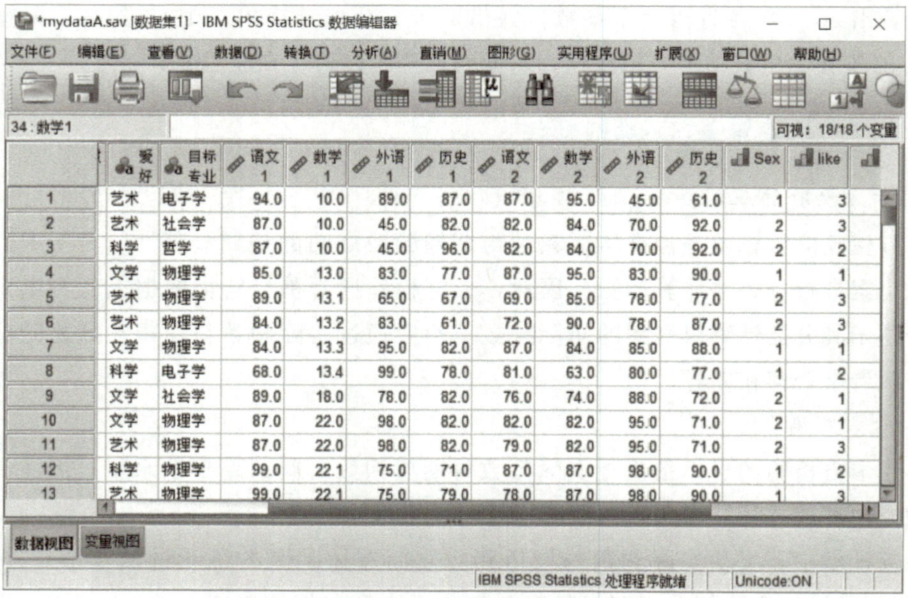


| | 爱好 | 目标专业 | 语文1 | 数学1 | 外语1 | 历史1 | 语文2 | 数学2 | 外语2 | 历史2 | Sex | like |
|---|---|---|---|---|---|---|---|---|---|---|---|---|
| 1 | 艺术 | 电子学 | 94.0 | 10.0 | 89.0 | 87.0 | 87.0 | 95.0 | 45.0 | 61.0 | 1 | 3 |
| 2 | 艺术 | 社会学 | 87.0 | 10.0 | 45.0 | 82.0 | 82.0 | 84.0 | 70.0 | 92.0 | 2 | 3 |
| 3 | 科学 | 哲学 | 87.0 | 10.0 | 45.0 | 96.0 | 82.0 | 84.0 | 70.0 | 92.0 | 2 | 2 |
| 4 | 文学 | 物理学 | 85.0 | 13.0 | 83.0 | 77.0 | 87.0 | 95.0 | 83.0 | 90.0 | 1 | 1 |
| 5 | 艺术 | 物理学 | 89.0 | 13.1 | 65.0 | 67.0 | 69.0 | 85.0 | 78.0 | 77.0 | 2 | 3 |
| 6 | 艺术 | 物理学 | 84.0 | 13.2 | 83.0 | 61.0 | 72.0 | 90.0 | 78.0 | 87.0 | 2 | 3 |
| 7 | 文学 | 物理学 | 84.0 | 13.3 | 95.0 | 82.0 | 87.0 | 84.0 | 85.0 | 88.0 | 1 | 1 |
| 8 | 科学 | 电子学 | 68.0 | 13.4 | 99.0 | 78.0 | 81.0 | 63.0 | 80.0 | 77.0 | 1 | 2 |
| 9 | 文学 | 社会学 | 89.0 | 18.0 | 78.0 | 82.0 | 76.0 | 74.0 | 88.0 | 72.0 | 2 | 1 |
| 10 | 文学 | 物理学 | 87.0 | 22.0 | 98.0 | 82.0 | 82.0 | 82.0 | 95.0 | 71.0 | 2 | 1 |
| 11 | 艺术 | 物理学 | 87.0 | 22.0 | 98.0 | 82.0 | 79.0 | 82.0 | 95.0 | 71.0 | 2 | 3 |
| 12 | 科学 | 物理学 | 99.0 | 22.1 | 75.0 | 71.0 | 87.0 | 87.0 | 98.0 | 90.0 | 1 | 2 |
| 13 | 艺术 | 物理学 | 99.0 | 22.1 | 75.0 | 79.0 | 78.0 | 87.0 | 98.0 | 90.0 | 1 | 3 |

图 3-66　待实施卡方检验的原始数据

四个省份，如果希望各个省份的学生数持平，则可预设其比例为 $1:1:1:1$，然后进行卡方检验，判断学生的实际频数是否满足期望比例 $1:1:1:1$。同理，对爱好的实际频数与期望频数也进行相似的卡方检验。

3. 操作流程

第一，在 SPSS 中打开 mydataA. sav，进入数据视图状态。

第二，基于前面 3.2.3 中的"数据规范化与预处理"中的操作，已经把字符型的变量"籍贯"转化为数值型的变量"jg"，把字符型变量"爱好"转化为数值型的变量"like"，最后借助"变量视图"对它们的"标签"和"值"做了必要说明。

第三，选择菜单【分析】—【非参数检验】—【旧对话框】—【卡方】命令，打开如图 3-67 所示的对话框。

第四，在【卡方检验】对话框中，从左侧的列表中选择"jg"并把它添加到右侧的【检验变量列表】中。接着，把右下角的"期望值"区域内的【所有类别相等】单选框选中，表示对"籍贯"变量在各取值上频数的期望为"完全相同"。

第五，在完成各项设置后，单击【确定】按钮，启动卡方检验过程。

**图 3-67  【卡方检验】对话框**

4. 解读输出结果

在完成了如图 3-67 的设置并开始卡方检验计算后，将获得如图 3-68 所示的输出结果。

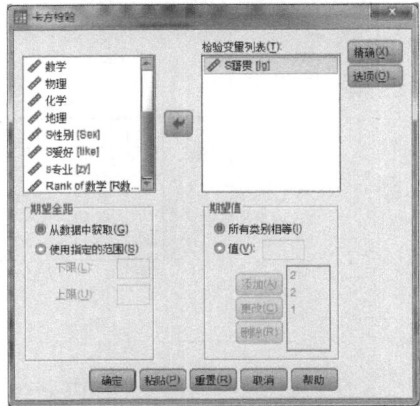

**图 3-68  卡方检验的输出结果**

在图 3-68 中，从左图可以看出 4 种籍贯类型的实际频数，右图则显示出了针对检验统计量"S 籍贯"的卡方检验情况。从右图的"检验统计"中可以看出，卡方值为 10.381，其渐近显著性为 0.016，由于此值小于 0.05，因此可以得出结论：籍贯的实际频数与期望频数有较大的差异，当前学生的籍贯分布没有达到校长的期望。

5. 针对学生“爱好”的卡方检验

对于“爱好”的分布情况，校长期望爱好“科学：文学：艺术”的比例为 2：2：1。为此，可使用与“S 籍贯”卡方检验相同的操作方法。在图 3-67 中从左侧的列表中选择“like”并把它添加到右侧的【检验变量列表】中。接着，把右下角“期望值”区域内的【值】单选框选中，然后在【值】后面的文本框中输入数字“2”，并单击【添加】按钮把“2”添加到下部的列表之中。同理，再把“2”和“1”添加到右下角的列表框中。

对于“爱好”的卡方检验，可以得到如图 3-69 所示的输出结果。

**卡方检验**

**S爱好**

| | 实测个案数 | 期望个案数 | 残差 |
|---|---|---|---|
| 艺术 | 48 | 27.8 | 20.2 |
| 文学 | 48 | 55.6 | -7.6 |
| 科学 | 43 | 55.6 | -12.6 |
| 总计 | 139 | | |

**检验统计**

| | S爱好 |
|---|---|
| 卡方 | 18.572[a] |
| 自由度 | 2 |
| 渐近显著性 | .000 |

a. 0 个单元格 (0.0%) 的期望频率低于 5。期望的最低单元格频率为 27.8。

**图 3-69　面向“爱好”的卡方检验结果**

在图 3-69 中，从左图可以看出 3 种爱好类型的实际频数，右图则显示出了针对检验统计量“S 爱好”的卡方检验情况。从右图的“检验统计”中可以看出，卡方值为 18.572，其渐近显著性值为 0.000，由于此值小于 0.05，因此可以得出结论：爱好的实际频数与期望频数有较大的差异，当前学生的爱好分布也没有达到校长的期望。

## 3.5.5　基于交叉表的卡方检验

### （一）低测度数据分析及特点

1. 低测度数据及其特点

对于定类变量，其数值大小和顺序常常并不表明什么意义，对于定类变量和低测度的定序变量，均值和方差都不能描述变量的特征，故不能通过分析其平均值、方差等参数开展数据分析。在做统计分析时，对于这类变量通常借助中位数、频数、百分比以及不同分布情况，实现数据描述。对于低测度数据，比较典型的研究是关于结构成分的研究，实际上是一种借助频数来分析数据分布形态，并进而发现数据分布差异性的检验。

2. 数据拟合与拟合优度

由于低测度数据的特点，直接进行基于均值的检验显然是不行的，因此人们借助数学模型，提出了拟合的概念。所谓拟合，就是分析现有观测变量的分布形态，检查其分布能否与某一期望分布（或标准分布）很好地吻合起来。在数学上，拟合的过程就是寻找能很好地与当前数据序列的数学模型吻合的过程。

为了评价拟合的程度，人们提出了判定拟合有效性的机制，这就是拟合优度。拟合优度也借助检验概率的概念来评价数据拟合的质量。

目前，对于低测度数据序列的处理最常见的分析方法是卡方检验。特别是基于交叉表的卡方检验在数据分析中具有重要的地位，它们都建立在拟合概念的基础之上。二项分布、游程检验等单样本检验也可以看作数据拟合的重要应用。另外，对定距或定序变量的分布形态判定，也是数据拟合的应用之一。在分布形态判定过程中所获得的检验概率，就是该序列与标准分布形态的拟合优度。

前面讲授的"面向期望分布的卡方检验"可以看作针对低测度变量所做的一种数据拟合优度检验。

### （二）针对交叉表的卡方检验

#### 1. 交叉表中的数据

对交叉表中的行变量和列变量之间的关系进行分析是在交叉分组下频数分析的重要应用，对低测度的定序变量（或定类变量）交叉分组并计算频数后，可以分析行变量与列变量之间是否存在关系，或者说基于某个变量的不同水平，在另一个变量上频数是否有显著差异。基于这一思路，可以获取两个变量之间是否存在一定的关联性、关联的紧密程度等更深层次的信息。

例如，学校对大三年级的 1000 名学生统计了其爱好与专业的情况，构造了如表 3-3 所示的交叉表。

表 3-3　学生爱好与专业的交叉表

| 专业＼爱好 | 钢琴 | 阅读小说 | 推理断案 | 手工制作 | 合计（人） |
|---|---|---|---|---|---|
| 音乐 | 198 | 28 | 8 | 31 | 265 |
| 中文 | 3 | 187 | 31 | 15 | 236 |
| 电子学 | 6 | 39 | 128 | 46 | 219 |
| 物理学 | 3 | 76 | 21 | 180 | 280 |
| 合计 | 210 | 330 | 188 | 272 | 1000 |

从表 3-3 中可以看出，沿着"左上—右下"的对角线方向，数值的量比较大，表示学生的爱好与专业之间还是有一定关联的。

196

2. 基于卡方检验理论实现对交叉表的数据分析

对于交叉表中的频数,如果数据量较少(如表 3-3),用肉眼就可以很快发现其中的规律。然而,对于大多数交叉表中的数据,我们是不能这么容易地看出其内在联系的,必须借助数据分析的专业手段对交叉表中的频数进行均匀性判断,获取其卡方值和检验概率,然后以检验概率值为标准,做出检验结论。

对交叉表的统计分析,SPSS 卡方检验的统计量采用了 Pearson 卡方统计量标准,其数学定义公式如公式(3-9)所示。

$$\chi^2 = \sum_{i=1}^{row} \sum_{j=1}^{col} \frac{(Q_{ij} - E_{ij})^2}{E_{ij}} \qquad 公式(3-9)$$

公式中的 $Q$ 代表观测值,$Q_{ij}$ 代表第 $i$ 行第 $j$ 列的观测频数,即交叉表中的实际数值。$E_{ij}$ 代表第 $i$ 行第 $j$ 列数据对应的期望频数,其值等于第 $i$ 行的合计数与第 $j$ 列合计数的积与样本总数的比值,即 $E_{ij} = \dfrac{W_j * W_i}{n}$,如"中文"专业的学生在爱好"推理断案"维度的期望值是 $236 * 188 / 1000$。

在对交叉表的卡方检验中,在获得了交叉表之后,SPSS 就可以根据卡方计算公式计算出整个交叉表的卡方值,然后依据卡方值查相应的统计表,得到此卡方值对应的检验概率值,进而判断两变量是否相互独立、是否没有任何关联。

> 注意:在基于交叉表的卡方检验中,有两个低测度变量参与数据分析。此处的差异显著性检验不是检查这两个变量之间的差异性,而是以其中一个变量做分组,分析不同分组在另一个变量各取值上的频数是否存在显著差异。例如,在以"性别"和"爱好"构成的交叉表中,不是直接比较"性别"与"爱好"的差异性,而是希望检查不同性别的学生在"爱好"的各维度上是否有较大的卡方距离。

## (三)基于交叉表的卡方检验的实用案例

1. 案例要求

对于如图 3-66 所示的学生信息表,其文件名称为 mydataA. sav。现在希望基于图 3-66 的数据,分析学生的爱好与其专业选择是否独立。

2. 分析解决方案

对于本案例提出的分析要求,由于专业和爱好都是低测度数据,因此可以借助"交叉表-卡方检验"的分析技术。在本例中,为了使检验结果的可读性更强,尽可能使专业和爱好都转化为定序型变量。即在对字符型变量的数值化编码过程中,尽可能按照一定的规范编码。

根据题目要求和数据自身的特点,把爱好中的"艺术""文学""科学"按照"从艺术到文科进而理科"的顺序依次编码为 1、2、3，把专业中的"哲学""社会学""电子学"和"物理学"也按照"从艺术到文科进而理科"的顺序依次编码为 1、2、3、4。

在本例中，先假设"爱好"与"专业"相互独立，即不同的爱好不会引起专业选择的差别，然后启用基于交叉表的卡方检验。

3. 操作流程

第一，在 SPSS 中打开 mydataA. sav，进入数据视图。

第二，由于"卡方检验"不支持以字符型变量作为"检验变量"，因此需要先借助字符型变量的数值化编码技术，把字符型的变量"专业"转化为数值型的变量"zy"；接着把字符型变量"爱好"转化为数值型的变量"like"，最后借助"变量视图"对"标签"和"值"进行必要的说明。此项工作已经在前面 3.2.3 中"数据规范化与预处理"阶段完成。

第三，选择菜单【分析】—【描述统计】—【交叉表】命令，打开如图 3-70 所示的对话框。

第四，在【交叉表】对话框中，从左侧的列表中选择"zy"并把它添加到右侧的【行】列表框中，再从左侧的列表中选择变量"like"并把它添加到右侧的【列】列表框中。

第五，在【交叉表】对话框中，单击右上角的【统计】按钮打开【交叉表：统计量】对话框，如图 3-71 所示。

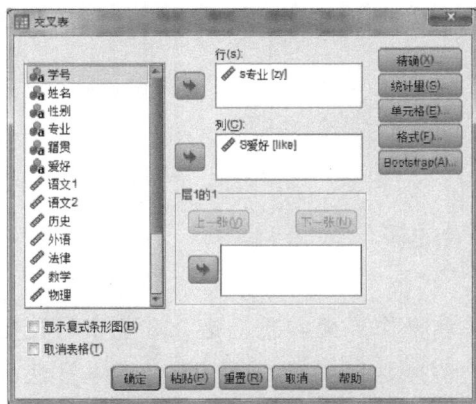

图 3-70　【交叉表】对话框　　　　图 3-71　【交叉表：统计量】对话框

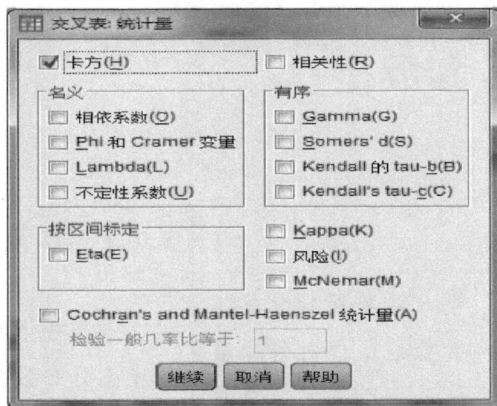

第六，在图 3-71 所示的【交叉表：统计量】对话框中，把左上角的【卡方】复选框选中，然后单击【继续】按钮，以便返回到【交叉表】对话框。

第七，在完成设置后，单击【确定】按钮，启动交叉表的检验过程。

4. 解读输出结果

在完成如图 3-71 的设置并开始卡方检验计算后，将获得如图 3-72 所示的输出结果。

**S专业 * S爱好 交叉表**

计数

| | | S爱好 | | | |
|---|---|---|---|---|---|
| | | 艺术 | 文学 | 科学 | 总计 |
| S专业 | 1 | 10 | 10 | 8 | 28 |
| | 2 | 11 | 11 | 10 | 32 |
| | 3 | 15 | 15 | 13 | 43 |
| | 4 | 12 | 12 | 12 | 36 |
| 总计 | | 48 | 48 | 43 | 139 |

**卡方检验**

| | 值 | 自由度 | 渐进显著性（双侧） |
|---|---|---|---|
| 皮尔逊卡方 | .182[a] | 6 | 1.000 |
| 似然比(L) | .181 | 6 | 1.000 |
| 线性关联 | .093 | 1 | .761 |
| 有效个案数 | 139 | | |

a. 0 个单元格 (0.0%) 的期望计数小于 5。最小期望计数为 8.66。

图 3-72　卡方检验的输出结果

在图 3-72 中，从左图可以看出 4 个专业与 3 种爱好之间的交叉频数。右图则显示出了针对此交叉表的“卡方检验”情况，从“卡方检验”表格右侧的“渐进显著性(双侧)”列可以看出，各种方式的检验概率值均大于 0.05。由此可以得出结论：具有不同爱好的学生在专业选择方面并没有显著差别。也就是说，学生的专业选择与爱好没有关联性，或者学生的专业选择与爱好相互独立。

# 3.6 非参数检验

**本节学习目标**

学习并掌握独立样本非参数检验、成对样本非参数检验、低测度变量的独立性检验的概念、原理、具体操作步骤，并能正确地解读数据分析结果。

## 3.6.1　非参数检验的概念及策略

本节提供的算法和操作界面实质上是 3.5 节中讨论的非正态分布数据和低测度数据关于差异显著性基本算法的技术实现和在 SPSS 中的具体操作方法，是“秩分变形＋参数检验”、游程检验和基于交叉表的卡方检验的组合使用。

### (一)不明形态数据的概念及其分析思路

1. 什么是不明形态的数据

在数据分析中，把不满足正态分布的序列，或者不清楚其分布形态的数据序列称为不明形态的数据，或者不明参数的数据。对不明参数的数据序列，不能直接使用参数检验。

不明形态的数据通常有两种类型。其一是不明形态的高测度数据，其二是不明形态的中低测度数据。

2. 对不明形态的数据序列的处理方式

在数据分析中，针对不明形态的数据的差异显著性检验被称为非参数检验（Non-Parameteric Test）技术。而前面所讲授的 $T$ 检验和方差分析都是针对正态分布数据的均值差异显著性检验，被称为参数检验（Parameteric Test）。

SPSS 提供了比较丰富的非参数检验功能。所谓非参数检验，其实质就是借助秩分或者符号等技术对原始序列进行转化，然后通过参数检验的手段开展数据分析。SPSS 的相关功能模块把实现该功能的各必要操作有机地组织在一起。

非参数检验既包括针对非正态分布的高测度数据的各类差异性检验方法，也包括面向中低测度数据的各种差异性检验方法。

因此，对于不明形态的各类数据序列，可以直接使用 SPSS 提供的非参数检验的方法实现数据序列的差异显著性检验。

> 注意：参数检验仅适用于正态分布的数据而不适用于非正态分布的数据，非参数检验算法既适用于非正态分布的数据，也适用于正态分布的数据，它比参数检验的适应性更广。
> 对于正态分布的两列高测度数据，要判断其差异性，是选用参数检验方式还是非参数检验方式，需要根据研究问题及数据分析的目标做出决断。

## （二）非参数检验的主要内容

在 SPSS 中，非参数检验主要包括以下几个方面的内容。

1. 判断样本的分布特点及类型

检查数据序列的类型与分布形态，这是针对单变量的检验，其方法是检验数据序列的分布与标准分布形态的差异程度。如果当前数据序列与标准分布形态之间没有显著差异，则被认为当前序列满足该分布形态。

针对单样本数据判断其分布形态的常见检验技术有单样本 K-S 检验、单样本游程检验、二项分布检验和卡方检验。

2. 从秩分、游程或符号的视角检验高测度数据序列的差异性

对于不符合正态分布的高测度数据序列，常见的差异显著性检验方法有：①两独立样本的差异显著性检验；②多独立样本的差异显著性检验；③两关联样本的差异显著性检验；④多关联样本的差异显著性检验。

上述算法建立在"针对原始数据变形(求取秩分、求取符号),然后再做参数检验"的基础上,有时也使用游程检验技术。

3. 从分组频数的视角检验低测度序列的差异显著性

对于不符合正态分布的定类数据或低测度定序数据序列,其检验方法是利用交叉表技术分行分列计算交叉点的频数,利用卡方距离实施卡方检验,基于频数和数据分布形态分析不同类别的数据是否存在显著差异。

### (三)非参数检验的假设与判定

在 SPSS 的非参数检验中,检验结论也以检验概率的形式呈现。通常人们假设参与非参数检验的多个数据序列之间没有显著差异(即基本相同),如果检验概率值大于0.05,表示假设成立的可能性很高,可以认为数据序列之间没有显著差异。否则,如果检验概率值小于0.05,则表示假设成立的可能性很低,可以认为被检验的数据序列之间存在显著差异。

## 3.6.2　两关联样本非参数检验

### (一)两关联样本非参数检验的概念

1. 两关联样本非参数检验对样本的要求

对于不满足正态分布的两关联样本,如要分析其是否存在显著差异,不可以通过均值比较其差异性,通常通过分布形态比较其差异性。

两关联样本非参数检验对数据序列主要有以下要求:①样本数据源于同一总体的不同视角,或者是对相同样本的多次测量;②几组数据之间存在一一对应的关联性;③数据序列不满足正态分布,或者样本的测量区分度不高。

2. 两关联样本非参数检验的方法

两关联样本非参数检验主要有以下几种方法。

(1)符号秩检验(Wilcoxon)

所谓符号秩检验,就是基于符号检验的方法,本质上是一种检验平均秩的检验。即把样本的两次观测值相减,记录差值的符号和绝对值,并基于绝对值升序求秩分,比较两组数据正值秩分与负值秩分,从而确定其差异程度。

(2)符号检验(Sign)

符号检验,是纯粹通过符号实施数据检验的一种方法,即对样本的两次测量值直接相减求取符号,然后根据符号情况确定其差异性。

符号检验仅仅通过正负号进行检验,适合测度较低的非定距数据。其检验准确度也不够高。

(3)变化显著性检验(McNemar)

变化显著性检验，是基于两次测量差值情况的检验方法。即把样本的两次观测值相减，记录差值，然后通过校验公式处理后，求取卡方值。最后，基于卡方检验决定其差异性。

变化显著性检验，仅适用于两个变量均为二分数据的情况。

(4)边缘一致性检验(Marginal Homo)

边缘一致性检验，也是基于两次测量差值情况的检验方法。主要通过把先后测量的两组样本值进行卡方检验，基于卡方检验的结论判断序列之间的差异程度。

边缘一致性检验，对变量的要求并不局限于二分数据，还可以面向多值的分类变量，它是对 McNemar 的推广。

## (二)两关联样本非参数检验的实用案例

### 1. 案例要求

对如图 3-73 所示的数据文档 mydataA. sav，分析“数学 1”和“数学 2”成绩之间是否存在显著差异，“外语 1”和“外语 2”之间是否存在显著差异。

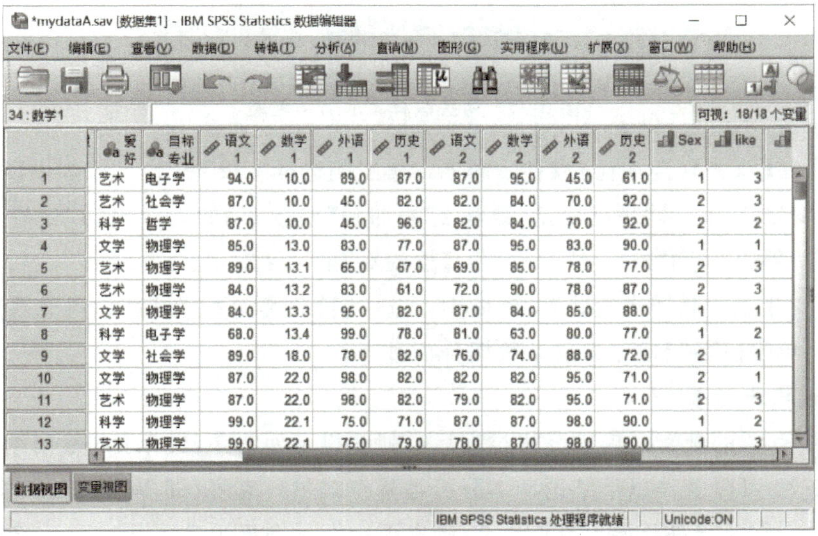


| | 爱好 | 目标专业 | 语文1 | 数学1 | 外语1 | 历史1 | 语文2 | 数学2 | 外语2 | 历史2 | Sex | like |
|---|---|---|---|---|---|---|---|---|---|---|---|---|
| 1 | 艺术 | 电子学 | 94.0 | 10.0 | 89.0 | 87.0 | 87.0 | 95.0 | 45.0 | 61.0 | 1 | 3 |
| 2 | 艺术 | 社会学 | 87.0 | 10.0 | 45.0 | 82.0 | 82.0 | 84.0 | 70.0 | 92.0 | 2 | 3 |
| 3 | 科学 | 哲学 | 87.0 | 10.0 | 45.0 | 96.0 | 82.0 | 84.0 | 70.0 | 92.0 | 2 | 2 |
| 4 | 文学 | 物理学 | 85.0 | 13.0 | 83.0 | 77.0 | 87.0 | 95.0 | 83.0 | 90.0 | 1 | 1 |
| 5 | 艺术 | 物理学 | 89.0 | 13.1 | 65.0 | 67.0 | 69.0 | 85.0 | 78.0 | 77.0 | 2 | 3 |
| 6 | 艺术 | 物理学 | 84.0 | 13.2 | 83.0 | 61.0 | 72.0 | 90.0 | 78.0 | 87.0 | 2 | 3 |
| 7 | 文学 | 物理学 | 84.0 | 13.3 | 95.0 | 82.0 | 87.0 | 84.0 | 85.0 | 88.0 | 1 | 1 |
| 8 | 科学 | 电子学 | 68.0 | 13.4 | 99.0 | 78.0 | 81.0 | 63.0 | 80.0 | 77.0 | 1 | 2 |
| 9 | 文学 | 社会学 | 89.0 | 18.0 | 78.0 | 82.0 | 76.0 | 74.0 | 88.0 | 72.0 | 2 | 1 |
| 10 | 文学 | 物理学 | 87.0 | 22.0 | 98.0 | 82.0 | 82.0 | 82.0 | 95.0 | 71.0 | 2 | 1 |
| 11 | 艺术 | 物理学 | 87.0 | 22.0 | 98.0 | 82.0 | 79.0 | 82.0 | 95.0 | 71.0 | 2 | 3 |
| 12 | 科学 | 物理学 | 99.0 | 22.1 | 75.0 | 71.0 | 87.0 | 87.0 | 98.0 | 90.0 | 1 | 2 |
| 13 | 艺术 | 物理学 | 99.0 | 22.1 | 75.0 | 79.0 | 78.0 | 87.0 | 98.0 | 90.0 | 1 | 3 |

**图 3-73　待进行差异显著性检验的原始数据**

### 2. 分析解决方案

对于图 3-73 所示的数据表，由于“数学 1”和“数学 2”成绩均不满足正态分布，因此对这些成绩之间的差异显著性检验，不可以使用 $T$ 检验，而是需要使用两关联样本非参数检验。

3. 操作流程

第一，在 SPSS 中打开 mydataA. sav，进入数据视图。

第二，在本章 3.2.3"数据规范化与预处理"中已经证实："数学 1""数学 2""外语 1"和"外语 2"成绩的正态性检验概率值均小于 0.05，不满足正态分布。因此，本案例只能使用"两相关样本非参数检验"完成。

第三，选择菜单【分析】—【非参数检验】—【旧对话框】—【两个相关样本】命令，打开如图 3-74 示的对话框。

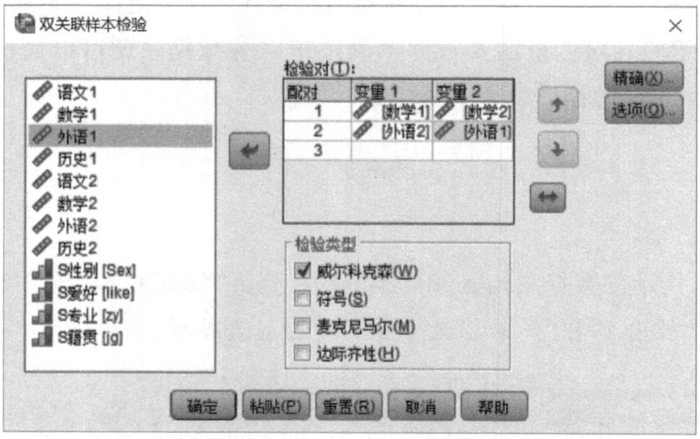

**图 3-74　两关联样本非参数检验**

第四，在【双关联样本检验】对话框中，从左侧选择变量"数学 1"添加到【检验对】的第 1 对的"变量 1"中，同理把变量"数学 2"添加到【检验对】的第 1 对的"变量 2"中。接着，把变量"外语 1"和"外语 2"对添加到【检验对】的第 2 对中。

第五，在【双关联样本检验】对话框中，选中【检验类型】中的【威尔科克森】复选框。

第六，单击【确定】按钮，启动数据分析过程。

4. 解读输出结果

基于图 3-74 的配置，启动分析过程后，就获得了如图 3-75 所示的输出结果。

从图 3-75 可以获得以下结论，本分析是基于威尔科克森（即 Wilcoxon）算法的差异显著性检验，即符号秩检验。在图 3-75 的左图中，分别显示出了"数学 1—数学 2"对和"外语 1—外语 2"对的秩分及其符号情况。在图 3-75 的右图中，显示出了"数学 1—数学 2"的"渐进显著性（双侧）"值为 0.000，即"数学 1—数学 2"的差异显著性检验概率值为 0.000，其值小于 0.05，说明"数学 1"成绩与"数学 2"成绩的分布存在显著差异。同理，由于"外语 1—外语 2"的"渐进显著性（双侧）"值为 0.917，其值大于 0.05，说明"外语 1"成绩与"外语 2"成绩的分布不存在显著差异。

**秩**

| | | 个案数 | 秩平均值 | 秩的总和 |
|---|---|---|---|---|
| 数学2 - 数学1 | 负秩 | 49[a] | 60.68 | 2973.50 |
| | 正秩 | 87[b] | 72.90 | 6342.50 |
| | 绑定值 | 3[c] | | |
| | 总计 | 139 | | |
| 外语1 - 外语2 | 负秩 | 63[d] | 69.34 | 4368.50 |
| | 正秩 | 68[e] | 62.90 | 4277.50 |
| | 绑定值 | 8[f] | | |
| | 总计 | 139 | | |

a. 数学2 < 数学1　d. 外语1 < 外语2
b. 数学2 > 数学1　e. 外语1 > 外语2
c. 数学2 = 数学1　f. 外语1 = 外语2

**检验统计[a]**

| | 数学1 - 数学2 | 外语1 - 外语2 |
|---|---|---|
| Z | -3.661[b] | -0.105[c] |
| 渐近显著性（双侧） | .000 | .917 |

a. 威尔科克森符号秩检验
b. 基于负秩。
c. 基于正秩。

图 3-75　两关联样本的差异显著性检验结果

#### (三)对两关联样本非参数检验的补充说明

在两关联样本非参数检验中，SPSS 提供了四种检验类型，以适应不同数据序列的特点。

在针对非正态分布的两关联样本实施差异显著性检验时，需要根据数据本身的特征，正确地选择合适的分析算法。

### 3.6.3　多关联样本非参数检验

#### (一)多关联样本非参数检验的概念

1. 多关联样本非参数检验对样本的要求

对不满足正态分布的多个关联样本，不可以通过均值比较其差异性，通常通过分布形态比较其差异性。

多关联样本非参数检验对数据序列主要有以下要求：①样本源于同一总体，或者是对相同样本的多次测量；②多组样本数据之间存在一一对应的关联性；③数据不满足正态分布，或样本的测量度、区分度不够高。

2. 多关联样本非参数检验的方法

多关联样本非参数检验主要有以下几种方法。

(1)双向等级方差分析(Friedman)

双向等级方差分析，是基于 $K$ 个变量降序秩分的差异显著性检验。这是基于秩分的一种方差分析方法，其基本思路是先对样本的 $K$ 个检测量做降序并求秩分，然后按

204

照秩分值矩阵做方差分析。

双向等级方差分析，比较适用于针对定距变量和高测度定序变量的数据分析。

---

注意：与常规个案排秩中的"按列对个案排序并求秩分"不同，在 Friedman 非参数检验中，系统是对每个个案按照水平（非变量方向）方向排序并求取秩分，从而针对每个个案得到一个 $1 \sim k$ 的序列。因此，如果有 $n$ 个个案的 $k$ 个变量参与到 Friedman 分析中，则会得到一个 $n$ 行 $k$ 列的二维秩分表。在此表格中，每行都是一个 $1 \sim k$ 的序列。Friedman 就是通过计算每列数据的平均秩分来比较变量有无明显差别，进而获得评价结论的（基于秩分的方差分析）。

---

（2）肯德尔和谐系数检验（Kendall W）

肯德尔和谐系数检验，是基于肯德尔系数的差异显著性检验技术，是基于秩分的平均等级分析。其基本思路是：先计算 $K$ 个观测量的卡方值和肯德尔和谐系数 $W$，然后判断其观测值的分布是否具有一致性。

在肯德尔和谐系数检验中，以肯德尔和谐系数 $W$ 表示被检验变量的秩分之间的差异程度。$W$ 的取值在 0 和 1 之间，$W$ 越接近 1，表示变量的组间差异越大；反之，$W$ 越接近 0，表示变量的组间差异越小。

肯德尔和谐系数检验，比较适用于定距变量与定序变量的处理。

（3）二分变量检验（Cochran 检验）

二分变量检验，通过检验多个样本量的 Cochran Q 系数，以便分析 $K$ 个关联样本是否来自同一总体或者具有相同的分布。

二分变量检验，主要面向二分变量的分析。

3. 多关联样本非参数检验的主要假设

在分析多关联样本非参数检验时，通常假设多组样本间不存在显著的分布差异，即多组样本的取值具有分布一致性。然后利用预设的算法，计算其差异显著性检验概率。

通过检验概率，判断数据是否存在显著差异。若检验概率值大于 0.05，则认为原假设成立，$K$ 组数据的分布不存在显著差异；否则，若检验概率值小于 0.05，则原假设不成立，$K$ 组数据的分布存在显著差异。

**（二）多关联样本非参数检验的实用案例——对学生多次考试成绩的差异显著性检验**

1. 案例要求

对如图 3-73 所示的数据文档 mydataA. sav，综合分析"数学 1""数学 2""历史 1""历史 2""外语 1""外语 2"等成绩之间是否存在显著差异。

2. 解决方案分析

对于图 3-73 所示的数据表，由于"外语 1""数学 1"和"历史 2"等成绩均不满足正态分布，因此对这些成绩之间的差异显著性检验，不可以使用 $T$ 检验和方差分析技术。由于本例中涉及多个不符合正态分布的变量，因此需要使用多关联样本非参数检验技术。

3. 操作流程

第一，在 SPSS 中打开 mydataA. sav，进入数据视图。

第二，基于本章 3.2.3 中"数据规范化与预处理"的验证，发现"历史 1"成绩的正态性检验概率大于 0.05，满足正态分布，而 2 个数学成绩、2 个外语成绩的正态性检验概率值都小于 0.05，不满足正态分布。因此，确定使用 $K$ 个相关样本的非参数检验。

第三，选择菜单【分析】—【非参数检验】—【旧对话框】—【K 个相关样本】命令，打开如图 3-76 所示的对话框。

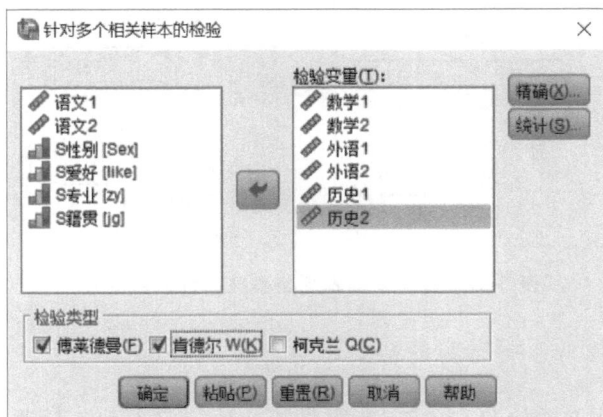

图 3-76  多相关样本非参数检验

第四，在【多相关样本的检验】对话框中，从左侧选择变量"历史 1"添加到【检验变量】列表框中。同理，把变量"数学 1""外语 1""历史 2"等添加到【检验变量】列表框中。

第五，在【多相关样本的检验】对话框中，选中【检验类型】中的【弗莱德曼】（即 Friedman）和【肯德尔 W】（即 Kendall）复选框。

第六，单击【多相关样本的检验】对话框右上角的【统计】按钮，在其对话框中把【描述性】设置为有效。

第七，单击【确定】按钮，启动数据分析过程。

4. 解读输出结果

基于图 3-76 的配置，启动分析过程后，就获得了如图 3-77 所示的输出结果。

在图 3-77 底部的两个"检验统计"中，则分别显示出了基于 Friedman 和 Kendall W 算法的检验概率。两个表格的检验概率（渐进显著性）值均为 0.000，其值小于 0.05。所以，这六个科目的成绩之间存在显著差异。

由于 Kendall W 的值仅有 0.040，这说明尽管这 6 个科目的成绩存在显著差异，但其值的差别并不大。

**弗莱德曼检验**

秩

| | 秩平均值 |
|---|---|
| 数学1 | 2.89 |
| 数学2 | 3.68 |
| 外语1 | 3.85 |
| 外语2 | 3.68 |
| 历史1 | 3.21 |
| 历史2 | 3.69 |

检验统计[a]

| | |
|---|---|
| 个案数 | 139 |
| 卡方 | 27.694 |
| 自由度 | 5 |
| 渐近显著性 | 0.000 |

a. 弗莱德曼检验

**肯德尔 W 检验**

秩

| | 秩平均值 |
|---|---|
| 数学1 | 2.89 |
| 数学2 | 3.68 |
| 外语1 | 3.85 |
| 外语2 | 3.68 |
| 历史1 | 3.21 |
| 历史2 | 3.69 |

检验统计

| | |
|---|---|
| 个案数 | 139 |
| 肯德尔 W[a] | .040 |
| 卡方 | 27.694 |
| 自由度 | 5 |
| 渐近显著性 | 0.000 |

a. 肯德尔协同系数

图 3-77　多关联样本的差异显著性检验结果

#### (三)多关联样本非参数检验的补充说明

在多关联样本非参数检验中，SPSS 提供了 3 种检验类型，以适应不同数据序列的特点。在针对非正态分布的多关联样本实施差异显著性检验时，需要根据数据的本身特征，正确地选择合适的分析算法。

### 3.6.4　两独立样本非参数检验

#### (一)两独立样本非参数检验的概念

1. 两独立样本非参数检验对样本的要求

对不满足正态分布的两个独立样本，如要分析其是否存在显著差异，不可以通过均值比较其差异水平，通常通过其分布形态或秩分比较其差异程度。

两独立样本非参数检验对数据序列主要有以下要求：①样本数据源于同一总体；②样本数据可被另外的变量划分为两组；③样本数据不满足正态分布或样本的值域较小。

2. 两独立样本非参数检验的方法

两独立样本的非参数检验主要有以下几种方法。

(1)Wilcoxon W 等级和检验(Wilcoxon W)

Wilcoxon W(威尔克科逊)等级和检验，也叫曼-惠特尼 U(Mann-Whitney 检验)检验。其基本思路是：把全部样本混在一起求秩，然后根据两组样本的秩分情况判断是否存在差异。曼-惠特尼 U 检验本质上是一种通过比较两个样本秩分情况而获得检验结论的一种检验技术。

本算法适用于定距数据和高测度定序数据。

(2)两独立样本的 K-S 检验(Kolmogorov-Smirnov Z)

两独立样本的 K-S 检验，是基于秩分累计频数的检验方式。即对全体样本混合求取秩分，然后针对秩分的累计频数或累计频率进行差异显著性检验。

本算法适用于定距数据和定序数据。

如果预先把其中一组数据设置为标准分布形态的数据，那么通过 K-S 分析待检验序列与标准分布的差异性水平，就能实现针对单样本数据分布形态的判定。

(3)摩西极端反映检验(Moses Extreme Reaction)

摩西极端反映检验，即由极端值反映差异显著性的检验方法。它先对全体样本混合求秩分，根据两端的极端秩分值确定其差异程度。

摩西极端反映检验是通过检验极端值反映的差异情况，来判断两组数据的分布是否存在显著差异。

(4)沃尔德-沃尔夫威茨游程检验(Wald-Wolfwitz Runs)

沃尔德-沃尔夫威茨游程检验，是基于秩分排列的游程检验。即对全体样本混合求取秩分，并基于两组样本在秩分序列中的位置构造游程。通过分析游程的大小和数量实现游程检验，从而判断两组样本在混合序列中的排列是否随机。

若两组样本在混合序列中的排列是随机的，则两组样本之间没有显著差异。否则，则存在显著差异。

## (二)两独立样本非参数检验的实用案例

1.案例要求

对如图 3-78 所示的数据文档 mydataA.sav，分析男生、女生在"数学 1"成绩上是否存在显著差异。

2.分析解决方案

对于图 3-78 所示的数据表，由于"数学 1"成绩不满足正态分布，因此对这些成绩之间的差异显著性检验，不可以使用方差分析和 T 检验技术，而是需要使用两独立样本的非参数检验技术。

3.操作流程

第一，在 SPSS 中打开 mydataA.sav，进入数据视图。

第二，基于 3.2.3 中"数据规范化与预处理"模块的验证，"数学 1"成绩不满足正态分布。所以，本案例应该使用"两独立样本非参数检验"。

**图 3-78　待进行差异显著性检验的原始数据**

第三，由于"两独立样本非参数检验"不支持以字符型变量作为分组变量，因此需要先借助字符型变量的数值化编码技术，把字符型的变量"性别"转化为数值型的变量"Sex"，且男生为 1，女生为 2。

第四，选择菜单【分析】—【非参数检验】—【旧对话框】—【两个独立样本】命令，打开如图 3-79 所示的对话框。

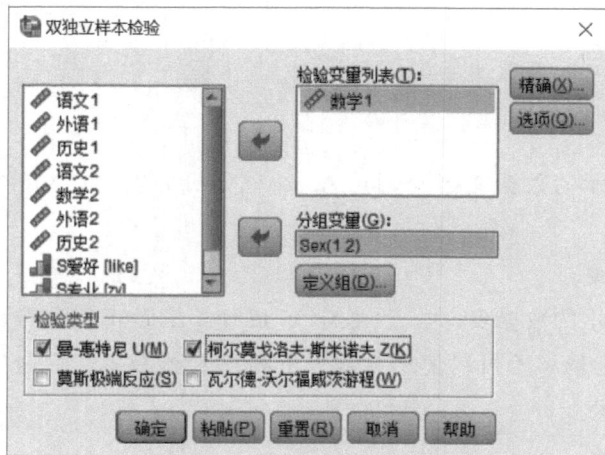

**图 3-79　两独立样本非参数检验**

第五，在【双独立样本检验】对话框中，从左侧选择变量"数学 1"添加到【检验变量列表】列表框中；接着，把变量"Sex"添加到【分组变量】列表框中，并利用【定义组】按钮把两个组的取值设置为"1"和"2"。

第六，在【双独立样本检验】对话框中，选中【检验类型】中的【曼-惠特尼 U】复选框和【柯尔莫戈洛夫-斯米诺夫 Z】复选框。

第七，单击【确定】按钮，启动数据分析过程。

4. 解读输出结果

基于图 3-79 的配置，启动分析过程后，就获得了如图 3-80 所示的输出结果。

**曼-惠特尼检验**

**秩**

| | S性别 | 个案数 | 秩平均值 | 秩的总和 |
|---|---|---|---|---|
| 数学 | 男 | 60 | 65.88 | 3952.50 |
| | 女 | 79 | 73.13 | 5777.50 |
| | 总计 | 139 | | |

**检验统计$^a$**

| | 数学 |
|---|---|
| 曼-惠特尼 U | 2122.500 |
| 威尔科克森 W | 3952.500 |
| Z | -1.054 |
| 渐近显著性（双侧） | 0.292 |

a. 分组变量：S性别

**双样本柯尔莫戈洛夫-斯米诺夫检验**

**频率**

| | S性别 | 个案数 |
|---|---|---|
| 数学 | 男 | 60 |
| | 女 | 79 |
| | 总计 | 139 |

**检验统计$^a$**

| | | 数学 |
|---|---|---|
| 最极端差值 | 绝对 | 0.145 |
| | 正 | 0.036 |
| | 负 | -0.145 |
| 柯尔莫戈洛夫-斯米诺夫 Z | | 0.846 |
| 渐近显著性（双侧） | | 0.471 |

a. 分组变量：S性别

图 3-80　两独立样本的差异显著性检验结果

①图 3-80 的左侧给出了基于曼-惠特尼 U 检验算法的数据分析结论，上图给出了男生、女生在数学成绩上的秩分的分布情况，下图的"渐近显著性（双侧）"列则给出了本次检验的检验概率值，其值为 0.292＞0.05，说明依据曼-惠特尼 U 算法，男生和女生的数学成绩不存在显著差异。

②图 3-80 的右侧给出了基于 K-S 检验算法的数据分析结论，上图给出了男生、女生的频率分布情况，下图的"渐近显著性（双侧）"列则给出了本次检验的检验概率值，其值为 0.471＞0.05，说明依据 K-S 算法，男生和女生的数学成绩不存在显著差异。

③基于曼-惠特尼 U 算法和 K-S 算法的检验都证明：男生和女生的数学成绩不存在显著差异，两种算法的检验结果一致。

### (三)对两独立样本非参数检验的补充说明

在两独立样本的非参数检验中，SPSS 提供了四种检验类型，以适应不同数据序列的特点。对于定距或高测度定序数据，通常选用前两种。对于关注极值的情况，则选

210

用第 3 种(摩西极端值反映);第 4 种则常常面向二分值的变量。

在对非正态分布的两独立样本实施差异显著性检验时,应该根据数据的本身特征和自己的研究关注点,正确地选择合适的分析算法。

## 3.6.5 多独立样本的差异显著性检验

多独立样本的差异显著性检验既可以针对同一总体的不同随机抽样,也可以源于不同总体,其目的是判断多个样本序列的差异是否显著。在多独立样本的差异显著性检验中,对符合正态分布的高测度数据,通常使用方差分析的方法,而对不符合正态分布的数据,或者方差非齐性时,则常常使用非参数检验的方法。

### (一)多独立样本非参数检验的概念

1. 多独立样本非参数检验对样本的要求

对不满足正态分布的多独立样本,不可以通过均值比较其差异性,通常通过分布形态比较其差异性。

在 SPSS 中,非参数检验中的独立样本主要有以下两种来源。

其一,某一非正态分布的数据序列被分组变量划分成多组。

这种类型的检验对数据序列主要有以下要求:①观测变量为单一的一个数据序列,即样本源于同一总体;②数据序列被某一因素变量分割为多组,因素变量应为数值型定类或定序变量;③数据不满足正态分布,或样本的值域不大。

其二,非正态分布且无任何关联关系的多个数据集。

对于这种类型的检验,在 SPSS 中应先把这些数据集整合到某个单一的列内,并添加一个新变量,然后利用新变量标记出每个数据所在的数据集序号。借助这种方法,就能把这种无任务关系的多独立样本转化为第一种类型。

2. 多独立样本非参数检验的方法

多独立样本非参数检验主要有以下几种方法。

(1)K-W 平均秩检验(Kruskal-Wailis H)

K-W 平均秩检验,是一种基于平均秩的差异性检验。其基本思路是:先把待分析的全部观测变量序列求取升序秩分(或者把多个独立样本的数据混合后求取升序秩分),然后基于各组秩分值,进行类似方差分析的计算,分析各组秩分均值的差异是否显著。

K-W 平均秩检验是基于秩分的一种方差分析技术,适用于观测变量为定距数据或定序数据的情况。

(2)中位数检验(Median)

顾名思义,中位数检验是基于数据序列的中位数而设计的一种差异性检验思路。

其基本思路是：先把全体数据混合，接着求取混合后的数据序列的中位数，然后利用卡方分布统计量来计算每个样本组内中位数两侧个案数的差异性。

中位数检验适用于测度不高的定序变量。

（3）分组分布检验（Jonckheere Terpstra）

分组分布检验，是通过检验多个样本组是否具有相同的分布形态来判断差异性的方法。样本的分组由分组变量的取值确定。

分组分布检验既可以检验定距变量，也可以检验定序变量。对于定序变量，本方法比 K-W 平均秩检验更为有效。

3. 多独立样本非参数检验的主要假设

在分析多独立样本非参数检验时，通常假设多组样本不存在显著差异，即多组样本的取值具有分布一致性。然后利用预设的算法，计算其差异显著性检验概率。

通过检验概率，判断数据是否存在显著差异。若检验概率值大于 0.05，则认为原假设成立，基于某一因素的不同水平所获得的数据集，其分布不存在显著差异；否则，若检验概率值小于 0.05，则原假设不成立，基于某一因素的不同水平所获得的数据集有显著差异。

### （二）多独立样本非参数检验的实用案例

1. 案例要求

对如图 3-78 所示的数据文档 mydataA. sav，分析不同专业学生的"数学 2""外语 1"成绩是否存在显著差异。

2. 分析解决方案

对于图 3-78 所示的数据表，由于"外语 1"和"数学 2"成绩均不满足正态分布，因此对这些成绩之间的差异显著性检验，不可以使用 T 检验和方差分析技术。由于本例中涉及多个不符合正态分布的变量，因此需要使用多独立样本的非参数检验技术。

3. 操作流程

第一，在 SPSS 中打开 mydataA. sav，进入数据视图。

第二，基于 3.2.3 中"数据规范化与预处理"模块的验证，"数学 2"和"外语 1"成绩不满足正态分布。所以，本案例应该使用"K 个独立样本的非参数检验"。

第三，由于"K 个独立样本非参数检验"不支持以字符型变量作为分组变量，所以需要先借助字符型变量的数值化编码技术，把字符型的变量"专业"转化为数值型的变量"zy"，并借助"变量视图"对其"标签"和"值"进行必要的说明。

第四，选择菜单【分析】—【非参数检验】—【旧对话框】—【K 个独立样本】命令，打开如图 3-81 所示的对话框。

第五，在【多独立样本检验】对话框中，从左侧选择变量"外语 1"和"数学 2"添加到

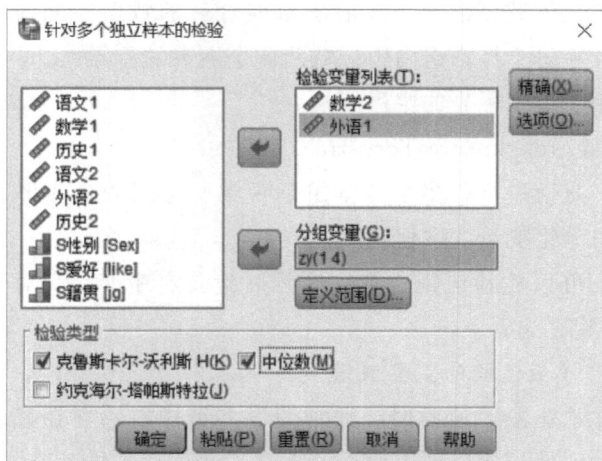

图 3-81　多独立样本的非参数检验

【检验变量列表】列表框中。接着，把变量"zy"添加到【分组变量】列表框中，并设置【定义范围】为 1 和 4。

第六，在【多独立样本检验】对话框中，选中【检验类型】中的【克鲁斯卡尔-沃利斯H】复选框和【中位数】复选框。

第七，单击【确定】按钮，启动数据分析过程，就获得了如图 3-82 的所示的输出结果。

4. 解读输出结果

本案例基于"克鲁斯卡尔-沃利斯"算法和"中位数"算法计算 $K$ 个独立序列的差异显著性水平，获得如图 3-82 的检验结论。

图 3-82　多独立样本的差异显著性检验结果

由图 3-82 的显示内容可知，面向“外语 1”成绩的多专业差异显著性检验，其“克鲁斯卡尔-沃利斯”检验的概率值 0.201>0.05，说明不同专业学生的“外语 1”成绩没有显著差异。同理，面向“数学 2”成绩的多专业差异显著性检验，其“克鲁斯卡尔-沃利斯”检验的概率值 0.000<0.05，说明不同专业学生的“数学 2”成绩有显著差异。

基于“中位数”算法的检验，其结论与“克鲁斯卡尔-沃利斯”的检验结论相同。

### 3.6.6　非参数检验综合案例

#### (一)案例要求

学校邀请 8 名专家对参评的 12 个项目进行了评价，每位专家都对 12 个项目进行评价并给出了成绩。目前，8 名专家的评价成绩如图 3-83 所示，数据被存储在数据文件 mydataC.sav 之中。

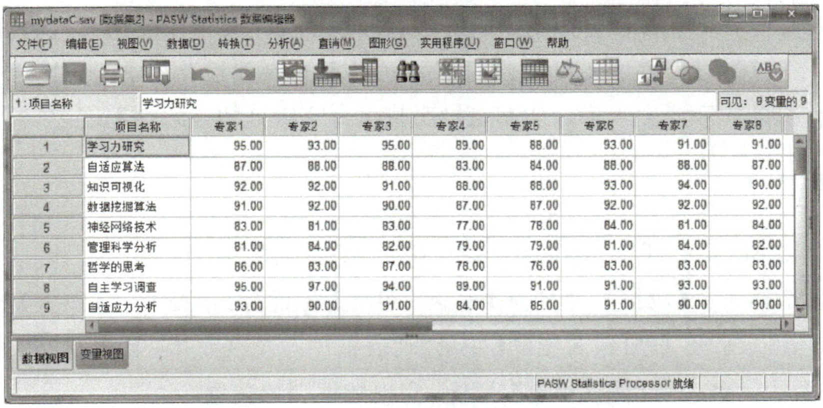

| | 项目名称 | 专家1 | 专家2 | 专家3 | 专家4 | 专家5 | 专家6 | 专家7 | 专家8 |
|---|---|---|---|---|---|---|---|---|---|
| 1 | 学习力研究 | 95.00 | 93.00 | 95.00 | 89.00 | 88.00 | 93.00 | 91.00 | 91.00 |
| 2 | 自适应算法 | 87.00 | 88.00 | 88.00 | 83.00 | 84.00 | 88.00 | 88.00 | 87.00 |
| 3 | 知识可视化 | 92.00 | 92.00 | 91.00 | 88.00 | 86.00 | 93.00 | 94.00 | 90.00 |
| 4 | 数据挖掘算法 | 91.00 | 92.00 | 90.00 | 87.00 | 87.00 | 92.00 | 92.00 | 92.00 |
| 5 | 神经网络技术 | 83.00 | 81.00 | 83.00 | 77.00 | 78.00 | 84.00 | 81.00 | 84.00 |
| 6 | 管理科学分析 | 81.00 | 84.00 | 82.00 | 79.00 | 79.00 | 81.00 | 84.00 | 82.00 |
| 7 | 哲学的思考 | 86.00 | 83.00 | 87.00 | 78.00 | 76.00 | 83.00 | 83.00 | 83.00 |
| 8 | 自主学习调查 | 95.00 | 97.00 | 94.00 | 89.00 | 91.00 | 91.00 | 93.00 | 93.00 |
| 9 | 自适应力分析 | 93.00 | 90.00 | 91.00 | 84.00 | 85.00 | 91.00 | 90.00 | 90.00 |

**图 3-83　多专家对多个项目的评价情况**

现在需要了解 8 名专家给出的评价是否客观、有效，并对 8 名专家的评价情况进行差异显著性检验，分析哪些专家的评分与其他专家差异较大。

#### (二)分析解决方案

对于图 3-83 所示的数据表，研究目标是分析 8 名专家的评价是否具有一致性：若 8 名专家对 12 个项目的给分在排名顺序上高度一致，则证明本轮评价是科学有效的。否则，则认为专家的评价存在问题。

在案例中，各位专家的给分分值不是重点，每个专家对 12 个项目给分的名次(即秩分)才是研究重点。由于本案例重点关注各组评价的秩分是否存在显著差异，因此应使用基于秩分的多关联样本非参数检验技术来开展研究。

基于图 3-83 给出的数据，如果直接以“专家 1”至“专家 8”作为变量开展非参数检验，根据多关联样本非参数检验的工作原理，系统将会以被评价项目为处理单位对 8 名专家依次排序求秩分，得到 12 行取值为 1～8 的数据序列，进而计算出每列数据的平均秩分(即每名专家的平均秩)。基于此研究所获得的结论是 8 名专家的秩均值和秩均值的差异显著性检验概率。这些数据仅能体现出不同专家的秩均值是否不同，并不能说明专家给分的一致性问题，也不能论证专家们评价是否客观、有效。因此，直接使用 *K* 个关联样本的非参数检验方法并不能直接论证本问题。

针对此研究问题，需要先换一个解题思路：对图 3-83 所示的数据，可先进行转置，开展针对评价项目的差异显著性检验。由于每个专家都有一组自己针对 12 个项目的评分，并可依据该评分序列获得每个项目的秩分值(即把每个专家对 12 个项目的打分均按降序求取秩分，得到值为 1～12 的秩分)。如果 12 个项目得分的平均秩存在显著差异，则证明 8 位专家给予各个项目的秩分是比较一致的，而且项目的秩分之间也有较高的区分度，从而可以证明专家的评价是客观且有效的。否则，若 12 个项目得分的平均秩无显著差异，则无法区分出项目的优劣，那么本轮专家评价就是无效的。

另外，在分析过程中，还可以依据多关联样本非参数检验的 Kendall W 系数，探索各个项目秩分的区分度水平，从而间接反映出专家给分的一致性程度。

### (三)操作流程

第一，在 SPSS 中打开 mydataC. sav，进入数据视图。

第二，选择菜单【数据】—【转置】命令，打开【转置】对话框。在【转置】对话框中，把“专家 1”至“专家 8”添加到右侧的【变量】列表框中，把变量“项目名称”添加到【名称变量】列表框中。最后，单击【确定】按钮，实现数据表的转置。

第三，完成转置后，得到新的数据集“未标题 6”。切换到“未标题 6”窗口中，获得如图 3-84 所示的数据表。

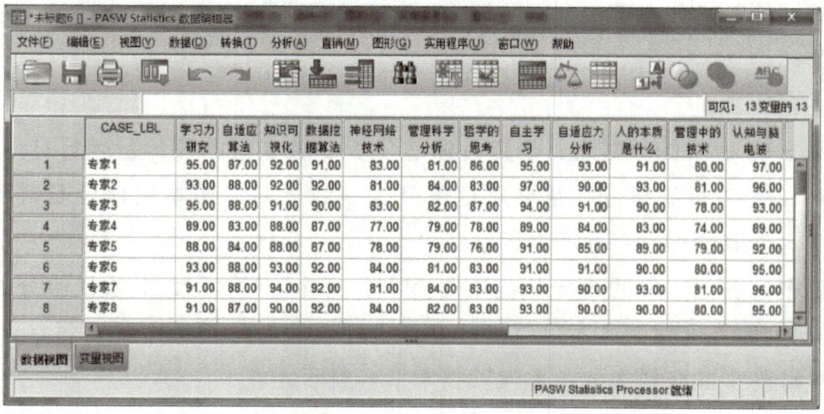


| | CASE_LBL | 学习力研究 | 自适应算法 | 知识可视化 | 数据挖掘算法 | 神经网络技术 | 管理科学分析 | 哲学的思考 | 自主学习 | 自适应力分析 | 人的本质是什么 | 管理中的技术 | 认知与脑电波 |
|---|---|---|---|---|---|---|---|---|---|---|---|---|---|
| 1 | 专家1 | 95.00 | 87.00 | 92.00 | 91.00 | 83.00 | 81.00 | 86.00 | 95.00 | 93.00 | 91.00 | 80.00 | 97.00 |
| 2 | 专家2 | 93.00 | 88.00 | 92.00 | 92.00 | 81.00 | 84.00 | 83.00 | 97.00 | 90.00 | 93.00 | 81.00 | 96.00 |
| 3 | 专家3 | 95.00 | 88.00 | 91.00 | 90.00 | 83.00 | 82.00 | 87.00 | 94.00 | 91.00 | 90.00 | 78.00 | 93.00 |
| 4 | 专家4 | 89.00 | 83.00 | 88.00 | 87.00 | 77.00 | 79.00 | 78.00 | 89.00 | 84.00 | 83.00 | 74.00 | 89.00 |
| 5 | 专家5 | 88.00 | 84.00 | 88.00 | 87.00 | 78.00 | 79.00 | 76.00 | 91.00 | 85.00 | 89.00 | 79.00 | 92.00 |
| 6 | 专家6 | 93.00 | 88.00 | 93.00 | 92.00 | 84.00 | 81.00 | 83.00 | 91.00 | 91.00 | 90.00 | 80.00 | 95.00 |
| 7 | 专家7 | 91.00 | 88.00 | 94.00 | 92.00 | 81.00 | 84.00 | 83.00 | 93.00 | 90.00 | 93.00 | 81.00 | 96.00 |
| 8 | 专家8 | 91.00 | 87.00 | 90.00 | 92.00 | 84.00 | 82.00 | 83.00 | 93.00 | 90.00 | 90.00 | 80.00 | 95.00 |

**图 3-84　转置后的数据表**

第四，选择菜单【分析】—【非参数检验】—【旧对话框】—【K 个相关样本】命令，打开如图 3-85 所示的对话框。

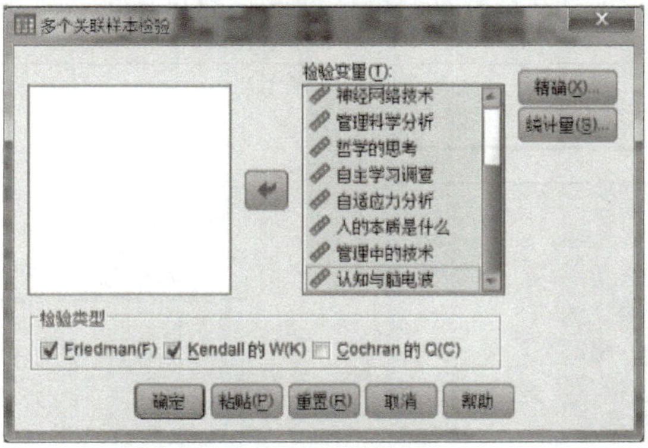

图 3-85　多关联样本的非参数检验

第五，在【多关联样本检验】对话框中，从左侧选择全部数值型变量，使之移到【检验变量】列表框中，如图 3-85 所示。

第六，在【多关联样本检验】对话框中，选中【检验类型】中的【Friedman】和【Kendall 的 W】复选框。

第七，单击【多关联样本检验】对话框右上角的【统计量】按钮，在其对话框中把【描述性】设置为有效。

第八，单击【确定】按钮，启动数据分析过程。

(四)解读输出结果

基于图 3-85 的配置，启动分析过程后，获得如图 3-86 和图 3-87 所示的输出结果。

图 3-86　Friedman 非参数检验的运算结果

图 3-86 右图中的"渐近显著性"能够说明 12 个项目的秩分的总体分布是否一致，由其渐近显著性值为 0.000 可知，12 个项目的秩分的总体分布存在显著差异，表示从项目秩分的角度看，项目的得分具有较高的区分度，项目评价的质量较好。

肯德尔 W 检验

**秩**

| | 秩平均值 |
|---|---|
| 学习力研究 | 9.75 |
| 自适应算法 | 5.06 |
| 知识可视化 | 8.75 |
| 数据挖掘算法 | 7.81 |
| 神经网络技术 | 2.63 |
| 管理科学分析 | 2.94 |
| 哲学的思考 | 3.00 |
| 自主学习调查 | 10.44 |
| 自适应力分析 | 7.13 |
| 人的本质是什么 | 7.56 |
| 管理中的技术 | 1.44 |
| 认知与脑电波 | 11.50 |

**检验统计**

| 个案数 | 8 |
|---|---|
| 肯德尔 W[a] | .897 |
| 卡方 | 78.927 |
| 自由度 | 11 |
| 渐近显著性 | .000 |

a. 肯德尔协同系数

图 3-87　Kendall W 非参数检验的运算结果

图 3-86 的左图给出了每个项目的秩均值，发现秩均值均匀分布在 2～12 的区域中，说明项目得分具有很好区分度，专家们对项目评价的质量较高。

图 3-87 从"Kendall W"的视角反映了各个项目秩分的一致性水平，由图 3-87 右图的"检验统计量"可知：各项目的 Kendall W 值（0.897）较大，12 个项目的秩分均值具有很大的差异性，即 8 位专家对每个项目的秩分值具有较强的一致性。与此同时，本案例中 Kendall 渐近显著性值为 0.000，也间接地论证了这一结论。

综上所述，本研究中的各项目均获得了区分度很高的秩分，说明各位专家对项目评价的秩分高度一致。因此本轮项目评价的成绩比较客观、有效。

### (五)进一步探索各位专家的评价质量

对于如图 3-83 所示的原始数据，以"专家 1"至"专家 8"作为检验变量进行基于 Kendall W 的非参数检验，检验 8 名专家在本轮评价中的秩均值情况，从而找出在评价过程中给分比较偏颇的专家。

1. 操作命令

首先，切换到原始 mydataC 的"数据视图"下，使最初的未转置数据显示在屏幕上。

其次，利用菜单【分析】—【非参数检验】—【旧对话框】—【K 个相关样本】启动多关联样本非参数检验命令，并进行如图 3-88 所示的设置。

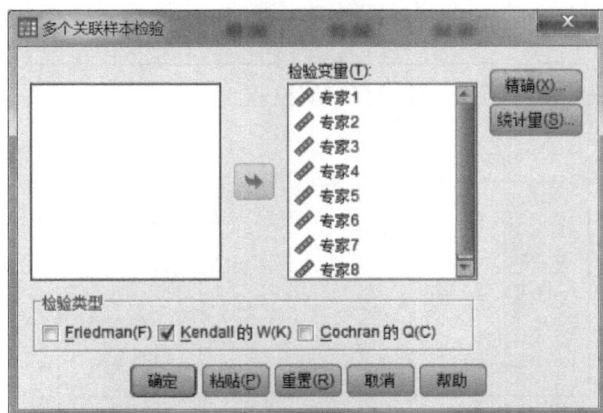

**图 3-88　"以 Kendall W 检验的各专家的秩分均值"配置界面**

最后，单击【确定】按钮开始运行多关联样本非参数检验功能，获得如图 3-89 所示的结论。

2. 研究结论

图 3-89 右图中的"渐近显著性"检验概率值用于说明全体待检验变量的总体分布是否一致。由于图 3-89 右图中的渐近显著性值（检验概率）为 0.000，远小于 0.05，说明从总体来看，8 名专家给分的秩分并不完全一致，至少有 1 名专家的给分与其他专家不同。

**图 3-89　多关联样本的差异显著性检验结果**

从图 3-89 的左图可以看出，在 8 名专家中，4 号专家和 5 号专家的秩均值明显地比其他 6 位专家低。这两位专家的给分，可能与其他专家有较大的差别。

为此，针对原始数据，排除"专家 4"和"专家 5"后，再次选用"K 个相关样本"的非参数检验。此时，只把"专家 1""专家 2""专家 3""专家 6""专家 7""专家 8"作为"检验变量"，然后利用"Kendall 的 W"算法再次进行差异显著性检验。最终，获得了如图 3-90

所示的检验结果。

**肯德尔 W 检验**

**秩**

| | 秩平均值 |
|---|---|
| 专家1 | 3.88 |
| 专家2 | 4.08 |
| 专家3 | 3.21 |
| 专家6 | 3.33 |
| 专家7 | 3.83 |
| 专家8 | 2.67 |

**检验统计**

| | |
|---|---|
| 个案数 | 12 |
| 肯德尔 W[a] | .093 |
| 卡方 | 5.582 |
| 自由度 | 5 |
| 渐近显著性 | .349 |

a. 肯德尔协同系数

**图 3-90　排除“专家 4”“专家 5”之后的差异显著性检验**

从图 3-90 可以看出，在排除“专家 4”和“专家 5”的给分后，其他 6 名专家给分的差异显著性检验概率值(渐近显著性)为 0.349>0.05，表示这 6 名专家给分的秩在总体分布上具有高度一致性，无显著差异。与此同时，其 Kendall W 协同系数为 0.093，此值比较小且接近于 0，也说明这 6 位专家针对项目评分的秩均值具有较高的一致性。

注意：对于多位专家的评价质量及其一致性分析，除了综合使用 $K$ 个关联样本的非参数检验外，如果每位专家给出的评价数据都为定距数据且满足正态分布，还可以使用配对样本 $T$ 检验进行两两比较，查看专家们的评价是否有显著差异。如果评价数据为非正态分布的定距变量，也可以基于原始数据先对每列数据排秩(以专家为变量进行垂直排秩)，然后基于新生成的秩分序列做一致性分析、相关性分析、两关联样本的非参数检验、配对样本 $T$ 检验等，以便对比相关专家评价的一致性程度。

### (六)最终研究结论

本次项目评价是一次有效的项目评价，由于 12 个项目的秩分具有很高的一致性，而且区分度也很高，说明 8 名专家对 12 个项目的评价结论是比较一致的。

通过针对专家评价效果的分析，发现“专家 4”和“专家 5”的秩均值与其他专家差异较大，而其他 6 名专家的评价是一致的。

## 思考与上机实践

1. 思考题

(1)什么是参数检验？什么是非参数检验？对于待检验变量，它们分别有什么要求？

(2)数据的差异性检验有多种，哪些检验是均值差异性检验？

(3)什么是 $T$ 检验？$T$ 检验对于待检测的数据有哪些要求？

（4）在 $T$ 检验中，如果参与检验的两组独立样本的方差不齐性，应该如何做？

（5）什么是方差分析？对于参与方差分析的数据有哪些要求？

（6）在进行方差分析时，如果作为分组变量的变量是字符串型，应该如何做？

（7）在进行方差分析时，在输出结果中，如果 $F$ 值小于 1，说明什么？此时的 $Sig$ 值会有什么表现？

（8）什么是协方差分析？有什么用途？

（9）在数据的差异性分析中，主要有哪几种解决问题的基本思路？各有什么特点？

（10）什么是卡方检验？它主要用于解决什么问题？

（11）什么是游程检验？它有哪些作用？

（12）什么是曼-惠特尼 U 非参数检验？有什么适应性？

2. 上机实践：差异显著性检验

请从作业素材文件夹中找到素材文件 zysc03.rar，把它解压后得到三个初始的数据文件 mydataA.sav、mydataB.sav、mydataC.sav 和 mydataD.sav。基于这 4 个数据文件，完成以下操作。

补充说明：①mydataA 中的数据是学生们参加考试获得各科成绩的情况。mydataB 中的数据是在一年级小学生招生时采集到的学生信息。mydataC 中的数据是 8 位专家对 12 个学生科研项目的评价情况。mydataD 中的数据是某农业科研基地在选定的若干块试验田和对照田中连续 4 年进行农业科研所获取的各地块亩产数据，该项目主要用于测试新肥料是否有推广的价值，数据表中以变量"是否使用"的值为标记说明该地块是否是使用了新肥料的试验田。

（1）对于 mydataA 中的字符型字段籍贯、专业、性别、爱好进行数值化编码，对 mydataB 中的性别、生源、父母文化程度、是否喜欢上学字段进行数值化编码。要求新建字段以字母为变量名，然后通过变量视图对新字段添加中文说明信息，对数码值的含义也一并给予说明。

（2）对 mydataA 中的各科成绩分析其分布形态，对于 mydataB 中的 $IQ$ 和入学测试成绩分析其分布形态。

（3）检验 mydataA 中语文 1 与语文 2 的成绩、语文 2 与历史的成绩之间是否存在显著差异；检验 mydataA 中的数学与物理的成绩、物理与化学的成绩之间是否存在显著差异。

（4）在 mydataA 中，检验不同专业的学生的语文 1 成绩、历史成绩是否会因专业而有显著差异（或者说检验学生的所在专业是否会对语文 1 成绩、历史成绩产生重要影响）。

（5）在 mydataA 中，检验不同专业的学生的数学成绩、物理成绩是否会因专业产生显著差异？检验性别是否能够影响学生的数学成绩、物理成绩？

（6）在 mydataA 中，检验语文 1、语文 2、历史三科目的成绩之间是否存在显著差异？检查数学、物理、化学三个科目的成绩之间是否存在显著差异？

（7）对于 mydataD 文档，分析尚未开始农业实验前，试验田与对照田之间的亩产量是否存在显著差异？

（8）基于 mydataD 文档，分析在开始试验的第一年，试验田与对照田的亩产量是否存在显著差异？哪种地块的产量较高？

（9）基于 mydataD 文档，对于未使用新肥料的地块（对照田），分析在"使用前"与"第一年""第二年"的亩产量是否存在显著差异？

（10）基于 mydataD 文档，分析已经开始试验之后，试验田在第一年、第二年、第三年、第四年的均值是否存在显著差异，其均值呈什么趋势？与对照田之间有无显著差异，可以说明什么问题？

（11）在 mydataA 中，剔除"爱好"字段的影响，分析籍贯、专业、性别对语文1、语文2、历史课程的影响性。

（12）利用交叉表分别分析 mydataB 中生源、学前学习时长对学生厌学情况的影响。提示：先对学习时长进行离散化编码，缩小其值域，然后构造交叉表，实现卡方检验。

（13）在 mydataB 中，综合分析生源、$IQ$、学前辅导时长、父母文化程度等因素对入学测试成绩的影响。

（14）在 mydataB 中，剔除"学前辅导时长"的影响，分析父母文化程度、生源、性别、$IQ$ 值对入学测试成绩的影响。

（15）mydataC 是 8 名专家针对 12 个项目的打分情况，请检查这 8 名专家的给分是否具有一致性？如果一致性不足，指出哪些专家的给分具有较好的一致性？

教学资源二维码

# 第 4 章

# 变量之间的关联性分析

本章概述

　　本章主要讨论数据的关联性与回归分析的概念与技术，集中探索了四种不同类型的相关性分析技术及其适应性，并就线性回归分析、二元逻辑回归分析和曲线回归分析的技术进行了详细的分析和探讨。

## 章结构图

```
曲线回归的概念及原理                                                    关联性分析的特点
曲线回归分析实用案例 ── 曲线回归          关联性        关联性分析的类型
                        分析技术          分析概述       及主要技术
                                                        SPSS的数据关联性分析

二元逻辑回归工作原理     二元逻辑                        案例背景及研究目标
二元逻辑回归实用案例 ── 回归分析   变量之间的   案例需求及  数据采集与数据文档
                        技术       关联性分析   数据情况   数据规范化

线性回归分析的概念及其原理                              中高测度数据的相关性分析技术
  一元线性回归及其实例                                  中高测度数据的相关性分析案例
多元线性回归概念及其要点 ── 线性回归          相关性分析  偏相关分析
  多元线性回归实用案例      分析技术                     低测度数据相关性分析
  多重共线性问题及处理                                  数据相关性分析实用案例
```

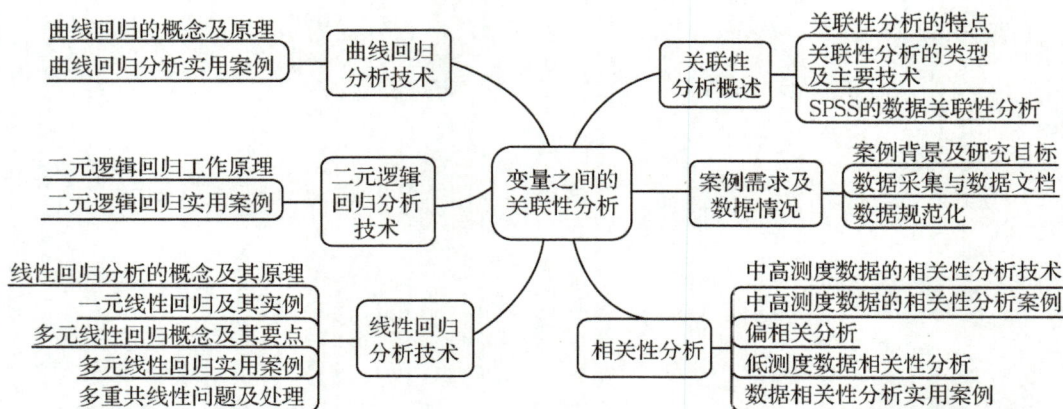

**本章学习目标**

　　掌握四种不同类型的相关性分析技术及其适应性，准确理解四种类型相关性分析技术的适应范围；在回归分析模块，掌握线性回归技术、二元逻辑回归技术和曲线回归技术的用法及其质量评价标准，精准地掌握多元线性回归技术中的自变量筛选方式及回归质量的判定。

**读前深思**

　　在量化研究过程中，关联性分析有什么价值？为了能较准确地掌握影响因变量的各个因素并正确地评价各个因素的影响力，应该如何做？

# 4.1
# 关联性分析概述

🎯 **本节学习目标**

掌握关联性分析的数据序列应满足的要求及特点；了解关联性分析（含相关性分析、回归分析）的类型、适应范围和关键操作。

## 4.1.1　关联性分析的特点

从数据分布的现象可以观测到数据分布的规律，从而通过其分布特征了解事物的一些本质。对于两个及两个以上数据序列之间的关系，除了前面所讨论的差异显著性检验之外，人们还经常探索数据之间的关联性，即通过数据计算发现两列数据内部隐含的关联性，进而发现所研究的事物之间的内在联系。

在具体研究活动中，待处理数据的类型多样，研究目标也有很大的不同。对不同类型的数据和不同的研究目标，应选用恰当的关联性分析方法。

### （一）关联性分析对数据的要求

关联性分析讨论的是两个或两个以上变量之间的内在联系，如物理成绩是否与语文成绩有关联，物理成绩是否与性别有关联，物理成绩是否与学生的爱好有关联，爱好是否与性别有关联，甚至物理成绩是否与性别、爱好、语文成绩有关联。

在关联性分析过程中，通常要分析的是：是否在 $A$ 变量升高时会同时引起 $B$ 变量值的升高（或降低），或者 $A$ 变量取值的变化会同时引起 $B$ 变量取值的变化。在此过程中，研究者特别关注与 $A$ 变量某一取值相对应的 $B$ 变量取值的情况。

因此，在关联性分析中，参与分析活动的数据序列应存在一一对应的关系，通常由两个或多个变量构成，而且这些变量的值应是针对同一组样本的多次测量而获得的，每个变量的全部取值为一个数据序列。也就是说，在关联性分析中，两个数据序列通常是配对样本数据，而不是独立样本数据。

与差异显著性检验不同，在关联性分析中没有独立样本一说，关联性分析仅面向配对样本开展，参与关联性分析的两个数据序列应该个数相同，且存在一一对应的关系。

224

　　另外，在关联性分析中不要求参与分析的变量有相同值域，值域不同的两个变量也可以做关联性分析。

### (二)数据序列之间关联的程度

　　对于待分析的两个数据序列，其关联水平主要分为以下三个等级：①两列数据之间根本不存在任何关联性；②两列数据之间存在模糊的关联性；③两列数据之间存在清晰的函数关系。

　　数据序列之间的关联性水平可以通过散点图直观地呈现其效果。

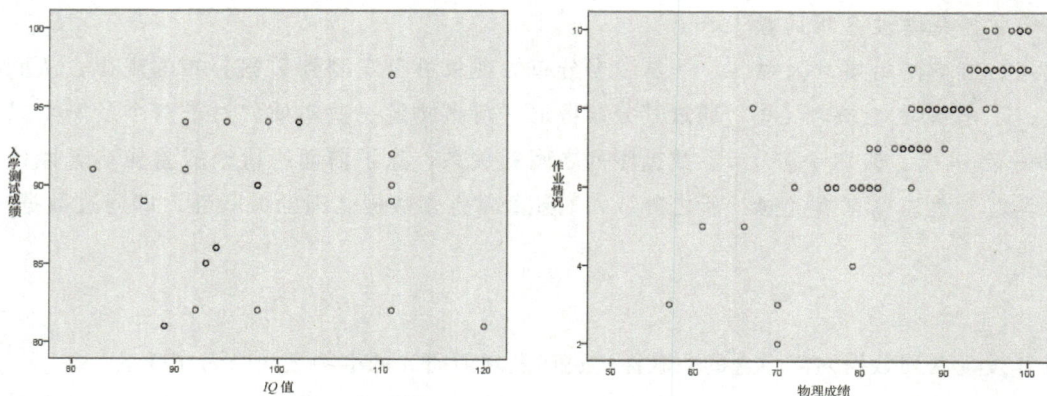

**图 4-1　两种不同关联性水平的散点图**

　　在图 4-1 的左图中，以 $IQ$ 值作为水平轴($x$ 轴)、以入学测试成绩作为垂直轴($y$ 轴)，构造了散点图。在这个散点图中，个案分散在整个散点图中，看不出趋势和规律性，说明水平轴和垂直轴所描述的两个变量之间没有关联性。而在图 4-1 的右图中，尽管散点的分布也比较混乱，但大致构成了一个自左下指向右上的带状区域，说明水平轴的"物理成绩"与垂直轴的"作业情况"之间具备一定的关联性。

　　在图 4-2 所示的散点图中，图中的散点构成了一条清晰的曲线，说明 $X$ 序列与 $Y$ 序列的数据之间存在比较清晰的关联关系，针对 $X$ 的一个取值，都能有一个比较确定的 $Y$ 值与之对应。这种关联关系应该是函数关系。对于如图 4-2 所示的序列关系，可以借助回归分析技术找出原始的函数式(即回归方程)。

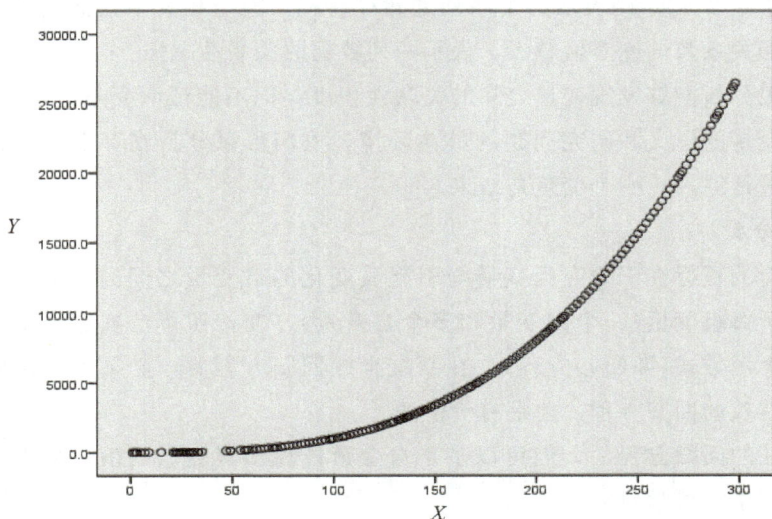

**图 4-2　数据序列 X 与数据序列 Y 所构成的散点图**

## 4.1.2　关联性分析的类型及主要技术

### (一)关联性分析的类型

从参与关联性分析的数据序列来看，关联性分析可以分为以下几种情形。①两列定距变量之间的关联性分析。例如，分析同一个教学班级中两次考试成绩的关联性、物理成绩与数学成绩的关联性。②两列定序变量之间的关联性分析。例如，在一轮社会调查活动中，全体被试对两个五选一单选题的回答。③单列定距变量与单列定序变量(或定类变量)之间的关联性分析。例如，分析学生等级与考试成绩之间的关联水平。④两个低测度数据序列之间的关联性分析。例如，专业选择与性别之间的关联性分析、专业选择与爱好之间的关联性分析。⑤单列定距变量与多列定序变量或定类变量之间的关联性分析。

### (二)关联性分析的主要技术

相关性分析(Correlations)与回归分析(Regression)，是数据关联性分析中两个重要的技术。

#### 1. 相关性分析

对于待分析其相关性的两个高测度数据序列，在进行相关性分析之前，通常假设两列数据之间没有相关性。在启动相关性分析之后，能够获得两个量化指标：其一是显著性检验概率；其二是相关系数。其中，检验概率值反映了没有相关性的可能性，若检验概率小于 0.05，则表示两个序列之间存在相关性；相关系数值则反映了相关程度和方向，相关系数的绝对值越大，表示两列数据的关联性越强。

利用相关分析能够发现变量之间的关联性程度，但不能证明变量之间的因果关系。但是，根据变量的语义和研究问题的具体环境，人们可以分析在存在相关性的变量对中，哪个变量是原因，哪个变量是结果。

2. 回归分析

回归分析的目标在于研究因变量与引起其变化的自变量之间的函数关系。从理论上来看，对于每组变量(一个因变量和多个自变量)，在按照算法实施计算后，都能产生一个或多个函数式(即回归方程)。在系统生成回归方程后，必须考察回归方程的有效性。只有有效的回归方程，才是有价值的。

利用有效的回归方程，人们可以基于自变量计算出因变量的值，从而可以实现预测、分析、探索等科学研究活动。

在回归分析中，科学地评价回归方程的质量非常重要。借助高质量的回归方程式，可以保证研究活动的科学性和有效性。反之，如果回归方程的质量很差，可能把科学研究活动引入歧途。

3. 其他技术

在第 3 章中介绍的方差分析和 $K$ 个独立样本的非参数检验，本质上阐述的是针对某个因素变量的不同水平，其因变量的均值或秩均值是否存在显著差异。而在客观上，面向 $K$ 个独立样本的方差分析或非参数检验，能够判断因变量是否受到自变量的显著影响。即它们能够判断因素自变量与因变量之间的关联性。因此，方差分析和 $K$ 个独立样本的非参数检验也可看作关联性分析的一种技术。

另外，对于两个低测度的定序变量或两个定类变量，通过基于交叉表的卡方检验也能判断这两个低测度变量之间的关联性程度，也称为低测度变量的拟合优度检验或独立性检验。

### 4.1.3 SPSS 的数据关联性分析

对于数据的关联性分析，SPSS 提供了一系列的专门技术，常见的技术包括相关性分析、回归分析。另外，对于低测度数据，SPSS 还专门提供了基于交叉表的相关性分析。事实上，在差异性检验部分中所探讨的方差分析和非参数检验中的 $K$ 个独立样本检验，其本质是"检查在自变量的不同水平下各组数据是否存在显著差异"，而外在反映则是"自变量的不同取值是否会对结果产生影响"，即自变量的不同水平与因变量之间是否存在较强的关联性。

常见的关联性分析技术及其适应性参见表 4-1。

表 4-1　关联性分析技术及其适应性

| 类别 | 名称 | 数据特点 | 研究目标 |
|---|---|---|---|
| 相关性分析 | Pearson 相关 | 两列定距变量（连续变量）或高测度定序变量，正态分布，两列数据个数相同且具有对应关系 | 获取两列数据之间的相关系数，分布存在相关性的检验概率 |
| | Spearman 相关 | 两列定距变量或高测度定序变量，不明分布，两列数据个数相同且具有对应关系 | 获取两列数据秩分之间的相关系数，获取存在相关性的检验概率 |
| | Kendall 相关 | 两列定序变量，不明分布，两列数据个数相同且具有对应关系 | 基于一致对获取两列数据的相关水平，分析存在相关性的检验概率 |
| | 偏相关 | 多列定距变量或高测度定序变量，正态分布，想去除控制变量的影响 | 屏蔽控制变量之后的相关性检验，获取两列数据的相关系数，分析存在相关性的检验概率 |
| 自变量与因变量的关联性 | 方差分析 | 因变量为定距变量或高测度定序变量，正态分布，自变量为定序变量或定类变量 | 以自变量的不同水平进行分组，检查不同分组的差异性，从而反映自变量与因变量之间的关联性 |
| | K 个独立样本的非参数检验 | 因变量为定距变量或高测度定序变量，非正态分布，自变量为定序变量或定类变量 | 以自变量的不同水平进行分组，检查不同分组的差异性，从而反映自变量与因变量之间的关联性 |
| 交叉表分析 | 定序变量的关联性分析 | 两列低测度的定序变量，基于其不同取值的交叉点计算各分组的频数 | 基于交叉点的频数实施卡方检验（$\chi^2$ 检验），发现不同分组之间频数的差异性，进而反映两变量之间的关联性程度 |
| | 定类变量独立性分析 | 两列定类变量，基于不同取值的交叉点计算各分组的频数 | 基于交叉点的频数实施卡方检验（$\chi^2$ 检验），发现不同分组之间频数的差异性，进而反映两变量之间的独立性 |
| 回归分析 | 一元线性回归分析 | 因变量为定距变量或高测度定序变量，自变量为定序变量或定距变量，只有单一自变量 | 获取自变量与因变量之间的一元线性方程式 |
| | 多元线性回归分析 | 因变量为定距变量或高测度定序变量，自变量为定序变量或定距变量，具有多个自变量 | 获取自变量与因变量之间的多元线性方程式 |

续表

| 类别 | 名称 | 数据特点 | 研究目标 |
|---|---|---|---|
| | 二元逻辑回归 | 因变量为二分变量，自变量为定序变量或定距变量，可有多个自变量 | 获取自变量与因变量之间的回归方程式 |
| | 曲线回归分析 | 因变量为定距变量或高测度定序变量，自变量为定序变量或定距变量，只有单一自变量 | 获取自变量与因变量之间的一元高次方程式 |

# 4.2
# 案例需求及数据情况

🎯 本节学习目标

本章的相关性检验和回归分析均依赖"大学生学习成绩信息"和"学习状态信息"项目；通过学习本节，全面了解项目的数据结构，掌握已完成的数值化编码及规范化操作。

## 4.2.1　案例背景及研究目标

### （一）案例背景

为了全面了解大学一年级学生进入大学之后的学习状况，分析影响学生状态和学习成绩的重要因素，笔者选取了 139 名学生，从学生的基本信息、个人爱好、认知风格、学习态度、在大学期间每周上网的时间及游戏时间等维度了解大学生的生活状态，然后提取了学生在大学期间的数学成绩、物理成绩，构成了原始数据"大学生学习状态"数据表。

另外，为了更全面地了解这些学生，笔者还提取了这些学生在高中期间几门主干课程的成绩，构成了"学生成绩单"数据表。

### （二）研究目标

①基于"学生成绩单"数据，分析高中阶段学生各科成绩之间的相关性。

②基于"大学生学习状态"数据，分析"上网时间""游戏时间"与学习成绩之间的关

联性关系，了解与学习成绩真正存在关系的关键因素。

③基于“大学生学习状态”数据，分析影响学生物理成绩和数学成绩的各种因素，最好能形成明确反映各因素重要性程度的回归方程。

④学生“是否喜欢物理”“是否喜欢数学”是二分变量，分析能影响“是否喜欢”物理课程、“是否喜欢”数学课程的各种因素，最好能形成明确反映各因素重要性程度的回归方程。

## 4.2.2　数据采集与数据文档

基于上述研究问题，笔者主要获得了两个重要的数据集。

### (一)学生成绩单数据集

对于抽取到的被试，其高中阶段的学习状况及主干课程的成绩单如图 4-3 所示，相关数据被存储在“学生成绩单 . sav”数据文件中。

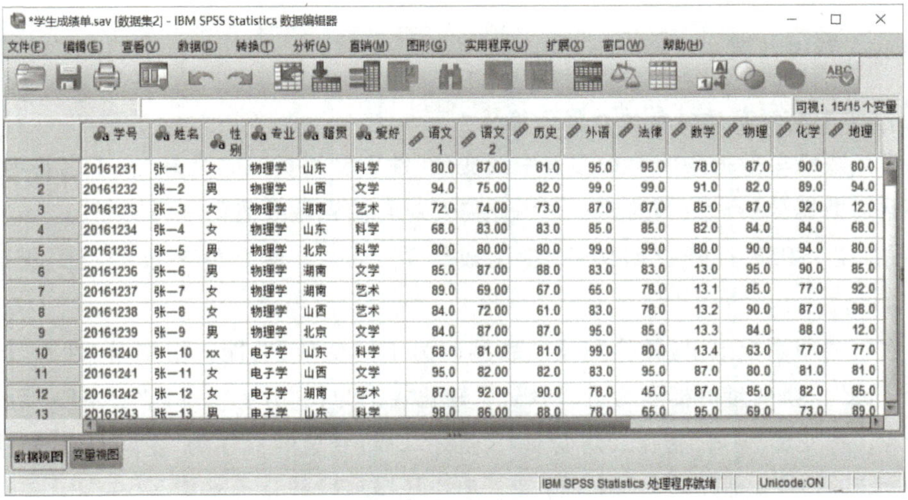


| | 学号 | 姓名 | 性别 | 专业 | 籍贯 | 爱好 | 语文1 | 语文2 | 历史 | 外语 | 法律 | 数学 | 物理 | 化学 | 地理 |
|---|---|---|---|---|---|---|---|---|---|---|---|---|---|---|---|
| 1 | 20161231 | 张—1 | 女 | 物理学 | 山东 | 科学 | 80.0 | 87.00 | 81.0 | 95.0 | 95.0 | 78.0 | 87.0 | 90.0 | 80.0 |
| 2 | 20161232 | 张—2 | 男 | 物理学 | 山西 | 文学 | 94.0 | 75.00 | 82.0 | 99.0 | 99.0 | 91.0 | 82.0 | 89.0 | 94.0 |
| 3 | 20161233 | 张—3 | 女 | 物理学 | 湖南 | 艺术 | 72.0 | 74.00 | 73.0 | 87.0 | 87.0 | 85.0 | 87.0 | 92.0 | 12.0 |
| 4 | 20161234 | 张—4 | 女 | 物理学 | 山东 | 科学 | 68.0 | 83.00 | 83.0 | 85.0 | 85.0 | 82.0 | 84.0 | 84.0 | 68.0 |
| 5 | 20161235 | 张—5 | 男 | 物理学 | 北京 | 科学 | 80.0 | 80.00 | 80.0 | 99.0 | 99.0 | 80.0 | 90.0 | 94.0 | 80.0 |
| 6 | 20161236 | 张—6 | 男 | 物理学 | 湖南 | 文学 | 85.0 | 87.00 | 88.0 | 83.0 | 83.0 | 13.0 | 95.0 | 90.0 | 85.0 |
| 7 | 20161237 | 张—7 | 女 | 物理学 | 湖南 | 艺术 | 89.0 | 69.00 | 67.0 | 65.0 | 78.0 | 13.1 | 85.0 | 77.0 | 92.0 |
| 8 | 20161238 | 张—8 | 女 | 物理学 | 山西 | 艺术 | 84.0 | 72.00 | 61.0 | 83.0 | 78.0 | 13.2 | 90.0 | 87.0 | 98.0 |
| 9 | 20161239 | 张—9 | 男 | 物理学 | 北京 | 文学 | 84.0 | 87.00 | 87.0 | 95.0 | 85.0 | 13.3 | 84.0 | 88.0 | 12.0 |
| 10 | 20161240 | 张—10 | xx | 电子学 | 山东 | 科学 | 68.0 | 81.00 | 81.0 | 99.0 | 80.0 | 13.4 | 63.0 | 77.0 | 77.0 |
| 11 | 20161241 | 张—11 | 女 | 电子学 | 山西 | 文学 | 95.0 | 82.00 | 82.0 | 83.0 | 95.0 | 87.0 | 80.0 | 81.0 | 81.0 |
| 12 | 20161242 | 张—12 | 女 | 电子学 | 湖南 | 艺术 | 87.0 | 92.00 | 90.0 | 78.0 | 45.0 | 87.0 | 85.0 | 82.0 | 85.0 |
| 13 | 20161243 | 张—13 | 男 | 电子学 | 山东 | 科学 | 98.0 | 86.00 | 88.0 | 78.0 | 65.0 | 95.0 | 69.0 | 73.0 | 89.0 |

图 4-3　学生成绩单数据集

### (二)大学生学习状态数据集

对于抽取到的被试，其大学阶段的基本信息及学习状态如图 4-4 所示，相关数据被存储在“大学生学习状态 . sav”数据文件中。

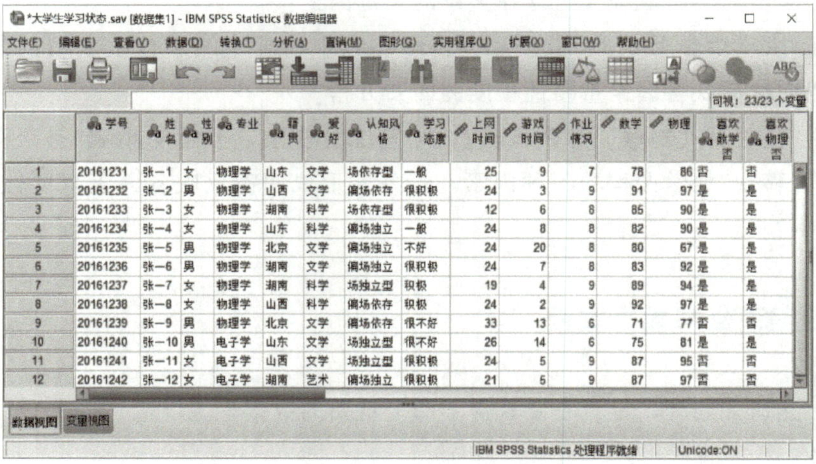


| | 学号 | 姓名 | 性别 | 专业 | 籍贯 | 爱好 | 认知风格 | 学习态度 | 上网时间 | 游戏时间 | 作业情况 | 数学 | 物理 | 喜欢数学否 | 喜欢物理否 |
|---|---|---|---|---|---|---|---|---|---|---|---|---|---|---|---|
| 1 | 20161231 | 张—1 | 女 | 物理学 | 山东 | 文学 | 场依存型 | 一般 | 25 | 9 | 7 | 78 | 86 | 否 | 否 |
| 2 | 20161232 | 张—2 | 男 | 物理学 | 山西 | 文学 | 偏场依存 | 很积极 | 24 | 3 | 9 | 91 | 97 | 是 | 是 |
| 3 | 20161233 | 张—3 | 女 | 物理学 | 湖南 | 科学 | 场依存型 | 很积极 | 12 | 6 | 8 | 85 | 90 | 是 | 是 |
| 4 | 20161234 | 张—4 | 女 | 物理学 | 山东 | 科学 | 偏场独立 | 一般 | 24 | 8 | 8 | 82 | 90 | 是 | 是 |
| 5 | 20161235 | 张—5 | 男 | 物理学 | 北京 | 文学 | 偏场独立 | 不好 | 24 | 20 | 8 | 80 | 67 | 是 | 是 |
| 6 | 20161236 | 张—6 | 男 | 物理学 | 湖南 | 文学 | 偏场独立 | 很积极 | 24 | 7 | 8 | 83 | 92 | 是 | 是 |
| 7 | 20161237 | 张—7 | 女 | 物理学 | 湖南 | 科学 | 场独立型 | 积极 | 19 | 4 | 9 | 89 | 94 | 是 | 是 |
| 8 | 20161238 | 张—8 | 女 | 物理学 | 山西 | 科学 | 偏场依存 | 积极 | 24 | 2 | 9 | 92 | 97 | 是 | 是 |
| 9 | 20161239 | 张—9 | 男 | 物理学 | 北京 | 文学 | 偏场依存 | 很不好 | 33 | 13 | 6 | 71 | 77 | 否 | 否 |
| 10 | 20161240 | 张—10 | 男 | 电子学 | 山东 | 文学 | 场独立型 | 很不好 | 26 | 14 | 6 | 75 | 81 | 是 | 是 |
| 11 | 20161241 | 张—11 | 女 | 电子学 | 山西 | 文学 | 场独立型 | 很积极 | 24 | 5 | 9 | 87 | 95 | 否 | 否 |
| 12 | 20161242 | 张—12 | 女 | 电子学 | 湖南 | 艺术 | 偏场独立 | 很积极 | 21 | 5 | 9 | 87 | 97 | 否 | 否 |

**图 4-4　大学生学习状态数据集**

## 4.2.3　数据规范化

### (一)数据预处理

1. 对学生成绩单数据集的数值化编码

在学生成绩单数据集中，数据表中的变量“性别”“籍贯”和“爱好”属于字符型变量，不适合常规数据分析对数据的要求，因此需要对它们先做数值化编码处理。

首先，以 SPSS 打开数据文件“学生成绩单 .sav”，使之处于数据视图状态，如图 4-3 所示。

其次，利用系统菜单【转换】—【重新编码为不同变量】功能，把变量“性别”转化为新变量“Sex”，新变量的标签为“性别码”。转化规则为：“男生”—1，“女生”—2。

同理，把变量“爱好”转化为新变量“S 爱好”，新变量的标签为“爱好码”，转化规则为：“艺术”—1，“文学”—2，“科学”—3。把变量“籍贯”转化为新变量“SJG”，新变量的标签为“籍贯码”，转化规则为：“北京”—1，“山东”—2，“山西”—3，“湖南”—4。

2. 对大学生学习状态数据集的数值化编码

在大学生学习状态数据集中，数据表中的变量“性别”“专业”“爱好”“喜欢物理否”“学习态度”和“认知风格”等均属于字符型变量，不适合常规数据分析对数据的要求，因此需要对它们先做数值化编码处理。

首先，以 SPSS 打开数据文件“大学生学习状态 .sav”，使之处于数据视图状态，如图 4-4 所示。

其次，利用【转换】—【重新编码为不同变量】命令，把“性别”重新编码为“Sex”，其中"男"转化为 1，"女"转化为 2；同理，把"专业"重新编码为"S 专业"，其中"化学"转化为 1，"遥感学"转化为 2，"电子学"转化为 3，"物理学"转化为 4。有关变量的转化情况如表 4-2 所示。

表 4-2　对各类非规范变量进行重新编码

| 旧变量 | 新变量 | 旧值 | 新值 |
|---|---|---|---|
| 性别 | Sex | 男 | 1 |
| | | 女 | 2 |
| 专业 | S 专业 | 化学 | 1 |
| | | 遥感学 | 2 |
| | | 电子学 | 3 |
| | | 物理学 | 4 |
| 爱好 | S 爱好 | 艺术 | 1 |
| | | 文学 | 2 |
| | | 科学 | 3 |
| 喜欢物理否 | phyF1 | 不喜欢 | 0 |
| | | 喜欢 | 1 |
| 学习态度 | S 态度 | 很不好 | 1 |
| | | 不好 | 2 |
| | | 一般 | 3 |
| | | 积极 | 4 |
| | | 很积极 | 5 |
| 认知风格 | S 风格 | 场独立型 | 1 |
| | | 偏场独立型 | 2 |
| | | 偏场依存型 | 3 |
| | | 场依存型 | 4 |

## (二)数据特征分析

在针对数据序列的关联性分析中，需要关注高测度数据是否满足正态分布。若数据序列满足正态分布，则可直接使用皮尔逊相关算法，否则就需要使用斯皮尔曼相关或肯德尔相关等算法。

1."学生成绩单"中变量的正态性判断

第一，启动 SPSS 并打开数据文件"学生成绩单.sav"，进入数据视图状态。

第二，利用【分析】—【非参数检验】—【旧对话框】—【单样本 K-S】命令启动单样本的分布形态检验，把变量"语文 1""语文 2""历史""数学""物理"送入【检验变量列表】框，如图 4-5 所示。

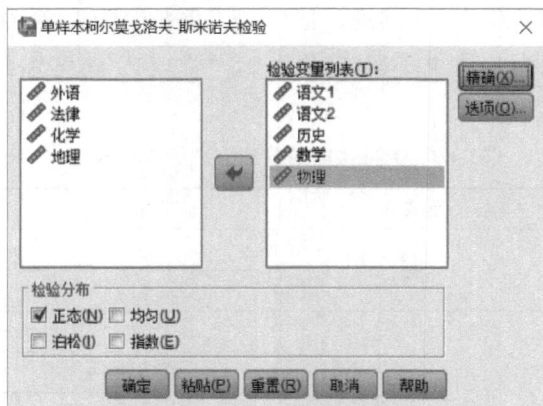

图 4-5　判断数据的正态性

第三，单击【精确】按钮，在其对话框中选择【精确】单选框，表示以"精确"方式检验其正态性。

第四，单击【确定】按钮，得到如图 4-6 所示的检验结果。

### 单样本柯尔莫戈洛夫-斯米诺夫检验

| | | 语文1 | 语文2 | 历史 | 数学 | 物理 |
|---|---|---|---|---|---|---|
| 个案数 | | 139 | 139 | 139 | 139 | 139 |
| 正态参数[a,b] | 平均值 | 83.755 | 83.5683 | 83.223 | 72.155 | 84.237 |
| | 标准差 | 6.9874 | 6.97516 | 7.2811 | 25.8043 | 8.8486 |
| 最极端差值 | 绝对 | .082 | .081 | .082 | .306 | .165 |
| | 正 | .062 | .081 | .065 | .178 | .092 |
| | 负 | -.082 | -.079 | -.082 | -.306 | -.165 |
| 检验统计 | | .082 | .081 | .082 | .306 | .165 |
| 渐近显著性（双侧） | | .024[c] | .026[c] | .023[c] | .000[c] | .000[c] |
| 精确显著性（双侧） | | .296 | .303 | .290 | .000 | .001 |
| 点概率 | | .000 | .000 | .000 | .000 | .000 |

a. 检验分布为正态分布。

图 4-6　检验数据序列的正态性——学生成绩单数据集

由图 4-6 中的"精确显著性（双侧）"检验结果可知，"语文 1""语文 2""历史"成绩的 $p$ 值均大于 0.05，表示它们满足正态分布，"数学"和"物理"成绩的 $p$ 值小于 0.05，表示它们均不满足正态分布。

2."大学生学习状态"中变量的正态性判断

首先，启动 SPSS 并打开数据文件"大学生学习状态.sav"，进入数据视图状态。

其次，利用【分析】—【非参数检验】—【旧对话框】—【单样本 K-S】命令启动单样本的分布形态检验，把变量"上网时间""游戏时间""作业情况""数学""物理"送入【检验变量列表】框。并通过【精确】按钮设置本次检验方式为"精确"方式。

最后，单击【确定】按钮，运行判断算法，得到检验结果，如图 4-7 所示。

图 4-7　检验数据序列的正态性——大学生学习状态数据集

由图 4-7 中的"精确显著性（双侧）"检验结果可知，"上网时间""游戏时间""作业情况"和"物理"成绩的 $p$ 值均小于 0.05，表示它们均不满足正态分布。而"数学"成绩的 $p$ 值大于 0.195，表示它满足正态分布。

# 4.3
# 相关性分析

## 本节学习目标

掌握面向中高测度数据序列的相关性分析算法（皮尔逊相关、斯皮尔曼相关和肯德尔相关）的概念、适应性、操作步骤以结果解读；掌握面向中低测度数据的独立性检验算法——基于交叉表的卡方检验算法。

## 4.3.1　中高测度数据的相关性分析技术

中高测度数据相关性分析是针对两列定距数据或者高测度定序数据所采取的数据分析技术，其目标是判定这两列数据之间是否存在关联性。对两列中高测度数据的相关性分析，主要包括皮尔逊相关、斯皮尔曼相关和肯德尔相关三种分析方法。

### （一）皮尔逊相关

1. 基本思路

皮尔逊相关（Pearson 相关）利用积矩相关系数判定数据序列之间的线性相关性，其基本思路是以两列数据的协方差与每

234

列数据的方差之比反映相关性水平。其计算公式如公式(4-1)所示。

$$r = \frac{\sigma_{xy}^2}{\sigma_x \sigma_y} = \frac{\sum[(X_i - X)(Y_i - Y)]}{\sqrt{\sum(X_i - X)^2}\sqrt{\sum(Y_i - Y)^2}}$$ 公式(4-1)

其中$\sigma_{xy}^2$是指两个数据序列 $X$ 和 $Y$ 的协方差，即度量两个随机变量协同变化程度的方差。在概率论和统计学中，协方差用于衡量两个变量的总体离差水平，记为两个变量距其均值内积累的加和，其计算公式如公式(4-2)所示。

$$\sigma_{xy}^2 = \sum[(X_i - X)(Y_i - Y)]$$ 公式(4-2)

2. 适用性

皮尔逊相关针对两列满足正态分布的定距型变量之间的相关性水平。即只有待检验的两列数据都满足正态分布，并且是高测度数据才可以直接使用皮尔逊相关进行检验。

对于使用皮尔逊相关检验的两列数据，其自变量应等间距或等比例，两序列内的数据序列应一一对应。参与皮尔逊相关性检验的数据序列通常来自对同一组样本的多次测量或者不同视角的测量。

3. 分析结论

在皮尔逊相关性分析中，通常能够得到两个数值，其一是相关系数，它反映两列数据的关联性水平；其二是检验概率，即两列数据没有相关的可能性。当检验概率值小于 0.05 时，表示两列数据之间存在关联性。

对于分析结论中的相关系数 $r$，通常可按照以下规则进行判定，$|r| > 0.6$ 为高度相关，$0.4 \leqslant |r| \leqslant 0.6$ 为相关，$|r| < 0.4$ 为不相关。当 $r > 0$ 时，可以认为是正相关，两者具有一致性趋势，当 $r < 0$ 时，可以认为是负相关，两者的发展趋势是反向的。例如，某两列数据的相关系数 $r = 0.873$，则可以认为这两列数据高度正相关；另外两列数据的相关系数 $r = -0.4573$，则可以认为这两列数据负相关，但相关性水平不高。

注意：对于两个数据序列的皮尔逊相关判定，尽管习惯上把 $|r| < 0.4$ 认为是不相关的，但两个数据序列相关与否应该由其检验概率决定，若检验概率值小于 0.05，通常认为是相关的，否则认为是不相关的。在具体应用中，作为检验结论的检验概率值与相关系数值，两者表达的语义应该是一致的。

### (二)斯皮尔曼相关

1. 基本思路

斯皮尔曼相关(Spearman 相关)分析实质上是一种基于秩分的等级相关。由于待分析的数据不满足正态分布，不能直接使用皮尔逊积矩相关系数。因此，在相关分析中人们引入了秩分，借助秩分实现皮尔逊相关性检验。即先分别计算两个序列的秩分，然后以秩分值代替原始数据参与公式(4-1)的计算过程。由于两个序列的秩分值都被限制在 1 和 $n$ 之间，公式(4-1)可以简化为公式(4-3)的形式。

$$r = 1 - 6 \sum \frac{(X_i - Y_i)^2}{n^3 - n} = 1 - \frac{6 \sum (X_i - Y_i)^2}{n^3 - n} \qquad 公式(4-3)$$

2. 适用性

斯皮尔曼相关的最初设计意图是解决定序变量的相关性检验问题，它采用了基于秩分的等级相关技术。事实上，它除了可检验两列不明分布的定序变量之间的相关性水平之外，也可检验不明分布的定距变量的相关性。即对于各类不明分布的定距或定序数据都可以使用斯皮尔曼相关性检验。

斯皮尔曼相关适用于自变量顺序等距或等比例、检验变量为非正态分布或不明分布的定序型和定距型变量。对于使用斯皮尔曼检验的两列数据，其自变量应等间距或等比例，两序列内的数据应匹配对应。即参与斯皮尔曼相关性检验的数据序列通常来自对同一组样本的多次测量或者不同视角的测量。

3. 分析结论

在斯皮尔曼相关性分析中，通常能够得到两个数值，其一是相关系数，它反映两列数据的关联性水平和方向；其二是检验概率，即两列数据没有相关性的可能性。当检验概率值小于 0.05 时，表示两列数据之间存在关联性。

## (三)肯德尔相关

1. 基本思路

由于待分析的数据不满足正态分布，甚至数据的自变量都是不等间距的，因此不能直接使用皮尔逊相关性检验计算相关系数。为此，在相关分析中人们引入了"一致对"概念，借助"一致对"在"总数对"中的比例分析其相关性水平。这就是肯德尔相关(Kendall 相关)分析。其计算公式如公式(4-4)所示。

$$r = \frac{N_c - N_d}{n(n-1)/2} = \frac{2(N_c - N_d)}{n(n-1)} \qquad 公式(4-4)$$

肯德尔相关分析，实质上是基于查看序列中有多少个顺序一致对的思路来判断数据的相关性水平。

2. 适用性

肯德尔相关用于判断两列不明分布的定序变量之间的相关性水平。即对于各类不明分布的数据可以使用肯德尔相关性检验。

对于使用肯德尔相关技术检验的两列数据，其自变量可以是顺序、不等间距或不

236

等比例的数据，待检验数据可以是非正态分布或分布形态不明的数据。从一般应用的视角来看，参与肯德尔相关性检验的数据序列可以来自不同样本组。尽管数据序列可以来自不同样本组，但要求相关样本组必须按照同一规范有序并基于有序样本采集数据。

3. 肯德尔相关性检验中一致对的概念

在肯德尔相关性检验中，其核心思想是检验两个序列的秩分增减是否一致。因此，统计两个序列中的一致对和非一致对的数量就非常重要。常见的算法如下。

第一，分别针对两个变量计算其秩。即分别获取每个个案在变量 $X$ 上的秩分 $U$、在变量 $Y$ 上的秩分 $V$。

第二，按照变量 $U$ 对个案排序。此时个案按照变量 $U$ 升序排列，但变量 $V$ 处于非有序状态(其顺序受变量 $U$ 控制)。

第三，对于 $V$ 列数据，检索并统计出位于 $V_i$ 之后且大于 $V_i$ 值的数据个数，作为 $V_i$ 值的一致对的个数；同理，检索并统计出位于 $V_i$ 之后且小于 $V_i$ 值的数据个数，作为 $V_i$ 值的非一致对的个数。例如，对于 $V_4$，则统计第四个数之后的数据序列中间有多少个大于 $V_4$ 的数据(一致对)，有多少个小于 $V_4$ 的数据(非一致对)。

第四，分别计算出每个个案的一致对和非一致对数量，以其累加和作为公式(4-4)中的 $N_c$ 和 $N_d$。

第五，利用公式(4-4)计算出本次检验的相关系数。

例如，假设有两个变量 $X$ 和 $Y$ 的秩分序列分别是{2，4，3，5，1}{3，4，1，5，2}，即相应的秩对为(2，3)(4，4)(3，1)(5，5)(1，2)。在按照 $X$ 的秩分排序后，得到新的秩对(1，2)(2，3)(3，1)(4，4)(5，5)，此时 $Y$ 的秩分序列变成了{2，3，1，4，5}。在这种情况下，针对第一个值2，其后面有值3、4、5比它大，有值1比它小，所以一致对3个，非一致对1个；针对第二个值3，其后面的值4、5比它大，值1比它小，所以一致对2个，非一致对1个；针对第三个值1，后面的值4、5比它大，所以一致对2个，非一致对0个；对于第四个值4，后面只有一个值5，所以一致对1个、非一致对0个。综上所述，共有8个一致对，2个非一致对。即 $N_c=8$，$N_d=2$。

4. 分析结论

在肯德尔相关性分析中，通常能够得到两个数值，其一是相关系数，它反映两列数据的关联性水平和方向；其二是检验概率，即两列数据没有相关性的可能性。当检验概率值小于0.05时，表示两列数据之间存在关联性。

## 4.3.2　中高测度数据的相关性分析案例

### (一)学生成绩的相关性分析——基于 SPSS 技术

1. 案例要求

对于素材文件“学生成绩单 . sav”，如图 4-8 所示，请分析“语文 1”“语文 2”“历史”“数学”“物理”成绩之间的相关性。

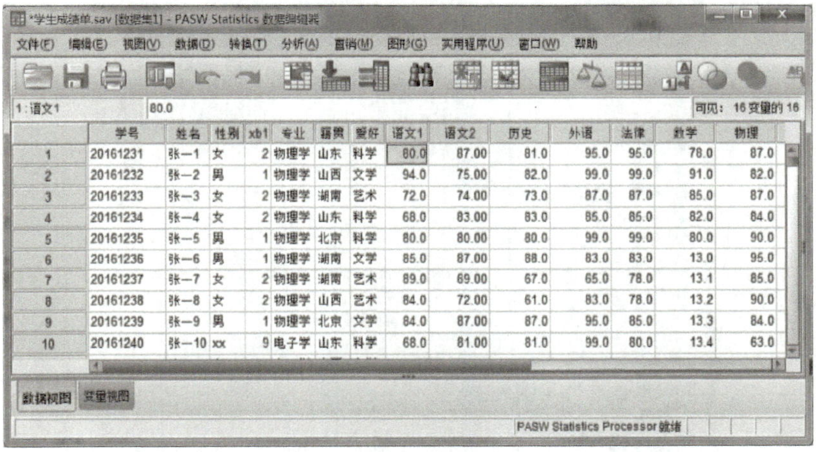

| | 学号 | 姓名 | 性别 | xb1 | 专业 | 籍贯 | 爱好 | 语文1 | 语文2 | 历史 | 外语 | 法律 | 数学 | 物理 |
|---|---|---|---|---|---|---|---|---|---|---|---|---|---|---|
| 1 | 20161231 | 张—1 | 女 | 2 | 物理学 | 山东 | 科学 | 80.0 | 87.00 | 81.0 | 95.0 | 95.0 | 78.0 | 87.0 |
| 2 | 20161232 | 张—2 | 男 | 1 | 物理学 | 山西 | 文学 | 94.0 | 75.00 | 82.0 | 99.0 | 99.0 | 91.0 | 82.0 |
| 3 | 20161233 | 张—3 | 女 | 2 | 物理学 | 湖南 | 艺术 | 72.0 | 74.00 | 73.0 | 87.0 | 87.0 | 85.0 | 87.0 |
| 4 | 20161234 | 张—4 | 女 | 2 | 物理学 | 山东 | 科学 | 68.0 | 83.00 | 83.0 | 85.0 | 85.0 | 82.0 | 84.0 |
| 5 | 20161235 | 张—5 | 男 | 1 | 物理学 | 北京 | 科学 | 80.0 | 80.00 | 80.0 | 99.0 | 99.0 | 80.0 | 90.0 |
| 6 | 20161236 | 张—6 | 男 | 1 | 物理学 | 湖南 | 文学 | 85.0 | 87.00 | 88.0 | 83.0 | 83.0 | 13.0 | 95.0 |
| 7 | 20161237 | 张—7 | 女 | 2 | 物理学 | 湖南 | 艺术 | 89.0 | 69.00 | 67.0 | 65.0 | 78.0 | 13.1 | 85.0 |
| 8 | 20161238 | 张—8 | 女 | 2 | 物理学 | 山西 | 艺术 | 84.0 | 72.00 | 61.0 | 83.0 | 78.0 | 13.2 | 90.0 |
| 9 | 20161239 | 张—9 | 男 | 1 | 物理学 | 北京 | 文学 | 84.0 | 87.00 | 87.0 | 95.0 | 85.0 | 13.3 | 84.0 |
| 10 | 20161240 | 张—10 | xx | 9 | 电子学 | 山东 | 科学 | 68.0 | 81.00 | 81.0 | 99.0 | 80.0 | 13.4 | 63.0 |

**图 4-8　待分析相关性的原始数据**

2. 分析解决方案

观察图 4-8 所示的数据可知，需要分析的几列数据都是定距变量(即连续变量)，而且它们来自对同一组样本的多次多视角测试，基本可以使用皮尔逊相关性分析和斯皮尔曼相关性分析。

根据 4.2.3 所做的数据规范化判断可知，只有变量“语文 1”“语文 2”和“历史”满足正态分布。因此对变量“语文 1”“语文 2”和“历史”可以使用皮尔逊相关性分析，而对与变量“数学”“物理”的相关性分析，只能采用斯皮尔曼或肯德尔相关性分析。

3. 操作过程——第一组相关性分析

首先，以 SPSS 打开数据文件“学生成绩单 . sav”，如图 4-8 所示。

其次，利用菜单【分析】—【相关】—【双变量】命令，启动【双变量相关】对话框，并进行如图 4-9 的设置，对“语文 1”“语文 2”和“历史”成绩进行皮尔逊相关性检验。

最后，单击【确定】按钮，获得如图 4-10 所示的检验结果。

4. 解读分析结果——第一组相关性分析

图 4-10 是针对两次语文成绩和历史成绩进行的皮尔逊相关性检验结果，从图 4-10

可以看出，这是一个对称矩阵，在左上角至右下角的主对角线上，是变量自身的相关性检验，相关系数全部为 1，其他数据沿主对角线对称。

由图 4-10 可知：①"语文 1"和"语文 2"的相关性检验概率值［即"显著性（双侧）"之值］为 0.138＞0.05，说明"语文 1"与"语文 2"成绩之间不存在显著相关性；②"语文 1"与"历史"之间的相关性检验概率为 0.163，也大于 0.05，即"语文 1"与"历史"成绩之间也不存在显著相关性；③"语文 2"与"历史"成绩之间的相关性检验概率为 0.000，其值小于 0.05，说明"语文 2"与"历史"成绩存在显著相关性，而且其皮尔逊相关系数为0.826，说明两者的相关程度很高，是高度相关。

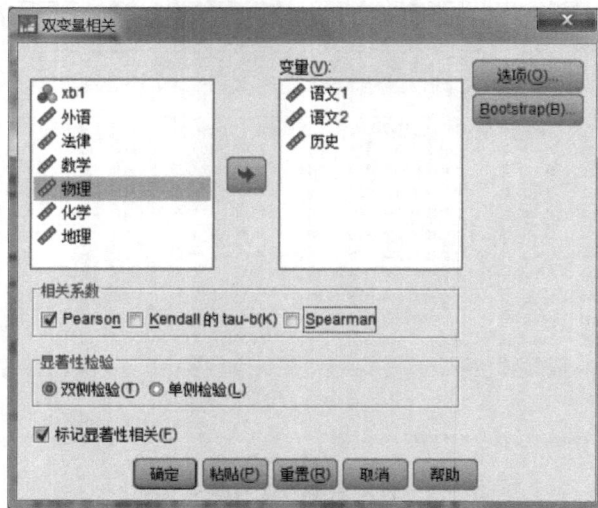

**图 4-9  设置对语文成绩和历史成绩进行皮尔逊相关性检验**

|  |  | 语文1 | 语文2 | 历史 |
|---|---|---|---|---|
| 语文1 | 皮尔逊相关性 | 1 | -.126 | -.119 |
|  | 显著性（双侧） |  | .138 | .163 |
|  | 个案数 | 139 | 139 | 139 |
| 语文2 | 皮尔逊相关性 | -.126 | 1 | .826** |
|  | 显著性（双侧） | .138 |  | .000 |
|  | 个案数 | 139 | 139 | 139 |
| 历史 | 皮尔逊相关性 | -.119 | .826** | 1 |
|  | 显著性（双侧） | .163 | .000 |  |
|  | 个案数 | 139 | 139 | 139 |

**. 在 0.01 级别（双侧），相关性显著。

**图 4-10  两次语文成绩与历史成绩的皮尔逊相关性检验结果**

5. 操作过程——第二组相关性分析

首先，利用菜单【分析】—【相关】—【双变量】命令，启动【双变量相关】对话框。

其次，进行如图 4-11 的设置，表示对"语文 1""语文 2""历史""数学"和"物理"成绩进行斯皮尔曼相关性检验。

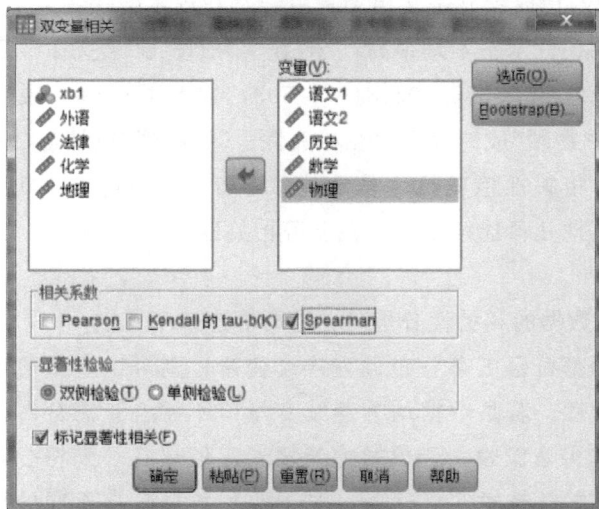

**图 4-11　对各科成绩进行斯皮尔曼相关性检验**

最后，单击【确定】按钮，获得如图 4-12 所示的检验结果。

**图 4-12　对各科成绩进行斯皮尔曼相关性检验的结果**

6. 分析结果解读——第二组相关性分析

由于数学和物理成绩不满足正态分布，因此在本例中对各科成绩的相关性检验采取了斯皮尔曼等级相关检验方式。

由图 4-12 可知：①"数学"成绩与"语文 1"成绩之间的相关性检验概率为 0.00，说明"数学"成绩与"语文 1"成绩显著性相关，由于其斯皮尔曼相关系数为 0.540，说明两者存在相关性，但相关性水平不是很高；②"数学"成绩与"语文 2""历史"和"物理"成绩的相关性检验概率依次为 0.335、0.181、0.563，均大于 0.05，说明本次"数学"成绩与"语文 2""历史"和"物理"成绩都不存在相关性；③"物理"成绩与"语文 1""语文 2""历史"和"数学"成绩的相关性检验概率依次为 0.979、0.756、0.301 和 0.563，均大于 0.05，说明物理与其他几科成绩都不存在显著相关性。

7. 补充说明

在以 SPSS 进行数据的相关性分析时，需要注意以下几点。

①若是两列数据都符合正态分布且为连续变量，则可以直接使用皮尔逊相关性检验，具有较高的准确度。若是数据均为连续变量但不符合正态分布，则可以使用斯皮尔曼等级相关性技术实施检验。若数据为连续变量但仅有一列符合正态分布，则建议使用斯皮尔曼等级相关性技术实施检验。对于两列数据来自不同的样本组且样本组内个案具有相同的顺序的情况，通常使用肯德尔相关系数实施检验。

②数据之间的相关性分析描述的是两列数据之间的关联性或一致性水平。在相关性分析过程中，如果同时提供多个变量（多列数据），则会得到一个以主对角线为对称轴的对称矩阵。

③三种相关性检验技术，其中皮尔逊相关性检验的精确度最高，但对原始数据的要求最高。斯皮尔曼等级相关和肯德尔一致性相关的适用范围较广，但其准确度略差。

④在图 4-9 所示的配置界面下，如果选择皮尔逊相关性检验，那么可以选择【选项】按钮，以便启动【双变量相关性：选项】对话框，如图 4-13 所示。

在此对话框中，如果把【均值和标准差】复选框选中，则可在检验数据列之间相关性的同时，输出每个变量的均值与标准差；如果把【叉积偏差和协方差】复选框设置为有效，则可在最终输出表格中显示每对变量的协方差与平方与叉积的和的信息。

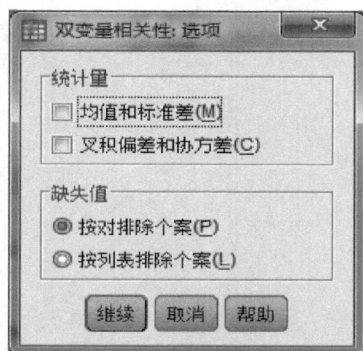

图 4-13 【双变量相关性：选项】对话框

## (二)学生成绩的相关性分析——基于 Excel 函数

### 1. 案例要求

对于素材文件"学生成绩单.xlsx",其内容如图 4-14 所示,其中共有 139 条记录。请分析"语文 1""语文 2""历史"成绩之间的相关性。

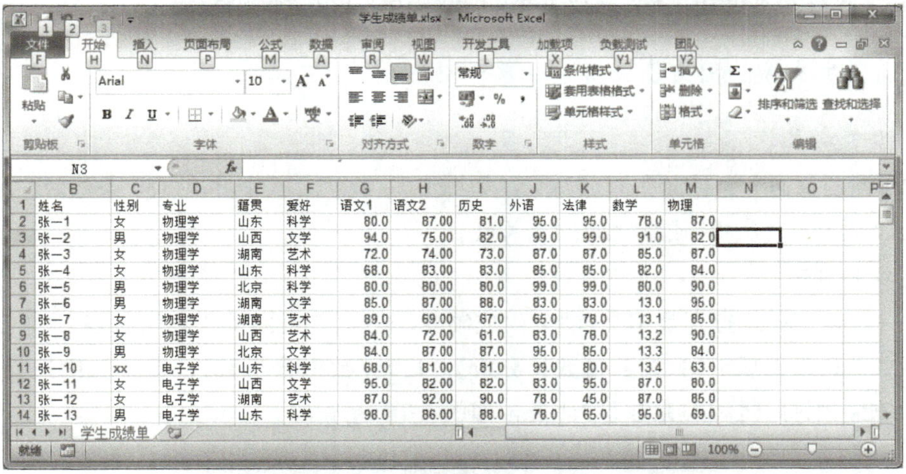

图 4-14　待分析相关性的原始数据

### 2. 操作过程

首先,以 Excel 打开数据文件"学生成绩单.xlsx",使之处于编辑状态。

其次,在单元格 N3 中输入公式[=Correl(G2:G140,H2:H140)],在单元格 N4 中输入公式[=Correl(H2:H140,I2:I140)],在单元格 N5 中输入公式[=Correl(G2:G140,I2:I140)]。

### 3. 结果解读

在 N3、N4 和 N5 中输入公式后,立即获得如图 4-15 所示的数据。这些数据就是相应数据列之间的相关系数。

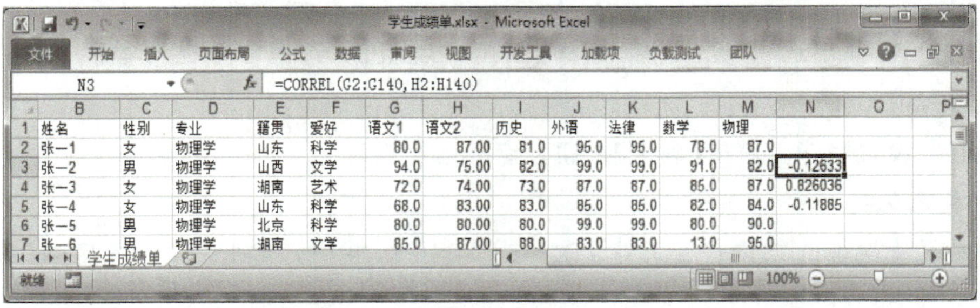

图 4-15　基于 Excel 函数计算相关性

从图 4-15 可以看出，"语文 1"和"语文 2"成绩之间的相关系数为－0.12633，"语文 2"和"历史"成绩之间的相关系数为 0.826036，"语文 1"和"历史"成绩之间的相关系数为－0.11885。

根据｜$r$｜＞0.6 为高度相关，0.4≤｜$r$｜≤0.6 为相关，｜$r$｜＜0.4 为不相关的规则，可以获得最终结论："语文 1"和"语文 2"成绩之间没有相关性，"语文 2"和"历史"成绩之间存在高度相关性，而"语文 1"和"历史"成绩之间没有相关性。

### (三)学生成绩的相关性分析——基于 Excel 分析工具库

1. 案例要求

对于素材文件"学生成绩单.xlsx"，如图 4-14 所示，其中共有 139 条记录。请分析"语文 1""语文 2""历史"成绩之间的相关性。

2. 操作过程

第一，以 Excel 打开数据文件"学生成绩单.xlsx"，使之处于编辑状态。

第二，利用选项卡【数据】—【数据分析】，启动【数据分析】对话框，从中选择【相关系数】功能，则打开【相关系数】对话框，如图 4-16 所示。

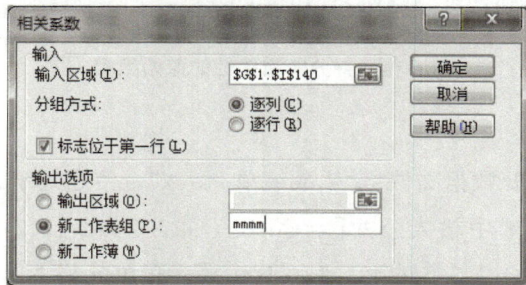

图 4-16 检测相关系数的对话框

第三，根据原始数据所在的位置，在【相关系数】对话框中，设置"输入区域"为＄G＄1：＄I＄140，设置"分组方式"中的【逐列】单选框为有效，选中【标志位于第一行】复选框。

第四，在"输出选项"区域中，选中【新工作表组】单选框，并在文本框中输入新工作表名称"mmmm"。

第五，设置完毕，单击【确定】按钮，启动运算过程。

3. 补充说明

①由于待检验的数据位于＄G＄1：＄I＄140 区域中，因此把"输入区域"设置为＄G＄1：＄I＄140。

②由于在区域＄G＄1：＄I＄140 中的 G1、H1 和 I1 中的内容不是真正的待分析数

据，而是标题行内容，因此要把【标志位于第一行】复选框设置为有效状态。在做相关性分析时，通常在输入区域中包含标题行，这样能使最终的输出结果更清晰。

③由于本例是要分析各列数据之间的相关系数，因此这里把【逐列】单选框设置为有效。

4．结果解读

在执行分析工具库的"相关系数"功能后，Excel 系统会自动新建工作表"mmmm"，并在工作表"mmmm"中呈现分析结果，如图 4-17 所示。

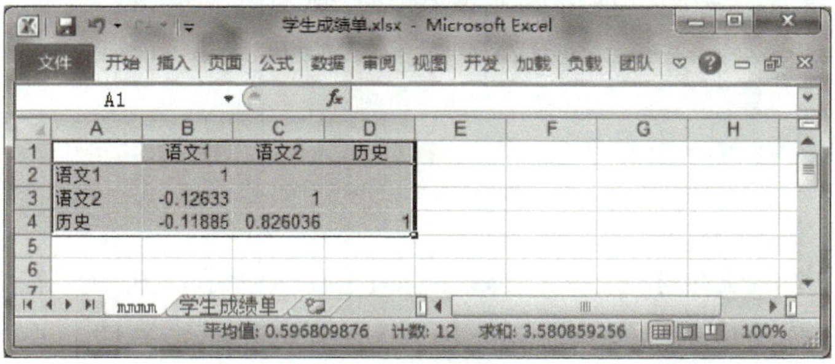

图 4-17　基于 Excel 分析工具库的相关性分析结果

从图 4-17 可以看出，B 列数据显示出了"语文 1"与"语文 2""历史"成绩的相关系数，由于这两个数据的绝对值都小于 0.4，因此可以认为它们之间不存在相关性。而单元格 C4 中的值为 0.826036，它反映的是"语文 2"与"历史"成绩之间的相关系数，这个数据大于 0.6，所以可以认为"语文 2"和"历史"成绩高度正相关。

## 4.3.3　偏相关分析

在数据的相关性分析中，偏相关分析是在剔除控制变量的影响下，分析指定变量之间是否存在显著相关性的一种方法。

### （一）偏相关分析的概念和思路

1．偏相关分析的概念

偏相关分析是研究两个变量的共同变化的密切程度，但有时出现相关的两个变量又同时与另外一个变量相关。在这三个变量中，有可能只是由于某个变量充当了相关性的中介作用，而另外两个变量并不存在实质性的相关关系。这种情形导致数据分析中出现"伪相关"现象，造成伪相关现象的变量被称为"桥梁变量"。

例如，在研究大学生上网时间、游戏时间、完成作业情况、考试成绩的相关性时，往往发现上网时间与作业情况、考试成绩呈现不明显的负相关，同时上网时间又和游戏时间呈现高度正相关，游戏时间与作业情况、考试成绩也呈现负相关。那么，上网时间与作业情况、考试成绩之间的微弱负相关是真的吗？

在数据的相关性分析中，为了摒弃桥梁变量的影响力，发现变量内部隐藏的真正相关性，人们引入了偏相关分析的概念。

2. 偏相关分析的思路

在数据的相关性分析中，通常把怀疑存在关联性的多个变量加入 SPSS 的相关性检验变量表中，以检查它们之间的相关性水平。在验证了数据内部存在相关性并且怀疑可能存在桥梁变量时，则可以把桥梁变量作为控制变量，重新进行相关性分析，检查在排除了桥梁变量的影响力之后，其他变量之间是否还存在关联性。

### (二)偏相关分析的实用案例

1. 案例要求

对于素材文件“大学生学习状态 . sav”，如图 4-18 所示，其中共有 139 条记录。请分析“上网时间”“游戏时间”“作业情况”“物理”成绩之间的相关性，并探索本案例中是否存在桥梁变量。

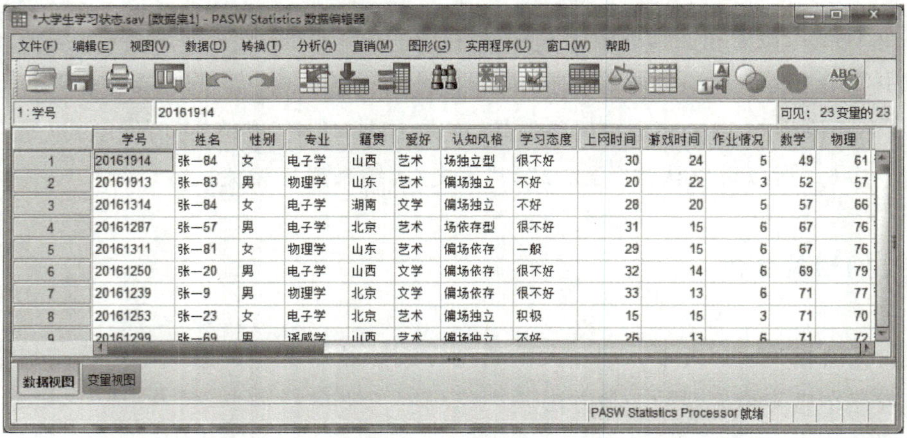


| | 学号 | 姓名 | 性别 | 专业 | 籍贯 | 爱好 | 认知风格 | 学习态度 | 上网时间 | 游戏时间 | 作业情况 | 数学 | 物理 |
|---|---|---|---|---|---|---|---|---|---|---|---|---|---|
| 1 | 20161914 | 张—84 | 女 | 电子学 | 山西 | 艺术 | 场独立型 | 很不好 | 30 | 24 | 5 | 49 | 61 |
| 2 | 20161913 | 张—83 | 男 | 物理学 | 山东 | 艺术 | 偏场独立 | 不好 | 20 | 22 | 3 | 52 | 57 |
| 3 | 20161314 | 张—84 | 女 | 电子学 | 湖南 | 文学 | 偏场独立 | 不好 | 28 | 20 | 5 | 57 | 66 |
| 4 | 20161287 | 张—57 | 男 | 电子学 | 北京 | 艺术 | 场依存型 | 很不好 | 31 | 15 | 6 | 67 | 76 |
| 5 | 20161311 | 张—81 | 女 | 物理学 | 山东 | 艺术 | 偏场依存 | 一般 | 29 | 15 | 6 | 67 | 76 |
| 6 | 20161250 | 张—20 | 男 | 电子学 | 山西 | 文学 | 偏场依存 | 很不好 | 32 | 14 | 6 | 69 | 79 |
| 7 | 20161239 | 张—9 | 男 | 物理学 | 北京 | 文学 | 偏场依存 | 很不好 | 33 | 13 | 6 | 71 | 77 |
| 8 | 20161253 | 张—23 | 女 | 电子学 | 北京 | 艺术 | 偏场独立 | 积极 | 15 | 15 | 3 | 71 | 70 |

**图 4-18　待分析数据相关性的原始数据**

2. 分析解决方案

在图 4-18 所示的原始数据中，首先，检查待分析数据的特点和分布形态，以便选择恰当的相关性分析技术。其次，按照选定的相关性分析技术分析这些变量的相关性水平。最后，检查这些变量之间的关系，分析是否存在桥梁变量，在设置控制变量(桥梁变量)的情况下，借助偏相关分析技术分析其他变量之间的关联性水平。

3. 操作过程

第一，以 SPSS 打开数据文件“大学生学习状态 . sav”，使之处于数据视图状态。根据 4.2.3 中对"大学生学习状态"中有关变量的正态性分析，发现大多数数据不满足正态分布。

第二，利用菜单【分析】—【相关】—【双变量】命令，启动【双变量相关】对话框，进行如图 4-19 的各项配置。

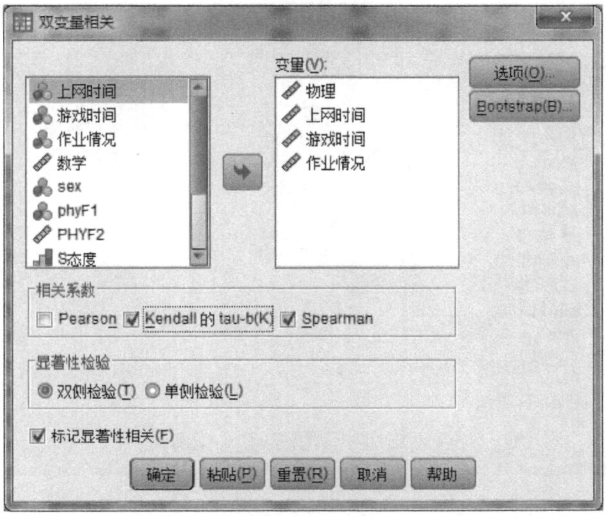

**图 4-19　对变量进行相关性设置**

第三，单击【确定】按钮后，启动相关性分析过程，获得如图 4-20 所示的结果。

| | | | 物理 | 上网时间 | 游戏时间 | 作业情况 |
|---|---|---|---|---|---|---|
| 斯皮尔曼 Rho | 物理 | 相关系数 | 1.000 | -.561** | -.941** | .923** |
| | | 显著性（双侧） | . | .000 | .000 | .000 |
| | | 个案数 | 139 | 139 | 139 | 139 |
| | 上网时间 | 相关系数 | -.561** | 1.000 | .561** | -.560** |
| | | 显著性（双侧） | .000 | . | .000 | .000 |
| | | 个案数 | 139 | 139 | 139 | 139 |
| | 游戏时间 | 相关系数 | -.941** | .561** | 1.000 | -.902** |
| | | 显著性（双侧） | .000 | .000 | . | .000 |
| | | 个案数 | 139 | 139 | 139 | 139 |
| | 作业情况 | 相关系数 | .923** | -.560** | -.902** | 1.000 |
| | | 显著性（双侧） | .000 | .000 | .000 | . |
| | | 个案数 | 139 | 139 | 139 | 139 |

**. 在 0.01 级别（双侧），相关性显著。

**图 4-20　多对变量的相关性分析结论**

第四，由图 4-20 可知，"上网时间""游戏时间""作业情况"和"物理"成绩之间的相关性检验概率均为 0，表示这四个变量之间都存在显著相关。

第五，此时笔者怀疑"游戏时间"是桥梁变量，因为变量"游戏时间"的存在，导致了另外三个变量之间存在高度相关，所以进行以"游戏时间"作为控制变量的偏相关分析。

第六，利用菜单【分析】—【相关】—【偏相关】命令，启动【偏相关】对话框，进行如图 4-21 的各项配置。

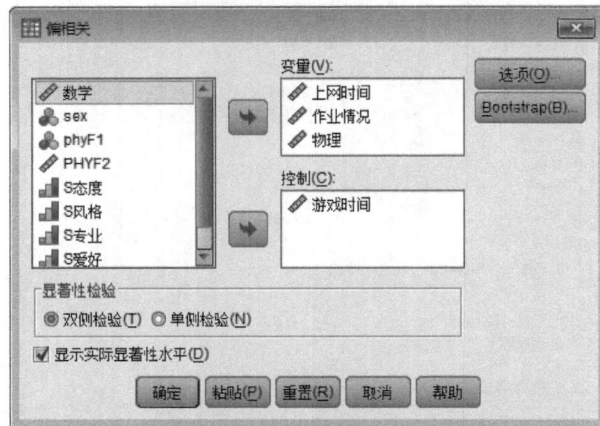

图 4-21  偏相关分析的配置界面

第七，在图 4-21 中完成各项配置后，单击【确定】按钮就立即启动了偏相关分析过程，获得如图 4-22 所示的结果。

**➡ 偏相关**

**相关性**

| 控制变量 | | | 上网时间 | 作业情况 | 物理 |
|---|---|---|---|---|---|
| 游戏时间 | 上网时间 | 相关性 | 1.000 | -.039 | .038 |
| | | 显著性（双侧） | . | .649 | .658 |
| | | 自由度 | 0 | 136 | 136 |
| | 作业情况 | 相关性 | -.039 | 1.000 | .573 |
| | | 显著性（双侧） | .649 | . | .000 |
| | | 自由度 | 136 | 0 | 136 |
| | 物理 | 相关性 | .038 | .573 | 1.000 |
| | | 显著性（双侧） | .658 | .000 | . |
| | | 自由度 | 136 | 136 | 0 |

图 4-22  偏相关分析的分析结果

**4. 解读分析结果**

经过偏相关分析过程，获得如图 4-22 所示的计算结果。通过这个输出结果，可以获得以下结论。

①在本次相关性分析中，"游戏时间"是控制变量，其他几个变量是检验变量。

②在以"游戏时间"作为控制变量的情况下，"上网时间"与"作业情况"的相关性检验概率值为 0.649，此值大于 0.05，说明"上网时间"与"作业情况"之间不存在相关性。同理，"上网时间"与"物理"成绩的相关性检验概率值为 0.658，此值也大于 0.05，所以"上网时间"与物理"成绩之间"也没有显著相关。"作业情况"与"物理成绩"之间的相关性检验概率值为 0.000，此值小于 0.05，说明在剔除游戏时间影响的情况下，"作业情况"与"物理"成绩之间存在显著相关。

③在本案例中，在直接分析四个变量的相关性水平时发现，"上网时间"与"作业情况""物理"成绩都有显著相关。然而，偏相关检验的结论说明，"上网时间"与"作业情况""物理"成绩的显著相关是由游戏时间引起的，"游戏时间"在"上网时间""作业情况"和"物理"成绩之间起着桥梁的作用，它确实是一个桥梁变量。

④在进行各类相关性分析时，为了能够发现变量之间隐藏的真正的关联规律，一定要注意桥梁变量在各变量之间的传递影响，避免把不存在的关联因素作为自己的研究结论。

5. 补充说明

与皮尔逊相关性相似，在图 4-21 所示的界面下，可以选择【选项】按钮，以便启动【偏相关：选项】对话框。

如果把【均值和标准差】复选框选中，那么在检验数据列之间相关性的同时，会输出每个变量的均值与标准差；如果把【零阶相关系数】复选框选中，则会在最终的输出表格中同时输出没有任何控制变量情况下的相关性分析结论（即 0 控制变量下的相关系数）。

## 4.3.4　低测度数据相关性分析

### (一)低测度数据相关性分析的概念

#### 1. 什么是低测度数据的相关性分析

在数据的相关性分析中，除了面向高测度数据的相关性分析外，有时还需要分析低测度数据的相关性。例如，在教学研究中，人们经常需要探索生源类型与学习习惯是否存在相关性、认知风格与学生爱好是否存在相关性等问题。同理，在社会调查与分析中，四级量表中的任意两个问题之间的相关性分析，也属于低测度数据的相关性分析。

#### 2. 实现低测度数据相关性分析的思路

在针对低测度数据的相关性分析中，涉及的变量既可能是定类变量，也可能是低测度的定序变量，对于这些变量之间的相关性，通常无法直接使用皮尔逊相关、斯皮尔曼相关或肯德尔相关的方法直接进行判断。人们通常采用基于交叉表的频数和卡方检验来判断两个低测度变量的相关性水平。

在第 3 章中，我们曾经提出了一个思路：对于待分析差异性的两个低测度变量 A 和 B，可以先以 A 变量作为行变量，以 B 变量作为列变量。然后以 A 变量的不同取值和 B 变量的不同取值构造交叉表，并统计出每个交叉点之处的频数。接着，借助卡方检验或者 Phi 方检验的技术，检验对 A 变量和 B 变量的不同取值，其对应的频数是否存在显著差异。

对以上的思路进行引申，如果对于 A 变量和 B 变量的不同取值，其交叉频数存在显著差异，那么就可以说 A 变量与 B 变量之间存在相关性。否则，两个变量之间就不存在相关性。

因此，对两个低测度变量之间的相关性分析，其实质上就是基于交叉表的低测度变量在不同取值下的分布差异性检验。这一策略与方差分析在差异性检验和相关性分析中的思路是一致的。

3. 低测度数据相关性分析的主要形式

低测度数据主要包括定类变量和低测度的定序变量两种类型。

对定类变量之间或定类与定序变量之间通常执行基于卡方检验（$\chi^2$ 检验）的独立性检验。

对两个定序变量之间的相关性，还可以像定距变量一样直接进行皮尔逊检验和斯皮尔曼检验等相关性分析；对定类与定距变量之间相关性，则可以执行方差分析或 K 个独立样本的非参数检验，然后通过检验概率值判定两个变量之间的关联性水平。

## (二)低测度数据相关性分析的方法与思路

1. 低测度数据相关性分析的操作流程

①对各类低测度变量进行预处理，使之规范化。对于低测度数据，在实施相关性分析前，需要先对原始数据进行预处理。预处理操作主要包括对字符型变量的数值化编码、对定距型变量的离散化处理。在对各类数据的离散化处理或数值化编码前，要认真分析原始数据的取值特点，尽可能把原始数据转化为定序型的变量。

②利用菜单【分析】—【描述统计】—【交叉表】命令，启动【交叉表】对话框。在对话框中正确地设置行变量、列变量之后，单击右上角的【统计量】按钮，可以打开【交叉表：统计】对话框，如图 4-23 所示，进行各种统计量的设置。

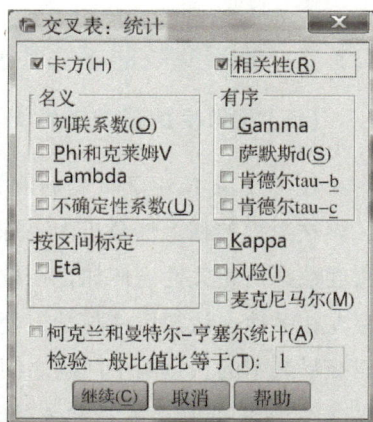

图 4-23 【交叉表：统计】对话框

③在图 4-23 所示的【交叉表：统计】对话框中，选定其中的若干复选框，就能获得针对此交叉表的相应统计量。在此输出表格的基础上，就能获得相应的数据分析结论。

2. 低测度数据相关性分析的常用分析方法

在图 4-23 中，涉及的复选框及其应用范围如下。

(1)针对"定类—定类"变量的分析

由于定类变量的测度比较低，而且其大小和顺序无实际意义。常见的分析方法位于图 4-23 左上角的"名义"区域中，依次为列联系数、Phi 和克莱姆变量、α 系数、不确定性系数四类。

(2)针对"定序—定序"变量的分析

定序变量的数值大小有顺序的意义，而且其测度水平通常高于定类变量。其常见的分析方法位于图 4-23 右上角的"有序"区域中，依次为 Gamma 系数、萨默斯 d 系数、肯德尔 tau-b 系数、肯德尔 tau-c 系数。

(3)针对"定类—定距"变量的分析

对于定类变量和定距变量构成的分析对，可以使用 Eta 关联系数。

另外，如果定距变量的值域较高，还可根据定距变量是否符合正态分布，以定距变量作为因变量，以数值化的定类变量作为自变量，进行方差分析或者多独立样本的非参数检验。对于在不同因素水平下，如果定距变量具有显著差异，那么可以认为定类变量和定距变量之间具有显著相关性。

(4)针对"二分变量—二分变量"的分析

"麦克尼马尔"相关系数用于检验两个成对的二分变量之间关联性的相关性分析。

"柯克兰和曼特尔-亨塞尔"统计量，用于检验两个独立二分变量之间关联性。

(5)针其他类型变量的分析

Kappa 相关系数可用于分析两个等级相同的定序变量的相关分析。

Risk(风险)相关系数可用于分析某事件与某因素之间联系的一致性。

## 4.3.5　数据相关性分析实用案例

### (一)案例要求

对于如图 4-24 所示的"大学生学习状态 .sav"数据表，请分析"数学"与"游戏时间"变量对、"性别"与"喜欢数学否"变量对、"专业"与"爱好"变量对、"专业"与"物理"成绩变量对、"认知风格"与"学习态度"变量对之间是否存在相关性。

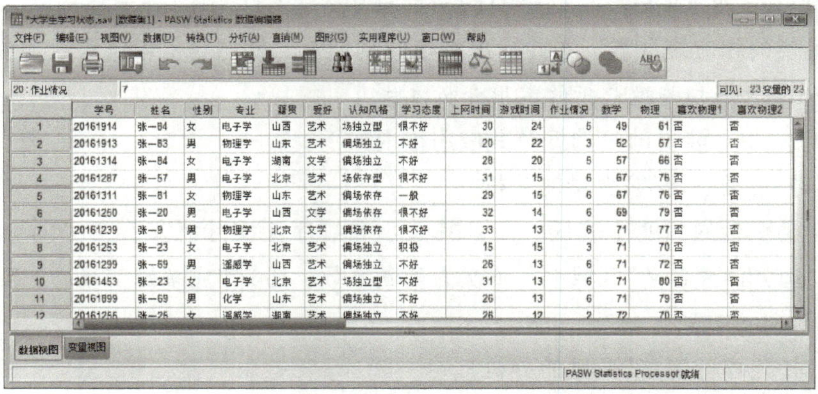

图 4-24　待分析相关性的原始数据

## (二)分析解决方案

对于待分析的几个变量对，可把"数学"与"游戏时间"变量对看作高测度定距变量对，"专业"与"爱好"变量对看作"定序—定序"变量对，把"专业"与"物理"成绩变量对看作"定序—定距"变量对，把"认知风格"与"学习态度"变量对看作"定序—定序"变量对，把"性别"与"喜欢数学否"变量对看作"二分变量—二分变量"变量对。

对于上述各类变量对，多数变量对都有相应的解决策略。对于"专业"与"物理成绩"变量对，除了采用 Eta 策略外，还可以借助以"专业"为自变量、"物理成绩"为因变量的 $K$ 个独立样本的非参数检验进行分析。

另外，为了保证各个分析的有效进行，需要对"性别""爱好""专业""认知风格""喜欢数学否"共 5 个变量进行必要的数值化编码，尽可能使之变成定序型变量。

## (三)操作流程

1. 准备工作

首先，以 SPSS 打开数据文件"大学生学习状态.sav"，使之处于数据视图状态。

其次，检查对字符型变量"性别""专业""爱好""喜欢数学否""学习态度"和"认知风格"的数值化编码，保证这些字符型变量均有相应的数值化编码变量，对应的变量名为"Sex""S专业""S爱好""LikeMath""S态度"和"S风格"。

对上述数值化变量均应尽力定义为定序型变量，本项准备工作已经在 4.2.3 中预先完成。

2. 对"数学—游戏时间"变量对直接做相关性分析

首先，在 SPSS 的数据视图状态下，利用菜单【分析】—【相关】—【双变量】命令，打开【双变量相关性】对话框，如图 4-25 所示。

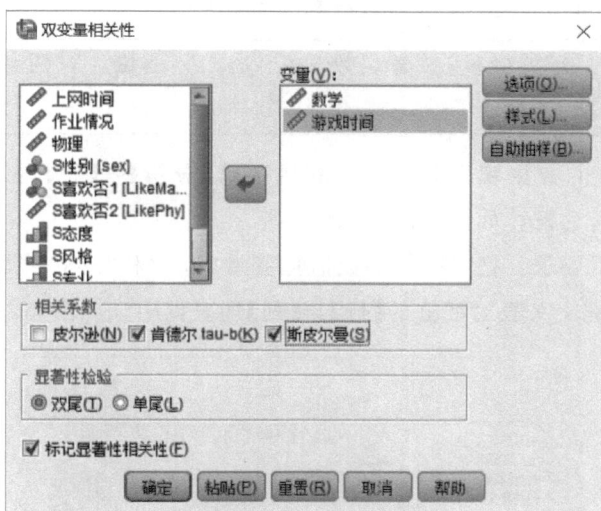

图 4-25　【双变量相关性】对话框

其次，把"数学"和"游戏时间"添加到右侧的【变量】列表框中，并设置相关系数检验方式【肯德尔 tau-b】和【斯皮尔曼】为有效状态。

最后，单击【确定】按钮，获得如图 4-26 所示的结果表格。

| 相关性 | | | 数学 | 游戏时间 |
|---|---|---|---|---|
| 肯德尔 tau_b | 数学 | 相关系数 | 1.000 | -.908** |
| | | 显著性（双侧） | . | .000 |
| | | 个案数 | 139 | 139 |
| | 游戏时间 | 相关系数 | -.908** | 1.000 |
| | | 显著性（双侧） | .000 | . |
| | | 个案数 | 139 | 139 |
| 斯皮尔曼 Rho | 数学 | 相关系数 | 1.000 | -.967** |
| | | 显著性（双侧） | . | .000 |
| | | 个案数 | 139 | 139 |
| | 游戏时间 | 相关系数 | -.967** | 1.000 |
| | | 显著性（双侧） | .000 | . |
| | | 个案数 | 139 | 139 |

**. 在 0.01 级别（双侧），相关性显著。

图 4-26　"数学—游戏时间"的检验结果

由图 4-26 所示的对话框可知，因为检验概率 $p=0.000<0.05$，所以，"数学成绩"与"游戏时间"之间存在显著相关，而且它们的斯皮尔曼相关系数为 $-0.967$，说明两者高度负相关。

3. 对"性别—喜欢数学否"变量对进行独立性检验

> 注意：由于"性别"是定类变量，"喜欢数学否"是二分变量，对两者的相关性分析通常被称为独立性检验。

第一，在 SPSS 的数据视图状态下，利用菜单【分析】—【统计描述】—【交叉表】命令，打开【交叉表】对话框，如图 4-27 所示。

第二，根据题目要求，把"性别"的数值化变量"Sex"和"喜欢数学否 1"的数值化变量"LikeMath"添加到交叉表对话框的【行】与【列】列表框中，如图 4-27 所示。

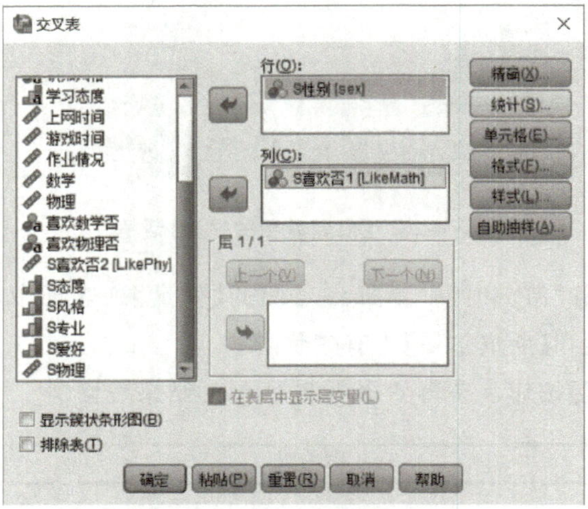

**图 4-27　设置参与交叉表处理的变量**

第三，在图 4-27 所示的界面中，单击右上角的【统计】按钮，启动【交叉表：统计】对话框，如图 4-28 所示。

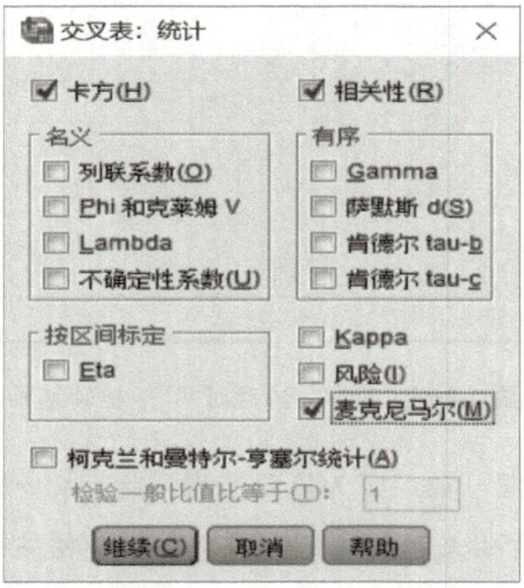

**图 4-28　设置"性别—喜欢数学否 1"的检验类型**

第四，由于"性别—喜欢数学否 1"属于相关联的"二分变量—二分变量"检验，因此，在图 4-28 所示的界面中，把【麦克尼马尔（McNemar）】【卡方】和【相关性】复选框选中。然后，单击【继续】按钮，以便回到【交叉表】对话框。

第五，单击【确定】按钮，启动检验过程，得到如图 4-29 所示的输出结果。

### S性别 * S喜欢否1 交叉表

计数

| | | S喜欢否1 | | 总计 |
|---|---|---|---|---|
| | | 不喜欢 | 喜欢 | |
| S性别 | 男 | 16 | 44 | 60 |
| | 女 | 47 | 32 | 79 |
| 总计 | | 63 | 76 | 139 |

### 卡方检验

| | 值 | 自由度 | 渐进显著性（双侧） | 精确显著性（双侧） | 精确显著性（单侧） | 点概率 |
|---|---|---|---|---|---|---|
| 皮尔逊卡方 | 14.829[a] | 1 | .000 | .000 | .000 | |
| 连续性修正[b] | 13.534 | 1 | .000 | | | |
| 似然比(L) | 15.236 | 1 | .000 | .000 | .000 | |
| 费希尔精确检验 | | | | .000 | .000 | |
| 线性关联 | 14.722[d] | 1 | .000 | .000 | .000 | .000 |
| 麦克尼马尔检验 | | | | .000 | | |
| 有效个案数 | 139 | | | | | |

a. 0 个单元格 (0.0%) 的期望计数小于 5。最小期望计数为 27.19。

b. 仅针对 2x2 表进行计算

c. 两个变量必须具有相同的类别值。

图 4-29　以交叉表执行"二分变量"相关性的分析结果

在图 4-29 所示的界面中，由"麦克尼马尔检验"行的"精确显著性（双侧）"值为 0.000 可知，两者不存在相关性的可能性为 0.000。所以，变量"性别"与"喜欢数学否"之间存在显著相关。与此同时，图 4-29 中的皮尔逊卡方检验、似然比检验的检验概率值也为 0.000，同样说明了"性别"与"喜欢数学否"存在显著相关。

另外，在图 4-29 上部的表格"S 性别 * S 喜欢否 1 交叉制表"中，给出了不同性别的人在是否喜欢数学方面的频数分布。从这张频数分布表中，也能直观地发现性别还是与是否喜欢数学有一定的关系的：在男生中，喜欢数学的人更多。

4. 对"专业—爱好"变量对进行相关性检验

第一，在 SPSS 的数据视图状态下，利用菜单【分析】—【统计描述】—【交叉表】命令，打开【交叉表】对话框。

第二，根据题目要求，把"S 专业"和"S 爱好"添加到交叉表对话框的【行】与【列】列表框中。

第三，在图 4-27 所示的界面中，单击右上角的【统计】按钮，启动【交叉表：统计】对话框，如图 4-28 所示。

第四，由于"专业—爱好"属于"定序变量—定序变量"的相关性检验，因此在图 4-28 所示的界面中，把【卡方】【相关性】【Gamma】【萨默斯 d】和【肯德尔 Tau-b】复选框选中。然后，单击【继续】按钮，以便回到【交叉表】对话框。

第五，单击【确定】按钮，启动检验过程，得到如图 4-30 和图 4-31 所示的输出结果。

**S专业 * S爱好 交叉表**

计数

| | | S爱好 | | | |
| --- | --- | --- | --- | --- | --- |
| | | 艺术 | 文学 | 科学 | 总计 |
| S专业 | 化学 | 7 | 11 | 10 | 28 |
| | 遥感学 | 8 | 13 | 11 | 32 |
| | 电子学 | 11 | 21 | 11 | 43 |
| | 物理学 | 7 | 15 | 14 | 36 |
| 总计 | | 33 | 60 | 46 | 139 |

**卡方检验**

| | 值 | 自由度 | 渐进显著性（双侧） |
| --- | --- | --- | --- |
| 皮尔逊卡方 | 2.039[a] | 6 | .916 |
| 似然比(L) | 2.088 | 6 | .911 |
| 线性关联 | .091 | 1 | .763 |
| 有效个案数 | 139 | | |

a. 0 个单元格 (0.0%) 的期望计数小于 5。最小期望计数为 6.65。

**图 4-30 针对"专业 * 爱好"的交叉表及其通用检验结论**

**定向测量**

| | | | 值 | 渐近标准误差[a] | 近似 T[b] | 渐进显著性 |
| --- | --- | --- | --- | --- | --- | --- |
| 有序到有序 | 萨默斯 d | 对称 | .024 | .075 | .326 | .744 |
| | | S专业 因变量 | .026 | .080 | .326 | .744 |
| | | S爱好 因变量 | .023 | .070 | .326 | .744 |

a. 未假定原假设。
b. 在假定原假设的情况下使用渐近标准误差。

**对称测量**

| | | 值 | 渐近标准误差[a] | 近似 T[b] | 渐进显著性 |
| --- | --- | --- | --- | --- | --- |
| 有序到有序 | 肯德尔 tau-b | .024 | .075 | .326 | .744 |
| | Gamma | .035 | .108 | .326 | .744 |
| | 斯皮尔曼相关性 | .028 | .086 | .324 | .748[c] |
| 区间到区间 | 皮尔逊 R | .026 | .086 | .300 | .765[c] |
| 有效个案数 | | 139 | | | |

a. 未假定原假设。
b. 在假定原假设的情况下使用渐近标准误差。
c. 基于正态近似值。

**图 4-31 针对"专业 * 爱好"的交叉表及其专用检验结论**

在图 4-30 上部的"S 专业 * S 爱好交叉制表"表格中，给出了不同专业的人在不同爱好方面的频数分布。从这张频数分布表中，可以直观地发现专业与爱好是否有一定的相关性。

在图 4-30 下部的"卡方检验"表格中，所获得的皮尔逊卡方检验、似然比检验的检验概率分别为 0.916 和 0.911，说明"爱好"与"专业"不存在显著相关。

图 4-31 提供了两个专门针对"定序—定序"变量的"Somers'd 和 Kendall's tau-b"相关性的检验结论。由"定向测量"的渐进显著性为 0.744 可知，检验概率大于 0.05，说明"爱好"与"专业"不存在显著相关。同理，由"对称测量"的渐进显著性为 0.744 可知，检验概率大于 0.05，也说明"爱好"与"专业"不存在显著相关。

> 注意：在本案例中，由于在进行"专业"和"爱好"的数值化编码时，都按照一定的规则把它们转化为了定序变量。因此，"专业"和"爱好"之间可以直接进行斯皮尔曼或肯德尔相关性分析。但如果两者中有一个被编码为定类变量，则只能进行基于交叉表的卡方检验，不能直接做斯皮尔曼相关性分析。

5. 对"认知风格—学习态度"变量对进行相关性检验

第一，在 SPSS 的数据视图状态下，利用菜单【分析】—【统计描述】—【交叉表】命令，打开【交叉表】对话框。

第二，根据题目要求，把"S 风格"和"S 态度"添加到交叉表对话框的【行】与【列】列表框中。

第三，在图 4-27 所示的界面中，单击右上角的【统计】按钮，启动【交叉表：统计】对话框，如图 4-28 所示。

第四，由于"认知风格—学习态度"属于"定序变量—定序变量"的相关性检验，因此在图 4-28 所示的界面中，把【卡方】【相关性】【萨默斯 d】和【肯德尔 tau-b】复选框选中。然后，单击【继续】按钮，以便回到【交叉表】对话框。

第五，单击【确定】按钮，启动检验过程，得到如图 4-32 所示的输出结果。

在图 4-32 上部的"S 态度 * S 风格交叉表"中，给出了不同认知风格的人在学习态度方面的频数分布。从这张频数分布表中，可以直观地发现认知风格与学习态度是否有一定的相关性。

在图 4-32 下部的表格"卡方检验"中，所获得的皮尔逊卡方检验、似然比检验的检验概率分别为 0.632 和 0.463，说明"认知风格"与"学习态度"不存在显著相关。

**S态度 * S风格 交叉表**

计数

| | | S风格 | | | | 总计 |
|---|---|---|---|---|---|---|
| | | 1 | 2 | 3 | 4 | |
| S态度 | 1 | 2 | 0 | 3 | 2 | 7 |
| | 2 | 1 | 7 | 2 | 1 | 11 |
| | 3 | 5 | 14 | 12 | 4 | 35 |
| | 4 | 4 | 16 | 12 | 5 | 37 |
| | 5 | 7 | 17 | 20 | 5 | 49 |
| 总计 | | 19 | 54 | 49 | 17 | 139 |

**卡方检验**

| | 值 | 自由度 | 渐进显著性（双侧） |
|---|---|---|---|
| 皮尔逊卡方 | 9.820[a] | 12 | .632 |
| 似然比(L) | 11.789 | 12 | .463 |
| 线性关联 | .001 | 1 | .976 |
| 有效个案数 | 139 | | |

a. 11 个单元格 (55.0%) 的期望计数小于 5。最小期望计数为 .86。

**图 4-32　对“认知风格 * 学习态度”的交叉表及其通用分析结论**

注意：由于在 SPSS 的“变量视图”中对“S 风格”和“S 态度”的值没进行必要的含义声明，导致在“S 态度 * S 风格交叉表”中仅仅显示出了各个数码，没能显示出各个类别的具体含义。因此，要想此交叉表的可读性更强，建议在开始相关性分析前，预先在“变量视图”下对变量的“标签”和每个值的含义进行预先说明。

图 4-33 显示出了专门针对“定序—定序”变量的“Somers”和“Kendall’s tau-b”相关性的检验结论。由“定向测量”的渐进显著性为 0.805 可知，其检验概率大于 0.05，说明“认知风格”与“学习态度”不存在显著相关。同理，由“对称测量”的渐进显著性为 0.805 可知，其检验概率也大于 0.05，也说明“认知风格”与“学习态度”不存在显著相关。

6. 对“专业—物理成绩”变量对进行相关性检验

第一，在 SPSS 的数据视图状态下，利用菜单【分析】—【统计描述】—【交叉表】命令，打开【交叉表】对话框。

第二，根据题目要求，把“物理”成绩和“S 专业”添加到交叉表对话框的【行】与【列】列表框中。

第三，在图 4-27 所示的界面中，单击右上角的【统计】按钮，启动【交叉表：统计】对话框，如图 4-28 所示。

第四，由于“专业—物理”属于“定序变量—定距变量”的相关性检验，因此在

**定向测量**

| | | | 值 | 渐近标准误差ᵃ | 近似 Tᵇ | 渐进显著性 |
|---|---|---|---|---|---|---|
| 有序到有序 | 萨默斯 d | 对称 | .018 | .075 | .247 | .805 |
| | | S态度 因变量 | .019 | .077 | .247 | .805 |
| | | S风格 因变量 | .018 | .073 | .247 | .805 |

a. 未假定原假设。

b. 在假定原假设的情况下使用渐近标准误差。

**对称测量**

| | | 值 | 渐近标准误差ᵃ | 近似 Tᵇ | 渐进显著性 |
|---|---|---|---|---|---|
| 有序到有序 | 肯德尔 tau-b | .018 | .075 | .247 | .805 |
| | Gamma | .026 | .105 | .247 | .805 |
| | 斯皮尔曼相关性 | .021 | .087 | .243 | .808ᶜ |
| 区间到区间 | 皮尔逊 R | .003 | .093 | .029 | .977ᶜ |
| 有效个案数 | | 139 | | | |

a. 未假定原假设。

b. 在假定原假设的情况下使用渐近标准误差。

c. 基于正态近似值。

**图 4-33　对"认知风格 * 学习态度"的专用分析结论**

图 4-28 所示的界面中，把【卡方】【相关性】【Eta】复选框选中。然后，单击【继续】按钮，以便回到【交叉表】对话框。

第五，单击【确定】按钮，启动检验过程，得到如图 4-34 所示的输出结果。

**物理*S专业 交叉表**

计数

| | | 化学 | 遥感学 | 电子学 | 物理学 | 合计 |
|---|---|---|---|---|---|---|
| 物理 | 57 | 0 | 0 | 0 | 1 | 1 |
| | 61 | 0 | 0 | 1 | 0 | 1 |
| | ..... | ..... | ..... | ..... | ..... | ..... |
| | 99 | 2 | 4 | 3 | 1 | 10 |
| | 100 | 0 | 1 | 2 | 1 | 4 |
| 合计 | | 28 | 32 | 43 | 36 | 139 |

**卡方检验**

| | 值 | df | 渐进 Sig. (双侧) |
|---|---|---|---|
| Pearson 卡方 | 75.878ᵃ | 84 | .724 |
| 似然比 | 86.698 | 84 | .398 |
| 线性和线性组合 | 1.233 | 1 | .267 |
| 有效案例中的 N | 139 | | |

a. 116 单元格(100.0%)的期望计数少于 5。最小期望计数为 .20。

**图 4-34　对"物理 * S 专业"成绩的交叉表及卡方检验结果**

在图 4-34 所示的界面中，上部的"物理 * S 专业交叉表"是个长度巨大的数据表（图 4-34 上部的"交叉表"是已经压缩了行的简单表），有 30 多行，而且表格中数值小于 5 的数据比较多，将会直接影响数据分析的结果。

> 注意：在以交叉表实施数据的相关性分析时，交叉表中频数小于 5 的数据不要太多，过多低于 5 的频数将影响结果的准确性。为了解决这一问题，建议先对分类过细的定距变量进行离散化编码。

第六，利用菜单【转换】—【计算变量】命令，利用把【目标变量】设为"S 物理"、【数字表达式】设为"trunc(物理/10)"的方法，以便把"物理"成绩转化为离散化程度较高的"S 物理"。

第七，重新利用菜单【分析】—【描述统计】—【交叉表】命令启动对话框，并设置【行】为"S 物理"、【列】为"S 专业"。然后，单击【统计】按钮启动【交叉表：统计】对话框，并把【卡方】【相关性】【Eta】复选框选中。

第八，单击【确定】按钮，启动检验过程，得到如图 4-35 和图 4-36 所示的输出结果。

**S物理 * S专业 交叉表**

计数

| | | S专业 | | | | 总计 |
|---|---|---|---|---|---|---|
| | | 化学 | 遥感学 | 电子学 | 物理学 | |
| S物理 | 1 | 0 | 0 | 0 | 1 | 1 |
| | 2 | 3 | 3 | 6 | 3 | 15 |
| | 3 | 7 | 10 | 14 | 14 | 45 |
| | 4 | 18 | 19 | 23 | 18 | 78 |
| 总计 | | 28 | 32 | 43 | 36 | 139 |

**卡方检验**

| | 值 | 自由度 | 渐进显著性（双侧） |
|---|---|---|---|
| 皮尔逊卡方 | 5.162[a] | 9 | .820 |
| 似然比(L) | 4.995 | 9 | .835 |
| 线性关联 | 1.268 | 1 | .260 |
| 有效个案数 | 139 | | |

a. 8 个单元格 (50.0%) 的期望计数小于 5。最小期望计数为 .20。

**图 4-35 基于交叉表做相关性分析的通用结论**

在图 4-35 中，显示出了针对"专业—物理成绩"变量的各种分析结论，包括皮尔逊卡方检验、似然比检验和针对方向度量的检验。从检验结果可以看出，其渐进显著性为 0.820 和 0.835，其检验概率大于 0.05，说明"专业"与"物理成绩"不存在显著相关。

同理，从"对称测量"的渐进显著性为 0.262 也能看出，"专业"与"物理成绩"不存在显著相关。

### 定向测量

| | | | 值 |
|---|---|---|---|
| 按区间标定 | Eta | S物理 因变量 | .098 |
| | | S专业 因变量 | .152 |

### 对称测量

| | | 值 | 渐近标准误差[a] | 近似 T[b] | 渐进显著性 |
|---|---|---|---|---|---|
| 区间到区间 | 皮尔逊 R | -.096 | .084 | -1.127 | .262[c] |
| 有序到有序 | 斯皮尔曼相关性 | -.098 | .084 | -1.147 | .253[c] |
| 有效个案数 | | 139 | | | |

a. 未假定原假设。

b. 在假定原假设的情况下使用渐近标准误差。

c. 基于正态近似值。

图 4-36　基于交叉表的相关性分析的专用结论

注意：对于"专业"和"物理"成绩之间的相关性问题的研究，由于"专业"是低测度的定序变量，而"物理"成绩是满足正态分布的定距变量。因此，本案例还可以借助以"专业"为自变量、以"物理成绩"为因变量的方差分析或 K 个独立样本的非参数检验。若不同专业的学生在"物理"成绩方面存在显著差异，则说明"专业"与"物理"成绩之间存在相关。否则，则说明"专业"与"物理"成绩之间不存在相关。

### (四)对低测度数据相关性分析的补充说明

在针对数据的相关性分析中，对低测度数据的相关分析是最为复杂的。由于低测度数据的类型比较复杂，可测量和可操作性较差，稍有不慎，就会出现因分析方法不当而造成分析结果错误的情况。

对于"定类—定距"或者"定序—定距"变量之间的相关性分析，使用方差分析或者 K 个独立样本的非参数检验更为有效。

260

# 4.4
# 线性回归分析技术

🎯 **本节学习目标**

了解多元线性回归分析的概念、算法思路；掌握在 SPSS 中做多元线性回归分析的操作步骤、回归质量评价、多重共线性等技术；能够正确地解读回归分析结果。

相关分析研究方法可以揭示事物之间，即变量之间共同变化的一致性程度，但该结论并没有揭示出变量之间可以估算的准确的控制关系。回归分析就是分析变量之间隐藏的内在规律，并建立变量之间函数变化关系的一种分析方法。

## 4.4.1　线性回归分析的概念及其原理

### （一）回归分析的概念及其类型

1. 什么是回归分析

相关分析研究方法可以揭示事物之间，即变量之间共同变化的一致性程度，但该结论仅仅反映了一种关联性关系，并没有揭示出变量之间可以估算的准确的控制关系，即尚未发现变量之间隐藏的数学规律和变量之间的数值关系（函数关系），还不能解决针对未来个案的分析与预测的问题。

回归分析就是分析变量之间隐藏的内在规律，并建立变量之间函数变化关系的一种分析方法。回归分析的目标是建立由一个因变量和若干自变量构成的回归方程式，使变量之间的相互控制关系通过这个方程式描述出来。

回归方程式不仅能够揭示现有个案集内部隐藏的规律，明确各个自变量对因变量的作用程度。而且，基于有效的回归方程，还能形成更有意义的数学方面的预测关系。因此，回归分析是一种关联性分析，同时还是一种分析自变量对因变量作用强度的归因分析，它还是预测分析的重要基础。

2. 回归分析的类型

在回归分析中，用来解释结论的因变量只有一个，但作为原因的自变量则可以有多个，当然也可以只有一个。例如，在性别、爱好、专业、*IQ* 值等因素中，分析影响物理成绩的因素到底有哪些，并形成一个以物理成绩为因变量，以若干因素变量作为自变量的函数式。根据回归分析中自变量的数目，回归分析可以分为一元回归分析和多元回归分析。

在数学或者物理学学科对实验数据的处理过程中，也常常借助回归分析技术。数学和物理实验中的回归分析，其中自变量的幂可能是一次的，也可能是高次的，甚至有可能是指数关系、对数关系。如果回归过程中的所有自变量都是一次项，则称为线性回归；反之，如果在回归过程中出现了高次项的自变量或者带有某个自变量的指数项或对数项，则呈现为曲线关系，这种回归分析统称为曲线回归。

另外，如果因变量是二分变量，那么在回归过程中就难以直接使用均值、方差等处理手段做回归质量判定。因此，必须先对因变量变形才可启动回归过程。这种归回分析被称为二元逻辑回归技术。

在统计学中，用得最多的是一元线性回归、多元线性回归、曲线回归和二元逻辑回归技术。

### (二)线性回归分析的基本原理

#### 1. 线性回归分析的思路

量化科学研究的最终追求目标是揭示事物内在规律性的结论，这种规律性的结论需要通过某种函数关系来反映。这种函数关系的建立，就是建立某种数学模型，进而可以通过数据的函数关系表现事物的内在规律和因果关系。回归分析就是建立变量的数学模型，建立起衡量数据联系强度的指标，并通过指标检验其符合观测值的程度。

在回归分析中，如果仅有一个自变量，则可建立一元线性模型，其一般意义上的模型式为：$y = Bx + C$。如果在回归分析中有多个自变量，则需要建立多元线性模型，其一般意义上的模型式为：$y = B_1 x_1 + B_2 x_2 + B_3 x_3 + B_4 x_4 + B_5 x_5 + \cdots + B_0$。

线性回归的过程，就是把各个自变量和因变量的个案值代入回归方程式中，通过逐步迭代与拟合，最终找出回归方程中的各个系数，构造出一个能够尽可能体现自变量与因变量关系的函数式。在一元线性回归中，回归方程的确立就是逐步确定唯一自变量的系数和常数，并使方程能够更符合绝大多数个案的取值特点。而在多元线性回归中，除了要确定各个自变量的系数和常数外，还要分析每个自变量是否为回归方程必需的，并把回归方程中的非必需自变量剔除。

#### 2. 线性回归分析中的关键概念

①线性回归方程，是一个一次函数式，用于描述因变量与自变量之间的内在关系。根据其中自变量的个数，可分为一元线性回归方程和多元线性回归方程。

②观测值，是指参与回归分析的因变量的实际取值。对参与线性回归分析的多个个案来讲，它们在因变量上的取值，就是观测值。观测值是一个数据序列，就是线性

回归分析过程中的因变量(即结果变量)。

③回归值,是把每个个案的自变量取值带入回归方程后,通过计算所获得的数值。在回归分析中,针对每个个案,都能获得一个回归值。因此,回归值也是一个数据序列,回归值的数量与个案数相同。在线性回归分析中,回归值也常常被称为预测值或者期望值。

④残差,是观测值与回归值的差。残差反映的是依据回归方程所获得的计算值与实际测量值的差距。在线性回归中,残差应该满足正态分布,而且全体个案的残差之和应该为 0。

## (三)线性回归分析效果的评价策略

1. 线性回归方程质量评价的基本思路

线性回归的目标是找到与观测值最接近的回归方程式,在线性回归中,残差应该满足正态分布,而且全体个案的残差之和为 0。

为了能真正地衡量回归方程的回归值与观测值的差距,当然不能直接使用残差之和(因为所有残差之和都是 0)作为衡量指标。在回归分析的评价中,通常使用全部残差的平方和表示残差的量度,而以全体回归值的平方和表示回归的量度。

为了能够比较客观地评价回归方程的质量,人们引入了判定系数($R$ 方,即 $R^2$)的概念。

$$判定系数(R^2) = \frac{\sum 回归值_i^2}{\sum 回归值_i^2 + \sum 残差_i^2} \qquad 公式(4\text{-}5)$$

在公式(4-5)中,判定系数($R^2$)反映了回归值的平方和在回归分析中所占的比例。判定系数的值为 0~1,其值越接近 1,表示回归方程的拟合程度越高,回归值越贴近观测值,越能体现观测数据的内在规律。

2. 线性回归分析质量评价的关键指标

在线性回归分析中,其质量评价的关键指标主要有以下几个方面。

①判定系数。判定系数是"回归值(即预测值)的平方和"与"回归值平方和+残差平方和"的比值,反映的是回归方程与观测值的贴近程度,即回归方程的质量。

在一般的应用中,回归方程的判定系数最好大于 0.6,表示回归方程有较好的质量。但在某些特殊研究领域(如医药效能检验、医疗应用等)中,由于研究活动受其他客观因素的影响较多,很难获得高判定系数的回归方程,有些判定系数值较小的回归方程也被认定为有效方程。

②均方和。在回归分析中,"均方和"等于"平方和"与自由度的比值。即均方和 = $\frac{平方和}{自由度}$。在线性回归分析中,常见的"均方和"有"残差均方和"与"回归值均方和"。回

归值均方和即预测值的均方和，等于全体回归值的平方和与自由度的比值。

③回归方程的 $F$ 值。$F$ 值是回归分析中反映回归效果的重要指标，它以回归值均方和与残差均方和的比值来表示，即 $F = \dfrac{回归值均方和}{残差均方和}$。在一般的线性回归分析中，最终模型的 $F$ 值应该在 3.86 以上，否则，此回归方程被认为是不良方程。

④回归方程的 $T$ 值。$T$ 值是回归分析中反映每个自变量的作用力的重要指标。在回归分析时，方程中的每个自变量都有自己的 $T$ 值，$T$ 值以相应自变量的偏回归系数与其标准误的比值来表示，即 $T = \dfrac{本自变量的偏回归系数}{偏回归系数的标准误}$。在一般的线性回归分析中，有效自变量的 $T$ 的绝对值应该大于 1.96。如果某个自变量的 $T$ 值的绝对值是低于 1.96，表示此自变量对方程的影响力很小，应尽可能把它从方程中剔除。

⑤回归方程的检验概率。在线性回归表格中，除了上述 4 个常见评价指标外，还会输出回归方程的检验概率值。方程的整体检验概率值反映了整个方程的影响力，而针对自变量的检验概率值则反映了该自变量在回归方程中的影响力（检验概率值越小，影响力越大）。因此，在整体检验概率值小于 0.05 的情况下，回归方程才是有效的。另外，只有在自变量的检验概率值小于 0.05 的情况下，才可认为该自变量在方程中是有足够影响力的。

### （四）线性回归分析对自变量的要求

#### 1. 自变量的可用类型及其预处理

在回归方程式中，需要根据自变量的取值计算出结果（预测值）。因此，定序变量、定距变量都可以作为回归方程式中的自变量。而定类变量的大小是没有价值的，也不能反映某种趋势，所以尽量不以定类变量作为自变量参与回归分析。

然而，在很多研究中，又确实需要关注定类变量所产生的影响，希望把定类变量加入回归方程中，这就需要对定类变量进行特定的预处理。

对于必须加入回归方程的定类变量，人们通常称之为哑元变量或分类变量。常规的处理方法是把它转化为若干个虚拟变量（一种特殊的二分变量）：通常把研究问题所关注的类别转化为 1，其他类别统一转化为 0。

例如，在研究中人们想探讨回族同学在学习上所表现出的特征，就可以把回族标记为 1，其他民族标记为 0。对于这种仅有两个取值的变量可以理解为特殊的定序变量，是可以作为自变量加入回归方程中的。

#### 2. 充当自变量的各变量尽量具有较好的逻辑独立性

在回归分析中，经常需要把多个自变量纳入回归分析中。对参与回归分析的各自变量，尽量在逻辑上相对独立，要尽力避免把高度相关的自变量同时送到回归分析中做检验。

如果在一个回归分析中存在多个高度相关的自变量，就有可能因为自变量之间的高度相关性而导致某些自变量的系数异常（因为力度较强的自变量已经把对因变量在这一维度上的影响力全部占用了，其他高度相关的自变量就难以体现出其影响力），导致出现无法解释的自变量系数，引起共线性异常。

### 4.4.2 一元线性回归及其实例

所谓一元线性回归分析，就是对只有一个因变量和只有一个自变量的回归分析，其目标是找出只有一个自变量的一元方程式。

#### (一)一元线性回归的实用案例之一

1. 案例要求

对于如图 4-37 所示的"大学生学习状态.sav"文档，请分析作业情况与物理成绩之间的关系，构造回归方程，并评价回归模型的质量。

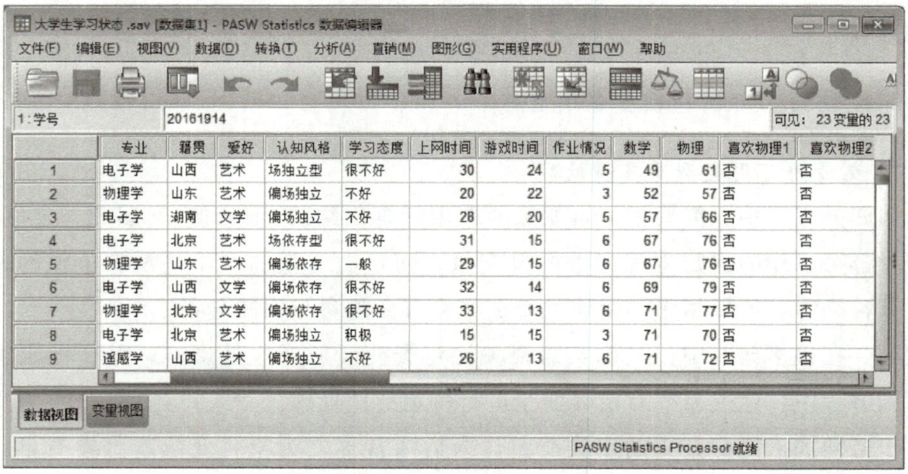

**图 4-37 待进行线性回归分析的原始数据**

2. 分析解决方案

分析图 4-37 中所示的"大学生学习状态.sav"数据，依据案例要求以"物理"成绩为因变量、以"作业情况"作为因素变量（自变量），构造出一元线性回归方程。最后，根据回归结果，借助判定系数、$F$ 值和 $T$ 值评价回归方程的质量。

3. 操作流程

第一，以 SPSS 打开"大学生学习状态.sav"文档，使之处于数据视图状态。

第二，利用菜单【分析】—【回归】—【线性】命令，启动【线性回归】对话框，如图 4-38 所示。

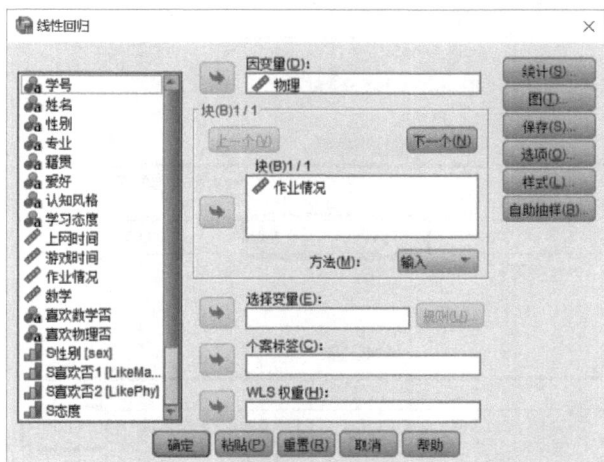

**图 4-38　【线性回归】对话框**

第三，按照图 4-38 所示的界面，把变量"物理"添加到【因变量】列表框中，把变量"作业情况"添加到【自变量】列表框中。

第四，单击底部的【确定】按钮，启动线性回归过程，获得如图 4-39 所示的一组处理结果。

4. 解读输出结果

从图 4-39 可以看出，在一元线性回归后，可以得到四个表格，依次为"输入/除去的变量""模型摘要""ANOVA"和"系数"四个表格。

①在"输入/除去的变量"表格中，显示出已经纳入了回归方程中的变量"作业情况"，即作业情况是回归方程的必需自变量。

②在"模型摘要"表格中，得到了 $R$ 值、$R$ 方值和调整的 $R$ 方值。这里的 $R$ 方值为 0.794，即本回归方程的判定系数为 0.794。此值较大，表示此回归方程具有很好的质量。此处的 $R$ 方值＝ANOVA 表格中的"回归平方和"除以"总计平方和"，即等于 7170.074/9034.950，最终结果为 0.794。

另外，此处的 $R$ 值为 0.891，这个值是自变量的多重取值的复相关系数。

③在"ANOVA"表格中，给出回归值、残差的平方和，以及自由度和均方和。同时，也给出了整个回归方程的 $F$ 值和显著性值。在此表格中，均方和＝平方和/自由度。例如，残差的均方和＝残差的平方和/残差的自由度＝1864.875/137，最终其值为 13.612。

根据 ANOVA 的计算规范，模型的总体 $F$ 值＝回归均方和/残差均方和。在本例

### 输入/除去的变量[a]

| 模型 | 输入的变量 | 除去的变量 | 方法 |
|---|---|---|---|
| 1 | 作业情况[b] | . | 输入 |

a. 因变量：物理

b. 已输入所请求的所有变量。

### 模型摘要

| 模型 | R | R 方 | 调整后 R 方 | 标准估算的误差 |
|---|---|---|---|---|
| 1 | .891[a] | .794 | .792 | 3.689 |

a. 预测变量：(常量), 作业情况

### ANOVA[a]

| 模型 | | 平方和 | 自由度 | 均方 | F | 显著性 |
|---|---|---|---|---|---|---|
| 1 | 回归 | 7170.074 | 1 | 7170.074 | 526.738 | .000[b] |
| | 残差 | 1864.875 | 137 | 13.612 | | |
| | 总计 | 9034.950 | 138 | | | |

a. 因变量：物理

b. 预测变量：(常量), 作业情况

### 系数[a]

| 模型 | | 未标准化系数 | | 标准化系数 | t | 显著性 |
|---|---|---|---|---|---|---|
| | | B | 标准误差 | Beta | | |
| 1 | (常量) | 49.622 | 1.778 | | 27.909 | .000 |
| | 作业情况 | 5.081 | .221 | .891 | 22.951 | .000 |

a. 因变量：物理

**图 4-39　一元线性回归分析的结果**

中，$F$ 值等于表格中的 7170.074 除以 13.612，其最终结果为 526.747，远大于 3.84，表示整个回归方程具有很强的影响力，能够很好地表达物理成绩与作业情况之间的控制关系。另外，本回归分析的整体显著性值为 0，表示在对回归方程进行方差分析时，对于每组自变量的取值，其因变量的取值都会有显著变化，其结论与依据 $F$ 值得出的结论是一致的。

"ANOVA"表格中的数据($F$ 值、显著性值)说明：从总体上看，本次回归分析所得到的回归方程是有效的。

④回归分析的最后一个表格为"系数"，在此表格中，非标准化系数有两个，分别是 49.622、5.081，这两个系数对应的 $T$ 值均大于 1.96，而且其显著性值均为 0.000，表示方程中的这两个标准化系数都是有效的。

依据"系数"表格中的非标准化系数，可以得知最终的有效回归方程为：$y=$

$5.081x+49.622$。这是一个一元线性方程，在此方程中，$y$ 代表物理成绩，$x$ 代表作业情况。此回归方程的质量较高，能够较准确地描述出"作业情况"与"物理"成绩之间的控制关系。

### (二)一元线性回归的实用案例之二

1. 案例要求

对于如图 4-37 所示的"大学生学习状态.sav"文档，请分析认知风格与数学成绩之间的关系，利用这两个变量构造出回归方程，并评价回归分析的质量。

2. 分析解决方案

分析图 4-37 中所示的"大学生学习状态测试.sav"数据，依据案例要求以"数学"成绩为因变量、以"认知风格"作为因素变量（自变量），构造一元线性回归方程。最后，根据回归结果，借助判定系数、$F$ 值和 $T$ 值评价回归方程的质量。

由于原始数据表中的"认知风格"为字符型变量，需要先借助数值化重新编码的方法对认知风格进行数值化编码，按照一定的规范转化为定序变量"S 风格"。

3. 操作流程

第一，以 SPSS 打开"大学生学习状态.sav"文档，使之处于数据视图状态。在4.2.3 的数据规范化过程中，已经完成了对变量"认知风格"的数值化编码，新变量"S风格"为定序变量，其取值为 1～4。

第二，利用菜单【分析】—【回归】—【线性】命令，启动【线性回归】对话框，如图 4-38 所示。

第三，把变量"数学"添加到【因变量】列表框中，把变量"S 风格"添加到【自变量】列表框中。

第四，单击对话框底部的【确定】按钮，启动线性回归过程，获得如图 4-40 所示的分析结果。

4. 解读分析结果

①从图 4-40 的最后一个表格"系数"中，可以获得本回归分析的非标准化系数：常量 82.643、"S 风格"的一次项系数 $-0.016$。因此，可以获得线性回归方程：

$$y=82.643-0.016x$$

在此方程中，$y$ 代表数学成绩，$x$ 代表学生的认知风格。

②尽管获得了线性回归方程，但是从"模型摘要"表格中，可以看出"$R$ 方"值为 0，表示此回归方程的影响力很小，几乎可以忽略不计。而"ANOVA"表格中的回归平方和、$F$ 值都很小，而残差平方和的值则较大，也说明了回归方程的影响力很小。

③在"系数"表格中"S 风格"对应的 $T$ 值很小、显著性值则远大于 0.05，则说明自变量"S 风格"取值的变化，难以导致数学成绩产生显著差异。也就是说，在此模型中，

### 输入/除去的变量[a]

| 模型 | 输入的变量 | 除去的变量 | 方法 |
|---|---|---|---|
| 1 | S风格[b] | . | 输入 |

a. 因变量：数学

b. 已输入所请求的所有变量。

### 模型摘要

| 模型 | R | R 方 | 调整后 R 方 | 标准估算的误差 |
|---|---|---|---|---|
| 1 | .002[a] | .000 | -.007 | 8.097 |

a. 预测变量：(常量), S风格

### ANOVA[a]

| 模型 | | 平方和 | 自由度 | 均方 | F | 显著性 |
|---|---|---|---|---|---|---|
| 1 | 回归 | .026 | 1 | .026 | .000 | .984[b] |
| | 残差 | 8981.211 | 137 | 65.556 | | |
| | 总计 | 8981.237 | 138 | | | |

a. 因变量：数学

b. 预测变量：(常量), S风格

### 系数[a]

| 模型 | | 未标准化系数 | | 标准化系数 | t | 显著性 |
|---|---|---|---|---|---|---|
| | | B | 标准误差 | Beta | | |
| 1 | (常量) | 82.643 | 2.049 | | 40.341 | .000 |
| | S风格 | -.016 | .784 | -.002 | -.020 | .984 |

a. 因变量：数学

**图 4-40　对"认知风格 * 数学成绩"的线性回归分析结果**

自变量"S风格"的影响力很小。

综上所述，尽管本回归分析得到了一个回归方程，但回归方程的质量很差，不能有效地反映因变量（数学成绩）的变化情况。所以，此方程不是有效的回归方程，没有实用价值。

### (三)对 SPSS 一元线性回归技术的补充说明

1. 正确理解线性回归分析的评价指标

根据前面的分析可以看出，$R$ 方值、$F$ 值、$T$ 值和 $Sig$ 值都是评价回归方程质量的重要指标。其实这些指标都是基于"回归平方和"和"残差平方和"的不同计算结果，在对回归方程的最终评价上，四者具有逻辑上的一致性。

2. 正确理解一元线性回归的各项指标

由于一元线性回归中只有一个自变量，因此在执行回归分析的过程中，通常对回归自变量的选用【方法】使用"进入"的方式（可在图 4-38 的【线性回归】对话框中进行设置）。在这种方式下，用户提供的自变量肯定会进入回归方程中，而且 SPSS 系统肯定会为用户创建一个线性回归方程。

在这种情况下，一定要认真审查 $R$ 方值、$F$ 值和 $Sig$ 值，检查回归方程的有效性，避免采纳无效方程，导致错误的研究结论。

3. 正确地使用【线性回归：统计量】对话框

在图 4-38 的【线性回归】对话框中，单击右上角的【统计】按钮，可以打开如图 4-41 所示的【线性回归：统计量】对话框。

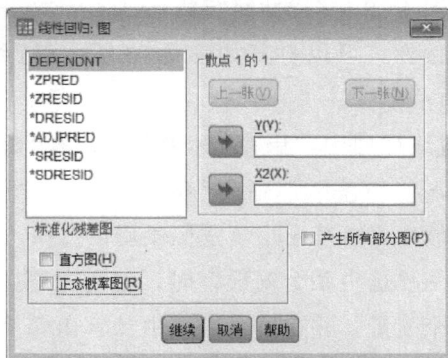

在图 4-41 中，已经选中了两个默认的复选框，分别是"回归系数"区域的【估计】值和【模拟拟合度】。如果用户觉得需要，还可以选中【协方差矩阵】【R 方变化】【描述性】以及【共线性诊断】，以便在输出回归分析结果时同步输出这些统计量，帮助用户更好地评价回归方程。

4. 使用【线性回归：图】对话框，绘制特殊图形，获取关键指标

在图 4-38 的【线性回归】对话框中，单击右上角的【图】按钮，可以打开如图 4-42 所示的【线性回归：图】对话框。在图 4-42 的【线性回归：图】对话框中，用户可根据自己的需要，配置好各种统计图表所需的参数。

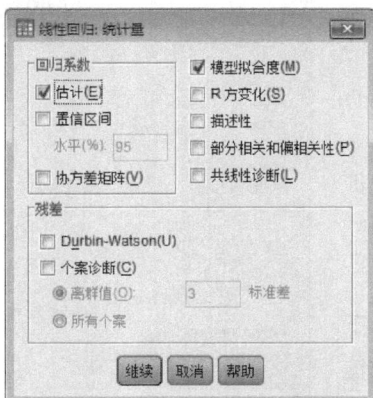

图 4-41　【线性回归：统计量】对话框　　　图 4-42　【线性回归：图】对话框

(1)绘制散点图

在图 4-42 所示的对话框中，左侧的一系列选项依次为：DEPENDNT（因变量）、\* ZPRED（标准化回归值）、\* ZRESID（标准化残差值）、\* DRESID（剔除的残差值）、ADJPRED（调整的回归值）、\* SRESID（经过 $t$ 值化的残差值）、\* SDRESID（经过 $t$ 值化的剔除残差值）。

用户可从图 4-42 的左侧选择一个数据项添加到右侧的【Y】列表框中，然后再从左侧选择另外一个数据项添加到右侧的【X2】列表框中，以便以选定的 $X$ 变量和 $Y$ 变量绘

270

制出相应的统计图。例如，用户可以用"DEPENDNT(因变量)"为 $Y$ 轴、以"* ZPRED"作为 $X$ 轴绘制散点图。

> 注意：在某次线性回归分析过程中，如果需要同时绘制出多张包含不同内容的散点图，则可先选好一组变量(即 $X$ 轴变量和 $Y$ 轴变量)。配置完毕，直接单击【下一张】按钮，再选择下一组统计图所需的变量。以此类推，可以同时设置好多张统计图的参数。

(2)绘制偏回归图

在图 4-42 的右下部选中【产生所有部分图】复选框，可以在执行回归分析之后，自动以自变量的残差作为 $X$ 轴，以因变量的残差作为 $Y$ 轴，绘制出残差关系图。

本选项仅在多元线性回归中有效，其目标是产生每个自变量的相关残差图。

(3)绘制标准化残差图

若选择【直方图】复选框，则直接绘制出标准化残差的直方图。

若选择【正态概率图】复选框，则以图示方式显示出标准化残差的观测积累概率同期望积累概率之间的关系。

5. 使用【线性回归：保存】对话框，产生新变量

在图 4-38 的【线性回归】对话框中，单击右上角的【保存】按钮，可以打开如图 4-43 所示的【线性回归：保存】对话框。

在【线性回归：保存】对话框中，有"预测值"(即回归值)、"残差"、"距离"和"影响统计量"等区域，每个区域中都有若干个复选框供用户选择。

当用户选中某个复选框时，将会在原始数据表中新增一个变量，并在这个变量中计算出每个个案在这个项目上的取值。例如，如果在图 4-43 左上角的"预测值"区域中选择【未标准化】复选框，则表示希望得

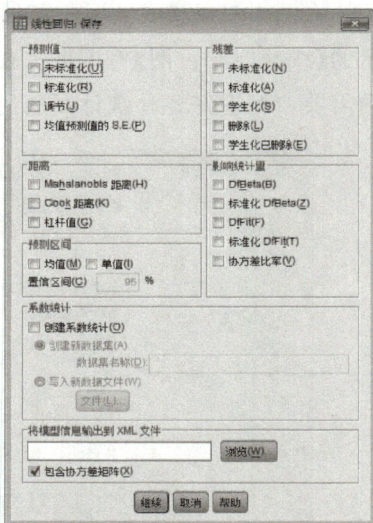

图 4-43 【线性回归：保存】对话框

到每个个案的预测值(即依据回归方程所计算出的数值)。在执行了线性回归分析之后，就会在原始数据表中新增一列"PRE_1"，并在这列中保存每个个案的预测值。同理，如果选中了"预测值"区域中的【标准化】复选框，则会在原始数据表最右侧新增"ZPR_1"列，并在此列中保存每个个案的预测值的 Z 分数(即标准化的回归值)。

### 4.4.3 多元线性回归概念及其要点

#### (一)多元线性回归的概念

1. 多元线性回归的定义

所谓多元线性回归分析，就是对只有一个因变量但包含多个自变量的回归分析，其目标是找出一个包含多个自变量的多元一次方程式，并力图以此方程式较准确地表达原始数据中相关变量之间的内在规律。

多元线性回归的任务就是寻找多元回归方程并对方程的质量进行评价，并最终获得有效的回归方程。

2. 多元线性回归的特点

与一元线性回归相比，多元线性回归的最大特点是有多个自变量参与到回归分析过程中。正是多个自变量的参与使多元回归分析变得更加复杂。

多元线性回归需要注意以下几个方面。

①是否全部自变量都必须出现在回归方程中？

②系统以什么样的方式筛选自变量？是逐个进入方程，还是逐个从方程中剔除？按照何种标准选用或者剔除自变量？

③如何评价处于回归方程中的各个自变量的影响力？

④如何评价整个回归方程的质量？

事实上，尽管多元线性回归分析在自变量处理方面有很多新特点，但其绝大多数理论和操作方法仍与一元线性回归分析相同。在 SPSS 中，多元线性回归分析与一元线性回归分析使用同一操作界面。

#### (二)多元线性回归分析中自变量的筛选

在多元线性回归分析中，对自变量的筛选主要从两个方面考虑。

1. 系统按照什么规则决定自变量的去留

在多元线性回归中，"自变量能否进入方程中""自变量凭什么就能留在方程中"是关系着多元线性回归分析成败的关键问题。

在 SPSS 中的【线性回归：选项】对话框中，系统提供了两种标准来实现对自变量的筛选，如图 4-44 所示。

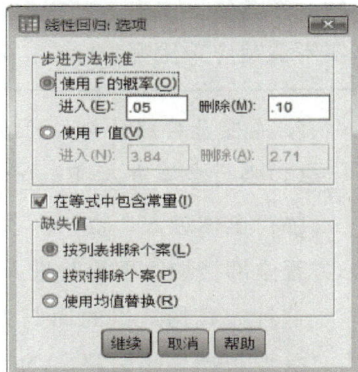

图 4-44 【线性回归：选项】对话框

注意：在【线性回归】主对话框(图 4-38)的右上角，单击【选项】按钮，就能启动【线性回归：选项】对话框。

(1)基于方差分析的检验概率实施自变量筛选

众所周知，在方差分析中，若其检验概率值小于 0.05，则表示因素对结果有显著影响。因此，可指定自变量进入方程的标准为其检验概率值小于 0.05，自变量被从方程中剔除的标准是其检验概率值大于 0.10。即对于待进入方程的自变量，若其方差分析的检验概率值小于 0.05，则此变量可进入方程中；对于已经处于方程内的自变量，若其方差分析的检验概率值大于 0.10，则此变量应从方程中剔除。

基于检验概率值确定自变量的去留，是 SPSS 默认的回归方式。在此方式下，系统默认的自变量进入方程的标准是 $Sig < 0.05$，自变量退出方程的标准是 $Sig > 0.10$，如图 4-44 所示。如果用户有特殊要求，可以修改这两个值。但要注意，这两个值不可重合，进入标准应小于退出标准。

(2)基于方差分析的 $F$ 值实施自变量筛选

在方差分析中，$F$ 值是衡量自变量对因变量影响力的重要指标。除了使用方差分析的检验概率值确定自变量的去留，还可以借助 $F$ 值确定自变量的去留。

在图 4-44 中，若选中【使用 $F$ 值】单选框，则表示根据方差分析的 $F$ 值决定自变量的去留。由于 $F$ 值越大，自变量对结果的影响力越大。因此，系统默认自变量进入方程的对应 $F$ 值应大于 3.84，自变量退出方程的对应 $F$ 值应小于 2.71。

在此模式下，系统默认的自变量进入方程的标准是 $F > 3.84$，自变量退出方程的标准是 $F < 2.71$，如图 4-44 所示。如果用户有特殊要求，可以修改这两个值。但要注意，这两个值不可重合，进入标准应远大于退出标准。

注意：尽管 SPSS 提供了两种筛选自变量的标准，事实上，这两种标准的结果是一致的，在具体应用中，可根据研究问题的约束条件，选用其中的某一种标准。如果确实不清楚应采用哪种标准，则直接使用默认值即可。

2. 自变量按照什么样的顺序进入方程中

(1)强行全体进入(Enter)

强行全体进入，也叫一次性进入，简称"进入"。对于用户提供的所有自变量，回归方程全部接纳，不检验进入值和移出值，所有变量一次性全部被纳入回归方程。

这种方式构造出的回归方程包括全部自变量。对于方程的质量和自变量的影响力，需要根据输出表格"ANOVA""模型摘要"和"系数"中的 $F$ 值、$T$ 值和 $Sig$ 值做人工判定。

（2）正向进入（Forward）

正向进入，也叫逐个选用方式，简称"向前"。对于用户提供的所有自变量，系统自动计算出所有自变量与因变量的相关系数，每次从尚未进入方程的自变量组中选择与因变量具有最大正或负相关系数的自变量进入方程，然后检验此自变量的影响力，直到方程外的自变量都不满足进入标准为止。

这种方式构造出的回归方程可能只包括部分自变量，对于方程的质量和自变量的影响力，系统已经做出初步判定，影响力较低的自变量没能进入方程中。在这种方式下，如果所有自变量的影响力都很低，则有可能无法创建出回归方程式。

（3）反向剔除（Backward）

反向剔除，也叫逐个剔除方式，简称"向后"。对于用户提供的所有自变量，先让它们全部强行进入方程内，再逐个检查，剔除不合格变量（即影响力最差的、达不到最低进入标准的变量），直到方程中的所有变量都不满足移出条件为止。

这种方式构造出的回归方程可能只包括部分自变量，对于方程的质量和自变量的影响力，系统已经做出初步判定，影响力较低的自变量没能进入方程中。在这种方式下，如果所有自变量的影响力都很低，则全部自变量都会被排除，就会导致回归过程失败。

（4）逐步进入（Stepwise）

逐步进入，也叫交替选用方式，简称"逐步"或"步进"。是正向进入与反向剔除方法的组合。其基本思路是：先检查不在方程中的自变量，把 $F$ 值最大（$F$ 检验概率值最小）且满足进入条件的自变量选入方程中，接着，对已经进入方程内的自变量，查找满足移出条件的自变量（$F$ 值最小且检验概率值大到满足移出条件）将被移出方程。

这种方式构造出的回归方程也可能只包括部分自变量，对于方程的质量和自变量的影响力，系统已经做出初步判定，影响力较低的自变量没能进入方程。在这种方式下，如果所有自变量的影响力都很低，则可能无法创建出回归方程式。

逐步进入方式是一种比较智能化的方式，工作效率比较高，是最为常用的方法。

（5）强行剔除（Remove）

强行剔除，也叫一次性剔除方式，其思路是通过一次检验，然后剔除全部不合格的变量。

这种方法不能单独使用，通常建立在前面已经构造出初步回归方程的基础上，与前面的其他筛选方法结合使用。因此，尽管这是一种比较高效的方法，但使用者较少。

## 4.4.4 多元线性回归实用案例

### (一)案例要求

对于如图 4-45 所示的“大学生学习状态 . sav”文档，请分析作业情况、上网时间、游戏时间、性别、爱好、认知风格与数学成绩之间的关系。如果可能，请构造回归方程，并评价回归分析的效果。

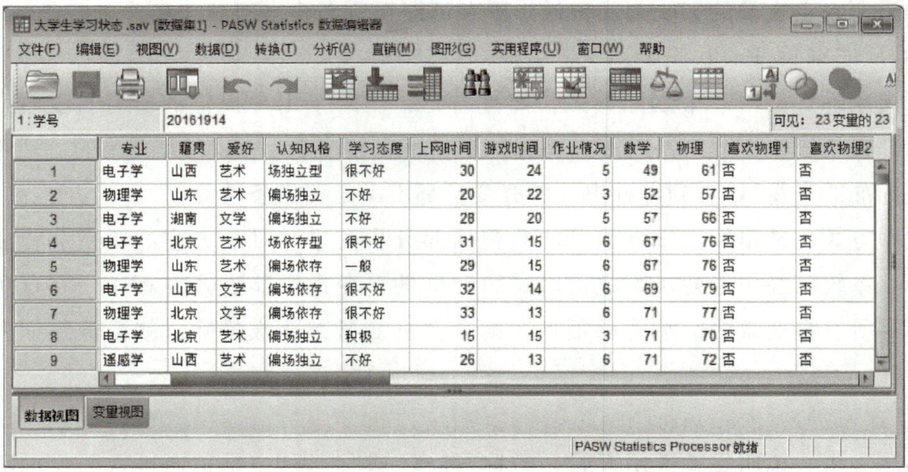


| | 专业 | 籍贯 | 爱好 | 认知风格 | 学习态度 | 上网时间 | 游戏时间 | 作业情况 | 数学 | 物理 | 喜欢物理1 | 喜欢物理2 |
|---|---|---|---|---|---|---|---|---|---|---|---|---|
| 1 | 电子学 | 山西 | 艺术 | 场独立型 | 很不好 | 30 | 24 | 5 | 49 | 61 | 否 | 否 |
| 2 | 物理学 | 山东 | 艺术 | 偏场独立 | 不好 | 20 | 22 | 3 | 52 | 57 | 否 | 否 |
| 3 | 电子学 | 湖南 | 文学 | 偏场独立 | 不好 | 28 | 20 | 5 | 57 | 66 | 否 | 否 |
| 4 | 电子学 | 北京 | 艺术 | 场依存型 | 很不好 | 31 | 15 | 6 | 67 | 76 | 否 | 否 |
| 5 | 物理学 | 山东 | 艺术 | 偏场依存 | 一般 | 29 | 15 | 6 | 67 | 76 | 否 | 否 |
| 6 | 电子学 | 山西 | 文学 | 偏场依存 | 很不好 | 32 | 14 | 6 | 69 | 79 | 否 | 否 |
| 7 | 物理学 | 北京 | 文学 | 偏场依存 | 很不好 | 33 | 13 | 6 | 71 | 77 | 否 | 否 |
| 8 | 电子学 | 北京 | 艺术 | 偏场独立 | 积极 | 15 | 15 | 3 | 71 | 70 | 否 | 否 |
| 9 | 遥感学 | 山西 | 艺术 | 偏场独立 | 不好 | 26 | 13 | 6 | 71 | 72 | 否 | 否 |

**图 4-45　待进行线性回归分析的原始数据**

### (二)分析解决方案

分析图 4-45 中所示的“大学生学习状态 . sav”数据，依据案例要求以“数学”成绩为因变量、以“作业情况”“上网时间”“游戏时间”“性别”“爱好”“认知风格”作为自变量，构造多元线性回归方程。最后，根据回归结果，借助判定系数、*F* 值和 *T* 值评价回归方程的质量。

根据线性回归分析对自变量的规范性要求，需要在执行线性回归分析前对字符型自变量进行数值化编码，而且在编码过程中尽可能依据某种规范把字符型变量转化为定序型数据。

### (三)操作流程

第一，以 SPSS 打开“大学生学习状态 . sav”文档，使之处于数据视图状态。在 3.2.3 中“数据规范化与预处理”阶段，已经完成了对字符型变量“性别”“爱好”“认知风格”的数值化编码，使之成为定序的数值型量，新变量名称为“Sex”“S 爱好”“S 风格”。

第二，利用菜单【分析】—【回归】—【线性】命令，启动【线性回归】对话框，如图 4-46 所示。

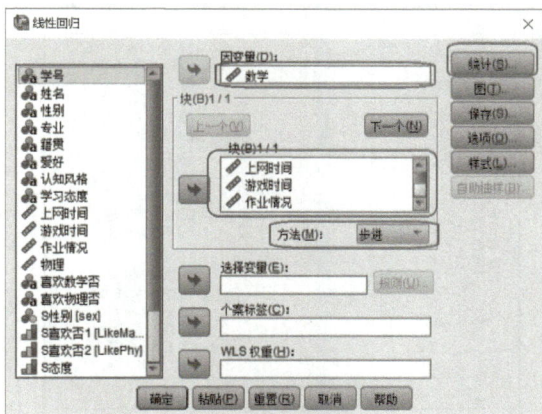

图 4-46　【线性回归】对话框

第三，按照图 4-46 所示的界面，把变量"数学"添加到【因变量】列表框中，把变量"上网时间""游戏时间""作业情况""Sex""S 爱好""S 风格"添加到【自变量】列表框中。

第四，在右侧中部的【方法】组合框中，选择自变量的筛选方式为"逐步"或"步进"。

第五，单击底部的【确定】按钮，启动线性回归过程，获得如图 4-47 至图 4-51 所示的一组处理结果。

### (四)解读输出结果

执行多元线性回归分析之后，主要得到了以下几个重要表格："输入/除去的变量""模型摘要""ANOVA""系数"和"排除的变量"共 5 个表格。

1."输入/除去的变量"

在"输入/除去的变量"表格中，显示出已经纳入了回归方程中的变量"游戏时间""作业情况"和"上网时间"，即通过逐步筛选的方式，经过 3 轮筛选过程，SPSS 依次把"游戏时间""作业情况"和"上网时间"作为回归方程的必需自变量。用户提供的其他变量被排除在回归方程之外，如图 4-47 所示。

2."模型摘要"表格

在"模型摘要"表格中，呈现了 3 个回归模型，表示这是 3 个自变量依次进入回归过程之后的结果，如图 4-48 所示。

在"模型摘要"表格中，每行是对一种回归模型的评价。由表格可知，回归分析得到了 $R$ 值、$R$ 方值和调整的 $R$ 方值等。本例中 3 个模型的 $R$ 方值依次为 0.909、0.922 和 0.925，即 3 个回归方程的判定系数依次为 0.909、0.922 和 0.925。这些值都较大，表示这 3 个回归方程都具有很好的质量。

输入/除去的变量[a]

| 模型 | 输入的变量 | 除去的变量 | 方法 |
| --- | --- | --- | --- |
| 1 | 游戏时间 | . | 步进（条件：要输入的 F 的概率 <= .050，要除去的 F 的概率 >= .100）。 |
| 2 | 作业情况 | . | 步进（条件：要输入的 F 的概率 <= .050，要除去的 F 的概率 >= .100）。 |
| 3 | 上网时间 | . | 步进（条件：要输入的 F 的概率 <= .050，要除去的 F 的概率 >= .100）。 |

a. 因变量：数学

图 4-47 “输入/除去的变量”表格

模型摘要

| 模型 | R | R 方 | 调整后 R 方 | 标准估算的误差 |
| --- | --- | --- | --- | --- |
| 1 | .954[a] | .909 | .909 | 2.439 |
| 2 | .960[b] | .922 | .921 | 2.265 |
| 3 | .962[c] | .925 | .924 | 2.227 |

a. 预测变量：(常量), 游戏时间

b. 预测变量：(常量), 游戏时间, 作业情况

c. 预测变量：(常量), 游戏时间, 作业情况, 上网时间

图 4-48 “模型摘要”表格

从“模型摘要”的 $R$ 方值可知，“模型 3”最好，而且“模型 3”吸纳的自变量包括了“游戏时间”“作业情况”和“上网时间”。

3.“ANOVA”表格

“ANOVA”表格是针对回归分析过程所做的方差分析，如图 4-49 所示。

在“ANOVA”表格中，分别给出了 3 个回归模型的回归值、残差值的“平方和”，以及“自由度”和“均方”值。同时，也给出了它们的 $F$ 值和显著性值。在此表格中，3 个模型的 $F$ 值依次为 1373.020、807.652 和 558.740，都远大于 3.84，表示 3 个模型的回归方程都具有很强的影响力，能够很好地表达影响数学成绩的影响因素。另外，3 个模型的整体显著性值均为 0，表示在对回归方程进行方差分析时，当自变量的取值发生变化时，其对应因变量的取值都有显著差异。

表格内容：

| 模型 | | 平方和 | 自由度 | 均方 | F | 显著性 |
|---|---|---|---|---|---|---|
| 1 | 回归 | 8166.394 | 1 | 8166.394 | 1373.020 | .000[b] |
| | 残差 | 814.843 | 137 | 5.948 | | |
| | 总计 | 8981.237 | 138 | | | |
| 2 | 回归 | 8283.787 | 2 | 4141.893 | 807.652 | .000[c] |
| | 残差 | 697.451 | 136 | 5.128 | | |
| | 总计 | 8981.237 | 138 | | | |
| 3 | 回归 | 8311.817 | 3 | 2770.606 | 558.740 | .000[d] |
| | 残差 | 669.420 | 135 | 4.959 | | |
| | 总计 | 8981.237 | 138 | | | |

a. 因变量：数学
b. 预测变量：(常量)，游戏时间
c. 预测变量：(常量)，游戏时间，作业情况
d. 预测变量：(常量)，游戏时间，作业情况，上网时间

图 4-49　"ANOVA"表格

根据线性回归分析中 $F$ 值的计算规范，可以知道三个模型的残差均方和(等于残差的平方和除以自由度)逐渐减小，表示回归方程与观测值的拟合程度越来越好。综合来看，"模型 3"的质量最好。

4."系数"表格

在"系数"表格中，分别给出了三个模型的自变量系数、$t$ 值和显著性值，每行是针对一个模型的描述，如图 4-50 所示。

| 模型 | | 未标准化系数 B | 未标准化系数 标准误差 | 标准化系数 Beta | t | 显著性 |
|---|---|---|---|---|---|---|
| 1 | (常量) | 95.233 | .399 | | 238.877 | .000 |
| | 游戏时间 | -1.757 | .047 | -.954 | -37.054 | .000 |
| 2 | (常量) | 83.682 | 2.442 | | 34.262 | .000 |
| | 游戏时间 | -1.441 | .079 | -.782 | -18.129 | .000 |
| | 作业情况 | 1.173 | .245 | .206 | 4.784 | .000 |
| 3 | (常量) | 86.297 | 2.642 | | 32.668 | .000 |
| | 游戏时间 | -1.399 | .080 | -.759 | -17.474 | .000 |
| | 作业情况 | 1.151 | .241 | .202 | 4.769 | .000 |
| | 上网时间 | -.115 | .048 | -.062 | -2.378 | .019 |

a. 因变量：数学

图 4-50　"系数"表格

以第三个模型为例(表格中的最后一行)，在这个模型中，共有四个数据量，依次为常量、游戏时间、作业情况、上网时间，这组数据量对应的显著性值依次为 0.000、0.000、0.000、0.019，都小于 0.05，说明这组变量对因变量都具有很好的影响力。这些自变量对应的 $t$ 值也均大于 1.96，同时说明了这一点。

在回归分析中，由于各自变量的取值范围并不完全相同，因此通常借助非标准化

系数构造回归方程式，以便能在回归方程中直接使用原始数据表中的变量值。本案例中，由于这个模型的非标准化系数依次为 86.297、-1.399、1.151 和-0.115，因此可以构造出回归方程式：$y=86.297-1.399X_1+1.151X_2-0.115X_3$。在此公式中，$y$ 代表数学成绩，$X_1$ 代表游戏时间，$X_2$ 代表作业情况，$X_3$ 代表上网时间。

基于非标准化的回归方程，用户可以直接把原始数据表中个案的属性值（即原始数据表中的变量值）直接代入非标准化回归方程中，从而计算出每个个案的预测值。

然而，由于在原始数据表中，各个自变量的取值范围并不一定完全相同，因此非标化系数并不能直接表示各个自变量在方程中的影响力水平。在实际应用中，用户通常借助标准化系数来衡量每个自变量的影响力水平。由图 4-50 可知，三个自变量对数学成绩的影响力水平依次为-0.759、0.202 和-0.062，即游戏时间是影响学生数学成绩的最重要因素，而且随着游戏时间的增加，学生的数学成绩呈下降趋势。

注意：利用非标准化系数能够构造直接使用观测值进行预测的回归方程式，而标准化系数是对自变量值域进行归一化处理之后的标准化回归方程式的系数，能够直观地反映各个自变量对因变量的重要性水平（影响力水平）。

**5. "排除的变量"表格**

除了已经纳入回归方程中的表格外，SPSS 还给出了"排除的变量"的表格，对没有纳入回归方程中的自变量的影响力和统计数据进行了呈现，如图 4-51 所示。

排除的变量[a]

| 模型 | | 输入 Beta | t | 显著性 | 偏相关 | 共线性统计 容差 |
|---|---|---|---|---|---|---|
| 1 | 上网时间 | -.066[b] | -2.383 | .019 | -.200 | .824 |
| | 作业情况 | .206[b] | 4.784 | .000 | .380 | .307 |
| | S性别 | -.033[b] | -1.256 | .211 | -.107 | .979 |
| | S爱好 | .051[b] | 1.729 | .086 | .147 | .753 |
| | S风格 | .015[b] | .562 | .575 | .048 | 1.000 |
| 2 | 上网时间 | -.062[c] | -2.378 | .019 | -.200 | .823 |
| | S性别 | -.027[c] | -1.135 | .258 | -.097 | .977 |
| | S爱好 | .029[c] | 1.025 | .307 | .088 | .730 |
| | S风格 | .023[c] | .939 | .349 | .081 | .995 |
| 3 | S性别 | -.038[d] | -1.571 | .119 | -.134 | .951 |
| | S爱好 | .029[d] | 1.055 | .293 | .091 | .730 |
| | S风格 | .027[d] | 1.144 | .255 | .098 | .989 |

a. 因变量：数学
b. 模型中的预测变量：(常量)，游戏时间
c. 模型中的预测变量：(常量)，游戏时间，作业情况
d. 模型中的预测变量：(常量)，游戏时间，作业情况，上网时间

**图 4-51 排除的变量**

从图 4-51 可以看出，在第一个模型中，被排除的自变量有 5 个，只有游戏时间被

吸纳。而且"作业情况"的对应 $t$ 值最大、显著性值最小。所以作业情况最有可能进入回归方程。在第二个模型中，"作业情况"已经不在排除的变量中，表示作业情况已经纳入回归方程中。此时的上网时间的 $|t|$ ＝2.378＞1.96，而且显著性值＝0.019＜0.05，所以上网时间将是下一个纳入方程中的自变量。

6. 最终结论

本次多元线性回归采用"逐步"筛选的方式选择自变量，形成了三个回归模型。通过"模型摘要"表格可以看出，"模型 3"的 $R$ 方值最大，涉及的自变量最多，而且方程中的自变量的对应显著性值均小于 0.05，说明"模型 3"最优。

经过本次线性回归分析，获得了如下所示的回归方程式。回归方程的判定系数为0.925，具有很好的回归质量。

$y$＝86.297－1.399$X_1$＋1.151$X_2$－0.115$X_3$。在此公式中，$y$ 代表数学成绩，$X_1$ 代表游戏时间，$X_2$ 代表作业情况，$X_3$ 代表上网时间。

### (五)对多元线性回归分析的补充说明

1. 多元线性回归分析效果的判定

多元线性回归分析是归因分析和预测分析中的重要技术，但只有正确地选用多元回归分析的自变量筛选方法，并准确配置各个分析参数，才有可能保证输出结果的正确性。

并不是每个线性回归分析都能得到有效的回归方程。如果待研究问题中的因变量与各个自变量之间没有关联性关系，就无法创建有效的回归模型。

回归模型的有效性由输出表格"ANOVA"中的"显著性"决定，若显著性值小于0.05，则整个模型有效。回归方程的质量通过 $R$ 方来体现，对 $R$ 方值在 0.6 以上的回归模型，表示回归方程能较好地拟合观测数据，方程的质量较好。

2. 多元线性回归分析中的自变量及选择

在使用多元线性回归分析前，要注意对相关变量的预处理，保证参与回归分析的自变量都是定序型或定距型数据。

在使用多元线性回归分析时，要注意自变量筛选方法的使用。如果使用"进入"的方法筛选自变量，则一定能够产生回归方程，而且回归方程中能包含全部自变量，但系统并不对回归方程的质量和各自变量的影响力进行判定，需要用户借助"模型摘要"表格和"系数"表格中的 $F$ 值、$t$ 值和显著性值进行人工判断，所以对使用者有较高的技术要求。因此，开展多元线性回归分析时，使用"逐步"方式筛选自变量是很多初学者常用的方法。

在多元线性回归分析中，定类变量(含已数值化编码但不存在逻辑顺序的变量)不可以作为自变量直接进入回归分析过程。如果必须做包含定类变量的多元线性回归分析，则需要先把定类变量转化为若干个虚拟变量(即取值仅为 0 和 1 的新变量，1 代表研究者关注的类别，0 代表其他类别)，以虚拟变量作为回归分析的自变量。

3. 多层线性回归分析

在多元线性回归分析中，如果研究者需特别关注某个自变量，研究该自变量在方程中的影响力，则可以使用多层线性回归分析。多层线性回归分析是多元线性回归分析的特殊形式。

在研究中，如果自变量 $x_1$、$x_2$、$x_3$、$x_4$、$x_5$ 是待研究的自变量，其中研究者特别希望掌握自变量 $x_3$ 的影响力，就需要使用多层线性回归分析。

首先，在图 4-46 所示的【线性回归】对话框中，直接把待研究的自变量 $x_1$、$x_2$、$x_4$、$x_5$ 添加到右侧的自变量列表中［即"块（B）1/1"内］。

其次，单击右上部的【下一个（N）】按钮，启动新块［即"块（B）2/2"］，接着把重点关注的自变量 $x_3$ 添加到右侧的自变量列表中。

再次，单击【线性回归】对话框右上角的【统计】按钮，勾选【R 方变化】复选框，使之生效。

最后，单击【确定】按钮，执行多层线性回归分析。通过输出表格中的"更改统计量"下的"$R$ 方更改"或"$F$ 更改"情况，判断所关注的变量 $x_3$ 所产生的影响力。

> 注意：在多层线性回归分析中，通常把普通自变量放在第一层的自变量列表中，把所关注的自变量放在末层块的自变量列表中，并且在【线性回归：统计量】对话框中设置【$R$ 方变化】复选框，以便在输出表格中能够监控、关注自变量所产生的影响力。

### 4.4.5 多重共线性问题及处理

#### （一）多重共线性的概念

1. 多重共线性的定义及原因

多重共线性（Multicollinearity）是指多元线性回归模型中的自变量之间由于存在精确相关关系或高度相关关系而使模型估计失真或难以估计准确，在某些情况下甚至导致自变量系数的严重偏差，某些自变量甚至出现不符合逻辑的系数（如本应为正向影响的变量却出现了值为负数的系数）。

在多元线性回归中，由于原始数据的限制使得模型设计不当，导致设计矩阵中自变量间存在普遍的相关关系，从而影响自变量系数的生成，被称为共线性问题。完全共线性的情况并不多见，一般出现的是在一定程度上的共线性，即近似共线性。

2. 多重共线性处理

多重共线性是使用多元线性回归算法时经常要面对的一个问题。在其他算法中，如决策树和贝叶斯，前者的建模过程是逐步递进，每次拆分只有一个变量参与，这种建模机制含有抗多重共线性干扰的功能；后者干脆假定变量之间是相互独立的，因此从表面上看，也没有多重共线性的问题。但是对于回归算法，无论是一般多元线性回归，还是逻辑回归，都要同时考虑多个预测因子，因此多重共线性是不可避免且需要面对的，在很多时候，多重共线性是一个普遍的现象。在构造预测模型时如何处理多重共线性是一个比较微妙的议题。既不能不加控制，又不能一刀切，认为凡是多重共线性就应该消除，也是不合适的。

### (二)多重共线性诊断

#### 1. 多重共线性程度的评价依据

在多元线性回归中，如何判断回归模型中是否存在多重共线性问题呢？

多重共线性使参数估计值的方差增大，人们以"方差膨胀因子(Variance Inflation Factor，VIF)"描述共线性程度，方差膨胀因子值越大，说明共线性越强。$1/(1-R_i^2)$为方差膨胀因子计算公式。为了便于理解，人们还经常使用"容许度"来描述人们对回归模型中"共线性"程度的容忍情况。容许度代表容许，也就是许可。容许度是方差膨胀因子的倒数，所以容许度越小，共线性越强，越不可以容忍。

在多元线性回归分析中，人们认为容许度<0.2(或 VIF>5)的项存在较严重的共线性的问题，通常需要研究者对共线性问题施加处理。

#### 2. SPSS 中对多重共线性的测量方法

针对前面的案例，在 SPSS 的多元线性回归主界面(见图 4-46)中，从右上角选择【统计】按钮，启动【线性回归：统计量】对话框，如图 4-41 所示。

在【线性回归：统计量】对话框中选择【共线性诊断】【部分相关性和偏相关性】复选框，以便在输出窗口中获得如图 4-52 所示的"系数"表格和图 4-53 所示的"共线性诊断"表格。

**系数**[a]

| 模型 | | 未标准化系数 | | 标准化系数 | | | 相关性 | | | 共线性统计 | |
|---|---|---|---|---|---|---|---|---|---|---|---|
| | | B | 标准误差 | Beta | t | 显著性 | 零阶 | 偏 | 部分 | 容差 | VIF |
| 1 | (常量) | 95.233 | .399 | | 238.877 | .000 | | | | | |
| | 游戏时间 | -1.757 | .047 | -.954 | -37.054 | .000 | -.954 | -.954 | -.954 | 1.000 | 1.000 |
| 2 | (常量) | 83.682 | 2.442 | | 34.262 | .000 | | | | | |
| | 游戏时间 | -1.441 | .079 | -.782 | -18.129 | .000 | -.954 | -.841 | -.433 | .307 | 3.257 |
| | 作业情况 | 1.173 | .245 | .206 | 4.784 | .000 | .857 | .380 | .114 | .307 | 3.257 |
| 3 | (常量) | 86.297 | 2.642 | | 32.668 | .000 | | | | | |
| | 游戏时间 | -1.399 | .080 | -.759 | -17.474 | .000 | -.954 | -.833 | -.411 | .292 | 3.420 |
| | 作业情况 | 1.151 | .241 | .202 | 4.769 | .000 | .857 | .380 | .112 | .307 | 3.262 |
| | 上网时间 | -.115 | .048 | -.062 | -2.378 | .019 | -.455 | -.200 | -.056 | .823 | 1.215 |

a. 因变量：数学

**图 4-52　"系数"表格**

由于在实施分析运算前选中了【共线性诊断】选项，因此在"系数"表格新增了两列"容差"和"VIF"，分别代表"容忍度"和"方差膨胀因子"。由图 4-52 中的"容差"和"VIF"可知，三个模型的"容差值"均大于 0.2，且 VIF 均小于 5，说明本回归模型中不存在严重的共线性问题，此模型中的共线性处于可容忍（认可）范围。

　　SPSS 借助主成分分析法做多元回归分析的共线性诊断，生成如图 4-53 所示的"共线性诊断"表格。表格中的"条件指标"列和"特征值"列也能反映案例中的共线性情况。由图 4-54 可知，在模型 3 中，末尾两行的特征值较小，其条件指标较大（最后一行的条件指标大于 30），而且在右侧的"方差比例"中，变量"游戏时间"和"作业情况"的方差比例值均大于 0.50，说明在这个回归模型中，这两个变量还是存在一定的共线性问题的。这一点与前面针对"大学生学习状态"的相关性分析结论是一致的。

**共线性诊断**$^a$

| 模型 | 维 | 特征值 | 条件指标 | (常量) | 游戏时间 | 作业情况 | 上网时间 |
|---|---|---|---|---|---|---|---|
| 1 | 1 | 1.855 | 1.000 | .07 | .07 | | |
| | 2 | .145 | 3.575 | .93 | .93 | | |
| 2 | 1 | 2.740 | 1.000 | .00 | .01 | .00 | |
| | 2 | .257 | 3.267 | .00 | .21 | .01 | |
| | 3 | .004 | 27.431 | 1.00 | .78 | .99 | |
| 3 | 1 | 3.718 | 1.000 | .00 | .00 | .00 | .00 |
| | 2 | .258 | 3.796 | .00 | .21 | .01 | .00 |
| | 3 | .021 | 13.344 | .01 | .22 | .08 | .90 |
| | 4 | .003 | 33.392 | .99 | .56 | .91 | .10 |

（表头"方差比例"跨"(常量)""游戏时间""作业情况""上网时间"四列）

a. 因变量：数学

**图 4-53 "共线性诊断"表格**

> 注意：通常认为某个特征值（非最末行）接近 0、条件指标大于 30 甚至 100，并且对应行内有多个变量的"方差比例"的值接近 1，则代表存在较强的共线性问题。

### （三）多重共线性的处理

对于多元线性回归中出现的多元共线性问题，通常有以下四种处理方法。

1. 直接剔除共线性变量法

在多元线性回归分析完成之后，若发现某些变量存在明显的多重共线性问题，可结合研究问题及发生共线性变量的语义，直接剔除某些共线性严重的变量。然后重新执行带有共线性诊断的多元线性回归，以期能得到语义明确、科学严谨的多元回归方程式。

在剔除共线性变量并完成回归分析之后，应在研究结论中明确指出被剔除的共线性变量也对结果有影响。

2. 忽略共线性问题

在完成多元回归分析之后，如果仅发现了不太严重的共线性问题，而且方程中各自变量的系数比较合理，则可忽略该回归中的共线性现象。

3. 尽量以"逐步"（或"步进"）方式实现自变量筛选

在多元线性回归中，Stepwise Regression（"逐步"或"步进"方式）是一种常用的消除多重共线性、选取"最优"回归方程的方法。其做法是逐个引入自变量，引入的条件是该自变量经 F 检验是显著的。而且每引入一个自变量后，都要对已入选的变量逐个复查，如果原来引入的变量由于后面变量的引入而变得不再显著，那么就将其剔除。把引入一个新变量或从回归方程中剔除一个变量，作为逐步回归的一步，每一步都要进行 F 检验，以确保每次引入新变量之前回归方程中只包含显著的变量。这个过程反复进行，直到既没有不显著的自变量在回归方程中，也没有显著的自变量在回归方程之外。

利用 Stepwise 模式筛选自变量，能够在一定程度上保证回归模型的容忍度（或 VIF），降低严重多重共线性发生的概率。

4. 以岭回归（Ridge Regression）解决多重共线性问题

对于多元线性回归中的多重共线性问题，在 SPSS 中可以借助"岭回归"或"最优标度（CATREG）"算法实施处理。

利用岭回归，可以减小参数估计量的方差。岭回归是一种可用于共线性数据分析的有偏估计回归方法，它是一种改良的最小二乘估计法，通过放弃最小二乘法的无偏性，以损失部分信息、降低精度为代价获得回归系数更符合实际、更可靠的回归方法。岭回归对条件数很大（病态数据）的拟合要优于最小二乘法。

岭回归是一种较特殊的回归分析，在大多数情况下不推荐使用，因此，SPSS 并没把"岭回归"内置为 SPSS 的菜单项，但提供了对应的 SPSS 文档"Ridge Regression. sps"，以便做岭回归分析。

对于岭回归的具体用法及解读，请自行查阅因特网，以掌握其准确含义及用法。

# 4.5
# 二元逻辑回归分析技术

## 本节学习目标

了解二元逻辑回归分析的概念、工作原理（算法与因变量变形技术）；掌握在 SPSS 中二元逻辑回归的操作步骤、质量评价等技术；能够正确地解读回归分析结果。

## 4.5.1 二元逻辑回归工作原理

由于二元逻辑回归分析面对的因变量是二分变量，难以直接使用传统的方差分析技术检验各个自变量的影响力，因此需要设计出专门的处理方法和评价技术。

### (一)二元逻辑回归分析的概念

1. 二元逻辑回归分析的含义

利用多元线性回归分析方法的一个基本前提是：被解释变量应该是连续的定距变量，作为自变量的因素变量则可以是定距变量和定序变量。这种研究是建立在针对因素的不同水平实施方差分析并借助方差分析结果进行优化和评价的基础上的。

在实际的应用中，大量的研究都需要对只有"是""否"两种选择的结论给予解释，即研究中的被解释变量并不是常用的定距变量，而是仅有两种状态的二分变量。针对这种变量的回归分析称为二元逻辑回归分析技术。例如，作为汽车销售商，其最关心的问题是顾客是否会购买某种品牌的小汽车。那么，汽车销售商就可以采集半年来咨询该种小汽车的顾客的基本信息，以这些顾客最终是否购买了这种品牌的小汽车作为因变量，以顾客的职业、文化程度、收入情况、民族、宗教、喜好等因素作为自变量，借助二元逻辑回归分析的技术，构造顾客购买此品牌小汽车的回归方程。然后，汽车销售商就可以以此回归方程式为依据，对前来咨询的顾客做出初步判定。这就是二元逻辑回归分析的主要目的。

> 注意：前面讲述的一元线性回归或多元线性回归中的"元"，是指回归方程中自变量的个数，这一点与初等代数中的概念是一致的（一元一次方程式、二元一次方程式）。但二元逻辑回归中的"元"，不是自变量的个数，而是指因变量只有两个取值，是二元变量（二分变量）。
> 如果因变量有多个离散化取值（如存在三四种可能），则被称为多项逻辑回归或多元逻辑回归。

2. 二元逻辑回归分析的特点

在二元逻辑回归分析中，被解释的因变量为二元变量，只有 0 和 1 两个取值。而作为因素的自变量可以是定序变量、定类变量，甚至是定距变量。

二元逻辑回归分析的目标是找到能够影响因变量取值的因素，并构造出回归方程。然后可以借助回归方程对新个案进行运算，判定个案的最终选择。

### (二)二元逻辑回归分析的解决思路

1. 二元逻辑回归分析的难点

由于二元逻辑回归分析的因变量为二元变量，取值范围只有两种状态，不便直接计算其残差值。

在二元逻辑回归分析中，由于无法对因变量计算均值，也就不能采用传统的方差

分析和 $F$ 值来判断方程的质量。

2. 二元逻辑回归模型的构造思想

当被解释变量(因变量)的取值为 0 或 1 时，虽然从理论上讲无法直接使用一般的多元线性回归模型建模，但是如果想借助普通的一元线性回归模型"$Y = b_0 + b_1 * X_1$"解释该研究问题，则在大量个案的情况下，所获得的因变量的均值将是因变量取"真"值时的概率。由此，可以得到初步想法：把因变量取值为 1 的概率作为新的因变量，把二元逻辑回归分析转化为针对新因变量的普通一元线性回归。

由于在二元逻辑回归模型中，因变量取值为 1 的概率 $p$ 的值域为 0~1，因此，在借助普通一元线性回归模型解释逻辑回归中的概率 $p$ 时，模型中的自变量与因变量概率值 $p$ 之间的关系应该是线性的。然而在实际应用中，这个概率值与解释变量之间往往是一种非线性关系。例如，在一定的条件范围内，购买新型手机的概率与收入增长情况呈正比。但这种情况并不稳定，经常是在收入增长初期，购买新手机的概率增长得比较缓慢。当收入增长到一定水平后，购买新手机的概率会快速增长，但当收入增长到某个数额后，购买新手机的概率仍会增长，但增长速度已经逐渐变缓。在数学上，这一规律与著名的"增长函数"吻合。另外，因变量概率值 $p$ 的值域为 0~1，也不符合普通线性回归分析对因变量的要求。

为此，统计学家认为应对概率 $p$ 进行必要的转化，使之符合常规的线性模型，如公式(4-6)所示。

$$\text{Logit} p = \ln\left[\frac{p}{(1-p)}\right] = b_0 + b_1 X_1 \qquad \text{公式(4-6)}$$

公式(4-6)就是逻辑函数，它是在增长函数的基础上，针对二元逻辑回归中的概率 $p$ 值所做的专门变形。这种变形符合增长模型，而且拓展了因变量的值域($-\infty \sim +\infty$)。

借助增长函数的理论，最终形成了如公式(4-7)所示的面向概率 $p$ 的回归模型。

$$p = \frac{1}{1 + Exp[-(b_0 + b_1 * X_1)]} \qquad \text{公式(4-7)}$$

对于公式(4-7)中的回归模型，如果拓展到多元线性回归公式"$y = b_0 + b_1 * X_1 + b_2 * X_2 + \cdots + b_n * X_n$"，就形成了针对二分变量的多元回归分析模型。

3. 二元逻辑回归方程的参数求解与检验

为了完成对二元逻辑回归模型的检验，应首先了解回归方程参数估计的原则和方法。逻辑回归方程的参数求解通常采用极大似然估计法。

(1)极大似然估计法

极大似然估计是一种在总体分布密度函数和样本信息的基础上，求解模型中未知参数估计值的方法。它基于总体的分布密度函数来构造一个包含未知参数的似然函数，并求解在似然函数值最大情况下的未知参数的估计值。在这一原则下得到的模型，其产生的样本数据的分布与总体分布相近的可能性最大。因此，似然函数的函数值实际上也是一种概率值，它反映了在所确定的拟合模型为真时，该模型能够较好地拟合样本数据的可能性，所以似然函数的取值也在 0 和 1 之间。

（2）回归系数的显著性检验

逻辑回归系数显著性检验的目的是逐个检验模型中各自变量是否与 Logit $p$ 有显著的线性关系，核查各自变量对于解释 Logit $p$ 的贡献是否显著。

在二元逻辑回归分析中，对回归系数的判定统计量常用 Wald 统计量。Wald 统计量的原理与普通线性回归分析中 $t$ 值的概念相似。其数学定义是：$Wald_i = (B_i/SE_i)^2$。其中 $B_i$ 代表第 $i$ 个有效自变量的回归系数，而 $SE_i$ 是第 $i$ 个回归系数的标准误差。Wald 值越大，表示回归系数的影响力越显著。

## （三）二元逻辑回归分析中自变量的筛选

从本质上讲，二元逻辑回归分析也是一种多元线性回归分析，在面临多个自变量时，同样存在自变量的筛选标准和自变量进入方程的顺序问题。

1. 自变量筛选的法

（1）极大似然估计法（"LR"方式）

所谓极大似然估计法，即基于极大似然估计算法对每个待选自变量进行评价，以便确定该自变量能否进入方程。似然比检验的原理是通过分析模型中自变量的变化对似然比的影响，来检验增加或者减少自变量的值是否对因变量有统计学上的显著意义。

极大似然估计法是二元逻辑回归分析的默认方法。

（2）Wald 检验法（"Wald"方式）

这是一种类似于 $T$ 检验的自变量筛选方式。根据二元数据处理的特点，人们对 $T$ 检验的算法进行了扩展，提出了 $Wald_i = (B_i/SE_i)^2$ 统计量，通过检查 Wald 统计量的强度，以确定相对应的自变量能否进入方程。

（3）比分检验方式（"条件"方式）

在已经设计好的回归模型的基础上增加一个变量，并假设新变量的回归系数为 0。此时以似然函数的一阶偏导和信息矩阵的乘积作为比分检验的统计量 $S$。在样本量较大时，$S$ 服从自由度为参数个数的卡方分布。然后借助卡方检验的原理对自变量实施判定。

2. 自变量进入回归方程的顺序

（1）直接进入法（Enter）

所谓直接进入法，就是所有给定的自变量都进入回归方程中。在最终的回归方程中，应该包含全部自变量。

直接进入法的最大缺点是：需要用户根据回归分析的输出表格人工判定回归方程的质量和各个回归系数的质量、各自变量对因变量的影响力。

（2）逐个进入法（Forward）

逐个进入法，简称"向前"方法。其基本思路是：对于给定的自变量，按照其检验概率 $p$ 的显著性程度选择"最优"自变量，先把它依次加入方程中，然后按照选定的筛选技术对它进行判定，以确定它能否成为回归方程的一员。

在 SPSS 的二元逻辑回归分析中，在"向前"方法下，自变量的筛选有"条件""LR"和"Wald"三种模式。

（3）逐个剔除法

逐个剔除法，简称"向后"方法。其基本思路是：对于给定的自变量，先全部进入方程，按照其检验概率 $p$ 的显著性水平依次选择最差的自变量，从方程中剔除。

在 SPSS 的二元逻辑回归分析中，在"向后"方法下，自变量的剔除也有"条件""LR"和"Wald"三种模式。

## （四）二元逻辑回归分析质量的评价

对于二元逻辑回归分析，其回归方程的质量判定可以从两个方面考察：其一，回归方程能在多大程度上解释因变量的变化。其二，由回归方程计算出的预测值与实际值之间的吻合程度有多高。对于二元逻辑回归方程式能否真正地反映变量之间的内在联系，则需要借助专门的质量评价技术。与多元线性回归分析相似，二元回归分析也提供了类似于线性回归的判定系数 $R$ 方、$F$ 值和 $Sig$ 值等专门数据指标。

1. 逻辑回归分析的判定系数

在逻辑回归分析中，衡量其拟合程度高低的关键指标仍是逻辑回归分析的判定系数，它叫"Cox & Snell $R$ 方"统计量，这是一个与普通线性回归中的判定系数"$R$ 方"作用相似的统计量。但是，由于 Cox & Snell $R$ 方的取值范围不易确定，因此在使用时并不方便。

为了解决 Cox & Snell $R$ 方的取值范围不易确定的问题，SPSS 引入了"Nagelkerte $R$ 方"统计量，它是对 Cox & Snell $R$ 方的修正，其取值范围为 0~1。

Nagelkerte $R$ 方的值越接近 1，则表示逻辑回归方程的拟合度越高。

2. 逻辑回归分析的回归系数显著性及其检验概率

在逻辑回归分析中，对于纳入方程的每个自变量，都可以计算其 Wald 值（相当于线性回归分析中的 $t$ 值）。利用 Wald 值，可以判定该自变量对回归方程的影响力，通常 Wald 值应大于 2。另外，与 Wald 值配套的检验概率值也具有类似的作用，以 $Sig$ 值小于 0.05 作为回归系数具有显著影响力的标准。

### 3. 错判矩阵

错判矩阵是一个二维表格，用于直观地显示逻辑回归中原始观测数据与预测值之间的吻合程度。由于逻辑回归的因变量只有两个取值，因此错判矩阵的结构很简单，其结构如表 4-3 所示。在 SPSS 中，错判矩阵也叫"分类表"。

表 4-3　错判矩阵

| | | 预测值 | | |
|---|---|---|---|---|
| | | 0 | 1 | 总计百分比 |
| 观测值 | 0 | A1 | A2 | |
| | 1 | B1 | B2 | |
| | 总计百分比 | | | |

在表 4-3 所示的错判矩阵中，A1＋A2 的值是观测值取 0 的全部个案数。其中 A1 是观测值为 0、预测值也为 0 的个案数，属于正确判定。而 A2 的值是观测值为 0 但预测值为 1 的个案数，属于错误判定。同理，B1＋B2 的值为观测值为 1 的全部个案数，其中 B1 是观测值为 1 但预测值为 0 的个案（错误判定），而 B2 是观测值为 1 且预测值也为 1 的个案数（正确判定）。

在错判矩阵中，A1＋B2 的值占的比例越大，说明逻辑回归的吻合度越高，回归方程的质量越高。

### 4."Hosmer-Lemeshow 拟合度"检验

对于自变量较多且多为定距数据的逻辑回归分析，通常在执行回归分析时把【选项】对话框中的【Hosmer-Lemeshow 拟合度】复选框选中，以便使系统自动输出"霍斯曼-莱梅肖列联表"。

"Hosmer-Lemeshow 检验"根据观测值和预测值情况对个案分组（最多分 10 组），分别统计每个分组中观测值取 0 值的总频数和取 1 值的总频数，并列出对应的预测值（也叫期望值，通常为每组内所有个案的预测概率之和）。生成的列联表如图 4-54 所示。

由图 4-54 所示的列联表可知，表中第 3 列为本组内"0"观测值的总频数，第 4 列为根据逻辑回归方程计算出的本组内"0"值个案的期望概率之和；第 5 列为本组内取"1"观测值的总频数，第 6 列为根据逻辑回归方程计算出的本组内取"1"值个案的期望概率之和。利用面向期望值的卡方检验，计算出观测值与期望值之间的卡方距离及检验概率，如图 4-55 所示。

在"霍斯默-莱梅肖检验"表格中，卡方值越小，检验概率值越大，表示回归方程与观察值的差异性越小，回归方程的拟合程度越高。若检验概率值小于 0.05，则说明模型与实测数据有较显著差异，不能很好地解释观测数据。

图 4-54　霍斯曼-莱梅肖列联表

| | | S喜欢否2 = 不喜欢 | | S喜欢否2 = 喜欢 | | |
|---|---|---|---|---|---|---|
| | | 实测 | 期望 | 实测 | 期望 | 总计 |
| 步骤 1 | 1 | 33 | 32.692 | 0 | .308 | 33 |
| | 2 | 33 | 33.615 | 27 | 26.385 | 60 |
| | 3 | 1 | .692 | 45 | 45.308 | 46 |
| 步骤 2 | 1 | 19 | 18.999 | 0 | .001 | 19 |
| | 2 | 14 | 13.938 | 0 | .062 | 14 |
| | 3 | 28 | 27.067 | 0 | .933 | 28 |
| | 4 | 5 | 6.058 | 27 | 25.942 | 32 |
| | 5 | 0 | .934 | 32 | 31.066 | 32 |
| | 6 | 1 | .003 | 13 | 13.997 | 14 |
| 步骤 3 | 1 | 14 | 14.000 | 0 | .000 | 14 |
| | 2 | 14 | 13.990 | 0 | .010 | 14 |
| | 3 | 12 | 11.913 | 0 | .087 | 12 |
| | 4 | 10 | 9.774 | 0 | .226 | 10 |
| | 5 | 13 | 12.348 | 2 | 2.652 | 15 |
| | 6 | 3 | 2.811 | 8 | 8.189 | 11 |
| | 7 | 0 | 1.032 | 10 | 8.968 | 10 |
| | 8 | 0 | .657 | 14 | 13.343 | 14 |
| | 9 | 0 | .434 | 19 | 18.566 | 19 |
| | 10 | 1 | .041 | 19 | 19.959 | 20 |

霍斯默-莱梅肖检验列联表

图 4-54　霍斯曼-莱梅肖列联表

在图 4-55 中，"步骤 1"的卡方值为 0.475，检验概率为 0.491，表示回归方程的预测值与原始的观察值没有显著差异，本回归方程是有效的。"步骤 2"的卡方值很大，而且其 Sig 值为 0，表示回归预测值与实际观测值有显著差异。因此，"霍斯默-莱梅肖检验"证实了"步骤 1"提供的回归方程的拟合度要高于"步骤 2"。

霍斯默-莱梅肖检验

| 步骤 | 卡方 | 自由度 | 显著性 |
|---|---|---|---|
| 1 | .475 | 1 | .491 |
| 2 | 295.346 | 4 | .000 |
| 3 | 25.183 | 8 | .001 |

图 4-55　检查回归方程的拟合度

## 4.5.2　二元逻辑回归实用案例

### (一)二元逻辑回归分析的成功案例

1. 案例要求

对于文件"大学生学习状态.sav"文档，如图 4-56 所示。请以"喜欢物理否"为因变量，以性别、认知风格、学习态度、爱好、专业为自变量开展回归分析，并解释回归分析结果。

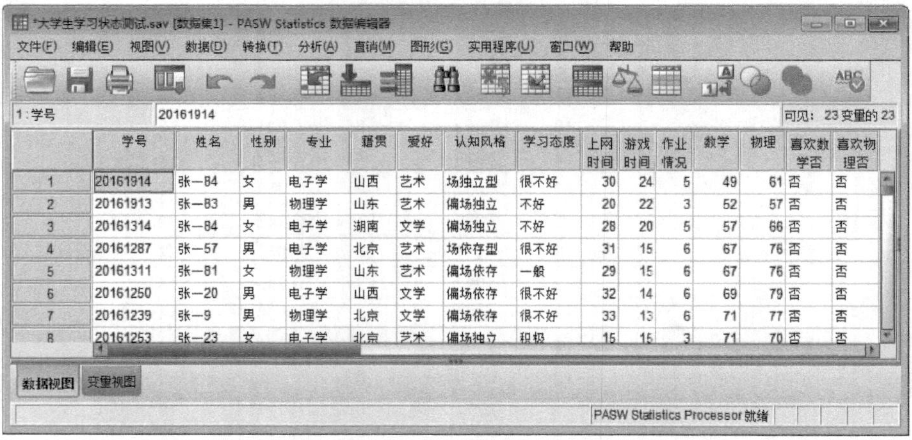

图 4-56　待实施二元逻辑分析的原始数据

2. 分析解决方案

由于被解释变量"喜欢物理否"是二元变量，因此可以使用二元逻辑回归分析。在执行回归分析前，应该进行数据的预处理，使相关数据完成必要的数值化变形。另外，为了能很好地评价回归分析效果，在解读回归分析输出时，要重点关注 NagelKerke $R$ 方系数值和错判矩阵的正确判定率。

3. 操作过程

第一，以 SPSS 打开"大学生学习状态.sav"文档，使之处于数据视图状态。

第二，检查题目中要求的每个自变量，对于字符型变量"性别""爱好""认知风格""学习态度""专业"进行数值化编码，使之成为定序的数值型量，新变量名称为"Sex""S爱好""S风格""S态度""S专业"。然后对因变量"喜欢物理否"数值化编码为新变量"LikePhy"，而且用 1 代表"喜欢"，用 0 代表"不喜欢"。此项工作已在 4.2.3"数据规范化与预处理"阶段完成。

第三，利用菜单【分析】—【回归】—【二元 Logistic】命令，启动【Logistic 回归】对话框，如图 4-57 所示。

第四，在【Logistic 回归】对话框中，从左侧把数值型的被解释变量"LikePhy"添加到右侧的【因变量】列表框中。从左侧选择数值化的自变量"Sex""S风格""S态度""S专业""S爱好"添加到【协变量】列表框中。

第五，在【Logistic 回归】对话框中的右侧中部，选择自变量的筛选方法，即从【方法】组合框中选择"向前 LR"，表示使用极大似然估计法逐个筛选能进入方程的自变量。

第六，单击【选项】按钮，打开如图 4-58 所示的对话框。在左下角可以看到默认设

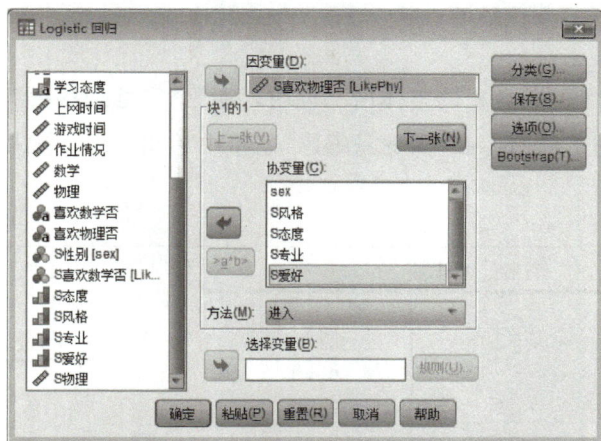

图 4-57 【Logistic 回归】对话框

置的自变量筛选标准：检验概率小于 0.05 的自变量可以进入方程，检验概率大于 0.10
的自变量则从方程中被剔除。右下角显示出整个回归算法的最大迭代次数，默认为 20
次。设置完毕，单击【继续】按钮，返回到【Logistic 回归】对话框。

注意：对于自变量较多且多为定距数据的二元逻辑回归分析，通常把【Hosmer-
Lemeshow 拟合度】复选框选中，表示希望 SPSS 在执行回归分析后，自动输出"Hos-
mer-Lemeshow 拟合度"统计量，以便根据统计量评价回归方程的质量。本例不需要
选中【Hosmer-Lemeshow 拟合度】复选框。

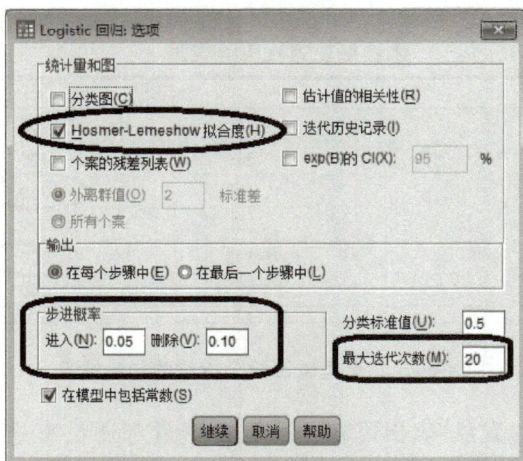

图 4-58 设置【Logistic 回归：选项】的选项

第七，单击【确定】按钮，启动二元逻辑回归过程，获得回归结果。

4. 解读输出结果

(1)整体说明

SPSS 首先给出了回归分析的整体情况说明,在"个案处理摘要"表格中比较笼统地显示出了个案的数目、特点,在"因变量编码"表格中给出了二元数据的取值及其含义。如图 4-59 所示。

**个案处理摘要**

| 未加权个案数[a] | | 个案数 | 百分比 |
|---|---|---|---|
| 选定的个案 | 包括在分析中的个案数 | 139 | 100.0 |
| | 缺失个案数 | 0 | .0 |
| | 总计 | 139 | 100.0 |
| 未选定的个案 | | 0 | .0 |
| 总计 | | 139 | 100.0 |

a. 如果权重处于生效状态,请参阅分类表以了解个案总数。

**因变量编码**

| 原值 | 内部值 |
|---|---|
| 不喜欢 | 0 |
| 喜欢 | 1 |

**图 4-59 参与二元逻辑回归分析的数据的总体状况**

(2)初始情况

系统接着给出了参与二元逻辑回归分析的数据的基本情况,如图 4-60 所示。

**方程中的变量**

| | | B | 标准误差 | 瓦尔德 | 自由度 | 显著性 | Exp(B) |
|---|---|---|---|---|---|---|---|
| 步骤 0 | 常量 | .072 | .170 | .180 | 1 | .672 | 1.075 |

**未包括在方程中的变量**

| | | | 得分 | 自由度 | 显著性 |
|---|---|---|---|---|---|
| 步骤 0 | 变量 | S性别(1) | 9.347 | 1 | .002 |
| | | S风格 | .648 | 1 | .421 |
| | | S态度 | 12.496 | 1 | .000 |
| | | S专业 | .000 | 1 | .992 |
| | | S爱好 | 75.398 | 1 | .000 |
| | 总体统计 | | 92.971 | 5 | .000 |

**图 4-60 二元逻辑回归分析前的初始情况**

首先,由"方程中的变量"表格可知:所有自变量都还没有进入方程,方程中仅有一个常数,而且其显著性值>0.05。

其次,在"未包括在方程中的变量"表格中,列出了各个自变量的得分值及其检验概率。此时可考虑把表中显著性为 0 的变量添加到方程中。本表中显著性为 0 的变量有"S 爱好"和"S 态度"，但"S 爱好"的得分高于"S 态度"，所以优先选择"S 爱好"进入方程。

（3）多轮迭代后的输出结果

基于极大似然估计方式（或 Wald 检验）对进入的自变量进行筛选，发现经历两个步骤后结束判定，其结果如图 4-61 所示。

**块 1：方法 = 向前步进（似然比）**

模型系数的综合检验

| | | 卡方 | 自由度 | 显著性 |
|---|---|---|---|---|
| 步骤 1 | 步骤 | 99.537 | 1 | .000 |
| | 块 | 99.537 | 1 | .000 |
| | 模型 | 99.537 | 1 | .000 |
| 步骤 2 | 步骤 | 44.423 | 1 | .000 |
| | 块 | 143.960 | 2 | .000 |
| | 模型 | 143.960 | 2 | .000 |

模型摘要

| 步骤 | -2 对数似然 | 考克斯-斯奈尔 R 方 | 内戈尔科 R 方 |
|---|---|---|---|
| 1 | 92.978$^a$ | .511 | .682 |
| 2 | 48.555$^b$ | .645 | .860 |

a. 由于参数估算值的变化不足 .001，因此估算在第 7 次迭代时终止。

b. 由于参数估算值的变化不足 .001，因此估算在第 8 次迭代时终止。

图 4-61　多次迭代后的最终结果

---

注意：自变量的筛选与剔除是一个系统自动迭代的过程。结束迭代的条件包括 3 个：①找到了最优的拟合方案；②找不到满足条件的可进入自变量（或可删除自变量）；③迭代次数达到了最大值，系统强行终止。

---

图 4-61 包含了两张表格，负责对回归模型的综合水平进行判定。

首先在"模型系数的综合检验"表格中，将回归方程的全部自变量作为整体来判断自变量与因变量是否存在线性关系。两个步骤的所有自变量的显著性检验概率均为 0，都小于 0.05，表示模型有效，但尚不能说明模型的好坏。

其次，在"模型摘要"表格中，得到了针对两个"步骤"的评价值，分别是"对数似然值"和"R 方"值。从表中可以看出，"步骤 2"的 R 方值较大，其 Cox & Snell 值为 0.645，NagelKerke 值为 0.860，说明模型的影响力比较好。

（4）评价两个回归方程对观察值的正确判定情况

系统构造了预测值和实际观测值的交叉表，如图 4-62 所示。此表在 SPSS 中被称

294

为错判矩阵。

| 分类表[a] | | | | | |
|---|---|---|---|---|---|
| | | | 预测 | | |
| | | | S喜欢否2 | | |
| 实测 | | | 不喜欢 | 喜欢 | 正确百分比 |
| 步骤 1 | S喜欢否2 | 不喜欢 | 66 | 1 | 98.5 |
| | | 喜欢 | 27 | 45 | 62.5 |
| | 总体百分比 | | | | 79.9 |
| 步骤 2 | S喜欢否2 | 不喜欢 | 61 | 6 | 91.0 |
| | | 喜欢 | 0 | 72 | 100.0 |
| | 总体百分比 | | | | 95.7 |
| a. 分界值为 .500 | | | | | |

图 4-62　"已观测"与"预测"值的分类表

通过分类表，可以了解两个"步骤"的正确判定率。从图 4-62 可以看出，在原始的观测数据中，有 67 个"不喜欢"的个案和 72 个"喜欢"的个案（即水平行的两个数之和）。在"步骤 1"的模型中，有 1 个"不喜欢"的个案被误判为"喜欢"，同时有 27 个"喜欢"的个案被误判为"不喜欢"，因此预测的总正确率为 79.9%。而在"步骤 2"的模型中，有 6 个"不喜欢"的个案被误判为"喜欢"，对于"喜欢"的个案则全部正确判定，其预测总正确率为 95.7%。因此，"步骤 2"的正确判定率明显优于"步骤 1"。

（5）显示进入方程中的自变量

二元逻辑回归分析的最终目标是获得有效的回归方程，图 4-63 给出的表格显示出了已经纳入回归方程中的自变量及其系数。

| 方程中的变量 | | | | | | |
|---|---|---|---|---|---|---|
| | | B | 标准误差 | 瓦尔德 | 自由度 | 显著性 | Exp(B) |
| 步骤 1[a] | S爱好 | 4.423 | 1.011 | 19.131 | 1 | .000 | 83.385 |
| | 常量 | -9.089 | 2.062 | 19.424 | 1 | .000 | .000 |
| 步骤 2[b] | S性别 | -4.822 | 1.123 | 18.447 | 1 | .000 | .008 |
| | S爱好 | 6.872 | 1.389 | 24.464 | 1 | .000 | 964.478 |
| | 常量 | -7.467 | 2.358 | 10.027 | 1 | .002 | .001 |
| a. 在步骤 1 输入的变量：S爱好。 | | | | | | |
| b. 在步骤 2 输入的变量：S性别。 | | | | | | |

图 4-63　二元逻辑回归分析的自变量系数及其检验概率

从原则上讲，处于方程中的所有自变量，其显著性应该小于 0.05，表示该自变量在方程中作用显著（即自变量的不同取值能导致结果发生显著变化）。但在极大似然估计中，有时会出现显著性大于 0.05 的自变量，需要慎重对待。

$B$ 列是回归方程的系数。Wald 是各自变量对应的 Walds 值，相当于线性回归中的

$t$ 值，反映该自变量在方程中的价值。Wald 的值 $=(B 值/SE 值)^2$，在一般情况下应大于 2。

由图 4-63 可知，本次二元逻辑回归分析获得了两个回归模型（步骤 1 和步骤 2）。回归模型中自变量的显著性值均为 0，Wald 值均大于 2，表示自变量对回归方程的作用比较显著。依据图 4-63，获得的两个回归方程如下。

方程 1：$Y=4.423 * X-9.089$

其中的自变量 $X$ 对应"S 爱好"的值。

方程 2：$Y=6.872 * X_1-4.822 * X_2-7.467$

其中的自变量 $X_1$ 对应"S 爱好"，而 $X_2$ 对应变量"性别"。

综合比较各方面的评价指标，从"分类表"的正确判定率来看，方程 2 的质量要好于方程 1。因此，本案例选择"$Y=6.872 * X_1-4.822 * X_2-7.467$"作为最终的回归方程。其因变量取值为"真"的概率 $p$ 与方程之间的关系为：

$$\ln\left(\frac{p}{1-p}\right)=6.872 * S 爱好-4.822 * S 性别-7.467$$

### （二）对二元逻辑回归分析的补充说明

1. 利用【保存】对话框创建每个个案的预测值

在【Logistic 回归】对话框中，单击右上角的【保存】按钮，启动【Logistic 回归：保存】对话框，如图 4-64 所示。

在【Logistic 回归：保存】对话框中，如果选中左上角"预测值"区域中的【概率】和【组成员】复选框，则会在执行回归分析后，在原始的数据表中增加两列"PRE _ 1"和"PGR _ 1"。SPSS 将在"PRE _ 1"列中给出每个个案的 Logit $p$ 值，在"PGR _ 1"列中给出每个个案的预测值。

2. 逻辑回归分析中对定类变量的处理

与普通的线性回归分析相同，定类变量尽量不参与逻辑回归分析过程。但在不得不关注某些定类变量的情况下，则可借助虚拟变量解决这一问题。另外，SPSS 在【Logistic 回归】对话框中，专门提供了【分类】按钮，用于标记参与回归分析的定类变量。

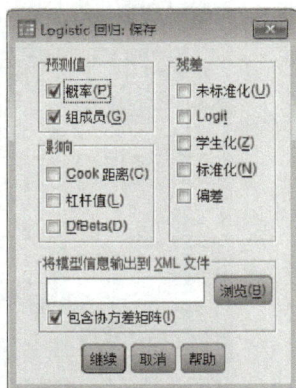

图 4-64 【Logistic 回归：保存】对话框

在以 SPSS 执行逻辑回归分析时，可把定类变量直接添加到"协变量"列表中，然后在【Logistic 回归】对话框中单击右上角的【分类】按钮，启动【Logistic 回归：定义分类变量】对话框。在这个对话框中，从左侧把某个定类变量添加到右侧的【分类协变量】列表框中。设置完毕，即可单击【继续】按钮，返回到【Logistic 回归】对话框。

注意：在本例中，S 风格、S 态度、S 专业、S 爱好都是定序变量，所以不需要声明为分类变量(也叫哑元变量)。而变量 Sex 在语义上应为分类变量，但其只有两个取值，情况比较特殊，既可以认为它是分类变量，也可以认为它不是分类变量。所以本例没把 Sex 标记为分类变量。

如果在对“爱好”做数值化编码时没能将其设计为定序变量，则在添加自变量时就需把“S 爱好”声明为分类变量。在执行回归分析时，系统会自动创建三个虚拟变量，依次对“爱好”中的三种取值分别施加关注。

### (三)二元逻辑回归分析的特殊案例

1. 案例要求

对于文件“大学生学习状态 . sav”文档，如图 4-65 所示。请以“喜欢数学否”为因变量，以性别、认知风格、学习态度、爱好、专业、物理成绩等为自变量开展回归分析，并解释回归分析结果。

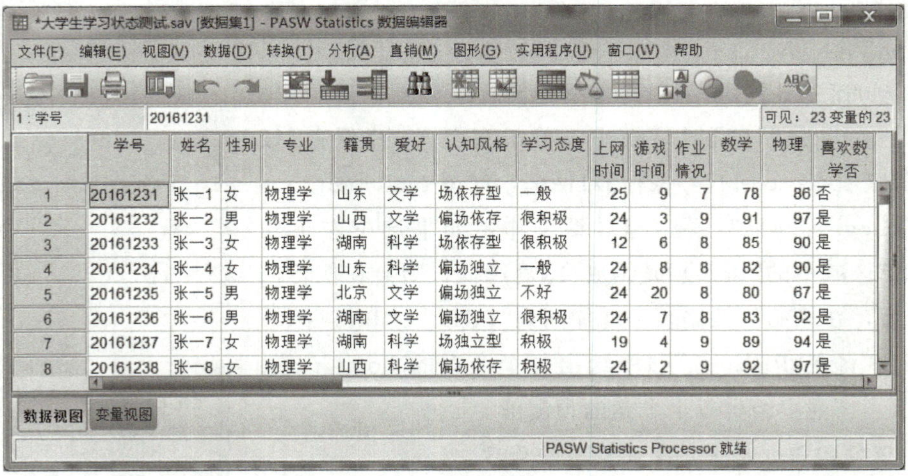


| | 学号 | 姓名 | 性别 | 专业 | 籍贯 | 爱好 | 认知风格 | 学习态度 | 上网时间 | 游戏时间 | 作业情况 | 数学 | 物理 | 喜欢数学否 |
|---|---|---|---|---|---|---|---|---|---|---|---|---|---|---|
| 1 | 20161231 | 张一1 | 女 | 物理学 | 山东 | 文学 | 场依存型 | 一般 | 25 | 9 | 7 | 78 | 86 | 否 |
| 2 | 20161232 | 张一2 | 男 | 物理学 | 山西 | 文学 | 偏场依存 | 很积极 | 24 | 3 | 9 | 91 | 97 | 是 |
| 3 | 20161233 | 张一3 | 女 | 物理学 | 湖南 | 科学 | 场依存型 | 很积极 | 12 | 6 | 8 | 85 | 90 | 是 |
| 4 | 20161234 | 张一4 | 女 | 物理学 | 山东 | 科学 | 偏场独立 | 一般 | 24 | 8 | 8 | 82 | 90 | 是 |
| 5 | 20161235 | 张一5 | 男 | 物理学 | 北京 | 文学 | 偏场独立 | 不好 | 24 | 20 | 8 | 80 | 67 | 是 |
| 6 | 20161236 | 张一6 | 男 | 物理学 | 湖南 | 文学 | 偏场独立 | 很积极 | 24 | 7 | 8 | 83 | 92 | 是 |
| 7 | 20161237 | 张一7 | 女 | 物理学 | 湖南 | 科学 | 场独立型 | 积极 | 19 | 4 | 9 | 89 | 94 | 是 |
| 8 | 20161238 | 张一8 | 女 | 物理学 | 山西 | 科学 | 偏场依存 | 积极 | 24 | 2 | 9 | 92 | 97 | 是 |

**图 4-65 待实施二元逻辑回归分析的学生学习状态数据**

2. 操作过程

第一，以 SPSS 打开“大学生学习状态 . sav”文档，使之处于数据视图状态。

第二，检查题目中要求的每个自变量，对于字符型变量“性别”“爱好”“认知风格”“学习态度”“专业”进行数值化编码，使之成为定序的数值型量，产生的新变量名称依次为“Sex”“S 爱好”“S 风格”“S 态度”“S 专业”。然后对因变量“喜欢数学否”数值化编码为新变量“LikeMath”，而且用 1 代表“喜欢”，用 0 代表“不喜欢”。此项工作已在 4.2.3“数据规范化与预处理”阶段完成。

第三，利用菜单【分析】—【回归】—【二元 Logistic】命令，启动【Logistic 回归】对话框，如图 4-57 所示。

第四，在【Logistic 回归】对话框中，从左侧把数值型的被解释变量“LikeMath”添加到右侧的【因变量】列表框中。从左侧选择数值化的自变量“Sex”“S 风格”“S 态度”“S 专业”“S 爱好”添加到【协变量】列表框中。

第五，在【Logistic 回归】对话框中的右侧中部，选择自变量的筛选方法，即从【方法】组合框中选择“向前 Wald”，表示以 Wald 计算值和检验概率为标准法逐个筛选能进入方程的自变量。

第六，单击【确定】按钮，启动二元逻辑回归过程，获得回归结果。

3. 解读二元 Logistic 回归分析的输出结果

执行针对“喜欢数学否”二元变量的逻辑回归分析，得到的最终输出结果如图 4-66 至图 4-68 所示。

(1)对回归分析数据的整体性描述

对于执行回归分析的全体个案，其整体性描述如图 4-66 所示。

个案处理摘要

| 未加权个案数[a] | | 个案数 | 百分比 |
|---|---|---|---|
| 选定的个案 | 包括在分析中的个案数 | 139 | 100.0 |
| | 缺失个案数 | 0 | .0 |
| | 总计 | 139 | 100.0 |
| 未选定的个案 | | 0 | .0 |
| 总计 | | 139 | 100.0 |

a.如果权重处于生效状态，请参阅分类表以了解个案总数。

因变量编码

| 原值 | 内部值 |
|---|---|
| 不喜欢 | 0 |
| 喜欢 | 1 |

**图 4-66　对“回归分析”原始数据的整体性描述**

(2)回归分析开始时的初始状态

启动的回归分析时的初始状态如图 4-67 所示。从“方程中的变量”表格中可以看出：目前方程中没有变量，只有一个常数项，而且此常数项的显著性值 0.271＞0.05，表示此常数项对观测值的作用不显著。从“不在方程中的变量”表格可以看出，用户提供的 5 个变量都不在表格中，但“S 性别”“S 态度”和“S 爱好”的显著性值为 0，远小于 0.05，表示这三个变量的影响力比较显著，可以作为回归方程的备选变量。

(3)回归分析的最终状态

在回归分析完成后，SPSS 系统给出了如图 4-68 和图 4-69 的最终输出状态。系统给出的表格主要包括图 4-68 和图 4-69。

**块 0：起始块**

分类表[a,b]

| 实测 | | | 预测：S喜欢否1 不喜欢 | 预测：S喜欢否1 喜欢 | 正确百分比 |
|---|---|---|---|---|---|
| 步骤 0 | S喜欢否1 | 不喜欢 | 0 | 63 | .0 |
| | | 喜欢 | 0 | 76 | 100.0 |
| | 总体百分比 | | | | 54.7 |

a. 常量包括在模型中。

b. 分界值为 .500

方程中的变量

| | | B | 标准误差 | 瓦尔德 | 自由度 | 显著性 | Exp(B) |
|---|---|---|---|---|---|---|---|
| 步骤 0 | 常量 | .188 | .170 | 1.212 | 1 | .271 | 1.206 |

不在方程中的变量

| | | | 得分 | 自由度 | 显著性 |
|---|---|---|---|---|---|
| 步骤 0 | 变量 | S性别 | 14.829 | 1 | .000 |
| | | S风格 | .339 | 1 | .560 |
| | | S态度 | 12.417 | 1 | .000 |
| | | S专业 | .296 | 1 | .586 |
| | | S爱好 | 78.471 | 1 | .000 |
| | 总体统计 | | 102.659 | 5 | .000 |

图 4-67　启动“自变量筛选”前的初始状态

**块 1：方法 = 向前步进（似然比）**

模型系数的综合检验

| | | 卡方 | 自由度 | 显著性 |
|---|---|---|---|---|
| 步骤 1 | 步骤 | 108.300 | 1 | .000 |
| | 块 | 108.300 | 1 | .000 |
| | 模型 | 108.300 | 1 | .000 |
| 步骤 2 | 步骤 | 68.215 | 1 | .000 |
| | 块 | 176.515 | 2 | .000 |
| | 模型 | 176.515 | 2 | .000 |
| 步骤 3 | 步骤 | 11.144 | 1 | .001 |
| | 块 | 187.658 | 3 | .000 |
| | 模型 | 187.658 | 3 | .000 |

模型摘要

| 步骤 | -2 对数似然 | 考克斯-斯奈尔 R 方 | 内戈尔科 R 方 |
|---|---|---|---|
| 1 | 83.178[a] | .541 | .724 |
| 2 | 14.963[a] | .719 | .962 |
| 3 | 3.819[a] | .741 | .991 |

a. 由于已达到最大迭代次数，因此估算在第 20 次迭代时终止。找不到最终解。

分类表[a]

| 实测 | | | 预测：S喜欢否1 不喜欢 | 预测：S喜欢否1 喜欢 | 正确百分比 |
|---|---|---|---|---|---|
| 步骤 1 | S喜欢否1 | 不喜欢 | 63 | 0 | 100.0 |
| | | 喜欢 | 30 | 46 | 60.5 |
| | 总体百分比 | | | | 78.4 |
| 步骤 2 | S喜欢否1 | 不喜欢 | 61 | 2 | 96.8 |
| | | 喜欢 | 0 | 76 | 100.0 |
| | 总体百分比 | | | | 98.6 |
| 步骤 3 | S喜欢否1 | 不喜欢 | 63 | 0 | 100.0 |
| | | 喜欢 | 1 | 75 | 98.7 |
| | 总体百分比 | | | | 99.3 |

a. 分界值为 .500

图 4-68　“回归分析”完成后的最终状态

由图 4-68 的第 1 个表格可知，“步骤”和“模型”对应的显著性值均为 0.000，此值小于 0.05，则说明整个模型是有效的。

由图 4-68 的第 2 个表格可知，方程的"－2 对数的似然值"很低，竟然为 0，而且方程的 NagelKerke R 方的值为 1，这两项都表示此回归方程具有很好的拟合优度，应该是一个很不错的回归方程。

由图 4-68 的第 3 个表格可知，预测值与已观测值完全吻合，正确判定率达到了 100％，表示此回归方程与观测值具有非常高的吻合度。

（4）自变量及其系数的质量

由图 4-69 可知，所有纳入方程的自变量的 Wald 值都为 0，而且对应的显著性值也远远大于 0.05，这表示纳入方程中的全体自变量的影响力均不显著，自变量取值的变化难以引起观测值的显著变化。

因此，在此回归方程中，自变量回归系数的质量明显不高。

| 方程中的变量 | | B | 标准误差 | 瓦尔德 | 自由度 | 显著性 | Exp(B) |
|---|---|---|---|---|---|---|---|
| 步骤 1[a] | S 爱好 | 21.203 | 4522.067 | .000 | 1 | .996 | 1615476366 |
| | 常量 | -42.406 | 9044.133 | .000 | 1 | .996 | .000 |
| 步骤 2[b] | S 性别 | -22.186 | 3206.790 | .000 | 1 | .994 | .000 |
| | S 爱好 | 39.337 | 4842.368 | .000 | 1 | .994 | 1.213E+17 |
| | 常量 | -53.780 | 7933.701 | .000 | 1 | .995 | .000 |
| 步骤 3[c] | S 性别 | -82.173 | 8574.188 | .000 | 1 | .992 | .000 |
| | S 态度 | 15.740 | 1068.418 | .000 | 1 | .988 | 6849280.343 |
| | S 爱好 | 79.246 | 5114.780 | .000 | 1 | .988 | 2.607E+34 |
| | 常量 | -92.753 | 10740.392 | .000 | 1 | .993 | .000 |

a. 在步骤 1 输入的变量：S 爱好。
b. 在步骤 2 输入的变量：S 性别。
c. 在步骤 3 输入的变量：S 态度。

**图 4-69　"方程中的变量"的情况**

4. 综合评价

本案例的分析结果是一种比较特殊的情形，回归分析的判定系数和错判矩阵都认定回归方程的质量很高，然而在"方程中的变量"表格中对每个自变量的回归显著性进行检验时，却发现其影响力很差和显著性检验概率很不理想。因此，本案例的输出结果是一个比较矛盾的情形。

对于本案例得到的回归方程，由于其判定系数的值很高，而且错判矩阵的正确判定率也很大，应该可以应用在预测和个案判定活动之中。但在具体应用中，要尽可能在更多个案的支撑下，时刻注意检查方程的判定系数值和回归系数的显著性水平，尽可能使回归方程更加优化。

根据在"方程中的变量"表格的 B 列数值，仍可得到完整的回归方程式。

$$Y = -82.173 * S 性别 + 15.740 * S 态度 + 79.246 * S 爱好 - 92.753$$

注意：在二元逻辑回归中，务必注意方程式 Y 的真正含义：$Y = LogitP$，即 $\ln[p/(1-p)]$。

### （四）对二元逻辑回归分析的小结

①在二元逻辑回归分析中，因变量为二元变量，自变量可为定序、定类变量，甚至测度不高的定距变量。

②在执行二元逻辑回归分析的过程中，要密切注意自变量筛选方法的设置，从而更好地评价回归效果。

③对于进入回归方程的自变量，其对应的显著性值应该在 0.05 以下。如果某个自变量远大于 0.05，则说明该自变量不应该进入回归方程。

④对于二元逻辑回归方程的质量，应该依据原始数据的特点和研究目的选择恰当的分析参数。对于大多数回归分析来讲，借助 NagelKerke R 方值、Wald 值、显著性值和错判矩阵的统计量就能正确地评价回归方程的质量。但对自变量数量较多且带有多个定距型自变量的回归分析来讲，还需要借助"Hosmer-Lemeshow 拟合度"统计量，分析回归方程的拟合优度。

⑤并不是所有的回归分析都能得到有效的回归方程。对于某些回归分析，有可能迭代过程已经终止了，也没有获得带有显著系数的回归方程；或者勉强获得了一个回归方程，但所有自变量对应的显著性值都远大于 0.05，而且错判矩阵的误判率很高，则说明该回归方程是没有价值的。

一旦出现上述情形，就表示回归分析过程失败。

⑥在二元逻辑回归分析中，由于因变量的取值范围较小，因此在评价方程质量时，并不把自变量的显著性水平作为核心考察因素。

# 4.6
# 曲线回归分析技术

### 🎯 本节学习目标

了解曲线回归分析的概念、算法思路；掌握曲线回归分析的操作步骤、质量评价、回归方程使用等知识；能够正确地解读回归分析结果。

在社会科学的统计分析中，人们常常使用线性回归分析，而在自然科学领域，数据之间的关系并不都是线性的。为了解决这些问题，人们引入了曲线估计技术，也叫曲线回归。

### 4.6.1　曲线回归的概念及原理

#### (一)曲线回归分析的概念

1. 曲线回归的定义

在数据的回归分析中，尽管在大量研究中，变量之间的关系都能归结为线性关系，但也仍存在许多非线性关系的情形。例如，在匀变速直线运动中，运动距离与时间之间的关系就是二次函数式，自由落体运动、抛物轨迹等都是非线性关系。

所谓曲线回归技术，就是研究因变量与自变量之间的非线性关系，并从中找回归方程的一种技术。

2. SPSS 曲线回归分析的基本要求

在 SPSS 中，对于曲线回归，通常有以下要求：①通常只处理仅有一个自变量的曲线方程；②只处理满足本质线性关系的曲线。

所谓本质线性关系，是指变量之间的关系虽然在形式上呈现为非线性关系，但是通过数学变形，仍然可以转化为多元线性关系。例如，函数式 $y = b_0 + b_1 * X + b_2 * X^2 + b_3 * X^3$ 虽然是三次曲线，但若假设 $X^2$ 为新变量 $U$、$X^3$ 为新变量 $V$，则原式变成 $y = b_0 + b_1 * X + b_2 * U + b_3 * V$，仍可变形为多元线性方程。同理，对于函数式 $y = b_0 * b_1{}^X$，通过左右同时取对数，变形后成为 $\ln(y) = \ln(b_0) + X * \ln(b_1)$，这也是一个线性关系。

对于可实施曲线回归的曲线，SPSS 进行了限制，主要包括二次曲线、三次曲线、复合曲线、增长曲线、指数曲线、对数曲线、S 曲线、幂函数、逆函数和逻辑函数共 10 种类型。这些类型已经基本能够满足常规需要。

3. 曲线回归的应用范畴

在物理、化学的实验课中，对实验数据的处理和分析，常常需要借助曲线回归技术。另外，在天文、气象学中也大量地应用回归分析技术构造数学模型。

#### (二)实现曲线回归的主要流程

1. 利用散点图，初步判断曲线类型

由于在具体的回归分析中，可能的曲线类型种类繁多，为了减少曲线估计的盲目性，通常先用散点图观察自变量与因变量之间的关系，判定自变量与因变量是否存在清晰的逻辑关系。

如果散点图中的散点向曲线附近集中，比较接近一条曲线，则初步判断可以做曲线回归分析，否则无法做曲线回归分析。

对于可做曲线回归分析的数据，先认真观察曲线的形状，判定大概属于哪类曲线，

302

是抛物线，还是对数曲线、指数曲线。多数情况下，单凭散点图并不能准确地确定曲线的类型，可确定 2～3 种较接近的曲线类型。

2. 执行曲线回归分析（曲线估计）

启动曲线估计功能，在"曲线估计"的配置界面下，正确地设置因变量和自变量，并可同时选择若干种曲线类型。

在完成曲线回归的计算机处理之后，根据计算机的输出结果，参考判定系数 $R$ 方值和检验概率 $Sig$ 值，选择最恰当的曲线类型。

最后，根据曲线类型和各个系数值，写出最终的函数式。

### （三）SPSS 中曲线回归分析的系数及其对应函数式

在 SPSS 中，执行曲线估计功能的最终输出结果是一系列的系数，并可基于这组系数构造非线性的回归方程式。各类曲线与其函数式之间的对应关系如表 4-4 所示。

表 4-4　各类曲线与其函数式的对应关系表

| 类型名 | 函数式 |
|---|---|
| 线性曲线 | $Y = b_0 + b_1 * X$ |
| 二次曲线 | $Y = b_0 + b_1 * X + b_2 * X^2$ |
| 三次曲线 | $Y = b_0 + b_1 * X + b_2 * X^2 + b_3 * X^3$ |
| 增长曲线 | $Y = e^{(b_0 + b_1 * x)}$ |
| 幂函数 | $Y = b_0 * X^{b_1}$ |
| 指数曲线 | $Y = b_0 * e^{b_1 * x}$ |
| 对数曲线 | $Y = b_0 + b_1 * \ln(X)$ |
| 复合曲线 | $Y = b_0 * b_1{}^x$ |
| S 曲线 | $Y = e^{(b_0 + b_1/x)}$ |
| 逆函数 | $Y = b_0 + b_1/x$ |
| 逻辑函数 | $Y = \dfrac{1}{\dfrac{1}{u} + b_0 * b_1{}^x}$ |

在以 SPSS 进行曲线估计后，应该选择 $R$ 方值最高、$Sig$ 值最低的估计模型，最后根据模型的类型从表 4-4 中选择函数式，最后把分析结果中的各个系数带入函数式中，形成最终的有效函数式。

## 4.6.2　曲线回归分析实用案例

### （一）曲线回归的实用案例之一

1. 案例要求

对于如图 4-70 所示的原始数据文件"曲线回归.sav"，请利用曲线估计的技术，分别分析变量 $X$ 与变量 $V$ 之间的关系，并获得最终的回归方程式。

2. 操作流程

第一，以 SPSS 打开"曲线回归.sav"文件，进入数据视图状态，如图 4-70 所示。

**图 4-70　待实施曲线回归的原始数据**

第二，利用菜单【图形】—【旧对话框】—【散点/点状】命令，从中选择【简单分布】按钮，以便启动【简单散点图】对话框，如图 4-71 所示。

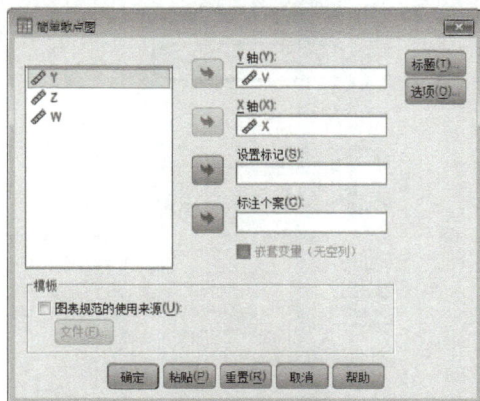

**图 4-71　【简单散点图】对话框**

第三，在图 4-71 之中，从左侧选择"$X$"变量送到右侧的【$X$ 轴】列表中，把"$V$"变量送到右侧的【Y 轴】列表中。最后，单击底部的【确定】按钮，绘制出散点图，如图 4-72 所示。

第四，基于图 4-72 所示的散点图，可以得知变量 $X$ 和变量 $V$ 之间是一种线性关系，所以，对变量 $X$ 和变量 $V$ 之间的曲线估计，应该使用线性模型。

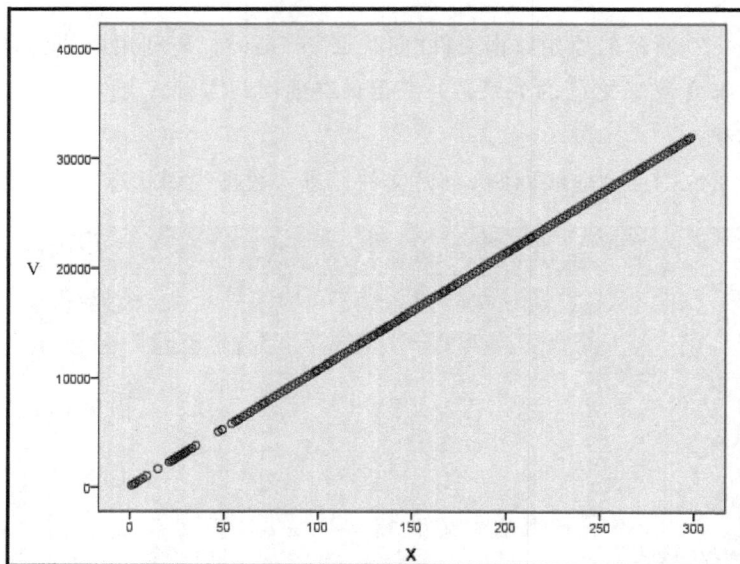

图 4-72 由变量"$X$"和"$V$"构成的散点图

第五，利用菜单【分析】—【回归】—【曲线估计】命令，启动【曲线估计】对话框，如图 4-73 所示。

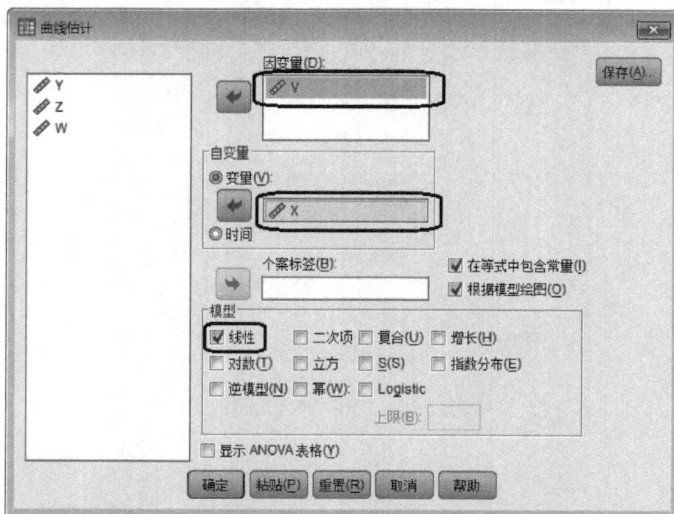

图 4-73 【曲线估计】对话框

第六，在【曲线估计】配置界面下，把变量"X"从左侧添加到右侧的"自变量"区域的【变量】列表中，接着，把变量"V"从左侧添加到右侧的【因变量】列表中。

第七，在【曲线估计】配置界面下，在"模型"区域中选择【线性】复选框。

第八，单击【确定】按钮，启动曲线估计功能，获得如图 4-74 所示的分析结果。

3. 解读分析结果，形成函数式

对于变量 X 和变量 V 的曲线估计，在 SPSS 中执行了此功能之后，获得如图 4-74 所示的分析结论。

变量处理摘要

|  | | 变量 | |
| --- | --- | --- | --- |
|  | | 因变量 | 自变量 |
|  | | V | X |
| 正值的数目 | | 173 | 173 |
| 零的数目 | | 0 | 0 |
| 负值的数目 | | 0 | 0 |
| 缺失值的数目 | 用户缺失值 | 0 | 0 |
|  | 系统缺失值 | 0 | 0 |

**模型摘要和参数估算值**

因变量：V

| 方程 | R 方 | F | 自由度 1 | 自由度 2 | 显著性 | 常量 | b1 |
| --- | --- | --- | --- | --- | --- | --- | --- |
| 线性 | 1.000 | 3.851E+17 | 1 | 171 | .000 | 41.000 | 107.000 |

自变量为 X。

**图 4-74　对 X 和 V 的曲线估计结果**

从图 4-74 的"变量处理摘要"表格可以看出，在本分析过程中，共有 173 个个案参与数据分析过程，所有个案的取值均为正值，而且全部数据都合乎规范，没有缺失数据。

从图 4-74 的"模型摘要和参数估算值"表格可以看出，曲线回归的 R 方值为 1.000，表示回归方程有非常好的质量；其 F 值为 $3.851 * 10^{17}$，是巨大的数值，表示回归方程的影响力非常大；其显著性值为 0，也说明了这一点。因此，这是一个优质的回归方程。

根据"模型摘要和参数估算值"表格，获得了两个参数，分别是常量 41.000 和 b1 值 107.000，所以最终的函数式为 $y=41+107*x$。

## (二)曲线回归的实用案例之二

1. 案例要求

对于如图 4-71 所示的原始数据文件"曲线回归.sav"，请利用曲线估计的技术，分别分析变量 X 与变量 Z 和 W 之间的关系，并获得最终的回归方程式。

306

2. 操作流程

第一，以 SPSS 打开"曲线回归.sav"文件，进入数据视图状态，如图 4-70 所示。

第二，利用菜单【图形】—【旧对话框】—【散点/点状】命令，然后从中选择【简单分布】按钮，以便启动【简单散点图】对话框，如图 4-71 所示。分别制作"$X$-$Z$"和"$X$-$W$"的散点图，如图 4-75 所示。

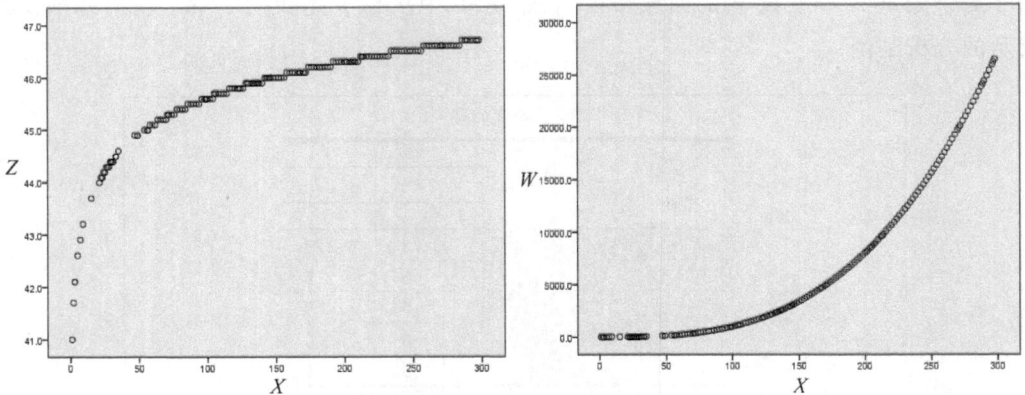

**图 4-75  对变量组 $X$-$Z$ 和 $X$-$W$ 之间的散点图**

第三，观察图 4-75 的曲线，从左图可以得知：变量 $X$ 和变量 $Z$ 是一种对数关系或者逆函数，而变量 $X$ 与变量 $W$ 可能是二次曲线，或者三次曲线、幂函数关系。

第四，利用菜单【分析】—【回归】—【曲线估计】命令，启动【曲线估计】对话框，如图 4-73 所示。

第五，在【曲线估计】配置界面下，把变量"$X$"从左侧添加到右侧的"自变量"区域的【变量】列表中，接着，把变量"$Z$"从左侧添加到右侧的【因变量】列表中。然后在【曲线估计】配置界面下，在"模型"区域中选择【对数】复选框和【逆模型】复选框。

第六，单击【确定】按钮，启动曲线估计功能，获得如图 4-76 所示的分析结果。

在图 4-76 中，形成了两个回归模型，其一为对数模型，其二为倒数（逆）模型。其中对数模型的 $R$ 方值为 0.999，远大于倒数模型的 $R$ 方值；而且对数模型的 $F$ 值为 217274.208，远大于倒数模型的 $F$ 值。因此，"$X$-$Z$"之间的关系可选用对数模型。

在对数模型中，得到了两个系数，分别为 40.997 和 1.001。根据对数模型的系数规则，最终的回归方程为：$y = 40.997 + 1.001 * \ln(x)$。如果考虑到数据的误差，可以把此函数式化简为：$y = 41 + \ln(x)$。

第七，按照同样的方法，检验变量对"$X$-$W$"之间的关系。先启动【曲线估计】对话框，正确地设置【X 轴】变量和【Y 轴】变量，然后设置估计模型为【二次项】【立方】和【幂】。

第八，单击【确定】按钮，启动曲线估计过程，获得如图 4-77 所示的分析结果。

**变量处理摘要**

| | | 变量 | |
|---|---|---|---|
| | | 因变量 | 自变量 |
| | | Z | X |
| 正值的数目 | | 173 | 173 |
| 零的数目 | | 0 | 0 |
| 负值的数目 | | 0 | 0 |
| 缺失值的数目 | 用户缺失值 | 0 | 0 |
| | 系统缺失值 | 0 | 0 |

**模型摘要和参数估算值**

因变量：Z

| 方程 | 模型摘要 | | | | | 参数估算值 | |
|---|---|---|---|---|---|---|---|
| | R 方 | F | 自由度 1 | 自由度 2 | 显著性 | 常量 | b1 |
| 对数 | .999 | 217274.208 | 1 | 171 | .000 | 40.997 | 1.001 |
| 逆 | .498 | 169.926 | 1 | 171 | .000 | 45.907 | -7.707 |

自变量为 X。

**图 4-76　变量"X-Z"的曲线估计结论**

**变量处理摘要**

| | | 变量 | |
|---|---|---|---|
| | | 因变量 | 自变量 |
| | | W | X |
| 正值的数目 | | 173 | 173 |
| 零的数目 | | 0 | 0 |
| 负值的数目 | | 0 | 0 |
| 缺失值的数目 | 用户缺失值 | 0 | 0 |
| | 系统缺失值 | 0 | 0 |

**模型摘要和参数估算值**

因变量：W

| 方程 | 模型摘要 | | | | | 参数估算值 | | | |
|---|---|---|---|---|---|---|---|---|---|
| | R 方 | F | 自由度 1 | 自由度 2 | 显著性 | 常量 | b1 | b2 | b3 |
| 二次 | .995 | 18369.441 | 2 | 170 | .000 | 316.833 | -53.459 | .449 | |
| 三次 | 1.000 | 4.558E+12 | 3 | 169 | .000 | 9.987 | .000 | -2.321E-6 | .001 |
| 幂 | .892 | 1413.917 | 1 | 171 | .000 | .093 | 2.098 | | |

自变量为 X。

**图 4-77　针对"X-W"曲线估计的结论**

在图 4-77 之中，形成了 3 个回归模型，其一为二次项模型，其二为三次项模型，其三为幂模型。其中二次项模型的 $R$ 方值为 0.995、三次项模型的 $R$ 方值为 1.000、幂模型的 $R$ 方值为 0.892，对比三个模型的 $R$ 方值，应该选择"三次项"模型；而且对比三种模型的 $F$ 值，发现"三次项"模型的 $F$ 值为 $4.558 * 10^{12}$，远大于另外两个模型的 $F$ 值。因此，对于"X-W"之间的关系，应该选用三次项模型。

在三次项模型中，得到了 4 个系数，分别为 9.987、0.000、$-2.321 * 10^{-6}$ 和

0.001。根据对数模型的系数规则，最终的回归方程式为：$y = 9.987 + 0.000 * X - 2.321 * 10^{-6} * X^2 + 0.001 * X^3$。由于 0.000 和 $2.321 * 10^{-6}$ 的值已经非常接近于 0。如果考虑到数据的误差，可以把此函数式化简为：$y = 10 + 0.001 * X^3$。

## 思考与上机实践

1. 思考题

(1)相关性分析对变量有哪些要求？参与相关性分析的两个变量是否必须值域相同、类型相同？

(2)皮尔逊相关的工作原理是什么？能够解决哪种数据的相关性判断问题？

(3)斯皮尔曼相关的工作原理是什么？能够解决哪种数据的相关性判断问题？

(4)对于低测度变量，判断其相关性水平的主要方法是什么？它依据的工作原理是什么？

(5)在针对低测度变量的相关性分析中，卡方距离与相关性程度之间的关系是什么？

(6)什么是回归分析？回归分析获得的回归方程有什么价值？

(7)什么是 $R$ 方值？有什么价值？

(8)如何判断一个回归方程的质量？$T$ 值、$F$ 值和 $Sig$ 值在评价回归方程质量时起什么作用？

(9)在多元线性回归中，对自变量的筛选有哪些方式？借助什么标准决定自变量的去留？

(10)在多元线性回归分析中，$F$ 值、$R$ 方值、回归平方和、回归均方和以及自由度之间是什么关系？

(11)什么是二元逻辑回归分析？其工作原理是什么？

(12)与多元线性回归分析相比，二元逻辑回归分析有哪些新的特点？

(13)在二元逻辑回归中，如何判断回归质量？

(14)在曲线回归分析中，幂函数的回归方程的一般格式是什么？如何安置回归分析之后获取的回归系数？

(15)在曲线回归分析中，为什么主张先做散点图？有什么价值？

2. 上机实践：相关性及回归分析

请从"作业素材"文件夹中找到素材文件 zysc04.rar，把它解压缩后存储在 D 盘上，获得初始数据文件 mydataX.sav 和 mydataY.sav，然后完成以下操作。

(1)对于 mydatX 中的字符型字段籍贯、专业、性别、爱好、认知风格、学习态度等进行数值化编码，要求新建以字母为变量名的字段，然后通过"变量视图"对新字段添加中文说明信息，对数码值的含义也一并给予说明；最后，对 mydataX 中的各科成绩和各个定序型变量分析其分布形态。

（2）检验 mydataX 中语文 1、语文 2、历史成绩之间是否存在相关性，说明所采取的检验方法并解释输出结果。

（3）检验 mydataX 中的数学与物理成绩对、数学与语文 2 成绩对之间是否显著相关，说明所采取的检验方法并解释其相关性水平。

（4）检验上网时间与游戏时间、上网时间与数学成绩、游戏时间与物理成绩、爱好与物理成绩、作业情况与数学成绩、作业情况与物理成绩之间是否显著相关。分别说明所采取的检验方法，并解释系统的输出结果。

（5）检验认知风格与爱好、籍贯与爱好、专业与爱好、性别与爱好、性别与游戏时间之间是否显著相关，分别说明所采取的检验方法，并解释系统的输出结果。

（6）分析上网时间、游戏时间与作业情况、数学成绩、物理成绩之间的相关性。根据数据分析结果，说明在上网时间与游戏时间这两个因素中，哪个因素是真正地影响作业情况和各科成绩的关键因素？

（7）制作作业情况与物理成绩的散点图、数学成绩与物理成绩的散点图、语文 1 成绩与数学成绩的散点图、上网时间与数学成绩的散点图、游戏时间与物理成绩的散点图，然后分别说明这些散点图能够呈现出什么信息。

（8）对物理成绩分别与数学成绩、语文成绩、作业情况、上网时间、游戏时间、认知风格进行一元线性回归分析。然后，分别解释其输出结果，并说明哪些回归方程是有效的，哪些是不良的。

（9）以数学成绩为因变量，以作业情况、游戏时间、认知风格、爱好、性别为自变量，进行多元线性回归分析，得出有效的多元回归方程，并对系统的输出结果给予详细解释。

（10）以物理成绩为因变量，以数学成绩、语文成绩、作业情况、游戏时间、认知风格、爱好、籍贯、专业、性别为自变量，进行多元线性回归分析，得出有效的多元回归方程，并对系统的输出结果给予详细解释。

（11）以"喜欢物理否"为因变量，以性别、专业、认知风格、爱好为自变量，进行多元线性回归分析，并解释系统的输出结果。

（12）针对 mydataY.sav 提供的数据，以 $X$ 为自变量，分别以 $Y$、$Z$、$W$、$V$ 为因变量，利用 SPSS 求出原始的函数式 $Y(x)$、$Z(x)$、$W(x)$、$V(x)$。

教学素材二维码

# 第 5 章

# 聚类与降维分析

本章概述

　　本章主要阐述了在数据分析中非常重要的归纳技术，从聚类（或分类）和降维两个视角对归纳的概念和操作进行了阐述。从学习内容视角来看，归纳技术主要包含 SPSS 的系统聚类技术、K-Means 聚类技术、判别分析技术和因子分析技术。

312

## 章结构图

因子分析的定义与特点
因子分析案例
因子分析的补充说明
→ 因子分析

判别分析的概念与思路
判别分析应用案例
→ 判别分析

K-Means聚类概述
K-Means聚类实用案例
→ K-Means 聚类分析

聚类与降维分析

基于数据的归纳分析
- 归纳分析的概念
- 统计学中的分类分析
- 统计学中的降维分析
- 元素之间距离的判定方法

案例需求及数据准备
- 案例背景
- 数据采集与数据文档
- 数据规范化与预处理

系统聚类分析
- 系统聚类的概念及类型
- 系统聚类在降维中的应用
- 系统聚类在个案分类中的应用

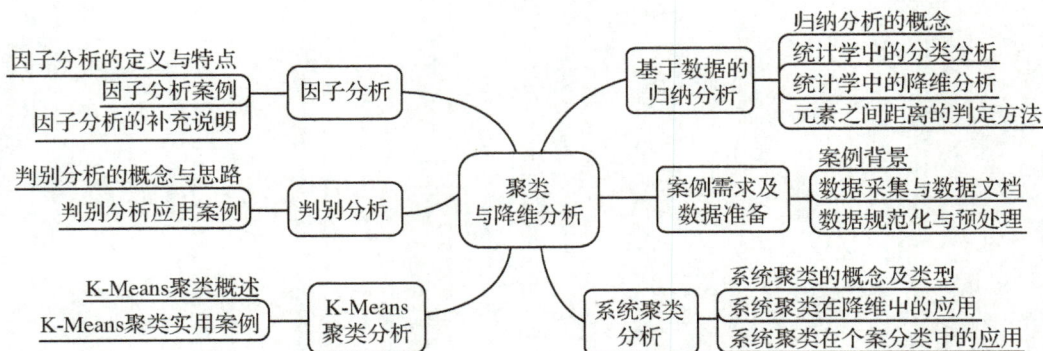

**本章学习目标**　　重点掌握系统聚类分析、K-Means 聚类、判别分析技术和因子分析技术的应用范围、操作过程及对输出结果的解读。在具体应用中，应能准确地把握这 5 种技术的适应范围、正确地解读输出结果并判断分析算法的质量，以达到预定的能力要求标准。

**读前深思**　　在量化研究中，在面对众多变量的情况下，如何对变量实施聚类并抽取其中的关键因素，从而实现降维，挖掘出影响研究结论的综合信息？如果需要聚类的个案规模非常大，应该怎么做才能快速地实现个案聚类呢？

# 5.1
# 基于数据的归纳分析

## 本节学习目标

了解基于原始数据做归纳分析的概念、分析方法、应用范畴；掌握元素间距离的判别方法。

## 5.1.1　归纳分析的概念

### (一)归纳分析的定义

所谓归纳，就是从个别性知识推出一般性结论的推理。

即根据一类事物的部分对象具有某种性质，推出这类事物的所有对象都具有这种性质的结论。归纳是从特殊到一般的过程，属于合情推理。

通过观察、实验等方法得到的经验材料，需要经过加工整理，才能形成科学的结论。基于数据材料的比较、归类、分析与综合、抽象与概括，才能获得有效的研究结论。在这个过程中，归类与比较是基础，抽象与概括是方法，获得具有普适性的规律是目标。

### (二)数据分析技术在归纳分析中的体现

SPSS 中的数据分析，其实质是对二维数据表的操作。根据二维数据表的定义，在二维表中，每一行是针对一个个案的描述，而每一列是对所有个案某一属性的描述。因此，SPSS 中的归纳分析，就是针对二维表行与列的抽象与归纳。

注意：在 SPSS 中，面向个案的归类为聚类(也叫分类)，面向变量的归类为降维。

在 SPSS 中，对个案的常见归纳处理是归类，也叫分类(Cluster)，它以行作为操作元素，实现相似元素的归类，其目标是根据个案自身的特点把个案划分为若干类别。对变量的常见归纳处理是降维，它以列作为操作元素，其目标是根据变量的取值特点把描述个案的众多属性压缩为特点明确的几个属性，从而能够更加清晰地突出个案集的本质特点。

在 SPSS 的分类功能中，有两种不同的方式。其一，不指定类中心的聚类。这种聚类不事先指定类中心，由 SPSS 系统根据变量的特点，通过多次迭代产生类中心，然后

314

再以类中心为核心，实现元素聚类。其二，先指定类中心的聚类。这种聚类要求事先指定几个类中心，然后 SPSS 系统根据各个个案与类中心的距离，把个案归类到各个类中心之上。而面向变量归纳的降维分析，则通常没有中心点，需要由 SPSS 系统根据变量的特点，自行迭代，生成类中心或者主成分。

## 5.1.2　统计学中的分类分析

### (一)分类分析的概念

#### 1. 什么是分类分析

在人们的学习、工作和科研活动中，常常需要把成千上万的个案分成若干类，以便于操作。例如，可以把学生分为男生、女生。依据某些因素，对个案分类的过程就是分类分析。

当然，在专业化的数据分析中，对个案的分类不是依据单一指标的归类，往往是综合考虑多个因素的个案归类。

#### 2. 数据分类的基本条件

在 SPSS 中，要实现个案的归类，其各个属性的取值应该满足以下两个条件：①不同个案的属性取值离散化程度较高，存在比较明显的差别；②依据某几个属性，具备把个案分成几类的可能性。也就是说，依据某些属性，个案之间存在比较明显的亲疏关系。

### (二)实现分类分析的主要技术

#### 1. 面向个案的分层聚类

自动分层聚类，是分类分析中常见的技术。在这种聚类分析中，首先扫描元素集，把两个距离最近的元素归结为一类，形成新的元素；其次基于新元素集，重复这个过程，直到所有的元素都被归结为一个大类。分层聚类的最终结果是获得一个只有唯一大类的元素集。

可把分层聚类看作一棵大树，最初的未聚类元素就像大树上的树叶。当聚类完成后，所有的树叶都被大树有机地组织起来，处于不同层次上的树杈体现了树叶之间的距离关系。

从具体应用的视角来看，如果自动分层聚类是以个案作为元素的，那么这种聚类就是分类分析；如果自动分层聚类是以变量作为元素的，那么这种聚类就是降维分析。

面向个案的分层聚类(也叫系统聚类)，被称为 Q 聚类，是分类分析中非常重要的操作。

#### 2. K-Means 聚类技术

自动分层聚类以迭代方式确定类中心，而且是逐层汇聚并最终形成一个大类。因此，在默认情况下，如果研究者需要指定种类的数量，则需要仔细查看分类结果图，人工找到分隔点。更重要的是，分类过程不能自动标注出每个个案的所属类别，对计算机的内存运算速度要求很高。因此，自动分层聚类存在执行效率不高、聚类数目不清、没有清晰地标记个案所属类别等不足，因此人们提出了指定聚类类别数、能够标记个案所属类别号的 K-Means 聚类。

K-Means 聚类基于用户指定的聚类类别数、类别中心点开始聚类过程。当然，如果用户预先不能提供类别中心点，也可由系统自动迭代生成。

注意：在开始自动分层聚类前，如果预先进行必要的参数配置，声明希望聚成几类，就能在输出聚类结果时顺便生成每个元素的所属类别号。

### 3. 判别分析

判别分析的过程是基于已有数据集制作分类规则的过程。其基本思路是：用户已经有若干已经完成分类且类别号清晰的个案，由 SPSS 系统借助一些因素变量和已有分类号创建判别规则，构造判别函数。然后，SPSS 系统就能基于判别函数对未来的个案实现自动分类。

判别分析过程实际上是系统主动探索与学习的过程（类似于多元回归分析），然后依据已经习得的规则，判定其他个案的归属类别。在判别分析中，创建判别函数并分析判别函数的质量，是判别分析的重要任务。

## 5.1.3 统计学中的降维分析

### (一)什么是降维分析

在数据统计分析过程中，常常从多个视角制作调查或评价指标，从而能够全面地反映调查对象的属性和特点。然而，在调查完成后，常常发现以下问题：①多个指标项的语义有重叠，调查指标的设计不合理；②调查指标中包含过多的变量。

为此，需要对调研指标进行凝练，减少评价指标的维数，使结论变得更加易于表述和理解。因此，在 SPSS 的数据表中，降维分析是面向变量的归纳，其目的是把数据表中的若干高度相关列集合在一起，形成归一化的结论，从而减少数据表中列的数量。

降维分析是针对变量集的归纳，其目的是从变量集中抽象出公共的因素，以便获得比较有价值的研究结论。

### (二)降维分析的前提条件

在 SPSS 中，实施降维分析要满足以下两个基本条件：①部分变量之间存在高度的相关性，这些变量可以称为同质变量，基于同质变量，可以抽取出比较凝练的公共因子信息；②不同质的变量之间存在显著差异，从语义和功能上来看，它们之间具有较远的距离。

正是由于变量的内在本质存在不同的分组（或归属），才可以把同质的变量归结在一起，把大量变量归结为有限的几类，达到降维的目的。

与分类不同，从操作原理上来看，对变量的降维有两种不同的类型：其一是对变量的归类，即借助变量分类的技术实现降维；其二是抽取公共因子，即通过抽取公共因子的方式凝聚同质变量，实现降维。

### （三）降维分析的常见手段

1. 主成分分析

主成分分析是因子分析的一种。其基本思路是：假设在若干变量内部隐藏着能够表达这些变量语义的若干个公共因子，主成分分析的目的就是找到这些公共因子，然后利用远比变量个数少的公共因子来表达原来变量所描述的语义。

主成分分析的目的是找到影响全体指标项的一个或多个主成分，这些主成分的特征根应在 1 以上，能够描述全体变量 60% 以上的语义。

2. 基于变量的聚类分析

针对具有众多变量的调研数据，可以借助自动分层聚类的技术，对变量进行聚类，把众多变量划分为若干小组，形成几个聚结的变量集；然后分析每个变量集的语义，形成凝结的维度。

基于变量的分层聚类分析，也叫 R 聚类，也能解决降维问题。

3. 对应分析

对于调研数据来讲，综合性的结论通常与全体变量的取值有关系。但是，某些情况下，某一特定变量的取值在一定程度上直接影响着最终结果。

对应分析就是找出相关的两个变量之间取值的对应关系，实现因素变量和结果变量的对应，以便能够借助一个比较简单的因素变量对最终结果快速做出判定。

## 5.1.4　元素之间距离的判定方法

### （一）元素的概念

聚类或降维分析的过程，就是把个案（或变量）逐渐聚合并最终形成若干较大类别的过程。人们把归纳分析过程中参与处理的信息团称为元素。聚类或降维的过程就是最相近的元素实现聚合的过程。

1. 简单元素

在面向个案的聚类过程中，每个个案就是一个元素，其关键属性值所构成的多维结构体就是一个简单元素。在面向变量的降维过程中，每个属性在全体个案上的取值所构成的多维结构体也是一个简单元素。

构成简单元素的多维结构体，可被看作多维空间中的一个结点。例如，(93，82，91，89，67)就是个案"王平平"在语文、数学、外语、物理、化学五门课程上的取值。它可以用一维数据的方式表达出来。

从数学视角来看，针对个案的抽象与针对变量的抽象所获得的多维结构体，在统计学上具有完全相同的意义和使用方法，因此可采用相同的算法进行处理。

2. 复合元素

随着聚类和降维的持续，某些结点已经被聚合在一起，形成了包含多个简单元素的复合元素。复合元素将不再是一个单纯结点，而是以多维坐标系中的一个小区域来表示。

每个复合元素都有自己的边缘，也有自己的质心位置。

## (二)元素之间距离的测量

聚类分析中的每个个案(或变量)都是包含着多个属性取值的多维结构体，可以将其看作多维空间中的一个结点。

对于已经明确了多维坐标值的两个结点，如何来衡量它们之间的距离呢？

1. 元素之间距离的概念

无论面向个案的聚类还是面向变量的降维，都是以元素之间的距离作为是否聚合的判定依据的。因此，在归纳分析中，对元素之间距离的判定就显得非常重要。对于元素之间距离的判定，主要包括两个方面的内容。其一，应该用什么方法计算两个简单元素之间的距离？元素之间距离的计算公式是什么？其二，对于复合元素，由于它不再是结点，而是多维坐标系中的区域，那么应该按照什么规则来确定两个元素之间的距离呢？是以两个元素的最临近边缘为基准，以质心距离为基准，还是以两个元素的最远距离为基准？

2. 对定距型变量之间距离的度量

(1)欧式距离

欧式距离，即 Euclidean Distance，它以坐标点之间的直线距离作为其结果，在三维坐标系下，其计算公式为：欧式距离 $= \sqrt{\Delta X^2 + \Delta Y^2 + \Delta Z^2}$ 。

其中，$\Delta X$、$\Delta Y$、$\Delta Z$ 是两个多维数组中对应数据的差值。

（2）平方欧式距离

平方欧式距离，即欧式距离的平方，英文表示是 Square Euclidean Distance。在三维坐标系中，其计算公式为：平方欧式距离 $=\Delta X^2+\Delta Y^2+\Delta Z^2$。

（3）余弦距离

余弦距离，即 Cosine。它利用两个元素夹角的余弦值来代表元素之间的距离。其计算公式为：余弦距离 $=\mathrm{Cos}(\theta_{ij})$。

（4）皮尔逊相关系数

皮尔逊相关系数，即利用两个元素的皮尔逊相关系数来表示两个元素之间的距离。

（5）车贝雪夫距离

车贝雪夫距离，即 Chebyhev 距离，是用多维数组中的最大差值的绝对值作为两个元素之间的距离。车贝雪夫距离 $=\mathrm{Max}(\Delta X, \Delta Y, \Delta Z, \cdots)$。

（6）块距离

块距离，即 Block 距离，它以两个多维数组中所有对应数据的差值的绝对值之和来表示两个元素之间的距离。块距离 $=|\Delta X|+|\Delta Y|+|\Delta Z|\cdots$。

（7）明柯夫斯基距离

明柯夫斯基距离，即 Mincowski 距离。它是对欧式距离的改进，其计算公式为：

明柯夫斯基距离 $=\sqrt[p]{|\Delta X|^p+|\Delta Y|^p+|\Delta Z|^p}$

当 $p=1$ 时，此公式退化为块距离公式；当 $p=2$ 时，此公式退化为欧式距离公式。

（8）自定义"设定距离"公式

自定义"设定距离"公式，即 Customized 距离公式。其公式是对明柯夫斯基距离的复杂化。其计算公式为：距离 $=\sqrt[r]{|\Delta X|^p+|\Delta Y|^p+|\Delta Z|^p}$。

对于此公式，当 $r=p$ 时，此公式退化为明柯夫斯基距离。当 $r=2$ 且 $p=2$ 时，此公式就是欧式距离公式。

3. 对定序型变量之间距离的度量

（1）卡方距离

卡方距离，即 Chi-Square Measure，指用卡方测量两个个案或变量在总频数分布期望值方面的独立性，它以卡方值充当距离值，是一种基于频数的距离计算方法。

（2）$\phi$ 方测量，即 phi-Square Measure，指用 $\phi$ 方测量两个个案或变量在总频数分布期望值方面的独立性，以 $\phi$ 统计量的平方根充当元素间的距离，其实质是用卡方值的平方根除以合并频率的平方根，是对卡方距离的改进。

4. 对二分变量之间距离的度量

对于只有两个取值的二分元素（指变量或个案），如果要计算它们之间的距离，也常常选用简单匹配系数或雅可比系数度量其距离，这是一种通过考察两个变量匹配程度(或差异水平)衡量距离的算法，其结构类似于二元逻辑回归分析中的错判矩阵。

### (三)复合元素之间距离的测量

在聚类过程中，从所有尚待聚类的元素中，取元素之间距离最小的两个元素进行合并。随着聚类进程的进展，很多元素内包含的多个个案(或变量)变成了个案团(或变量团)，构成了复合元素。那么应该如何确定它们之间的距离呢？

1. 组间联接

组间联接，也叫类间平均法，即 Between-groups Linkage，其含义是计算出两个复合元素内所有个案(或变量)之间的距离，以所有距离的均值作为复合元素之间的距离。

2. 组内联接

组内联接，也叫类内平均法，即 Within-groups Linkage，其含义是先假设待合并的两个元素已经合并，然后计算新元素内每对个案(或变量)之间的距离，以所有个案对(或变量对)的距离的平均值作为两个复合元素之间的距离。

3. 最近邻元素

最近邻元素，也叫最短距离法，即 Nearest Neighbor，其含义是以两个复合元素内部相距最近的个案(或变量)之间的距离作为两个复合元素之间的距离。

4. 最远邻元素

最远邻元素，也叫最长距离法，即 Furthest Neighbor，其含义是以两个复合元素内部相距最远的个案(或变量)之间的距离作为两个复合元素之间的距离。

5. 质心聚类法

质心聚类法，也叫重心法，即 Centroid Clustering，其含义是先确定每个复合元素的重心位置，以重心之间的距离作为两个复合元素之间的距离。

6. 中位数聚类法

中位数聚类法，也叫中心法，即 Median Clustering，其含义是先确定每个复合元素的中位数，以其中位数之间的距离作为两个复合元素之间的距离。

7. Wald 方法

Wald 方法，即离差平方和法，英文表示是 Ward's Method。若某两个复合元素合并后其内部各个个案(或变量)距离的离差平方和最小，则这两个复合元素可以被合并。

## 5.2
# 案例需求及数据准备

### 🎯 本节学习目标

了解该项目的数据结构；掌握该项目已完成的数值化编码及规范化操作，为后续学习奠定基础。

### 5.2.1　案例背景

为了了解大一学生来校就读之后的适应性，学生工作部门设计了调查问卷，通过 10 个问题对学生的感受进行调查。调查问卷采用 5 级量表的方式，共包括 11 个问题，其中第 11 道题目为校验性问题。调查问卷的题目如表 5-1 所示。

表 5-1　大学生生活适应性的调查问卷

---

QZ1：你对当前的大学生活感到满意吗？

QZ2：你对现在的家庭生活感到满意吗？

Q1：你是否已经适应了大学的生活？

Q2：你对学校的现有多媒体教室环境感到满意吗？

Q3：你对学校教师授课的总体情况感到满意吗？

Q4：你对学校的图书馆环境感到满意吗？

Q5：你对现在使用的教材感到满意吗？

Q6：你对学校的伙食质量感到满意吗？

Q7：你对学校的网络环境感到满意吗？

Q8：你对现在的住宿条件感到满意吗？

Q9：请对教师的教学情况给予总体评价(校验项)。

---

请依据调查数据，完成以下任务。

①对参与调查的变量进行聚类或降维，分析这些变量主要体现在哪些维度上。

②对参与调查的学生实施聚类，以便把学生分配为若干组，使每组学生都具有较大的相似性。

③设计出有效的判别式，以便能对未来的学生实施判别。

## 5.2.2　数据采集与数据文档

　　基于上述调查问卷，先对 56 名有代表性的学生进行调查，初步形成了数据文件"大学生生活满意度.sav"。

　　在以局部数据验证了调查问卷有效性的基础上，接着对全校学生展开抽样调查。共发放调查问卷 180 份，回收有效问卷 156 份，其原始数据如图 5-1 所示。所获得的全部数据均存储在数据文件"大学生生活满意度.sav"中。

　　请对图 5-1 所示的数据进行聚类或降维分析，完成案例要求中提出的工作任务。

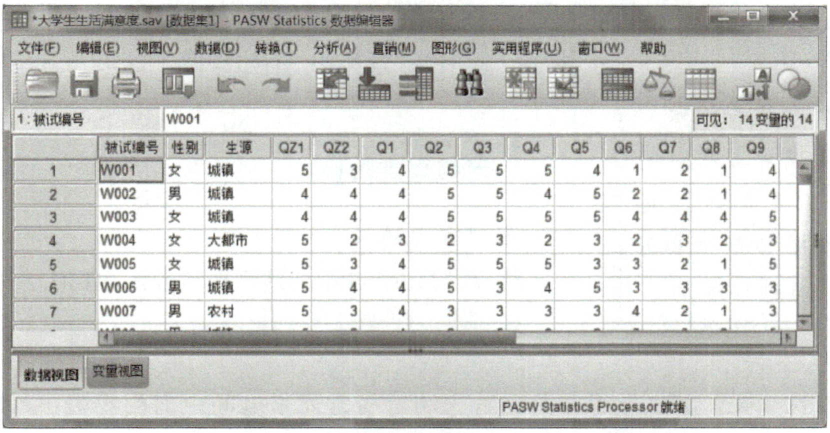

图 5-1　大学生生活适应情况的调查问卷

## 5.2.3　数据规范化与预处理

### (一)数据特征分析

　　在图 5-1 所示的数据表中，问题 QZ1、QZ2、Q1～Q9 均为值域为 5 的离散化定序数据。对于值域达到 5 的定序型数据，既可以按照高测度数据处理，也可以按照低测度数据处理。考虑到研究的精确性，通常可借助针对高测度数据的处理方式进行处理。

### (二)数据预处理

　　数据表中的变量"性别"和"生源"属于字符型变量，不适合常规数据分析对数据的要求，因此需要进行数值化编码处理。

　　在如图 5-1 所示的数据表状态下，利用系统菜单【转换】—【重新编码为不同变量】功能，把变量"性别"转化为新变量"Sex"，新变量的标签为"性别码"。转化规则为："男

322

生"—1，"女生"—2。

同理，把变量"生源"转化为新变量"Sy"，新变量的标签为"生源码"。转化规则为："农村"—1，"城镇"—2，"大都市"—3。

# 5.3
# 系统聚类分析

◎ 本节学习目标

了解系统聚类的概念和原理；掌握系统聚类的操作方法和质量评价标准；全面掌握 Q 聚类和 R 聚类的技术与结果解读。

## 5.3.1 系统聚类的概念及类型

### （一）系统聚类的概念

1. 什么是系统聚类

系统聚类是 SPSS 中的基本聚类方式，默认为分层聚类，

有时也叫层次聚类。其主导思路是：首先制定衡量元素之间距离的规则，其次把距离最近的若干元素归类，形成新元素点，最后从新元素点中挑选距离最近的元素进一步聚类，直到所有元素都被聚集为同一类。

2. 系统聚类的特点

系统聚类是一种没有预设条件的聚类模式，它既不需要预先设置类中心，也不需要指定聚成几类。系统聚类采取逐层、逐级的聚类模式，最终得到一棵聚类树。

系统聚类自动以迭代方式确定类中心，而且是逐层汇聚并最终形成一个大的聚类树。如果研究者需要指定类数量，则需要仔细查看分类结果图，人工找到分隔点，然后人工整理聚类树中的元素，为元素编制类别号。

在默认情况下，由于系统聚类过程不会自动标注出每个个案的所属类别，只是通过树状图的方式呈现元素之间的毗邻关系，因此对分层聚类树的应用也比较灵活，用户可以根据自己的需要任意确定分隔等级和类别数量。

### （二）系统聚类的类型

在 SPSS 中，系统聚类有两种类型：其一，面向个案的聚类，被称为 Q 聚类；其二，面向变量的聚类，被称为 R 聚类。

在以 SPSS 执行系统聚类过程时，需要由用户指定聚类的类型，然后系统会根据用户的要求完成相应类别的工作。

## 5.3.2　系统聚类在降维中的应用

### (一)案例的设计目标

针对如图 5-1 所示的"大学生生活满意度"数据，针对其中的多个问题做变量聚类，从现有数据的视角探索这些问题会体现出哪些维度。

### (二)分析解决方案

本案例是一个典型的根据评价数据对变量进行分类的数据分析任务。从图 5-1 所示的数据可以看出，表格中的问题 QZ1、QZ2 和 Q1 属于整体性评价，而 Q2~Q8 属于针对具体情况的评价，问题 Q9 则属于校验性题目，用于筛选出无效问卷。因此，在本案例中，聚类的关注点应该是变量 Q2~Q8，在具体的聚类分析中，应是针对问题 Q2~Q8 的聚类。

由于图 5-1 中的评价数据均为中测度的定序型数据(对 5 级量表的回答)，因此在分层聚类过程中，对距离的计算方式，可以借助卡方距离算法，也可以借助平方欧式距离法。考虑到本案例的个案数较多，基本能够满足各类别期望频数不低于 5 的条件。所以，最终决定对本案例采用卡方距离法实施分层聚类。

通过分层聚类可以获得一棵聚类树，通过聚类树可以了解各个调查问题之间的关系，分析调查数据是否与预设的调查目标一致。

### (三)操作过程

第一，在 SPSS 下打开数据文件"大学生生活满意度.sav"，使之处于如图 5-1 所示的数据视图状态下。

第二，利用菜单【分析】—【分类】—【系统聚类】命令，启动【系统聚类分析】对话框，如图 5-2 所示。

第三，在图 5-2 所示的对话框中，从左侧把评价变量"Q2""Q3""Q4""Q5""Q6""Q7"和"Q8"添加到右侧的【变量】列表框中。

> 注意：由于在"大学生生活满意度.sav"文档中，已经通过"变量视图"为变量"Q2""Q3""Q4""Q5""Q6""Q7"和"Q8"添加了文字说明"标签"，因此在图 5-2 的变量列表中同时出现了针对各个变量的文字说明信息。

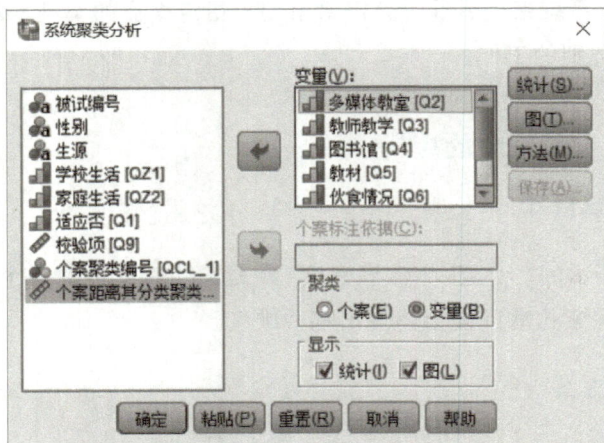

**图 5-2 【系统聚类分析】对话框**

第四，在图 5-2 所示的对话框中，在右侧的"聚类"区域中选中【变量】单选框，表示本案例是针对"变量"的聚类。在"显示"区域中默认选中【统计量】【图】复选框。

第五，单击右上角的【方法】按钮，启动【系统聚类分析：方法】对话框，如图 5-3 所示。在此对话框中，设置【聚类方法】为"组间联接"，对元素间的【度量标准】选择【计数】单选框且为"卡方度量"。然后单击【继续】按钮返回到【系统聚类分析】对话框。

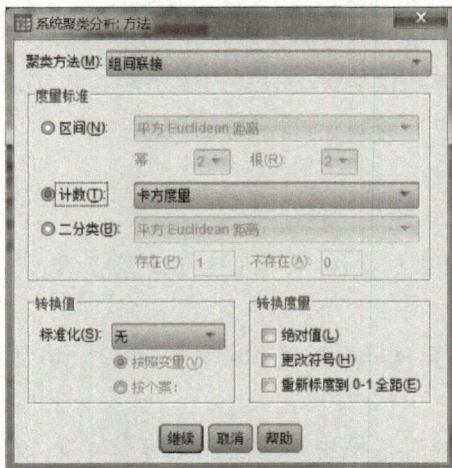

**图 5-3 设置距离的"度量标准"对话框**

第六，完成各项设置后，单击【确定】按钮，启动分层聚类过程。

## (四)解读输出结果

在完成了分层聚类过程之后，可以获得如图 5-4 和图 5-5 所示的输出结果。

### 1. 聚类表

在"聚类表"中列出了变量逐步聚类的过程。首先，由图 5-4 中的第 1 行数据可知，6 号和 7 号变量（即"住宿条件"和"网络环境"）被聚合，其距离系数为 3.867，是最小的。其次，第 2 行数据表示把 1 号和 3 号变量（即"多媒体教室"和"图书馆"）聚合起来，其距离系数为 4.409，是次小的。其他行的解释依此类推。

平均联接（组间）

| 阶段 | 组合聚类 | | 系数 | 首次出现聚类的阶段 | | 下一个阶段 |
|---|---|---|---|---|---|---|
| | 聚类 1 | 聚类 2 | | 聚类 1 | 聚类 2 | |
| 1 | 6 | 7 | 3.867 | 0 | 0 | 5 |
| 2 | 1 | 3 | 4.409 | 0 | 0 | 4 |
| 3 | 2 | 4 | 4.889 | 0 | 0 | 4 |
| 4 | 1 | 2 | 5.281 | 2 | 3 | 6 |
| 5 | 5 | 6 | 6.485 | 0 | 1 | 6 |
| 6 | 1 | 5 | 7.701 | 4 | 5 | 0 |

**图 5-4　对大学生适应性的变量"聚类表"**

### 2. 冰挂图

在聚类完成后，系统自动生成了冰挂图，即图 5-5。在冰挂图中，每个待分类元素占据一列，在列与列之间预留分隔列，系统借助分隔列的填充长度说明相邻两列之间的聚类关系。

在图 5-5 中，"住宿条件"与"网络环境"之间的分隔列基本被填满了，说明这两列是非常密切的，属于比较早被聚合的列。而"伙食情况"与"教材"之间的分隔列几乎为空白，则说明这两列的距离较远，是最后才被聚合的。

### （五）研究结论

系统聚类是变量被逐步聚合的过程，所有元素被逐步地聚合起来，最终变成包含全部元素的一个巨大类别。

从图 5-5 所示的冰挂图可以看出，若以最大的隔离条作为分隔项，调查问卷中的问题就会被分为两大类，一类是与后勤服务工作相关的问题，另一类是与教学工作相关的问题。后勤服务又包含了生活环境和伙食两个方面，而教学领域则包含了与教学直接相关的"教师教学"与"教材"组块和配套教学工作的"图书馆"与"多媒体教室"等组块。同理，也可以用次长的隔离条作为分隔项，把 8 个问题分为 3 大类：其一是"住宿条件"和"网络环境"；其二是"伙食情况"；其三是"教材""教师教学""图书馆"和"多媒体教室"。

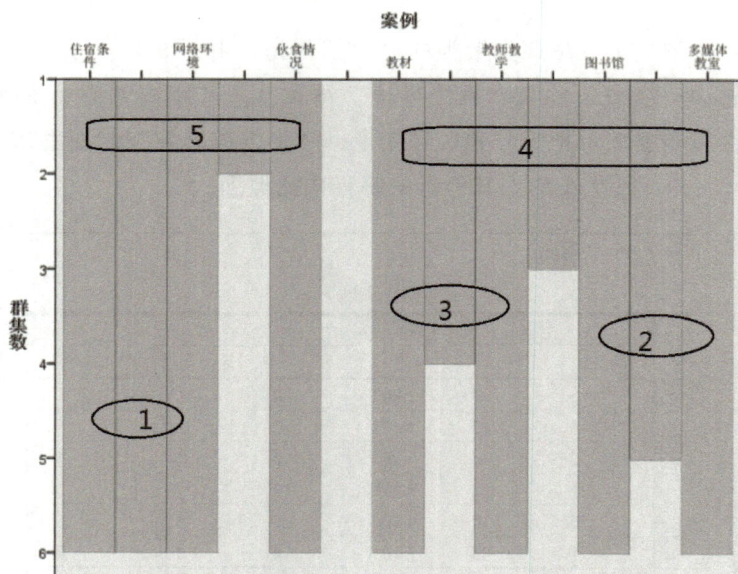

**图 5-5　对大学生适应性的变量"冰挂图"**

对变量的聚类分析能够反映出通过调查数据所体现的调查问题之间的关系，这个结构关系与调查研究初期的调查指标设计初衷是一致的。因此，通过本次聚类分析，可以认为本调查指标具有较好的聚焦度，其结构效度也很好。

### (六)补充说明

除了基于默认的参数实施系统聚类之外，还可基于自己的要求配置一些聚类参数，从而实现特殊的功能。

1. 生成树状图

在图 5-2 所示的界面下，单击右上角的【图】按钮，可以启动如图 5-6 所示的【系统聚类分析：图】对话框。

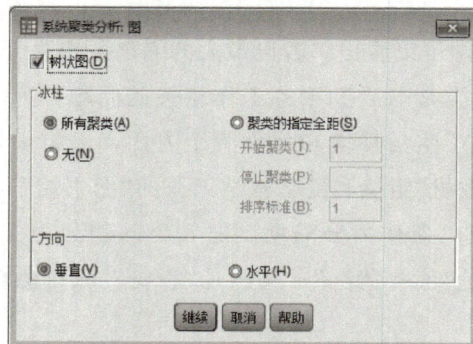

**图 5-6　【系统聚类分析：图】对话框**

在【系统聚类分析：图】对话框中，选中【树状图】（或【谱系图】）复选框，表示要同时生成树状图。那么在执行系统聚类分析后，将会生成如图 5-7 所示的树状图。

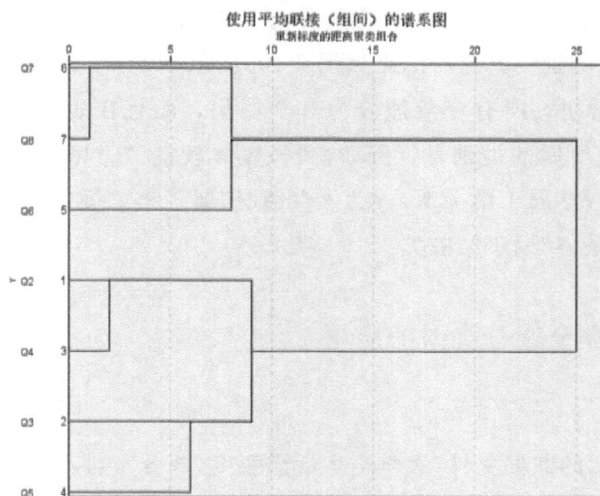

**图 5-7 "系统聚类"生成的树状图**

从图 5-7 可以看出，多个变量被逐层聚类的过程，首先是"Q7"和"Q8"聚合，然后是"Q2"和"Q4"的聚合……最终所有的变量被聚合为一类。

2. 新增需要输出的"统计量"

在图 5-2 所示的界面下，单击右上角的【统计】按钮，可以启动如图 5-8 所示的【系统聚类分析：统计】对话框。

在【系统聚类分析：统计】对话框中，选中【近似值矩阵】复选框，表示要同时生成近似值矩阵。那么，在执行系统聚类分析后，将会生成如图 5-9 所示的近似值矩阵。

在近似值矩阵中，SPSS 的系统聚类自动计算出了各个变量之间的距离。从图 5-9 所示的近似值矩阵中，"多媒体教室"与"教师教学"之间的距离为 4.881，而"多媒体教室"和"网络环境"之间的距离为 6.945。

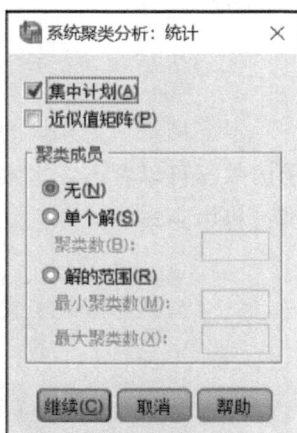

**图 5-8 【系统聚类分析：统计】对话框**

**近似值矩阵**

矩阵文件输入

| 个案 | 多媒体教室 | 教师教学 | 图书馆 | 教材 | 伙食情况 | 网络环境 | 住宿条件 |
|---|---|---|---|---|---|---|---|
| 多媒体教室 | .000 | 4.881 | 4.409 | 4.547 | 7.101 | 6.945 | 8.973 |
| 教师教学 | 4.881 | .000 | 5.780 | 4.889 | 6.445 | 7.258 | 9.381 |
| 图书馆 | 4.409 | 5.780 | .000 | 5.918 | 7.446 | 7.193 | 9.014 |
| 教材 | 4.547 | 4.889 | 5.918 | .000 | 6.729 | 6.903 | 9.020 |
| 伙食情况 | 7.101 | 6.445 | 7.446 | 6.729 | .000 | 5.913 | 7.056 |
| 网络环境 | 6.945 | 7.258 | 7.193 | 6.903 | 5.913 | .000 | 3.867 |
| 住宿条件 | 8.973 | 9.381 | 9.014 | 9.020 | 7.056 | 3.867 | .000 |

**图 5-9 系统聚类分析的近似值矩阵**

在图 5-8 所示的【系统聚类分析：统计】对话框中，如果选中“聚类成员”区域中的【单个解】单选框，并在“聚类数”文本框中输入类别的数量“3”，则能够自动把所有变量分为 3 类，并直接标记出每个变量的所属类别。其输出结果如图 5-10 所示。

从图 5-10 可以看出，所有变量被分为 3 个群集，而且在表格中列出了每个变量所属的类别号。例如，“多媒体教室”“教师教学”“图书馆”和“教材”属于第一类，而“伙食情况”属于第二类，“网络环境”和“住宿条件”属于第三类。

聚类成员

| 个案 | 3 个聚类 |
|---|---|
| 多媒体教室 | 1 |
| 教师教学 | 1 |
| 图书馆 | 1 |
| 教材 | 1 |
| 伙食情况 | 2 |
| 网络环境 | 3 |
| 住宿条件 | 3 |

**图 5-10　系统聚类分析的群集归属**

## 5.3.3　系统聚类在个案分类中的应用

### (一)案例要求

在如图 5-11 所示的数据文件“大学生生活满意度(部分).sav”中，存储的是 56 名学生对“大学生生活满意度调查问卷”的回答数据。采集到的 56 份问卷全部为有效数据。

请根据调查问卷所收集到的数据，对参与调查的学生实施系统聚类(分层聚类)。

### (二)分析解决方案

本案例是一个典型的根据评价数据对个案进行分类的数据分析任务。从图 5-11 所示的数据可以看出，本案例的评价数据均为中高测度的定序型数据，所以对于系统聚类过程中距离的计算方式，可以借助平方欧式距离法，也可以借助卡方测量的方法。

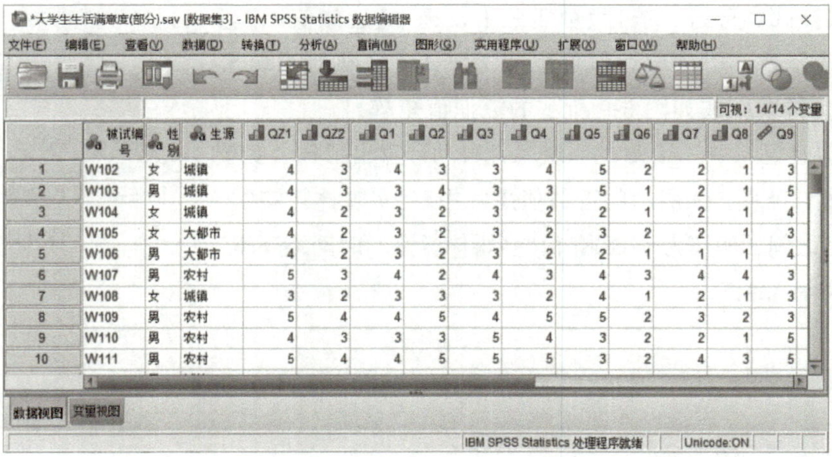

| | 被试编号 | 性别 | 生源 | QZ1 | QZ2 | Q1 | Q2 | Q3 | Q4 | Q5 | Q6 | Q7 | Q8 | Q9 |
|---|---|---|---|---|---|---|---|---|---|---|---|---|---|---|
| 1 | W102 | 女 | 城镇 | 4 | 3 | 4 | 3 | 3 | 4 | 5 | 2 | 2 | 1 | 3 |
| 2 | W103 | 男 | 城镇 | 4 | 3 | 3 | 4 | 3 | 3 | 5 | 1 | 2 | 1 | 5 |
| 3 | W104 | 女 | 城镇 | 4 | 2 | 3 | 2 | 3 | 2 | 2 | 1 | 2 | 1 | 4 |
| 4 | W105 | 女 | 大都市 | 4 | 2 | 3 | 2 | 3 | 2 | 3 | 2 | 2 | 1 | 3 |
| 5 | W106 | 男 | 大都市 | 4 | 2 | 3 | 2 | 3 | 2 | 2 | 1 | 1 | 1 | 4 |
| 6 | W107 | 男 | 农村 | 5 | 3 | 4 | 2 | 4 | 3 | 4 | 3 | 4 | 4 | 3 |
| 7 | W108 | 女 | 城镇 | 3 | 2 | 3 | 3 | 3 | 2 | 4 | 1 | 2 | 1 | 3 |
| 8 | W109 | 男 | 农村 | 5 | 4 | 4 | 5 | 4 | 5 | 5 | 2 | 3 | 2 | 3 |
| 9 | W110 | 男 | 农村 | 4 | 3 | 3 | 3 | 5 | 4 | 3 | 2 | 2 | 1 | 5 |
| 10 | W111 | 男 | 农村 | 5 | 4 | 4 | 5 | 5 | 5 | 3 | 2 | 4 | 3 | 5 |

**图 5-11　待实施聚类分析的原始数据**

本案例将采用平方欧式距离法衡量元素之间的距离。

通过系统聚类可以获得一棵聚类树，通过聚类树中的层次就可以了解学生之间的分类关系。

### (三)操作过程

第一，在 SPSS 下打开数据文件"大学生生活满意度 . sav"，使之处于如图 5-11 所示的数据视图状态。

第二，利用菜单【分析】—【分类】—【系统聚类】命令，启动【系统聚类分析】话框，如图 5-12 所示。

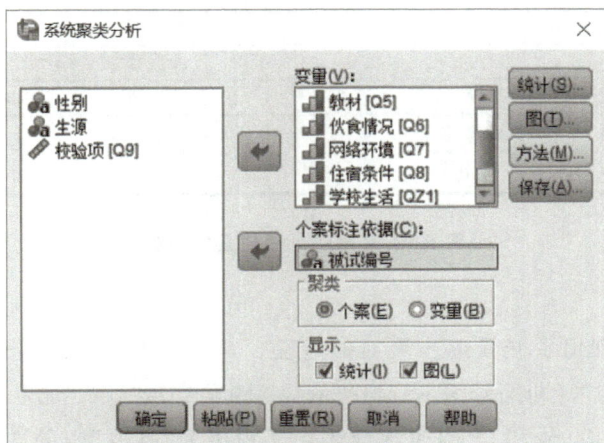

**图 5-12　【系统聚类分析】对话框**

第三，在图 5-12 所示的对话框中，从左侧把评价变量"QZ1""QZ2""Q1""Q2""Q3"～"Q8"的变量添加到右侧的【变量】列表框中；接着把变量"被试编号"添加到【个案标注依据】列表框中。

> 注意：在针对个案的聚类中，为了能够在聚类结果中清晰地呈现聚类结果，增强聚类效果的可读性，通常会把个案的标志性字段添加到【个案标注依据】列表框中，以便在输出聚类结果时能够清晰地标记出每个个案。

第四，在图 5-12 所示的对话框中，在右侧的"聚类"区域中选中【个案】单选框，表示本案例针对个案聚类。在"显示"区域中默认选中【统计】【图】复选框。

第五，单击右上角的【方法】按钮，启动【系统聚类分析：方法】对话框，在此对话框中，设置聚类方法为"组间联接"，元素间距离的度量标准为"区间"—"平方欧式距离"。然后单击【继续】按钮返回到【系统聚类分析】对话框。

第六，在完成各项设置后，单击【确定】按钮，启动系统聚类过程。

## (四)解读输出结果

在完成系统聚类过程后，可以获得如图 5-13 至图 5-15 所示的输出结果。

1. "案例处理摘要"表

在图 5-13 中显示出了聚类分析时参与分析过程的原始数据的总体情况，表示共有 56 个个案参与了聚类过程。这 56 个个案全部为合格数据，没有缺失值。

**个案处理摘要**[a,b]

| | 个案 | | | | | |
|---|---|---|---|---|---|---|
| 有效 | | 缺失 | | 总计 | |
| 个案数 | 百分比 | 个案数 | 百分比 | 个案数 | 百分比 |
| 56 | 100.0 | 0 | .0 | 56 | 100.0 |

a. 平方欧氏距离 使用中
b. 平均联接（组间）

**图 5-13　"案例处理摘要"表格**

2. 聚类表

在"聚类表"中列出了变量逐步聚类的过程。从图 5-14 可以看出，首先把个案"51 号"和"56 号"聚集起来（即编号为 w155 和 w152 的学生），其距离为"系数"中的最小值 0.000；接着把个案 50 号和 55 号聚集起来，其距离为"系数"中的次小值 0.000。其他依此类推。

本表要对 56 个个案进行聚类，表格的长度很长，图 5-14 是压缩掉了第 7～53 行之后的输出结果。

**平均联接（组间）**
**集中计划**

| 阶段 | 组合聚类 | | 系数 | 首次出现聚类的阶段 | | 下一个阶段 |
|---|---|---|---|---|---|---|
| | 聚类 1 | 聚类 2 | | 聚类 1 | 聚类 2 | |
| 1 | 51 | 56 | .000 | 0 | 0 | 14 |
| 2 | 50 | 55 | .000 | 0 | 0 | 20 |
| 3 | 48 | 54 | .000 | 0 | 0 | 34 |
| 4 | 49 | 53 | .000 | 0 | 0 | 33 |
| 5 | 47 | 52 | .000 | 0 | 0 | 8 |
| 6 | 5 | 44 | .000 | 0 | 0 | 13 |
| ...... | ...... | ...... | | | | |
| 54 | 1 | 8 | 20.479 | 51 | 49 | 55 |
| 55 | 1 | 6 | 26.721 | 54 | 53 | 0 |

**图 5-14　"聚类表"输出表格**

3. 冰挂图

在聚类完成后，系统自动生成了冰挂图。在冰挂图中，每个个案占据一列，在列与列之间预留分隔列，系统借助分隔列的填充长度说明相邻两列之间的聚类关系。

基于冰挂图，用户可根据自己的需求，随意设置类别数量。如果要把所有个案划分为两类，则从填充量最小的分隔列分开。此时第一类包含编号为"W127"～"W107"的学生，把右侧其他编号的学生作为第二类。如果想把所有个案划分为三类，则可用次短的分隔列作为划分依据，即把图 5-15 中编号为"W127"～"W107"的学生作为第一类，把编号为"W153"～"W109"的学生作为第二类，把右侧其他编号的学生作为第三类。

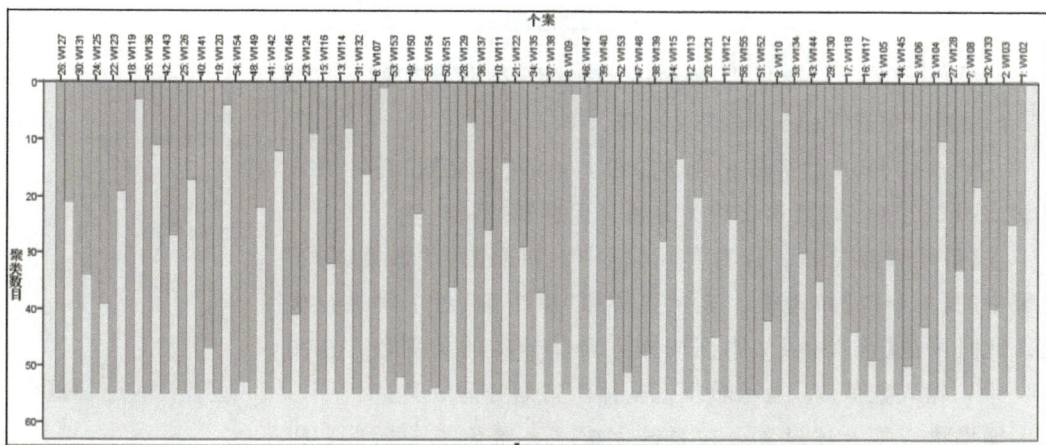

**图 5-15　聚类分析的冰挂图**

## (五)补充说明

除了基于默认的参数实施系统聚类之外，还可基于自己的要求配置一些聚类参数，从而实现特殊的功能。

1. 生成树状图

在图 5-12 所示的界面下，单击右上角的【图】按钮，可以启动【系统聚类分析：图】对话框。在【系统聚类分析：图】对话框中，选中【树状图】(或【谱系图】)复选框，表示要同时生成树状图。那么在执行系统聚类分析后，将会生成如图 5-16 所示的谱系图(注：因为此图过长，为便于呈现，已经裁剪掉了其中的局部内容)。

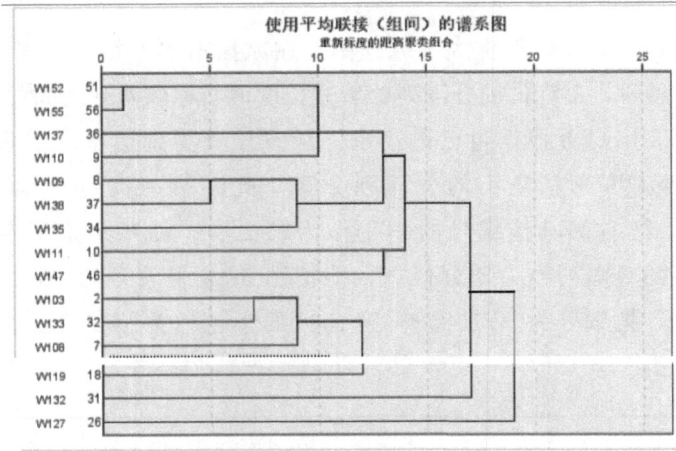

图 5-16　对个案分类的"谱系图"

2. 利用"保存"功能保存聚类结果

在图 5-12 所示的界面下，单击右上角的【保存】按钮，可以启动如图 5-17 所示的【系统聚类分析：保存】对话框。

在【系统聚类分析：保存】对话框中，如果选中"聚类成员"区域中的【单个解】单选框，表示要按照"单个解"对个案进行聚类。此时可在【聚类数】文本框中输入希望分类的类别数。在图 5-17 中，输入数值 5，表示希望把全体个案划分为 5 类。

如果执行了上述设置，在系统完成了系统聚类分析后，将会在原始数据表的最右边新增一列"CLU5_1"，而且在此列中标记出每个个案的所属类别号。其输出结果如图 5-18 所示，其中新列 CLU5_1 中的数值就是每个学生所在类的类编号。

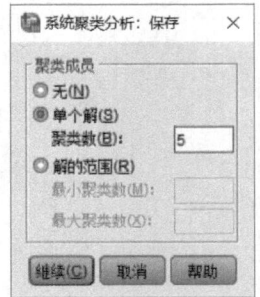

图 5-17　【系统聚类分析：保存】对话框

图 5-18　对学生个体实施聚类分析后的数据表结构

注意：只有针对个案的系统聚类才可以使用【保存】按钮。对于变量的系统聚类，要想标记出变量的所属类别，则需要在【统计】按钮对应的对话框中设置。

# 5.4
# K-Means 聚类分析

## 本节学习目标

了解 K-Means 聚类的概念和设计思想；掌握以 K-Means 聚类算法对大规模样本实施分类的原理、操作方法和参数设置方法。

## 5.4.1　K-Means 聚类概述

系统聚类解决了自行确定类别中心并依据最短距离逐层归类的问题，在样本规模非常大（超过几千个个案）的情况下，系统聚类存在效率不足的问题。

K-Means 聚类（简称快速聚类）是在明确类别中心点和类别数量情形下的归类技术，具有高效、便捷的特点。

### （一）K-Means 聚类的定义

K-Means 聚类，即快速聚类，其最初的思路是在预设类别中心点和指定类别数的情况下，让大批量个案快速地依附到各个类别中心点，从而实现快速归类的过程。

快速聚类本质上是一种个案聚类（类似于 Q 聚类）。

### （二）K-Means 聚类的特点

最初的 K-Means 聚类必须满足两个条件：①指定类别数目；②明确类别中心。在这一指导思想下，由于类别中心和类别数目都已经明确，因此对个案的归类就变得非常简单、快捷：只需判断当前个案距离哪一个类别中心最近，就让个案直接归结到哪一个类别之中。

随着 K-Means 聚类技术的发展，为了纠正类别中心不准确或者缺乏初始类别中心等问题，K-Means 聚类也允许用户事先不指定类别中心，而是由系统借助小规模样本自动以迭代的方式生成各个类别中心点，以便 SPSS 系统借助这些中心点实现 K-Means 聚类。

基于 K-Means 聚类模型，可以快速地实现大规模样本的归类，能够快速地结束聚类过程。

### （三）K-Means 聚类的方式

K-Means 聚类共有两种基本方式，其一是迭代与分类，其二是仅分类。

迭代与分类，是指在开始对个案实施归类前，先要基于个案数据执行迭代操作，确定类中心，然后再执行归类操作。迭代与分类方式，既可以施加于已有类中心的归类操作，也可以施加于尚没有类中心的归类操作。如果施加于已有类中心的归类操作，系统会先以给定的类中心为基础，进行迭代，确立更加优质的类中心。

仅分类，是指仅仅做分类操作，不做确立类中心的工作，因此这种方式通常用于类中心已经确定且不允许修改的情况下。

### （四）K-Means 聚类的常见工作流程

#### 1. K-Means 聚类的输入与输出

根据 K-Means 聚类的定义，在执行 K-Means 聚类时应该提供待分析的原始数据、聚类数目值和初始的类中心。类中心信息可由指定的数据集或数据文件提供。如果没有提供初始类中心，则需要选择迭代与分类模式由系统自动产生类中心。

在完成 K-Means 聚类后，系统应该能完成对所有个案的分类，同时产生新的类中心点。

#### 2. 大规模个案 K-Means 聚类的一般流程

在希望对大规模的个案进行聚类时，通常不是直接对全部个案实施迭代与分类方式的聚类，而是按照以下流程操作。

首先，抽取部分有代表性的样本，实施小规模样本的迭代与分类，生成合适的类中心，并把类中心信息存储在指定的数据集中。

其次，启动针对大规模样本的 K-Means 聚类命令，读取已经存储在指定数据集中的类中心信息，借助已有的类中心，使用仅分类方式快速地对大规模样本归类。

## 5.4.2　K-Means 聚类实用案例

### （一）案例需求

已知，对于大学生对大学生活的满意情况，笔者设计调查问卷并组织被试进行了调查。现在获得了一个大规模样本集"大学生生活满意度 .sav"和小规模样本集"大学生生活满意度（部分）. sav"，如图 5-19 所示。

请在小规模样本集 K-Means 聚类的基础上，实现对大规模样本集的 K-Means 聚类

（分为 5 类），以便掌握被调查学生之间的内在相似关系。

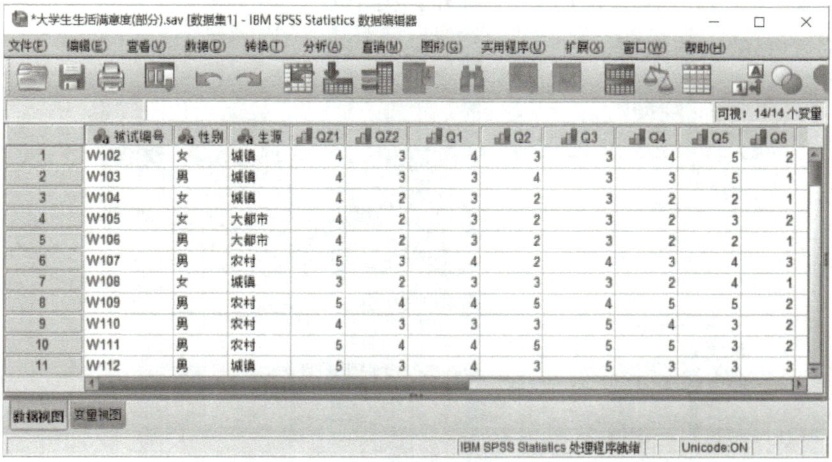


| | 被试编号 | 性别 | 生源 | QZ1 | QZ2 | Q1 | Q2 | Q3 | Q4 | Q5 | Q6 |
|---|---|---|---|---|---|---|---|---|---|---|---|
| 1 | W102 | 女 | 城镇 | 4 | 3 | 4 | 3 | 3 | 4 | 5 | 2 |
| 2 | W103 | 男 | 城镇 | 4 | 3 | 3 | 4 | 3 | 3 | 5 | 1 |
| 3 | W104 | 女 | 城镇 | 4 | 2 | 3 | 2 | 3 | 2 | 2 | 1 |
| 4 | W105 | 女 | 大都市 | 4 | 2 | 3 | 2 | 3 | 2 | 3 | 2 |
| 5 | W106 | 男 | 大都市 | 4 | 2 | 3 | 2 | 3 | 2 | 2 | 1 |
| 6 | W107 | 男 | 农村 | 5 | 3 | 4 | 2 | 4 | 3 | 4 | 3 |
| 7 | W108 | 女 | 城镇 | 3 | 2 | 3 | 3 | 3 | 2 | 4 | 1 |
| 8 | W109 | 男 | 农村 | 5 | 4 | 4 | 5 | 4 | 5 | 5 | 2 |
| 9 | W110 | 男 | 农村 | 4 | 3 | 3 | 3 | 5 | 4 | 3 | 2 |
| 10 | W111 | 男 | 农村 | 5 | 4 | 4 | 5 | 5 | 5 | 3 | 2 |
| 11 | W112 | 男 | 城镇 | 5 | 3 | 4 | 3 | 5 | 3 | 3 | 3 |

**图 5-19　大学生生活满意度(部分)数据集**

### (二)分析解决方案

对于本案例所要求的任务，由于没有事先提供类中心集合，但要求把所有个案分为 5 类，因此可以先借助小规模样本集生成类中心集，然后让大规模样本在已知类中心集的基础上完成快速归类。

### (三)操作流程

第一，在 SPSS 下打开数据文件“大学生活满意度(部分).sav”，使之处于如图 5-19 所示的数据视图状态。

第二，利用菜单【分析】—【分类】—【K-Means 聚类】命令，启动【K-均值聚类分析】对话框，如图 5-20 所示。

第三，在【K-均值聚类分析】对话框中，先把 10 个评价变量“学校生活”“家庭生活”和“适应否”等添加到右侧的【变量】列表框中，然后把个案的标记字段“被试编号”添加到右侧的【个案标注依据】列表框中。

第四，在【K-均值聚类分析】对话框中，输入【聚类数】的值为 5，选择聚类分析【方法】为“迭代与分类”。

第五，在【K-均值聚类分析】对话框中，把左下角的【写入最终聚类中心】复选框选中，并设置类中心的存储位置为【新数据集】，其名字为“My”。

第六，完成设置后，立即单击【确定】按钮，执行针对小规模样本的 K-Means 聚类操作。此时系统会在输出界面中生成“初始聚类中心”“迭代历史记录”“最终聚类中心”

等表格。并同时在当前 SPSS 中新创建一个数据集"My"，在"My"中呈现出了最终类中心的信息，如图 5-21 所示。由图 5-21 可知，类中心信息共有 5 行，每行是一个类别的类中心在各个变量上的取值。

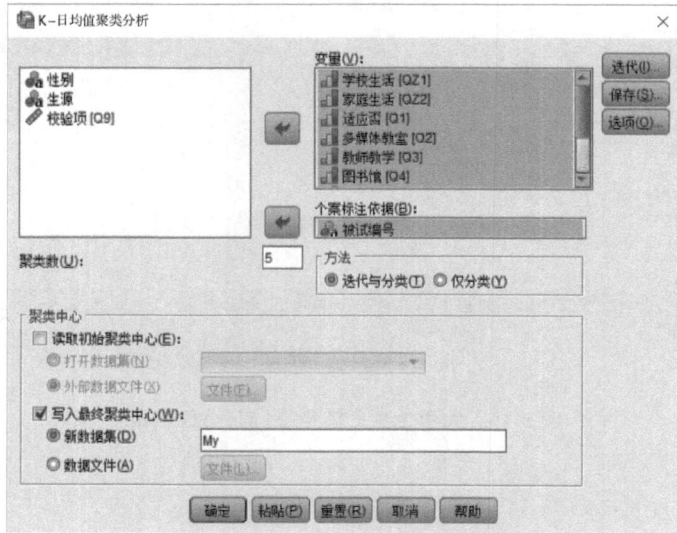

图 5-20　【K-均值聚类分析】对话框

图 5-21　新生成的类中心数据集

第七，打开大规模样本文件"大学生生活满意度.sav"，进入数据视图状态。然后，利用菜单【分析】—【分类】—【K-Means 聚类】命令，启动【K 均值聚类分析】对话框。

第八，在【K-均值聚类分析】对话框中，先把 10 个评价变量"QZ1""QZ2"和"Q1"～"Q8"添加到右侧的【变量】列表框中，然后把个案的标记字段"被试编号"添加到右侧的【个案标注依据】列表框中。接着，在【K-均值聚类分析】对话框中，在【聚类数】中输入 5，选择聚类分析【方法】为"仅分类"。最后，在【K-均值聚类分析】对话框中，把左下角的【读取初始聚类中心】复选框选中，并设置类中心的存储位置为【打开数据集】，选中名字为"未标题 2(My)"的数据集。所有设置完毕，其效果如图 5-22 所示。

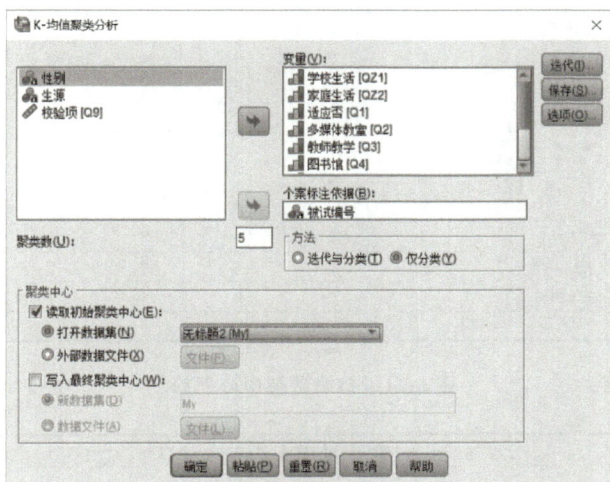

**图 5-22　对大规模样本的 K-Means 聚类的设置**

第九，在【K-均值聚类分析】对话框中，单击右上角的【保存】按钮，打开【K-Means 群集聚类：保存】对话框，如图 5-23 所示。在此对话框中，把【聚类成员】和【与聚类中心的距离】两个复选框选中。

第十，完成设置后，立即单击【确定】按钮，执行针对大规模样本的 K-Means 聚类操作。

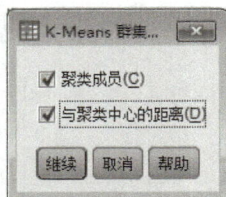

**图 5-23　【K-Means 群集聚类：保存】对话框**

### (四)解读输出结果

在执行了针对大规模样本的 K-Means 聚类后，主要得到如图 5-24 至图 5-27 的表格，并在原始数据表中增加了"QCL_1"和"QCL_2"。

1. 初始聚类中心

系统输出的第一个表格就是"初始聚类中心"表格，即从数据集 My 中读取的类中心信息，如图 5-24 所示。

2. 最终聚类中心

系统输出的第二个表格就是"最终聚类中心"表格。它是指原始类中心在被附加了大量新个案后类中心的位置。由于本案例选择的聚类方式是"仅分类"，因此这里的类中心仅仅是对原类结点变得庞大之后的简单调整，与迭代后的类中心变化有根本的不同，如图 5-25 所示。

**初始聚类中心**

| | 聚类 | | | | |
|---|---|---|---|---|---|
| | 1 | 2 | 3 | 4 | 5 |
| 学校生活 | 5 | 5 | 4 | 5 | 4 |
| 家庭生活 | 4 | 3 | 3 | 4 | 2 |
| 适应否 | 4 | 4 | 4 | 4 | 3 |
| 多媒体教室 | 4 | 3 | 3 | 4 | 3 |
| 教师教学 | 5 | 4 | 3 | 5 | 3 |
| 图书馆 | 4 | 4 | 2 | 4 | 2 |
| 教材 | 5 | 3 | 3 | 4 | 3 |
| 伙食情况 | 3 | 2 | 3 | 3 | 1 |
| 网络环境 | 2 | 2 | 4 | 5 | 2 |
| 住宿条件 | 1 | 2 | 4 | 4 | 1 |

从 FILE 子命令输入

图 5-24　初始聚类中心表格

**最终聚类中心**

| | 聚类 | | | | |
|---|---|---|---|---|---|
| | 1 | 2 | 3 | 4 | 5 |
| 学校生活 | 5 | 4 | 4 | 5 | 4 |
| 家庭生活 | 4 | 3 | 3 | 4 | 2 |
| 适应否 | 4 | 4 | 4 | 4 | 3 |
| 多媒体教室 | 4 | 3 | 3 | 4 | 2 |
| 教师教学 | 5 | 4 | 4 | 5 | 3 |
| 图书馆 | 4 | 3 | 2 | 4 | 2 |
| 教材 | 5 | 3 | 4 | 4 | 3 |
| 伙食情况 | 3 | 2 | 3 | 3 | 2 |
| 网络环境 | 2 | 2 | 4 | 4 | 2 |
| 住宿条件 | 2 | 1 | 4 | 4 | 1 |

图 5-25　最终聚类中心表格

### 3. 每个聚类中的案例数

系统输出的第三个表格是"每个聚类中的个案数目",说明了按照预先提供的类中心,聚类后在每个类别中有多少个个案。由图 5-26 可知,归类到第一类中的个案最多,共有 40 个,归类到第三类的个案仅有 22 个,各类中的个案数并不平衡。

**每个聚类中的个案数目**

| 聚类 | 1 | 40.000 |
|---|---|---|
| | 2 | 25.000 |
| | 3 | 22.000 |
| | 4 | 29.000 |
| | 5 | 40.000 |
| 有效 | | 156.000 |
| 缺失 | | .000 |

图 5-26　每个聚类中的个案数目

4．每个个案的所属类别

在原始数据表的右侧新增两列，其中 QCL＿1 列中的数据声明了每个个案的所属类别，而 QCL＿2 列中的数据声明了每个个案与类中心的距离，如图 5-27 所示。

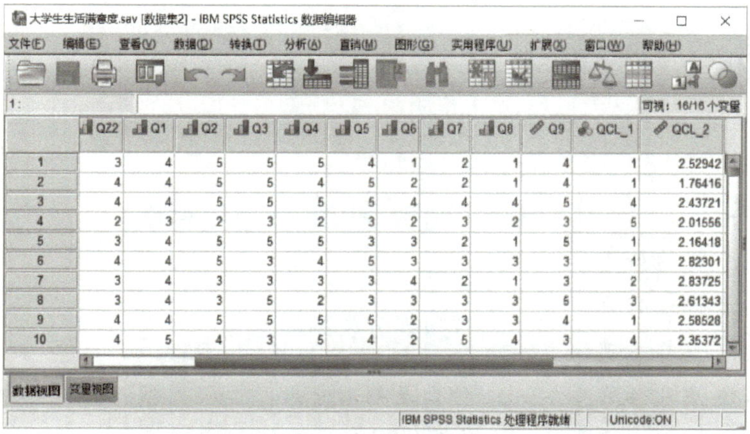

图 5-27　K-Means 聚类后的新增列及其数据

## (五) 补充说明

①K-Means 聚类适合对大规模样本的聚类。在针对大规模样本的处理中，K-Means 聚类可先借助小规模样本创建类中心，然后可以用这个类中心信息实现 K-Means 聚类。

②本案例中所使用样本的规模并不大，完全可以直接使用"迭代与分类"的方式完成对全部个案的 K-Means 聚类。这里之所以还是使用部分样本构造类中心，然后基于类中心对全体样本实施 K-Means 聚类，是因为想把 K-Means 聚类的具体流程呈现给大家。

③基于已有类中心的"仅分类"方式对大规模样本 K-Means 聚类，与直接对大规模样本"迭代与分类"有本质的区别。尽管以"仅分类"方式对大规模样本快速分类后也会引起类中心的变化，但这种变化仅仅是基于类结点变大后的简单调整，与基于"迭代"的类中心完善有很大的不同。因此，如果样本的规模不是非常庞大，计算机的运行能力能够承受，那么使用"迭代与分类"的方式执行 K-Means 聚类是比较好的。

④在【K-均值聚类分析】主对话框中，可以单击右上角的【迭代】按钮，打开【迭代】对话框。在此对话框中，可设置迭代次数，或者限定"迭代"的结束标准，以免因采用过于复杂的迭代过程而影响系统的分类效率。

340

# 5.5
# 判别分析

🎯 **本节学习目标**

　　了解判别分析的概念及设计思想；掌握以判别分析算法对大规模样本实施分类的操作方法及参数设置方法；掌握判别方程质量的评价方法。

## 5.5.1　判别分析的概念与思路

### （一）判别分析的概念

**1. 什么是判别分析**

　　在数据处理中，常常有这样一种现象：现在已经有若干样本被正确地分类了，但不清楚分类的依据是什么。同时，未来还会有大量未被分类的样本，需要按照上述规则判定这些样本的所属类别。

　　为此，需要根据已被正确分类的样本及其属性进行数据分析，找出影响样本归类的关键因素，甚至获得一个判别函数；然后依据判别函数，对未来样本进行判别。这种解决问题的方法就是判别分析（Discriminant Analysis）。

**2. 判别分析的工作流程**

　　判别分析的工作流程类似于多元线性回归。在多元线性回归中，人们基于已有数据实施回归分析并最终构造出回归模型，然后可以利用回归模型对其他个案的因变量取值进行预测。

　　判别分析的工作思路是：基于已有的个案及其分类情况（已有类别号），实施基于线性模型的分析，寻求能够决定个案类别归属的判别函数式，然后借助判别函数来对未归类个案实施判定。

　　在针对个案的判别分析中，判别函数的质量直接影响着判别的正确率，因此寻求优质的判别函数对判别分析有重要价值。

**3. 判别分析的价值**

　　判别分析的价值主要体现在两个方面：①对未来个案自动归类或预测；②修正当前已归类个案中的不严谨结论。

　　基于已分类的部分个案开展分析并最终获得判别函数式，然后再依据判别函数式重新对已分类个案进行判断，可以检查判别函数式的质量。如果判定值与原始类别号的吻合度较高(达到 85％以上)，则表示判别函数式有效，可以借助这个判别函数式对未来个案进行归类。与此同时，还可进一步检查判定值与原始类别号不能吻合的那些个案，看看这些个案的归类是否存在问题。

### (二)判别分析与 Q 聚类分析的异同

1. 相同点

两者都是基于个案的多属性取值对个案进行归类的。

2. 不同点

首先，原始数据的性质不同。Q 聚类分析的原始数据全部是待归类数据；而判别分析的原始数据中应该包含已经归好类的部分个案，还可以有未归类的个案。

其次，目标不同。Q 聚类分析对现有的个案进行分类，以完成分类为目的；而判别分析以寻找一个对个案集进行判别的规则为最终目标，需要它判定的个案可能尚未出现。

最后，操作思路不同。Q 聚类分析是分析现有个案之间的距离，实现个案归类的；判别分析是根据已有分类数据的特征，逆向分析各类别个案的关键特征，是系统智能化学习的过程。

### (三)判别分析的两种思路

在 SPSS 中，判别分析的实现共有两种思路，分别是 Fisher 判别和 Bayes 判别。其中，Bayes 判别又被称为分类判别式。无论是 Fisher 判别还是 Bayes 判别，都基于一组线性判别函数式。

1. Fisher 判别法

所谓 Fisher 判别法，是一种基于多维坐标系的判定方式。如果待研究个案被分为 $K$ 类，那么系统可创建一个 $K-1$ 维的坐标系，每个类别的中心都是坐标系中的一个点，被称为组质心。

Fisher 判别法的目标就是创建 $K-1$ 个判别函数式，然后可把待归类个案的各属性取值代入 $K-1$ 个判别函数式中，最终得到一个由 $K-1$ 个数值构成的坐标点。这个坐标点距离哪个组质心更近，就归类到哪个类别中。

假设某个案集的个案被分为 3 类，如果采用 Fisher 判别法就需要构成一个二维的平面直角坐标系，在这个坐标系中有 3 个质心点。在执行 Fisher 判别分析后，系统应该创建两个函数式，分别可以计算出每个个案所对应点的 $X$ 坐标和 $Y$ 坐标，然后通过计算这个点与各个质心的距离，找到与当前点距离最小的质心点，从而确定当前个案的归属。

注意：在 Fisher 判别法之下，如果某个函数式的影响力很强，而其他函数式的影响力很弱，则有可能产生少于 $K-1$ 个函数式的情况。例如，若某个个案集被分为 3 类，而且其三个组质心点水平排列在平面坐标系中，那么只有与水平坐标相关的函数式才具有决定性作用，其他函数式则没有多大的影响力。

### 2. Bayes 判别法

Bayes 判别法，也叫分类判别法。它的基本思路是：直接为每个归类类别产生一个判别函数式，即根据个案的分类类别数直接产生对应数目的判别函数式。如果原始个案被分为 $K$ 类，则直接产生 $K$ 个函数式。对于待判定类别的个案，直接把该个案各属性的取值代入每个判别函数式中，哪个函数式的值最大，该个案就被划归到哪个类别中。

例如，某原始个案集被分为 4 类，则分别产生了 Y1、Y2、Y3 和 Y4 四个函数式。对于待分类的个案 H，可以把 H 的各个属性值分别代入函数式 Y1、Y2、Y3 和 Y4 中，然后比较 4 个数值的大小。假设最终结果是 Y3 最大，那么这个个案就属于第 3 类。

### (四)判别分析的实现条件与输出

#### 1. 实施判别分析的基本前提条件

要实现判别分析，必须具备一定量的已经被正确归类的原始个案；同时要有关于这些个案的客观数据，包括类别号、个案的多个属性及其取值。

#### 2. 判别分析的输出

判别分析完成后，输出数据将以表格的方式呈现，主要包括 3 类数据。①对判别分析质量的整体性评价。②判别函数式。根据用户选择的参数，可能输出标准化和非标准化的 Fisher 函数式，还有可能输出 Bayes 函数式，也叫分类函数式。③针对判别函数式的评价表。利用针对函数式的评价表，可以评价判别函数式的质量。

### (五)判别分析过程中对自变量的筛选

与多元线性回归分析相似，判别函数式也是包含多个自变量的多元线性方程。因此在设计判别函数式时，同样存在多个自变量进入与筛选的问题。

#### 1. 使用全部自变量法

使用全部自变量法，即"Enter Independent Together"。其含义是把用户提供的所有自变量都直接纳入判别函数式中，无论这些变量对函数式的作用力到底有多大。这种方法是系统默认的方法。

#### 2. 使用步进方法

使用步进方法，即"Use Stepwise Method"，即让自变量逐个尝试进入函数式。如果进入函数式中的自变量符合条件，则保留在函数式中。否则，将从函数式中剔除。

在步进方法下，自变量的筛选技术又包括以下几种。

（1）威尔克斯 λ 值法

威尔克斯 λ 值法，即"Wilks'Lambda"，它是组内平方和与总平方和之比，用于描述各组的均值是否存在显著差异。当所有观测组的均值都相等时，组间变异很小，Wilks'Lambda 值为 1；当组内变异与总变异相差很小时，表示组间变异较大，Wilks'Lambda 值接近 0。

在判别分析中，希望自变量的不同取值能够引起组间变异，所以要选择威尔克斯 λ 值最小的自变量优先进入判别函数式。这是 SPSS 在选择"步进方法"时的默认方法。

（2）未解释方差法

未解释方差法，即"Unexplained Variance"，它把计算残余最小的自变量优先纳入判别函数式中。

（3）马氏距离法

马氏距离法，即"Mahalanobis Distance"，它把马氏距离最大的自变量优先纳入判别函数式中。

（4）最小 F 比率法

最小 F 比率法，即"Smallest F Ratio"，它把方差差异最大的（即方差比率最小的）自变量优先纳入判别函数式中。

（5）劳氏增值法

劳氏增值法，即"Rao's V"，它把导致劳氏统计量 V 产生最大增值的自变量优先纳入判别函数式中。

## 5.5.2　判别分析应用案例

### （一）案例要求

已知，对于大学生对大学生活的满意情况，笔者设计调查问卷并组织被试进行了调查。其研究目标及数据情况如 5.2 所示。现在获得了一个大规模样本集"大学生生活满意度 .sav"和小规模样本集"大学生生活满意度（部分）.sav"，如图 5-28 所示。

已知，在小样本数据集中已经对学生做了分类，分类结果存储在变量"Type"中。请根据已有的分类生成判别函数式，以便在未来能利用判别函数式对大样本数据进行分类判别。

图 5-28 待实施判别分析的原始数据

## (二)分析解决方案

本案例是一个典型的判别分析型题目,可以用"Type"作为因变量,以"QZ1""QZ2""Q1"至"Q8"等分项变量作为自变量,创建判别分析,获得判别函数,利用判别函数解决未归类学生的分类。

由图 5-28 所示的数据列 Type 可知,目前的个案被划分为 3 类。因此判别函数将按照最终划分为 3 类进行处理。

## (三)操作流程

第一,以 SPSS 打开"大学生生活满意度(部分).sav"文档,进入数据视图状态。

第二,利用菜单【分析】—【分类】—【判别】命令,打开【判别分析】对话框,如图 5-29 所示。

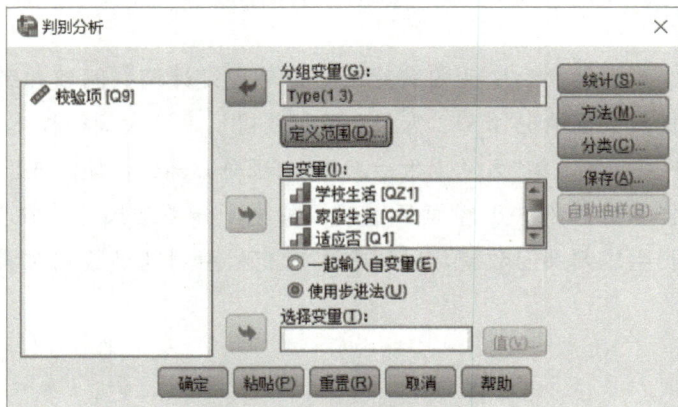

图 5-29 【判别分析】对话框

第三，在【判别分析】对话框中，首先把变量"Type"添加到右侧的【分组变量】列表中，并单击【定义范围】按钮，以便把类别范围设定为 1～3。然后，把"QZ1""QZ2""Q1"至"Q8"等分项变量添加到【自变量】列表框中。设置自变量的筛选方式为【使用步进法】，其他项目均采用默认值。

第四，在【判别分析】对话框中，单击右上角的【保存】按钮，打开【判别分析：保存】对话框。在此对话框中，把左上角的【预测组成员】和【判别得分】复选框选中，如图5-30 所示。然后单击【继续】，以便回到【判别分析】对话框。

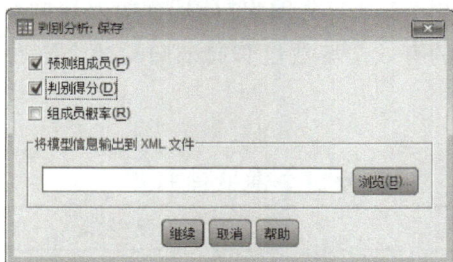

**图 5-30　【判别分析：保存】对话框**

第五，单击【确定】按钮，启动判别分析过程。

### (四)解读输出结果

对于本案例的判别分析，基于前面的各项设置，可以获得以下关键的输出信息。

1. 输出判别分析结果

由于在图 5-30 中要求生成"预测组成员"和"判别得分"，因此在执行判别分析功能后，将会在原始数据表右侧新增 3 列，依次为"Dis_1""Dis1_1"和"Dis2_1"，如图5-31 所示。

**图 5-31　"判别分析"对个案的归类结果**

其中，Dis ＿ 1 列中的数据就是判别分析过程对原始个案做出的分类判定，其中的数据就是依据判别函数所获得的类别号，Dis ＿ 1 值与 Type 的重合率越高越好。

由于本案例共有 3 类，系统默认使用 Fisher 判定方式，应该自动生成 2 个判别函数。Dis1 ＿ 1 中的值就是个案属性值代入第 1 个判别函数式之后的计算结果；而 Dis2 ＿ 1 的值就是个案的属性值代入第 2 个判别函数式之后的计算结果。系统以这两个值距离哪个组质心更近，就判定当前个案归为哪个类别。

2."分析个案的处理摘要"表格

在 SPSS 的输出界面中，系统首先给出"分析个案处理摘要"表格，如图 5-32 所示。此表格说明了原始数据中的有效个案数量和尚未归类的个案数量。原始数据共有 56 个个案，其中有效个案 56 个。

**分析个案处理摘要**

| 未加权个案数 | | 个案数 | 百分比 |
|---|---|---|---|
| 有效 | | 56 | 100.0 |
| 排除 | 缺失或超出范围组代码 | 0 | .0 |
| | 至少一个缺失判别变量 | 0 | .0 |
| | 既包括缺失或超出范围组代码，也包括至少一个缺失判别变量 | 0 | .0 |
| | 总计 | 0 | .0 |
| 总计 | | 56 | 100.0 |

**图 5-32　"分析个案处理摘要"表格**

3."步进方式"筛选自变量的情况

在执行判别分析命令后，SPSS 会输出如图 5-33 所示的"分析 1"区块，用于显示系统筛选自变量并逐步把自变量纳入判别模型内的过程。

从如图 5-33 所示的"分析 1"区块可以看出，在以"步进方式"筛选自变量的方式下，SPSS 经过 4 个步骤完成了自变量的筛选。由于采用"步进"自动筛选，因此进入方程中的自变量依次为"住宿条件""家庭生活""图书馆"和"伙食情况"，其他四个变量则没有进入方程，如图 5-33 所示。随着自变量的增加，其威尔克斯 λ"统计"值逐步降低，标志着判别函数的影响力越来越大，而且全体入选自变量的显著性值均为 0，标志着它们的影响力是显著的。

在"包括在分析中的变量"表格中，显示出了 4 种模型中自变量进入的过程，其方差分析的 F 值和威尔克斯 λ 值的变化情况。各个自变量对应的"精确 F"值远大于 2，也说明了自变量的影响力是显著的。

| 分析1 | | \multicolumn{9}{c}{输入/除去的变量a,b,c,d} |
|---|---|---|

**输入/除去的变量a,b,c,d**

| 步骤 | 输入 | \multicolumn{4}{c}{威尔克 Lambda} | \multicolumn{4}{c}{精确 F} |
|---|---|---|---|---|---|---|---|---|---|
| | | 统计 | 自由度 1 | 自由度 2 | 自由度 3 | 统计 | 自由度 1 | 自由度 2 | 显著性 |
| 1 | 住宿条件 | .185 | 1 | 2 | 53.000 | 116.609 | 2 | 53.000 | .000 |
| 2 | 家庭生活 | .086 | 2 | 2 | 53.000 | 62.810 | 4 | 104.000 | .000 |
| 3 | 图书馆 | .063 | 3 | 2 | 53.000 | 50.610 | 6 | 102.000 | .000 |
| 4 | 伙食情况 | .054 | 4 | 2 | 53.000 | 41.524 | 8 | 100.000 | .000 |

在每个步骤中，将输入可以使总体威尔克 Lambda 最小化的变量。

　a. 最大步骤数为 20。

　b. 要输入的最小偏 F 为 3.84。

　c. 要除去的最大偏 F 为 2.71。

**包括在分析中的变量**

| 步骤 | | 容差 | 要除去的 F | 威尔克 Lambda |
|---|---|---|---|---|
| 1 | 住宿条件 | 1.000 | 116.609 | |
| 2 | 住宿条件 | .852 | 86.997 | .372 |
| | 家庭生活 | .852 | 30.173 | .185 |
| 3 | 住宿条件 | .813 | 64.046 | .222 |
| | 家庭生活 | .572 | 14.152 | .098 |
| | 图书馆 | .566 | 9.069 | .086 |
| 4 | 住宿条件 | .813 | 62.792 | .188 |
| | 家庭生活 | .548 | 6.756 | .068 |
| | 图书馆 | .552 | 8.624 | .072 |
| | 伙食情况 | .955 | 4.524 | .063 |

**图 5-33　自变量的筛选步骤**

**4."威尔克斯 λ"表格**

SPSS 利用"威尔克斯 λ"对四个模型的情况进行了评价。由图 5-34 可知，四种模型的威尔克斯 λ 值均远小于 1，而且第 4 个模型(包含 4 个自变量)的威尔克斯 λ 值仅有 0.054，而且所有模型的 $Sig$ 值都是 0.000，远小于 0.05。因此，从总体上讲，这四个模型都是有效的。

**威尔克斯 λ**

| 步骤 | 变量数 | Lambda | 自由度 1 | 自由度 2 | 自由度 3 | \multicolumn{4}{c}{精确 F} |
|---|---|---|---|---|---|---|---|---|---|
| | | | | | | 统计 | 自由度 1 | 自由度 2 | 显著性 |
| 1 | 1 | .185 | 1 | 2 | 53 | 116.609 | 2 | 53.000 | .000 |
| 2 | 2 | .086 | 2 | 2 | 53 | 62.810 | 4 | 104.000 | .000 |
| 3 | 3 | .063 | 3 | 2 | 53 | 50.610 | 6 | 102.000 | .000 |
| 4 | 4 | .054 | 4 | 2 | 53 | 41.524 | 8 | 100.000 | .000 |

**图 5-34　威尔克斯 λ 表格**

对于上述 4 个模型，以第 4 个模型为最终结果。

5."典型判别函数摘要"表格

在 SPSS 的判别分析中，会输出"典则判别函数摘要"系列表格，如图 5-35 所示。

在"特征值"表格中可以看出，本次判别分析共生成了两个判别函数式，其中"函数式 1"的特征值大于 1，而且解释了 80.1％的方差，而"函数式 2"的特征值接近 1，只解释了 19.9％的方差。因此，对于这两个判别函数式，第 1 个函数式的作用较强，第 2 个函数式的作用稍微弱些。

从"典则判别函数摘要"的第 2 个表格"威尔克斯 λ"中也能看出，"函数式 1"的威尔克斯 λ 值很小，达到了 0.054，而其卡方检验值为 150.762，是个比较大的数值，而且其检验概率值为 0.000，这些数据都说明"函数式 1"的作用是非常显著的，而"函数式 2"的影响力稍微弱些。

因此，图 5-35 中两个表格的结论是一致的。

**典则判别函数摘要**

特征值

| 函数 | 特征值 | 方差百分比 | 累计百分比 | 典型相关性 |
|---|---|---|---|---|
| 1 | 6.282$^a$ | 80.1 | 80.1 | .929 |
| 2 | 1.565$^a$ | 19.9 | 100.0 | .781 |

a. 在分析中使用了前 2 个典则判别函数。

威尔克λ

| 函数检验 | 威尔克 Lambda | 卡方 | 自由度 | 显著性 |
|---|---|---|---|---|
| 1 直至 2 | .054 | 150.762 | 8 | .000 |
| 2 | .390 | 48.510 | 3 | .000 |

**图 5-35 典型判别式函数摘要的输出信息**

6."标准化典则判别函数系数"表格

在 SPSS 的判别分析中，最终输出"标准化典则判别函数系数"表格，如图 5-36 所示。

从图 5-36 所示的这个表格中，可以得到两个标准化的判别函数式。

Y1＝0.368 * 家庭生活－0.678 * 图书馆＋0.137 * 伙食情况＋0.962 * 住宿条件

Y2＝0.667 * 家庭生活＋0.334 * 图书馆＋0.486 * 伙食情况－0.366 * 住宿条件

**标准化典则判别函数系数**

| | 函数 | |
|---|---|---|
| | 1 | 2 |
| 家庭生活 | .368 | .667 |
| 图书馆 | -.678 | .334 |
| 伙食情况 | .137 | .486 |
| 住宿条件 | .962 | -.366 |

**图 5-36 "标准化典则判别函数系数"示意图**

对于这两个函数式，函数式 Y1 的作用力较强，函数式 Y2 的作用力稍微弱些。

> 注意：对于标准化的判别函数式，其自变量的系数可以直观地反映该自变量对最终判定的影响力水平。但需要注意的是，在具体的应用中，不能直接把个案的各个属性的原始值代入标准化函数式中使用。只有已经标准化的自变量属性值才可应用于标准化的判别函数式。

### 7. "组质心坐标"表格

判别分析最后输出的表格"组质心处的函数"表格。在这个表格中，给出了每个组质心的坐标位置，如图 5-37 所示。

通过图 5-37，可以获得 3 个类别中心（组质心）的坐标位置，依次为第一个组质心坐标为（－1.908，－0.896），第 2 个组质心的坐标为（3.390，－0.145），第 3 个组质心的坐标为（－1.346，2.368）。

在基于 Fisher 的判别分析中，正是通过个案在两个判别函数上的计算值所构成的坐标点与组质心坐标的距离而实现归类判断的。

**组质心处的函数**

| 类别码 | 函数 1 | 函数 2 |
| --- | --- | --- |
| 1 | -1.908 | -.896 |
| 2 | 3.390 | -.145 |
| 3 | -1.346 | 2.368 |

按组平均值进行求值的未标准化典则判别函数

图 5-37　"组质心坐标"的表格

### (五)对判别分析的补充说明

尽管在默认值的方式下，就能够比较圆满地完成判别分析过程。但在一些特殊情况下，还需要修改判别分析的配置参数，以便获得一些特殊的功能。

#### 1. 改变自变量的筛选方法和筛选标准

在图 5-29 的"判别分析"的主对话框中，单击右上角的【方法】按钮，可以启动【判别分析：步进方法】对话框，如图 5-38 所示。

在图 5-38 所示的对话框中，利用左上角的"方法"区域，可以自主选择对自变量影响力的评价方式，默认使用"威尔克 Lambda(W)"值判断自变量的影响力，用户可根据自己的需要变更为其他模式。例如，选中【未解释方差】单选框。

在图 5-38 所示的对话框中，利用右上角的"条件"区域，可以设置自变量"进入"方程式或者从方程式"剔除"的条件。系统默认为以方差分析的 F 值作为标准，F 值大于 3.84 的自变量可以进入方程式，而 F 值小于 2.71 的自变量就应从方程中剔除。用户可以修改这两个标准值，但一定要注意"进入"的值要适当大于"删除"的值。

另外，用户也可以把自变量"进入"或"离开"方程的标准修改为"依据自变量的检验概率"。即在右上角的"条件"区域中，选中【使用 F 的概率】单选框。

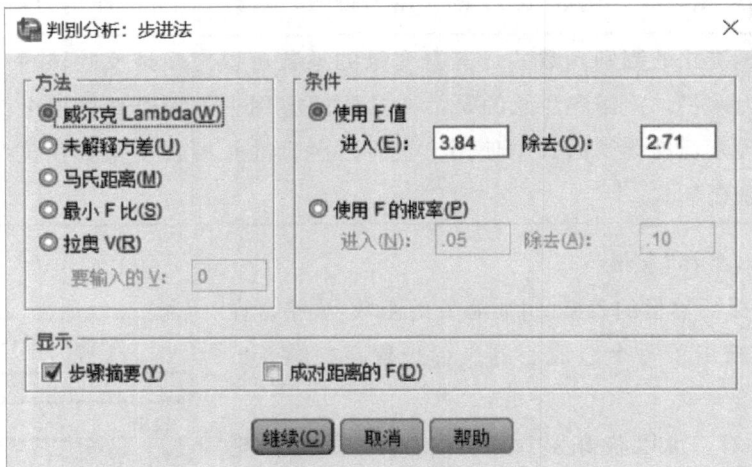

图 5-38 【判断分析：步进法】对话框

### 2. 获得非标准化函数式和分类判别函数式

默认配置的判别分析，能够得到标准化的 Fisher 判别函数式。但在很多情况下，用户更喜欢非标准化的 Fisher 判别函数式或者分类判别函数式，因为这两种判别函数式可以直接使用个案的各个原始属性值。

在图 5-29 所示的"判别分析"的主对话框中，单击右上角的【统计】按钮，可以启动【判别分析：统计】对话框，如图 5-39 所示。

在图 5-39 所示的对话框中，如果选中【未标准化】复选框，则在判别分析后的输出窗口中能够得到如图 5-40 所示的"典型判别函数系数"表格；如果选中【费希尔】复选框，则会在判别分析后的输出窗口中得到如图 5-41 所示的"分类函数系数"表格。

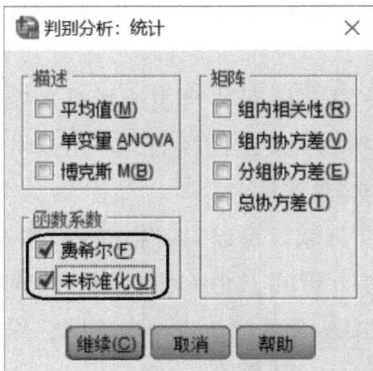

典则判别函数系数

| | 函数 | |
| --- | --- | --- |
| | 1 | 2 |
| 家庭生活 | .802 | 1.453 |
| 图书馆 | -.776 | .383 |
| 伙食情况 | .166 | .590 |
| 住宿条件 | 1.512 | -.575 |
| (常量) | -3.901 | -6.074 |

未标准化系数

图 5-39 "判别分析：统计"对话框　　图 5-40 非标准化的费希尔(Fisher)判别函数系数

（1）非标准化的 Fisher 判别函数的系数

利用如图 5-40 所示的非标准化 Fisher 判别函数系数，可以得到 2 个判别函数式。

Y1＝0.802＊家庭生活－0.776＊图书馆＋0.166＊伙食情况＋1.512＊住宿条件－3.901

Y2＝1.453＊家庭生活＋0.383＊图书馆＋0.590＊伙食情况－0.575＊住宿条件－6.074

利用这两个判别函数式，可把任意个案的属性值直接代入，从而计算出该个案的坐标点及其与各个组质心的距离，从而判断出个案应该属于哪个类别。

（2）"分类函数系数"表格

分类函数系数表，也叫 Bayes 函数式系数表。利用图 5-41 示的"分类函数系数"表格，可以得到 3 个判别函数式。

Y1＝12.353＊家庭生活－0.144＊图书馆＋1.466＊伙食情况－0.253＊住宿条件－18.090

Y2＝17.694＊家庭生活－3.969＊图书馆＋2.787＊伙食情况＋7.327＊住宿条件－46.854

Y3＝17.546＊家庭生活＋0.669＊图书馆＋3.483＊伙食情况－1.280＊住宿条件－41.594

利用这 3 个判别函数式，可把任意个案的属性值直接代入，从而计算出 3 个数值，哪个数值最大，该个案就属于哪个类别。例如，对某个个案，计算出相应的 3 个函数式的值依次为 3.256、5.129 和－2.317，由于 Y2 最大，因此该个案应该属于第 2 类。

**分类函数系数**

| | 类别码 | | |
|---|---|---|---|
| | 1 | 2 | 3 |
| 家庭生活 | 12.353 | 17.694 | 17.546 |
| 图书馆 | -.144 | -3.969 | .669 |
| 伙食情况 | 1.466 | 2.787 | 3.483 |
| 住宿条件 | -.253 | 7.327 | -1.280 |
| （常量） | -18.090 | -46.854 | -41.594 |

费希尔线性判别函数

图 5-41　分类函数系数

3. 输出"摘要表"和"分类图"

在图 5-29 所示的"判别分析"的主对话框中，单击右上角的【分类】按钮，可以启动【判别分析：分类】对话框，如图 5-42 所示。

在图 5-42 所示的对话框中，在"图"区域选中【合并组】复选框，则在判断分析后可以输出如图 5-43 所示的"典型判别函数"示意图。

在图 5-43 中，3 个大矩形块显示出了 3 个组质心的位置，周边的小圆圈显示出了各个个案的判别情况。另外，图 5-43 中的三个组质心构成一个扁三角形，因此位于水平方向的"函数式 1"影响力是比较大的，而位于垂直方向的"函数式 2"的影响力则稍微弱些。

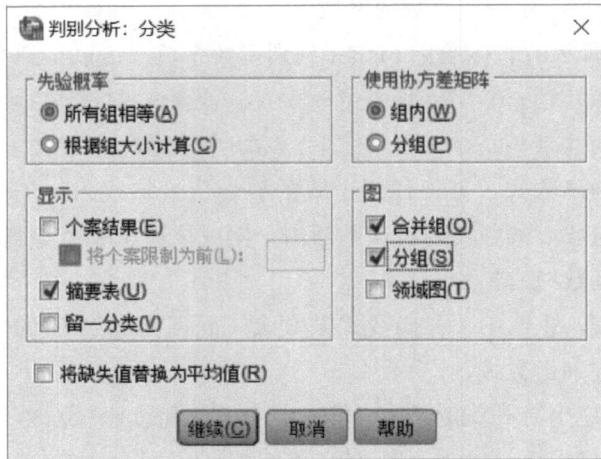

图 5-42  【判别分析：分类】对话框

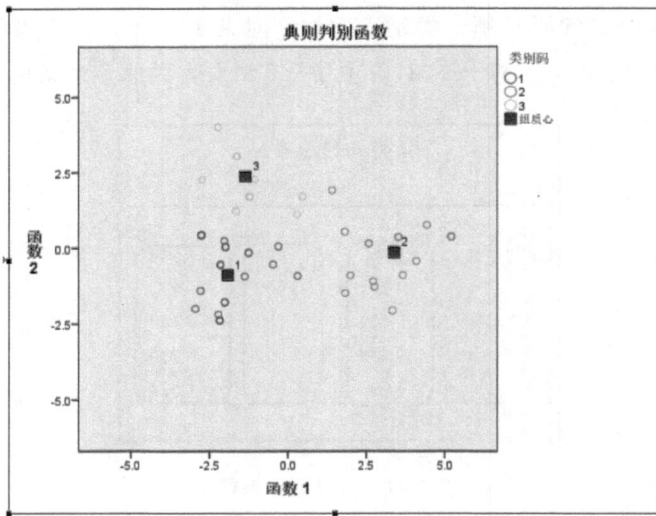

图 5-43  典型 Fisher 判别分析结果的示意图

在图 5-42 所示的对话框中，在"显示"区域选中【摘要表】复选框，则在判断分析后可以输出如图 5-44 所示的"分类结果"表，在表格中显示出了对各类别个案的判断情况。通过此表格底部的文字，可以查看本次判别分析的正确判定率。

本案例对 98.2% 的个案进行了正确判定，说明本例判别分析的效果还是不错的。

**分类结果**[a]

| | | | 预测组成员信息 | | | |
|---|---|---|---|---|---|---|
| | | 类别码 | 1 | 2 | 3 | 总计 |
| 原始 | 计数 | 1 | 26 | 0 | 0 | 26 |
| | | 2 | 0 | 18 | 1 | 19 |
| | | 3 | 0 | 0 | 11 | 11 |
| | % | 1 | 100.0 | .0 | .0 | 100.0 |
| | | 2 | .0 | 94.7 | 5.3 | 100.0 |
| | | 3 | .0 | .0 | 100.0 | 100.0 |

a. 正确地对 98.2% 个原始已分组个案进行了分类。

图 5-44　“判别分析”的分类结果表

# 5.6
# 因子分析

**本节学习目标**

了解因子分析算法的概念和设计目标；掌握从众多变量中抽取公共因子的原理、操作方法、参数设置及评价策略；了解其在降维和结构效度检验中的用法。

## 5.6.1　因子分析的定义与特点

### (一)因子分析的概念

1. 因子分析定义及必要性

在以多维变量测量事物性质的过程中，经常出现多个变量的描述信息出现交叉与重叠的情况。由于评价者设置的多个指标项所获得的数据可能指向同一个潜属性，这些属性可由一个潜属性描述出来，所以事物的全体性质可由少量的潜属性反映出来。在这个过程中，潜属性并不来自测试指标的语义含义，而是由变量的众多取值及其相关联系体现出来的。

基于对样本的观测数据，从中抽取出潜属性(又称为公共因素)的技术就是因子分析。在因子分析过程中，需要从多个变量描述中抽取出能够更准确地反映事物性质的若干个潜属性，而且要注意潜属性(公共因素)应该是相对独立的，尽可能是互不相交的。这种算法就是因子分析(Factor Analysis)。

从本质上，因子分析是一种降维的思想，尽可能使用较少的独立因子表示原有变量中的绝大多数信息。而从其应用的视角看，因子分析产生的结果是通过观测变量逐步形成对因素的描述，从而实现了对测量性质准确性和测量结果正确性的描述，因此，因子分析还具有检验数据的结构效度的功能。

2. 因子分析的特点

对于因子分析，通常具有以下几个特点。第一，因子分析后的主因子个数应远远少于原始的观测变量，是对原有观测变量更加凝练的描述；第二，因子分析后获得的结果（若干个主因子）应该能够反应原有变量的绝大多数信息；第三，因子分析的输出结果（若干主因子）应该具有相对独立性，各主因子之间不应该存在强烈的线性相关性；第四，因子分析后获得的各个主因子都应该是能够清晰解释的，每个主因子都应该能够单独命名。

## (二)因子分析的数学模型与工作流程

1. 因子分析的数学模型

基于众多变量及其取值，从中提取出能够比较全面地反映事物性质的若干个公共因素 $C_j$ 和系数 $n_{ij}$。其中 $C_j$ 表示基于若干变量抽象化出的公共因子，而 $n_{ij}$ 则反映了公共因子对变量的影响能力。

对于某个包含 $n$ 个变量的数据集，现在需要抽象化出能够充分反映这 $n$ 个变量的若干个公共因子，则可以进行以下假设。

首先，假设 $n$ 个变量依次为 $X_1$，$X_2$，$X_3$，$\cdots$，$X_m$，其最终的公共因子为 $C_1$，$C_2$，$C_3$，$\cdots$，即 $C_j$，那么对于第 $i$ 个变量 $X_i$，可以表示为全体预设公共因子 $C_j$ 共同作用的结果。即可以描述为如公式(5-1)所示的方程。

$$X_i = n_{i1} * C_1 + n_{i2} * C_2 + \cdots + n_{ij} * C_j + E_i \qquad \text{公式(5-1)}$$

在这个方程中，$X_i$ 是指数据集中的第 $i$ 个变量，$E_i$ 是观测值与计算值（即期望值）的差。$C_j$ 是未知的公共属性，$n_{ij}$ 是针对变量 $X_i$ 在第 $j$ 个公共因素 $C_j$ 上的系数。这个公共因素的系数 $n_{ij}$ 反映了此公共属性对变量 $X_i$ 的影响力，称为因素载荷。

对于数据集中的每个待分析变量 $X$，都能获得一个形如公式(5-1)的方程式。因此，对于整个变量集，就能获得一个关于公共因子系数的矩阵。利用这个公共因子矩阵，可以分析各个公共因子对所有变量的总贡献，找到贡献量比较大的公共因子，用它们来描述事物的绝大多数性质。

因子分析的最终目的就是利用较少的因子变量 $C$ 取代数量较多的因素变量 $X$，从而发现数据集内全体变量的本质特征。

2. 因子分析的常见流程

第一，假设被调查事物的性质中隐含了若干个公共因素。

第二，针对现有变量，列出因子方程式；利用众多个案构成因子方程组，形成因子矩阵。

第三，基于原始数据计算出每个因素对全体变量的贡献，找到贡献比较大的那几个公共因素。

第四，标记出特征根比较大（通常以大于 1 作为标准）的公共因素，被称为主因子。

第五，分析各个变量对每个主因子的贡献率，基于贡献率总结出每个主因子的语义。

理想的情况是：某个主因子仅在某几个因素变量上有较强的载荷，而在其他变量上的载荷很低，说明这个主因子与这几个因素的关系比较密切。在这种情况下，这个主因子的语义就可以通过与其相关的因素变量抽象出来。

在因素分析中，如果难以利用变量贡献率抽象出主因子的含义，则表示以现有变量的描述视角不能直观地反映主因子，则需要对因子分析矩阵进行各种旋转，以便使主因子的语义能够被更好地解释出来。

3．相关术语

（1）因素载荷

在因素分析方程组中，某个公共因素 $C_j$ 前的系数 $n_{ij}$ 能够反映它对某个变量 $X_i$ 的贡献，这个数值就叫作 $C_j$ 对 $X_i$ 的因素载荷，即因素载荷矩阵中的 $n_{ij}$。

（2）特征根

公共因素 $C_j$ 对所有变量的总贡献量，称为公共因素 $C_j$ 的特征根，也叫特征值。

在通常情况下，特征根大于 1 的公共因素属于受关注因素，会在因子分析的结果中保留下来，称为因子分析中的主因子。

## （三）主因子提取的方法

主因子的提取方法是因子分析的核心任务，常见的方法主要有以下四种，默认的方法是主成分分析法。因此，因子分析有时也被称为主成分分析。

1．主成分分析法

主成分分析法是借助方差分析技术选取新因子的方法。它先形成观察变量的不相关线性组合。然后从中选取具有最大方差的公共因子作为主成分，后面的公共因子对方差的解释能力逐渐变小，直到某些因子的影响力可以被忽略为止。

在主成分分析法中，要求作为主成分的公共因子相互之间应均不相关。

2．未加权的最小平方法

未加权的最小平方法，其基本思路是：求取观测值的相关性矩阵和再生的相关性矩阵之差，并计算所有差值的平方和。在忽略对角线上的数据的情况下，以平方和取值达到最小的方案选取主因子。

3. 极大似然法

在样本来自多变量正态分布的情况下，它以生成的参数估计矩阵与观察到的相关矩阵最为相似为目标。因此，系统依据这一思路选取最能提升二者相似性的公共因子作为主因子。

4. 主轴因子分解

主轴因子分解法是从初始相关矩阵抽取因子的方法。其主要思路是：在初始相关矩阵中，先以多元相关系数的平方作为公因子方差的初始估计值，把它们放在矩阵的主对角线上。然后以因子载荷的估计值来替换主对角线上的旧公因子的方差。通过多轮迭代，直到某次迭代和下次迭代之间某公共因子方差的变化幅度较小，能满足抽取的收敛条件，则抽取此公因子作为主因子。

### (四)因子分析中的旋转

1. 因子分析中旋转的必要性

在因子分析中，理想的情况是：某一主因子仅在某几个观测变量上有较强的载荷，而在其他观测变量上的载荷值很低，这样就可以直接使用这几个观测变量的综合语义来描述该主因子。

然而，在某些情况下，主因子在各个观测变量上的载荷是均衡的，很难直接从观测变量中抽取出主因子的语义。在这种情况下，为了使观测变量对主因子的描述更为集中，可以通过坐标轴的空间变换来改变主因子，使得每个主因子都可以对应各自的一组描述变量，这种变换使几何空间上的数据点更加贴近新的坐标轴，从而使观测变量因不同的主因子而被区分开来。这就是旋转变换的概念。

对于因子分析中的载荷矩阵，在经过旋转变换后，如果主因子之间仍保持不相关的关系，则被称为"正交变换"；如果允许主因子之间存在一定的相关性，则被称为"斜交变换"。

2. 旋转变换的技术

在 SPSS 中，对载荷矩阵实施旋转变换的方法主要有以下几种。

①方差最大旋转法。这种方法可以尽量减少每个因子上具有最大载荷的观测变量的个数，是一种正交矩阵旋转方法。

②四次方最大正交旋转。这种方法可以尽量减少每个观测变量上相关联的因子的个数。

③平均正交旋转。这种方法既要尽量减少每个因子上的具有最大载荷的观测变量的个数，又要尽量减少解释每个观测变量的因子的个数。

④斜交旋转。这种方法允许在因子之间出现一定程度相关性的情况下对矩阵进行旋转。其处理速度较快，效果较好，适合样本数量比较大的情况。

⑤直接斜交旋转。这种方法允许在因子之间出现一定程度相关性的情况下对矩阵进行旋转，但在旋转前需要用户指定"旋转 Deta"值。如果 Deta 值为较大负数，则会产生与正交旋转结果接近的旋转效果；如果 Deta 值为 0，则允许产生相关度最高的因子。

⑥不旋转。不对载荷矩阵实施任何旋转，直接输出原始矩阵。

### (五)待分析的变量集是否适合做因子分析的判断

在因子分析中，理想的情况是：待分析的变量集能够被划分为几个变量组，在每个变量组内部具有较强的相关性，而在变量组之间则关联性较弱。这种情况比较适合进行因子分析，能够达到"某一主因子仅在某几个观测变量上有较强的载荷，而在其他观测变量上的载荷值很低"的分析目标。因此，并不是所有的变量集都适合进行因子分析。

一般来说，人们认为结构效度比较好的非单位矩阵比较适合做因子分析。在 SPSS 的"因子分析"功能的【统计量】对话框下，提供了"KMO 和 Bartlett 球形度"检验功能，该功能会把待处理变量集进行 KMO 分析，以便获得 KMO 度量值，用于对变量集是否适合做因子分析进行判断。KMO 度量值与因子分析的对应关系如表 5-2 所示。

表 5-2　Kaiser 对即将实施因子分析的变量集的度量标准

| 可进行因子分析 | KMO 度量值 $K$ |
|---|---|
| 不适合 | $K < 0.6$ |
| 勉强适合 | $0.6 \leqslant K < 0.7$ |
| 一般(基本适合) | $0.7 \leqslant K < 0.8$ |
| 比较适合 | $0.8 \leqslant K < 0.9$ |
| 非常适合 | $0.9 \leqslant K$ |

## 5.6.2　因子分析案例

### (一)案例要求

已知，对于大学生对大学生活的满意情况，笔者设计调查问卷并组织被试进行了调查。现在获得了一个大规模样本集"大学生生活满意度.sav"，如图 5-45 所示。

请对测评指标项进行主成分分析，探讨影响学生满意度的关键因素。

图 5-45　待实施因子分析的原始数据

## (二)分析解决方案

根据案例要求，这是一个典型的因子分析类题目。在给定的原始数据表中，待解释的 10 个观测变量均为 5 级定序变量，勉强可作为高测度变量使用，具备实施因子分析的条件。为了保证因子分析的正确性，在实施因子分析过程中，要同时进行 KMO 球形度检验。

## (三)操作流程

第一，在 SPSS 中打开如图 5-45 所示的原始数据文件，进入数据视图状态。

第二，利用菜单【分析】—【降维】—【因子分析】命令，打开【因子分析】对话框，如图 5-46 所示。

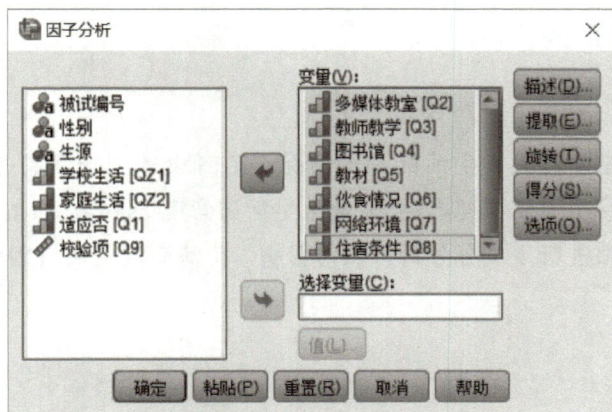

图 5-46　【因子分析】对话框

第三，在【因子分析】对话框中，从左侧把 7 个待解释分项变量"Q2"～"Q8"等添加到右侧的【变量】列表框中。

> 注意：在因子分析中，添加到【变量】列表中的变量应只包含测量指标中的分项变量，不要包含整体性变量。例如，对学校生活、家庭生活整体性评价的变量就不应被添加到待分析变量列表中。

第四，单击【因子分析】主对话框右上角的【描述】按钮，打开如图 5-47 所示的【因子分析：描述统计】对话框。

第五，在图 5-47 所示的对话框中，选中底部的【KMO 和 Bartlett 的球形度检验】复选框。然后单击【继续】按钮，以便返回到【因子分析】主对话框。

第六，在【因子分析】主对话框中，单击底部的【确定】按钮，以便启动因子分析过程。

### （四）解读输出结果

在因子分析功能启动后，主要输出了以下几个关键表格。

1. "KMO 和 Bartlett 的检验"表格

由于在本次检验中启动了"KMO 和 Bartlett 的检验"功能，因此系统首先输出了如图 5-48 所示的表格。

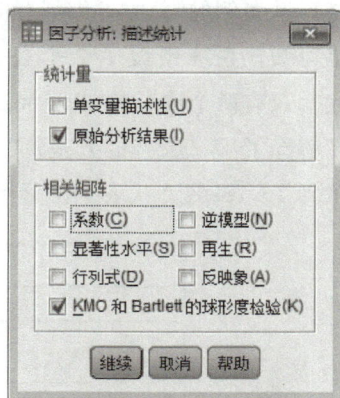

图 5-47　【因子分析：
描述统计】对话框

**KMO 和巴特利特检验**

| KMO 取样适切性量数。 | | .703 |
|---|---|---|
| 巴特利特球形度检验 | 近似卡方 | 649.413 |
| | 自由度 | 21 |
| | 显著性 | .000 |

**图 5-48　"KMO 和 Bartlett 的检验"表格**

由于 KMO 值越高越适合做因子分析，根据 Kaiser 给出的常用 KMO 标准：得分在 0.9 以上表示非常适合做因子分析，得分在 0.8 表示适合做因子分析，得分在 0.7 表示基本适合做因子分析。由图 5-48 的输出结果可知：本案例的 KMO 度量值为 0.703，因此本案例基本适合做因子分析。

KMO 和 Bartlett 球形检验值的"近似卡方"为 649.413，检验概率 $Sig$ 值为 0.000。由于卡方值较大，且 $Sig$ 值远小于 0.05。因此，本案例中观测变量的相关系数矩阵不可能是单位矩阵，应该能反映多个维度的数据关系，适合做因子分析。

2."公因子方差"表格

在实施因子分析前，系统假设 7 个观测变量就是公因子，而且给出了初始的公因子方差，此时全体公因子的方差都默认为 1。然后进行公因子方差的提取与迭代，得到了"提取"之后的各个公因子方差值，如图 5-49 的"提取"列所示。

| 公因子方差 | 初始 | 提取 |
|---|---|---|
| 多媒体教室 | 1.000 | .796 |
| 教师教学 | 1.000 | .567 |
| 图书馆 | 1.000 | .693 |
| 教材 | 1.000 | .561 |
| 伙食情况 | 1.000 | .500 |
| 网络环境 | 1.000 | .913 |
| 住宿条件 | 1.000 | .925 |

提取方法：主成分分析法。

**图 5-49 公因子方差**

3."总方差解释"表格

在因子分析中，"总方差解释"表格是最重要的表格。本案例的"总方差解释"如图 5-50 所示。由这个表格可知，系统预设了 7 个公共因子，但经过几次迭代，只有两个成分的"初始特征值"大于 1，而且"成分 1"解释了 45.908%的方差，"成分 2"解释了 24.881%的方差，这两个成分解释的累计方差量为 70.789%，代表了待分析变量的大部分信息。因此，提取两个主成分是合理的。

总方差解释

| | 初始特征值 | | | 提取载荷平方和 | | |
|---|---|---|---|---|---|---|
| 成分 | 总计 | 方差百分比 | 累积 % | 总计 | 方差百分比 | 累积 % |
| 1 | 3.214 | 45.908 | 45.908 | 3.214 | 45.908 | 45.908 |
| 2 | 1.742 | 24.881 | 70.789 | 1.742 | 24.881 | 70.789 |
| 3 | .737 | 10.527 | 81.317 | | | |
| 4 | .581 | 8.297 | 89.614 | | | |
| 5 | .432 | 6.176 | 95.790 | | | |
| 6 | .238 | 3.407 | 99.197 | | | |
| 7 | .056 | .803 | 100.000 | | | |

提取方法：主成分分析法。

**图 5-50 "总方差解释"表格**

4."成分矩阵"表格

"成分矩阵"表格是因子分析中非常关键的表格。本案例所获得的"成分矩阵"表格如图 5-51 所示。这是一个未加任何旋转变形的成分矩阵表格。

从图 5-51 可以看出，因子分析的结果主要包括 2 个主成分，其中"主成分 1"在各个观测变量上的表现都很强，而且其因子载荷值基本相等，没有什么突出的表现；而"主成分 2"在观测变量"多媒体教室""教师教学""图书馆"和"教材"四个观测变量上的载荷值为负值，特征较为明显。

成分矩阵[a]

| | 成分 | |
|---|---|---|
| | 1 | 2 |
| 多媒体教室 | .775 | -.443 |
| 教师教学 | .610 | -.441 |
| 图书馆 | .737 | -.387 |
| 教材 | .655 | -.363 |
| 伙食情况 | .610 | .359 |
| 网络环境 | .693 | .658 |
| 住宿条件 | .645 | .713 |

提取方法：主成分分析法。

a. 提取了 2 个成分。

**图 5-51 "成分矩阵"表格**

由于"主成分1"在各观测变量上的载荷值过于均匀，因此无法基于此"成分矩阵"抽象出有效的主因子。对于这种情形，进行旋转变换是必要的。

## 5.6.3　因子分析的补充说明

### (一)"因子分析"的抽取方法

在因子分析时，默认的公因子抽取方式是基于"主成分"方法的，并且只抽取特征值大于1的因子。如果需要改变公因子提取方式，则可在【因子分析】主对话框中单击【提取】按钮，启动如图 5-52 所示的【因子分析：抽取】对话框。

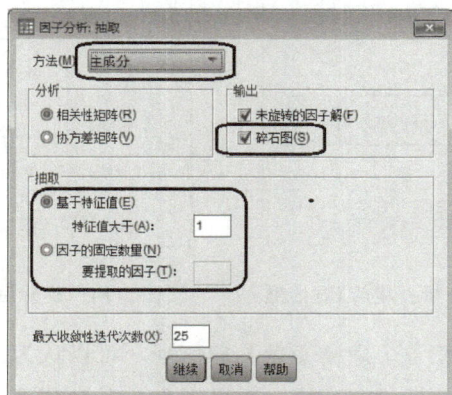

**图 5-52　【因子分析：抽取】对话框**

在特殊情形下，可以把公因子抽取方式设置为其他类型。例如，在图 5-52 的左上角的【方法】组合框中选择"极大似然法"。另外，利用图 5-52 左侧中部的"抽取"区域，可以设置新的特征值标准。例如，重新限定特征值标准为 0.8，或者明确规定就要抽取出 3 个公因子。

### (二)因子分析中的旋转

在因子分析中，经常发现直接生成的"成分矩阵"难以被完美地解读。为了解决这一不良现象，SPSS 提供了对成分矩阵进行各种旋转变换的方法。通过旋转变换，可以使各个主成分在观测变量上的载荷值相对集中，从而能比较容易地解释各个主因子的含义。

在【因子分析】的主对话框中，右单击右上角的【旋转】按钮，即可启动如图 5-53 所示的【因子分析：旋转】对话框。

在此对话框中，可在上部的"方法"区域中直接选择旋转方式。在本案中，直接选择了【最大方差法】单选框，以至于在执行了"因子分析"功能后，获得了如图 5-54 所示的"旋转后的成分矩阵"表格。

由如图 5-54 所示的"旋转后的成分矩阵"可知："成分 1"的载荷值主要在观测变量"多媒体教室""教师教学""图书馆"和"教材"上，而"成分 2"的影响力则主要体现在"伙食情况""网络环境"和"住宿条件"之上。

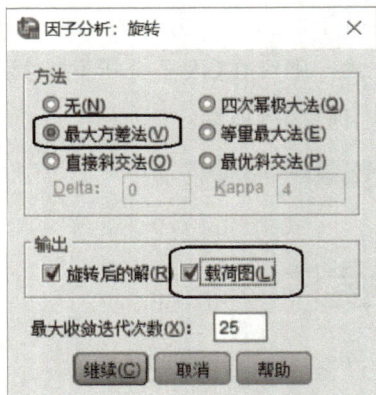

图 5-53 【因子分析：旋转】对话框

图 5-54 旋转后的成分矩阵

综合考虑这两个成分在各个观测变量上的体现，可以认为："成分 1"的内容应该是"学校提供的学习条件"，包括教室环境、教师对教学的负责程度、教学服务等各方面，而"成分 2"则主要是与学生生活相关的各个方面，包括住宿、饮食、使用校园网等生活要素。

### (三)因子分析的描述统计

在【因子分析】的主对话框中，单击右上角的【描述】按钮，即可启动如图 5-55 所示的【因子分析：描述统计】对话框。

在图 5-55 所示的对话框中，可以选中所需的某个复选框，以便让系统在因子分析时同时输出某些统计量。

在具体应用中，人们常常选中"相关矩阵"区块中的【系数】对话框，以便输出如图 5-56 所示的观测变量的相关矩阵。或者选中【KMO 和 Bartlett 的球形度检验】复选框，以便输出 KMO 检验值和 Bartlett 球形度检验值。

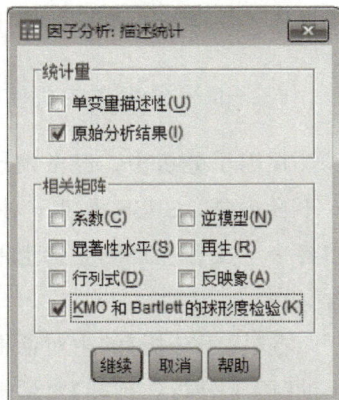

图 5-55 【因子分析：描述统计】对话框

| 相关性矩阵 | | 多媒体教室 | 教师教学 | 图书馆 | 教材 | 伙食情况 | 网络环境 | 住宿条件 |
|---|---|---|---|---|---|---|---|---|
| 相关性 | 多媒体教室 | 1.000 | .530 | .731 | .601 | .224 | .269 | .209 |
| | 教师教学 | .530 | 1.000 | .487 | .400 | .310 | .114 | .078 |
| | 图书馆 | .731 | .487 | 1.000 | .455 | .230 | .284 | .206 |
| | 教材 | .601 | .400 | .455 | 1.000 | .239 | .216 | .170 |
| | 伙食情况 | .224 | .310 | .230 | .239 | 1.000 | .489 | .499 |
| | 网络环境 | .269 | .114 | .284 | .216 | .489 | 1.000 | .940 |
| | 住宿条件 | .209 | .078 | .206 | .170 | .499 | .940 | 1.000 |

图 5-56　观测变量的相关矩阵

## (四)输出需要保存其值的变量

在因子分析过程中，有时需要把针对个案的某些中间运算结果保存起来，以便观察或后续使用。在【因子分析】的主对话框中，右单击右上角的【保存】(或【得分】)按钮，即可启动如图 5-57 所示的【因子分析：因子得分】对话框。

在【因子分析：因子得分】对话框中，先选中【保存为变量】复选框，然后可根据需要选中【回归】或【巴特利特】等单选框，以便系统在原始数据表中增加一些新列，保存每个个案的预测值和 Bartlett 值。

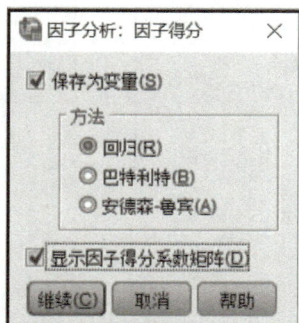

图 5-57　【因子分析：
因子得分】对话框

## (五)输出各类统计图

### 1. 碎石图

"碎石图"是因子分析中对全体公因子影响力的图示化表示。图 5-58 中的碎石图就是对"大学生活满意度"做因子分析的碎石图。在对"大学生生活满意度"数据实施因子分析的过程中，如果在【因子分析：抽取】对话框中，选中【碎石图】复选框，就会输出如图 5-58 所示的碎石图。

由图 5-58 的碎石图可知，共有 7 个初始变量(初始公因子)参与因子分析。经过因子分析之后，形成了公因子。只有前 2 个公因子的影响力大于 1，后续公因子的影响力依次降低。这一结果与图 5-50 中"总方差解释"的输出数据是完全一致的。

### 2. 载荷图

"载荷图"是因子分析中把全体观测变量在各个主成分上载荷的图示化表示，它直接呈现出了各个观测变量的距离关系。在对"大学生生活满意度"数据实施因子分析的过程中，如果在【因子分析：旋转】对话框中，选中【载荷图】复选框，就会输出如图 5-59 所示的载荷图。

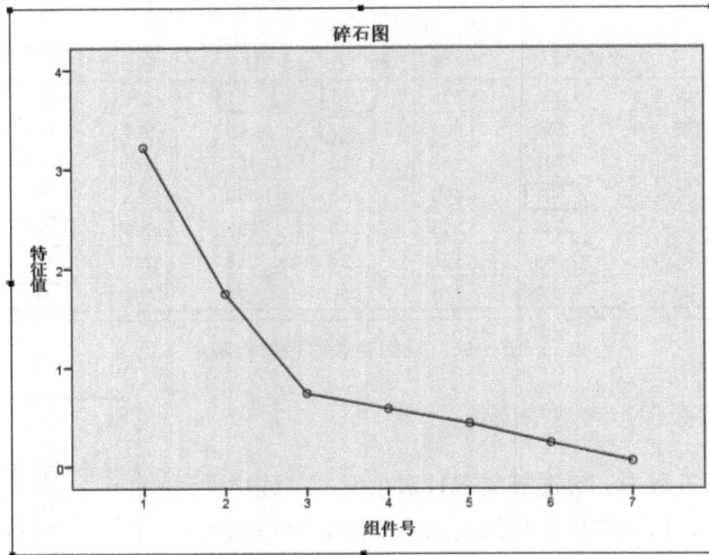

图 5-58　碎石图

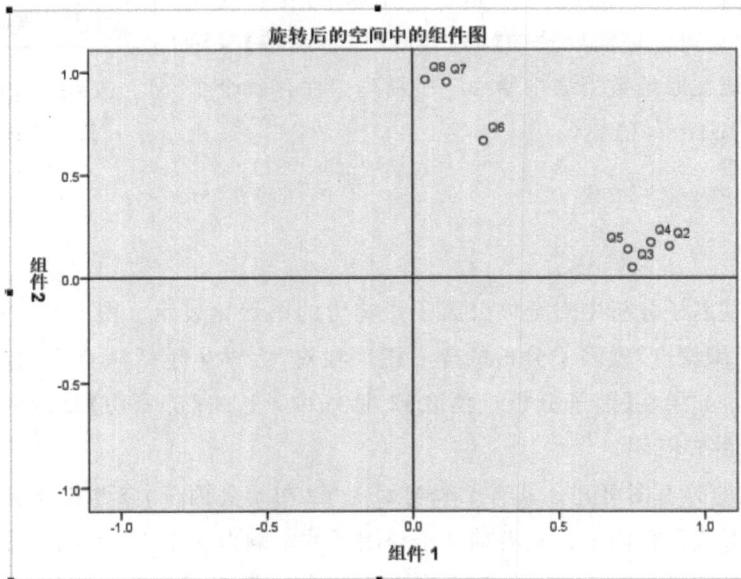

图 5-59　"各观测变量"的载荷图

　　从图 5-59 所示的"载荷图"可以看出，全体观测变量被分割为两个相对集中的区域。"区域 1"中包含了 4 个观测变量，"区域 2"中包含 3 个观测变量。"区域 1"和"区域 2"中所包含的观测变量和语义，应该与图 5-54 所示的旋转后的成分矩阵是一致的。

### 思考与上机实践

1. 思考题

(1)什么是系统聚类分析？有人说利用系统聚类分析，也可以实现针对变量的聚类，从中提取关键因素，这种说法正确吗？

(2)什么是 Q 聚类，有什么特点？

(3)什么是 R 聚类，有什么特点？

(4)在 K-Means 聚类中，如何使用已经提供的类别中心点？

(5)在 K-Means 聚类中，如何才能把每个个案所在的类别号标记在每个个案的后边？

(6)什么是判别分析？判别分析主要解决哪种问题？

(7)在判别分析中，有两种不同的判别函数式，分别是什么？有什么特点？

(8)在 Fisher 判别法中，如何利用 Fisher 非标准化判别函数式判定某个个案的类别归属？

(9)在分类判别法中，如何利用分类判别函数式判定某个个案的类别归属？

(10)什么是因子分析？主要有什么用途？

(11)在因子分析中，为什么要进行成分矩阵的旋转？常见的旋转方法是什么？

(12)在因子分析中，可否自行指定要提取的公因子的个数？应该如何做？

2. 上机实践：聚类与降维分析

请从"作业素材"文件夹中找到素材文件 zysc05.rar，把此文件解压缩后得到初始数据文件 mydataW.sav 和 mydataZ.sav，然后基于这个数据文件，完成以下操作。

补充说明：mydataW 中的数据是对全国 151 个中职院校门户网站的评价数据，评价指标可参阅标题。mydataZ 是某高校对大二学生的一次网络调查结果，调查指标的含义请参阅附件。

(1)对于 mydataW 和 mydataZ 中的某些字符型变量进行数值化编码，要求新建以字母为变量名的字段，然后通过"变量视图"对新字段添加中文说明信息，对数码值的含义也一并给予说明，以便服务于后续的操作。

(2)对 mydataZ 按照子变量项进行系统聚类分析，绘制出聚类树状图，并对输出结果进行说明。若把所有变量聚为 3 类，则每类中有哪几个变量？每个类别的含义是什么？

(3)对 mydataW 按照子变量项按照分层聚类方式做分类，绘制出聚类树状图，并对输出结果进行说明，并思考若把所有变量聚为 2 类，则每类中有哪几个变量？每个类别的含义是什么？

(4)对 mydataW 按照个案进行层次聚类分析，绘制出聚类树状图，并解释系统的输出结果。

（5）利用 K-means 聚类技术，把 mydataW 中的 151 个案划分为 5 类，输出每个个案所在的类别，并对输出结果进行解释，说明每个类别的类中心坐标。

（6）对 mydataW 来讲，请计算出三位专家给出的总分，并按照总分设置每个网站的等级，把 10％最优网站设置为"优秀"，把得分最低的 35％网站设置为"较差"，其他网站设置为"良好"。然后，在此基础上，进行判别分析，并解释输出结果，说明判别函数。

（7）对于 mydataZ 数据集，请先根据变量 QZ1、QZ2、Q1～Q8 的值利用 K-Means 聚类快速地把个案聚为 3 类，并把个案的分类结果存储到原始数据集右侧。然后以分类结果作为类别变量、以变量 QZ1、QZ2、Q1～Q8 为自变量，并使用"判别分析"功能获取针对 mydataZ 的分类判别函数式。

（8）分别对 mydataW 和 mydataZ 进行因子分析，要求输出碎石图和载荷图，并说明所需的操作命令、输出结果，然后解释输出结果。

教学资源二维码

# 第 6 章

# 信度与效度的检验

本章概述

　　本章简要地阐述了信度与效度检验的概念，重点阐述了在 SPSS 技术支持下的信度检验技术和效度检验技术。另外，针对数据分析中的基础性问题"如何构造有效的调查指标体系"，从调查指标体系的构造流程和专家结构效度两个方面进行了阐述。

368

## 章结构图

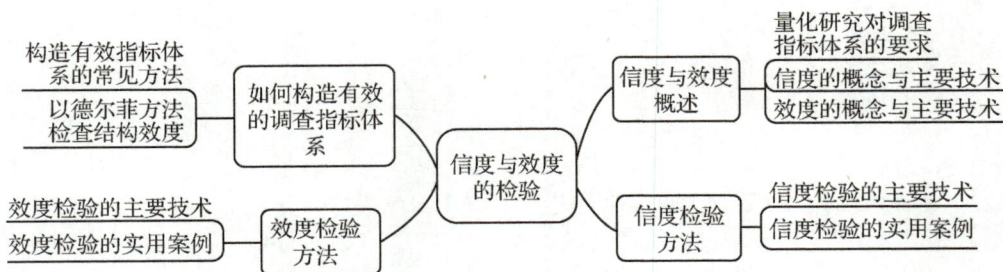

**本章学习目标**

　　掌握 SPSS 下信度检验的关键技术：克朗巴哈系数、折半信度系数、重测信度系数等指标。重点掌握效度检验的关键技术：调查指标体系的区分度与覆盖度、结构效度的检验技术，以及专家结构效度的实施策略。

**读前深思**

　　在面向教育教学活动的各类实证性研究中，如何才能保证调查指标的效度？如何做才能采集到信度较高的数据？在社会科学研究中，应从哪些方面回答其他专家对调查指标科学性的质疑？

# 6.1
# 信度与效度概述

🎯 **本节学习目标**

　　掌握量化研究中信度、效度保障的概念及思路；了解其内容对量化研究中保障指标体系可靠性、有效性的意义。

　　信度（Reliability）与效度（Validity），是社会调查和项目评价中非常关键的两个概念。社会调查中的问卷设计、项目评价中的评价指标体系的设计都必须以信度和效度为基础。

## 6.1.1　量化研究对调查指标体系的要求

　　无论是教育教学类实证研究，还是社会学、经济学、心理学领域的相关研究，以及针对项目的评价，在大数据时代都已经离不开基于数据的实证性分析。在此过程中，人们通常借助调查问卷、考试题目或测试仪器获取实证性的原始数据。

　　为了叙述的便利，在本章中，对调查问卷中问题的设计和项目评价中评价指标体系的设计，统称为调研指标体系设计，简称为指标体系设计。指标体系的科学性、严谨性直接影响着研究问题的成败，而调查数据是否客观、有效并真实地反映被试的状态，则直接影响着研究结论的科学性和准确性。

　　在调查类研究中，指标体系的科学性和严谨性称为效度。而调研数据的客观性、有效性，称为信度。

　　在社会调查类研究的具体研究活动中，为了保证调研数据的信度与效度，主要有以下几种策略。

### （一）尽量采用权威量表

　　在教育、经济、社会学等领域，社会调查和评价是常见的研究方法。对于已经确定的研究问题，一定要首先判断是否存在权威量表。如果存在权威量表，就直接使用权威量表，尽量不要自己重新设计调研指标体系。

　　对于通用的权威量表，可以直接使用，不需要再进行信度和效度检验。但通常需要掌握权威量表的常模，以便基于权威常模对自己的研究数据进行对比、分析。

当然，如果已经存在的权威量表与自己的研究问题不能完全吻合，则可以根据当前研究问题的具体要求，对已有量表进行适量补充。对于已经被修正过的量表，则需要进行必要的信度和效度检验。

### (二)若必须自设指标体系，则务必保证效度

在开展各类调查或者评价性研究时，大多数情况下可能找不到适用的、权威的量表，这就需要根据自己的研究问题，自行设计调研指标体系，或者在已有的量表基础上，补充某些指标项，以构造完全符合当前研究问题的调研指标体系。

对于这种情况，应该基于以下流程。

1. 充分调研，多方考虑，尽可能周全

尽可能多地进行文献检索，在充分的文献分析的基础上，多方考虑，充分借鉴前人的相关研究，尽可能周全地完成调研指标体系的初步设计。

2. 自行检验与完善

针对初步完成的指标体系，应先在课题小组内进行头脑风暴，要详细地分析指标体系中的每一个指标项，尽可能使调研指标项的文字描述准确、没有歧义，尽可能使各个指标项满足科学性、完备性的要求。

然后，利用已经完成的指标体系，在小范围内开展调查，收集小样本的调研数据，并利用小样本数据进行信度和效度检验。

3. 邀请行业专家把关，提升效度

对于自行设计与开发的指标体系，为了保证指标体系的科学性和完备性，通常需要邀请行业专家对该指标体系进行评价，借助行业专家的经验，提升指标体系的效度。

### (三)保证数据采集的严谨性，提升数据信度

在基于问卷调查的各类研究中，原始数据很容易受被试态度、情感、重视程度、心情等因素的影响。另外对低年级小学生来讲，能否正确地理解调查问卷中每道题目的题干，也会对数据的信度产生重要影响。

为了保证数据采集的有效性，使数据能够真正地反映被试的状态，务必采取一些策略，激发起被试对调查活动的重视，减少因被试个人态度、情感所引发的认知波动。因此，应把调查问卷的填写过程约束在有限的时间和空间内，并可由项目研究人员给予被试适当的激励和指导。

另外，对于面向低年级中小学生的测量，为避免因被试误解题干而导致填写谬误，研究者有义务为每个被试解读题干，使被试能够真正地理解题干。

## 6.1.2　信度的概念与主要技术

### (一)信度的定义

#### 1. 什么是信度

信度是衡量调研数据与项目评价数据的可靠性的重要指标，主要指数据的可信程度。信度反映的是调研数据的客观性，即针对收集到的数据，要检验这些数据是否反映客观现象，不是被试随意填报的。

信度不检验调研指标体系的科学性，只检验调研数据能否真正地反映被试的意愿，在填报过程中是否存在随意性。

#### 2. 信度检验的主要思路

在数据分析中，为了能够对数据的信度进行检验，通常在设计指标项时，需要做好以下准备工作。

①精心设计每一个指标项。从同一问题的不同侧面设计调查指标项，有意识地设计出某些校验项，便于针对同一组样本多次测量。

②基于小样本调研数据分析其信度。主要包括四个方面的内容：相关数据项的一致性、总体属性与子属性的一致性、复本数据的一致性、校验项的一致性。

### (二)保证信度的方法

#### 1. 从调研指标体系的设计视角来看

在调研指标体系中，设计针对调研问题的总评价项与子指标项，以便相互印证。例如，在对教师教学情况的评价中，可以先设计一个问题：你对教师教学的总体评价是几分？然后再分别从教师师德、课堂教学中教法的灵活性、教学媒体的使用情况、与学生的沟通交流情况等不同视角设计调研问题。

在调研指标体系中，应该有意识地设计若干个校验项，以便印证调研数据的信度，判断被试对调研问卷的填写是否有随意性。在设计校验项时，在大多数问题都是正向问题的情况下，通常可将充当校验项的问题设计为逆向问题。

#### 2. 从调研操作的视角来看

从调研操作的视角来看，为了保证调研数据的信度，避免因调研信度不足而导致研究结论偏差，通常采用逐步修正法和规范调查法对调研指标系统进行完善，必要时需要借助专家经验(德尔菲方法)加强调查的信度。

(1)逐步修正法

对于已经初步完成的调研指标体系，可先在小范围内试用，通过试用过程获得小样本数据，分析指标体系的信度，发现指标体系中描述不准确、容易引发错误理解或者覆盖面不够完善之处，然后修正调研指标体系。

（2）规范调查法

谨慎选择被试，强调调研数据的重要性，敦促被试端正填报态度，避免被试随意填写数据，尽量保证调研数据的严谨性和客观性。

3. 技术方法

对于调研所获得的数据，主要通过以下几种方法检验数据的信度。

（1）重测信度

利用同一份测试问卷（或评价指标体系），通过两次或者多次测量，检查几次测量数据之间的相关系数。如果几次测量数据之间的相关系数非常高，则说明调研数据的信度比较高，否则，则说明调研数据的信度不高。

（2）复本信度

在基于调研指标体系的调研中，可以利用复本问卷再次测量，检查两次测量结果的相关系数。如果几次测量数据之间的相关系数非常高，则说明调研数据的信度比较高，否则，则说明调研数据的信度不高。

> 注意：复本是与原始调查指标有所不同的新调查指标，尽管有所不同，但又非常接近原始指标。通常是在原始调查指标基础上通过改变题干顺序或改变选项顺序获得的。

（3）折半信度

如果限于调研条件的限制，无法实施重复测量或者复本测量，也就无法借助重测信度或者复本信度的技术进行信度检验。在这种条件下，可以把测量中围绕某个问题的若干个测量项划分为两组，检查由这两组测量项所获得数据的相关系数。如果两组变量之间的相关系数非常高，则说明调研数据的信度比较高，否则，则说明调研数据的信度不高。

（4）克朗巴哈系数（α 系数）

对于反映相同特质的若干个测量项，其测量结果之间应该存在真实的相关性。因此，可以通过检验反映相同特质的若干个测量项之间的一致性水平，来判断调研数据的信度水平。这个测试指标就是克朗巴哈系数（α 系数）。

## 6.1.3　效度的概念与主要技术

### （一）效度的定义

#### 1. 什么是效度

效度是指研究中能够真正地、正确地揭示所研究问题的本质和规律的程度，要求测量结果能够全面地、客观地表现出测量设计的属性。

效度是对测量性质准确性和测量结果正确性的评价。在具体的调查或评价类项目中，效度是反映调查、评价类项目最终效益和价值的重要指标，对于任何一个调查和评价类项目，都以获得有效的、有价值的研究结论作为最高目标。一个项目的效度是否达到较高的水平，主要体现在两个方面：其一是指测量指标体系的质量，主要是测量的覆盖度和测量项的区分度，简称为结构效度；其二是指测量数据的信度，主要指被试(或评价者)的选择、被试(或评价者)的态度和严谨性。因此，人们常常讲，信度是效度的必要条件，效度的实现必须以可靠的信度为基础。

2. 保证结构效度的两种思路

在针对调研指标体系效度的研究中，通常借助两种思路对调研指标体系的效度进行分析和检验。

(1)以德尔菲方法保证专家结构效度

所谓专家结构效度，是指借助专家结构效度技术把控指标体系的科学性和覆盖度。其基本思路是借助行业专家把关，保证指标体系的科学性、结构合理性。

把已经完成设计的调研指标体系，将其发送给相关的行业专家，请行业专家把关、指正，从而避免调查指标中的错误、缺失和结构问题，以保证调研指标体系的科学性。

(2)基于数据检查指标项的区分度和覆盖度

基于变量的差异性检验技术验证指标项的区分度，避免多个调研指标项都在描述同一问题的同一内容。

利用 Bartlett 球形检验和 KMO 检验，分析初测数据是否为单位矩阵，是否满足结构性要求，利用因子分析，可检查指标体系的覆盖度和科学性。

## (二)保证效度的方法

为了保证调研数据的科学性和有效性，人们在进行各类社会调查或评价时，通常借助以下手段保证调研数据的效度。

(1)自检验方法

对于已经初步形成的调研指标体系，可通过小范围测量，检验每个调研指标的可理解性，主要检验调研指标的覆盖面和检验不同指标项所得调查结果的差异性水平。在这种检验中，要避免多测量项的过度重叠，更要避免调研指标项语义模糊，避免调研指标项被测试者误解。

在这个过程中，建议使用差异性检验的方法判断调研数据的效度。主要包括配对样本的 $T$ 检验、多关联样本的非参数检验等技术，还可以利用 Bartlett 球形检验和 KMO 检验，检查调研指标体系的覆盖度和科学性。

基于小范围数据并结合因子分析技术，能够检验调查指标体系的维度与结构，以

374

验证调查指标体系的覆盖度和完备性。

（2）德尔菲方法

邀请行业专家评价指标体系的质量，主要是对指标体系的结构效度进行评价，避免调查指标中的错误、缺失和结构问题。

# 6.2
# 信度检验方法

🎯 **本节学习目标**

了解信度及信度检验的主要技术（克朗巴哈系数、复本信度、折半信度）及其特点；掌握以克朗巴哈系数、复本信度、折半信度实施信度检验的操作步骤及评判标准。

## 6.2.1 信度检验的主要技术

在数据分析中，对调研数据的信度检验技术，主要包括两个方面：其一，针对同一调研指标的多次测量，分析测量的相关性水平；其二，针对单一测量内的同质或相关指标项，分析相应变量之间的一致性水平。

### （一）对同一指标体系的多次测量

对于同一指标体系，可以选择多次测量、不同被试重复测量等方法，获得多次测量数据。根据多次测量数据之间的相关性水平，判断测量数据的信度。在体育比赛中，多名裁判同时对一批运动员的比赛情况打分，就可以认为是多次测量。

对同一指标体系的多次测量数据，借助相关性或者差异性检验技术，分析多次测量数据之间是否具有高度相关性（或者说是否存在显著差异）。如果多次测量结果都高度相关，就可以认为测量数据具有较高的信度。

基于多次测量数据的信度评价方式，有重测信度和复本信度两种形式。

1. 重测信度

重测信度是基于多次测量数据的信度评价方法之一，它侧重评估时间差异所造成的误差及其对测验稳定性的影响，评价重测信度时应注意重测间隔时间长短对重测相关系数的影响。重测信度反映测验跨越时间的稳定性和一致性，即应用同一测验方法，对同一组被试先后两次进行测查，然后计算两次测查所得分数的相关系数。相关程度高，表示前后测量一致性高，稳定性好。

2. 复本信度

复本信度又称等值性系数。它是以两个等值但题目不同的测验（复本）来测量同一群体，然后求得被试在两次测验上得分的相关系数。在重测信度中，由于第二次测验用的是与上一次测试完全相同的测试项目，因此会存在诸如学习、记忆、动机方面的问题。复本测验则不存在这个问题，编制一个等值的复本就是用它来替代重测信度中的第二次测验。在复本检验中，最简单的复本是不改变调查中各问题的题干，而是重排题目的顺序，以避免因题干内容改变而引起新的语义理解错误。

复本信度也要考虑两个复本实施的时间间隔。如果两个复本几乎是在同一时间内施测的，相关系数反映的才是不同复本的关系，而不掺有时间的影响。

如果两个复本的施测相隔一段时间，复本信度除了能反映样本的等值性水平，还能反映样本的稳定性程度。因此，也被称为等值稳定性系数，其作用与重测信度相似。

## (二)在只有一组测量结果情况下的信度检验

1. 折半信度检验

折半信度检验是判断测量结果内部一致性的检验方法之一，针对同一问题不同侧面的若干个指标项，把它划分为两组，测量两组变量之间的关联性水平，借助关联性水平来反映信度系数。两组变量之间的关联性水平越高，表示信度系数越高。折半信度反映测验项目内部的一致性程度。

折半信度分析的具体策略是：在获得测量数据后，将测验指标项分成相等的两组，通常采用奇偶分组方法，即将测验题目按照序号的奇偶分成两半，然后计算两组项目分之间的相关。相关程度越高表示信度越高，或内部一致性程度越高。

使用折半信度检验应该注意：①参与折半信度检验的所有量应该在测量目标上具有一致性，即这些变量应该是针对同一问题的不同侧面的测量；②千万不能把本不相干的几个变量放在一起做折半信度检验；③在使用折半信度检验后，通常还需要利用校正公式进行校正。

2. 克朗巴哈系数($\alpha$ 系数)检验

克朗巴哈系数检验是检验测量结果是否存在内部一致性的基本方法。它针对同一问题不同侧面的若干个指标项，把其测量结果做一组同义或者平行测验，检查这些同义测验之间的一致性水平。

表 6-1 克朗巴哈系数的可信度表格

| 可信度 | 对应的克朗巴哈系数 |
| --- | --- |
| 不可信 | $\alpha < 0.3$ |

续表

| 可信度 | 对应的克朗巴哈系数 |
|---|---|
| 勉强可信 | $0.3 \leqslant \alpha < 0.4$ |
| 可信 | $0.4 \leqslant \alpha < 0.5$ |
| 很可信(最常见) | $0.5 \leqslant \alpha < 0.7$ |
| 很可信(次常见) | $0.7 \leqslant \alpha < 0.9$ |
| 十分可信 | $\alpha \geqslant 0.9$ |

在基于克朗巴哈系数检验信度时,常常使用"总—分"体系。即在设计指标体系时,预设总体性评价指标项,然后再设计针对各个侧面的具体指标项。对于满足这种结构的指标体系,可以把这些指标项(总—分结构)一起作为被检验变量,分析它们的内部一致性水平,从而反映调研数据的信度。

### (三)SPSS 中的信度分析技术

在 SPSS 中,专门用来测验信度分析的模块为"度量"下的"可靠性分析"模块,基于这一模块,可以完成大部分的信度分析。

SPSS 可靠性分析模块的主要功能是检验观测值的信度,主要方法包括折半信度检验、克朗巴哈系数检验等。

至于重测信度和复本信度,只需将样本两次测验的数据合并到同一个数据文件,然后利用"相关性"之下的"双变量"求其相关系数,即可得到重测信度或复本信度;而面向调查问卷的评分者信度检验则可以通过斯皮尔曼等级相关及肯德尔和谐系数进行验证。

## 6.2.2 信度检验的实用案例

### (一)信度检验案例——克朗巴哈系数

1. 案例要求

已知,马老师带领其科研团队对 151 个中职院校的门户网站进行了评价。该评价从校务公开、学校工作、教师工作、学生工作、互动交流、教育资源、教学平台、界面设计共 8 个维度开展子项评价,同时还要求专家对网站的总体印象进行了打分。

目前,所有数据被存储在文档"中职网站评价.sav"中,请用克朗巴哈系数分析本轮评价的信度系数。

2. 操作过程

第一,在 SPSS 下,打开数据文档"中职网站评价.sav",使之处于数据视图状态,如图 6-1 所示。

第二，执行菜单【分析】—【标度】—【可靠性分析】，打开【可靠性分析】对话框，如图 6-2 所示。

图 6-1  待实施克朗巴哈系数检验的原始数据

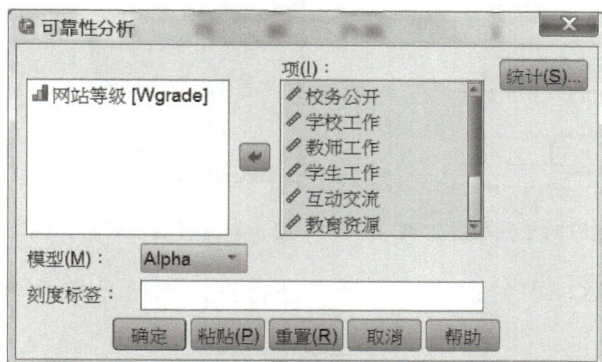

图 6-2  【可靠性分析】对话框

第三，在图 6-2 所示的【可靠性分析】对话框中，先从左侧选择相关变量拖动到右侧的【项目】列表框中。本例中共拖入了"校务公开""学校工作""教师工作""学生工作""互动交流""教育资源""教学平台""界面设计"和"总体评价"9 个变量。

第四，在【可靠性分析】对话框的左下角选择分析【模型】，设置其值为"α"。

第五，执行【确定】命令，开始执行可靠性分析过程。

注意：在执行克朗巴哈系数检验时，应尽量选择针对同一核心问题的相关指标项，不要把不相关的测量项选入，以免无关变量降低克朗巴哈系数的值，导致分析结论错误。

3. 输出结果及其解读

在对"中职网站评价"数据执行了克朗巴哈系数检验后，获得了如图 6-3 所示的图表。

从图 6-3 可以看出，本案例的克朗巴哈系数为 0.879，表示本轮评价的一致性水平较高，证明本研究有很好的信度系数。

4. 信度检验补充说明

在如图 6-2 所示的【可靠性分析】设置对话框下，若选择【统计量】按钮，则打开新对话框，如图 6-4 所示。

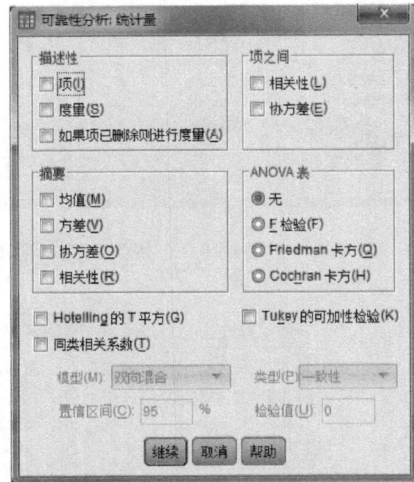

图 6-3 克朗巴哈系数检验结果

图 6-4 【可靠性分析：统计量】对话框

通过在这个对话框中的设置，可以在进行克朗巴哈系数检验的同时输出其他内容。

①在"摘要"部分，可以选择"均值"、"方差"、"相关性"系数、"协方差"等表格。

②在"项之间"区域，可以选择项与项之间的"相关性"系数矩阵和项与项之间的"协方差"矩阵。

③在"ANOVA"区域，可以选中一些类似方差分析的项，同时输出被检测变量之间的差异性水平。例如，"$F$ 检验"值、"Friedman 卡方"值和"Cochran 卡方"值。当然，在具体的应用中，要注意这三种值的适用范围，一定不能滥用。

其中的 $F$ 检验，就是检查两列数据的方差是否齐性，并输出两列数值之间的 $F$ 值，相当于执行了相关变量之间的 $T$ 检验，适用于正态分布的高测度数据；而 Friedman 检验，就是非参数检验中 $K$ 个关联样本的 Friedman 检验，适用于不符合正态分布的中高测度数据；而"Cochran 卡方"则是针对二分变量关联样本的非参数检验。

## （二）信度检验案例——折半信度

### 1. 案例要求

已知，马老师带领其科研团队对 151 个中职院校的门户网站进行了评价。该评价从校务公开、学校工作、教师工作、学生工作、互动交流、教育资源、教学平台、界面设计共 8 个维度开展子项评价，同时还要求专家对网站的总体印象打分。最终获得了如图 6-1 所示的数据。

目前，所有数据被存储的文档"中职网站评价. sav"中，请用折半信度系数分析本轮评价的信度系数。

### 2. 操作过程

第一，在 SPSS 下，打开数据文档"中职网站评价. sav"，使之处于数据视图状态。

第二，执行菜单【分析】—【度量】—【可靠性分析】，打开【可靠性分析】对话框，如图 6-2 所示。

第三，在图 6-2 所示的【可靠性分析】对话框中，先从左侧选择相关变量拖动到右侧的【项目】列表框中。本例中共拖入了"校务公开""学校工作""教师工作""学生工作"共 4 个变量。或者选择"互动交流""教育资源""教学平台""界面设计"这 4 个变量。

第四，在【可靠性分析】对话框的左下角选择分析【模型】，设置其值为"折半"。

第五，执行【确定】命令，开始执行可靠性分析过程。

---

注意：在折半信度检验时，一定要尽量选择针对同一核心问题的相关指标项，不要把不相关的测量项选入。在本例中，"校务公开""学校工作""教师工作""学生工作"4 项的测量目标具有较高的相似性，所以可以作为一组变量进行折半检验。

---

### 3. 输出结果及其解读

在完成了针对"校务公开""学校工作""教师工作""学生工作"4 个变量的折半分析后，获得了如图 6-5 所示的输出结果。

从图 6-5 可以看出，这些项被分为两组，两个组的克朗巴哈系数分别为 0.706 和 0.628，组间的相关系数为 0.792。而且格特曼折半系数为 0.877，各项输出结果均高于 0.6，证明了组内与组间都具有较高的相关性，数据的整体信度较高。

## （三）利用重测信度的概念实施信度分析

### 1. 案例要求

在对中职院校门户网站的评价中，为了避免单个专家的评价出现偏颇，项目组邀请 4 位专家对这 151 个门户网站独立地进行了总体性评价。

**个案处理摘要**

| | | 个案数 | % |
|---|---|---|---|
| 个案 | 有效 | 151 | 100.0 |
| | 排除[a] | 0 | .0 |
| | 总计 | 151 | 100.0 |

a. 基于过程中所有变量的成列删除。

**可靠性统计**

| | | | |
|---|---|---|---|
| 克隆巴赫 Alpha | 第一部分 | 值 | .706 |
| | | 项数 | 2[a] |
| | 第二部分 | 值 | .828 |
| | | 项数 | 2[b] |
| | 总项数 | | 4 |
| 形态之间的相关性 | | | .792 |
| 斯皮尔曼-布朗系数 | 等长 | | .884 |
| | 不等长 | | .884 |
| 格特曼折半系数 | | | .877 |

a. 项为：校务公开，学校工作.

b. 项为：教师工作，学生工作.

**图 6-5　针对 4 个变量的折半信度检验的结果**

目前，专家们的评价结论已经存储在文档“多名专家为中职网站总体评价 . sav”之中，希望基于专家们的评价数据进行信度检测。

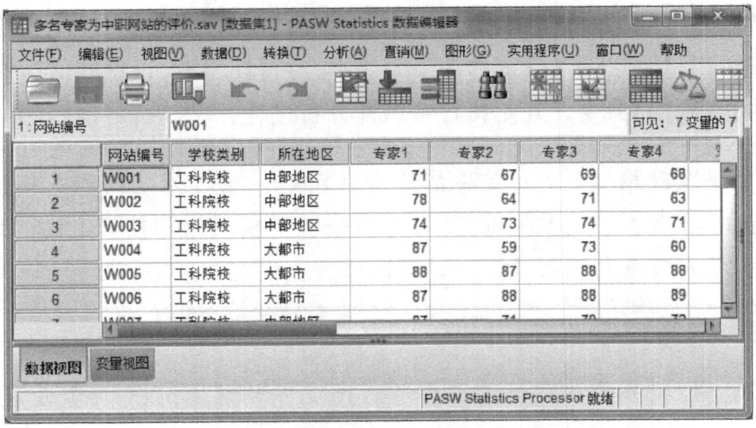


**图 6-6　4 位专家对 151 个网站的评价结论**

2. 分析解决方案

分析专家 1、专家 2、专家 3 和专家 4 给分的一致性，即这 4 位专家的评价结论是否高度相关或者存在一致性，可以借助克朗巴哈系数、重测信度等方法进行信度检验，甚至还可以使用 $K$ 个关联样本的非参数检验进行检测。

在本例中，可把 4 位专家的评价数据看作针对同一组研究目标并基于同一评价指标的重复测量，所以，可借助重测信度的概念评价 4 位专家的评价数据是否可靠。

3. 操作过程

第一，在 SPSS 下，打开数据文档"多名专家为中职网站的评价．sav"，使之处于数据视图状态。

第二，执行菜单【分析】—【相关】—【双变量】，打开【双变量相关】对话框，如图 6-7 所示。

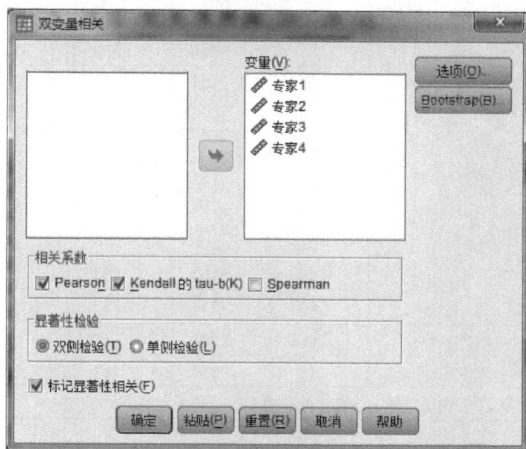

**图 6-7　利用"相关性"判断重复测量的信度**

第三，在图 6-7 所示的【双变量相关】对话框中，先从左侧选择相关变量拖动到右侧的【变量】列表框中。本例共拖入了"专家 1""专家 2""专家 3""专家 4"共 4 个变量。

第四，在【双变量相关】对话框的左下角，选择【Pearson】和【Kendall 的 tau-b】复选框。

第五，执行【确定】命令，开始执行相关性分析过程。

4. 输出结果及其解读

在完成了针对 4 位专家的评价数据的相关性分析后，获得了如图 6-8 和如图 6-9 所示的输出结果。

从图 6-8 和图 6-9 的输出可以看出，4 位专家的相关性系数在"Pearson 相关"和"Kendall 相关"检验下，其检验概率 $Sig$ 值均为 0.000，这说明这 4 位专家对网站的评价是高度相关的，即 4 名专家的评价结论具有较高的信度。

另外，从 4 位专家给分的相关性系数来看，1 号专家与 3 号专家的相关性系数较高，而 2 号专家与 4 号专家的相关性系数更高，这说明 1 号和 3 号具有较高的一致性，而 2 号专家与 4 号专家具有更高的一致性。

5. 对重测样本信度测量的补充说明

基于变量之间的相关性分析，可以评价重测数据的信度水平，但在一些特殊情况下，人们可能希望获得更为精细的结论，了解几次重测数据之间的内在关系。为此，可以对与本案例类似的多名专家评价结论实施 $K$ 个相关样本的差异性检验，分析 4 位专家的评价数据之间是否存在显著差异。

| 相关性 | | 专家1 | 专家2 | 专家3 | 专家4 |
|---|---|---|---|---|---|
| 专家1 | 皮尔逊相关性 | 1 | .538** | .824** | .548** |
| | 显著性（双尾） | | .000 | .000 | .000 |
| | 个案数 | 151 | 151 | 151 | 151 |
| 专家2 | 皮尔逊相关性 | .538** | 1 | .921** | .995** |
| | 显著性（双尾） | .000 | | .000 | .000 |
| | 个案数 | 151 | 151 | 151 | 151 |
| 专家3 | 皮尔逊相关性 | .824** | .921** | 1 | .922** |
| | 显著性（双尾） | .000 | .000 | | .000 |
| | 个案数 | 151 | 151 | 151 | 151 |
| 专家4 | 皮尔逊相关性 | .548** | .995** | .922** | 1 |
| | 显著性（双尾） | .000 | .000 | .000 | |
| | 个案数 | 151 | 151 | 151 | 151 |

**.在 0.01 级别（双尾），相关性显著。

**图 6-8　皮尔逊相关的输出结论**

| 相关性 | | | 专家1 | 专家2 | 专家3 | 专家4 |
|---|---|---|---|---|---|---|
| 肯德尔 tau_b | 专家1 | 相关系数 | 1.000 | .362** | .640** | .371** |
| | | 显著性（双尾） | . | .000 | .000 | .000 |
| | | 个案数 | 151 | 151 | 151 | 151 |
| | 专家2 | 相关系数 | .362** | 1.000 | .747** | .964** |
| | | 显著性（双尾） | .000 | . | .000 | .000 |
| | | 个案数 | 151 | 151 | 151 | 151 |
| | 专家3 | 相关系数 | .640** | .747** | 1.000 | .752** |
| | | 显著性（双尾） | .000 | .000 | | .000 |
| | | 个案数 | 151 | 151 | 151 | 151 |
| | 专家4 | 相关系数 | .371** | .964** | .752** | 1.000 |
| | | 显著性（双尾） | .000 | .000 | .000 | . |
| | | 个案数 | 151 | 151 | 151 | 151 |

**.在 0.01 级别（双尾），相关性显著。

**图 6-9　肯德尔相关的输出结论**

如果对图 6-6 所示的多名专家的评价数据进行 $K$ 个相关样本的差异性检验，借助"肯德尔的 W"检验算法可以获得如图 6-10 所示的结论。

从图 6-10 可以看出，4 位专家的评价在秩分方面还是存在显著差异的。也就是说，尽管 4 位专家的相关性很高，具有较高的信度，但 4 位专家对网站的评价结果仍然有显著差异。

肯德尔 W 检验

秩

| | 秩平均值 |
|---|---|
| 专家1 | 3.82 |
| 专家2 | 1.40 |
| 专家3 | 2.91 |
| 专家4 | 1.86 |

检验统计

| | |
|---|---|
| 个案数 | 151 |
| 肯德尔 W[a] | .747 |
| 卡方 | 338.388 |
| 自由度 | 3 |
| 渐近显著性 | .000 |

a. 肯德尔协同系数

**图 6-10　对 4 位专家的肯德尔 W 检验的结论**

通过图 6-10 左图的“秩”分可以出，专家 1 和专家 3 的秩分比较接近，专家 2 和专家 4 的秩分比较接近。如果将“专家 1”和“专家 3”作为一组，检查其秩分是否有差异性，结果发现两者并不存在显著差异；将“专家 2”和“专家 4”作为一组，检查其秩分是否有差异，检验结论也证实，两者是没有显著差异的。

上述结论说明，4 位专家可以分为两组，这两组的评价都是科学的、客观的，在形成最终的评价结论时，应该综合考虑两组专家的评价数据。

# 6.3 效度检验方法

**本节学习目标**

了解效度及效度检验的主要技术（专家结构效度、因子分析）及其特点；掌握以因子分析检验结构效度、以专家评审保证结构效度的思路及操作策略。

## 6.3.1　效度检验的主要技术

效度是数据分析的最终目标，对指标体系的精细设计和信度检验等都是为了促使调研项目获得较高的效度。

### （一）效度检验的关键技术

尽管从理论上讲，数据分析课程中的结构效度检验只是基于已有调查数据来分析并检查数据的区分度和覆盖度，并不包括对原始指标体系整体质量的评价。然而，在具体的应用中，对调查、评价类项目的效度检验，无一能

384

脱离对指标体系质量的研究。

**1. 专家结构效度**

专家结构效度是效度检验中最常用的技术。对于专家结构效度的使用和注意事项，已经在前面给出了比较详细的阐述，本节就不再重复赘述。

**2. 基于小范围测量数据，检验当前指标体系的语义区分度**

在具体的调查、评价类项目中，常常基于当前的指标体系，开展小范围的测量或评价，并以获得的测量数据为基础，检验调查指标的覆盖度和各个指标项的区分度。

变量的区分度通常借助测量值的差异性检验来验证：①对于符合正态分布的定距型变量可以借助 $T$ 检验来验证；②对于不符合正态分布的定距变量或者中高测度定序型变量，则可以借助非参数的差异性检验（多关联样本的非参数检验）来验证。

**3. 基于 KMO 和 Bartlett 球形检验判断各指标项的结构效度**

人们常常借助因子分析和 Bartlett 球形检验来对全体测量项的整体结构进行检验，获取评价数据的结构效度。

对于 KMO 的输出结果，普遍认为其度量值在 0.7 以上才开始具有结构，在一般程度上支持因子分析，而在 0.8 以上则比较适合因子分析，具有较好的结构；对于 Bartlett 球形检验，当检验概率 $Sig$ 值<0.05 时，表示参与检验的变量集具有较好的结构。对于结构较好的数据集，需要借助因子分析探究其隐含的维度，然后评判其结构效度。

表 6-2　Kaiser 对数据结构分析的度量标准

| 结构效度水平 | KMO 度量值 $K$ |
|---|---|
| 很差 | $K<0.6$ |
| 很勉强 | $0.6 \leqslant K < 0.7$ |
| 一般（基本可以） | $0.7 \leqslant K < 0.8$ |
| 比较好 | $0.8 \leqslant K < 0.9$ |
| 非常好 | $K \geqslant 0.9$ |

**（二）效度检验的补充说明**

效度是反映调查和评价类项目最终效益和价值的重要指标，对于任何一个调查和评价类项目，都以获得有效的、有价值的研究结论作为最高目标。项目的效度主要体现在两个方面：其一是基于测量数据对指标体系的质量进行检查，主要是检验其覆盖度和区分度；其二是检验测量数据的信度，主要从被试（或评价者）的选择、被试（或评价者）的态度和严谨性等维度进行评价。

在具体的研究项目中，对于指标项的覆盖度是无法用统计分析的方法来解决的，所以通常借助行业专家结构效度来保障，而对指标项的区分度通常借助测量值的差异性检验来验证。因此，在整个效度的保障过程中，指标体系的科学性是基础(结构效度)，调查过程的严谨性是手段(信度)，对效度水平的评判，则主要依靠对调研数据的分析与检验。

## 6.3.2　效度检验的实用案例

### (一)借助调研数据检验变量之间的区分度

#### 1. 案例要求

已知，马老师带领其科研团队对 151 个中职院校的门户网站进行了评价。该评价从校务公开、学校工作、教师工作、学生工作、互动交流、教育资源、教学平台、界面设计共 8 个维度开展子项评价。

所有调研结果都存储在"中职网站评价.sav"文档中，请分析本轮调查数据中各个变量的区分度水平。

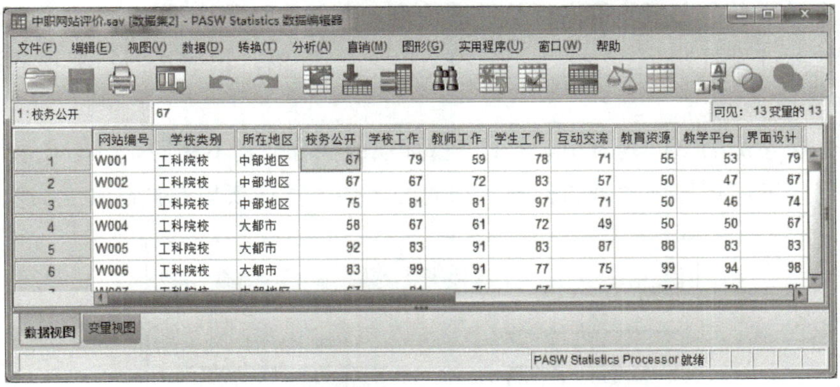

**图 6-11　待分析变量区分度的原始数据**

#### 2. 分析解决方案

对于图 6-11 所示的原始数据，主要包括 8 个数据项，首先可从 8 个指标项的语义上分析其是否具有清晰的区分度。另外，还可以通过 $T$ 检验或者非参数检验的方式判断不同指标项的测试值是否存在差异。

#### 3. 操作过程

第一，在 SPSS 中打开数据文件"中职网站评价.sav"，进入如图 6-11 所示的数据视图状态。

第二，仔细阅读原始的中职网站评价指标体系和评分规则表，认真分析评价指标体系中所包括的 8 个指标项，发现这 8 个指标项的语义非常清晰，不存在令人误解的

386

指标项。

第三，把中职网站评价指标体系和评分规则表发送给从事教育技术学专业的专家，请行业专家对本评价指标体系进行评议并给出修订建议。

第四，利用 K-S 检验判定各列数据的分布形态，发现当前数据表中的 8 列数据都不符合正态分布，不可以使用 $T$ 检验方式来检查各个指标项的差异性。

第五，利用菜单【分析】—【非参数检验】—【旧对话框】—【K 个相关样本】命令，启动【针对多个相关样本的检验】对话框，如图 6-12 所示。

第六，在图 6-12 所示的对话框中，从左侧选择各个分项变量添加到右侧的【检验变量】列表框中。然后，在底部选择"检验类型"为【肯德尔 W】复选框。

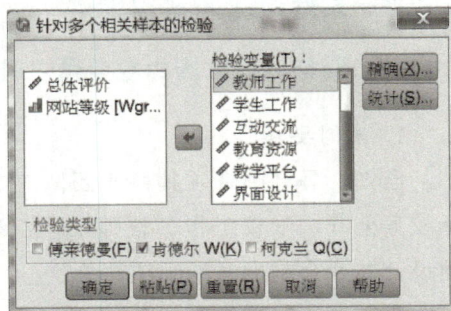

第七，单击【确定】按钮，启动检验过程。

图 6-12 【多关联样本检验】对话框

4. 输出结果及其解读

对所有子测量项之间的值进行差异性检验，其输出结果如图 6-13 所示，其最终检验概率（即"渐进显著性"之值）为 0.000，是小于 0.05 的，说明不同指标项的测量值是不相同的。

另外，在左侧的"秩"列表中，8 个子指标项的秩分值均不相同，分布比较均匀，这也同样证明了不同指标项的测量值是不相同的，各个指标项均有自己独立的取值特点。

图 6-13 对 8 个子指标项的差异性检验

## (二) 借助因子分析技术探索变量的公因子与结构效度

1. 案例要求

已知，马老师带领其科研团队对 151 个中职院校的门户网站进行了评价。该评价从校务公开、学校工作、教师工作、学生工作、互动交流、教育资源、教学平台、界面设计共 8 个维度开展子项评价。

所有调研结果都存储在"中职网站评价.sav"文档中，请分析本轮调查数据中全体变量的公因子与结构效度。

2. 分析解决方案

图 6-11 所示的原始数据主要包括 8 个数据项。我们可以借助因子分析技术、KMO 和 Bartlett 球形检验技术，从 8 个指标项的数据上分析其公因子和结构效度，检查调研结果是否与预期的研究目标一致。

3. 操作过程

第一，在 SPSS 中打开数据文件"中职网站评价.sav"，进入如图 6-11 所示的数据视图状态。

第二，利用菜单【分析】—【降维】—【因子分析】命令，启动【因子分析】对话框，如图 6-14 所示。

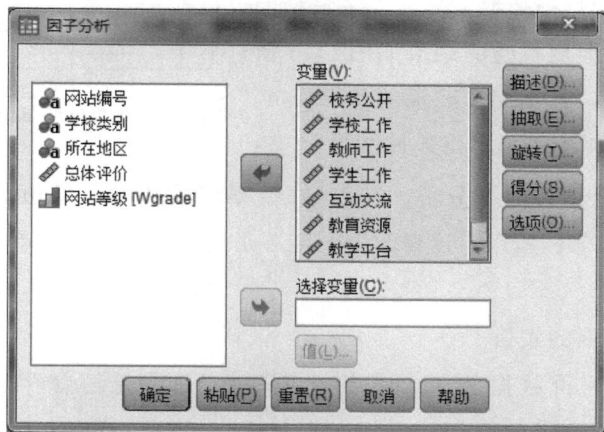

图 6-14　【因子分析】对话框

第三，在图 6-14 所示的【因子分析】对话框中，从左侧选择各个分项变量（即"校务公开""学校工作""教师工作""学生工作""互动交流""教育资源""教学平台"和"界面设计"）添加到右侧的【变量】列表框中。

第四，在【因子分析】主对话框中，单击右上角的【描述】按钮，启动【因子分析：描述统计】对话框，如图 6-15 所示。然后，在其底部的"相关矩阵"区域选中【KMO 和 Bartlett 的球形度检验】复选框。接着，单击【继续】按钮后，返回到【因子分析】对话框中。

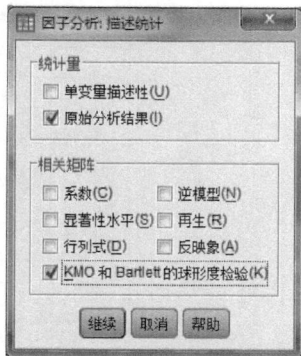

图 6-15　【因子分析：
描述统计】对话框

第五，在【因子分析】主对话框中，单击右上角的【抽取】按钮，以便弹出【因子分析：抽取】对话框。在此对话框中，先选择因子抽取的【方法】为"主成分"，再选中"输出"区域中的【碎石图】复选框。接着，单击【继续】按钮，以便返回到【因子分析】主对话框。

第六，在【因子分析】主对话框中，单击右上角的【旋转】按钮，以便弹出【因子分析：旋转】对话框。在此对话框中，先选择因子旋转方法为【最大方差法】，再选中"输出"区域中的【载荷图】复选框。接着，单击【继续】按钮，以便返回到【因子分析】主对话框。

第七，在【因子分析】主对话框中，单击【确定】按钮，启动检验过程。

4. 输出结果及其解读

对所有子测量项之间的数据进行因子分析，得到如图 6-16 至图 6-18 之间的输出结果。

(1)KMO 和 Bartlett 球形度检验结果

对于中职网站的评价数据，其 8 个子指标的 KMO 和 Bartlett 球形度检验的结果如图 6-16 所示。由图 6-16 可知，其 KMO 度量值为 0.746，表示这 8 个子指标项具有一定相关性和区分度，

| KMO 和巴特利特检验 | | |
|---|---|---|
| KMO 取样适切性量数 | | .746 |
| 巴特利特球形度检验 | 近似卡方 | 1122.413 |
| | 自由度 | 28 |
| | 显著性 | .000 |

图 6-16　KMO 和 Bartlett 球形度检验结果

不是单位矩阵，适合进行因子分析。其 Bartlett 球形度检验卡方值为 1122.413，且检验概率值 $Sig$ 为 0.000。所以，这份数据一定不是描述单一语义的单位矩阵，具有较好的结构效度。

(2)"总方差"解释的表格

针对中职网站评价数据的 8 个子指标项，其"总方差解释"如图 6-17 所示。从图 6-17 可以看出，有两个公共因子的特征值大于 1。因此，SPSS 自动选择了两个主因子，能够解释 70.235% 的方差。

| 总方差解释 | | | | | | |
|---|---|---|---|---|---|---|
| 成分 | 初始特征值 | | | 提取载荷平方和 | | |
| | 总计 | 方差百分比 | 累积 % | 总计 | 方差百分比 | 累积 % |
| 1 | 3.867 | 48.337 | 48.337 | 3.867 | 48.337 | 48.337 |
| 2 | 1.752 | 21.898 | 70.235 | 1.752 | 21.898 | 70.235 |
| 3 | .795 | 9.940 | 80.175 | | | |
| 4 | .597 | 7.464 | 87.639 | | | |
| 5 | .427 | 5.339 | 92.978 | | | |
| 6 | .380 | 4.746 | 97.724 | | | |
| 7 | .177 | 2.212 | 99.936 | | | |
| 8 | .005 | .064 | 100.000 | | | |

提取方法：主成分分析法。

图 6-17　"总方差解释"表格

（3）"旋转的成分矩阵"表格

在原始的成分矩阵（未加旋转的成分矩阵）中，由于"成分1"在各个测量变量上的载荷都比较均衡，不便于解释两个主成分的含义。为此，人们对原始的成分矩阵进行了基于"最大方差法"的旋转，最终获得了如图 6-18 所示的旋转矩阵。

| 旋转后的成分矩阵ᵃ | | |
|---|---|---|
| | 成分 | |
| | 1 | 2 |
| 校务公开 | .895 | .115 |
| 学校工作 | .726 | .134 |
| 教师工作 | .854 | .190 |
| 学生工作 | .670 | .177 |
| 互动交流 | .209 | .750 |
| 教育资源 | .154 | .955 |
| 教学平台 | .143 | .959 |
| 界面设计 | .718 | .128 |

提取方法：主成分分析法。
旋转方法：凯撒正态化最大方差法。
a. 旋转在 3 次迭代后已收敛。

**图 6-18　"旋转成分矩阵"表格**

根据图 6-18 所示的结果，两个主成分的含义可以被解释为：其一，学校的常规日常管理水平；其二，学校的教育信息化发展水平。

（4）旋转之后的载荷图

针对 8 个观测变量，实施因子分析后，获得如图 6-19 所示的载荷图。

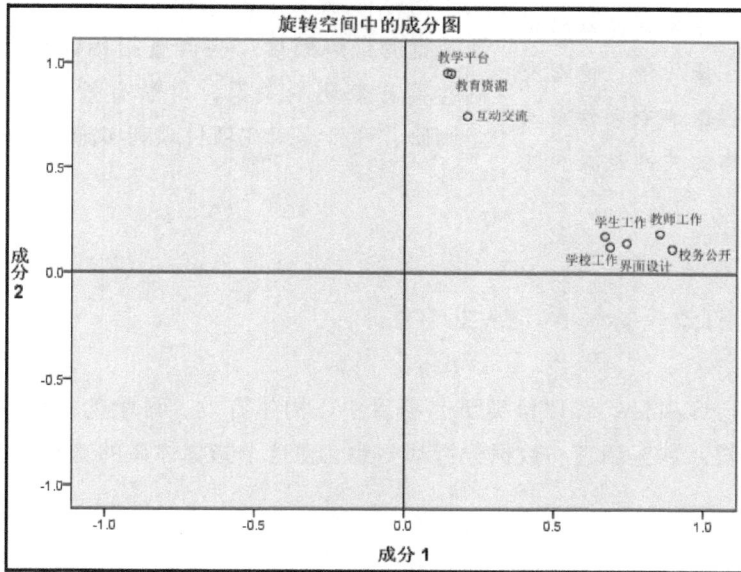

**图 6-19　基于 8 个子指标项的载荷图**

根据图 6-19 所示的显示结果，8 个子指标项已经被聚合为 2 个区块，其中"教学平台""教育资源"和"互动交流"聚合为一类，其根本语义是学校的教育信息化发展水平；而"学校工作""教师工作""学生工作""校务公开"和"界面设计"被合并为新的一类，它代表了学校的日常管理水平。

通过图 6-19 所总结出的规律，与图 6-18 所示的结论是完全一致的。

5. 对中职网站评价数据结构效度的研究结论

通过 KMO 和 Bartlett 球形度检验，可以得知中职网站评价数据具有较好的结构效度。基于因子分析技术可知，中职网站的评价数据反映了学校的日常管理水平和学校的教育信息化发展水平两个方面的状况，这个结论还是比较客观的。

综上所述，可以认为，中职网站的评价数据，具有较好的结构效度。所以，本次对中职网站的评价，达到了预期的目标，获得了比较客观、科学的结论。

# 6.4
# 如何构造有效的调查指标体系

🎯 **本节学习目标**

了解邀请专家参与评价指标体系开发时应注意的学术伦理及必备策略；掌握邀请专家参与调查指标体系建构的关键步骤和注意事项。

在社会调查或评价类项目中，尽管构造科学的调查指标体系不是信度和效度检验的内容，然而调研数据的最终效度，与调查指标体系的科学性和准确性具有密切的关系。科学有效的调查指标体系，是调研、评价类研究项目顺利实施的必要基础条件。

## 6.4.1 构造有效指标体系的常见方法

在调查类研究项目或者评价类研究项目中，构建有效、科学的指标体系是实施调查和评价的前提，数据调查和数据分析都要建立在这个指标体系的基础上。

### (一)构造有效指标体系的一般流程

1. 明确研究问题

明确研究问题，是构造指标体系的基本要求。对于任何一个研究项目，项目主持人都应认真思考，明确自己的研究问题到底是什么，为什么要研究这个问题，研究这个问题有什么重要意义或价值，针对这个研究问题，可能涉及哪几个方面的问题。

2. 分解研究问题，明确所关注的视角

在确定研究问题之后，其核心任务是把调查问题分解开来，逐步形成指标体系中的一级指标、二级指标和三级指标。

对于研究问题的分解，基本遵循结构化系统设计或项目管理中任务分解的思想。在项目管理学中，当需要解决的任务过于复杂、难以理解时，可以根据任务中的各个功能间的耦合关系进行任务分解，把耦合度较低的功能划分出来，形成一个个独立的子任务，然后分别解决这些子任务。在对子任务处理时，又可以采用任务分解的策略再次分解。任务分解的目的是使工作更容易操作，职责更容易划分，对成本的估算、时间和资源的规划更加准确。目前，在项目工作安排中通常使用任务分解结构（Work Breakdown Structure，WBS）工具。对项目进行任务分解的主要策略有"自顶向下，逐步细化"的方法。对任务分解的描述则主要以"列清单"和"图表"类型描述，即采用一种层次化的树形结构来表述任务间的关系。任务分解是对需求的进一步细化，是最后确定项目所有子任务范围的过程。任务分解的结果是任务分解结构，它组织并体现了整个项目的工作范围。

基于任务分解的方法，研究者对调查问题认真分析，逐层细化，其最终结果是构成一张分层的树形结构图，或者分层的二维表格，如表 6-3 所示。

表 6-3　形成三级指标体系的结构

| 一级指标 | 二级指标 | 三级指标 |
|---|---|---|
| 一级指标项 1 | 二级指标项 1.1 | 三级指标项 1.1.1 |
| | | 三级指标项 1.1.2 |
| | 二级指标项 1.2 | 三级指标项 1.2.1 |
| | | 三级指标项 1.2.2 |
| 一级指标项 2 | 二级指标项 2.1 | 三级指标项 2.1.1 |
| | | 三级指标项 2.1.2 |
| | | 三级指标项 2.1.3 |
| | 二级指标项 2.2 | 三级指标项 2.2.1 |
| | | 三级指标项 2.2.2 |

3. 形成初步的指标体系

基于任务分解的流程，完成如表 6-3 所示的三级指标体系的填写，仔细分析各个指标项的合理性和可能存在的问题，分析三级指标项在语义描述上的准确性，尽量避免各个子指标项在语义上存在耦合性。

在这个过程中，最常用的方法是：项目组内的每个成员都独立思考，构造自己的三级指标体系，然后在适当的时间里，召开项目组所有成员参会的碰头会，通过头脑风暴汇集所有成员的初步成果，最终形成一份整合全体成员的完整指标体系。

4. 完善与优化指标体系

对于已经形成的初步指标体系，需要进行必要的完善和优化。常见的方法主要包括以下几种。

第一，对已经成型的指标体系，请全体项目组成员审议，尽可能发现指标体系中的各种问题。

第二，邀请2～3位专家对成型的指标体系进行评审，通过专家的评审建议进一步完善现有指标体系。

第三，对指标体系中的内容适当变形，主要包括设置一些逆向性指标和校验性指标，以便在数据采集后利用这些指标项对每份数据进行有效性检验。

第四，选择少量被试，利用比较完善的指标体系进行预填报。

第五，收集基于少量被试的填报数据，开展信度、效度检验，发现填报数据中存在的问题，进一步优化指标体系。

### (二)构造调查指标体系的实际案例

**1. 案例要求**

校学生会希望了解大一新生在进入学校后的适应性程度，决定在大一下学期开学第一周针对全校大一学生开展问卷调查。请为这次问卷调查设计一套完整的调查指标体系。

**2. 明确研究问题，形成初步关注点**

针对案例提出的调查要求，分析案例所要求的调查内容——大一新生对大学生活的适应性程度，可以初步决定调查信息针对三个方面开展：①对学习环境的适应性；②对生活环境的适应性；③对人际交往的适应性。

**3. 进行任务分解，形成三级指标体系**

基于研究问题与关注点，形成三级指标体系，如表6-4所示。

**表 6-4　基于研究问题与关注点，形成三级指标体系**

| 一级指标 | 二级指标 | 三级指标 |
|---|---|---|
| 学习环境适应性 | 教师的教学 | 教材情况 |
| | | 教师的教学模式 |
| | | 课程设置 |
| | | 授课速度 |
| | 教学环境 | 图书馆环境 |
| | | 多媒体教室环境 |
| | | 网络运行环境 |
| 生活环境适应性 | 伙食与住宿 | 伙食 |
| | | 住宿 |
| | | 体育活动空间 |
| | 业余生活 | 周末参与活动 |
| | | 晚上参与活动 |

续表

| 一级指标 | 二级指标 | 三级指标 |
|---|---|---|
| 人际交往适应性 | 朋友圈 | 朋友数量 |
| | | 自我感受 |
| | | 参与社团活动 |
| | 参与业余活动 | 周末参与活动 |
| | | 晚上参与活动 |

**4. 进行头脑风暴，形成并完善三级指标体系**

根据设计指标体系的需要，组织项目组的每位成员基于研究问题，独立设计出三级指标体系。经过 3 位项目组成员的协商与讨论，最终形成了如表 6-5 所示的初级调查问卷。

表 6-5　初步形成的调查问卷

Q111：你对教师所采用的教学方法和教学模式感到满意吗？
A. 很不满意　　　B. 不满意　　　C. 基本满意　　　D. 满意　　　E. 很满意

Q112：你对现在使用的教材感到满意吗？
A. 很不满意　　　B. 不满意　　　C. 基本满意　　　D. 满意　　　E. 很满意

Q113：你对目前开设的课程和课程设置情况感到满意吗？
A. 很不满意　　　B. 不满意　　　C. 基本满意　　　D. 满意　　　E. 很满意

Q114：你对教师的授课速度和教学方法感到适应吗？
A. 很不适应　　　B. 不适应　　　C. 基本适应　　　D. 适应　　　E. 很适应

Q121：你对学校的现有多媒体教室环境感到满意吗？
A. 很不满意　　　B. 不满意　　　C. 基本满意　　　D. 满意　　　E. 很满意

Q122：你对学校的图书馆环境感到满意吗？
A. 很不满意　　　B. 不满意　　　C. 基本满意　　　D. 满意　　　E. 很满意

Q123：你对学校的网络环境感到满意吗？
A. 很不满意　　　B. 不满意　　　C. 基本满意　　　D. 满意　　　E. 很满意

Q211：你对学校的伙食质量感到满意吗？
A. 很不满意　　　B. 不满意　　　C. 基本满意　　　D. 满意　　　E. 很满意

Q212：你对现在的住宿条件感到满意吗？
A. 很不满意　　　B. 不满意　　　C. 基本满意　　　D. 满意　　　E. 很满意

Q213：你对学校的体育活动空间感到满意吗？
A. 很不满意　　　B. 不满意　　　C. 基本满意　　　D. 满意　　　E. 很满意

Q311：进入大学后，你能积极主动地结交新朋友？
A. 很正确　　　B. 正确　　　C. 一般　　　D. 不正确　　　E. 很不正确

Q312：在宿舍和班级中，你都觉得非常自如，没有任何拘束和不适应？

A. 很正确　　　　B. 正确　　　　C. 一般　　　　D. 不正确　　　　E. 很不正确

Q313：你能积极参加学校的各种社团活动？

A. 很正确　　　　B. 正确　　　　C. 一般　　　　D. 不正确　　　　E. 很不正确

Q321：每个周末，你都是和同学或新朋友一起活动的？

A. 很正确　　　　B. 正确　　　　C. 一般　　　　D. 不正确　　　　E. 很不正确

Q322：在没有课的每个晚上，你都是和同学或新朋友一起活动的？

A. 很正确　　　　B. 正确　　　　C. 一般　　　　D. 不正确　　　　E. 很不正确

5. 邀请专家评审，完善指标体系

对于前面形成的调查问卷（即调查指标体系），项目组通过 E-mail 发送给 3 位从事大学生心理健康和大学生心理咨询的教师，请他们对已经设计好的调查问卷进行评审。

经过专家评审后，专家们主要提出了 3 条评审意见。①单纯地了解学生对学校的体育活动场所是否满意，不能真正反映学生的适应性，有的学生从来没有参加过业余的体育活动，但常常选择"很满意"选项，建议对学生业余参与体育活动的时间进行调查。②在结交朋友方面，是否积极地交朋友并不能准确地反映学生的适应性，建议考查学生已经有几个知心好友。③有的学生的适应性比较差，可能是受其性格和家庭因素的影响，建议增加对这个方面的调查。

根据专家的评审意见，项目组对调查问卷的内容进行了调整，获得了如表 6-6 所示的第二轮调查问卷。

表 6-6　第二轮调查问卷

Q0：你对自己现在的家庭生活环境感到满意吗？

A. 很不满意　　　B. 不满意　　　C. 基本满意　　　D. 满意　　　E. 很满意

Q111：你对教师所采用的教学方法和教学模式感到满意吗？

A. 很不满意　　　B. 不满意　　　C. 基本满意　　　D. 满意　　　E. 很满意

Q112：你对现在使用的教材感到满意吗？

A. 很不满意　　　B. 不满意　　　C. 基本满意　　　D. 满意　　　E. 很满意

Q113：你对目前开设的课程和课程设置情况感到满意吗？

A. 很不满意　　　B. 不满意　　　C. 基本满意　　　D. 满意　　　E. 很满意

Q114：你对教师的授课速度和教学方法感到适应吗？

A. 很不适应　　　B. 不适应　　　C. 基本适应　　　D. 适应　　　E. 很适应

Q121：你对学校的现有多媒体教室环境感到满意吗？

A. 很不满意　　　B. 不满意　　　C. 基本满意　　　D. 满意　　　E. 很满意

| Q122：你对学校的图书馆环境感到满意吗？ |
| A. 很不满意　　B. 不满意　　C. 基本满意　　D. 满意　　E. 很满意 |

Q123：你对学校的网络环境感到满意吗？

A. 很不满意　　　　B. 不满意　　　　C. 基本满意　　　　D. 满意　　　　E. 很满意

Q211：你对学校的伙食质量感到满意吗？

A. 很不满意　　　　B. 不满意　　　　C. 基本满意　　　　D. 满意　　　　E. 很满意

Q212：你对现在的住宿条件感到满意吗？

A. 很不满意　　　　B. 不满意　　　　C. 基本满意　　　　D. 满意　　　　E. 很满意

Q213：你对学校的体育活动空间感到满意吗？

A. 很不满意　　　　B. 不满意　　　　C. 基本满意　　　　D. 满意　　　　E. 很满意

Q214：每周的业余时间中，你到学校体育场馆锻炼的时间有（　　）。

A. 10 小时以上　　B. 7～10 小时　　C. 2～7 小时　　D. 1 小时左右　　E. 0 小时

Q311：进入大学后，你能积极主动地结交新朋友？

A. 很正确　　　　B. 正确　　　　C. 一般　　　　D. 不正确　　　　E. 很不正确

Q312：在现在的大学中，你已经有了几个要好的朋友？

A. 5 个以上　　B. 2～4　　C. 1～2　　D. 大约 1 个　　E. 尚没有

Q313：在宿舍和班级中，你都觉得非常自如，没有任何拘束和不适应？

A. 很正确　　　　B. 正确　　　　C. 一般　　　　D. 不正确　　　　E. 很不正确

Q314：你能积极参加学校的各种社团活动？

A. 很正确　　　　B. 正确　　　　C. 一般　　　　D. 不正确　　　　E. 很不正确

Q321：每个周末，你都是和同学或新朋友一起活动的？

A. 很正确　　　　B. 正确　　　　C. 一般　　　　D. 不正确　　　　E. 很不正确

Q322：在没有课的每个晚上，你都是和同学或新朋友一起活动的？

A. 很正确　　　　B. 正确　　　　C. 一般　　　　D. 不正确　　　　E. 很不正确

6. 根据调查指标的设计目标，对呈现给被试的具体指标项微调，使之便于被检验

针对上述已经成型的调查问卷，为了便于信度分析，需要对调查问卷的内容进行调整，使之便于统计与分析。对当前调查问卷实施调整的内容主要包括 3 个方面。首先，适当增加几个总述性的问题，用于反映被试评价指标中一级指标的看法，从而便于未来开展信度检验。其次，适当设置几个校验型的问题，用于帮助研究者快速识别出无效问卷（无效评价记录）。最后，对于校验性的问题，可以通过修改现有的正向问题为逆向问题，使之具有校验性的功能，也可以有意识地添加几个校验性的问题。

对表 6-6 所示的调查问卷，进行微调后的最终结果如表 6-7 所示。从表 6-7 可以看出，调查问卷增加了 QZ1、QZ2 和 Q1Z、Q2Z、Q3Z 共 5 个总述性的测验问题。

另外，还对表 6-6 中的某些问题进行了调整，使之成为校验性题目，这类题目是

Q214 和 Q313。这类逆向性题目可以帮助研究者快速地从众多被试数据中筛选出自相矛盾、不认真填写的无效问卷。

表 6-7　最终定型的调查问卷

Q0：你对自己现在的家庭生活环境感到满意吗？

A. 很不满意　　　　B. 不满意　　　　C. 基本满意　　　　D. 满意　　　　E. 很满意

QZ1：你对当前的大学生活感到满意吗？

A. 很不满意　　　　B. 不满意　　　　C. 基本满意　　　　D. 满意　　　　E. 很满意

QZ2：你是否已经适应了大学的生活？

A. 很不适应　　　　B. 不适应　　　　C. 基本适应　　　　D. 适应　　　　E. 很适应

Q1Z：你对学校教师授课的总体情况感到满意吗？

A. 很不满意　　　　B. 不满意　　　　C. 基本满意　　　　D. 满意　　　　E. 很满意

Q111：你对教师所采用的教学方法和教学模式感到满意吗？

A. 很不满意　　　　B. 不满意　　　　C. 基本满意　　　　D. 满意　　　　E. 很满意

Q112：你对现在使用的教材感到满意吗？

A. 很不满意　　　　B. 不满意　　　　C. 基本满意　　　　D. 满意　　　　E. 很满意

Q113：你对目前开设的课程和课程设置情况感到满意吗？

A. 很不满意　　　　B. 不满意　　　　C. 基本满意　　　　D. 满意　　　　E. 很满意

Q114：你对教师的授课速度和教学方法感到适应吗？

A. 很不适应　　　　B. 不适应　　　　C. 基本适应　　　　D. 适应　　　　E. 很适应

Q121：你对学校的现有多媒体教室环境感到满意吗？

A. 很不满意　　　　B. 不满意　　　　C. 基本满意　　　　D. 满意　　　　E. 很满意

Q122：你对学校的图书馆环境感到满意吗？

A. 很不满意　　　　B. 不满意　　　　C. 基本满意　　　　D. 满意　　　　E. 很满意

Q123：你对学校的网络环境感到满意吗？

A. 很不满意　　　　B. 不满意　　　　C. 基本满意　　　　D. 满意　　　　E. 很满意

Q2Z：你对学校的生活环境感到满意吗？

A. 很不满意　　　　B. 不满意　　　　C. 基本满意　　　　D. 满意　　　　E. 很满意

Q211：你对学校的伙食质量感到满意吗？

A. 很不满意　　　　B. 不满意　　　　C. 基本满意　　　　D. 满意　　　　E. 很满意

Q212：你对现在的住宿条件感到满意吗？

A. 很不满意　　　　B. 不满意　　　　C. 基本满意　　　　D. 满意　　　　E. 很满意

Q213：你对学校的体育活动空间感到满意吗？

A. 很不满意　　　　B. 不满意　　　　C. 基本满意　　　　D. 满意　　　　E. 很满意

Q214：每周的业余时间中，你到学校体育场馆锻炼的时间有（　　　）。

A. 10 小时以上　　　B. 7～10 小时　　　C. 2～7 小时　　　D. 1 小时左右　　　E. 0 小时

Q3Z：你对进入大学后的人际交往感到满意吗？

A. 很不满意　　　B. 不满意　　　C. 基本满意　　　D. 满意　　　E. 很满意

Q311：进入大学后，你能积极主动地结交新朋友？

A. 很正确　　　B. 正确　　　C. 一般　　　D. 不正确　　　E. 很不正确

Q312：在现在的大学中，你已经有了几个要好的朋友？

A. 5 个以上　　　B. 2～4　　　C. 1～2　　　D. 大约 1 个　　　E. 尚没有

Q313：在宿舍和班级中，你觉得非常局促，总觉得自己是个局外人？

A. 很正确　　　B. 正确　　　C. 一般　　　D. 不正确　　　E. 很不正确

Q314：你能积极参加学校的各种社团活动？

A. 很正确　　　B. 正确　　　C. 一般　　　D. 不正确　　　E. 很不正确

Q321：每个周末，你都是和同学或新朋友一起活动的？

A. 很正确　　　B. 正确　　　C. 一般　　　D. 不正确　　　E. 很不正确

Q322：在没有课的每个晚上，你都是和同学或新朋友一起活动的？

A. 很正确　　　B. 正确　　　C. 一般　　　D. 不正确　　　E. 很不正确

注：表 6-7 中带有灰色背景的指标项为历次完善过程中逐次增加的项目。

7. 执行局部测验，进行信度、效度检验

在调查问卷彻底完成后，就可在小范围内开展局部测验。通过收集到的数据，进行信度、效度检验，从而发现指标体系中存在的问题，并进行进一步的修正。

关于如何对调查数据进行信度、效度检验的问题，可参阅 6.2 和 6.3 的内容。

## 6.4.2　以德尔菲方法检查结构效度

在构造有效调查指标体系的过程中，邀请专家参与调查指标体系的建设是保证其结构效度的重要手段。然而，在具体的研究中，很多年轻学者或研究生都在邀请专家方面碰了钉子，使自己的研究走进了难以进展的死胡同。归结其中的原因，与课题组成员的不当行为有很大的关系。

### (一)邀请专家给予指导的具体策略

为了能使自己的研究工作顺畅开展，并能获得被邀请专家的支持，需要注意以下几个方面的问题。

1. 慎重选择专家，保证专家质量

作为一个研究项目，在邀请专家参与项目并对指标体系做出审议时，一定要注意以下几点。①尽最大可能邀请真正对本项目有深入研究的专家，而不是泛泛地找几个教授或副教授。这就需要调查者阅读大量的文献，掌握在本研究项目的相关领域，了解有哪些学者真正地做出了哪些研究。只有真正了解相关项目的专家，才具备审议本项目指标体系的能力，能给出比较中肯和科学的建议；也只有真正从事过相关研究的专家，才会对当前的项目有兴趣。②对即将被邀请的专家，要仔细了解专家的工作方式和工作特点，不要贸然给专家打电话。这些专家最好与你的导师、你的朋友有过合作关系，或者在某次学术会议上你聆听过他的报告，或者拜读过他的某篇论文而深受启发。

对于已经决定邀请的专家，通常可先通过 E-mail 或者手机短信与专家联系一下，或者直接通过 E-mail 把调查指标体系发送给他们，请他们审议。

2. 尊重专家的地位，严禁群发邮件

在向专家们发送邀请邮件时，一定要充分尊重专家的地位，发送真正面向某一专家的邮件。这就需要在该邮件的抬头，有对该专家的准确称谓。例如，尊敬的李教授、尊敬的王老师、尊敬的马教授等。在邮件正文部分可用一两句话阐述该教授的成果或者你为什么选择他作为本课题的专家，以表示你很尊重他。

在联系专家并向专家发送邀请邮件时，一定不要使用群发功能。笔者就经常收到这样的邮件，"老师你好，请帮我们填写一份调查问卷吧！""老师你好，请帮我们审议一下我们设计的调查问卷吧！""老师你好，帮我们看看这份评价指标体系是否合理。"查看一下邮件原始信息栏，就会发现此邮件同时群发给了十几位教授和学者。对于这类邮件，大多数教授是把它们作为垃圾邮件处理的，原因有两个：其一，很多邮件的内容与自己的研究领域并不相符，自己很难给出比较专业的建议。其二，邮件发送人不懂得基本的学术伦理规范，不懂得尊重别人的劳动。

3. 向专家提供清晰的研究目标和研究问题

在联系专家的邮件中，一定要清晰地阐述你的研究问题和研究目标，甚至包括你们形成初步调查指标体系的主要思路，当然也可以包括你们的期望和疑惑之处。

只有这样，专家们才能真正地了解你的研究状况和研究需求，也才能针对你的研究做出比较客观的评价。

4. 以诚恳、积极、严肃的态度请求专家的指导

在朋友间的日常交流中，大家已经不太在意电子邮件的撰写格式，经常像使用 QQ、微信一样随便就给朋友发送一句话，邮件可以既没有抬头，也没有落款。

然而，在邀请专家参与自己的项目并审议调查指标体系的过程中，对电子邮件的撰写，则一定要注意邮件的撰写格式和规范。在用语、文字组织和内容方面都要有诚恳、积极、尊重的态度，在调查指标体系和邮件正文部分要杜绝错别字和病句，向专家们呈现一种积极、严谨的学术态度。

5. 答谢与回复

对给予审议和给出建议的专家，一定通过邮件对专家的付出进行答谢。

### (二)邀请专家参与项目的实用案例

1. 案例要求

校学生会希望了解大一新生在进入学校后的适应性程度，决定在大一下学期开学第一周针对全校大一学生开展问卷调查。请为这次问卷调查设计一套完整的调查指标体系。

经过项目组 3 位成员一段时间的努力，已经形成了初步《大一学生对大学生活适应性调查问卷》。为了保证调查问卷的质量，现在需要把调查问卷发送给相关专业的专家审议并听取他们的建议。

2. 实施过程

(1)确定被邀请的专家

根据本项目的内容和特点，项目组决定把本调查问卷发送给从事大学生心理健康和大学生心理咨询的教师，请他们对调查问卷进行评审。

经过筛选，项目组初步确定了 4 位专家。

1 号专家：李教授，长期从事大一新生入学教育与适应性训练方面的研究，他是项目组指导教师马教授的合作伙伴。

2 号专家：王研究员，学校心理咨询师，有多篇关于学生心理健康方面的论文发表于国家级刊物。

3 号专家：崔副教授，本校心理学院教师，与项目组成员小刘熟识。

4 号专家：刘老师，本校教育系讲师，这段时间重点关注新生心理健康与大学生生活适应能力培养，有多篇论文发表于核心期刊。

(2)向专家发送邀请邮件

在选定了专家之后，项目组决定向 4 位专家发送请求他们帮助审议调查问卷的邮件。根据筛选出的专家及其特点，形成了以下 4 封邮件。

发给 1 号专家李教授的邮件，如表 6-8 所示。

表 6-8　发给 1 号专家的邀请函

尊敬的李教授，您好：

我们是 A 大学 B 学院"一学生对大学生活适应性研究"课题组，很冒昧给您发送这封邮件。

通过我们的导师马秀麟教授，我们知道您是新生入学教育与适应性训练方面的专家，我们的研究课题，恰好也是这个领域的。因此，马老师和我们都希望我们的研究工作能够得到您的指点。

续表

　　本课题主要想针对大一学生在入学后能否很快适应大学的学习、生活环境而开展研究。在研究中很重要的一个环节就是通过问卷调查大一新生对大学生活的感受。我们的初步想法是从学习环境适应性、生活环境适应性和人际交往适应性三个方面开展调查。

　　目前，已经形成了初步的调查问卷。然而由于我们的学识所限，急需得到您的指点，烦请您帮我们审议附件中的《大一学生对大学生活适应性调查问卷》，指出我们的不足，给出修正建议。

　　多谢您在百忙之中抽出时间审议我们的调查问卷。

　　此致

敬礼，顺祝冬安

学生某某

2019 年 1 月 22 日

　　发给 2 号专家王研究员的邮件，如表 6-9 所示。

**表 6-9　发给 2 号专家的邀请函**

尊敬的王老师，您好：

　　我们是 A 大学 B 学院"大一学生对大学生活适应性研究"题组，很冒昧给您发送这封邮件。

　　在项目开展的过程中，拜读了您发表在《××××》刊物上的文章《××××××××××××××》，文章的内容对我们的启发很大。我们的研究课题，在很多地方都借鉴了您的研究成果。因此，我们迫切地希望您能对大一新生的适应性研究课题给予进一步的指点。

　　本课题主要想针对大一学生在入学后能否很快适应大学的学习、生活环境而开展研究。在研究中很重要的一个环节就是通过调查问卷调查大一新生对大学生活的感受。我们的初步想法是从学习环境适应性、生活环境适应性和人际交往适应性三个方面开展调查。

　　目前，已经形成了初步的调查问卷。然而由于我们的学识所限，急需得到您的指点，烦请您帮我们审议附件中的《大一学生对大学生活适应性调查问卷》，指出我们的不足，给出修正建议。

　　多谢您在百忙之中抽出时间审议我们的调查问卷。

　　此致

敬礼，顺祝冬安

学生某某

2019 年 1 月 22 日

　　发给 3 号专家崔副教授的邮件，由项目组成员小刘负责发送，如表 6-10 所示。

**表 6-10　发给 3 号专家的邀请函**

---

崔叔叔，您好：

　　这段时间您还很忙吧？不好意思，有件事情需要麻烦您。

　　近期我和我的同学在做一个关于"大一学生对大学生活适应性研究"的课题，课题主要想针对大一学生在入学后能否很快适应大学的学习、生活环境而开展研究。在研究中很重要的一个环节就是通过调查问卷调查大一新生对大学生活的感受。我们的初步想法是从学习环境适应性、生活环境适应性和人际交往适应性三个方面开展调查。

　　目前，已经形成了初步的调查问卷。由于您是这个领域的专家，我们想请您帮我们审议附件中的《大一学生对大学生活适应性调查问卷》，指出我们的不足，给出修正建议。

　　多谢您在百忙之中抽出时间审议我们的调查问卷。

　　此致

敬礼，顺祝冬安

刘某<br>2019 年 1 月 22 日

---

　　发给 4 号专家刘老师的邮件格式与内容与发给 2 号专家的相似，这里不再重复赘述。

　　3. 收获的结果

　　邮件发出一周后，4 位专家都给予了回复。其中有 3 位专家（1 号、3 号和 4 号专家）直接在原始附件《大一学生对大学生活适应性调查问卷》上以批注的形式给出了修改建议，1 位专家（2 号专家）则是直接以文字的形式给予了回复，提出了中肯的建议。

　　专家给出的建议主要可归纳为以下 3 点：①单纯地了解学生对体育活动场所的设施是否满意，不能真正反映学生的适应性。有的学生从来没有参加过业余的体育活动，但常常选择"很满意"选项，建议对学生业余参与体育活动时间进行调查。②在结交朋友方面，是否积极地交朋友并不能准确地反映学生的适应性水平，建议考查学生结交的知心好友的数量。③有的学生的适应性比较差，有可能受学校环境因素的影响，也有可能受家庭生活因素的影响，或者受其性格和家庭因素的影响，建议增加对这个方面的调查。

　　从专家们的回复信息来看，4 位专家都非常认真地审议了课题组提供的《大一学生对大学生活适应性调查问卷》，并且给出了具有建设性的意见，达到了课题组的预期目标。

　　4. 对专家结构效度实施过程的感悟与体会

　　从笔者带领自己的科研团队从事各类研究活动的经验来看，国内绝大多数的学者都具有愿意开展学术交流、指导学生从事科研活动的优秀科研品质。因此，对希望借助专家审议各类调查指标体系或者填写调查问卷的课题组来讲，只要他们发出邀请的方法适当，给予专家们足够的尊重并且研究问题符合专家的学术研究领域，通常都能够得到专家们的指点。在这个过程中，课题组发送 E-mail 的格式、语气和态度，就显得非常重要，特别是联系素未谋面的陌生专家，一定要找到一个能够引起对方兴趣的切入点，使专家们对你的研究课题或调查指标体系产生兴趣，才能真正地得到专家们的审议和指点。

## 思考与上机实践

1. 思考题

(1)什么是信度检验？主要有哪些技术手段？

(2)什么是克朗巴哈系数？在数据分析中主要有什么作用？

(3)在 SPSS 中，如何检验多次测量数据的重测信度系数？

(4)在信度检验中，复本检验和重测检验有什么不同？

(5)在 SPSS 中，KMO 和 Bartlett 在信度和效度检验过程中起什么作用？

(6)什么是专家结构效度？什么是德尔菲方法？

(7)在邀请专家参与项目工作并审查调查指标体系的过程中，应该注意哪些问题？

(8)"因子分析"常常被用于效度检验，有时还被用于从被试的测试数据中提取公共因子以获得影响结论的关键因素。在实际应用中，应该如何看待这两种关系？

2. 上机实践：信度效度保障

请从"作业素材"文件夹中找到素材文件 zysc06.rar，把此文件解压缩后得到初始数据文件 mydataW.sav 和 mydataZ.sav，然后基于这 2 个数据文件，完成以下操作。

补充说明：mydataW 中的数据是对全国 151 个中职院校门户网站的评价数据，评价指标可参阅标题。mydataZ 是某高校对大二学生的一次网络调查结果。调查问卷的题干、含义以及相关数据，请参阅 zysc06.rar 压缩包中的附件。

(1)对于 mydataW 和 mydataZ 中的某些字符型变量进行数值化编码，要求新建以字母为变量名的字段，然后通过"变量视图"对新字段添加中文说明信息，对数码值的含义也一并给予说明，以便服务于后续的操作。

(2)利用克朗巴哈系数分别对 mydataZ 和 mydataW 进行信度检验，并对这两个表的检验结论进行解读，说明两个表的信度质量。

(3)利用折半信度系数分别对 mydataZ 和 mydataW 进行信度检验，并对这两个表的检验结论进行解读，说明两个表的信度质量。

(4)利用重测信度系数的概念对 mydataW 进行信度检验，并对其输出结果进行解读。

（5）分别利用 KMO 和 Bartlett 球形度检验方法对 mydataW 和 mydataZ 进行结构效度分析，说明最终评价结论。

（6）分别对 mydataW 和 mydataZ 进行因子分析，要求输出碎石图和载荷图，并说明所需的操作命令、输出结果，然后解释输出结果，分析其结构效度。

3. 实践与设计

基于自己感兴趣的调查类课题，请自行设计一份调查问卷，然后给出有效的信度、效度保障方案，以保证课题研究的有效性和科学性。

教学资源二维码

# 量化研究论文选编

本章概述

  基于数据分析开展实证性的教学改革研究是近几年教研的主流。在实证性教学研究中，以"实验班—对照班"的模式组织教学活动，从成绩、量表或调查问卷等维度采集数据并分析数据，以最终获得实证性的研究结论，是形成教研论文的常规范式。

  本章通过呈现两篇实证性研究论文，帮助学生理解、体会数据分析在教学研究中的重要作用。

**章结构图**

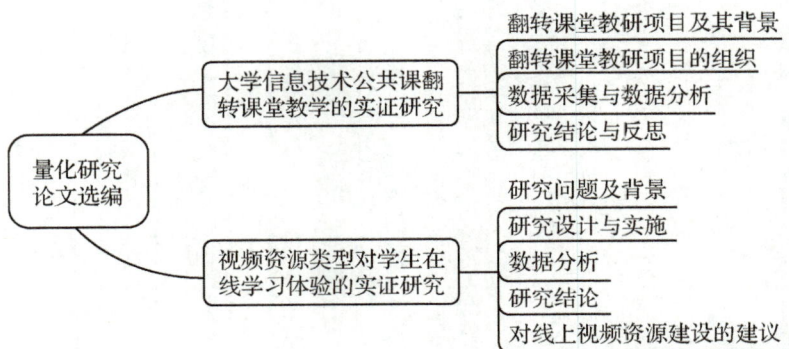

掌握基于数据分析的教研类论证的流程及规范，了解以量化研究为主体的教研类论文的组织方式和写作规范。

**本章学习目标**

在面向教育教学活动的各类实证性研究中，如何组织教学活动并采集数据？如何才能保证教研论文的结构合理、逻辑清晰？在以量化研究为基础的教研论文中，研究结论的可靠性、科学性如何保障？

**读前深思**

# 7.1
# 大学信息技术公共课翻转课堂教学的实证研究

🎯 **本节学习目标**

借助论文，展示量化研究方法在教研活动中的具体应用，学习如何在教学研究中融入量化研究思想并以数据分析归纳研究结论，论证研究设计。

为了能比较清晰地呈现量化研究的流程，笔者把自己于 2013 年 1 月发表在《远程教育杂志》上的实证性教研论文《大学信息技术公共课翻转课堂教学的实证研究》提取出来，从中节选出与数据分析相关的部分，以供大家体会差异显著性分析在实证性教研中的重要作用。

此文自 2013 年正式发表以来，截至 2018 年年底已经被下载近万次，他人引用 920 余次，在 2018 年年底中国科

学文献计量评价研究中心发布的近 12 年社会科学领域最有影响力的学术论文排行榜（《高校人文社科学者 Top 600 被引论文排行榜（2006～2018）》）中名列第 137 位（位于教育类论文第 16 位），证明了此文重要的社会影响力。

## 7.1.1　翻转课堂教研项目及其背景

随着信息化的深入开展，信息技术能力已经成为当今社会对人才的基本要求。对于一门理论与技能并重的课程，如何开展教学才能提升学习者的计算思维能力和实际应用能力，已经成为摆在教师面前的难题。与此同时，信息技术课程因其趣味性、项目性和实用性而深受学习者的喜爱，对于学习者创新能力、协作能力的培养都具有重要意义。因此，对信息技术课程教学模式和教学结构的探索已经成为很多研究者关注的课题。在诸多研究中，翻转课堂教学模式是近两年国外探讨比较多的教学模式之一。

### （一）翻转课堂教学模式的概念及其起源

FCM 是从英语"Flipped Class Model"（或 inverted classroom）翻译过来的术语，通常被翻译成"翻转课堂""反转课堂"或"颠倒课堂"，或者称为"翻转课堂式教学模式"，简称 FCM。其基本思路是：把传统的学习过程翻转过来，让学习者在课外时间完成针对知识点和概念的自主学习，课堂则变成教师与学生之间互动的场所，主要用于解答

408

疑惑、汇报讨论，从而达到更好的教学效果。

自 20 世纪初 FCM 的概念被提出以来，FCM 就不断地被应用在美国课堂中，并产生了一系列的研究成果。FCM 的实践者之一——美国林地公园高中（Woodland Park High School）科学教师乔纳森·伯格曼（Jonathan Bergmann）和亚伦·萨姆斯（Aaron Sams）在 2006 年观察到，很多概念性的知识点或操作方法并不需要教师在课内喋喋不休地讲解，学习者可以根据自己的个体经验开展学习和体会。真正需要教师在身边提供帮助的时候，是在他们做作业或设计案例并被卡住时。然而，这个时候教师往往并不在现场。为此，乔纳森和亚伦认为，如果把课堂传授知识和课外内化知识的结构翻转过来，形成"学习知识在课外，内化知识在课堂"的新教学结构，学习的有效性也会随之改变。

从 FCM 的最初创意来看，结构和模式的翻转源于"以学生为中心"的基本思考。其结果不仅创新了教学方式，而且翻转了传统的教学结构、教学方式和教学模式，建立起比较彻底的"以学生为中心"的教学方式。在这种模式下，教师真正地上升为学生学习的组织者、帮助者和指导者。当然，如果没有高技术素养的教师和学生，也就不可能有"翻转"教学结构、教学方式和教学模式的重大变革。

### (二)实施 FCM 的基本条件

首先，FCM 把知识的学习过程放在课外，由学习者自主学习、自主探究。因此，对学习者的自主学习能力、自我管理能力有较高的要求。

其次，由于 FCM 把知识的学习过程放在课外，因此对学习支持系统有极高的要求。教师必须认真设计、管理学习资源，并以恰当的方式提供给学习者，以便学习者开展自主学习。

最后，随着信息技术的发展，E-learning 的方法和策略日益成熟，基于 Internet 的网络学习平台得到了快速发展，大多数学习资源都借助了信息技术的手段。因此，学习者应具备基本的信息技术能力，能熟练地操作和应用各类网络教学平台，使用各种类型的多媒体资源。

美国部分院校开展 FCM 教学的经验证实：FCM 之所以获得成功，得益于他们一直采用探究性学习和基于项目的学习这两种方式，让学生主动学习。从技术促进教育变革的角度来看，FCM 得益于经常在课堂教学中运用视频教学等信息技术手段，在培养熟练运用信息技术的学生的基础上，把学生灵活地运用数字化设备作为学习过程的组成部分，鼓励学生利用数字化设备、根据自己的学习步调进行个性化学习。在此过程中，信息技术已经远远突破"辅助教学"的概念而成为教学过程中不可或缺的工具和要素。

## 7.1.2　翻转课堂教研项目的组织

对 FCM 在大学信息技术课教学中的应用方式及其作用的研究，应在相关理论和前人经验的基础上，精心选取研究样本，并严格控制研究变量，保证研究的科学性、客观性和有效性。

### (一)研究目标与研究思路

1. 研究目标

在信息技术课的教学中，尝试对不同层次的学习者使用 FCM，检验在信息技术课教学中应用 FCM 的教学效果，以及 FCM 对人才培养的意义、作用和局限性。

2. 研究思路

对 FCM 应用于大学信息技术课的方式及效果开展深入地研究，预设的研究思路如图 7-1 所示。

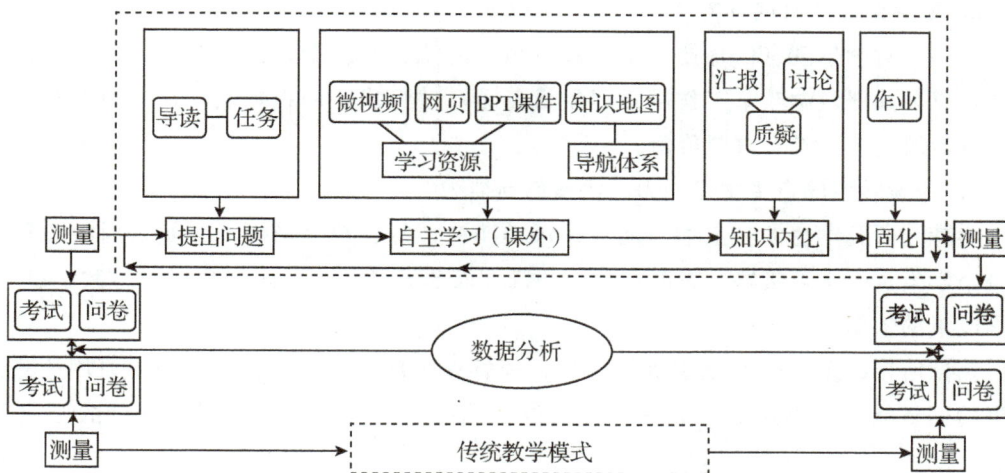

图 7-1　研究流程图

### (二)研究样本的选取

在本研究中，选择了 2012 级的 2 个班级作为实验班开展试点研究，即从 2012 级的 32 个信息技术教学班中选择了 2 个班级尝试 FCM 的教学，通过与采用传统教学模式的 2011 级同类教学班进行教学效果对照，分析 FCM 的优势与局限性。经过筛选，最终选择了 2012 级 A 班和 2012 级拔尖人才实验班作为研究试点。在作为试点的 2 个班级中，2012 级 A 班作为普通教学班参与本次试点，而 2012 级拔尖人才实验班则以特殊班级的身份参与本次试点。

410

为了充分激发优秀学生的潜能，为国家培养科技精英，北京师范大学于 2012 年启动拔尖人才培养计划，从全校范围内选拔了 100 名学生组成了拔尖人才实验班，其中文科班 30 人，理科班 70 人。为了检验 FCM 对优秀学生的适用性，本研究把文科拔尖人才实验班也列入研究试点。

### （三）教学实践活动的组织

#### 1. 组织 FCM 教学实践活动

第一，为保证学习者课外自主学习的有效开展，教师必须预先构建完整的学习支持体系。第二，为激发学习者的内在动机，教师必须在每个模块开始前，设置导读环节，通过导读内容和实践性任务测试，向学习者提出问题，引导学习者思考。第三，学习者利用学习支持体系提供的资源在课外开展自主学习，解决导读部分提出的问题和实践性任务。第四，组织课堂汇报、讨论环节，鼓励学习者之间质疑，实现知识内化。第五，通过一定量的作业，固化学习效果。第六，不定期地开展一些测试，衡量学习者的学习效果、学习策略以及他们对教学的意见或建议。

#### 2. 对学生进行测试与测量，采集研究数据

目前，对学生现有信息技术水平和自主学习能力的测量，已经被列为北京师范大学计算机公共课教学改革工作的重要组成部分，并形成了一批数据。这些数据对于本研究的持续进行，具有重要价值。

（1）测量学生的自主学习能力、协作创新能力

为持续研究学生的自主学习能力，每学期初，笔者都会采用 5 级量表对教学班内的每个学生进行学习策略、态度和学习动机方面的测量，并以测量数据作为教学设计、教学改革的依据。

测试所用的量表以 LASSI 量表为主，但补充了部分测量项，补充项主要用于测试学生的创新能力、协作能力和任务导向性，其选项设计主要参考了改进后的 CUCEI 量表。

（2）分级考试成绩与阶段性测试

在北京师范大学计算机公共课在线测评系统的支持下，新生入学时的分级考试成绩反映了学生进入大学前的信息技术水平。在学习过程中，还要针对每个模块做阶段性测试，以便反映学生在该模块上的效率和进步情况。

（3）以调查问卷收集学生对 FCM 的看法

设计简单的调查问卷，利用调查问卷收集学生对 FCM 的看法。

#### 3. 注意事项

为保证研究的客观性，应选取不同层次的学习者作为研究样本，并为学习者的自主学习提供有效的学习支持环境，对研究过程进行严格的控制。

对多层次、多维度收集的学生的成绩数据、调查问卷数据，进行对照分析，并开展相关性、差异性检验。在此过程中，以学习成绩论证学习效果，以调查问卷结论反映学习者的自主学习能力、协作能力的变化，从而探索在大学信息技术课教学中应用FCM 的可行性和局限性。

## 7.1.3　数据采集与数据分析

基于 FCM 模式的教学活动的开展，是信息技术课教学改革的重要尝试，其效果主要通过调研数据进行论证。

### (一)数据采集

结合 2011 年教学过程中采集到的数据，在 2012 年的教学过程中有意识地收集了对应时段的数据。主要包括以下 5 类数据集。

①针对 2011 年和 2012 年学生分级考试的数据，分别收集的了 2000 条记录。

②利用改进后的 LASSI 量表对 2011 级和 2012 级被试进行问卷调查，分别收集的89 名和 100 名学生的相关数据。

③在教学过程中，分别收集的针对计算机常识、Windows 应用、文字处理、网络应用模块的阶段性测验成绩。

④通过调查问卷，收集的 2012 级学生对 FCM 的看法。

⑤针对 2012 级拔尖人才实验班，收集的各类调查、测试数据。

### (二)对 FCM 教学效果的评价

对比对照组和实验组在 4 个模块上的学习成绩，可以论证 FCM 的教学效果。由于没有 2011 级拔尖人才实验班的成绩数据，因此，仅从 2011 级中选择了与 2012 级 A 班学生相对应的班级构成对照班，以实现对照分析。

1. 对班级整体成绩的对照分析

针对 2011 级和 2012 级的被试，分别计算入学时和开学 8 周后他们在分模块成绩上的均值、标准差，并进行独立样本 $t$ 检验，获得的结果如表 7-1 和表 7-2 所示。

表 7-1　入学时对照组与实验组在学习成绩方面的差异性检验

| 类别 | 对照组(2011 级) | | 实验组(2012 级) | | 差异性(t-test)（$Sig$ 值） |
|---|---|---|---|---|---|
| | 均值 | 标准差 | 均值 | 标准差 | |
| 计算机常识 | 3.28 | 2.11 | 3.16 | 2.38 | 0.32 |
| Windows 应用 | 4.42 | 2.05 | 4.51 | 2.64 | 0.56 |

续表

| 类别 | 对照组（2011 级） | | 实验组（2012 级） | | 差异性（t-test） |
|---|---|---|---|---|---|
| | 均值 | 标准差 | 均值 | 标准差 | （$Sig$ 值） |
| 文字处理 | 2.34 | 1.31 | 2.42 | 2.31 | 0.32 |
| 网络应用 | 6.28 | 2.29 | 6.31 | 2.87 | 0.41 |

注：* 代表 $p<0.05$，** 代表 $p<0.01$（下同）。

表 7-2　开学 8 周后对照组与实验组在学习成绩方面的差异性检验

| 类别 | 传统教学模式（2011 级） | | 翻转课堂教学模式（2012 级） | | 差异性（t-test） |
|---|---|---|---|---|---|
| | 均值 | 标准差 | 均值 | 标准差 | （$Sig$ 值） |
| 计算机常识 | 8.71 | 2.82 | 7.73 | 2.56 | 0.12 |
| Windows 应用 | 7.42 | 2.14 | 8.21 | 1.60 | 0.03* |
| 文字处理 | 7.84 | 2.01 | 8.58 | 1.91 | 0.02* |
| 网络应用 | 9.28 | 2.37 | 9.31 | 3.26 | 0.38 |

　　从表 7-1 可以看出，在新生入学时，尽管 2012 级被试在多数模块上的平均成绩高于 2011 级，但两者在各个模块上都不存在显著差异。也就是说，这两个年级的学生在入学时信息技术能力差不多，没有显著差异。

　　从表 7-2 可以看出，在"计算机常识"模块，与 2011 级被试相比，2012 级被试的平均成绩有所下降，但两者不存在显著差异。在"Windows 应用""文字处理"和"网络应用"模块，2012 级被试的学习成绩略有提升，而且在"Windows 应用"和"文字处理"模块，两个成绩的均值之间存在显著差异，说明与传统教学模式相比，FCM 对于培养学生的 Windows 应用能力和文字处理能力都具有较好的效果。然而，在强调知识和概念的"计算机常识"模块，FCM 的效果反而不如传统的教学模式好。

　　纵向对比表 7-1 和表 7-2 的数据，两者明显存在显著差异，说明大学信息技术公共课教学活动，无论是采用传统教学模式，还是采用 FCM，都对学习者信息技术能力的提升有较大的促进。

　　2. 对部分低分学生的成绩开展对照分析

　　为了研究 FCM 对不同类别学习者的影响，分别从 2011 级和 2012 级的被试中选择了位于分级考试成绩末尾的 15 名学生，进行跟踪研究。通过分别计算他们在入学时和开学 8 周后在各个知识模块上得分的均值、标准差，并进行独立样本的差异性检验，探索 FCM 对低分学生学习效果的影响。获得的结果如表 7-3 和表 7-4 所示。

表 7-3　入学时对照组与实验组在学习成绩方面的差异性检验

| 类别 | 对照组(2011 级) | | 实验组(2012 级) | | 差异性(t-test) (Sig 值) |
|------|------|------|------|------|------|
| | 均值 | 标准差 | 均值 | 标准差 | |
| 计算机常识 | 2.50 | 0.81 | 2.62 | 1.35 | 0.42 |
| Windows 应用 | 1.40 | 1.23 | 1.50 | 1.69 | 0.35 |
| 文字处理 | 2.10 | 1.31 | 1.96 | 1.04 | 0.37 |
| 网络应用 | 2.30 | 1.27 | 2.20 | 1.92 | 0.42 |

表 7-4　开学 8 周后对照组与实验组在学习成绩方面的差异性检验

| 类别 | 传统教学模式(2011 级) | | 翻转课堂教学模式(2012 级) | | 差异性(t-test) (Sig 值) |
|------|------|------|------|------|------|
| | 均值 | 标准差 | 均值 | 标准差 | |
| 计算机常识 | 6.40 | 0.73 | 4.70 | 1.30 | 0.01* |
| Windows 应用 | 6.30 | 1.29 | 4.50 | 1.60 | 0.02* |
| 文字处理 | 7.50 | 1.42 | 3.50 | 1.81 | 0.02* |
| 网络应用 | 8.20 | 1.43 | 6.50 | 0.83 | 0.03* |

从表 7-3 可以看出，2011 级和 2012 级被试(位于分级考试末尾的 15 名学生)的入学分级成绩在各个模块上并没有显著差异。经过 8 周的教学，测量其成绩如表 7-4 所示。由表 7-4 可知，2011 级和 2012 级被试的成绩在各个模块上都存在显著差异，而且 2012 级(采用 FCM)被试的成绩明显低于 2011 级。这说明对于成绩较差的学习者来讲，FCM 并不利于他们快速成长。

### (三)FCM 对学生综合素质发展的影响力

利用改进后的量表分别在入学初和期末(或期中)收集数据，并计算 2011 级(89 名)、2012 级(100 名)被试在 LASSI 量表的 10 个维度和附加测量项的均值和标准差，然后进行独立样本 $t$ 检验。

从入学初收集到的数据看，在各个维度上两个班级的学生都不存在显著差异。而 2012 级被试在开学 8 周后收集到的数据，就与 2011 级期末收集的数据在部分维度上出现了显著差异。表 7-5 给出了针对这两批数据的分析结果。

表 7-5　对照组与实验组在个人素质方面的测量结果

| 类别 | 传统教学模式<br>（2011 级）（期末） | | 翻转课堂教学模式<br>（2012 级）（开学 8 周后） | | 差异性（t-test）<br>（Sig 值） |
|---|---|---|---|---|---|
| | 均值 | 标准差 | 均值 | 标准差 | |
| 态度 | 2.72 | 1.61 | 2.81 | 1.54 | 0.29 |
| 动机 | 2.54 | 1.83 | 2.92 | 1.57 | 0.32 |
| 焦虑 | 2.31 | 0.72 | 3.87 | 1.53 | 0.02* |
| 专心 | 3.42 | 1.31 | 3.23 | 1.87 | 0.08 |
| 时间管理 | 2.48 | 0.87 | 3.57 | 0.92 | 0.01* |
| 学习辅助 | 2.32 | 0.94 | 3.77 | 1.33 | 0.02* |
| 自我测试 | 2.13 | 1.21 | 3.12 | 1.04 | 0.03* |
| 信息加工 | 3.21 | 1.03 | 3.13 | 1.05 | 0.05* |
| 选择要点 | 3.22 | 1.87 | 3.89 | 0.89 | 0.04* |
| 考试策略 | 3.34 | 2.42 | 3.42 | 1.94 | 0.31 |
| 创新性 | 2.82 | 1.02 | 3.26 | 1.63 | 0.00** |
| 凝聚力 | 2.71 | 1.64 | 3.12 | 2.77 | 0.32 |
| 任务导向 | 3.98 | 0.51 | 3.21 | 0.75 | 0.04* |
| 协作能力 | 2.32 | 0.72 | 4.12 | 0.62 | 0.03* |

注：前 10 项为 LASSI 量表的 10 个纬度。

1. 对 LASSI 量表 10 个维度的分析结论

从表 7-5 可以看出，采用 FCM 后，学生在焦虑控制、时间管理、学习辅助、自我测试、信息加工和选择要点方面都有提升，而且具有显著差异。这说明，采用 FCM 能够锻炼学习者的时间管理能力、应用学习辅助手段的能力，对信息加工能力和选择要点能力也有显著改善。在 LASSI 量表的其他维度上，FCM 则没有产生显著差异，特别是对于学习态度，是否采用 FCM 都没有太大的影响。综上所述，FCM 对于促进学习者的自主学习能力发展有重要意义。

另外，采用 FCM 增加了大部分学生的学习焦虑感，特别在采用 FCM 初期，有较多的学习者感到很焦虑，反映"不知道如何利用学习平台""抓不住学习要点""即便是学习了，也觉得心里没有底"，迫切要求教师在各方面给予引导。然而随着 FCM 学习的深化，学生对因自主学习而产生的焦虑感逐渐降低，进而逐步适应了自行控制学习进程、基于线上学习环境自主学习新知识的 FCM。因此，FCM 对提升学生的焦虑控制能力、自主应对学习困难的能力都具有显著作用。

2. 对附加测试项的分析结论

从表 7-5 可以看出，在传统教学模式下，学生的创新性、凝聚力、协作能力都不强，但任务导向方面较强。在使用 FCM 后，学生在创新性、凝聚力和协作能力方面都有一定的提高，特别是在协作能力方面，有较大的提升；而在任务导向方面则较传统教学模式有所降低。因此，FCM 对于学生创新能力、协作能力的培养，具有重要的价值。这一点与 Jeremy F. Strayer 的研究结论相同。

## 7.1.4　研究结论与反思

在信息技术课教学中，使用 FCM 产生了一定的有益影响，但也发现了一些问题。

### (一)FCM 在大学信息技术课教学中具有潜在优势

FCM 是典型的"以学生为中心"的学习模式，有利于学习者根据自己的认知风格和学习习惯安排学习进度，在大学信息技术课教学中借鉴 FCM，能够解决当前大学信息技术课教学中存在的一些问题，对于大学信息技术课教学具有潜在优势。

1. FCM 有利于解决"因材施教"的问题

在当前的大学信息技术课堂中，矛盾最集中的问题就是学习者差距大、教师组织的活动不能满足全体学习者的需求。教学实践证实，在学习资源充足而且导航体系清晰的条件下，FCM 能够较好地解决这一矛盾。

由于 FCM 把对知识的初次学习安排在课外，由学习者自主学习，那么，只要学习资源充足、导航体系清晰，就像为学习者提供了一个呈现知识结构的菜单，可由学习者自主地根据自己的学习进度、认知风格选择知识点，并开展学习。由于各位学习者可以自主安排学习进度和选择知识点，传统课堂中教师"一言堂"和"一刀切"的问题就不存在。

2. FCM 有利于培养学习者的自主学习能力

FCM 撼动了"以教师为中心"的传统教学方式的根基，充分发挥了学习者的主观能动性，有利于学习者自主探索并开展发现式学习，是典型的"以学生为中心"的学习模式。由于 FCM 把对知识的初步学习阶段交给学习者，由学习者自行安排学习进度、选择知识点、实施时间管理，无疑对锻炼和培养学习者的自主学习能力有重要作用。基于 FCM 的教学实践也证明了这一论点(如表 7-5 所示)。

3. FCM 对学习者协作能力、创新能力的培养具有促进作用

教学实践证实，由于 FCM 鼓励学习者在课外时间自主学习，有利于学习者探究能力、创新能力的培养；与传统的课堂相比，FCM 以交流和分享取代了传统的"填鸭式"教学模式，无疑对学习者的交流能力、沟通能力和协作能力都有裨益。因此，FCM 对于培养学生的协作能力、创新能力、班级凝聚力，都有一定的实用价值。

从学生成绩还可以看出，在适合项目教学法或以技能任务型为主的课程中，FCM 也具有一定的优势。

## (二)FCM 在大学信息技术课教学中表现出局限性

### 1. 对于学习内容，FCM 有一定的适应范围

从最终的学习效果分析，FCM 不适用于推理性较强、系统性很强的课程。因此，对于信息技术学科中的基本规律、逻辑性很强的知识，FCM 的教学效果不佳。而对于那些便于任务驱动、项目教学方式的内容(如对文字处理模块、电子表格模块的学习)，FCM 则有较突出的表现。

### 2. FCM 对主讲教师提出了较高的要求

为了实现学习者在课外开展自主学习的目标，教师必须事先构建完整的学习支持体系，无论是在知识点导入、前测，还是在学习资源组织方面，都要认真研究，为学习者构造一个适合自主学习、能够便捷获取学习资源的虚拟学习环境。在此过程中，一方面要保证学习者便捷地获取学习资源，另一方面还要设置一些激励措施和引导手段，激发学习者的内在学习动机。

由于 FCM 把课堂变成了"知识深化和内化"的阶段，通过课堂"汇报""质疑"和"争论"，不同层次的学习者都能发挥自己的特长，获得提高。因此，在这个过程中，教师应该充分发挥自己的职责，真正地引导、管理和控制讨论过程，并能在关键时刻起到"画龙点睛"的作用，使学习者的学习能够真正地得到深化。

总之，以 FCM 组织教学活动，教师只有系统地掌握教育技术学的相关理论、策略和技术手段，才能胜任 FCM 对教学活动实施组织和管理的要求。

### 3. FCM 对学习者提出了较高的要求

第一，从笔者开展 FCM 教学的实践来看，FCM 要求学习者具备一定的自主学习能力。在笔者尝试 FCM 之初，普通教学班的部分同学就多次对这一教学模式提出质疑："如果都是自学和讨论，还要老师干什么?""我们很不适应!""是否是老师没有备课?"他们认为，这种以学习者在课外自主学习为主的教学方式，不利于他们系统地掌握知识。但是，拔尖人才实验班中却没有学生对 FCM 提出质疑，说明了高水平的学习者具有较强的自主学习能力，更适合这一教学模式。

第二，主流学习支持系统都运行在 Internet 环境下，学习者需要通过数字化终端访问学习支持系统。为此，学习者必须掌握一定的信息技术能力，并购置数字化终端设备，才能便捷地访问学习支持系统，获取学习资源，在课外完成自主学习。

第三，基于 FCM 开展教学，学习者需要付出较多的努力，进行更深入地思考。在笔者以 FCM 开展信息技术课教学活动以来，部分学生反映课业负担较重，他们需要为每一节课付出更多的时间和精力。

第四，对于基础比较薄弱的同学，特别是自主学习能力较弱的同学，传统教学模式仍是快速传递知识的有效手段。

4.FCM 模式仅仅是一种教学组织方式，只有密切配合其他教学策略才能发挥作用

与任务驱动学习、项目教学法等教学模式不同，FCM 仅仅是一种教学组织方式，没有涉及具体的教学策略和教学方法。因此，FCM 的教学组织必须与其他具体的教学策略有机地结合起来，把项目教学法、基于问题解决的学习策略、发现学习和自主学习的教学理论等渗透到 FCM 的教学过程中。否则，单纯地讨论 FCM 是没有任何价值的。

### （三）在国内课堂以 FCM 组织教学，仍存在较大的困难

与国外的学生相比，国内的学生通常较为内敛，更习惯传统的授课模式，不善于课堂争论和自主探索。因此，在国内课堂尝试 FCM，需要教师在构建学习支持系统、激励学习动机、有效地组织课外学习等方面精心地设计，减少学习者对 FCM 的抵触情绪。解决这些问题要求教师做出更多的努力。

由于传统的授课模式已经为广大学生和家长所习惯，对于 FCM 的教学活动，不少学生和家长还存在疑虑，这需要一个较长的认识过程。另外，随着学生评教的普及，部分教师因担心学生给予低评，对 FCM 也存在顾虑。这些因素都会影响 FCM 的普及。

# 7.2
# 视频资源类型对学生在线学习体验的实证研究

### ◎ 本节学习目标

借助论文，展示量化研究方法在教研活动中的具体应用，学习如何基于差异性检验并从多视角佐证论文观点，实现"用数据说话"的研究策略。

## 7.2.1  研究问题及背景

随着教育信息化的推进，基于大量视频资源开展教学活动已成为"翻转课堂""MOOC 教学"等教学模式的重要支持手段，如"MOOC 教学""翻转课堂"等都离不开视频学习资源的支持。然而，在具体的教学实践中，学生对视频资源的应用方式和视频资源对学习效果产生的最终影响却常

常达不到教师预期的效果。很多学生反映：对基于在线学习环境习得的知识和技能，总是觉得不够扎实；通过网络教育获得学历和学位的毕业生在其参与招聘或职位竞争的环节中，也常常遭受能力方面的质疑。那么，基于视频资源开展的在线学习到底存在哪些问题呢？为此，笔者带领教学团队在这方面开展了一系列的实证研究。

## (一)确立研究问题

尽管很多学者都高度认可基于信息化环境的在线学习对个体实现知识建构有重要价值。然而，为什么很多基于在线学习环境（主要是教学视频资源）完成阶段性学习的学生却对自己的知识水平和能力不自信呢？为什么很多在线学习的学生总是感觉知识体系不完整、知识碎片化很严重呢？在线学习真的发生了吗？带着这些疑惑，笔者主要在以下几个方面开展了研究。

①基于视频资源的在线学习与传统的课堂学习在学习效果方面到底有什么不同？

②不同类别的视频资源是否会对学生的学习效果产生影响？

③哪种类型的视频资源才更适合学生开展在线学习活动？

④如何解决微视频（微课）教学中出现的"知识碎片化""体系性不够"的问题？

## (二)本课题的研究现状

教育部 2000 年起草的《教育资源建设技术规范》指出："教学资源建设是教育信息化的基础，教学资源建设势在必行。同时，它还对教学资源建设的范围进行了界定，包括媒体素材、题库、试卷素材、课件与网络课件、案例和文献资料。"

教学视频资源作为媒体素材的一种，在计算机和网络的助力下，已经被广泛地应用于学校的课堂教学中，并发挥着重要的作用。视频因其集声音与图像于一体的特点，具有形象生动地显示教学内容、调动学习气氛、提高学习兴趣等功能。随着视频资源在教学中的广泛应用，人们也不再满足于简单的视频录制，而是更关注教学视频的设计，使视频资源不断向着"短、快、精"的方向发展。尽管目前还没有学者对教学视频进行准确的分类，但从教学视频的录制方式和播放时长等因素来看，教学视频分为课堂教学录像、三分屏视频和微视频三种形式。

以"课堂教学录像""三分屏视频"和"微视频"为关键词，在中国知网数据库上搜索，从 2010 年至今共搜到 102 篇文献。从这些文献可以看出，从 2010 年到 2012 年，我国学者对课堂教学录像一直保持持续的关注，但自 2013 年起，有关课堂教学录像研究的文献数量迅速下降，而以微视频为基础开展的教学研究则发展迅猛。

然而，纵观上述研究，多数学者把研究视角聚焦于教学设计环节，或者以思辨的方式探索课堂教学实录视频和微视频教学的特色，缺乏从学生的视角探索各类视频资源对自主学习实际效果的相关研究。

## 7.2.2　研究设计与实施

### (一)研究流程的设计

思辨的方式不能论证各类视频资源对在线学习效果的影响水平,只有基于一线学生的个体体验并借助其实际应用状况的客观数据,才能较为科学地论证"学生是如何应用视频资源的? 视频资源是以什么样的形式为学生实现知识建构提供支持的?"等问题。

为此,本研究制定了以下操作流程。首先借助 3 种不同的渠道获得第一手数据,其方法是:①借助调查问卷和访谈的方式,获取学生对各类视频资源支持自己学习活动的主观体验;②基于北师大计算机基础课教学服务平台,跟踪学生使用教学视频的情况,直接获得客观数据;③采集翻转课堂教学模式(主要以多种形态的视频资源支持翻转课堂教学)和传统教学模式下学生的考试成绩和学业作品,将其作为评价学习效果的客观数据。其次利用数据分析手段,探索影响学习效果的关键因素。最后基于前述研究结论,总结其中存在的问题和疑惑,开展第二轮的持续研究,并对研究结论进行验证,以保证研究的严谨性和科学性。

### (二)对相关概念的界定

#### 1. 对教学视频类型的界定

教学视频是指衍生于视频资源,能够运用到课堂教学活动中的视频资源,既可以用于为学生示范讲解,作为支持学习的重要手段,也可以用于研究者做教研分析或一线教师做教学反思。本研究主要关注前者,即面向学生、以支持学生自主学习为目标的各类视频资源,通常是以讲解知识、演示实验步骤或讲解设备使用技巧为设计目标的。

目前,还没有学者对教学视频进行准确的分类,但从教学视频的录制方式和播放时长等因素来看,教学视频常分为课堂教学录像、三分屏视频和微视频三种形式。①课堂教学录像,顾名思义,就是将教师教学的过程用摄像机直接拍摄下来。这种视频既可以在其他课堂上重播,直接代替教师服务于其他班级的教学活动,也可以用于教学研究,分析教师在教学中的优势与不足。②所谓三分屏视频,也是一种直接录制授课过程的视频。为了更好地解决课程内容和教师仪表在屏幕上的关系,通常把屏幕分成三个区域,左上角的区域显示教师个体的面部视频信息,主要目的是显示出教师的面部表情;中部区域则显示出授课内容或内容要点,通常以 PPT 或者 Word 文档的形式出现;左下角的区域则显示出讲义的纲要,以便学生点击相应的标题来控制视频的播放或跳转。③微视频是对长度不超过 10 分钟的视频短片的统称,教学微视频通常

420

面向一个小的知识点或者教学案例，蕴含一定的教学内容和教学意义。

尽管人们常常把教学视频划分为上述三种类型，但它们不是处于同一层面上的概念。前两种类型主要考虑了视频的录制和组织方式，而最后一种类型则主要考虑了播放时长。因此，为了便于研究，对教学实践中的常用微视频，应该重新分类。从播放时长来看，教学视频可以分为两大类，即播放时长教学与课堂时长相当的大视频（时长在 45 分钟左右）和播放时长在 10 分钟以内的微视频。从视频的录制和组织方式来看，可以分为 3 种类型：其一，课堂教学录像，即课堂实录视频；其二，三分屏视频；其三，面向知识点或教学案例的视频片段。在第一种视频中，教师是视频中的主角，在视频中占据绝对的中心地位；在第二种视频中，教师处于屏幕左上角的局部区域，屏幕中心区域是教学课件（通常为 PPT 课件的内容）；在第三种视频中，教师既可以在视频中出现，也可以不在视频中出现。多数情况下，教师的身影都不会出现在视频中，视频的核心内容是被关注的设备或实验流程，教师会以画外音的方式对教学内容进行解说。

把前面提出的两大类视频类型进行交叉，可以获得 6 种不同的视频类别。在这 6 种形态的视频资源中，常见的形态主要有以下 4 种：课堂实录大视频（时长 45 分钟左右），三分屏大视频（时长 45 分钟左右），课堂实录微视频（是对课堂实录视频的局部剪辑，面向知识点，时长在 10 分钟左右），画外音式微视频（面向教学案例或实验，时长在 10 分钟以内，教师以画外音方式讲解）。

2. 对学习内容类型的界定

教学活动中的学习内容根据学习内容自身的特点，可以分为 4 种类型。①事实性知识。安德森等人认为，事实性知识是指学生通晓一门学科或解决其中的问题所必须知道的基本要素。事实性知识具有点滴性或孤立性的特点。事实性知识是一种抽象化程度很低的知识，又叫事实。比如，学生记忆"1946 年出现了第一台电子计算机"，就是一条简单的事实。②概念性知识（或原理规律性知识），是指一种较为抽象概括的、有组织的知识性类型。比如，各门学科中的原理、规则，比较抽象的复杂概念，也属于这一范畴。概念性知识具有很强的抽象性和组织性。③程序性知识，是关于如何做事的一套程序或步骤，是强调步骤和操作规范性的技能型知识。它重点关注的是如何做。④策略性知识，是指为解决某一较大问题所需的一套解决问题的策略，关注问题解决所需的策略的组合与实际应用。它强调的是对知识的综合应用。

（三）数据编码规范与采集方案

1. 数据编码规范

基于对视频资源的分类和学习知识内容的类型，笔者制作了如表 7-6 所示的二维表格，以呈现本研究的数据编码规范。

**表 7-6　对视频类别与学习内容的编码规范**

| 微视频课程 | 大视频（45 分钟左右） | | 微视频（10 分钟以内） | |
|---|---|---|---|---|
| | 课堂实录大视频 | 三分屏大视频 | 课堂实录微视频 | 画外音式微视频 |
| 事实性知识 | A1 | B1 | C1 | D1 |
| 概念性知识 | A2 | B2 | C2 | D2 |
| 程序性知识 | A3 | B3 | C3 | D3 |
| 策略性知识 | A4 | B4 | C4 | D4 |

根据视频类别和学习内容的类别，把研究对象组合为 16 种不同的编码，然后针对这 16 种形式开展研究。

2. 数据采集方案

首先，借助北师大计算机基础课教学服务平台，分别针对不同类型的学习内容向学生同时呈现 4 种类型的视频资源，记录学生在各个视频资源上的实际学习时长，把大量学生的实际学习情况作为第一手资料。

其次，设计调查问卷，通过 5 级量表调查学生对 16 种形式的视频资源的评价和个人体验。

最后，选择较有代表性的 20 名左右学生，通过个别化访谈，了解学生对视频教学资源及其应用价值的真正看法。

### (四)实施过程

1. 前期准备

首先，在北京师范大学计算机基础课教学服务平台中为《大学计算机基础》和《多媒体技术与网页设计》课程开发完备的网络课程，分别针对不同类型的学习内容向学生同时呈现 4 种类型的视频资源，并启用平台的学习监控功能。利用平台来自动记录每个学生打开和离开某一个视频资源的准确时间，从而获得学生在这个视频资源所消耗的时间，即实际学习时长。

其次，在相关文献和理论的指导下，设计面向学生的调查问卷。调查问卷以单选题为主，以 5 级量表的形式呈现，并借助小范围调查和德尔菲方法确保调查问卷的信度和效度。

2. 具体实施

笔者分别于 2013 年和 2014 年各选择了 2 个教学班(每个教学班大概有 100 人)开展研究，每轮均有 200 多人参与了相关课程的学习。

首先，在被试不知情的情况下，同时向他们提供多种类别视频资源，并分别记录他们在各类资源上所投入的时长，获取第一手资料。

422

其次，利用调查问卷，全面调查学生对视频学习资源的应用情况及其看法，获得学生个人体验的直接数据。

最后，在点播时长的客观数据和学生主观个人体验的基础上，选取有代表性的被试，进行有针对性的访谈，丰富和完善本研究的最终结论，从而保证研究的科学性和客观性。

### 7.2.3 数据分析

基于研究设计，笔者主要获取了 3 个方面的数据。

#### (一)学生在各类视频资源上实际投入情况的汇总

为了分析学生在各类视频资源上的实际投入情况，笔者对教学平台中学生点播微视频的情况进行了汇总和归类。为了便于对比，在数据分析过程中采取了一些处理技巧，主要包括以下几个方面。①由于每类视频资源都有多个可点播的视频片段，学生对同类片段的点播次数并不完全相同。为此，在计算人次时，以其均值作为其"实际点播人次"。②在计算"实际点播人次"和"点播的最短时长"时，对于点播后又立即退出的点播行为(即播放时长在 1 分钟以内)不予记录。③只记录点播时长多余 1 分钟的有效点播。④为了更好地反映学生点播视频资源的情况，对于点播时间超过视频总时长50%的点播行为，给予单独记录，记为"超过 50%时长的人次"。依据上述规则，获得了 2014 年《多媒体技术与网页设计》课程的微视频资源的点播情况，如表 7-7 所示。

表 7-7　各类视频的实际观看情况

| 视频类别号 | 视频时长(分钟) | 学生人数(人) | 实际点播人次 | 点播的最长时长(分钟) | 点播的最短时长(分钟) | 完整观看的人次 | 超过50%时长的人次 |
|---|---|---|---|---|---|---|---|
| A1 | 45 | 202 | 121 | 45 | 3 | 3 | 22 |
| A2 | 45 | 202 | 147 | 35 | 2 | 0 | 79 |
| A3 | 45 | 202 | 129 | 39 | 10 | 0 | 58 |
| A4 | 45 | 202 | 111 | 45 | 12 | 2 | 41 |
| B1 | 45 | 202 | 131 | 37 | 2 | 0 | 35 |
| B2 | 45 | 202 | 149 | 43 | 1.5 | 0 | 31 |
| B3 | 45 | 202 | 177 | 39 | 1.5 | 0 | 71 |
| B4 | 45 | 202 | 117 | 42 | 3 | 0 | 89 |
| C1 | 10 | 202 | 475 | 10 | 3 | 102 | 211 |
| C2 | 10 | 202 | 431 | 10 | 1.5 | 111 | 234 |
| C3 | 10 | 202 | 292 | 10 | 2 | 45 | 181 |

| 视频类别号 | 视频时长(分钟) | 学生人数(人) | 实际点播人次 | 点播的最长时长(分钟) | 点播的最短时长(分钟) | 完整观看的人次 | 超过50%时长的人次 |
|---|---|---|---|---|---|---|---|
| C4 | 10 | 202 | 391 | 10 | 1.5 | 251 | 337 |
| D1 | 10 | 202 | 287 | 10 | 1 | 111 | 201 |
| D2 | 10 | 202 | 292 | 10 | 1 | 103 | 192 |
| D3 | 10 | 202 | 481 | 10 | 4 | 259 | 342 |
| D4 | 10 | 202 | 397 | 10 | 5 | 241 | 318 |

从表 7-7 可以看出，对于 A(课堂实录大视频)、B(三分屏大视频)两类视频资源，实际点播的次数较低，尚达不到每人 1 次的基本标准。更为突出的是，"超过 50％时长的人次"更低，还达不到实际点播人次的半数，这说明大多数学生在点播这两类资源时，要么使用了快进，要么较早地退出了播放过程。从"点播的最长时长"可以看出，只有极少数的学生看完了长度为 45 分钟的整个视频。而对于 C(课堂实录微视频)和 D(画外音式微视频)两类视频，点播人次明显较高，远超过前两类。与此同时，"超过 50％时长的人次"超过了"实际点播人次"的半数，甚至达到了很高的比例(90％以上)。另外，完整地看完整个微视频的人次也比较高，接近学生人数。说明绝大多数学生都愿意借助微视频资源开展自主学习。另外，C4 在"超过 50％时长的人次"指标上的取值较大，D3 在"超过 50％时长的人次"指标上的取值较大，说明对于程序性知识，学生比较喜欢"操作流程实录＋画外音解说式"的微视频，而问题解决策略类知识，学生则更喜欢"课堂实录"模式的微视频。

### (二)从调查问卷所获得的数据及其结论

基于网上视频的点播状况和国内外对视频教学的相关研究结论，笔者设计了调查问卷，对 202 名学生从 5 个维度开展调查。共发放问卷 202 份，回收有效问卷 198 份。调查结论如表 7-8 所示。表 7-8 中的数字为选择对应项目的学生人数。

表 7-8　学生对以不同类别视频资源开展教学活动的态度

| 维度 | 题干要点 | 非常赞成 | 赞成 | 一般 | 反对 | 坚决反对 |
|---|---|---|---|---|---|---|
| 1. 对以视频资源支持教学的看法 | 完全基于视频开展教学(课堂上不再有讲授，完全以翻转课堂开展教学等) | 5 | 10 | 25 | 97 | 61 |
| | 以视频资源作为课后学习支持(教师讲) | 156 | 33 | 8 | 1 | 0 |
| | 视频教学资源价值不大，应以教师讲授为主，完全由教师控制学习过程 | 1 | 20 | 41 | 97 | 39 |

续表

| 维度 | 题干要点 | 非常赞成 | 赞成 | 一般 | 反对 | 坚决反对 |
|---|---|---|---|---|---|---|
| 2. 对16种视频资源模式的看法 | A1（课堂实录大视频：事实性知识） | 88 | 81 | 21 | 8 | 0 |
| | A2（课堂实录大视频：概念性知识） | 77 | 62 | 31 | 22 | 6 |
| | A3（课堂实录大视频：程序性知识） | 4 | 3 | 55 | 51 | 85 |
| | A4（课堂实录大视频：策略性知识） | 23 | 89 | 21 | 31 | 34 |
| | B1（三分屏大视频：事实性知识） | 71 | 81 | 20 | 21 | 5 |
| | B2（三分屏大视频：概念性知识） | 83 | 71 | 22 | 19 | 3 |
| | B3（三分屏大视频：程序性知识） | 51 | 71 | 56 | 13 | 7 |
| | B4（三分屏大视频：策略性知识） | 61 | 42 | 51 | 32 | 12 |
| | C1（课堂实录微视频：事实性知识） | 101 | 62 | 18 | 16 | 1 |
| | C2（课堂实录微视频：概念性知识） | 97 | 53 | 26 | 18 | 4 |
| | C3（课堂实录微视频：程序性知识） | 81 | 51 | 22 | 21 | 23 |
| | C4（课堂实录微视频：策略性知识） | 89 | 72 | 21 | 12 | 4 |
| | D1（画外音式微视频：事实性知识） | 41 | 33 | 67 | 41 | 16 |
| | D2（画外音式微视频：概念性知识） | 52 | 31 | 59 | 22 | 34 |
| | D3（画外音式微视频：程序性知识） | 99 | 82 | 13 | 4 | 0 |
| | D4（画外音式微视频：策略性知识） | 76 | 81 | 23 | 16 | 2 |
| 3. 对当前视频教学的主要不满 | 1. 在基于整节课课堂实录的视频中，要想找到所需的知识点，比较困难，很耽误时间。若每次都全部看一遍，消耗的时间太多。<br>2. 对于事实性知识和概念性知识的讲解，如果视频中只有PPT的内容和图片，总觉得有些单调。我觉得这种视频中最好能出现教师的身影。<br>3. 基于微视频开展教学，是很好的思路。特别是在想不起操作步骤时，点开微视频看看，确实很方便、很形象。不过，老师给的微视频太多了，100多个微视频，找起来还是不太便捷。<br>4. 对于基于微视频的学习，我总是心里不踏实，总觉得没有彻底掌握。另外，知识的体系性也不强，有点知识被"碎片化了"的感觉。 | | | | | |

从表 7-8 中的数据可以看出，多数学生是欢迎以视频资源来支持课程教学的，但绝大多数的学生坚持认为，在线视频资源不能完全取代一线教师的课堂教学，它们只能作为对课后学习的有益补充。

从表 7-8 还可以看出，对于不同类型的学习内容，学生的倾向性不同。但从总体上来看，学生更喜欢面向知识点的微视频资源。不过，对于事实性知识和概念性知识，学生则更喜欢课堂实录微视频，而对于程序性知识，多数学生更喜欢用镜头聚焦于操作实物、以画外音解说方式的微视频。在策略性知识的学习中，对课堂实录微视频和画外音式微视频则各有一部分拥趸者。

另外，当教学平台中的微视频资源达到了一定的规模（100 个以上时），学生希望能有一套完整的导航体系，能够为他们提供便捷的视频导航服务，并能向他们清晰地呈现各个视频资源之间的逻辑关系及其在知识体系中的地位。

### （三）基于视频资源开展教学的学习成效及其结论

#### 1. 数据采集及其分析

为了研究不同类型的课程内容与基于微视频开展的翻转课堂教学模式是否存在一定的适应性关系，笔者选择了北京师范大学 2012 级和 2013 级的 192 名学生，组成了实验班和对照班，借助大学计算机公共课课程"多媒体技术与网页设计"的教学，分别就 4 种类型的课程内容向学生提供了不同类型的微视频，用于支持翻转课堂教学，并借助作业和期末成绩进行了数据对比，结果如表 7-9 所示。

表 7-9　不同类型微视频对不同类型学习内容的教学效果

| 类别 | 课堂实录微视频 | | 画外音式微视频 | | 差异性（t-检验） |
|---|---|---|---|---|---|
| | 均值 | 方差 | 均值 | 方差 | （显著性） |
| 事实性、定义类知识 | 81.9 | 7.309 | 75.9 | 7.813 | 0.003* |
| 原理和规则类知识 | 80.7 | 7.629 | 72.1 | 6.011 | 0.024* |
| 操作步骤与技巧类知识 | 79.5 | 9.406 | 90.6 | 1.830 | 0.006* |
| 问题解决策略类知识 | 81.7 | 3.776 | 95.8 | 9.780 | 0.004* |

#### 2. 研究结论

第一，对比以传统课堂演示与授课与基于微视频资源的翻转课堂教学两种模式的期末得分，笔者发现，两种方式的期末成绩没有显著差异，其 $T$ 检验的检验概率值为 0.741，远大于 0.05。但在基于微视频资源的翻转课堂模式下，学生的总体成绩略低于传统教学模式，而且其成绩呈现更大的差异。其突出表现为：自控力比较弱的学生的成绩有下滑现象，与此同时，基于微视频资源的翻转课堂模式也促生了更多表现突出的优秀学生。

第二，在实际的教学实践中，若仅以"时长在 45 分钟左右的课堂实录大视频"或"时长在 45 分钟左右的三分屏大视频"支持学生的在线学习，学生的最终学习效果会很不好。分析其原因后发现，在缺乏教师监控和学习氛围的自主学习过程中，很多学生会因为没有耐心认真地全程观看视频而影响最终的学习效果。大量学生因为使用"快进""直接拖动滚动条"等播放模式而导致遗漏关键知识点，进而影响其知识结构的完整

426

性、体系性，致使其知识基础不够稳固。

第三，从表 7-9 可以看出，对于推理性较强、系统性很强的概念、原理和规则类的课程内容，一般不太适合采用视频资源支持的纯自主学习模式。如果必须采用在线学习的模式开展教学，那么面向知识点的课堂实录微视频优于画外音式微视频，而画外音式微视频又比时长超过 45 分钟的大视频效果好。事实上，对数学、物理课程中的复杂推理、复杂原理等教学内容，采用传统的课堂讲授和演示，其效果可能更好。

第四，对便于任务驱动的课程内容，或者强调操作步骤、实践性较强的实验课，采用"操作实录＋画外音解说"模式的微视频则有较好的表现，学生的成绩普遍较高。

### (四)学生使用视频、图文类资源情况的逻辑回归分析

在教学实践中还发现，学习者除了使用微视频帮助自己自主学习外，还有大量学生在线上自主学习过程中有访问图文型资源的要求。应学习者要求，笔者在学习支持平台上同时为他们提供了图文类学习资源。也就是说，对于每个知识点或案例，学习平台中将同时为学习者提供三种类型的资源，即"课堂实录视频""微视频"和"图文类"资源。

为了探索不同类型学生对使用微视频或图文资源的偏好，笔者以"访问微视频①"和"访问图文资源"作为结果变量(二分变量)，以"性别""认知风格""学习成绩""访问时间点②""专业""视频质量等级"作为自变量，做了二元逻辑回归分析。此研究基于整个学习的学习状态及学习行为数据，以 20 余万条学生使用学习平台开展自主学习的学习行为记录作为样本数据，保证了回归分析的信度。

在采用"向前 LR"方式的自编量选择模式下，形成了最终的二元逻辑回归模型。在"模型汇总"中，－2 的对数似然值为 92.913，Nagelcerke R 方值为 0.691，证明回归模型总体有效。

借助方程中的变量"系数"表格，可以发现"性别""专业"和"学习成绩"没能进入回归方程中，"认知风格""视频质量等级""访问时间点"共三个变量进入回归方程中。得到的回归方程如公式(7-1)所示③。

$$Ln\left(\frac{P}{1-P}\right)=0.548 * 视频质量等级 + 6.361 * 认知风格 - 0.103 * 访问时间点 - 8.913$$

公式(7-1)

---

① 因为课堂实录视频的点击量太低，达不到统计分析的最低要求，所以把课堂实录视频点击量合并到微视频点击量中一并处理。

② "访问时间点"以本案例被教师启动为起点，学生访问此案例资源(含视频资源或文本资源)的具体时间点，是能反映学生何时开始访问此资源的量。

③ 公式(7-1)中的 P 值代表学生以访问视频模式开展自主学习，而 1－P 代表学生以访问图文材料模式开展自主学习。

由回归公式可知，"视频质量等级"和"认知风格"会使学生更倾向于以观看视频模式开展自主学习，而"访问时间点"的系数为负值，则说明对每个知识点来讲，随着访问时间点的向后延伸，以视频支持自主学习的学生将越来越少。

对公式(7-1)中的系数做标准化处理，借助标准化处理之后的自变量系数评价三个自变量的影响力，结果发现，"视频质量等级"是影响学生是否以视频开展学习活动的最关键因素，而"访问时间点"的权重稍次之，学生的认知风格特点也会影响学生选择何种资源开展自主学习，但其影响力最小。

认知风格项的回归方程系数说明，场独立型学生在自主学习阶段更倾向于图文资源，而场依存型学生在自主学习阶段则更倾向于视频型学习资源。

### （五）针对学生的访谈及其结论

为了更全面地掌握学生对各类视频资源参与教学活动过程的看法，笔者选择了调查问卷中观点比较尖锐或个性较强的 10 位学生，以逐个座谈的方式对他们进行了访谈。通过访谈，主要获得了以下信息。

①学生比较认可用在线视频为其课后学习提供支持，但普遍反对"纯粹基于视频、无面对面指导的完全在线学习"，部分学生甚至指出"基于在线视频的自主学习缺乏人文关怀"。

②在以视频资源支持学习活动的过程中，与时长在 45 分钟的大视频相比，大多数学生都更愿意选择微视频开展自主学习。

③知识结构和认知风格不同的学生，对微视频资源的使用方式会有所不同，对不同类别的微视频会有所侧重。这就需要教师兼顾不同类型学生的需求，利用教学平台提供不同类型的微视频资源，以便支持他们的需要。

④当微视频资源的数量到达一定规模后，教师一定要为学生提供清晰的导航体系，以便学生便捷地找到微视频资源，并了解资源之间的隶属关系。否则，在学生遇到疑惑时，如果不能便捷地找到相应的微视频资源，就会严重地挫伤其学习积极性。

## 7.2.4　研究结论

基于视频资源开展教学活动是 E-learning 学习的重要策略，通过北京师范大学计算机基础课教学平台对 200 多名学生借助视频资源开展学习的实例和针对一线学生的调查与访谈，主要得出了以下几个方面的结论。

### （一）以视频资源支撑在线学习的总体体验

①基于视频资源开展教学活动，已经得到了绝大多数学生的认可。借助各种形态

的视频资源，能够辅助学生认知，提高教学效率。在三分屏视频、课堂实录视频和面向知识点的微视频三种形式中，面向知识点的微视频具有更高的认可度。

②无论是课堂实录视频，还是三分屏视频，95％以上的学生都没有耐心从头至尾地观看长达 45 分钟的整个视频。拖动进度条"快进"是很多学生常用的方式。尤其是事实性知识和概念性知识类的视频，被"快进"的现象更频繁。这一现象很容易导致学生的知识基础不够牢固。研究发现，学生实际用在学习上的时间比预期的时间要少，多数学生在进入网上学习界面不久，就会转到其他网站。"快速浏览"和"略读"已经成为很多学生基于视频学习资源开展学习的不良习惯。

③与长达 45 分钟的课堂实录视频和三分屏视频相比，微视频在知识点的针对性、学生点播的灵活性、实际点播量及利用率方面，都有很大的优势。因此微视频应该是当前学习资源建设的主流方向。

④在以微视频为基础开展教学活动的过程中，容易出现知识碎片化和知识体系性不强的现象。这就需要教师在组织视频资源的过程中要有意识地向学生呈现全局性的知识结构，借助思维导图等工具绘制知识地图，使学生及时地了解当前微视频资源在整个模块体系中的准确位置，促使学生尽快地把微视频中所呈现的新知识同化到已有的知识体系之中。

### （二）视频资源的类型与课程内容类型之间的关联性

①在面向知识点的微视频中，课堂实录微视频更有利于事实性知识和概念性知识的学习，而"操作实录＋画外音解说"的微视频更有利于程序性知识的学习。另外，理工科的内容大多属于对实验、某种设备用法的介绍，也适合以"操作实录＋画外音解说"的微视频进行讲解。

②对于策略性知识的学习，多数学生则更喜欢课堂实录微视频。从笔者开展教学的具体实践活动来看，基于课堂实录微视频并配合小组协作方式的学习，非常有利于策略性知识的获得，对于学生形成"综合应用所学的零碎知识解决复杂现实问题"的能力，具有很好的促进作用。

③基于学习行为记录的逻辑回归证实，在刚刚开始学习新知识点阶段，大多数学生都喜欢借助视频开展自主学习。但随着学生对该知识点内容的掌握越来越深化，学生会更加看重配套的图文资源的作用。另外，学生的认知风格也会影响学生在自主学习阶段选用何种资源开展线上学习。

## 7.2.5　对线上视频资源建设的建议

在线学习离不开学习支持系统（Learning Support ＆ Management System，LSS）的

支撑，其资源建设是 LSS 的关键内容。为了做好资源建设，适应大多数学生的需求，应该做好以下几个方面的工作。

## （一）关注以微视频为核心的结构化资源包的生成，并最终形成知识元

### 1. 面向案例或知识点的微视频更受学生欢迎

研究数据证实，与长达 45 分钟的课堂实录视频相比，面向案例或知识点的微视频更受学生欢迎。由于这类微视频针对性强、内容定位准确，便于学生根据自己的需求及时点播，因此在学习资源建设的过程中，教师应重点关注教学目标分解和教学案例的设计，进而实现相应微视频的建设。

另外，在微视频的设计过程中，教师应该根据学习内容的类型和特点，选择恰当的微视频类型。因此，在课程的设计阶段就应认真思考以下问题：是做课堂实录微视频还是画外音式微视频？哪类微视频更适合当前课程的学习内容？当前学习者的年龄特点、心理表征更习惯哪类视频资源？

### 2. 关注图文资源对自主学习的价值，充分体现配套图文资源的价值

尽管微视频在线上自主学习中的重要性毋庸置疑，但并不意味着就要忽视图文资源对自主学习的重要价值。基于学习行为记录的逻辑回归已经证实，无论是"访问时间点"指标项，还是"认知风格"指标项，都会导致大量的学习活动对图文资源提出要求。因此，在线上视频资源的建设中，除了保证视频资源本身的质量外，还有必要为这些面向知识点的微视频资源配套图文材料，以满足不同层次、不同阶段学生的需求。

因此，在学习资源的建设中，一定不要忽视文本材料的作用。尽管微视频对知识结点的作用非常大，但当学生已经看了一遍微视频，或者需要了解知识结点中的某些细节时，文本资源的作用就非常突出。此时，学生会非常希望有一份完整的文本材料呈现在屏幕上，以便借助文本材料快速地找到所需的细节。

### 3. 创建以微视频为核心的资源包，以便满足不同类型学生的需求

在优质的学习支持系统中，应该为每个知识结点构造一个以微视频为核心的资源包，它是一种结构性的资源，其中应包括文本资源、PPT 课件、微视频、测评题等。这种资源包能够允许学生根据自己的喜好、认知风格、学习习惯从中选择符合需要的学习资源，从而为不同认知风格的学生提供符合其需求的学习支持。

如果把围绕一个知识结点的所有资源和信息所构成的整体称为知识元，那么知识元的组建，应以面向知识点的微视频为核心；围绕微视频，至少向学生同时提供解说词性质的文本资源和具有自诊断功能的素材资源和最终作品。与此同时，应向学生提供具有自诊断功能的自测题，只为知识点配套微视频的资源开发是不完整的。一个完整的资源包，除了有符合课程内容要求的微视频外，还应该向学生提供具有诊断功能的自测题，并附带完成这些自测题的素材，从而满足学生自我检测、自我诊断的需要。

430

另外，还可以在"知识元"中封装对学习资源的必要描述信息和组织信息，把知识点之间的关联也集成到知识元结构之中。

### (二)以知识地图呈现知识体系，并构建高效的导航体系

与普通的信息系统不同，LSS 的最终目标是为学生提供一个高效的学习支持环境，向学生清晰地呈现学习资源。有研究证实，线性堆积的大量资源非但不能对学生的自主学习起到支持作用，反而有可能扰乱学生的学习过程、影响学习效率，这是因为学习资源之间逻辑性的弱化会严重地影响学生对整个课程体系的把握以及对整体知识的有意义建构和同化。因此，以立体化、可视化的技术直观地呈现知识结点之间的逻辑关系，对于 LSS 的建设至关重要。

在现代化的 LSS 中，教师应以概念图为基础构造面向整个知识模块的知识地图，并借助知识地图把全部知识元链接到知识地图的相应结点之下。例如，笔者的课程《多媒体技术与网页设计》中"图像处理"模块的知识地图如图 7-2 所示。在这个知识地图中，每一个问号标记都是一个知识结点，对应着一个知识元的资源包，其中包含了微视频、文本性材料和自诊断资源。当鼠标在问号标记上悬停时，就会弹出悬浮窗。此时，学生可以通过此悬浮窗内的超链接调用该知识元内的相应资源。

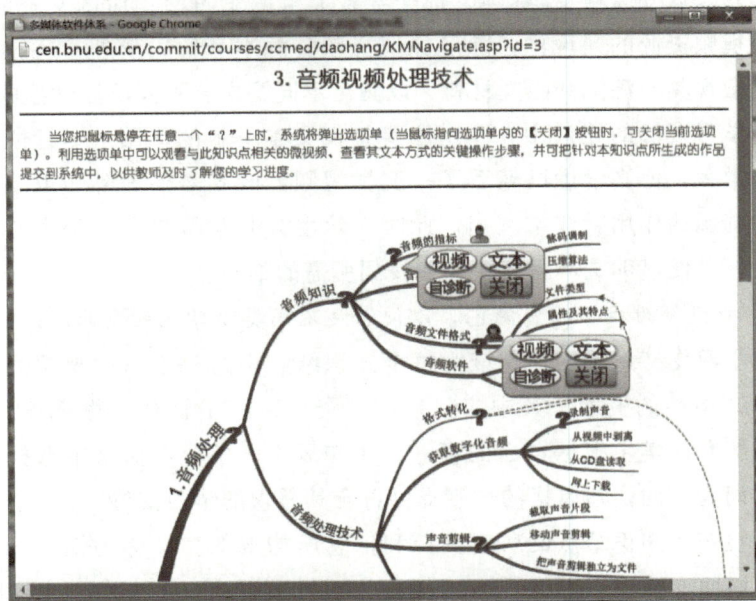

**图 7-2　基于知识地图的微视频资源导航体系**

利用知识地图，能够直观地看到学生为完成某一学习目标需经历的学习路径、需掌握的先备知识。学生在明确自己的知识起点后，便可按图索骥，逐步学习，直至达

成最终目标，减少了自主学习的盲目性。同时，学生可以通过一条完整的知识路径发现自己原有知识和新知识之间的联系，便于将新知识纳入已有的认知结构中，从而实现新旧知识的同化和顺应，丰富和调整自己的认知结构。

### （三）建立有效的监控和反馈机制

从笔者利用北京师范大学计算机公共课教学平台开展教学活动的实践来看，无论是教学论坛的应用水平，还是微视频资源的点播数量，都与平台内部的管理机制有很大的关系。研究发现，与匿名平台相比，在实名制平台中，学生参与讨论和点播的积极性更高，而且无效帖子的数量和无效点播的次数都很少；带有激励和反馈机制的LSS能更有效地激发学生的动机，可以促进有效学习行为的产生。

鉴于上述规律，笔者认为，在支持在线学习的 LSS 中，应尽可能做到以下两点。①以实名制形式管理学生。实名的学生会在潜意识中约束自己的行为，并希望自己的学习行为得到教师和伙伴的认可，有利于学习活动的规范化；②及时向学生反馈其学习进度，并给予适当程度的激励。

鉴于以上原因，现代化的 LSS 应能自动地记录每个学生访问和使用学习资源的情况，把学生点播微视频的时长、应用习题开展自诊断的得分等信息实时地标记到知识地图中，以便该学生及时地了解自己在各个知识点上的学习进度，从而帮助学生及时地发现薄弱环节，查缺补漏。借助面向学生的、反映学习进度的知识地图，还可以克服微视频（微课）教学的弊端，引导学生进行联想，减少"知识碎片化"现象的发生，有利于学生对新知识的同化，保证学生知识体系的完整性。

## 思考与上机实践

1. 思考题

（1）在 7.1 的研究中，主要用到了哪些数据分析方法？从数据分析中获得了哪些结论？

（2）在 7.1 的研究中，为了保证数据分析的有效性和科学性，主要采取了哪些措施？

（3）在 7.1 的研究中，最终的研究结论与数据分析之间的关系是什么？两者是如何密切地联系在一起的？

（4）在 7.2 的研究中，主要用到了哪些数据分析方法？从数据分析中获得了哪些结论？

（5）在 7.2 的研究中，除了差异显著性检验，还用到了哪些数据分析方法，获得了什么结论？这些方法对研究的体系和深度有无影响？

（6）在 7.2 的研究中，为了论证研究结论，笔者采用了哪些维度？各有什么作用？

2. 实践与设计

请结合自己的学习状态和学校每年开展的返乡调查项目，自行设计一份社会调查(或教育改革探索)类研究方案。请从调查指标体系的确立、数据分析方法的选择、数据分析方法的学术性、研究与论证过程的逻辑性、研究结论的深度 5 个方面深入思考。

教学资源二维码

# 关键术语表

| 中文术语 | 英文翻译 | 中文解释 |
|---|---|---|
| 统计描述 | Descriptive | 对待分析的数据实施统计并描述数据的特征 |
| 均值 | Mean/Average | 均值，平均值 |
| 众数 | Mode | 序列中出现次数最多的数据 |
| 中位数 | Median | 有序序列中位于最中间的数据 |
| 方差 | Variance/Variable | 方差，描述变量的波动程度 |
| 标准差 | Standard Deviation | 方差的平方根 |
| 频度分析 | Frequency | 分段统计，检查每段中个案的频数 |
| 正态分布 | Normal Distribution | 钟形分布 |
| 泊松分布 | Poisson Distribution | 由法国数学家泊松提出的一种数据分布形态 |
| 箱体图 | Boxplots | 以 25%～75% 区间的数据绘制箱体 |
| 散点图 | Scatterplot | 利用已有数据绘制出散点模式的统计图，以散点代表表格中的数据 |
| $Z$ 分数 | $Z$-score | 也叫标准分，是按照 $Z$ 分布计算公式对原始变量转码而得到的新数值，通常会接近标准正态分布 |
| 秩分 | Rank | 对数据序列排序之后得到的序号，即某数据在序列中的名次 |
| 正态得分 | Normal Score | 依据正态得分公式对原始数据序列的一种变形 |
| 个案排序 | Sort Case | 对数据表中的个案按照指定规则排序 |
| 参数检验 | Parameteric Test | 对于满足正态分布的高测度数据所实施的差异显著性检验 |
| 均值比较 | Compare Means | 利用均值之间的差别判断差异显著性 |
| $t$-检验 | $t$-Test | 面向两组正态分布高测度数据所实施的差异显著性检验 |

续表

| 中文术语 | 英文翻译 | 中文解释 |
| --- | --- | --- |
| 单样本 $T$ 检验 | One-Sample $T$-Test | 将某一个变量的均值与固定值比较,判断其差异性 |
| 配对样本 $T$ 检验 | Paired-Sample $T$-Test | 面向两配对样本的差异显著性检验 |
| 独立样本 $T$ 检验 | Independent Sample $T$-Test | 面向两独立样本(无配对关系的样本)的差异显著性检验 |
| 方差齐性 | Homogeneity of Variance | 两个变量的方差相差是否较大,反映两个变量的波动程度是否有较大差别,也称方差同质性检验 |
| 方差分析 | Variance Analysis | 判断多个变量之间均值差异性的算法 |
| 因素变量(因子) | Factors | 在方差分析中,会影响结果的自变量——原因变量 |
| 因变量 | Dependent | 在方差分析中,被解释的变量——结果变量 |
| 单因素方差分析 | One-Way ANOVA | 只有一个因素变量的方差分析 |
| 单变量多因素方差分析 | GLM-General Factorial 或 ANOVA | 含有单因变量且多个因素变量的方差分析 |
| 复方差分析 | UNIANOVA | 多变量方差分析 |
| 协变量 | Covariable | 在协方差分析中,充当不可控因素的变量,属于被消除的因素变量 |
| 卡方检验 | Chi-Square | 判断观测值频数与期望值之间差异性的检验 |
| 交叉表 | CrossTabs | 由行变量与列变量交叉而构成的二维表格 |
| 非参数检验 | Non-Parameteric Test | 非正态分布的高测度数据之间的差异显著性检验 |
| 游程检验 | Runs Test | 基于游程的差异显著性检验 |
| 威尔科克逊检验 | WilCoxon | 两关联样本基于差值符号秩的非参数检验 |
| 符号检验 | Sign | 两关联样本纯粹基于符号的非参数检验 |
| 麦克尼马尔检验 | McNemar | 基于变量两次测量差值情况的检验方法 |
| 边缘齐性检验 | Marginal Homo | 也叫边缘一致性检验、边缘同质性检验 |
| 弗莱德曼检验 | FriedMan | 多关联样本的双向等级方差分析,多关联样本的非参数检验方法之一 |
| 肯德尔 W 检验 | Kendall W | 基于肯德尔和谐系数所做的多关联样本非参数检验 |
| 柯克兰 Q 检验 | Cochran Q | 基于 Cochran Q 系数对多关联样本做的非参数检验 |
| 威尔科克逊 W 检验 | WilCoxon W | 两独立样本的非参数检验之一,通过分组秩分和判定差异性,也叫曼-惠特尼 U 检验 |

续表

| 中文术语 | 英文翻译 | 中文解释 |
| --- | --- | --- |
| 曼-惠特尼 U 检验 | Man-Whitney U | 两独立样本的非参数检验之一，通过分组秩分和判定差异性，也叫 WilCoxon W 检验 |
| 莫斯极端反应检验 | Moses Extreme Reaction | 两独立样本的非参数检验之一，以两端的秩分极值反映差异性 |
| 柯尔莫戈洛夫-斯米诺夫检验 | Kolmogorov-Smirnov Z | 简称 K-S 检验，两独立样本的非参数检验之一，基于秩分累计频数的检验方式 |
| 沃尔德-沃尔福威茨游程检验 | Wald-Wolfwitz Runs | 两独立样本的非参数检验之一，基于游程技术的差异显著性检验 |
| 克鲁斯卡尔-沃利斯 H 检验 | Kruskal-Wailis H | 多独立样本的非参数检验之一，基于平均秩分的差异显著性检验 |
| 基于中位数的非参数检验 | Median | 多独立样本的非参数检验之一，基于中位数的差异显著性检验 |
| 约克海尔-塔帕斯特拉检验 | JonckHeere Terpstra | 多独立样本的非参数检验之一，基于分组分布的差异显著性检验 |
| 相关性分析 | Correlations | 判断数据列之间是否存在相关性 |
| 偏相关分析 | Partial Correlations | 双变量之间的相关性分析 |
| 皮尔逊相关 | Pearson Correlations | 面向高测度正态分布变量的相关性分析——基础算法 |
| 斯皮尔曼相关 | Spearman Correlations | 面向高测度非正态分布变量的相关性分析——等级相关 |
| 肯德尔系数相关 | Kendall Correlations | 面向高测度非正态分布变量的相关性分析——一致性相关 |
| 回归分析 | Regression | 由因变量和若干自变量共同作用，最终形成回归方程的数据分析方法 |
| 线性回归分析 | Linear Regression | 回归方程中全部自变量均为一次项的方程式 |
| 判别系数 | Discriminant Coefficient/ Differentiate Coefficient | 回归方程中用于评判回归方程质量的指标项，通常为 $R$ 方或调整的 $R$ 方 |
| 步进（逐步） | Stepwise | 在多元线性回归中，以逐步方式筛选自变量 |
| 正向进入 | Forward | 在多元线性回归中，以正向进入方式筛选自变量 |
| 反向剔除 | Backward | 在多元线性回归中，以反向剔除方式筛选自变量 |

436

| 中文术语 | 英文翻译 | 中文解释 |
|---|---|---|
| 曲线回归 | Curvilinear Regression | 在回归分析中，自变量可以为高次、指数或对数的回归分析技术 |
| 二元逻辑回归 | Binary Logistic Regression | 结果变量为二分变量的逻辑回归分析 |
| 多项逻辑回归 | Multiple Logic Regression | 结果变量为多值离散量的逻辑回归分析 |
| 聚类 | Cluster | 基于元素之间的距离对元素进行归类 |
| 聚类方法 | Cluster Method | 聚类方法 |
| 系统聚类/分层聚类 | Hierarchical Cluster | 分层分级实现聚类，从最近的两个元素开始聚，直到所有元素均聚成一个大类 |
| R 聚类 | R-Cluster | 面向变量的聚类，即针对评价指标的聚类 |
| Q 聚类 | Q-Cluster | 面向个案的聚类 |
| K 快速聚类 | K-Means Cluster | 基于类中心实现的聚类方式，速度较快 |
| 判别分析 | Discriminant | 基于已有的分类项，寻求判别规则，得到判别函数式 |
| 费希尔判别式 | Fisher | 判别分析中的一种函数式，也叫费歇尔判别式 |
| 降维 | Data Reduction | 减少数据表中变量的个数，提取其中的关键信息 |
| 因子分析 | Factor Analysis | 基于众多变量从中提取公共因子的分析方法 |
| 方差最大旋转 | Varimax | 为正交矩阵旋转中最常用的算法，以尽量减少每个公共因素上具有最大载荷的变量个数 |
| 信度检验 | Reliability Analysis | 数据采集可靠性的检验，以检验数据的信度为目的 |
| 效度检验 | Validity Test | 数据采集的科学性、有效性检验 |

# 参考文献

1. Gannod G C，Burge J E，Helmick M T. Using the inverted classroom to teach software engineering[J]. ICSE'08 Proceedings of the Thirtieth International Conference on Software Engineering，2008：777-786.

2. Jeremy F S. How learning in an inverted classroom influences cooperation，innovation and task orientation[J]. Learning Environ Res，2012(15)：171-193.

3. Papadopoulos C，Santiago-Roman A，Portela G. Work in progress-developing and implementing an inverted classroom for engineering statics[J]. IEEE Frontiers in Education Conference，2010.

4. Platt G. The Internet and the inverted classroom[J]. Journal of Economic Education，2000(31)：11.

5. 陈惠琼. 基于 Blending-Learning 的协作型学习活动设计研究[J]. 职业教育研究，2012(3)：174-175.

6. 陈宗让，李骥平，李晓铭. 教学视频资源在教学中的应用研究[J]. 电化教育研究，2009(7)：95-97.

7. 冯成志，贾凤芹. 社会科学统计软件 SPSS 教程[M]. 北京：清华大学出版社，2009.

8. 郝丹. 国内 MOOC 研究现状的文献分析[J]. 中国远程教育，2013(21)：42-50.

9. 马秀麟. MOOC 尚不能取代传统课堂教学[N]. 中国社会科学报，2015-04-22.

10. 马秀麟，李葆萍，张倩. 动态网站设计与开发(ASP. NET 版)[M]. 北京：清华大学出版社，2012.

11. 马秀麟，毛荷，岳超群，等. 从实证分析的视角看 MOOC 的利与弊[J]. 中国教育信息化，2014(22)：3-6.

12. 马秀麟，王燕. 管理信息系统原理及开发[M]. 北京：人民邮电出版社，2009.

13. 马秀麟，邬彤，曹良亮，等. 大学计算机应用教程(第 3 版)[M]. 北京：北京师范大学出版社，2017.

438

14. 马秀麟，吴丽娜，毛荷. 翻转课堂教学活动的组织及其教学策略的研究[J]. 中国教育信息化，2015(22)：3-8.

15. 马秀麟，姚自明，邬彤，等. 数据分析方法及应用——基于 SPSS 和 EXCEL 环境[M]. 北京：人民邮电出版社，2015.

16. 马秀麟，岳超群，蒋珊珊. 大数据时代网络学习资源组织策略的探索[J]. 现代教育技术，2015(7)：82-87.

17. 马秀麟，衷克定，金海燕. 信息技术课程教学模式研究[J]. 中国教育信息化，高教职教，2009(17)：69-72.

18. 薛薇. SPSS 统计分析方法及应用（第 2 版）[M]. 北京：电子工业出版社，2009.

19. 衷克定. SPSS for Windows 数据统计分析工具应用教程[M]. 北京：北京师范大学出版社，2001.

20. 衷克定. 教师策略性知识的成分与结构特征研究[J]. 北京师范大学学报（人文社会科学版），2002(4)：35-42.